**org. christian topalov, stella bresciani,
laurent coudroy de lille, hélène rivière d'arc**

A aventura das palavras da cidade, através dos tempos, das línguas e das sociedades

La aventura de las palabras de la ciudad, a través de los tiempos, de los idiomas y de las sociedades

rgBOLSO **9**

A aventura das palavras da cidade, através dos tempos, das línguas e das sociedades

La aventura de las palabras de la ciudad, a través de los tiempos, de los idiomas y de las sociedades

CHRISTIAN TOPALOV, STELLA BRESCIANI, LAURENT COUDROY DE LILLE, HÉLÈNE RIVIÈRE D'ARC (ORG.)

Tradução francês/espanhol ALICIA NOVICK

Preparação e revisão de texto JULIANA KUPERMAN, CARLOS JOSÉ FÉLIX, ABILIO GUERRA

Projeto gráfico da coleção e diagramação ESTAÇÃO

Desenhos da capa LUCIA KOCH

Gráfica PANCROM

Coordenação editorial ABILIO GUERRA E SILVANA ROMANO SANTOS

Extrato adaptado da edição original em francês TOPALOV, CHRISTIAN; COUDROY DE LILLE, LAURENT; MARIN, BRIGITTE; DEPAULE, JEAN-CHARLES. L'AVENTURE DES MOTS DE LA VILLE: À TRAVERS LE TEMPS, LES LANGUES, LES SOCIÉTÉS. PARIS, ROBERT LAFFONT, 2010. ISBN 978-222-111-204-5.

APOIOS PÓS-HISTÓRIA UNICAMP / CAPES / CENTRO INTERDISCIPLINAR DE ESTUDOS DA CIDADE (CIEC)

Romano Guerra Editora, São Paulo, 2014

**org. christian topalov, stella bresciani,
laurent coudroy de lille, hélène rivière d'arc**

A aventura das palavras da cidade, através dos tempos, das línguas e das sociedades

La aventura de las palabras de la ciudad, a través de los tiempos, de los idiomas y de las sociedades

A reprodução ou duplicação integral ou parcial desta obra sem autorização expressa dos organizadores e dos editores se configura como apropriação indevida dos direitos intelectuais e patrimoniais do autor.

© Christian Topalov, Stella Bresciani, Laurent Coudroy de Lille, Hélène Rivière d'Arc

Direitos para esta edição

Romano Guerra Editora

Rua General Jardim 645 conj. 31 – Vila Buarque
01223-011 São Paulo SP Brasil
Tel: (11) 3255.9535
E-mail: rg@romanoguerra.com.br
Website: www.romanoguerra.com.br
Printed in Brazil 2014
Foi feito o depósito legal

A948   A aventura das palavras da cidade: através dos tempos, das línguas e das sociedades = La aventura de las palabras de la ciudad: a través del los tiempos, de los idiomas y de las sociedades / Organizadores Christian Topalov, Stella Bresciani, Laurent Coudroy de Lille, Hélène Rivière d'Arc; tradução Alicia Novick. -- São Paulo : Romano Guerra, 2014.
696 p. (Coleção RG bolso ; 9)

Título original: L'aventure des mots de la ville. À travers le temps, les langues, les sociétés
ISBN 978-85-88585-21-8 (coleção)
ISBN 978-85-88585-45-4 (volume 9)

1. Semântica das palavras - História - Vocabulário - Português - Espanhol 2. Cidades - Semântica das palavras - Vocabulário – Português - Espanhol 3.Vilas Semântica das palavras - Vocabulário – Português - Espanhol I.Novick, Alícia, trad. II.Título III. Série
CDD 401.43

Serviço de Biblioteca e Informação da Faculdade de Arquitetura e Urbanismo da USP

agradecimentos

Esta publicação de A *aventura das palavras da cidade, através dos tempos, das línguas e das sociedades*, contém os verbetes em língua espanhola e portuguesa, recortados da edição original francesa *L'aventure des mots de la ville, à travers le temps, les langues, les sociétés*, e se tornou possível graças a um conjunto de pessoas intimamente envolvidas com sua elaboração, Christian Topalov, Laurent Coudroy de Lille e Hélène Rivière d'Arc. A eles se somam os colaboradores da edição francesa Brigitte Marin e Jean-Charles Depaule.

Christian Topalov esteve no centro dos longos trabalhos da edição francesa e sua ativa participação tornou a tarefa de organizar a edição brasileira bem menos difícil. Os bons resultados se devem ainda aos coordenadores de equipes de cada idioma – Hélène Rivière d'Arc e Laurent Coudroy de Lille (espanhol) e Christian Topalov (português – Portugal). Merecem agradecimento especial os autores dos verbetes, profissionais altamente especializados em várias disciplinas – história, arquitetura e urbanismo, sociologia, geografia, linguística.

Os autores dos verbetes em português são os seguintes: Ana Fernandes, Candido Malta Campos, Cláudia Damasceno Fonseca, Frédéric Vidal, Graça Índias Cordeiro, Hélène Rivière d'Arc, Iara Lis Schiavinatto, José Tavares Correia de Lira, Licia

Valladares, Magda Pinheiro, Margareth da Silva Pereira, Maria Alexandre Lousada, Maria Camila L. D'Ottaviano, Maria Cristina da Silva Leme, Maria Ruth Amaral de Sampaio, Marisa Varanda Teixeira Carpintéro, Myriam Bahia Lopes, Paulo Cesar Xavier Pereira, Philip Gunn, Robert Moses Pechman, Sandra Jatahy Pesavento, Stella Bresciani, Telma de Barros Correia, Valter Martins.

Os verbetes em espanhol ficaram a cargo dos seguintes autores: Alicia Novick, Anne Péné-Annette, Charlotte Vorms, Claude Bataillon, Claudia C. Zamorano-Villarreal, Diego Campos, Dolores Brandis, Eduardo López Moreno, Elía Canosa, Ernesto Aréchiga Córdoba, Federico Collado, Gabriel Ramón Joffré, Gonzalo Cáceres, Hélène Rivière d'Arc, Horacio Caride, Isabel Rodríguez Chumillas, Javier García-Bellido, Jérôme Monnet, Jesús Rabágo Anaya, Jorge Ramos, Laurent Coudroy de Lille, María Jesús Fuente, Mario Sabugo, Marta Lora Tamayo, Philippe Lavastre, Rafael Más Hernández, Rodrigo Salcedo, Sonia Garcia, Stéphane Michonneau, Veronica Paiva, Xavier Huetz de Lemps.

A imprescindível colaboração de vários colegas: Margareth da Silva Pereira na excelente revisão da tradução do texto introdutório de Christian Topalov "Isto não é um dicionário", Alicia Novick na providencial reversão para o espanhol dos verbetes em francês da edição original, tarefa que contou com a colaboração de Hélène Rivière d'Arc, Claudie Duport, Alicia Calvo e Francisco de Azevedo. A participação dos autores dos verbetes em língua portuguesa para a reversão do francês para o português tornou a tarefa de revisão e padronização dos verbetes mais fácil e prazerosa, padronização e revisão final dos verbetes em ambas as línguas que se beneficiou da paciente e eficaz colaboração de Clecia Gomes.

A Christian Topalov se deve ainda o convênio com a editora Robert Laffont que adicionou ao contrato a possibilidade desta edição brasileira pela Romano Guerra Editora. A acolhida paciente de Abilio Guerra e de Silvana Romano Santos, assim como os apoios financeiros da Capes/Programa de Pós-graduação em História da Unicamp e logístico do Centro Interdisciplinar de Estudos da Cidade (CIEC) foram essenciais para dar ao trabalho uma boa finalização.

Lembramos com saudades nossos colegas Sandra Jatahy Pesavento e Philip Gunn precocemente desaparecidos.

Stella Bresciani

apresentação hélène rivière d'arc e stella bresciani
    Sobre a edição em espanhol e português **13**
introdução christian topalov Isto não é um dicionário **19**
verbetes Português / Español **61**
dicionários de línguas e enciclopédias gerais
    Português **675**
diccionarios de idiomas y enciclopedias generales
    Español **681**
índice de palavras / índice de palabras
    Português / Español **687**
índice de autores Português / Español **689**

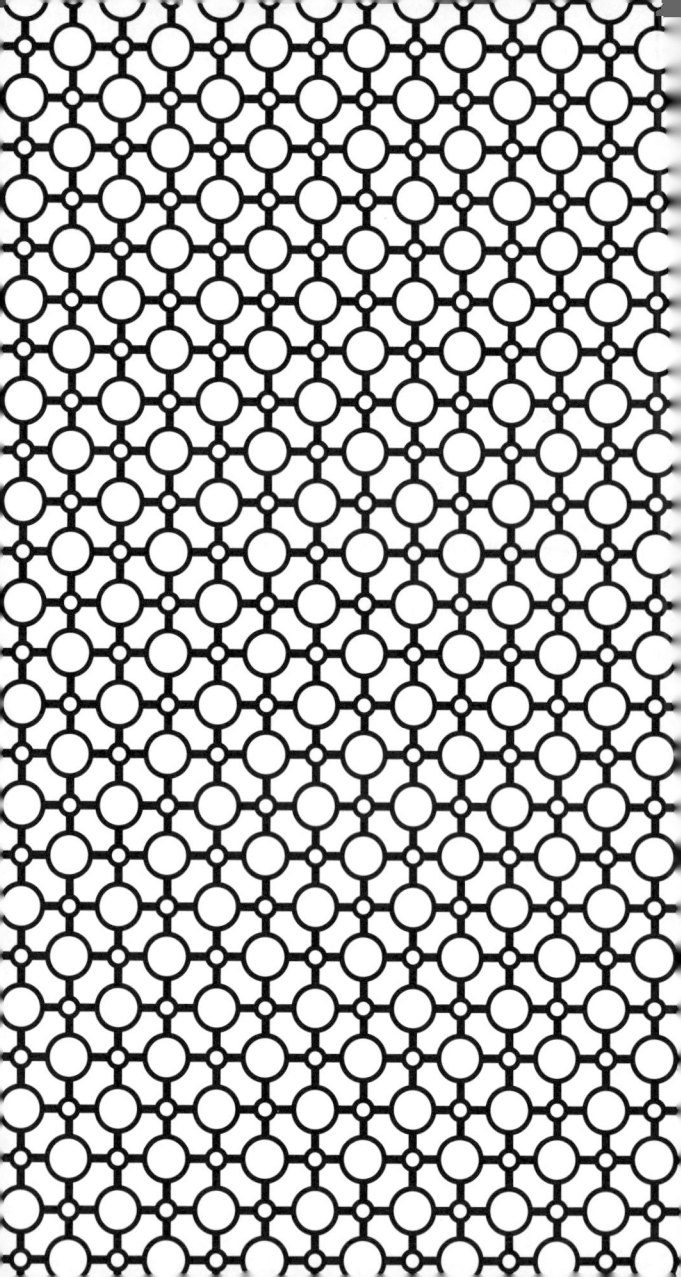

apresentação hélène rivière d'arc e stella bresciani
SOBRE A EDIÇÃO EM ESPANHOL E PORTUGUÊS

Por que a edição de um *Thesaurus* nesses dois idiomas? Proximidade e/ou afinidade entre os habitantes da Península Ibérica e os numerosos países Iberoamericanos? Talvez isso. Ou talvez a busca de aproximação de nossas experiências singulares de forma a confirmar a presença de palavras cujo sentido se manteve nas travessias oceânicas ou a intenção de sugerir a expressiva diversidade de uso das línguas fundadoras, evidente em muitos países. Escolhemos circunscrever nossa *Aventura* pelo universo das palavras da cidade a partir do pressuposto diálogo constante entre Espanha, Portugal e suas antigas colônias americanas, certos de que abarcar todas as regiões onde se fala português ou espanhol se mostraria tarefa de difícil ou impossível execução. O exercício desenvolvido pelos pesquisadores dá conta de permanências e da diversidade no uso de línguas vivas e apropriadas de maneiras distintas, tanto por falantes do português quanto do espanhol, em diferentes países.

As travessias e usos não se limitaram às terras do continente americano, avançaram pela África, Ásia e Oceania, absorveram linguajares das populações aborígenes e se fixaram de diversas maneiras, com modulações características e sonoridades diferenciadas. Afinal, a partir do século 15 os idiomas espanhol e português espalharam-se pelo mundo a partir das expedições marítimas de Espanha e Portugal.

Fossem simples instalações de entrepostos comerciais em áreas portuárias ou empresas destinadas a colonizar territórios e deles fazer extensões de seus próprios países, os idiomas se fixaram como forma de afirmação sobre a população nativa e, em numerosos países, se mantêm enquanto línguas oficiais ou, pelo menos, como uma das línguas faladas pela população local.

A presença colonizadora pontilhou a costa Atlântica das três Américas e fixou-se de modo permanente no território do Novo Mundo até a costa do Pacífico, um continente enorme e diversificado, em área cuja extensão supera várias vezes a dimensão da Europa. Constituiu imensos Impérios com séculos de duração, e os idiomas foram mantidos mesmo com a independência das áreas colonizadas. Essa enorme empresa colonizadora e comercial implicou na difusão dos idiomas português e espanhol em várias regiões dos cinco continentes e formou algo aproximado a 290 milhões de luso-falantes e em mais de 300 milhões entre os que adotaram e falam o espanhol.

É, contudo, imprescindível remeter ao conturbado e complexo processo de descolonização das colônias ibéricas. Embora ensejasse em várias províncias formas desiguais de resistência e adesão ao país em formação, o ato da independência para o Brasil apresentou-se como processo que pressupôs várias formas de confronto e negociação minimamente gerenciado por um poder central, portanto singular frente às nações americanas por ter preservado a unidade territorial e a monarquia. Dessa forma, o novo pacto constitucional manteve como figura de chefe do Estado um príncipe da Casa de Bragança, da família real portuguesa. Já a separação das áreas colonizadas pela Espanha implicou em um conflito longo contra a metrópole e, também, entre chefias republicanas locais e regionais que, se garantiu, pelo recurso às armas, a formação de várias nações soberanas, resultou em virtude da expressiva fragmentação dos objetivos de seus condutores em mosaico de países dispostos no extenso espaço territorial das Américas.

As lutas contra o inimigo comum no período marcado pelas investidas de recolonização pela Espanha e as sucessivas buscas de integração e formação de uma particular identidade continental não foram bem sucedidas. Os vários congressos estruturados em torno de projetos de união das áreas hispano-americanas – 1826 no Panamá, 1848 e 1865 em Lima, e 1865 em Santiago do Chile – visavam definir a "consciência da singularidade do continente americano" e a formação do imaginário da *americanidad*. Contudo não compuseram essa imagem, ainda que tivessem por base o amálgama de projeções geográficas, com elementos da natureza, os mitos e a religião.

A distância geográfica, transatlântica, e as posições políticas divergentes entre a península ibérica e suas ex-colônias sediadas na enorme massa continental americana, guarda em certo sentido paralelo sentimental e imaginário no rebatimento do uso das palavras. A força da intenção diferenciadora marca as propostas das várias denominações que se sucederam no decorrer desses vários congressos – "Colômbia", "América", "Hispanoamérica", "América Latina" – e encontra trilha paralela nas palavras da língua da mãe colonizadora em seu uso na América espanhola; sofreram deslizamentos semânticos, ganharam novos sentidos, adaptaram-se a circunstâncias locais e sociais diferenciadas. Por outro lado, a integridade territorial e política do Brasil, embora mantenha coesão linguística, também conheceu adaptações de palavras portuguesas e a elas foram atribuídos sentidos nem sempre idênticos quando utilizadas pela população dispersa na imensidão continental. Ainda, é preciso frisar a força da cultura indígena – tanto nos países de língua espanhola como portuguesa – que deixou fortes marcas na adoção e manutenção de palavras para denominações topográficas, lugares específicos, designação de alimentos e acolhida de costumes.

A adoção de denominações indígenas foi extensiva às três Américas, inclusive o Canadá e Estados Unidos, e elas nos ensinam a entender rupturas e persistências, bem como a absorção de termos estrangeiros em áreas de fronteira. Essa riqueza semântica constitui a mais firme justificativa da intenção de publicar esse *thesaurus* que nos traz uma verdadeira *Aventura das palavras da cidade* nas línguas espanhola e portuguesa. A variedade semântica nos usos teve, em nosso estudo, seu recorte definido pelas populações urbanas da Península Ibérica e da Iberoamérica; designam usos multinacionais com a introdução de palavras de idiomas diversos na esteira da globalização e introdução de modernos meios midiáticos.

Há, sem dúvida, um ponto em comum entre os países das Américas e os da Península Ibérica na persistência da herança portuguesa e espanhola em palavras que designam territórios, denominações de recortes institucionais e administrativos, regulamentações urbanísticas e jurídicas relativas a determinados espaços e suas funções, monumentos e a distinção entre espaços públicos e espaços privados. Ponto em comum que mostra um processo aparentemente contraditório de mobilidade/fragilidade e persistência/durabilidade expresso em grande diversidade de vozes de profissionais, jornalistas, escritores e, sobretudo, a nossa enquanto usuários; um processo interativo e definidor da história das palavras e dos territórios das cidades. Pontos em comum que apontam divergências nítidas no uso de palavras, uso relacionado a situação dos respectivos países, à mobilidade social, à rupturas políticas, enfoques diversos que aproximam e distanciam palavras e seus usuários.

A proposta na edição francesa comporta oito idiomas e para cada um deles foram selecionados entre trinta e quarenta verbetes relativos a quatro grandes temas: as categorias de cidades, as divisões da cidade, os tipos de moradia, as vias e espaços abertos. Trata-se de palavras utilizadas hoje no dia a dia das pessoas e implicou em deixar de lado palavras restritas apenas às linguagens técnicas, administrativas ou eruditas e opção pela fala cotidiana. Houve um esforço para reconstituir e contar a história de todas as palavras escolhidas: histórias às vezes multisseculares ou contando apenas algumas décadas, tecidas pelas alterações em seu uso em certas épocas, de acordo com os registros de língua, com as situações de enunciação.

A posição assumida pela coordenação do estudo foi decididamente descritiva, observados os significados das palavras tal como os sentidos lhes são atribuídos ao serem faladas. Manteve-se distância, contudo, do gênero dicionário crítico frequentemente elaborado pelos especialistas da cidade e no qual prevalece a dimensão normativa. A produção de *A aventura das palavras da cidade* nas línguas portuguesa e espanhola consistiu em exercício árduo, porém não destituído de grande prazer nas descobertas de aproximações e distanciamentos entre as palavras usadas pelos citadinos de um número significativo de cidades contemporâneas. Prazer que esperamos compartilhar com nossos leitores.

introdução christian topalov
ISTO NÃO É UM DICIONÁRIO[1]

O livro que colocamos em suas mãos é mais um guia de viagem do que um dicionário. Trata-se de um convite para os múltiplos e possíveis percursos pelas cidades e pelas palavras ou de um convite para trajetos no tempo, nas línguas, nas sociedades urbanas.

Na edição francesa, o *L'aventure des mots de la ville* foi composto por cerca de 260 artigos densos com três ou quatro páginas escritas por 160 autores que estudaram as palavras com as quais se fala das cidades hoje em oito idiomas: sete europeus – alemão, inglês, espanhol, francês, italiano, português e russo – e um, o árabe, idioma de um mundo cujas interações com a Europa sempre se mantiveram intensas, particularmente em torno do Mediterrâneo. Mantiveram também as variantes americanas de línguas que, com os impérios europeus, atravessaram o Atlântico (inglês, espanhol, francês e português).

As palavras do dia a dia

Para cada idioma estudado, foram selecionados entre trinta e quarenta verbetes relativos a quatro grandes temas: as categorias de cidades, as divisões da cidade, os tipos de moradia, as vias e espaços abertos. Quiseram tratar de palavras que são utilizadas hoje no dia a dia das pessoas nas cidades. Deixaram de lado, portanto, palavras restritas apenas às linguagens técnicas, administrativas ou eruditas. Delas optaram por manter somente as que passaram a constar da fala comum. Houve um esforço por reconstituir e contar as histórias de todas as palavras escolhidas: histórias às vezes multisseculares ou apenas de algumas décadas, tecidas pelas alterações em seu uso em certas épocas, de acordo com os registros de língua, com as situações de enunciação.

A posição é decididamente descritiva: foram observados os significados das palavras tal como lhes atribuímos sentido quando falamos. Mantiveram distância, contudo, de um gênero de livro: o dicionário crítico, frequentemente elaborado pelos especialistas da cidade e no qual prevalece a dimensão normativa. Não foram discutidos os conceitos que ajudam a pensar o mundo urbano nem se buscou pesquisar terminologias mais adequadas. Também não foi proposta "uma forma completamente nova de compreender as cidades e a vida urbana", como é o caso do tão estimulante e poético *City A-Z* editado por Steve Pile e Nigel Thrift (2000). Tampouco propuseram fazer um balanço crítico de uma disciplina como vêm empreendendo os geógrafos em intervalos regulares – e, frequentemente, com sucesso – como o *Dictionnaire de la géographie* de Jacques Lévy e Michel Lussault (2003). Não se trata, em suma, de uma enciclopédia e nem mesmo, de forma mais modesta ainda, de um "estado do conhecimento" sobre a cidade (Paquot, Lussault & Body-Gendrot 2000). Com certeza, as coisas da cidade estiveram no centro do *L'aventure*, porém tão somente pelo filtro das palavras que as nomeiam: não visaram nem a exata descrição das coisas urbanas, nem a clareza e a pertinência das noções. O programa adotado foi o de simplesmente tentar restituir os significados efetivamente atribuídos no decurso do tempo por pessoas às palavras – se esses significados são fluídos, ambíguos ou contraditórios, é isso que constituí a própria matéria da investigação.

Dado ser o interesse limitado às palavras do cotidiano, não foram acolhidos os jargões de "tribos" que, entretanto, falam muito das cidades: administradores ou engenheiros, geógrafos ou sociólogos, planejadores ou ainda profissionais do urbano. Trata-se de iniciativa também diferente daquela dos dicionários de urbanismo e de planos urbanos que periodicamente buscam fixar e normatizar as linguagens técnicas, como o fizeram para a língua francesa o *Petit glossaire de l'urbaniste en six langues*, de Gaston Bardet (1948), a Françoise Choay e Pierre Merlin ([1988] 2000, este reeditado duas vezes) ou o caso mais recente do glossário multilíngue das palavras usadas nas administrações francesas para as reformas urbanas (*Dictionnaire multilingue*... 1997). Poderia também ser sublinhado que o termo "dicionário histórico" não é o mais apropriado para o presente projeto, já que esse gênero científico traz também as palavras em desuso, enquanto aqui estas só são consideradas se, no decurso da história, mantiveram relações com as palavras de nosso *corpus* contemporâneo. Em contrapartida, estudou-se os usos esquecidos das palavras de hoje.

Ao contrário do procedimento de numerosos geógrafos, historiadores ou pensadores das cidades, as "representações urbanas" – essas formas discursivas ou icônicas pelas quais os atores históricos, em geral, comentam o mundo social – só nos interessaram de forma tangencial. Optou-se por trabalhar de forma mais reduzida – e, é necessário que se diga, de forma também mais austera – os processos de designação e de nomeação e a cristalização dos seus resultados no vocabulário de cada idioma.

Alguns dos progressos mais significativos alcançados pela semântica histórica recente resultaram de trabalhos de pesquisadores voltados para a história dos conceitos sócio-políticos (ver Guilhaumou 2000). Foram mantidos seus métodos como apoios, embora os objetos difiram de modo bastante claro. As palavras que interessam não se referem a conceitos abstratos – a nação, a democracia ou a revolução – cuja definição pode variar de acordo com as concepções que delas fazem os que sobre elas discorrem; elas se referem a coisas materiais que parecem ter sempre existido antes mesmo que tenhamos começado a nomeá-las: uma cidade, uma rua, uma casa. O grau de evidência dos significados das palavras da cidade parece, assim, muito elevado e é exatamente isso que confere a esta iniciativa sua dificuldade e seu interesse. Ironizando todas as ontologias construtivistas, o 'ser' ao qual se referem as palavras aqui acolhidas apresentam, com frequência, uma inegável materialidade: pode-se dizer que são "coisas". Poder-se-ia acreditar que a relação entre os vocabulários e essas realidades responderia apenas a uma exigência de adequação prática. Assim, também não caberia se surpreender que as palavras sejam diferentes de um idioma a outro ou que tenham sofrido modificações no decurso do tempo dado que as realidades urbanas que designam são elas mesmas diversas e estão em constante movimento. Entretanto, se fosse assim tão simples, este projeto não se sustentaria – ou, ao menos, perderia o essencial de seu interesse.

A hipótese central e o desafio intelectual da iniciativa dos coordenadores convergem na certeza de que as palavras da cidade vão além da descrição do mundo urbano: elas participam de sua própria constituição (Depaule & Topalov 1996). Ao designarem os objetos, as palavras os agrupam em família, os separam de outros objetos ou classe de objetos. As palavras ordenam, qualificam, avaliam – com frequência, antes mesmo de comporem argumentos ou conversas. O emprego de palavras realiza constantemente operações de classificação no interior de sistemas de categorias de maior ou menor complexidade – feitos de diferenciações, gradações, oposições, hierarquizações. Desse modo, as palavras não descrevem apenas; elas constituem formas da experiência do mundo e meios de agir nele e sobre ele. As palavras são um dado social, uma herança que preexiste aos que as utilizam, resultam também das iniciativas de atores históricos, são instrumentos que permitem o conhecimento e a ação. As palavras são meios para nos comunicarmos, mas são armas também. Assim, para nós, escrever as histórias das palavras é, sem dúvida, uma forma pouco habitual, mas, a nosso ver, bastante eficaz, de aproximar a história social e material das cidades.

Circular entre idiomas

No *L'aventure des mots de la ville*, versão original francesa, composto por oito línguas e algumas variantes regionais, o problema da tradução se evidenciou imediatamente e representou uma armadilha. Afinal, traduzir é aproximar o desconhecido do conhecido, é também fazer desaparecer o próprio tema deste trabalho: ou seja, a não correspondência das palavras pertencentes a línguas diferentes. Daí termos adotado uma postura rígida ao longo da obra: nunca traduzir a palavra estudada em um verbete nem qualquer dos vocábulos utilizados pelos autores – seja nas fontes ou nos comentários – que tenha por função definir o seu sentido. Os significados das palavras estudadas foram descritos exclusivamente nos termos dos sistemas semânticos aos quais pertencem. Isto ocorreu, principalmente, nas definições de base de cada verbete – todas oriundas de fontes distanciadas no tempo e mantidas no idioma de origem[2].

Tal como observado na edição francesa, os dicionários bilíngues oferecem uma série de soluções elaboradas sobre o pano de fundo de uma não-coincidência entre os recortes da realidade urbana feitos por cada língua, e por vezes entre as diferentes realidades a que se referem. Entretanto, de uma tradução a outra, principalmente quando distanciadas no tempo, se observa em cada língua envolvida um duplo deslocamento das significações. Assim, esses documentos tão simples colocam o leitor diante do enigma próprio à operação de tradução[3].

Lembramos que o objetivo do *L'aventure* não foi o de fornecer um glossário internacional das coisas urbanas – o que, entretanto, poderia ser útil aos que se interessam pelas cidades e cujo trabalho exige se comunicar com pessoas de outras línguas ou buscar compreender realidades estrangeiras com a ajuda de palavras de sua própria língua mas que não foram formuladas para as mesmas situações. Para os profissionais globalizados de grupos internacionais, instituições intergovernamentais, ONGs ou comunidades universitárias, o inglês norte-americano padrão já é a *língua franca*[4]. Se o inglês permite que os dominados pela competição linguística sintam-se pertencentes ao mesmo mundo dos dominantes, constata-se que ele não permite falar as mesmas coisas que os falantes de outras línguas dizem quando falam sobre suas cidades. Como traduzir para o inglês a *plaza* espanhola ou a *Platz* alemã – dado que o inglês norte-americano (e por derivação o britânico) já tem uma *plaza* com significado totalmente diverso? Como seria interpretada hoje em francês ou italiano a distinção entre *town* e *city* – com significados diversos mesmo entre a Grã-Bretanha e os Estados Unidos? Como traduzir para o inglês a *banlieue* francesa, cujo significado social se tornou, desde os anos 1980, o oposto de *suburbs*? Até as numerosas palavras emprestadas do inglês a partir do final do século 19 por outras línguas perderam muitas vezes seu significado ao ultrapassarem as fronteiras ou os oceanos. Na Argentina, por exemplo, a partir dos anos 1970, um *country* (abreviação de *country club*) designa um conjunto de moradias urbanas de luxo e em geral em vias privadas, o que pouca coisa tem a ver com o campo, mas cujo significado original seria o inglês *country*. Na Rússia, um *kottedz* (calcado no inglês *cottage*) significava antes da revolução de 1917 uma casa operária anexa à fábrica; passou a ser no período soviético "uma *domik* (casa) de campo, uma *daša* ou ainda uma *domik* em geral, com o caráter d'*osobnjak* [moradia de uma só família]" (Schmidt 1937:34). *É hoje, enfim, uma "častnyj žiloj dom [casa privada] com dois ou três pavimentos e elevado nível de conforto, situada em geral nos subúrbios e destinada aos urbanos" (Tolkovyj slovar'...* 2001) – em suma, aquilo que desde o final do século 19 se chama *chalet* na Espanha ou *Villa* na Alemanha.

Coloquemos, então, a seguinte questão: para que serve um dicionário plurilíngue, como o *L'aventure*, que não propõe traduções? Há outras finalidades, já que, no fundo, não se trata de um dicionário. O leitor é convidado, não a estabelecer, já de imediato, equivalências entre palavras, mas a melhor compreender palavras desconhecidas – ou que mereceriam ser consideradas assim – recolocando-as ao lado de outras palavras de seu próprio idioma e que lhe conferem sentido. Convida-se o leitor a explorar e a comparar dois sistemas semânticos que organizam um campo particular de significados, a cidade, ao terem colocado no final de cada verbete um conjunto de vocábulos que designam em outras línguas objetos do mesmo campo semântico. O intuito foi o de mostrar o interesse pelas similitudes e diferenças entre palavras que são próximas e, contudo, distintas. O leitor poderá, assim, fazer por conta própria a comparação de seu interesse e observar o quanto duas línguas organizam de modo diferenciado ou semelhante um mesmo conjunto de objetos urbanos.

Tratando-se de comparação, faz-se necessária uma última ressalva. O material oferecido ao leitor não se constitui de dados brutos, coletados a partir de normas uniformes, mas textos escritos por pesquisadores. As histórias que relatam dependem em grande parte dos *corpora*[5] que eles privilegiaram, das interpretações que elaboraram, da forma como decidiram conduzir a narrativa. São pesquisadores de formação diversa: historiadores, geógrafos, sociólogos, historiadores da arquitetura ou das intervenções urbanas, mais raramente, antropólogos ou linguistas. São textos marcados por estilos científicos que variam de acordo com a nacionalidade dos pesquisadores, a geração a qual pertencem, os diálogos com os quais estão comprometidos. Esta variedade dá sabor particular ao *L'aventure* mas significa que o que se oferece para ser comparado não são apenas palavras, mas também autores.

Por que se interessar por palavras?

O que levou pesquisadores provenientes de diferentes domínios das ciências sociais a se reunirem em torno deste projeto, isto é, a considerarem que as palavras da cidade merecem interesse?

Já que toda descrição de uma conjuntura científica é ao mesmo tempo situada e engajada e nem todos os autores do *L'aventure* concordam, necessariamente, com ela, as respostas a esta questão só poderiam ser pessoais. Nossos ambientes intelectuais e nossos procedimentos de pesquisa diferem enormemente. Malgrado as interações terem sido densas tanto quanto possível, o protocolo que nos reuniu foi reduzido, de fato, a algumas formas de conduzir a pesquisa e a algumas regras de redação. E vale mencionar que fazer compreender o projeto nem sempre se mostrou fácil e, por vezes, nem mesmo possível.

Por que, então, interessar-se hoje em dia pelas palavras? Apenas a título de rememoração, mencionamos os efeitos do *linguistic turn*, que tanto agitou o debate internacional nos campos da literatura comparada em língua inglesa, dos *cultural studies* e, em menor grau, da história e da antropologia. Sabemos ser o que se chama de *French Theory* nos Estados Unidos – esta mistura estranha de Derrida, Foucault, Deleuze e mais alguns outros (Cusset 2003) – um produto norte-americano que suscita certa perplexidade na França[6]. Não se observa ainda nas ciências sociais europeias iniciativa intelectual séria que parta do postulado do "mundo como texto". Entretanto, na senda do que foi descrito como desgaste da história econômica e social difundiu-se certa posição na historiografia de vários países que levou a se desdenhar a história das "realidades", privilegiando-se a história das "representações". Esta oposição, embora insustentável, adquiriu a solidez inflexível das evidências práticas e dos esquemas cognitivos os mais enraizados. Assim, o interesse pelas "representações" ajudou nosso projeto a ser bem aceito por certos historiadores – por vezes também mal interpretado, fazendo com que o estudo do léxico corresse o risco de se eclipsar em benefício do estudo do discurso.

Propomos deixar de lado o *linguistic turn* para expor três desenvolvimentos que há uma ou duas décadas vêm marcando as ciências sociais e desempenharam um papel importante na definição do projeto: a emergência de uma postura reflexiva, o sucesso dos paradigmas construtivistas e o diálogo renovado com a linguística pragmática.

Entretanto, há uma tradição mais antiga e também mais constante na área de história –

pelo menos desde o surgimento da crítica das fontes no final do século 19: a atenção dedicada à linguagem dos documentos. Marc Bloch, por exemplo, nessa espécie de testamento intelectual, elaborado em 1941-1943 e posteriormente publicado sob o título *Le metier d'historien*, discutia o que denominava "o problema fundamental da nomenclatura" (Bloch [1949] 1993:167). Qual deve ser a linguagem do historiador? Deve utilizar o léxico das fontes que o protege do anacronismo – "entre todos os pecados, o mais imperdoável do ponto de vista de uma ciência do tempo" (ibidem:176) – ou o léxico de seu próprio tempo que só ele permite generalizações? Adotar a terminologia do passado, "um procedimento bastante seguro à primeira vista", apresenta riscos, pois o vocabulário das fontes pode nos enganar: as coisas mudam sem que as palavras as acompanhem ou, ao contrário, as palavras variam sem que as coisas difiram. Além do mais, há em toda sociedade uma pluralidade de vocabulários (cujo caso limite é a *diglossia* hierárquica) e os escritos permanecem, em essência, uma elaboração erudita do real. Ao invés da linguagem rebuscada dos letrados, dizia Bloch, deveríamos escutar os camponeses. Assim, em suas conclusões afirma que "o vocabulário dos documentos, a seu modo, nada mais é do que um testemunho": estudar as maneiras de dizer, quando colocadas no conjunto das fontes, é "um verdadeiro instrumento de conhecimento" (ibidem:174). Consequentemente, o próprio vocabulário é parte dos objetos do historiador: "O ato nomear é sempre um acontecimento importante na história, mesmo quando a coisa precede a palavra; pois marca a etapa decisiva da tomada de consciência" (ibidem:174). Havia na época de Bloch exemplos sólidos do que já se chamava "semântica histórica" (ibidem:174), notadamente o estudo de Lucien Febvre – seu companheiro nos *Annales*, que dizia: "fazer a história de uma palavra – *civilisation* – sempre vale a pena" (1930:9); um pouco mais tarde Norbert Elias diria o mesmo sobre *Kultur* e *Zivilisation* (1939), e Febvre, ao retomar o exercício para as palavras *capitalisme* (1939) e *travail* (1948).

Sublinhemos a ideia de Bloch de que a linguagem é um indício da "tomada de consciência". Toda sua discussão gira sobre uma preocupação central: o documento e seu vocabulário nos dão a realidade tal qual era ou comportam atalhos que conviria serem levantados? Para Bloch, a linguagem só era objeto de investigação por nos informar sobre a evolução do "real" e sobre a temporalidade de sua tomada de consciência. Reconhecemos nessa afirmação o programa de estudo das "mentalidades" ou das "ferramentas mentais" das primeiras gerações de historiadores dos *Annales* que buscavam seus recursos nocionais na etnologia de seu tempo. É claro que, desde então, os termos do problema mudaram: a realidade, suas representações e as relações entre elas não são mais as mesmas.

Vejamos agora os desenvolvimentos mais recentes das ciências sociais que permitiram esta mudança. Chamei a um deles "reflexividade". Numerosos historiadores, mais recentemente, ao seguirem e radicalizarem o questionamento de Marc Bloch, colocaram no centro de sua reflexão de método a distância existente entre o vocabulário de suas fontes e o vocabulário de nosso tempo – na França coube a Jean-Claude Perrot abrir o caminho há mais de trinta anos (Perrot 1975). Afinal, nossas categorias e as da época que estudamos diferem entre si e ao abordamos o passado seria vão pretender colocar de lado nosso próprio equipamento intelectual. O essencial é deixar essas diferenças explícitas e fazê-las interagir. Bernard Lepetit, historiador das cidades, falecido muito cedo, e por longo tempo diretor dos *Annales*, dizia em 1988: "É do jogo desses afastamentos que se pode esperar um pouco de luz" (Lepetit 1988:21).

Várias tarefas decorrem desta perspectiva. Em primeiro lugar, seria conveniente investigar as categorias do passado para explicitar o que as diferencia das nossas. Observa-se, desse modo, sobretudo nos períodos de mudanças histórica e cultural rápidas, que essas categorias, elas próprias, eram outras: como as nossas, as sociedades do passado estavam divididas e suas formas de falar e de pensar sobre elas eram plurais e, com frequência, sustentadas por atores concorrentes. Alguns antropólogos passaram, assim, a questionar a noção unificadora de "cultura" que obrigava a se pensar as sociedades humanas como todos homogêneos, ao mesmo tempo que certos historiadores começaram a dar maior atenção às diferenças culturais e a interpretar essas diferenças como outras tantas formas de se posicionar no mundo social e de agir sobre ele: as representações são realidades, especialmente por serem necessárias à ação na história. Por outro lado, as realidades são também representações, pois é sob essa forma que os atores delas se apropriam para agir (Perrot 1992:10-11), e é na forma de representações que o historiador as recolhe mais tarde.

Outra tarefa correlata à precedente diz respeito a nossas próprias categorias de descrição. Escutemos mais uma vez Lepetit: "Já que não há leitura ingênua, deve-se explicitar quais os 'óculos' que usamos" (1988:85). Convém não somente designá-las – o que é o mínimo – mas também tratá-las como produtos da história: como as categorias de nossos predecessores, as nossas nasceram em meio a conflitos históricos e, para utilizá-las corretamente, se faz necessário descrevê-las de um ponto de vista antropológico e, também, examinar as condições nas quais sua evidência se impôs. As consequências desse posicionamento reflexivo são consideráveis (Topalov 2003). Essa tarefa exige não somente precauções das quais poderíamos nos livrar com uma introdução cautelosa; ela oferece também novos objetos de pesquisa, por vezes de considerável amplitude: toda a historiografia da estatística, por exemplo, modificou-se totalmente nos últimos trinta anos. Essas pesquisas levam a observar que os vocabulários eruditos – tais como os "conceitos", caros aos sociólogos, – não se encontram tão distantes, como pensamos, dos vocabulários comuns ou, pelo menos, dos vocabulários da ação. Desse tratamento simétrico dos léxicos eruditos e de todos os outros, resulta sem dúvida um rebaixamento sensível da crença na especificidade intrínseca das formas letradas da descrição do mundo, mas também proporciona a possibilidade de uma verdadeira epistemologia histórica. E creio que isso não se perde com essa mudança.

Um segundo elemento da conjuntura das ciências sociais que data de cerca de vinte anos, e para nós significativo, reside no aumento da importância de diversos paradigmas "construtivistas". Tal como todas as palavras com o sufixo "ismo", também esta, de modo algum, mostra-se pouco adequada para descrever tendências de pesquisas sobre os diversos vocabulários científicos e com intenções por vezes contraditórias que surgiram simultaneamente em lugares distantes uns dos outros – tendências, portanto, que só à força podem ser rotuladas como "escola". Entretanto, a noção de "construção social da realidade", se bem que estruturada de diversos modos, designa hoje em dia – ao menos na França[7] – não uma ontologia, mas um método, uma forma de trabalho que apresenta algumas propriedades comuns e, a meu ver, uma fecundidade solidamente atestada.

How to Do Things with Words?, se perguntava Austin ([1955] 1962) ao abrir caminho para a pragmática linguística com as noções de enunciado performático e de ato de linguagem[8]. Descrever, classificar, julgar, prescrever implicam, com efeito, em atos que fazem bem mais do que dizer o mundo: contribuem à sua própria constituição. Isto é necessário já que, dentro de certas condições sociais, os locutores devem ser reconhecidos pelos demais como aqueles que dizem a verdade – o que não é em si evidente (Bourdieu 1975). Entretanto, as lutas em torno da denominação e da classificação das coisas e das pessoas desempenham um papel essencial nos processos constitutivos dos grupos sociais, das nações, dos grupos-alvo das instituições e dos problemas a serem por elas resolvidos. É nesse sentido limitado, porém crucial, que as palavras das cidades dão sua contribuição.

É também a razão pela qual se pode, na escala de todo um domínio semântico, considerar o *L'aventure des mots de la ville* como extensão de numerosos trabalhos que buscaram restituir a história da construção das categorias sociais[9] na interação de saberes, instituições e apropriações pelos atores envolvidos e, de modo mais amplo, a história da construção de categorias do saber e da ação como, por exemplo, "classe", "nação", "nacionalidade", "fronteira"[10].

Mencionamos rapidamente um terceiro e último desenvolvimento importante para a definição do projeto: o uso em ciências sociais das aquisições da linguística pragmática. De forma análoga ao que sucedeu na era dourada do estruturalismo, as ciências sociais emprestam hoje uma parte de seu instrumental da linguística, disciplina que certamente muito mudou desde a época em que prevalecia o paradigma saussuriano. Sociólogos, antropólogos e historiadores se tornaram hoje mais atentos ao "ato da fala" (*speech act*), às situações de enunciação, aos efeitos performáticos da ação de linguagem. Se tais questionamentos são particularmente adaptados à análise dos materiais recolhidos nas pesquisas orais, eles permitem também interrogar de um modo novo as fontes escritas antigas ao convidarem a que se reconstruam as "conversas" que produziram esses documentos. Seguimos os passos de pesquisadores, anteriores e nossos contemporâneos, apoiados em pesquisas sociolinguísticas que documentaram, em particular na revista *Langage et société*, a instabilidade dos objetos urbanos e de sua composição cognitiva nos enunciados em interação (Mondada & Söderström 1994; Mondada 2000; Espaces Urbains... 2001; Leimdorfer 2005).

Por que a forma dicionário?

A forma "dicionário" é estranha (Quemada 1967; Meschonnic 1991). Consiste em estabelecer uma lista de palavras julgadas dignas de serem estudadas, tratá-las separadamente e depois organizar os resultados em ordem alfabética – ou seja, da forma a mais arbitrária possível.

Este dispositivo de pesquisa, de escrita e de publicação implica, pelo menos, em dois pressupostos: aceitar que a unidade semântica "palavra", do ponto de vista analítico, é pertinente; em seguida, que os significados das palavras podem ser descritos na escala de toda a língua e não de modo puramente localizado – em um texto particular, em um discurso situado, em uma determinada interação.

Vejamos primeiro o segundo ponto. Em matéria de história das linguagens políticas, a posição de método de Quentin Skinner, que renovou profundamente a abordagem do tema, foi a de considerar os enunciados como atos de fala. Isto implica em que um estudo só possa ser feito de modo monográfico: um autor determinado, um texto específico, uma situação particular. Trata-se de "situar os textos que nós estudamos nos contextos e quadros intelectuais que nos permitem reencontrar o que, escrevendo-os, os autores *fizeram*" (Skinner 2002:vii). Restituir a intencionalidade do autor no contexto constitui elemento crucial da interpretação. Quando se trata das palavras da cidade a questão é a mesma: o que se *faz* ao as utilizarmos? Entretanto, em relação a essas palavras do cotidiano compartilhadas por múltiplos interlocutores, acreditamos que as situações locais as unem por algo como uma língua comum que pode ser descrita de modo válido, com a ressalva, bem entendido, de ficarmos atentos às suas variações. Uma das fontes mais utilizadas pelos autores do *L'aventure des mots de la ville* foram justamente os dicionários que, desde o século 17, passaram a ser um instrumento poderoso na construção das línguas nacionais e dos quais se pode dizer também, talvez subestimando sua função normalizadora, que representam a "consciência linguística de uma época". O uso dos dicionários tem, entretanto, limites bem conhecidos e relacionados a seu próprio projeto e processo de fabricação: registro tardio das mudanças, desinteresse pelas circunstâncias dessas mudanças, pouco considerarem os usos familiares, populares e regionais. Fomos assim levados a buscar sempre que possível documentos que nos dessem os usos efetivos em situações reais.

Ao trabalhar os usos em situações agrega-se algo às aproximações lexicográficas clássicas. Não é nossa pretensão comparar nosso trabalho, quase sempre artesanal, ao dos lexicógrafos, herdeiros de uma tradição científica mais que secular e que dispõem, hoje em dia, de meios poderosos que lhes permitem tratar de modo informatizado vastos *corpora*. Entretanto, ao observarmos os usos que descrevemos como acontecimentos discursivos, associamos significações a interações em situação, a grupos sociais mais ou menos extensos, a ações no mundo das administrações, dos empresários imobiliários, dos habitantes da cidade em sua diversidade. As fontes sobre as quais trabalhamos nos incitam, simultaneamente, a não considerar o acontecimento discursivo como um simples aparecer. Quando, por vezes, encontramos ensaios nos quais inovações lexicais não são retomadas, observamos, na maioria das vezes, repetições, regularidades; em suma, fenômenos de estabilização da linguagem, ainda que temporários. Em certos casos, esta estabilização toma forma material que assegura um uso de sólida permanência. A sinalização urbana, por exemplo, consolida as diferenças entre as diversas palavras genéricas que designam as categorias de vias; a aplicação de certo tipo de direito, a presença ou ausência de instituições municipais, as competências ou modalidades de seu funcionamento definem a existência de categorias distintas de localidades ou a hierarquia entre elas; as circunscrições que dividem uma mesma cidade se inscrevem nos endereços postais, nos mapas e planos, nos serviços públicos e nos edifícios que as abrigam. Sem atingir este estatuto de "coisa", outras palavras se impõem por outros meios – ou melhor, acabam sendo impostas por certos atores situados em posição de controle dos usos públicos da linguagem: professores, jornalistas, profissionais especializados (*experts*), ONGs, políticos. Passado algum tempo – por vezes bastante longo – é que esses usos são registrados nos dicionários: esses dispositivos materiais e sociais, eles também, de estabilização dos léxicos e que em geral asseguram aos significados repertoriados uma duração longa, principalmente por que os dicionários se copiam uns aos outros.

Se devêssemos comparar o *L'aventure des mots de la ville* às grandes iniciativas lexicográficas, poder-se-ia dizer que nos esforçamos para desdobrar no tempo da narrativa as listagens de acepções que os dicionários enfileiram, que passamos da observação das camadas sedimentares à restituição, sempre um pouco temerária, dos acontecimentos geológicos.

Outro pressuposto da forma "dicionário" é a de que a unidade semântica "palavra" possua pertinência analítica. Apesar dos riscos e limites desta opção, consideramos que ela possa ser mantida se tomadas certas precauções. A primeira e mais importante consiste em se conduzir a pesquisa considerando que uma palavra nunca está sozinha: só ganha sentido na relação com outras palavras, cujo significado contribui para a determinação de seu próprio significado. Caberia, pois, serem observados as relações, os sistemas. Pode-se tratar de relações de proximidade, de associação, de afinidades propícias às contaminações de sentidos, à inserção de conotações. Entretanto pode-se tratar também de sistemas classificatórios, suscetíveis de serem descritos em termos de oposições, sejam elas organizadas em pólos opostos ou em gradações. Numerosas palavras da cidade são assim definidas tanto pelo que não designam como pelo que designam.

A palavra *bourg*, por exemplo, é segundo Antoine Furetière (1690): "Habitation de peuple qui tient le milieu entre la ville et le village. Quelque uns le restraignent aux lieux qui ne sont fermez ni de murs, ni de fossez"[11]. Ou então *town*, segundo Samuel Johnson (1764): "2. Any collection of houses larger than a village. 3. In England, any number of houses to which belongs a regular market and which is not a city or see of a bishop"[12]. Em ambos os casos a definição se estrutura, primeiro em um genérico *habitation de peuple* (moradia das pessoas), ou seja um *lieu* (um lugar), *collection of houses* (coleção de casas) ou um *number of houses* (um número de casas). A este genérico se somam uma ou mais diferenças específicas, seja no registro da gradação (maior do que/menor do que) ou no registro discreto da presença ou ausência de certas instituições (muralha, mercado, bispado).

Comparemos esses sistemas com a definição de *città* de Ortelius, viajante flamengo traduzido para o italiano em 1593: "in Germania, Francia e altri paesi di qua da i monti si tengono per città le terre murate, che hanno grandezza e privileggi di città benché non habbino vescovo, a differenza de l'Italia, ove nissuno luogo (per grande que sia) si tiene per città se non ha il suo vescovo"[13] (apud Marin 2010). Temos ainda aqui um genérico (*terre, luogo*) especificado por um definidor: para lá dos Alpes, são a muralha e os privilégios, na Itália é o bispado. Nesse caso, não se trata de critério de quantidade ou, então, de população.

Com tais descrições organizadas em sistemas classificatórios, é evidente que baste modificar o significado de uma palavra em uso – ou que então surja uma palavra nova no campo semântico – para que o conjunto do sistema e os sentidos de cada um de seus elementos se modifiquem. O que convém comparar entre as línguas são esses sistemas e não as palavras tomadas uma a uma, tal como são obrigados a fazer os dicionários de tradução, cuja missão é na prática tão necessária quanto impossível em teoria. Aliás, foi como fontes para observar a instabilidade dos significados nas duas línguas em jogo que nós os utilizamos: ao comparar as soluções de tradução no decorrer do tempo, observamos a partir das equivalências construídas pelos próprios contemporâneos, deslocamentos semânticos, efeitos paralelos e independentes, de uma língua a outra.

Algumas dificuldades de método

O nosso partido principal foi trabalhar os usos das palavras, isto é, os significados que elas ganham em situações e enunciados específicos. Nisso os dicionários não nos ajudaram muito: suas definições são estabelecidas fora da situação – embora, segundo os contextos semânticos, as diferentes acepções sejam assinaladas e, quase sempre, ilustradas com exemplos. Os autores do *L'aventure* se esforçaram por trabalhar sobre *corpora* – na maioria dos casos, escritos – que permitem observar os usos e relacioná-los a circunstâncias concretas: quem fala, a quem fala, com que finalidade, com a ajuda de qual suporte (escrito, oral etc.)? Ainda que nenhum autor tenha se servido dos meios da lexicografia estatística, alguns utilizaram as grandes bases de dados informatizadas, disponíveis há alguns anos, e a maioria constituiu ou fez uso de *corpora* de documentos precisos e limitados que julgaram pertinentes para períodos decisivos. A ênfase foi colocada, e é facilmente compreensível, nos momentos de alteração semântica que, em certos casos, puderam ser descritos com certa precisão. Citamos, como exemplo, entre as fontes utilizadas e sem pretender a exaustividade: mapas urbanos, textos legislativos, relatórios administrativos, textos literários, debates parlamentares, documentos estatísticos, artigos da imprensa, anúncios de publicidade imobiliária, planos de cidade e guias de ruas. A literatura das ciências humanas, contemporânea ou mais antiga, foi vista, por vezes, como textos que permitiam observar os usos das palavras estudadas – geógrafos, sociólogos ou urbanistas considerados, nesse caso, não como especialistas detentores da verdade, mas como locutores entre outros. Websites alimentados por atores urbanos atuais, canções, pesquisas etnográficas ou sociolinguísticas permitiram por vezes levantar ocorrências interessantes.

Tais métodos algo artesanais correm o risco de não satisfazer nem ao historiador que recomenda o tratamento sistemático dos documentos bem definidos de arquivos, nem ao sociolinguista atento à descrição fina das situações de enunciação, nem ao lexicógrafo habituado a trabalhar segundo procedimentos rigorosos e com enormes corpus de textos. É provável que este trabalho, se realizado alguns anos mais tarde, teria sistematicamente recorrido às imensas bibliotecas digitalizadas que vêm surgindo. Assim sendo, as hipóteses interpretativas levantadas pelos autores do *L'aventure des mots de la ville* podem ser julgadas por vezes estabelecidas de modo não suficiente. Resultam sempre, entretanto, de um conhecimento profundo das épocas que foram teatro das mudanças semânticas estudadas.

Detenhamo-nos em alguns dos obstáculos que poderiam levar ao fracasso nossa iniciativa. Dois dentre eles, se bem que triviais, merecem ser mencionados. Para muitos pesquisadores o interesse pelas coisas da cidade se mescla com um forte desinteresse pelas palavras utilizadas pelos atores urbanos para designá-las. Quantos são os trabalhos de história urbana ou de sociologia nos quais o leitor não consegue saber se o vocabulário utilizado pelo pesquisador – seja seu léxico simplesmente espontâneo ou deliberadamente conceitual – foi empregado pelas pessoas que estuda? Quando o livro é escrito em uma língua diferente daquela da cidade estudada o problema muitas vezes é duplo: o pesquisador se vê na obrigação de traduzir as palavras locais da cidade em questão para a língua de seus leitores. É necessário constatar, contudo, não ser a atenção dada aos léxicos empregados pelos atores algo compartilhado amplamente. Embora seja característica das novas correntes historiográficas – usual entre etnógrafos e antropólogos – entre os sociólogos difunde-se lentamente. Não foi, portanto, a opção essencial solicitada aos autores deste projeto: apreender a cidade por meio de suas palavras e não pela aparente evidência de seus objetos. Poderia ter resultados em mal-entendidos e dificuldades.

Um segundo obstáculo trivial radica na crença de que não temos necessidade de estudar os usos de nossa própria língua dado que nós mesmos a utilizamos. A ilusão da transparência resultante do estatuto da língua natural poderia também, para alguns pesquisadores, ser mais uma dificuldade para apreender a intenção do projeto.

Para finalizar, tratemos cuidadosamente de dois outros problemas de mais difícil solução, pois acompanham ambos o próprio e expressivo interesse pelos léxicos: a pesquisa etimológica e a dos conceitos.

Etimologia: a ilusão das origens

O leitor notará que os verbetes do *L'aventure des mots de la ville* concedem pouco espaço, com frequência nenhum, à etimologia. Entretanto, essa forma de se aproximar dos léxicos teve grande importância histórica. Desde a época dos primeiros grandes dicionários do linguajar comum – no final do século 17 ou no início do século 18, a busca das origens das palavras constituía parte das tarefas. Isto se dava particularmente no mundo latino onde os letrados demonstravam preocupação por valorizar as origens latinas das línguas nacionais: lembro para o francês o dicionário de Gilles Ménage (1650) e o dos jesuítas de Trévoux (*Dictionnaire universel français et latin...* [1704] 1771); para o português o dicionário de Raphael Bluteau (1712-1721), também ele jesuíta, que define ou inventa a significação latina de cada palavra; para o inglês o dicionário etimológico de Nathan Bailey (1721). A preocupação etimológica se generaliza no século 19: ia-se em busca das origens da língua como um dos pilares fundamentais da nação. A esta tarefa se dedicaram os irmãos Grimm (1854-1960), mas também Emile Littré (1863-1869), depois Walter Skeat ([1882] 1911) e (menos) J.A.H. Murray (1888-1928). O procedimento perde força no século 20, ao menos na França; o último dicionário etimológico do francês foi publicado em 1932 (Bloch & Von Wartburg) – a preocupação com as origens cedendo lugar a um trabalho sobre a história da língua (Rey 1992-1998). A erudição alemã, entretanto, se mantém ativa nos estudos de etimologia (*Duden...* [1963] 1997).

Por que afastamos essa abordagem – não sem dificuldade, é verdade, dado que certas culturas letradas nacionais lhe dão grande importância? Uma primeira razão é serem as origens das palavras com frequência obscuras e as exposições sobre o assunto bastante confusas – disso encontraremos alguns exemplos no *L'aventure des mots de la ville*. Pergunta-se o que se deve escolher – o tom peremptório dos lexicógrafos dos séculos 19 e 20 ou a leveza de seus predecessores do século 17. Em relação à palavra *chômer* – que, aliás, estudei (Topalov 1994) – lê-se em Gilles Ménage (1694): "Há diversidade de opiniões sobre a origem dessa palavra [...]. Bonaventura Vulcanus [...] a deriva de *casman, ceffare, ofcitare*. Mr Lancelot [...] a deriva de *kwma, affoupissement*. [...] Le P. Labbe, *fon adversaire, le titre de comus*, ou *comeffasio* [...] Alguns a derivam do Baixo-Bretão *chom*, que significa morar. [...] Na primeira edição de *Origines Françoises*, eu a trouxe de *calmare*: entretanto, para dizer francamente, não sei de onde procede". Sobre a mesma palavra, encontra-se em Bloch & Von Wartburg (1932): "Chômer. Lat. De basse ép. *caumare*, dér. de *cauma*, v. Calme, que ganhou o sentido de 'se repousar durante o calor', d'onde o não trabalhar". Pode-se perguntar o que autoriza tal certeza.

Seria demasiado fácil nos limitarmos a este argumento, pois, foi uma razão mais fundamental que nos fez deixar de lado esses desenvolvimentos etimológicos. A etimologia pode fazer crer que o sentido das palavras se estabelece essencialmente em sua origem e que assim permaneceria ao longo da história. Estaria, de qualquer modo, inscrito em sua materialidade fonética, em sua "raiz", como se diz. Esta é uma convicção solidamente aceita: para além da etimologia erudita, é conhecida a importância que a reflexão sobre a origem das palavras adquire em certos discursos religiosos, filosóficos ou psicanalíticos. Uma variação da "obsessão embriogênica" da qual caçoava Marc Bloch ([1949] 1993:86).

Em todo caso, a inscrição do sentido na própria palavra e da dignidade de um lugar ou de uma família em sua origem era a crença que fundamentava as operações simbólicas observadas várias vezes nos séculos 17 e 18 a propósito das cidades: era sua fundação antiga – grega, troiana, romana – que lhes assegurava o "brilho". As palavras foram vistas de forma análoga no século 19, sem o que a antiguidade teria perdido seu atrativo. A definição das origens célticas, germânicas, saxônicas, russa antiga dos léxicos das línguas europeias desempenharia um papel notável na construção dos nacionalismos em conflito.

Entretanto, as palavras não têm memória, não carregam consigo sua história. Aliás, nem as cidades, cujo passado se define no presente. Atores do presente – dos sucessivos presentes – designam certos objetos como pertencentes ao passado e que, por essa razão, devem ser conservados ou destruídos, valorizados em sua autenticidade ou atualizados ao gosto do momento. As palavras só ganham sentido em um discurso que necessariamente se insere em um presente. Se, em certos casos, elas se tornam carregadas de passado, é por serem retomadas nos comentários ou pela ação daqueles que se designam guardiões ou detratores do passado ou da tradição. Pode-se considerar a etimologia somente como uma modalidade particular dessa ação do presente sobre o passado: um belo exemplo desse fenômeno foi estudado por José Lira (1998) a propósito dos etimologistas brasileiros dos anos

1920 e 30 ao discutirem as raízes africanas da palavra *mocambo*.

De modo mais prático, pode-se também dizer que uma atenção muito acentuada à etimologia nos faz correr o risco de negligenciar as boas questões. Faz com que, no ato de observar, a atenção não se volte para os usos e para momentos históricos essenciais. A palavra alemã *Park* pode provir do latim ou inversamente o latim medieval *parcus* pode derivar do germânico antigo: pouco importa, esta é uma questão, provavelmente, sem resposta. O que, em contrapartida, conta, é que quando *Park* reaparece no alemão nos séculos 17 ou 18 é por empréstimo do francês – o que nos leva a indagar sobre aqueles que fizeram o empréstimo e quais suas razões. As palavras francesas, italianas, espanholas e portuguesas *capital* e *capitale* derivam, sem dúvida, da latina *caput*: cabeça, porém as palavras não vêm diretamente de Roma. São de uso tardio, surgem primeiro na forma de adjetivo (*ville capitale*) e, sobretudo, seu significado nunca é determinado por sua origem: não designam imediatamente – e em certas línguas, jamais o fazem claramente – a cidade principal de um Estado, no sentido de aí estar instalado o soberano e sua administração. Este significado implica, pelo menos, que há tempos estejam sediadas em uma única cidade a residência do monarca e a administração real ou imperial.

Conceitos: o problema da instabilidade dos significados

Uma última dificuldade colocou-se com frequência em nosso caminho: o gosto pelos conceitos. Justifiquemos nossa escolha de falar de história das "palavras", ao invés de história dos "conceitos" – malgrado a experiência prestigiosa acumulada pela *Begriffsgeschichte,* iniciada em particular por Reinhart Koselleck (1979).

A história dos conceitos sócio-políticos teve, por certo, o objetivo de observar as mudanças de definição no uso desses conceitos. Evocar um conceito é, contudo, presumir que há "algo" por trás do léxico e que insistiria em ter seu significado atribuído por ele. É no mínimo supor certa estabilidade do referente e conceder pouca importância a determinadas mudanças das palavras (ou a certas diferenças lexicais entre as línguas), o que não impediria manter o mesmo significado do conceito. Implica em se autorizar também, às vezes, a medir a adequação do significante ao significado. Este conjunto de posições, como já observei anteriormente, constitui uma ameaça ainda maior para nossa pesquisa sobre as palavras da cidade, pois, pode parecer que se trata de nomear coisas cuja existência independe das formas de dizê-las.

No entanto, a instabilidade dos significados constitui um dos resultados que mais chama a atenção nos trabalhos do *L'aventure des mots de la ville*. Tomemos por exemplo as variações das significações em sincronia nas situações de enunciação. Estes são os casos menos bem estudados aqui: nossas pesquisas recaem no essencial sobre as formas escritas o que nos leva a privilegiar a função de categorização do léxico e a subestimar a importância dos enunciados da vida cotidiana, nos quais o sentido das palavras muda segundo a posição no espaço, a ação em curso, a situação de interlocução. Nesta perspectiva, pode-se tomar para exemplo a palavra *town* que dá o que fazer para os lexicógrafos, como no caso de Noah Webster, autor do primeiro dicionário inglês elaborado nos Estados Unidos em 1808: "3 [...] In the United States, the circumstances that distinguishes a town from a city, is generally, that a city is incorporated with special privileges, and a town is not. But a city is often called a town" (Webster [1853] 1859). Por quê? Porque independentemente de qualquer intenção classificatória, *town* designa também, como lembra o *The Oxford English Dictionary*: "The town with which one has to do" (Simpson & Weiner 1989). Pode-se então dizer que se habita uma localidade quase-rural ou uma metrópole mundial como Londres ou Nova York: *Guess who's in town!*, *He's out of town* e, mesmo se lá estamos: *To go (in) to town*, sem esquecer: *Best pizza in town* – e outros tantos usos cujos sentidos são estritamente situacionais.

Dentre as variações dos significados das palavras, há as observadas entre os diferentes registros da língua: estas são as mais fáceis de serem reconhecidas, por estarem estabilizadas, e podem dar lugar a jogos e brincadeiras. Se definirmos um registro como "um código delimitado, especializado, relacionado a uma categoria de locutores e/ou a uma finalidade social" (Wald & Leimdorfer 2004:2), diferencia-se de modo claro um registro letrado – que primeiramente normalizou a língua das classes dominantes e depois a das camadas médias escolarizadas – e os registros populares. Mesmo que eles hoje alimentem o registro familiar à maioria das camadas da sociedade, essa diferença pode continuar a ser em certas situações (como na escola, por exemplo) a marca de uma desigualdade simbólica. É possível também diferenciar desta língua comum o registro da língua administrativa – a usada pelas autoridades que organizam as cidades e gerem suas populações. Não se pode presumir que estes diferentes registros correspondam a uma "língua do alto" e a uma "língua de baixo", estranhas entre si; pelo contrário, são observadas interações constantes entre os registros. Pode haver palavras em competição, como, por exemplo, quando as autoridades impõem reformas administrativas que confrontem as instituições urbanas já existentes. Pense-se na introdução, na Nápoles de 1780, da palavra *quartiere* pelos Bourbons e da abolição em paralelo das expressões *seggio* (ou *piazza*) e *ottina* – instituições e espaços de um governo urbano organizado em ordens, no qual o *popolo* detinha um papel que perderia: nessa situação, a batalha sobre as palavras representou uma batalha dos poderes (Marin 2002). Pode ocorrer o caso em que a população usa palavras da administração – em particular aquelas inscritas nos topônimos e que se impõem a todos. Pensemos no francês ZUP, *cité* ou *zone*, re-apropriados pelos jovens das camadas populares, para, por vezes, transformar o estigma em bandeira (Depaule 2006:1-8).

Por outro lado, com frequência, observa-se em um mesmo registro palavras que competem na designação das mesmas, ou quase as mesmas, coisas: o léxico do mercado imobiliário oferece inúmeros exemplos desse processo muito comum. Acontece muito frequentemente, por exemplo, que palavras adotadas para nomear uma residência nobre, distinta, rica e a vizinhança na qual ela foi construída se difundam entre os segmentos inferiores do mercado – o que leva os promotores imobiliários a introduzir novos vocábulos para nomear os produtos que oferecem aos segmentos superiores. Por exemplo, *mansions*, introduzida no West End de Londres nos anos 1860 para diferenciar os imóveis burgueses dos apartamentos das *buildings* operárias, palavra que após quarenta anos banaliza-se pela expansão irrestrita de seu uso, e é substituída por *court* ou *place*. Ou a palavra *villa*, que apareceu no Rio de Janeiro e em São Paulo nos anos 1870 para designar tanto as grandes casas quanto os loteamentos de luxo nos quais eram construídas e que recebeu um golpe fatal quando se difundiu *villa operária*; seu uso nos loteamentos sendo então substituído por expressões compostas com a palavra *jardins* nos anos 1910 e 20. Ou ainda *résidence*, palavra destinada pelos promotores franceses a se diferenciar dos *grands ensembles* e de outros *HLM* (*Habitation à loyer moyen* [Moradia de aluguel moderado]) dos anos 1950 e 60, e que rapidamente perdeu seu valor por ser usada para designar copropriedades de baixa qualidade[14].

Pode suceder que novas palavras consideradas valorizadoras sejam utilizadas para mudar o nome de objetos urbanos já existentes: a confusão de significados redobra então. Isto ocorreu em Viena com *Platz*, termo usado sistematicamente a partir do final do século 16 para designar os novos espaços urbanos da contra-reforma e aplicado nessa mesma época a numerosos lugares antes nomeados diferentemente, em particular combinados com *Markt*; ou em Londres com *square* que surgiu por volta de 1660, mas só se afirmou a partir de 1690 ao designar espaços urbanos originais criados pelos especuladores do West End, mas que seria utilizado no século 18 para dar novo nome a espaços que já existiam na *City* desde a idade média sob outras denominações; ou ainda *praça* que, nas cidades brasileiras, a partir dos anos 1860 passou a designar espaços livres monumentais renovados e um pouco mais tarde rebatizou espaços mais antigos até então denominados *largo* ou *campo*[15].

Resultantes de batalhas de classificação, de ações sobre as coisas por meio das palavras, os ciclos da diferenciação imobiliária e urbana são geralmente longos – várias décadas. Novos termos de distinção e nomeação retrospectivas provocam assim uma grande instabilidade nos significados. Quando as palavras que esses ciclos produziram se tornam topônimos e se inscrevem, assim, no espaço por um período mais longo do que o utilizado pelas novas designações, podem coexistir no mesmo espaço palavras não contemporâneas. Desse modo, deve-se considerar que as variações do léxico toponímico, observados em sincronia nos diferentes anéis concêntricos do crescimento urbano ou nas zonas históricas das cidades cujo uso se alterou, são, na verdade, a própria diacronia projetada sobre o solo: tempo legível no espaço – tal como camadas geológicas ou, de outra forma, o céu estrelado. Somente quando assim historicizadas, as palavras do habitat e das vias urbanas podem reencontrar um significado.

Mesmo quando o vocabulário apresenta grande estabilidade no tempo, não é certo que se refira a realidades consideradas constantes. Retenhamos um exemplo que ilustra bem a instabilidade dos referentes e o poder de classificação da linguagem. O uso da palavra *maison* ou da palavra *house* – cujo significado genérico de habitação humana é muito antigo – por muito tempo impediu que se distinguisse uma casa onde se aloja uma única família (nobre ou comum, rica ou pobre) de uma construção maior partilhada por diversas famílias. Este tipo de construção existia em numerosas grandes cidades europeias desde pelo menos o século 17, mas foi muito mais tarde que entraram em uso as palavras que permitiram diferenciá-lo dos demais[16]. Se *tenement* ou *flatted tenement* surgiu em Edimburgo já no século 17 para designar qualquer construção desse tipo, em Londres foi necessário esperar os anos 1860 para que entrassem em uso *tenement block* ou *block dwellings* para as moradias operárias, *apartment building* ou *mansion flats* para os imóveis burgueses. Esta polarização social se manteve em seguida sob outras formas: *council flats*, *high rise*, *tower block* para os operários, *apartments* para as classes médias. Ainda hoje, o inglês britânico não dispõe de palavra de uso corrente para designar o edifício de habitação coletiva, independentemente do nível social de seus habitantes e da morfologia a ele associada. Em Paris, ao longo de todo século 19, utilizava-se as expressões *maison* ou *maison de rapport* fosse qual fosse o número de seus locatários. Como mostra Youri Carbonnier, a palavra *immeuble* só ganhou o sentido de construção para habitação coletiva no curso dos anos 1920: este termo era anteriormente usado exclusivamente no léxico jurídico e comercial para designar bens imobiliários (*maison, terres, jardins*) em oposição aos bens móveis. Desse modo, os *immeubles haussmanniens*, cujo aspecto nos parece hoje tão específico que merecem uma palavra específica para nomeá-los, eram simplesmente *maisons* para os que as construíam e nelas moravam. Daí a surpreendente definição de um dicionário de gíria da época: "immeuble: maison dans l'argot des bourgeois" (Delvau 1866). O novo uso da palavra *immeuble*, no século 20, modifica o de *maison* que continua a ser o genérico de habitação (*je suis à la maison*) mas designa daí em diante e em certos contextos a habitação unifamiliar (*je fais construire une maison*). O mesmo sucede em inglês, *house* permanece o genérico para habitação e, simultaneamente, atua como palavra que descreve de modo corrente as habitações unifamiliares.

Constata-se assim que nessas duas línguas, uma "coisa" existia nas cidades há vários séculos e em milhares de exemplares: o edifício de habitação para várias famílias. Mas este não era, entretanto, identificado por uma palavra: pode-se com certeza dizer que ele existia, se não era identificado pelos contemporâneos? Porque nosso vocabulário atual diria melhor o mundo do que os vocabulários do passado? É evidente que os vocabulários técnicos da construção e da regulamentação da construção dispõem hoje dos recursos necessários para distinguir claramente os edifícios segundo sua destinação e sua morfologia. Mas, que importância tem se o inglês cotidiano não os utiliza e continua a considerá-los como não decorrentes da mesma categoria ou do mesmo conceito daquilo que um francês algo antiquado chamaria *immeuble ouvrier* e *immeuble bourgeois*?

Ao se colocar as palavras e não os conceitos no centro da pesquisa, afirmamos que seu significado se fixa por meio das relações que mantém com outras palavras em uso e nos colocamos, desse modo, na posição de observadores de dois fenômenos interessantes. Primeiro, os referentes aparecem como fundamentalmente instáveis, pois sua própria identificação depende da classificação das coisas pelas palavras e, assim, passíveis de reclassificações ao longo do tempo. Em seguida, percebe-se que não é necessário postular a coerência dos modos de dizer, pois, eles podem se deslocar, numa mesma época ou para um mesmo locutor, segundo os contextos e situações.

Notas
1. NT – A apresentação do livro *L'aventure des mots de la ville* (edição Bouquins-Laffont) foi traduzida e adaptada pela equipe responsável pela edição em português. O autor faz alusão ao célebre quadro do pintor surrealista belga René Magritte *La trahison des images* (1928-29) mais conhecido como *Ceci n'est pas une pipe* onde criticou a ideia de representação invariante "do real", apontando os limites da aderência entre a imagem e seu significado.
2. Essa questão não se colocou na presente edição brasileira composta por dois únicos idiomas – o português e o espanhol – pois nossa opção foi a de manter os verbetes na língua original, já que se buscou aproximar e estabelecer intercâmbio entre os leitores da língua espanhola e portuguesa.
3. Daí termos, na edição brasileira, mantido os verbetes em seu idioma original.
4. Peço a meus leitores que desculpem se esta alusão às cruzadas da cristandade medieval pode chocar, porém o inglês não tem hoje os mesmos usos que o grego nos tempos helenísticos, o latim imperial ou eclesiástico ou, ainda, o mandarim, o árabe ou o russo? Não foram todas essas línguas impostas, primeiro, pelas armas e somente depois pelo comércio?
5. NT – *Corpora* é o plural do termo em latim *corpus*, que significa conjunto de documentos que servem de base para uma descrição ou um estudo.
6. Mas, a recíproca é verdadeira: expondo nosso projeto a pesquisadores norte-americanos duas vezes ouvi exclamarem: *How French it is!*

7. Na França só os amadores das abstrações se interessam por ir além das citações consideradas clássicas no assunto: Berger & Luckmann 1966.
8. NT – Na verdade, Austin fez, em 1955, uma palestra com este título em Harvard.
9. As referências são numerosas, entre as quais: Boltanski 1982; Desrosières & Thévenot 1988; Scott 1988; Charles 1990; Topalov 1994.
10. Sobre essas categorias ver Piguet 1996; Anderson 1996; Rémi-Giraud & Rétat 1996; Noiriel 1995; Nordman 1988:25-66.
11. NT – "Lugar de habitação de pessoas que fica entre a cidade e a aldeia. Alguns as restringem a lugares que não fechados por muros ou fossas".
12. NT – "2. Qualquer coleção de casas maior do que uma vila. 3. Na Inglaterra, qualquer quantidade de casas que tenha um mercado fixo e que não seja uma cidade ou sede de bispado" [tradução literal; em inglês na edição francesa].
13. NT – "na Alemanha, França e outros países deste lado das montanhas são consideradas cidades as terras muradas, que têm grandeza e privilégios de cidades mesmo quando não têm bispo, diferentemente da Itália, onde nenhum lugar (e pouco importa quanto grande seja) é considerado cidade se não tiver o seu bispo" (MARIN apud TOPALOV 2002).
14. Essas observações se apoiam nos verbetes do *L'aventure des mots de la ville*; "mansion" (Adrian Forty) e "résidence" (Gilles Chabaud) e em Pereira 2002: 275-285.
15. Esta observação se apoia nos verbetes: "Platz" (Corradino Corradi), "square" (Adrian Forty) e "praça" (Iara Lis Schiavinatto).
16. Apoio-me no que se segue nos verbetes do *L'aventure des mots de la ville*: "house" e "flat" (David A. Reeder), "mansion" (Adrian Forty), "maison" (Yves Perret-Gentil), "imeuble" (Youri Carbonnier).

Referências
ANDERSON, Benedict, *Imagined Communities: Reflections on the Origins and Spread of Nationalism*. 2ª edição. London/New York, Verso, 1991.
AUSTIN, John Langshaw (1955). *How to Do Things with Words*. London, Oxford University Press, 1962.
BAILEY, Nathan. *An Universal Etymological English Dictionary* [...]. Londres, E. Bell, 1721.
BARDET, Gaston. *Petit glossaire de l'urbaniste en six langues*. Paris, Vincent, Fréal et Cie, 1948.
BERGER, Peter L.; LUCKMANN, Thomas. *The Social Construction of Reality: A Treatise in the Sociology of Knowledge*. Garden City (NY), Doubleday, 1966.
BLOCH, Marc (1949). *Apologie pour l'histoire, ou métier d'historien*. Paris, Armand Colin, 1993 [texto escrito entre 1941-1943].

BLOCH, Oscar; VON WARTBURG, Walther. *Dictionnaire étymologique de la langue française*. Paris, Presses Universitaires de France, 1932.

BLUTEAU, Raphael. *Vocabulário portuguez e latino, aulico, anatómico, cómico, critico, chimico, dogmático, dialetico, & autorizado com exemplos dos melhores escriptores portugueses e latinos; e offerecido a el rey D. João V*. 8 volumes. Coimbra, Collegio das Artes da Companhia de Jesus [vol. 1-4, 1712-1713]; Lisboa, Officina de Pascoal da Sylva [vol. 5-8, 1716-1721], 1712-1721.

BOLTANSKI, Luc. *Les cadres. La formation d'un groupe social*. Paris, Minuit, 1982.

BOURDIEU, Pierre. Le langage autorisé. Note sur les conditions sociales de l'efficacité du discours rituel. *Actes de la recherche en sciences sociales*, n. 5-6, Paris, nov. 1975, p. 183-190.

CHARLES, Christophe. *Naissance des "intellectuels", 1880-1900*. Paris, Minuit, 1990.

CHOAY, Françoise; MERLIN, Pierre (1988). *Dictionnaire de l'urbanisme et de l'aménagement*. 2ª edição revista e ampliada. Paris, Presses Universitaires de France, 1996.

CHOAY, Françoise; MERLIN, Pierre (1988). *Dictionnaire de l'urbanisme et de l'aménagement*. 3ª edição revista e ampliada. Paris, Presses Universitaires de France, 2000.

CUSSET, François. *French Theory. Foucault, Derrida, Deleuze & cie et les mutations de la vie intellectuelle aux États-Unis*. Paris, La Découverte, 2003.

DELVAU, Alfred. *Dictionnaire de la langue verte. Argots parisiens comparés*. Paris, E. Dentu, 1866.

DEPAULE, Jean-Charles (Org.). *Les mots de la stigmatisation urbaine*. Paris, Unesco/Maison des Sciences de l'Homme, 2006.

DEPAULE, Jean-Charles; TOPALOV, Christian. La ville à travers ses mots. *Enquête*, n. 4, 2º sem. 1996, p. 247-266.

DESROSIERES, Alain; THEVENOT, Laurent. *Les catégories socio-professionnelles*. Paris, La Découverte, 1988.

Dictionnaire multilingue de l'aménagement du territoire et du développement local. Paris, La Maison du Dictionnaire, 1997.

Dictionnaire universel françois et latin [...] (1704). 5ª edição, 3 volumes. Trévoux, Etienne Ganeau, 1771 [outras edições em 1721, 1732, 1743, 1752].

Duden Etymologie: Herkunftswörterbuch der deutschen Sprache (1963). 2ª edição. Mannheim, Bibliographisches Institut, 1989, 1997.

EICHBORN, Reinhard von. *Die Sprache unserer Zeit, Wörterbuch in vier Bänden. Deutsch-Englisch*. 4 volumes. Burscheid, Siebenpunkt Verlag, 1990-1996.

ELIAS, Norbert (1939). *Über den Prozess der Zivilisation. Soziogenetische und psychogenetische Untersuchungen*. 2ª edição, volume 1. Berna, Verlag Francke, 1969.

Espaces urbains: analyses lexicales et discursives. *Langage et société*, n. 96, juin. 2001, p. 5-127.

FEBVRE, Lucien. Civilisation. Evolution d'un mot et d'un groupe d'idées. In *Civilisation, le mot et l'idée*. Première semaine internationale de synthèse. Paris, Renaissance du livre, 1930, p. 1-55.

FEBVRE, Lucien. Mots et choses. Capitalisme et capitaliste. *Annales d'histoire sociale*, vol. 1, n. 4, 1939.

FEBVRE, Lucien. Travail: évolution d'un mot et d'une idée. *Journal de psychologie normale et pathologique*, Paris, jan-mar. 1948, p. 19-28.

FURETIÈRE, Antoine. *Dictionnaire universel contenant généralement tous les mots françois tant vieux que modernes [...]*. 3 volumes. Haia/Roterdã, A. et R. Leers, 1690.

GARCIA-PELAYO Y GROSS, Ramón; TESTAS, Jean. *Grand dictionnaire espagnol-français, français-espagnol*. Paris, Larousse, 1998.

GRIMM, Jacob; GRIMM, Wilhelm. *Deutsches Wörterbuch*. 16 volumes. Leipzig, S. Hirzel, 1854-1960.

GUILHAUMOU, Jacques. De l'histoire des concepts à l'histoire linguistique des usages conceptuels. *Genèses*, n. 38, mar. 2000, p. 105-118.

IMBS, Paul [vol. 1-7]; QUEMADA, Bernard [vol. 8-16] (Org.). *Trésor de la langue française. Dictionnaire de la langue du XIXe et du XXe siècle*. 16 volumes. Paris, CNRS [vol. 1-10] / Gallimard [vol. 11-16], 1971-1994.

JOHNSON, Samuel. *A Dictionary of the English Language [...]*. 2ª edição, 2 volumes. Londres/Dublin, George and Alexander Ewing, 1764.

KOSELLECK, Reinhart. *Vergangene Zukunft. Zur Semantik geschichtlicher Zeiten*. Frankfurt-sur-le-Main, Suhrkamp, 1979.

LEIMDORFER, François. Des villes, des mots, des discours. *Langage et société*, n. 114, dez. 2005, p. 129-146.

LEPETIT, Bernard. *Les villes dans la France moderne (1740-1840)*. Paris, Albin Michel, 1988.

LÉVY, Jacques; LUSSAULT, Michel (Org.). *Dictionnaire de la géographie*. Paris, Belin, 2003.

LIRA, José Tavares Correia. Mots cachés: les lieux du mocambo à Recife. *Genèses*, n. 33, dez. 1998, p. 77-106.

LITTRÉ, Emile. *Dictionnaire de la langue française*. 4 volumes. Paris, Hachette, 1863-1869.

MARIN, Brigitte (Org.). *Les catégories de l'urbain*. Paris, Maison des Sciences de l'Homme, 2010.

MARIN, Brigitte. Lexiques et découpages territoriaux dans quelques villes italiennes (XVIe-XIXe siècle). In TOPALOV, Christian (Org.). *Les divisions de la ville*. Paris, Editions de L'Unesco, Editions de la Maison des Sciences de l'Homme, 2002, p. 9-45.

MÉNAGE, Gilles. *Dictionnaire étymologique, ou Origines de la langue françoise, par Mr. Ménage. Nouvelle édition [...] avec les origines françoises de Mr. de Caseneuve*. Paris, J. Anisson, 1694.

MÉNAGE, Gilles. *Les origines de la langue françoise*. Paris, Auguste Courbe, 1650.

MESCHONNIC, Henri. *Des mots et des mondes. Dictionnaires, encyclopédies, grammaires, nomenclatures*. Paris, Hatier, 1991.

MONDADA, Lorenza; SÖDERSTRÖM, Ola. Lorsque les objets sont instables (II): des espaces urbains en composition. *Géographie et cultures*, n. 12, 1994, p. 87-108.

MONDADA, Lorenza. *Décrire la ville. La construction des savoirs urbains dans l'interaction et dans le texte*. Paris, Anthropos, 2000.

MURRAY, James A.H. *New English Dictionary on Historical Principles* [...]. 10 volumes. Oxford, Clarendon Press, 1888-1928 [posteriormente, The Oxford English Dictionary].

NOIRIEL, Gérard. Socio-histoire d'un concept. Les usages du mot 'nationalité' au XIXe siècle. *Genèses*, n, 20, sep. 1995, p. 4-23.

NORDMAN, Daniel. *Frontières de France. De l'espace au territoire, XVIe-XIXe siècle*. Paris, Gallimard, 1998.

PAQUOT, Thierry; LUSSAULT, Michel; BODY-GENDROT, Sophie (Org.). *La ville et l'urbain: l'état des savoirs*. Paris, La Découverte, 2000.

PEREIRA, Margareth da Silva. Le temps des mots : le lexique de la ségrégation à São Paulo dans les discours de ses réformateurs (1890-1930). In TOPALOV, Christian (Org.). *Les divisions de la ville*. Paris. Editions Unesco/Editions de la Maison des sciences de l'homme, 2002, p. 255-290.

PERROT, Jean-Claude. *Genèse d'une ville moderne. Caen au XVIIIe siècle*. 2 volumes. Paris/Haia, Mouton, 1975.

PERROT, Jean-Claude. *Une histoire intellectuelle de l'économie politique (XVIIe-XVIIIe siècle)*. Paris, EHESS, 1992.

PIGUET, Marie-France. *Classe. Histoire du mot et genèse du concept des physiocrates aux historiens de la restauration*. Lyon, Presses Universitaires de Lyon, 1996.

PILE, Steve; THRIFT, Nigel (Org.). *City A-Z*. Londres, Routledge, 2000.

Pons. Grosswörterbuch Französisch-Deutsch. Stuttgart, Ernst Klett, 2004.

QUEMADA, Bernard. *Les dictionnaires du français moderne, 1539-1863. Étude sur leur histoire, leurs types et leurs méthodes*. Paris, Didier, 1967.

REMI-GIRAUD, Sylvianne; RETAT, Pierre (Org.). *Les mots de la nation*. Lyon, Presses Universitaires de Lyon, 1996.

REY, Alain. *Dictionnaire historique de la langue française*. 2^a edição. 3 volumes. Paris, Le Robert, 1992-1998.

SCHMIDT, Otto (Org.) *Bol'šaja sovetskaja enciklopedija*

[Grande enciclopédia soviética]. 65 volumes. Moscou, OGIZ RSFSR, 1926-1947.

SCOTT, Joan W. *Gender and the Politics of History*. New York, Columbia University Press, 1988.

SIMPSON, John; WEINER, Edmund. *The Oxford English Dictionary*. 2ª edição. Oxford, Clarendon Press, 1989 [originalmente, The Oxford English Dictionary].

SKEAT, Walter William (1882). *An Etymological Dictionary of the English Language*. 6ª edição. Oxford, Clarendon Press, 1911.

SKINNER, Quentin. *Visions of Politics: Regarding Method*. Volume 1. Cambridge, Cambridge University Press, 2002.

Tolkovyj slovar' sovremennogo russkogo jazyka, jazykovye izmenenija konca XX stoletija [Dicionário *raisonné* da língua russa contemporânea, as mudanças linguísticas do final do século XX]. Moscou, Actrel'-AST, 2001.

TOPALOV, Christian. Classements: un paysage intellectuel renouvelé. In ENCREVÉ, Pierre; LAGRAVE, Rose-Marie (Org.). *Travailler avec Bourdieu*. Paris, Flammarion, 2003, p. 195-207.

TOPALOV, Christian. *Naissance du chômeur, 1880-1910*. Paris, Albin Michel, 1994.

WALD, Paul; LEIMDORFER, François (Org.). *Parler en ville, parler de la ville. Essais sur les registres urbains*. Série Les Mots de la ville, n. 3. Paris, Unesco/Maison des Sciences de l'Homme, 2004.

WEBSTER, Noah (1853). *An American Dictionary of the English Language*. Edição revista e ampliada, organização de Chauncey A. Goodrich. Springfield (Mass.), George and Charles Merriam, 1859.

WEIS, Erich; MATTUTAT, Heinrich. *Wörterbuch der französischen und deutschen Sprache*. 1ª edição. 2 volumes. Stuttgart, Ernst Klett, 1975.

a

ⓟ apartamento (pl. apartamentos)
português Brasil, substantivo masculino

Definições

apartamento: *Lugar escuro e secreto* (*Sá 1794).

apartamento: *Separação, afastamento, ação de se-parar de uma pessoa ou de uma coisa. Mar. Distância entre portos, costas. Apartamento dos casados, divórcio* (*Azevedo 1953).

apartamento: *parte de um imóvel destinado a uma família; casa* (*Scartezinne & Pestana 1985).

apartamento: *O vocábulo apartamento, de legítima formação e lógico sentido é, porém, estigmatizado por alguns puristas como galicismo de acepção. Apartamento (baixo latim, appartiamentum; espanhol, apartamiento; italiano, appartamento; francês, appartement, inglês, apartament [sic])* (Diccionario da lingoa portuguesa 1793).

apartamento: *quarto, aposento, desviado, retrete, [...] interior da casa* (*Rodrigues 1875).

apartamento: *1. Residência particular servida por espaços de uso coletivo, nos edifícios comportam várias unidades. 2. Aposento separado; quarto, câmara* (*Ferreira 1975).

ORIGINALMENTE, COMO INDICAM AS DEFINIÇÕES acima, a ideia de *apartamento* vem de apartar, desviar, afastar, separar. Europeia de nascimento, a palavra nasce com um sentido bem definido – um certo espaço isolado dentro de uma casa – e vai se adaptando às novas condições de sociabilidade e habitabilidade nas metrópoles intensamente povoadas e urbanizadas do final do século 19 e começo do século 20. No Brasil, a palavra apartamento parece poder ser aplicada a partir da década de 1910. É nesse momento que em São Paulo grandes moradias apalacetadas denominadas *palacetes*, residências unifamiliares pertencentes a abastados burgueses, passam a ser arrendadas ou vendidas e se transformam em pensões familiares que serviriam de moradia a uma classe média em processo de ascensão. Essas casas de pensão que serviam a essa camada da elite eram divididas em apartamentos grandes, luxuosos e confortáveis e denominadas de *casas de apartamento*. No Rio de Janeiro, capital do país, à mesma época, começam a ser construídos no centro da cidade, luxuosos prédios de seis a dez andares, também chamados de *palacetes*, e que divididos em apartamentos poderiam servir tanto como escritório quanto como residência. Surgindo como um novo padrão de habitação ou de local de trabalho, essa nova forma de imóvel coletivo, que se opunha à antiga forma de habitação coletiva popular chamada *cortiço*, ganhou distintos nomes: casa de apartamentos, casa coletiva de apartamentos, prédio coletivo de apartamentos, arranha-céu de apartamentos, ou simplesmente apartamentos (Vaz 2002).

O que caracterizava esses apartamentos era serem considerados como casas, como unidades isoladas umas das outras, apenas num mesmo prédio. O horror à ideia dos cortiços fez com que o sentido original da palavra apartamento, atestado pelos dicionários de final do século 19 (*Vieira 1873; *Rodrigues 1875), tivesse seu sentido torcido e fosse considerado como um todo isolado dentro do conjunto do edifício. A enobrecer a "casa de apartamentos", até 1934, eram oferecidas no mercado com diferentes tipos de serviços: "Apartamentos modernos. Edifício Esplanada. Magníficas instalações e o máximo de conforto com sala... água quente, telefone... e servidos pelo luxuoso restaurante Esplanada aberto dia e noite" (*Jornal do Commercio* 18/03/1928 apud Vaz 2002:70). Anúncio de jornal publicado em 1925 sintetiza o sentido que a palavra apartamento tem à época: "Grande casa de apartamentos. Aluga-se totalmente ou por partes [...] grande edifício com seis pavimentos com as seguintes acomodações: a) 32 quartos com sala de banho e serviço sanitário; b) oito magníficos apartamentos com dois quartos [...]; c) doze ótimos escritórios[...]; d) duas grandes lojas" (*Jornal do Commercio* 22/031925 apud Vaz 2002:68).

A palavra apartamento nasce, pois, no Brasil, não como uma continuidade, mas como uma ruptura, querendo significar um novo tipo de moradia coletiva que nada mais tem a ver com as formas tradicionais e populares do habitar coletivo, como nos cortiços, nas estalagens ou nas vilas. Nesse sentido os classificados de jornal, segundo Vaz, não fazem distinção, nos prédios oferecidos para aluguel ou venda, entre casa de pensão, edifícios de apartamentos com serviços de pensão ou hotéis. O anúncio abaixo, de 1928, define bem a acepção de apartamento naquele momento: "Hotel ou apartamentos. Prédio novo em Copacabana. [...] prédio com dez pavimentos podendo ser utilizado como hotel ou casa de apartamento. O pavimento térreo destina-se ao restaurante [...] cozinha [...]; os outros pavimentos estão divididos em quatro apartamentos cada um."

Confirmando o status de moradia nobre com a imagem de uma casa isolada, em toda a sua singularidade e individualidade, a nomenclatura apartamento, no Brasil urbano, parece querer retomar, como galicismo, a nobreza dos *appartements* aristocráticos europeus do século 18. Colando-se, fundamentalmente, à imagem da distinção e da diferenciação em relação às formas de morar tradicionais do país, a palavra apartamento teria o poder de atualizar sua origem nobre, articulando-a, ao mesmo tempo, com a noção de moderno. Veja-se esse anúncio de 1930: "Magníficos apartamentos. Ótimas moradias para famílias de tratamento [...] Prédio novo – de construção moderna, com elevador [...] abastecimento de água garantido por bomba de comando automático [...] Cada apartamento goza de completa independência com instalações de: telefone, gás, serviço sanitário [...] campainhas de chamadas". Ou esse: "Apartamentos. Aluga-se a pessoas de tratamento. Os melhores e mais luxuosos do centro, com as características seguintes: são verdadeiras casas por sua independência e divisão. Têm ambientes distintos, vestíbulos, halls" (*Jornal do Commercio* 5/10/1930 apud Vaz 2002:72).

A partir de 1934, quando se difunde a venda de apartamentos no varejo e na planta, ou seja, quando o apartamento deixa de tomar a conotação de casa, abolindo-se os serviços que o prédio, pensão ou hotel ofereciam, ou melhor, quando a oferta de casas de apartamentos começa a desaparecer dos classificados de jornal, o termo edifício de apartamentos se impõe. Foi necessário, entretanto, tornar independentes as unidades de apartamentos para poder comercializá-las no varejo. Considerando-se que as casas de apartamentos, com seus serviços de pensão, não se prestavam ao fracionamento, criou-se uma nova modalidade de edifício, com todos os apartamentos completos e independentes: o edifício de apartamentos.

Aliás, as palavras prédio e edifício (que mais tarde redundariam nas expressões prédio de apartamentos e edifício de apartamentos), substituindo nos censos as palavras casas e fogos, aparecem pela primeira vez no censo de 1870.

Até pelo menos 1937, informa-nos a *Revista da Diretoria de Engenharia*, as casas de apartamentos não representavam 1% dos prédios em todo o país (Mendonça 1937).

No Brasil, no Rio, em Copacabana, o apartamento nasce como resposta às vicissitudes da nova família brasileira e sua concepção do que deveria ser a nova forma de morar do brasileiro moderno. Nesse sentido o *apartamento* nasce entre nós quase que como uma oposição a *casa*. Segundo Valdemar de Mendonça, engenheiro do corpo técnico da prefeitura, que se debruçou sobre o vocabulário técnico dos regulamentos de obra da prefeitura do Distrito Federal do ano de 1937, "a casa é um edifício destinado à habitação e diz respeito a maioria das vivendas modestíssimas das nossas cidades e vilas, de um pavimento ou dois no máximo, enquanto que o edifício, construção sempre monumental, apresentando certo caráter artístico [é] sede dos poderes públicos, associações importantes ou residências de luxo, etc." Segundo esse estudioso a diferença entre essas espécies de habitação "cresce nas capitais onde as edificações adquirem imponência, suntuosidade e beleza, alcançando algumas a grandeza dos arranha-céus e se verifica particularmente nesta nossa admirável Guanabara onde é hábito dar nomes aos prédios de apartamentos. Denominamos corretamente casa operária ou casa popular, mas nunca edifício popular ou operário aos pequenos prédios de residência proletária" (Mendonça 1937).

Nesse sentido, segundo o glossário da Lei n. 1.574, do *Código de obras* do Distrito Federal de 1937, o apartamento "é uma unidade autônoma de uma edificação destinada a uso residencial permanente, com acesso independente através de área de utilização comum e que compreende, no mínimo, dois compartimentos habitáveis, um banheiro e uma cozinha" (*Códigos de obras e legislação complementar* [1937] 1959). A necessidade de conceituar tecnicamente o *prédio de apartamentos*, explicitando suas diferenças em relação às *casas*, aponta para a instabilidade do termo apartamento até aquele momento. É que sendo uma raridade na paisagem urbana, vacila-se quanto a sua nomeação. A *Revista de Arquitetura e Urbanismo* de 1936 refere-se ao edifício como *casa de apartamentos* e *casas altas,* e ainda prédio de apartamentos. No entanto, a essa altura, o termo já se estabilizara tanto nos Estados Unidos quanto na Europa. Entre nós, depois desse primeiro momento de invenção social dessa nova forma de moradia, o termo ainda demorará uma década para se estabilizar no vocabulário. Só no final dos anos 1930, é que os apartamentos, principalmente no eixo Rio-São Paulo, se imporão como objeto de desejo. A demanda por edifícios de habitação coletiva aumentará rapidamente, manifestando-se vivamente no *boom* imobiliário dos anos 1950.

A conceituação social do apartamento como expressão de um modo de vida cederá espaço a um vocabulário de caráter técnico (próprio da legislação), que procurará exprimir sua especificidade construtiva (alturas, larguras, divisões do espaço, especialização dos espaços etc.). A banalização do termo apartamento, ou melhor, a estabilidade do vocábulo e seu uso corrente para designar essa forma de moradia que irá se impor e se generalizar pela cidade – onde viver em apartamento não distingue mais a classe social, pelo menos entre a classe alta, a classe média e mesmo a classe média mais baixa –, se deu a partir de seu enquadramento pela linguagem técnica. Tal fenômeno aponta, pois, para a concreta implantação do prédio de apartamentos como parte integrante da paisagem das grandes cidades brasileiras e para a estabilidade do termo apartamento enquanto vocábulo da língua portuguesa.

Na mesma medida em que o edifício de apartamentos se tornava símbolo do morar moderno, sua utilidade se generalizava por todas as camadas sociais, até que nos anos 1970 ele se expande até mesmo para os subúrbios, o bastião da tradição nas cidades brasileiras, onde prevalecia a habitação unifamiliar.

É assim que a imprensa noticia os primeiros clamores pela invasão dos prédios de apartamento, fazendo da paisagem urbana uma verdadeira selva de pedras. Nesse momento a "copacabanização" das cidades passa a ser vista como sinônimo de aglomeração, promiscuidade e má qualidade de vida. O prestígio evocado pelos arranha-céus, assinala Vaz, foi transformado no desprezo carregado pelos "espigões" (Vaz 2002:94-95).

A partir dessa conjuntura os prédios de apartamentos começam a perder espaço para os condomínios (uma nova denominação para os prédios de apartamentos que procuram se "nobilitar" outra vez, inserindo-se numa nova estrutura espacial. Não se infira disso, entretanto, que o apartamento ou mesmo o vocábulo tenha caído em desuso. O que vai ocorrer é uma certa luta por emprestar uma nova simbologia e também um novo vocabulário à forma de morar. Se o condomínio se impõe como a nova invenção social do morar, a partir dos anos 1970, o prédio de apartamento não lhe fica atrás, procurando absorver todas as modernidades, principalmente em termos de serviço, que os condomínios oferecem. Procurando se atualizar, o prédio de apartamentos torna-se mais plástico para absorver as novas demandas de consumo de moradia. Assim, *flat*, *residencial service*, *apart-hotel*, *studio*, são novas denominações que vestem os antigos prédios de apartamentos dando-lhes uma nova significação. Essa nomenclatura ganha uma certa legitimidade social, mas ainda é, basicamente, uma linguagem própria ao mercado imobiliário. A noção de prédio de apartamento ainda prevalece na linguagem.

Robert Moses Pechman

Ver: casa (e), casa (p), condomínio (p), conjunto (p), cortiço (p)

Referências

Código de obras e legislação complementar (Decreto n. 6.000 de 1 jul. 1937). 3a edição. Rio de Janeiro, A.C. Branco Filho, 1959. • *Diccionario da lingoa portuguesa*. Vol. 1 (A). Lisboa, Academia Real das Sciencias de Lisboa, 1793. • MENDONÇA, Valdemar de. O vocabulário técnico nos regulamentos de obras da prefeitura do Distrito Federal. *Revista da Diretoria de Engenharia*, vol. 4, n. 4, Rio de Janeiro, jul. 1937, p. 263-268. • *Revista de Arquitetura e Urbanismo*, n. 1, ano 1, Rio de Janeiro, mai. 1936. • VAZ, Lilian Fessler. *Modernidade e moradia. Habitação coletiva no Rio de Janeiro. Séculos XIX e XX*. Rio de Janeiro, 7 Letras/Faperj, 2002.

E arrabal (pl. arrabales)

español Argentina, México y República Dominicana, sustantivo masculino

Definiciones

arrabal o **arraval**: *suburbios pobres, generalmente habitados por extranjeros (francés medieval: 'faux-bourg' [lit. 'ciudad falsa'])* (*Oudin 1675).

arrabal o **arrabalde**: *suburbio de una ciudad; fam. trasero; fam. 'contar una cosa con linderos y arrabales'; contar algo con demasiado detalle* (*Cormon 1803).

arrabal: *Suburbio, parte de una ciudad que está fuera de su muralla. // Fam. 'Contar una cosa por linderos y arrabales'; poner los puntos sobre las íes; informar palabra por palabra* (*Salva 1882).

arrabal: *Suburbio* (*Larousse general diccionario... 1999).

arrabal: *Población contigua y limítrofe de las ciudades y villas populosas, fuera de los enclaves y murallas, que puede gozar de las mismas ventajas y privilegios y que es regida por las mismas leyes y estatutos de la ciudad o villa* (*Real Academia Española 1726).

arrabal: *Se da también este nombre a poblaciones en España: por ejemplo, Marangues, provincia de Gerona, Oya, provincia de Pontevedra* (*Enciclopedia universal... 1909, 6:375).

EL VOCABLO DERIVA DEL HISPANO-ÁRABE *AR-RÁBAD* o *ar-barr*, que significaba *barrio* de los alrededores. Se han encontrado pruebas en 1146, en documentos de Toledo (*alraval* o *raval*); en 1254 en Nueva Castilla (*arraval*) y en 1426 en Pontevedra (*arravalde*). La grafía con "v" se mantuvo hasta el siglo 13 y la v seguida de la desinencia *alde* se encontraba tanto en el gallego como el castellano, especialmente en la zona próxima a Portugal (**Diccionario crítico etimológico...* 1880, 1:345).

La raíz semántica de *arrabal* se desarrolló en dos ámbitos diferentes, uno físico y otro social. Desde el punto de vista físico, el término designa una de las partes en las que se dividen los grandes núcleos poblacionales – acepción que ya existía en España en el siglo 13. *Arrabal* hace referencia en particular a un lugar situado en los confines de un aglomerado (confirmado en Zaragoza en 1625), pero también dentro del recinto (*García 1875). También remite a un grupo de casas muy alejado, que formaba un *pueblo* o *aldea* dependiente de otra población (Menéndez Pidal [1717] 1906:87). Desde el punto de vista social, el término hace referencia a lo que es distinto, diferente, exterior y hasta perimido. En sentido figurado, pero corriente en los siglos 13 y 14, remitía a una persona grosera y, en una acepción más contemporánea, se denomina *arrabalero* a alguien – generalmente una mujer – cuya vestimenta, comportamiento o forma de hablar denotan una mala educación (*Real Academia Española 1919,1).

En ambos casos, el término se refiere a un límite o a una extensión, pero que permanece unido al centro, algo que no vulnera las fronteras del orden y la autoridad aunque está al borde de la separación. Por extensión, *arrabal* designa al "otro *barrio*" y, en el plano simbólico, tomó el significado del "otro mundo" en documentos del siglo 18 (Villarroel 1794:92).

Mucho antes de llegar a Hispanoamérica, el término ya estaba cargado de connotaciones ambiguas y contrastadas. En América, recién a mediados del siglo 17, apareció, en forma escrita también en este caso para nombrar un límite urbano o en tanto una suerte de filtro compuesto por distancia física y social, el lugar donde habitaba el *aldeano*, el habitante de un poblado cercano a la ciudad y dependiente de ella. Sin embargo, la palabra *arrabal* aún no se destacaba con total claridad. En el espacio entre la ciudad y un *arrabal* se borraba el trazado vial colonial propiamente urbano y se gestaba otra forma física y social, signada por la diversidad y la diferencia. El *arrabal* era así un lugar de fusión y mezcla.

Desde el origen, el término fue utilizado en México bajo esta doble acepción física y social. Desde el punto de vista del espacio físico, designaba un asentamiento humano externo a la ciudad. Muy frecuentemente, se trataba de comunidades y poblados indígenas instalados en el límite del damero de la ciudad española, más allá de las tierras de propiedad común para un uso no agrícola, como los ejidos, o para pastura, como las dehesas (López Moreno 1991:74). En este contexto, *arrabal* aludía a un poblado indígena, por oposición a la ciudad española, un *pueblo* que, en los siglos 17 o 18, se convertiría en un *barrio* de la ciudad.

En una acepción más amplia, se trataba de un pueblo limítrofe que, con frecuencia, se encontraba en un cruce de caminos, en proximidad de los puentes, o de ermitas o capillas construidas extramuros. En los siglos 15 y 16, los *arrabales* eran los sitios donde se localizaba la población que desarrollaba actividades comerciales o funciones dependientes de la ciudad (*Historia urbana de iberoamérica* 1987, 3:325). Constituían un lugar de paso y un punto de control de las mercancías que entraban a la ciudad. Desde esta perspectiva, el vocablo se refería a la existencia de una población deambulante y numerosa. Era el punto de llegada de esa población fluctuante y de las mercancías, una puerta de acceso que también podía tener un rol estratégico en la defensa de la ciudad, una frontera, un límite, una marca. Además de su papel en el aprovisionamiento de la ciudad, el *arrabal* aportaba también los talleres de los artesanos tales como los "ebanistas o carpinteros, indispensables para la población urbana española, que les brindaba con creces lo necesario para vivir y mantener una familia" (Mota y Escobar [1766] 1966:25). Los habitantes de la ciudad se trasladaban a esas localidades ciertos días del año, en ocasión de fiestas religiosas o profanas.

Los *arrabales* tenían, en su mayoría, una traza vial orgánica y libre, opuesta a la rigidez del damero ortogonal. Constituían un mundo menos concentrado y homogéneo, que desarrollaba su propia cultura y se caracterizaba espacialmente por calles irregulares y tortuosas, con *manzanas* de formas y dimensiones variadas, con *solares* y *casas* en los espacios más generosos (López Moreno & Xochitl 1997).

Los arrabales no eran *suburbios* propiamente dichos. Este último vocablo era usado en los siglos 17 y 18 para nombrar lugares poco habitados, donde había gran número de parcelas baldías – o yermas, como se las denominaba entonces. En los *suburbios*, la ciudad comenzaba a diluirse: en lugar de manzanas y casas urbanas se encontraban pasturas, montes de frutales y huertas, gallineros, lugares de cría de ganado o granjas. La palabra *suburbio* nombraba a un espacio de transición entre el mundo urbano y el rural, mientras que *arrabal* refería a un apéndice de la ciudad, un espacio denso y muy poblado, en el límite de la ciudad pero a continuación de ella.

En el *Diccionario de autoridades*, se lee que los *arrabaleros* "son las personas que están *en ancas de la ciudad*" (*1726), es decir, "afuera" pero no obstante vinculadas con ella; son los *citadinos* o *vecinos* pero, en cierta forma, vacían parcialmente este término de su contenido, mientras le dan una nueva significación social.

Esto explica por qué, pese a la importancia que han tenido los *arrabales* en el desarrollo de la ciudad colonial, no aparecen en la historia cartográfica de los principales centros urbanos de la época. En efecto, esto puede comprenderse porque muy rápidamente surge la imagen social de descalificación y desvalorización que ha acompañado a este término. En los reglamentos de construcción del siglo 17, el *arrabal* es "un lugar poco conveniente o, mejor dicho, [...] un lugar malsano donde existen numerosas enfermedades" (*Actas de Cabildo 1646).

Durante toda la extensión de los siglos 18 y 19, la connotación de *arrabal*, en tanto espacio físico, se deterioró definitivamente y, a causa de una polarización del sistema de referencias, su significación social se cargó de una imagen netamente peyorativa. Por un lado, continuaba siendo un *barrio externo* o *extraviado*, como escribía un viajero en 1745 (apud Iguíniz 1989:91). Por otro lado, el término se aplicaba a un *barrio*, signado por una identidad y un sentimiento de pertenencia pero que, de allí en adelante, dependía física y administrativamente de la ciudad y de su reglamentación: ya no era un apéndice sino una parte integrante.

En nuestros días, para la mayoría de la población hispanoamericana, la palabra *arrabal* tiene un sentido peyorativo: se refiere a un mal lugar, a un espacio de contrabando, en otras palabras, un sitio peligroso, malsano, propicio para las enfermedades y las epidemias. Desde principios del siglo 19, el *arrabal*, como escribió el historiador Serge Gruzinski, es una *no man's land* abandonada de la "civilización" y plena de peligros, un lugar populoso, folklórico y, generalmente, insalubre y pobre, "una aglomeración de miserias" (Gruzinski 1996:335). Su habitante, el *arrabalero*, debe soportar esta marca infamante, vive en barracas o cabañas y puede ser un ladrón.

Desde el siglo 18, el sentido del vocablo *arrabal* se amplió y se observó la aparición de significados metafóricos. El lenguaje popular giraba hacia lo grotesco utilizando *arrabal* para designar la parte baja de la espalda (*Cormon 1769). En su acepción de límite o frontera, *arrabal* podía tomar el sentido de "cosa secundaria, sin importancia", que en contrapunto origina la expresión "contar algo con su *arrabal*" que da cuenta de un relato "con todas sus circunstancias, todos los detalles". En su acepción común, y vinculado a *arrabalero*, también se empleaba en la expresión "ir *de barrio* o *de arrabal*", que remite a alguien "vestido muy sencillamente" (*Cormon 1803).

Arrabal es una palabra utilizada con frecuencia en el vocabulario del tango argentino. En la mayoría de los tangos, *arrabal* es sinónimo de pobreza, marginalidad, y aún en sus cambios de sentido designan siempre un mismo tipo de espacio, de habitante y de cultura. Desde el punto de vista espacial, el *arrabal* es un barrio periférico, pero también puede referir al sector de un barrio pobre o abandonado, localizado en una periferia urbana ocupada por *conventillos* o casas de *vecindad*. El vocablo alude a un lugar físico, pero también, por extensión, a los habitantes que allí viven, a las chicas y sus proxenetas, a las mujeres de mala vida, a los vagabundos y a los vagos.

"Desde lejos se te embroca / pelandruna abacanada / que naciste en la miseria / de un *cuartucho de arrabal* pero hay algo que te vende / yo no sé si es tu mirada / tu manera de sentarte / de charlar o estar parada / o tu cuerpo acostumbrado / a la ropa de percal (Celedonio Flores 1914).

Desde un punto de vista cultural, *arrabal* remite a una forma particular de vida, a los lugares de baile populares y las piezas amuebladas, esos lugares semiocultos donde no se habita pero que se utilizan como un refugio para los encuentros amorosos. De allí que "de *arrabal*" está ligada a una evocación romántica de la pobreza, que termina por alcanzar el status de lugar del que uno desea irse, pero al que, de uno u otro modo, anhela volver.

"Como con bronca, y junando / de rabo de ojo a un costado, / sus pasos ha encaminado/ derecho pa'l *arrabal*. / Lo lleva el presentimiento / de que, en aquel potrerito, / no existe ya el bulincito / que fue su único ideal" (Marino 1926).

Algunos regionalismos dan testimonio de una tendencia a utilizar cada vez más el sustantivo *arrabal* como raíz verbal. Por ejemplo, en la República Dominicana se puede escuchar: "hemos formado una asociación vecinal que tiene por objeto evitar que *nuestro barrio se arrabalice*" o, también, "hemos enviado una carta a la municipalidad para apoyar su programa de *desarrabalización*". Los *barrios* pueden, entonces, *arrabalizarse*, es decir, volverse precarios, mientras que las políticas y los programas de intervención pueden *desarrabalizarlos*, mejorando su nivel (Uribe 1996). De una manera general, la acepción moderna del término *arrabal* muestra que su utilización está extendida en la mayor parte de los países de la América hispanohablante, sin variaciones lexicográficas o idiomáticas notables. Queda evidenciado que *arrabal* ha tomado el valor de un término normativo con valor peyorativo.

Eduardo López Moreno

Véase: barriada (e), barrio (e), extrarradio (e), fraccionamiento (e), periferia (e), pueblo (e), suburbio (e), suburbio (e)

Referencias
Actas de Cabildo, ramo de tierras, obras públicas y hacienda. Ayuntamiento de Guadalajara, 1646. • CELEDONIO FLORES, Esteban. Margot, 1914 [tango]. Apud SALAS, Horacio. *Le tango.* Arles, Actes Sud, 1989, p. 25. • *Diccionario crítico etimológico, castellano e hispánico.* Vol. 1. Madrid, Credos, 1880. • GARCÍA, Roque. *Primer diccionario general etimológico de la lengua española.* Barcelona, I SEIX editor, 1875. • GRUZINSKI, Serge. *Histoire de Mexico.* Paris, Fayard, 1996. • *Historia urbana de Iberoamérica.* Vol. 3. Consejo Superior de los Colegios de Arquitectos, España, 1987. • IGUÍNIZ, Juan (1745). *Guadalajara a través de los tiempos. Relatos de descripciones de viajeros y escritores desde el siglo XVI.* Guadalajara,

Ayuntamiento de Guadalajara, 1989. • LÓPEZ MORENO, Eduardo; XOCHITL, Ibarra. *Barrios, colonias y fraccionamientos*. Paris, Unesco/PIR Villes, 1997. • LÓPEZ MORENO, Eduardo. *La cuadrícula en el desarrollo hispanoamericano*. Guadalajara, Universidad de Guadalajara, 1991. • MARINO, Alfredo. El ciruja, 1926 ["Le chiffonnier", tango]. Apud SALAS, Horacio. *Le tango*. Arles, Actes Sud, 1989, p. 55. • MENÉNDEZ PIDAL, Ramon (1717). *Crónica general de España*. Edición crítica. Madrid, Espasa Calpe, 1906. • MOTA Y ESCOBAR, Alonso (1766). *Descripción geográfica de los reinos de la Nueva Vizcaya, Nueva Galicia y Nuevo León*. México, INAH, 1966. Apud IGUÍNIZ, Juan. *Guadalajara a través de los tiempos* (1745), p. 25. • URIBE, Max. *Apuntes lexicográficos de americanismos y dominicanismos*. Santo Domingo, Colores, 1996. • VILLARROEL. *Obras*, 1794. Apud *Enciclopedia del idioma*. Vol. 11. Madrid, Espasa Calpe, 1958.

ⓟ avenida (pl. avenidas)
português Brasil, substantivo feminino

Definições
avenida: *Avenida, alameda, parkway, esplanade* (*Michaelis 1968,2)*.

avenida: *Estrada, ou caminho, por onde se vay para huma Cidade, Villa, Castello, &c. [...] Em todas as avenidas pôz homens armados. [...] Tomar as avenidas. Occupare aditas, ou introitus, à imitação de Cesar [...]. V. Entrada. Reconhecidas tres Avenidas da Villa Marinho [...]. Tomar as avenidas no sentido metafórico. Prevenirse contra as dificuldades, que se podem oppôr. [...] Tomou as avenidas no seu negocio. [...] Tenho ainda isto de, soldado, tomar as Avenidas [...]. Não se chega à primavera do espirito sem vadear as Avenidas do affecto* (*Bluteau 1712, 1:664)*.

avenida: *Estrada ou rua orlada de árvores, que vae direta a alguma casa de campo. Nas grandes cidades, rua muito ampla, com arvoredos, lagos, etc. que serve ao povo de passeio recreativo, e também hygienico por ser inundada de ar e de luz* (*Silva 1889).*

avenida: *[do fr. avenue, pelo esp. avenida] s. f. 1. Logradouro, mais largo e importante do que a rua, para* *a circulação urbana, geralmente com árvores. 2. Estrada ou rua orlada de árvores, no acesso a uma casa de campo, em um parque, etc.; alameda. 3. Caminho guarnecido de colunas ou figuras esculpidas; avenida processional. 4. Bras., conjunto de casas de moradia, geralmente modestas, aos lados de um caminho ou passeio de pedestres que conduz à rua. [...]. Abrir uma avenida em: bras., Rio de Janeiro, gíria. Dar uma navalhada em (alguém ou parte do corpo de alguém)* (*Ferreira 1999:165).

ADAPTADA DO ESPANHOL, A PALAVRA AVENIDA É DE uso corrente em Portugal desde o início do século 18. Geralmente com significado defensivo, designava o caminho reto – em direitura a –, e importante – tanto pela posição topográfica, como pelo local a que se destinava, podendo ser uma cidade, uma vila ou o castelo senhorial. Apenas nas últimas décadas do século 19 o significado se amplia e passa também a designar nas cidades as ruas muito amplas com arvoredos que servem ao passeio recreativo. Abandona o sentido defensivo ao penetrar nas cidades e adota a imagem conferida antes às alamedas que levavam às quintas. As avenidas, amplas e orladas de árvores, têm o uso associado aos hábitos de recreação, fruição da paisagem antes confinada aos jardins e passeios públicos.

Encontramos ao final do século 19, no Brasil, os primeiros registros do uso da palavra avenida. Ela aparece nos projetos de cidades e nos de reforma urbana e designa a rua mais larga, a qual se confere importância em relação às outras vias da cidade. Esta referência tardia a uma hierarquia viária pode ser atribuída à formação peculiar das cidades brasileiras. No período colonial, denominavam-se ruas as vias principais, travessas as menos importantes e becos os caminhos mais acanhados e estreitos. Eram conhecidas pelo nome do morador mais antigo ou mais ilustre "a travessa que vai para a casa do defunto Dom Simão" ou "a rua defronte de João Pais" (Bruno 1984:157). Já ao final do século 17 começam a dar nomes com referências mais permanentes; assim, por exemplo, a "rua à direita que vai para Santo Antônio", com o tempo é abreviada para "rua direita" (Bruno 1984:157). Luís Saia observa que as cidades de colonização portuguesa não obedeceram a um traçado rígido como aconteceu na América espanhola, que tinha uma imposição abstrata recomendada pelas Leis do Reino das Índias. Nas cidades paulistas, o traçado das ruas foi sendo definido pelos limites das propriedades. Daí resultarem numa soma de reticulados parciais cuja implantação era definida pelos limites naturais (córregos e espigões) que constituíam os marcos menos sujeitos a controvérsias e pendências judiciais (Saia 1972:52).

A indefinição do traçado permanece até ser criado o cargo de arruador, nomeado pela câmara como encarregado do alinhamento de todas as ruas. Murilo Marx (1989) atribui um papel decisivo a definição do alinhamento ao longo do século 19, pois a difusão dos princípios do capitalismo e a Lei de Terras de 1850 fazem crescer o valor de troca da terra, multiplicando as questões de limites entre vizinhos. Data de 1886 o primeiro *Código de posturas de São Paulo*, cujo título I dispõe "Da abertura de ruas e dos arruamentos e do alinhamento". Não apenas proíbe a abertura de ruas tortas como define o endireitamento e o alargamento das existentes. O padrão municipal elaborado no mesmo ano define no item III "as novas ruas e avenidas que daqui em diante se abrirem, terão aquelas 16 metros e estas 25 metros de largura no mínimo". A definição do traçado estabelece uma nova ordem legal, delimita com clareza os espaços de uso público e privado. No plano para Belo Horizonte, elaborado em 1895 pela equipe do engenheiro Aarão Reis, o sistema viário era uma trama ortogonal cortada na diagonal por vias mais largas. A mais imponente, avenida Afonso Pena, com uma largura de 50 metros, marcava o eixo Norte-Sul em uma extensão de 3 quilômetros. Delimitava a área urbana uma avenida de contorno (Gomes & Lima 1999:121).

O significado metafórico "atalhar dificuldades, obstáculos que podem se opor" qualifica as operações urbanas que transformaram as cidades no decorrer do século 19 na Europa, sendo as empreendidas em Paris o exemplo mais difundido. Remete, também, ao novo espaço urbano resultado das verdadeiras operações de desmonte de morros e destruição do casario antigo nas cidades brasileiras, no início do século 20. No plano de embelezamento e saneamento para a cidade do Rio de Janeiro, capital do Brasil, o prefeito Francisco Pereira Passos propõe, em 1903, obras viárias de grande vulto estabelecendo novas e importantes ligações do centro com a orla marítima ao sul e com a zona norte, com especial destaque para a abertura da avenida Central ligando o porto à área central da cidade. Para a sua realização foram desapropriados e derrubados cortiços, casas de cômodos e o pequeno comércio. Quando de sua festiva inauguração, sete anos mais tarde, a avenida ladeada pelos novos e imponentes edifícios foi fotografada por Marc Ferrez (Rezende 1999:40).

A palavra avenida é também utilizada pelo engenheiro sanitarista Saturnino de Brito para nomear as ruas principais projetadas para o novo arrabalde de Vitória, em 1896, às quais atribui uma dimensão simbólica. "A avenida Norte Sul tira seu nome do fato de seguir, com pequena inclinação o meridiano e presume concretizar [para a população] sentimentos de fraternidade da comunhão brasileira" (Brito 1943:40).

Em São Paulo, o bairro planejado por Eugênio de Lima e executado pelo agrimensor Tarquínio Antônio Tarant, na última década do século 19, apesar das indicações e especificações imprecisas, localiza no ponto mais alto do espigão, que dividia o sítio urbano, a via principal e a denomina avenida Paulista. As outras ruas do loteamento ele denomina de alamedas. A avenida tinha o leito carroçável dividido em três vias destinadas ao bonde, carruagens e cavaleiros. Magnólias e plátanos separavam as pistas e o piso era de pedregulho branco (Toledo 1987:12). Na Paulista, como ficou conhecida, não circulavam cortejos fúnebres, nem carroças de entrega de pão e leite. Estes passavam pela alameda Santos, vizinha pobre e paralela, verdadeira porta dos fundos (Gattai 1979:43).

Na década de 1930, se coloca para a maior parte das cidades brasileiras a necessidade de ampliar e remodelar os sistemas viários herdados do período colonial dada a crescente importância da circulação. Em São Paulo é proposto por Prestes Maia o *Estudo de um plano de avenidas*, que teve parte das obras executadas no período do Estado Novo (1937-1945) e inicia a substituição do transporte urbano dos bondes elétricos sobre trilhos para os ônibus e automóveis. No Plano, as vias recebem denominações diversas e estranhas ao vocabulário urbanístico da época como boulevard e circuitos de *parkways*, ou avenidas parque, denotando a circulação de ideias urbanísticas e a substituição de um ideário europeu pelo oriundo dos Estados Unidos (Maia 1930:52). As *parkways*, segundo a concepção americana original, eram projetadas no meio de árvores, com um traçado sinuoso acompanhando a topografia. Na forma adaptada, que chega ao urbanismo brasileiro, da ideia original conserva-se apenas na imagem a relação entre áreas verdes e circulação viária. No Plano de Prestes Maia para São Paulo, um circuito de avenidas contorna a área urbana e interligaria os parques existentes e outros a serem criados. Desta proposta foram implantadas apenas as avenidas.

A ocupação dos fundos de vale e das várzeas junto aos rios pelo sistema viário é prática comum nas cidades brasileiras. A avenida Centenário, na cidade de Salvador tem o traçado adaptado à topografia e abriga o curso do rio. Extenso e contínuo verde está presente tanto no canteiro central como nas encostas laterais, dando um caráter pinturesco a esta via. Porém, este caso é exceção. Na maioria das vias realizadas à margem dos cursos d'água está ausente um projeto que respeite o traçado e o regime do rio e o integre, através da avenida, à cidade. Avenidas marginais, ou simplesmente marginais como passaram a ser conhecidas, separam e isolam os rios da possível fruição pelos habitantes das cidades.

No decorrer dos anos 1960 acontece novo e radical impacto de transformação do tecido urbano com a construção das avenidas expressas. Cortando quadras inteiras, em grandes estruturas suspensas ou semi-enterradas, têm, em comum, a prioridade absoluta à fluidez da circulação. Para a construção destas pesadas estruturas viárias são demolidas as edificações, ocasionando a deterioração de bairros antigos sob o impacto da poluição sonora e ambiental. A utilização do termo 'em trincheira' para descrever a via expressa e rebaixada, denota os conflitos com outros fluxos de veículos e com a passagem dos pedestres.

De uso mais restrito, avenida designou uma forma de cortiço no Rio de Janeiro, São Paulo e Porto Alegre, como conjunto de pequenas habitações dispostas de forma que tenham rua ou praça interior sem caráter de logradouro público. No Rio de Janeiro correspondeu às exigências da legislação urbanística municipal, quando posturas municipais adaptaram os ideais higienizadores aos interesses dos proprietários e construtores incentivando a proliferação de tipos intermediários entre as vilas e as habitações coletivas. Vaz (1998:43) observa que após a reforma ou a ampliação das instalações sanitárias, os antigos cortiços mudavam de nome, como no caso do romance de Aluísio de Azevedo (1890) em que depois de uma reforma, a Estalagem de São Romão se torna a avenida São Romão. A palavra ainda estava em uso, em 1926, quando o arquiteto e sociólogo francês, Donat Alfred Agache, no Plano que elabora para o Rio de Janeiro identifica o grande problema das habitações precárias existentes na cidade como as vilas, avenidas e favelas (Agache 1930:190).

Maria Cristina da Silva Leme

Ver: cortiço (p), jardim (p), paseo (e), pátio (p), rua (p), vila (p)

Referências
AGACHE, Alfred (Org.). *Cidade do Rio de Janeiro: extensão; remodelação; embellezamento*. Rio de Janeiro/Paris, Prefeitura do Distrito Federal/Foyer Brésilien, 1930. • AZEVEDO, Aluísio (1890). *O cortiço*. São Paulo, Ática, 1996. • BRITO, Francisco Saturnino de. *Obras completas. Saneamento de Vitória, Campinas, Petrópolis, Itaocara, Paraíba (João Pessoa), Paraíba do Sul e Juiz de Fora*. Rio de Janeiro, Imprensa Nacional, 1943. • BRUNO, Ernani da Silva. *História e tradições da cidade de São Paulo. Volume 1: Arraial dos sertanistas (1554-1828)*. São Paulo, Hucitec, 1984. • *Código de posturas do município de São Paulo: 6 de outubro de 1886*. Prefeitura Municipal de São Paulo/Departamento de Cultura, 1940. • GATTAI, Zélia. *Anarquistas, graças a Deus*. Rio de Janeiro, Record, 1979. • GOMES, Marco Aurélio Filgueiras; LIMA, Fabio José Martins de. Pensamento e prática urbanística em Belo Horizonte: 1895-1961. In LEME, Maria Cristina da Silva (Org.). *Urbanismo no Brasil 1895-1965*. São Paulo, Studio Nobel/FAU USP/Fupam, 1999, p. 120-140. • MAIA, Francisco Prestes. *Estudo de um plano de avenidas para a cidade de São Paulo*. São Paulo, Melhoramentos, 1930. • MARX, Murilo. *Nosso chão: do sagrado ao profano*. São Paulo, Edusp, 1989. • PREFEITURA MUNICIPAL DE SÃO PAULO. *Padrão municipal*. São Paulo, PMSP, 1889. • REZENDE, Vera F. Evolução da produção urbanística na cidade do Rio de Janeiro 1900-1950-1965. In LEME, Maria Cristina da Silva (Org.). *Urbanismo no Brasil 1895-1965*. São Paulo, Studio Nobel/FAU USP/Fupam, 1999, p. 39-70. • SAIA, Luís. *Morada paulista*. São Paulo, Perspectiva, 1972. • TOLEDO, Benedito. *Álbum iconográfico da avenida Paulista*. São Paulo, Ex Libris, 1987. • VAZ, Lilian Fessler. Do cortiço à favela. Um lado obscuro da modernização do Rio de Janeiro. In SAMPAIO, Maria Ruth Amaral de (Org.). *Habitação e cidade*. São Paulo, FAU USP/Fapesp, 1998.

b

ⓟ bairro (pl. bairros)
português Portugal e Brasil, substantivo masculino

Definições

bairro: *Certa parte da Cidade com suas casas, & ruas. [...] nas partes de Santarem he o mesmo, que Monte* (*Bluteau 1712, 2:16).

bairro: *Quartel da cidade, que consta de certas ruas* (*Silva 1813).

bairro: *Cada uma das partes principais em que se divide uma cidade. Cada uma das divisões administrativas dos concelhos de Lisboa e Porto, presidida por um administrador de bairro, que tem atribuições idênticas aos administradores de concelho nas outras terras do reino. Em geral, uma porção de território de qualquer povoação* (*Aulete & Valente 1881).

bairro: *Solicitamos, pelo prazo de 90 anos, ao Congresso Nacional da República dos Estados Unidos do Brasil as concessões descritas no presente requerimento para a construção de um bairro operário, concebido artisticamente e segundo as regras da higiene moderna* (Requerimento enviado... 1891).

bairro: *Parte da cidade que engloba um espaço determinado, geralmente ocupado por populações de uma* *mesma natureza ou classe: o antigo* bairro *da Mouraria em Lisboa* (*Silva, Moreno, Cardoso Junior & Machado 1950).

bairro: *1. Cada uma das partes em que se costuma dividir uma cidade ou vila, para mais precisa orientação das pessoas e mais fácil controle administrativo dos serviços públicos. 2. Bras., Minas Gerais, pequeno povoado ou arraial* (*Ferreira 1986).

BAIRRISTA ERA AQUELE QUE HABITAVA UM BAIRRO, como os da Cotovia ou da Mouraria (*Silva 1789). Por outro lado, conforme os dicionários do século 19, *bairrão* designava aquele que habitava uma aglomeração rural (*Almeida 1891) assim como o *aldeão* (*Cannecattim 1804).

No Brasil, nas metrópoles e cidades menores, para todo indivíduo, como para as autoridades municipais, bairro continua a ser aquela parte ou divisão costumeira da cidade. É a referência a ele que fornece ao citadino seu endereço e sentimento de pertença – e até mesmo de bairrismo, como expressão de auto-estima ou de um espírito de exclusividade e recesso – assim como o acesso aos poderes administrativos, recursos e serviços públicos.

Espaço urbanizado e habitado, o bairro hoje se opõe de maneira quase intuitiva tanto ao centro da cidade como ao campo, do mesmo modo que às aglomerações supostamente instáveis chamadas de favelas, invasões ou ocupações. Não por outra razão, o programa de melhorias habitacionais da prefeitura do Rio de Janeiro foi nos anos 1990 denominado *Favela-Bairro*. Em São Paulo, o secretário municipal de urbanismo declarou recentemente que "alguns bairros não desejavam mais construções em altura" (Mudanças no zoneamento... 2003:1), enquanto os habitantes de Perus denunciavam o fato de que muitas das crianças do bairro precisavam "se deslocar para outros bairros para irem à escola" (Perus protesta... 2003:4).

A antiga expressão quartel da cidade, que se difundiu nos dicionários ainda no século 18, não parece provir exatamente da palavra quarteirão, isto é, quadra, nem pode ser definido a partir do quartel militar ou da quarta parte de alguma coisa. Por muito tempo, deve ter funcionado como termo equivalente ao *quartier* francês. Tollenare, comerciante de Nantes em viagem de negócios ao Brasil em 1816, copiou de um mapa manuscrito em Lisboa *"les trois quartiers de la ville du Récif, savoir"* Recife, Santo Antônio e Boa Vista (Tollenare [1816] 1972:317-318), seus três bairros por excelência que os viajantes e sábios britânicos chamavam *compartments* (Koster 1816:2) ou *parishes* (Henderson 1821:380).

É verdade, por outro lado, que assim como o *quartier* francês o bairro historicamente se apoiou em alguma espécie de autoridade militar ou policial. No começo do século 17, por exemplo, na *Legislação extravagante* compilada pela Coroa portuguesa, menciona-se um *Regimento dos bairros* que versava sobre assuntos de policiamento e quadrilharia (Andrade 1966:27). Na América portuguesa, foi também no interior do bairro que a partir de meados do século 18 foram organizados corpos de ordenança ou forças militares locais que contribuíram fortemente para a manutenção de uma ordem legal e administrativa, assegurada pelos regimes de obediência e solidariedade promovidos entre os moradores de cada bairro (Prado Junior 1963:304, 308, 310 sq.), e cujos papéis em certa medida equivaliam aos de uma polícia urbana. Essa referência colonial perduraria no século 19 com os inspetores ou fiscais de bairro, que asseguravam o controle do comércio de rua, protegiam a vizinhança contra o vozerio entre outras funções, ou como no Recife podiam convocar os pedreiros residentes em um certo bairro para o conserto das calçadas em seu interior (Avisos... 1831).

O lexicógrafo António de Morais Silva recolheu das Ordenações Filipinas um uso mais antigo da palavra: "Ord. I, T. 54. Alguns destes onde moravam Grandes, e Fidalgos se reputaram coutados à Justiça, os quais aboliram a Orden. 5, T. 104" (*Silva 1813). De fato, em Portugal, tais bairros coutados constituíam asilos de criminosos segundo a lei, onde a justiça do rei não entrava até que as *Ordenações recompiladas em 1603, por mandado do rei Felipe I,* levassem à sua abolição: "Defendemos que nenhum senhor de terras prelado, fidalgo, nem outra pessoa de qualquer estado e condição que seja, não faça novamente coutos nem bairros coutados, nem acolha nem coute neles, nem outros antigos e honras, posto que aprovadas pelos os reis nossos antecessores, nenhuns malfeitores, nem degredados" (Ord. Filip. V, 104 apud Lara 1999:314). Tratava-se evidentemente de abolir a autonomia jurídica do bairro medieval português. O fato é que o termo pode ser rastreado em textos medievais lusitanos do século 14 (Cunha 1988). E talvez até antes. Frei Joaquim de Santa Rosa de Viterbo destacou o uso da palavra *barrarios* no foral que o rei Don Sancho I concedeu em favor da vila de Penamacor em 1199: "Que *barrarios* estes fossem, eu o não sei: presumo, que seriam os que moravam dentro da villa, e seus arrebaldes" (*Viterbo [1798] 1984:22).

A verdade é que havia bairros fora das cidades e não apenas nos seus arredores. Ao final do século 18, Viterbo também assinalou um uso do termo *barro* como "lugar pequeno, quinta, aldêa, casa de campo, ou de abegoaria" (*Viterbo [1798] 1984: 23). Bairros rurais portugueses talvez semelhantes àqueles que o frei Agostinho de Santa Maria encontrou, em 1723, na capitania de São Paulo, na costa brasileira, sob a autoridade do convento de São Sebastião: "Vê-se este convento fundado uma légua antes de se chegar à vila de São Sebastião, e deram-lhe este lugar, tanto por haver naquele bairro a maior parte dos moradores, a quem os Religiosos assistem com muita caridade, e o fazem como se fossem seus Párocos" (apud Marx 1984:44).

Com Domingos Vieira (*1871), a palavra provinha "do baixo latim *barrium*, ajuntamento de casas nos arrabaldes de uma cidade", sentido corrente, lembrava o lexicógrafo, ao menos nas partes de Santarém, em Portugal. Mas também "o número das casas dentro dos muros de uma cidade, os muros da cidade, segundo Du Cange". Esse último autor cita precisamente o *Glossarium Mediae et Infimae Latinitatis*, de Domino Du Cange (*[1678] 1937), no qual se lê não exatamente isso, mas que *barrium*, do espanhol medieval *barrio* ou do termo gálico-celta *barri*, referia-se a um certo acúmulo de edificações ou casas fora da urbe e junto aos subúrbios ou arredores – *aedium ac domorum extra urbem et ad suburbana quaedam congeries* – daí frequentemente designar aquilo que está "diante dos muros da cidade" – *saepius pro muris civitatis usurpatur*. O que, todavia, não impedia que em certas regiões, como na corte de Provença, *barrium* também denominasse o número de edificações incluídas pelos muros – *eum aedium numerum qui muris includitur*.

No século 18, enquanto a cidade era definida por seu centro, as palavras arrabalde ou arrebalde, derivadas do árabe e do hebraico, já significavam uma espécie particular de bairro que "pegado à cidade, está fora dos muros dela. Alguns derivam arrabalde do hebraico *rabad*, que vale o mesmo que multiplicar, e os arrabaldes se compõem da gente que multiplicada, não cabe na cidade, e faz sua habitação fora dela. Outros derivam *arrabalde* do arábico *errebalu*, o qual vem do verbo *revele*, que significa levar detrás de si nas ancas, e os que vivem nos arrabaldes, estão em certo modo nas ancas da cidade" (*Bluteau 1712). Com efeito, toda cidade hispano-muçulmana possuía um núcleo central amuralhado que recebia o nome de *madina* ou *al-madina*, e bairros exteriores periféricos chamados *rabad*, forma plural de *arbad*, nos quais se confundiam atividades urbanas e rurais, mas havia também outras situações: o *bairro* ou *hawma* também fora da *madina*, o *arrabalde* único de uma cidade, ou aqueles que se localizavam intramuros. Se desde o início da ocupação mulçumana da Península Ibérica, foi comum o convívio de árabes e judeus, e em alguns casos de cristãos, no interior da *alfama* ou *aljama*, ao longo da idade média, e com a reconquista católica, observou-se uma tendência à segregação religiosa, por imposição real ou petição dos próprios habitantes. Bairros aparte como as judiarias, mourarias e moçarabias, de considerável extensão e algumas centenas de moradores, dotados de suas próprias ruas, casas, banhos, templos, cemitérios, portas e muros, quando fora da cidade, e que, em alguns casos, como nos de Guadalajara ou Zaragoza dos séculos 14 e 15, podiam ser identificadas pelo topônimo urbano *Barrionuevo* (Pavón Maldonado 1992), possuindo até hoje, em Portugal, um referencial histórico e de localização importante.

Curioso perceber a sobrevivência dessa concepção sócio-histórica entre os filólogos, ainda que para abarcar outras categorias não exclusivamente demarcadas por recortes étnicos ou religiosos. No final do século 19, por exemplo, na oitava edição do dicionário de António de Morais Silva (*1889-1891), a definição de bairro seria alargada a uma zona "ocupada em geral por pessoas da mesma esfera ou da mesma classe". Donde o caso da mouraria ou bairro mouro, além dos bairros aristocráticos, bairros operários, bairros ricos e pobres (*Silva 1889-1891). Rural ou urbano, no centro da cidade ou fora de seus muros, cada bairro se distinguiria não apenas por sua posição geométrica, nem simplesmente suas funções militares ou civis, mas também por por suas particularidades sociais, étnicas, religiosas ou econômicas, como no caso dos bairros árabes, judeus e ciganos de tantas cidades ibéricas (Santos 1995), os reagrupamentos de imigrantes como nos "enquistamentos étnicos" de São Paulo, nas primeiras décadas do século 20 (Araújo 1940), ou os bairros de lata portugueses, tão generalizados na opinião comum contemporânea, à maneira dos cortiços e favelas brasileiros.

É de se perguntar se tão remota ambivalência de bairro – entre o rural e o urbano, o dentro e o fora da cidade – não sobrevive nas oposições tão reincidentes ainda hoje no Brasil entre o centro da cidade e seus bairros, ou entre os bairros centrais e os periféricos. O fato é que ela tem uma história. Em uma cidade como Salvador no final do século 18, que há muito já abarcava sua parte baixa chamada *A Praia*, bairro de fato podia ser contraposto a praça: entre as velhas portas do Carmo e de São Bento, mantinham-se a velha cidade, não mais cercada, e suas duas praças tradicionais, o terreiro de Jesus e a praça do Palácio; fora delas, apenas a praça "Nova da Piedade, onde de ordinário vão trabalhar em exercícios os regimentos da sua guarnição", e os "seis bairros que a circulam". Foi o que escreveu Luís dos Santos Vilhena em 1802. Até mais do que seis, se considerarmos as indicações constantes da *Planta da cidade da Bahia tal qual a elevou no tempo do Vice Reinado do Marquez de Angeja D. Pedro de Noronha, o Brigadeiro Engenheiro João Massé*, de quase um século e ainda válida nas anotações de então: o bairro de N. S. da Saúde, "muito povoado hoje", o bairro da Ladeira do Carmo, o bairro de Santo Antônio além do Carmo "e cruz do Pascoal", o "convento de S. Bento e "bairro do mesmo nome", a "freguezia e bairro de S. Pedro Velho", os "bairros da Piedade, S. Raimundo, e Mercez onde hoje se achão m.tas ruas" (Vilhena [1802] 1969:44). Entre tais bairros, era comum haverem rivalidades. Foi o que recolheu Câmara Cascudo de suas pesquisas sobre a cidade de Natal: em pleno século 19 verdadeiras guerras locais entre a Cidade Alta e a Ribeira ou Bairro Baixo (Cascudo 1999:143-155).

A referência religiosa exige um parêntese específico. Seja no Brasil, seja em Portugal, é perceptível a recorrência das denominações canônicas nos nomes próprios dos bairros: São José, Santa Tereza, Nazaré, Santa Cecília, Santa Ifigênia, São Pedro, Santo Antônio, Santo Amaro, Santo Cristo, Nossa Senhora da Glória, Nossa Senhora da Consolação, Santa Cruz, Sé. A tendência certamente deriva da superposição ao longo da história entre a divisão dos bairros da cidade e a divisão diocesana em freguesias, o que por muito tempo resultou na imbricação das fronteiras, alçadas e competências das autoridades civis e religiosas. Na palavra freguesia, com efeito, convergem duas acepções: a de paróquia e a de lugar da cidade (ou da província, pois desde a idade média e o período colonial existem imensas freguesias rurais) em que vivem os fregueses (Santos 1995). De origem remota na igreja romana, a palavra traduz o termo grego *parochos*, repartidor ou hospedeiro de enviados estrangeiros. Paróquia por sua vez, ao menos em português, designa uma igreja matriz em que há pároco e paroquianos, implicando, portanto, em uma comunidade de vizinhança. Na hierarquia eclesiástica, a matriz de uma paróquia ou freguesia constitui um nível superior ao das capelas e curatos. Formada por pelo menos dez casas, cujos habitantes se associam por vínculos morais e espirituais, e também materiais, ela possui limites secularmente determinados pelo poder de padroado concedido ao rei de Portugal, inclusive sobre suas possessões ultramarinas. Distrito eclesiástico onde o povo deveria viver em referência, a freguesia aos poucos viria a adquirir uma acepção pagã, resistente até hoje no vocabulário popular, à medida que o atributo clerical perdia o significado jurídico-político mais antigo e desenvolvia-se sobre ele uma unidade primitiva de mercado. Ao longo do século 19, os dicionários viriam a incorporar tal acepção: "o uso de ir comprar a certa parte" (*Silva 1813); "as pessoas afreguesadas, a clientela de uma casa pública" (*Vieira 1871); o "uso de ir comprar a certa loja, mercado ou pessoas" (*Vieira 1873); a "concorrência de compradores" (*Mendes 1904-1905). Significado mercantil novo, no início ele provavelmente restringia-se às próprias circunstâncias do isolamento entre as paróquias e freguesias, que em 1711, na Bahia, uma das mais urbanizadas capitanias portuguesas na América, chamou a atenção de Antonil: "O certo é que não somente a cidade, mas a maior parte dos moradores do recôncavo mais abundantes, se sustentam nos dias não proibidos da carne do açougue, e da que se vende nas freguesias e vilas" (Antonil 1982).

O certo é que em uma colônia permanentemente ameaçada de dispersão, a freguesia profanizou-se e imiscuiu-se nas pirâmides de poder e patrimônio com as capitanias no seu topo, o território colonial dividido em comarcas, estas em termos com sede nas respectivas vilas ou cidades; os termos dividindo-se em freguesias, tanto urbanas como rurais, que já na colônia serviam para a administração civil. A freguesia, desse modo, cada uma com sua matriz católica, surge na base dessa pirâmide administrativa e jurídica da província. O que não era de estranhar ali onde a Igreja, ainda que submetida às mãos do Rei, ocupava um lugar importante nos negócios públicos. Sentido político tão arraigado que permearia inclusive a nova ordem municipal instituída depois de 1828, a freguesia, e por extensão o bairro, continuaria a atuar como condição elementar de ligação de seus habitantes livres com seus direitos e obrigações recíprocas, ou seja, na articulação da pertença e da divisão social, ainda que deixando-se soterrar por vínculos que a crescente secularização do cotidiano no Brasil do século 19 promovia na gestão da vida civil.

Ainda que o conceito geral de Bairro já apareça nos dicionários de Bluteau (*1712) e Silva (*1813), é curioso perceber certa resistência da palavra bairro a ultrapassar a condição de toponímia. Ao menos é o que se depreende do significado da palavra no *Diccionario geographico, histórico e descriptivo do Imperio do Brazil*, de 1845, em que Bairro remete-se de uma "*povoação* considerável da província de São Paulo, a uma localidade ao norte da vila de São Sebastião [...] onde todos os habitantes são indígenas" (Saint-Adolphe 1845, 1:114). Segundo o mesmo autor, havia também o Bairro-das-Silveiras e o Bairro-de-Tolledo, um e outro na província de São Paulo. Localidades surgidas no Brasil nos séculos 18 e 19, em plena ordem escravocrata, que se constituíam em espaços sociais de interesse, cooperação e dependência entre proprietários de terra e homens livres expropriados, tal como os bairros de São José, Pau Grande, Morro Cavado, Mato a Dentro, Motas, Pindaitiba, Fialhos, Putim, Piagui, Jararaca, Outro Lado do Rio, identificados no município de Guaratinguetá, em São Paulo, a partir das fontes policiais trabalhadas por Maria Sylvia de Carvalho Franco em sua tese de doutorado (Franco 1969:29). Bairros agrícolas ou caipiras que, desde os anos 1940, haviam se tornado objeto de uma sociologia dos meios de vida enquanto espaços de equilíbrio precário e anomia face ao desenvolvimento de uma civilização urbana no Brasil (Candido 1964; Queiroz 1973), persistindo na toponímia sócio-espacial de pequenas comunidades rurais do centro sul do país. Tais referências específicas também persistiriam em Portugal, bairro designando tanto pequenas localidades rurais nos concelhos de Anadia, Amarante, Braga ou Vila Nova de Famalição (Carvalho 1878), como nas referências topográficas tão generalizadas na toponímia portuguesa: bairro alto, bairro baixo, bairro cimeiro, bairro fundeiro, bairro de baixo, bairro meão, bairro de cima (*Grande enciclopédia portuguesa e brasileira* 1967, 4:18).

A partir de meados do século 19, os dicionários começariam a universalizar o termo geral. Com Caldas Aulete (*Aulete & Valente 1881) e Cândido de Figueiredo (*1899), bairro viria a designar em primeiro lugar, e "em geral, uma porção de território de qualquer povoação". O mesmo se passa também no trabalho de Francisco de Almeida (*1891), avançando-se além do atributo geométrico um significado oficial: "Divisão administrativa de Lisboa e Porto, presidida por um administrador de bairro. Qualquer extensão de território de uma povoação, de um concelho".

O fato é que o final do século 19 observaria um refinamento das práticas regulatórias que viriam a romper com as velhas esferas locais de normalização e a envolver em um conceito ampliado e unificado de cidade aquilo que surgisse como peculiar às suas diversas partes. É nesse momento que bairro, antes mesmo de cristalizar uma jurisdição espacial específica, parece ter perdido alguns de seus atributos formais – políticos e policiais, fiscais e administrativos – em benefícios de outras terminologias como distrito, área, perímetro ou zona. Todas, formas laicizadas e geometrizadas da velha freguesia, a envolverem como antigamente mais de um bairro. O amortecimento de sentido do bairro, no âmbito da linguagem administrativa e especializada, parecia acompanhar o refinamento das técnicas de planificação, controle e reforma do espaço e da vida nas cidades. Em 1895, na apresentação das plantas da futura cidade de Minas Gerais, destinada a ser capital do estado, o engenheiro Aarão Reis provavelmente contava com uma maior aproximação entre a zona urbana e a suburbana de Belo Horizonte, quando anulou a figura do muro em uma avenida de contorno. E "a uma das avenidas – que corta a *zona* urbana de norte a sul, e é destinada à ligação dos bairros opostos – dei a largura de 50 m, para constituí-la em centro obrigado da cidade e, assim, forçar a população quanto possível, a ir-se desenvolvendo do centro para a periferia" (Reis 1895 apud Salgueiro 1997:273-274).

Ao mesmo tempo que se pretendia reforçar a distinção entre o centro urbano e os bairros periféricos, o ideal de ligação e tráfego abria espaço às novas lógicas e termos de repartição. A notação em itálico da palavra bairro no original parece que assinalava justamente algo de impróprio ou de vago no termo tradicional. De fato a palavra possuía um significado excessivamente difuso para ser conservado pelos especialistas ao descreverem as ameaçadoras contingências herdadas da cidade colonial. No relatório de 1875 à Comissão de Melhoramentos da Cidade do Rio de Janeiro, da qual fazia parte o jovem engenheiro Francisco Pereira Passos, Aarão Reis descrevia a canalização do mangue na parte central da cidade como uma das únicas formas de "fazer desaparecer esse receptáculo de imundícies, que constitui uma ameaça constante à população dos bairros mais próximos" (apud Reis 1977:16). Em um artigo de jornal de 1903, sobre a reforma urbana do Rio então encaminhada pelo prefeito Pereira Passos, a abertura das novas avenidas era descrita como uma forma de enfrentar os velhos "bairros hoje tão perigosos" (*Jornal do Commercio* 21/03/1903 apud Benchimol 1990:226). Realidades ameaçadoras que pareciam constranger as autoridades técnicas e políticas a revisarem a sua terminologia.

Não seria de estranhar que também na discussão dos melhoramentos de São Paulo, algumas décadas depois, o termo viesse a ser circunscrito a uma das figuras espaciais particulares do esquema radial mais geral proposto pelo engenheiro Vítor da Silva Freire: os bairros de moradia ou excêntricos, definidos como parte específica da malha secundária de circulação entre as grandes vias de penetração no centro, podendo inclusive serem retalhados em nome do descongestionamento da cidade (Freire 1911). A aplicação planejada de esquemas geométricos, logo depois apoiada na disciplina do *zoning*, que nem mesmo ali onde centro e bairros pareciam coincidir, como no Recife, prescindiria da dilaceração e mesmo do arrasamento dos antigos bairros formadores (Estelita 1934). Em um processo, pois, não meramente lexical e à medida que se dissolvia uma ordem urbana privatista e fechada, de base patrimonial, escravocrata e eclesiástica, a palavra bairro parecia ceder ante as nomenclaturas abstratas de urbanistas e administradores públicos, vulgarizando-se tão somente nas referências vernaculares ou cotidianas ao local de residência, por mais imprecisas que fossem as suas fronteiras. Talvez venha dessa oscilante experiência da palavra, a sensação de que no imaginário popular a distinção imediata do bairro em que se mora ou do qual cada um se percebe como parte inseparável, não é acompanhada de uma noção exata de seus limites ou de sua história.

José Tavares Correia de Lira

Ver: barrio (e), conjunto (p), cortiço (p), favela (p), freguesia (p), invasão (p), loteamento (p)

Referências

ALMEIDA, Fialho de. *Barbear, pentear: jornal d'um vagabundo*. Lisboa, Clássica, 1910. • ANDRADE, Francisco de Paula Dias de. *Subsídios para o estudo da influência da legislação na ordenação e na arquitetura das cidades brasileiras*. São Paulo, Poli-USP, 1966. • ANTONIL, André João. *Cultura e opulência do Brasil*. Belo Horizonte/Itatiaia/São Paulo, Edusp, 1982. • ARAÚJO, Norberto de. *Peregrinações em Lisboa*. 3 volumes. Lisboa, A. M. P. Parceira, 1939. • ARAÚJO, Oscar Egídio de. Enquistamentos étnicos. *Revista do Arquivo Municipal*, n. 65, São Paulo, mar. 1940. • Avisos: Rodolfo João Barata, fiscal do Bairro do Recife... *Diário de Pernambuco*. Recife, 15 out. 1831. • BENCHIMOL, Jaime Larry.

Pereira Passos: um Haussmann tropical. Rio de Janeiro, Secretaria Municipal de Cultura, 1990. • CANDIDO, Antonio. *Parceiros do Rio Bonito*. São Paulo, Duas Cidades, 1964. • CANGE, Domino du (1678). *Glossarium mediae et infimae latinitatis*. T. 1, parte 2. Paris, Librairie des Sciences et des Arts, 1937. • CARVALHO, Tito Augusto de. *Diccionario de geographia universal por uma sociedade de homens de sciencia, composto segundo os trabalhos geographicos dos melhores auctores portuguezes, brazileiros, francezes, ingleses e allemães e de accordo com as ultimas publicações chorographicas e estatisticas dos differentes paizes*. T. 1. Lisboa, Empreza Horas Romanticas, 1878. • CASCUDO, Luís da Câmara. *História da cidade de Natal*. 3ª edição. Natal, Instituto Histórico e Geográfico, 1999. • CONSTÂNCIO, Francisco Solano. *Novo diccionario critico e etymologico da lingua portugueza*. 10ª edição. Paris, Belhatte, 1873. • CORDEIRO, Graça Índias. *Um lugar na cidade: quotidiano, memória e representação no bairro da Bica*. Lisboa, Publicações Dom Quixote, 1997. • COSTA, Antônio Firmino da. *Sociedade de bairro*. Oeiras, Celta, 1999. • CUNHA, Antônio Geraldo da. *Índice do vocabulário do português medieval*. Vol. 2: B-C. Rio de Janeiro, Fundação Casa de Rui Barbosa, 1988. • Decreto n. 4.137, 24 abr. 1918. *Diário do Governo*, 1ª série n. 87, 25 abr. 1918. • *Diccionario da lingoa portuguesa*. Vol. 1 (A). Lisboa, Academia Real das Sciencias de Lisboa, 1793. • *Diccionario de la lengua castellana* (1780). Edição facsímile da 1ª edição. Madrid, Real Academia Española, 1991. • ESTELITA, José. Plano de remodelação e extensão da cidade do Recife. *Revista da Diretoria de Engenharia*, vol. III, n. 12, Rio de Janeiro, 1934. • FERNANDES, José Pedro Pereira Monteiro; GOMES, Henrique Martins (Org.). *Dicionário jurídico da administração pública*. 2 volumes. Coimbra, Atlântida, 1965-1972. • FRANCO, Maria Sylvia de Carvalho. *Homens livres na ordem escravocrata*. São Paulo, Instituto de Estudos Brasileiros/ USP, 1969. • FREIRE, Vítor da Silva. Melhoramentos de São Paulo. *Revista Polytechnica*, vol. 6, n. 33, São Paulo, fev./mar. 1911. • HENDERSON, James. *A History of the Brazil Comprising its Geography, Commerce, Colonization, Aboriginal Inhabitants*. Londres, Longman, Hurst, Rees, Orme and Brown, 1821. • KOSTER, Henry. *Travels in Brazil*. Londres, Longman, Hurst, Rees, Orme and Brown, 1816. • LARA, Silvia Hunold (Org.). *Ordenações Filipinas: Livro V, Título 104*. São Paulo, Companhia das Letras, 1999. • LIBERALLI, Frederico Augusto. 1ª Questão da 4ª Secção: obras municipaes. *Revista do Club de Engenharia*, série 4, n.1, Rio de Janeiro, dez. 1900. • MARQUES, Henrique (Org.). *Novo diccionario hespanhol-portuguez*. Lisboa, Livraria de Antonio Maria Pereira, 1897. • MARX, Murilo. *Seis conventos, seis cidades*. São Paulo, FAU USP, 1984. • Mudanças no zoneamento abrem polêmica no setor. *O Estado de S. Paulo*, Imóveis 1, 19 out. 2003, p. 1. • Perus protesta por vagas em escolas. *Folha de*

S. Paulo, Cotidiano, 25 out. 2003, p. 4. • PAVÓN MALDONADO, Basílio. Ciudades hispano-mulsumanas. Madri, Mapfre, 1992. • PRADO JÚNIOR, Caio. Formação do Brasil contemporâneo. 7ª edição. São Paulo, Brasiliense, 1963. • QUEIROZ, Maria Isaura Pereira de. Bairros rurais paulistas. São Paulo, Duas Cidades, 1973. • REIS, Aarão. Officio n. 26 de 23 de março de 1895, apresentando ao Governo as plantas da cidade. Apud SALGUEIRO, Heliana Angotti. Engenheiro Aarão Reis: o progresso como missão. Belo Horizonte, Fundação João Pinheiro, 1997. • REIS, José de Oliveira. O Rio de Janeiro e seus prefeitos: evolução urbanística da cidade. Rio de Janeiro, Prefeitura da Cidade, 1977. • Requerimento enviado aos Ilmos e Exmos Srs. Representantes do Congresso Nacional, em 15 de outubro de 1891. Original manuscrito ano 1891D, maço 1, pasta 3, lata 387, etiqueta 3687. Brasília, Arquivo Histórico da Câmara dos Deputados, 1981. • SAINT-ADOLPHE, J.C.R. Milliet de. Diccionario geographico, historico e descriptivo do imperio do Brazil. Paris, J.P. Aillaud, 1845. • SANTOS, José Antônio. As freguesias: história e actualidade. Oeiras, Celta, 1995. • TOLLENARE, Louis-François de. Notes dominicales prises pendant un voyage en Portugal et au Brésil en 1816, 1817 et 1818. Paris, PUF, 1972. • VILHENA, Luís dos Santos (1802). A Bahia no século XVIII. Vol. 1. Salvador, Itapuã, 1969.

🄴 barriada (pl. barriadas)

español España y Peru, sustantivo femenino

Definiciones

barriada: *Barrio, vecindario. Dícese a veces de una sola zona del bario o vecindario* (*Núñez de Taboada 1820).

barriada: *Barrio (en los suburbios)* (*Garcia-Pelayo & Testas 1998).

barriada: *Lo mismo que barrio. Algunas veces se la toma por una parte de éste* (*Real Academia Española 1770).

barriada: *f. barrio // 2. Parte de un barrio* (*Real Academia Española 1899).

barriada: Barrio // 2. Parte de un barrio // Bolivia, Honduras, Nicaragua, Perú. // 3. Barrio marginal, *generalmente de construcciones pobres y precarias* (*Real Academia Española 2001).

la **barriada**, *urbanización clandestina y espontánea de chozas de estera que excepcionalmente deriva en casita de adobe o ladrillo* (Salazar Bondy 1964).

barrio marginal o **barriada**: *Zona de terreno de propiedad fiscal, municipal, comunal o privada que se encuentra dentro de los límites de centros poblados capitales de circunscripción político-administrativo, o en sus respectivas áreas sub-urbanas o aledañas, en las, que por invasión y al margen de disposiciones legales sobre propiedad, con autorización municipal o sin ella, sobre lotes distribuidos sin planes de trazado oficialmente aprobados, se haya constituido agrupamiento de viviendas de cualquier estructura, careciendo dicha zona en conjunto de uno o más de los siguientes servicios: agua potable, desagüe, alumbrado, veredas, vías de tránsito vehicular, etc.* (Ley 13517... 1961).

La **barriada** *de 1957 no es la misma de hoy [1977]. Ahora es un barrio "no oficial", es decir une agrupación social organizada más o menos espontáneamente cuyo fin es obtener una vivienda para sus moradores y que se desarrolla al margen de las disposiciones vigentes, a mayor extensión y ritmo de las urbanizaciones ceñidas a los dispositivos legales. Sólo en su etapa inicial son barriadas o "pueblos jóvenes", como ahora se les denomina, período cada vez de menor duración. Después es el barrio popular no legal, asimilado a un distrito ya existente. Finalmente, constituyen un distrito integrado exclusivamente por "ex-barriadas", con lo que reciben reconocimiento y beneficios del sistema político-administrativo"* (Matos Mar 1977).

LA VOZ BARRIADA ESTÁ PRESENTE EN LOS DICCIONArios españoles desde hace tanto tiempo como *barrio*, donde se la define, en principio, como una parte de éste. Si bien el significado habitual del sufijo *-ada* no nos brinda ayuda para apreciar su verdadero significado – se refiere, en efecto, a un "golpe de", como por ejemplo "un golpe de puñal" (*puñalada*) o un golpe de pie (*patada*) – nos sirve para evocar un carácter confusamente peyorativo y los empleos del término muestran, en realidad, los múltiples matices que tiene *barrio* y algunas evoluciones.

Una *barriada*, a partir del siglo 19, era generalmente obrera. De este modo, en la gran novela naturalista de Leopoldo Alas "Clarín", la ciudad de Vetusta se veía así desde sus alrededores: "la catedral parecía, desde este lugar, hundida en un pozo [...], detrás del humo de las fábricas en la *barriada* de los obreros, en el campo del Sol, y más allá de los campos de maíz" (Alas "Clarín" 1990 [1885]:135). En la década del 1970, en cambio, el creador arquetípico del romancero catalán, Manuel Vázquez Montalbán, "toma el metro a la hora pico y llega a una *barriada* obrera. [...] se encuentra con una chica de la fábrica, una aborigen del cinturón industrial de Barcelona" (1977:77). Por último, uno de los usos más caracterizados localmente se refiere a los vecindarios de alojamiento social de la época franquista de Málaga, llamados *barriadas*: Carranque, Sixto, Santa Julia... (Guardia 1994:307).

Pero encontramos también *barriadas* acomodadas, como las menciona en Madrid el historiador del urbanismo Fernando Chueca Goitia: "Al oeste se extiende una *barriada* nueva y aristocrática [...] El convento de Góngoras es el único monumento verdadero del *barrio* de San Antón" (1951:229). La precisión que aquí se hace es muy importante: aunque sea elegante, esta *barriada* que formaba parte del nuevo Madrid no tenía todavía la autonomía, la identidad, que la hubiera convertido en un *barrio* y que habría podido aportarle la presencia de instituciones simbólicas. Actualmente, siempre en Madrid, el *polígono* de Moratalaz, habitado por las clases medias, pero también un barrio de *cha-*

bolas, una ciudad de *casas baratas* o una *colonia* acomodada de la periferia pueden ser llamadas *barriadas*. Por otra parte, las *barriadas* pueden ser también pequeñas y hasta rurales. Por ejemplo, el novelista Pio Baroja ha descripto a menudo los bajos fondos populares: "Urbía tiene una *barriada* vieja y otra nueva. La vieja, la *calle*, como también se la llama por antonomasia en lengua vasca, está formada por callejuelas estrechas" ([1909] 1997:42). Pero el mismo autor describía de este modo el barrio del Marais en París: "Entre esta plaza [de los Vosgues] y el boulevard de Sebastopol había una *barriada* de burdeles de aspecto medieval" (Baroja [1944-1949] 1978:§8).

Si bien ciertas connotaciones peyorativas eran manifiestas, en especial en el período 1850-1950, las fuentes insisten mucho sobre el alejamiento, el aislamiento, la marginalidad geográfica de la *barriada*. Es sinónimo, a veces, de *barrios extremos* que, en la periferia de los aglomerados, son ajenos a sus movimientos vitales. Numerosos proyectos de planificación urbana tienen como objetivo reunir, unir, las diferentes *barriadas* entre ellas o al núcleo principal.

Lo esencial puede estar justamente allí: la *barriada* es un "trozo de trozo" de ciudad, un apéndice urbano, inacabado, de alguna forma incompleto. La *barriada* es percibida como un bloque habitado, antes que como un *barrio* que tiene su identidad, sus prácticas sociales y sus espacios públicos; la *barriada*, para quien llama así una parte de la ciudad, no está plenamente integrada a ella. ¿La *barriada* está estigmatizada? Lo está, en principio, por la exterioridad de la mirada que de ella se tiene, por lo que "se" dice de ella.

Laurent Coudroy de Lille

EL TÉRMINO BARRIADA APARECE EN LA ZONA ANDINA, en particular en el Perú, para nombrar una forma de hábitat a mediados del siglo 20. La voz proviene de *barrio*, pero comporta una connotación distinta, peyorativa y específica socialmente; designa un vecindario informal, un asentamiento pobre. Sus equivalentes latinoamericanos serían las *favelas* brasileñas, las *villas miseria* rioplatenses, los *collampas* y *campamentos* chilenos, los *ranchos* venezolanos o incluso las *colonias proletarias* mexicanas.

Durante el período colonial y en el siglo 19, los pobres vivían intramuros, en *tugurios* densos y *callejones* oscuros y *sin salida*. Pero desde comienzos del siglo 20, la situación comenzó a evolucionar: como en las otras grandes ciudades del continente, la zona urbana de Lima debió recibir una masiva inmigración de población proveniente de zonas rurales en crisis. Estos desplazamientos demográficos cambiaron de ritmo; entonces población de la capital peruana pasó de 650 mil habitantes en 1945 a 1,9 millones en 1961 y casi 6 millones en 1981. Actualmente asciende a más de un tercio de la población del país. En 1940, el 65% de los peruanos vivían en zonas rurales; veinte años más tarde, el 70% habitaban en centros urbanos (Quintanilla & Maguiña 1993). A esta tendencia general de urbanización hay que agregarle dos circunstancias particulares. Por un lado, el terremoto de 1940, que provocó la destrucción de numerosas viviendas dentro del perímetro urbano tradicional, en especial los *tugurios*; por otro, una vigorosa intervención oficial, con planes reguladores que ordenaron la demolición de numerosos alojamientos populares antiguos para permitir la construcción de grandes avenidas (Lovera 1957). El número de unidades habitacionales dentro del centro urbano se tornó insuficiente para alojar una población en constante crecimiento y, lo que era previsible desde la década del 1920, se acentuó: la ocupación informal de zonas baldías, particularmente en la periferia. Si bien en 1940 los habitantes de los barrios precarios de este tipo representaban a penas el 1% de la población de Lima, en 1954 alcanzaban el 8,7% y en 1987 superaban los 2 millones, o sea, la tercera parte de la población de la capital. La *barriada* se convertía así en el modo de alojamiento más representativo (Matos Mar 1977; Driant 1991).

El término aparece en las primeras novelas de Mario Vargas Llosa: "la noche ha caído en pocos segundos, pero él sabe que el vehículo atraviesa descampados y charcas, alguna fábrica, una barriada con casas de latas y cartones, la Plaza de Toros" ([1962] 1997:152). Al lado de esa precariedad material y de su ubicación periférica, la característica principal de la *barriada* "es que a diferencia del resto de la ciudad […] se empieza habitando, para luego construir" (Riofrío 1978). Las más antiguas de Lima, las *barriadas interiores* estaban vinculadas a importantes mercados de trabajo, en especial al abasto alimentario, por ejemplo, el mercado mayorista de la Parada hacia 1945 o los frigoríficos del puerto del Callao; San Cosme y el Agustino, los del este, el de Puerto Nuevo, ocupado desde los años 1920 o también los de las riberas del río Rímac (entre El Callao y Lima), caracterizados por la presencia de fábricas y de una gran insalubridad. Las *barriadas periféricas* tuvieron su punto de partida en Navidad de 1954, con la *invasión* de Ciudad de Dios, en la zona desértica de San Juan de Miraflores. Poco a poco fueron ganando, a lo largo de los siguientes diez años, las zonas de Comas, colinas a más de 30 km del centro. *Ciudad, villa,* son términos que aparecen en la toponimia pero es la voz *barriada* la que se volvió genérica para designarlos. Ese momento, acompañado generalmente de represión policial, fue seguido por un período de tensiones. Los *invasores* trataban de consolidar la ocupación, buscando apoyo oficial, consentimiento de los propietarios de los terrenos y toda especie de negociación. Una vez que lo obtuvieran, podrían emprender la etapa de reorganización interna y de construcción. Esta se caracterizaba por situaciones de subocupación: la institución representativa de la *barriada* aceptaba o no la entrada de nuevos habitantes. Luego vendría, finalmente, el momento de la legalización: el reconocimiento completo por parte del Estado, que permitiría su incorporación a las jurisdicciones urbanas tradicionales y la provisión de servicios básicos (electricidad, agua, cloacas). Estas *barriadas* ocupaban zonas poco codiciadas, periféricas y baldías.

El interés de las autoridades públicas ante semejante potencial demográfico (y electoral), asociado a la densificación de los alrededores inmediatos, suscitaría una nueva modalidad: las *barriadas* planificadas. Villa El Salvador es el ejemplo más representativo. Su ubicación y su extensión hicieron estallar los límites conocidos hasta esa fecha; se implantó en pleno desierto de arena, a 29 km al sur de Lima. Al principio tenía mil habitantes, pero superó los 160 mil a mediados de los años 1980 y se convirtió en *distrito* en 1983. En sus comienzos, en la década del 1950, las autoridades habían empleado la expresión *barrio clandestino* o *población clandestina* antes de denominarlo *barrio marginal* (1961). De este modo, la ley de 1961 que "declara la utilidad pública [...] de la remodelación, saneamiento y legalización de los *Barrios Marginales* o *Barriadas*, existentes en las *áreas urbanas* o *suburbanas* del territorio nacional" establece la equivalencia entre estos dos términos (Ley 13517... 1961).

En 1968, en el primer período del gobierno militar (1968-1975) se habló de *pueblo joven*, con la creación de una institución específica: la Oficina Nacional de Desarrollo de los *Pueblos Jóvenes*. Se insistía en la novedad de este tipo de vivienda, considerando su integración a otras zonas de la ciudad. Pero, a partir de 1980, se usó también el término *asentamiento humano*. En estas diferentes denominaciones encontramos dos constantes esenciales: la espacial (periferia) y la social (pobreza). El *tugurio* es ancestral, tradicional, situado en el centro urbano, la *barriada* a menudo es moderna, dinámica, aunque miserable (Granotier 1980). La pobreza aproxima a ambos términos y el vínculo se confirma en la medida en que un gran número de antiguos habitantes de los *callejones* y de las *casas de vecindad* fueron desplazados a las *barriadas*.

Actualmente, numerosas *barriadas* han obtenido reconocimiento oficial y se han convertido en *distritos* totalmente urbanos, con todos los servicios. Sus habitantes, recientemente reconocidos, deben afrontar, a su vez, a los nuevos "invasores" que llegan sin cesar a la capital de este país tan centralizado. El proceso de migración hacia Lima, sin embargo, se hizo más lento, tanto a causa de la migración hacia las ciudades principales de los departamentos o las provincias, como del reflujo, es decir, el regreso espontáneo u oficialmente alentado de los migrantes hacia sus lugares de origen. Como México, Buenos Aires o São Paulo, la capital peruana se ha convertido en una *megaciudad*, que absorbió las aglomeraciones del valle del Rímac y de los dos valles adyacentes (Chillón al norte, Lurín al sur). De ahora en más se distinguen, además del centro tradicional, centros secundarios en una ciudad que, a su manera, se peruanizó.

Gabriel Ramón Joffré

Véase: arrabal (e), bairro (p), barrio (e), extrarradio (e), fraccionamiento (e), periferia (e), población (e), rancho (e), suburbio (e), subúrbio (p)

Referencias
ALAS "CLARÍN", Leopoldo (1885). *La regenta*. Madrid, Gonzalo Soberano/Castalia, 1990. • BAROJA, Pío (1909). *Zalacaín el aventurero*. Madrid, Ricardo Senabre, Espasa Calpe, 1997. • BAROJA, Pío (1944-1949). *Desde la última vuelta del camino. Memorias*. Madrid, Biblioteca Nueva, 1978. • CHUECA GOITIA, Fernando. El semblante de Madrid. *Revista de Occidente*, Madrid, 1951. • DRIANT, Jean-Claude. *Las barriadas de Lima. Historia e interpretaciones*. Lima, Ifea/Desco, 1991. • GRANOTIER, Bernard. *La planète des bidonvilles. Perspectives de l'expulsion urbaine dans le tiers-monde*. Paris, Editions du Seuil, 1980. • GUARDIA, Manuel et al. *Atlas histórico de las ciudades europeas. Península ibérica*. Barcelona, Salvat/Centro de Cultura Contemporánea de Barcelona, 1994. • Ley 13517 de la República peruana, 14 feb. 1961 <www.congreso.gob.pe/ntley/LeyNume.asp>. • LOVERA, Juan. El cerro del Agustino. In PAZ SOLDÁN, Carlos Enrique (comp.). *Lima y sus suburbios*. Lima, UNMSM/Instituto de Medicina Social, 1957. • MATOS MAR, José. *Las barriadas de Lima 1957*. Lima, IEP, 1977. • QUINTANILLA, Jorge; MAGUIÑA, Ernesto. *Migraciones internas en el Perú*. Lima, INEI/UNFPA, 1995. • REAL ACADEMIA ESPAÑOLA. *Corpus de referencia del español actual* (Crea) <www.rae.es>. • REAL ACADEMIA ESPAÑOLA. *Corpus diacrónico del español* (Corde) <www.rae.es>. • RIOFRÍO, Gustavo. *Se busca terreno para próxima barriada: espacios disponibles en Lima 1940-1978-1990*. Lima,

Desco, 1978. • SALAZAR BONDY, Sebastián. *Lima, la horrible*. México, Era, 1964. • VALDEZ, Esteban. *Legislación urbana*. Lima, Aupa, 1985. • VARGAS LLOSA, Mario (1962). *La ciudad y los perros*. Barcelona, Seix Barral, 1997. • VÁZQUEZ MONTALBÁN, Manuel. *La soledad del manager*. Madrid, Planeta, 1977.

E barrio (pl. barrios)
español Espana, Argentina y México,
sustantivo masculino

Definiciones

barrio: *calle, o barrio de la ciudad* (*Oudin 1675).

barrio: *Cuartel de una ciudad* (*Terreros 1786-1793).

barrio: *Barrio de una ciudad. // Andar de barrio o vestido de barrio* (*Cormon 1803).

barrio: *una ciudad se divide en varios barrios; Arrabal // barrio comercial // barrio chino // barrio de las latas // barrio periférico // el otro barrio // los barrios bajos // irse al otro barrio* (*García-Pelayo & Testas 1998).

barrio: *s.m. El distrito, ù parte de alguna Ciudad, o lugar, que con nombre particular se distingue de lo demás de la ciudad: como bárrio de Leganitos, de Lavapiés, de las Maravillas [...] Covarrubias dice que es voz Arábiga, y que viene de Barr, que significa campo, y que así Bárrio es lo mismo que muchas casas de campo* (*Real Academia Española 1726:567).

barrio: *parte de una ciudad que tiene un cierto número de calles y de casas // Andar de barrio o vestido de barrio // Irse al otro barrio* (*Salvá 1882).

barrio: *subdivision d'una ciudad; es también un caserío o un poblado de una ciudad. En el censo mexicano, los barrios se cuentan como centros de población independientes: tienen su propia iglesia, su santo, su fiesta* (*Enciclopedia de México 1987).

barrio: *(del árabe barri – exterior). 1. Cada una de las partes en que se dividen los pueblos grandes o sus* *distritos // 2. Alcalde de barrio // 3. Arrabal, afueras de una población // 4. Gente de barrio // 5. Grupo de casas o aldehuela dependiente de otra población, aunque este separada de ella //* (*Real Academia Española 1992*).

barrio: *1. zona de una ciudad, definida por su localización geográfica, por ciertas características de la gente que la habita, por ciertas de sus particularidades o por su historia: policía de barrio, barrio de Tepito, barrio obrero, barrio judío. 2. zona pobre de una ciudad. 3. Barrios bajos donde habita la gente de mala vida* (Fernández de Lara 1996).

EN ESPAÑA, BARRIO ES UTILIZADO COMO UN TÉRmino genérico que designa una parte de la ciudad, siempre que no sea demasiado grande. En la larga duración, la historia del término presente modificaciones leves y en lo esencial ha tenido muy pocas variaciones.

No obstante, al lado de la acepción dominante, los diccionarios agregan otros significados que le aportan interesantes matices. En principio, se plantea la existencia del *barrio* como parte del mundo rural, externo a la ciudad en sí misma. El término *barrio* también puede ser utilizado como sinónimo de *pueblo*. En 1806 y en el contexto colonial de Filipinas se lee: "en el medio del camino se encuentra el *barrio* o *pueblo* de Coloocan que depende espiritualmente del *pueblo* de Tondo" (Martínez de Zuñiga 1893). En ese sentido, se trata de la manifestación de una dependencia administrativa y funcional, de su pequeño tamaño, de su relación con las actividades rurales y de su población indígena. En sí, puede ser más pequeño que ciertos *pueblos*. Ese uso rural es muy frecuente en las diferentes regiones de España.

Existe también la posibilidad de designar al *barrio* en tanto sitio separado morfológicamente de la ciudad. Ese barrio exterior se encuentra en ciertas ciudades de Galicia, como es el caso del *barrio del burgo* de Pontevedra. En un documento reglamentario relativo a las calles de Madrid del principio del siglo 18 se consigna que en la mayor parte de las ciudades de España existen barrios en el interior de la ciudad y en el exterior de su recinto (Ardemans 1720:158). No obstante, la mayor parte de las definiciones remite a *arrabal* para designar esos *barrios exteriores*. Si *suburbio* se denomina como arcaico desde la primera edición del diccionario de la Real Academia Española (*1726-1739), la mención relativamente tardía de 1770, que consigna *arrabal* como sinónimo de *barrio*, manifiesta una clara voluntad de búsqueda de precisiones en el vocabulario. En efecto, *barrio* a través de sus acepciones se fue prestando a ciertas confusiones, para evitarlas se efectúan distinciones entre el *barrio* "legitimo" y verdadero, integrado a la *ciudad* y el arrabal, que es exterior a las ciudades. Contrastadamente, las definiciones de *arrabal* no mencionan las de *barrio* como sinónimo. A pesar de esta voluntad de clasificación, las acepciones rurales y específicas de *barrio*, aunque minoritarias, no han sido nunca totalmente descalificadas hasta el día de hoy. El intento de precisar el vocabulario se enfrentó a resistencias toponímicas en los alrededores de la ciudad o de carácter topográfico en lo casos de urbanizaciones extendidas (Bilbao posee hoy innumerables *barrios*, en vasco *Auzo* o *barri*, separados y sobre las alturas). La aceleración de los procesos de urbanización a lo largo del siglo 20 ha también contribuido al fracaso de las tentativas de racionalización.

La administración elaboró en el siglo 18 su propia definición situando al *barrio* en un nivel inferior al del *distrito*. La reforma de 1769, en Madrid, dividió la ciudad en ocho *cuarteles* o *departamentos*. Cada uno de ellos estaba dividido en ocho *barrios*, una suerte de pequeños espacios próximos a un vecindario. A lo largo del siglo 19 y al principio del 20, un cierto espíritu de modernización afirma la unidad del espacio urbano y no puede menos que observar el barrio como una herencia, un poco marginal dentro de la gran ciudad. Por ejemplo, el ingeniero municipal de Madrid Pedro Nuñez Granés remite a los propósitos de otro ingeniero, José Marvá y Mayer, reformador social conocido por haber fundado los cuerpos de inspectores de trabajo en 1906. En sus palabras, la "raza vencida confinada en los *barrios* de la Morería y de la Judería" contrasta con la *ciudad* moderna y la nueva ciencia del urbanismo que desde el concepto igualitario rompe los cercos levantados entre *barrio* y *barrio*, asegurando al ciudadano el libre acceso a todos los lugares" (Marvá apud Nuñez Granés 1924:16). En esos términos, se asocia *barrio* con el ambiente popular, con el conocimiento y la familiaridad de un vecindario. Así caracterizado, al igual que el *arrabal*, son tratados por la literatura, el teatro costumbrista y la zarzuela, esa opereta española que pinta las costumbres del pueblo.

El *barrio* pertenece al pueblo y es susceptible siempre de asumir autonomía morfológica, sociológica y cultural. Las ciencias humanas subrayan bien la ambivalencia del término, parte de un todo muy bien identificado, insistiendo siempre sobre su personalidad, sobre su identidad. Más que un órgano, es un organismo sobre el cual es posible encontrar a menudo las metáforas vitalistas. Por ejemplo, los geógrafos españoles la definen en como parte del núcleo urbano relativamente homogéneo, que es a la vez una unidad de base para la percepción de la vida urbana, en la medida que son a la vez lugar de encuentro, de relaciones y de construcción de signos de identidad colectiva (*Grupo Aduar 2000). Pero los testimonios literarios no faltan después del siglo 19, y dan cuenta de una cierta valorización simbólica y cultural del *barrio*. Le cantor-compositor catalán Joan Serrat recupera muchas de esas imágenes tradicionales para consagrar una de sus canciones a la "aristocracia del *barrio*": Lo mejor de cada casa, tomando el sol en la plaza [...] Tahúres, supersticiosos, charlatanes y orgullosos" (Serrat 1984). En esa presentación, contribuye a afirmar la dignidad de un barrio de mala fama del centro de Barcelona, el *barrio chino*, arquetipo de un barrio de mala vida.

Encontramos también esta reivindicación de dignidad en los *barrios de chabolas* y en los *barrios marginales*. Llamarse barrio es el título de un libro que trata sobre el Pozo del Tío Raimundo, al sudeste de Madrid, que pudo configurarse como una comunidad que fue capaz de transformar ese submundo de *chabolas* en un *barrio* popular y renovado (Asociación de vecinos 1986). También en el sur de Madrid, en referencia a la Meseta de Orcasitas, hubo un juego de palabras que se transformó en el título de un libro (Arnoriaga 1986) y en el slogan de la lucha ciudadana: *Del barro al barrio*. Esa perspectiva se registra también en la película *Barrio* (León de Aranoa 1998), que muestra la vida de los adolescentes en los suburbios de Madrid, y en *El otro barrio* (García Ruíz 2000), película que trata sobre un abogado comprometido que defiende a un adolescente injustamente acusado.

Entre las expresiones de los diccionarios, cabe mencionar *el otro barrio*, que remite al más allá. Mandar a alguien al más allá implica expedirlo al otro mundo. Esa expresión del lunfardo da cuenta de la proximidad y la familiaridad con la muerte que se pueden ser identificadas en el lenguaje de los humildes. La muerte está cerca de nosotros, ella está en el barrio vecino… Si los derivados de la palabra *barrio* son pocos, en sí son muy significativos, pues nos remiten a la riqueza de los léxicos populares. Los *barrios bajos* son los del puerto, los del río, los de los talleres y artesanos, pero también los de las inundaciones y las grandes infraestructuras. El *barriobajero* es quién viene desde allí, por su origen o por sus maneras… y es de señalar que no existe un léxico simétrico para referirse a los *barrios altos*, si bien la ciudad institucional e histórica está a menudo dispuesta en torno de una ciudadela fortificada. Pero se trata de la *ciudad* y no de los *barrios*. *Ir vestido de barrio,* en ese sentido, es estar vestido de modo descuidado, sin distinción ni formalismo.

La deriva más significativa de *barrio* es, indudablemente, *barriada*, presente en la lengua al menos después del siglo 16. Pero si la *barriada* no siempre es popular, en general es evocada desde el exterior, en contraste con la mirada desde adentro propia del barrio, tampoco posee valores de vida o de percepciones comunes atribuidas al *barrio* (*Grupo Aduar 2000). Dicho de otro modo, es un término más moderno pero menos simpático, vivo y humano que el de *barrio*.

Elia Canosa y Laurent Coudroy de Lille

EN BUENOS AIRES, LA PALABRA BARRIO APARECE hacia 1729 en una "Explicación de las cuadras y distancias que tiene Buenos Ayres", al mencionar la existencia de tres *arrabales* agregados al casco original: "el Alto de San Pedro, el *Barrio* Recio y el *Barrio* de San Juan". En 1734, el Cabildo porteño sanciona la creación de ocho sectores urbanos de carácter administrativo, a los que denomina *cuarteles*. En 1769 el obispo hace una subdivisión eclesiástica en seis *parroquias*. En época del Virreinato del Río de la Plata, se establecen distritos a cargo de comisarios o alcaldes de *barrio*. Así, en esta primera generación colonial de subdivisiones urbanas se emplea el término *barrio* en forma alternativa con equivalentes como *arrabal, cuartel, parroquia, alcaldía* (Zabala & De Gandia 1980; Combetto 1981; Sarrailh 1983). La oscilación terminológica continúa hasta mediados del siglo 19, cuando se cuentan 29 *cuarteles* o *barrios* (Guerin 1981).

En el marco de grandes transformaciones institucionales, poblacionales, económicas y urbanas, a fines del siglo 19 emerge una segunda generación de *barrios* que exhiben, entre otros rasgos inéditos, un origen no parroquial, una toponimia laica y una población de origen predominantemente inmigratorio (Sabugo 1989). A principios del siglo 20, el término *barrio* tiende a ser intercambiable con la voz *suburbio*, pero aquel finalmente predomina. Así, se señala que el poeta Carriego "que publicó en mil novecientos ocho *El alma del suburbio*, dejó en 1912 los materiales de *La canción del barrio*. Este segundo título es mejor en limitación y en veracidad que el primero. *Canción* es de una intención más lúcida que *alma*, *suburbio* es una titulación recelosa, un aspaviento de hombre que tiene miedo de perder el último tren. Nadie nos ha informado *Vivo en el suburbio de Tal*; todos prefieren avisar en qué *barrio*" (Borges [1930] 1969:70-71). En cuanto a las producciones narrativas y poéticas, en Buenos Aires, no se puede omitir la carga sentimental y paisajística aportada a la voz *barrio* por el cancionero del tango, de modo ejemplar en "Barrio de tango" (Manzi 1942). La crónica y el ensayo urbano elaboran los aspectos emocionales del *barrio*, resaltando el papel de la toponimia (Salas 1989) o sus connotaciones lúdicas, gastronómicas y psicológicas (Kusch 1966).

También en historia urbana e historia cultural, la voz *barrio* compite o se articula con otras. Para Scobie, la *cuadra* es la unidad urbana elemental; *barrio* o *vecindario* un conjunto más o menos extenso, según la densidad edilicia de *cuadras*; *suburbio*, un conjunto de *barrios* o *vecindario,* que dispone de plaza y foco central; mientras que la vinculación social concreta se verifica a nivel de la *cuadra* y del *barrio* o *vecindario* (Scobie 1977). Este autor hace la salvedad de que "El término *barrio* se usa en la Argentina para significar tanto el vecindario local aquí descrito, como para la unidad más grande designada en este trabajo como *suburbio*". También declara que "El término *barrio* resiste una definición precisa, principalmente porque involucra una actitud mental tanto como un área geográfica" (Scobie & Ravina de Luzzi 1983). Otros autores (Sabugo 1989; Cutolo 1996) entienden que en la dualidad del término reside su interés. Los *barrios* modernos han sido estudiados también desde las *sociedades barriales* en cuyo marco, durante la entreguerra, se habría operado una reconstrucción de identidades de los sectores populares, sustentada en una serie de instituciones como los clubes de *barrio*, la sociedad de fomento y el comité partidario (Gutiérrez & Romero 1995). La expresión *barrio suburbano moderno,* lo define como un "dispositivo cultural" que "no es el producto de la expansión cuantitativa de la ciudad sobre la pampa [...] por el contrario, es su reconversión pública, la producción, sobre la expansión cuantitativa [...] de un territorio identitario, un dispositivo cultural mucho más complejo en el que participa un cúmulo de actores y de instituciones públicas y privadas, articulando procesos económicos y sociales con representaciones políticas y culturales". El mismo autor se interroga: "Pero... ¿es pertinente para el caso de Buenos Aires la noción de *barrio*? Evidentemente no, al menos si adoptamos el término tradicional de acuerdo con su acepción en las viejas ciudades europeas" (Gorelik 1998).

En el campo antropológico, se proponen los marcos conceptuales necesarios para la construcción específica de una *"teoría del barrio"*, teniéndolo como: "1) espacio de la reproducción social material; 2) referente de identidades sociales distintivas; 3) representación simbólica dentro de la vida urbana" (Gravano 1995), mientras que en el marco de las actividades de "trabajo social" también se define al *barrio* en forma compleja, por vía social, sociológica, física y administrativa (Ander-Egg 1995).

Se discute actualmente la pertinencia de los *barrios* como unidades territoriales sobre la cual podrían moldearse las futuras *comunas* urbanas, que deben crearse por mandato de la reciente Constitución de la Ciudad Autónoma de Buenos Aires (1996). Para algunos autores, el *barrio* es una unidad apropiada, dados su relación con los fenómenos de tipo comunitario, lo que facilitaría los esperados procesos participativos (Graham & Morroni 1998). En sentido contrario, se niega que existan "identidades colectivas de implantación geográfica y referencia simbólica local (*barrios*, grupos de interés u opinión y redes asociativas) que serían las depositarias históricas de la conciencia ciudadana, las reservas sociales de conocimiento urbano y organización comunitaria, y por lo tanto, los sujetos naturales de la descentralización" (Escolar 1996; Lacarrieu 1999). Con propósito urbanístico se ha demostrado, mediante encuestas, la percepción por parte de sus habitantes de las formaciones *barriales* y de sus límites territoriales (Organización del Plan Regulador 1968). Sin embargo, se aduce que los *barrios*, si bien se basan en factores históricos y en la percepción de sus habitantes, y aunque son más significativos que las unidades puramente estadísticas, carecen de homogeneidad interna (Torres 1999). En cuanto a la normativa urbanística de la ciudad de Buenos Aires, el Código de Planeamiento Urbano no proporciona una acepción unívoca de la voz *barrio*, ya que se refiere alternativamente a determinados polígonos urbanos, a sectores internos de tales polígonos, o bien a simples conjuntos habitacionales. Por otra parte, una ordenanza municipal enunciaba la existencia de 46 *barrios*, sin definirlos como tales, y limitándose a proporcionar su nomenclatura y sus límites geográficos.

Mario Sabugo

EN MÉXICO, *BARRIO* DESIGNA UN SECTOR DE LA ciudad con características propias en lo social, en su función artesanal (el *barrio* de la Luz, en Puebla, donde se encuentran los talleres de alfarería), industrial, religiosa o comercial (La Merced, à México), donde existe una arquitectura que le otorga homogeneidad creando un paisaje propio. Las aglomeraciones están a menudo divididas en barrios, llamados también *barriadas*. Tanto si está reconocido oficialmente o indicado en los mapas, el *barrio* es un espacio identificado y vivido por los habitantes de la ciudad y donde se privilegian las relaciones de vecindad. Sus límites no son claramente indicados ni señalados por bornes, pero el habitante del barrio los conoce bien: "Madrigal es un *barrio* de Zamora (Michoacán). Nadie sabe dónde empieza y donde termina" (Ortiz 1990), pero cuando es necesario todo el mundo sabe dónde es Madrigal y quién es de allí. El sentido de la palabra *barrio* no es siempre claro, pues su definición se nutre de ambigüedad.

El término designaba en el siglo 18 "El distrito, ù parte de alguna Ciudad, ò lugar, que con nombre particular se distingue de lo demás de la Ciudad" (*Diccionario de la Real Academia* 1726:567). En ese sentido, era empleado por los cronistas españoles cuando se referían a la organización espacial de la ciudad de México-Tenochtitlán que, según la mitología mexicana, estuvo dividida en cuatro *campan* según la decisión del dios Huitzilopochtli que le ordenó al gran sacerdote mejicano, en Castella, de solicitar al conjunto de la población que los señores se repartan, cada uno con sus parientes, amigos y allegados, en cuatro barrios principales a ser construidos según sus criterios (apud Durán 1977).

La *Enciclopedia de México* precisa que en los censos "los *barrios* son considerados como *centros de población* independientes" con su iglesia, su santo y su fiesta (1987). Se puede citar, por ejemplo, San Juan Moyotlán, Santa Ana Atenantitech,

Santa María Cuepopan en la ciudad de México, o bien Mexicaltzingo y Analco, antiguos pueblos de indios incorporados a Guadalajara. Esta situación no es exclusivamente mejicana: la palabra remite a una experiencia social y espacial que conocieron todas las ciudades de la Nueva España y que acentúa, a menudo, un nombre indígena.

Habitualmente, se asocia el término *barrio* con lo popular y la pobreza. Ello remonta a la época colonial, cuando eran diseñadas las cuadrículas de la ciudad española. Los *barrios de indios* o *de Indias*, sin trazado regular, eran desplazados a la periferia, hacia el *arrabal*. En México fueron reagrupados en conjuntos administrativos más amplios, las *parcialidades*, donde los autóctonos no estaban regidos por el derecho común del orden español (Lira 1995). Data de esta época la asimilación entre *barrio* y *arrabal*, utilizados a menudo en México como sinónimos.

En 1777, la demarcación entre México y su periferia eran tan neta que un cronista de la época, Antonio de Ulloa, escribió que los *barrios de indios* eran populosos y organizados sobre una trama muy densa, desordenada que daba una imagen muy diferente al de la perfección de la trama regular del resto de la ciudad. El cronista aclaraba que quien viera los *barrios* exteriores de la ciudad nunca podría darse cuenta de la belleza y riqueza de los edificios de la ciudad (Ulloa [1777] 1980). Ese contraste era muy chocante a los ojos de un hombre cultivado del siglo 18, que tenía por ambición hacer desaparecer esos *barrios* y cambiar las condiciones de vida de sus habitantes. Eso puede verse también en las apreciaciones de Ignacio de Castera, arquitecto jefe de la capital de Nueva España, que escribía en 1794: "la belleza tan celebrada de esta ciudad está opacada por la fealdad de sus *Barrios*". Desde su punto de vista, para sanear esos *barrios,* para extirpar sus males, la irregularidad de sus peligrosos pasajes, de sus calles estrechas, seria indispensable extender la trame urbana en las cuatro direcciones, haciendo desaparecer los arrabales (Castera). Estos objetivos nunca fueron alcanzados. Setenta años más tarde, en 1869, Altamirano visitaba uno de los *barrios* más espantosos de la ciudad, la Candelaria de los Patos, donde se pueden ver de cerca de quienes se puede denominar los Miserables de México ([1869] 1987).

En otra acepción, *barrio* designó, en la época colonial, las divisiones des *pueblos de indios*, desde las premisas de la administración civil y judicial, tanto para las ciudades capitales como para las localidades de menor importancia, llamadas *barrios sujetos* que dependían de las capitales desde el punto de vista de la administración civil y judicial. En referencia a los "sujetos" de la aldea de Tecali, el obispo de Puebla, Juan Palafox y Mendoza, comentaba "que en el curso de un viaje dentro de la jurisdicción, en 1543, se hablaba la lengua mejicana si bien, dentro de las aldeas existen *barrios* donde se habla la lengua chocha o la lengua popoluca" (Plafox y Madoz [1543] 1997). En efecto, un mismo *pueblo de indios* podía tener personas que hablaban lenguas diferentes y habitando *barrios* diferentes. Aún hoy, en San Cristóbal de Las Casas, el "*barrio* de los mejicanos", recuerda la presencia de indios que hablar el nahua en una ciudad donde las lenguas mayas son dominantes.

Hoy, en el contexto de la expansión urbana y de la modernización de las ciudades, se de denominan *colonias* o *fraccionamientos* a las zonas habitadas por poblaciones de clases medias o altas – aunque existen algunas *colonias* populares. A veces se denomina *barrios* esas *colonias*: "una población bastante importante podría fácilmente instalarse en el espacio ocupado por ese *barrio* aristocrático [la *colonia* Juárez]" (Espino [1910] 1988). En contrapunto, no es necesario sumar un calificativo para que el *barrio* sea asociado a las clases populares como se registra en la literatura (Flores 1998). Sin embargo, se pueden identificar calificativos como *popular* o *populoso*: "ya en los años 1920 [...] les *barrios populosos* vieron instalarse las grandes salas cinematográficas" (Novo 1956). El *barrio*, a veces, es visto como un espacio donde viven personas poco recomendables, que se especifican con los adjetivos *bajo* o *marginal*: El Madrigal, à Zamora (Michoacán) o Tepito à México. Desde la mirada del extranjero, el *barrio bravo* es a la vez un barrio peligroso y un barrio que se organiza con coraje para luchar contra las invasiones del exterior.

En los tiempos de la expansión urbana, un gran número de esos *barrios* fueron integrados en los centros históricos; no obstante, ellos han conservado la marca del origen popular de sus habitantes en el hacinamiento de una vida cotidiana dura y en la marca de la marginalidad social. En el siglo 20, el cine vino a reforzar esas imágenes urbanas, como en el magnífico film de Luís Buñuel, *Los olvidados* (1950), y en entono menor, más melodramático, en la película de Ismael Rodríguez, *Nosotros los pobres* (1948). La burocracia denominó la cintura de esos antiguos *barrios* de indios como una *herradura de tugurios* que se debía eliminar en nombre de la renovación y del progreso (Instituto Nacional de Vivienda 1958). Atravesado por anchas avenidas, flanqueadas de grandes edificios modernos, el *barrio* sobrevive. Algunos dicen que agoniza al adaptarse y transformarse al ritmo de los cambios dictados por la ciudad y la mundialización. Los tiempos cambian, pero el amor esta siempre ahí, afirmaba Fernando César Rodríguez que se sentía incapaz de soportar la modernidad que amenazaba su barrio de la destrucción. El proponía partir, guardando entre las páginas del diario el *patio*, la *vecindad*, el *barrio* y la *colonia*. Como en el tango, el barrio remite a la nostalgia.

Ernesto Aréchiga Córdoba

Véase: arrabal (e), bairro (p), barriada (e), fraccionamiento (e), pueblo (e), urbanización (e), vecindad (e)

Referencias
ALTAMIRANO, Ignacio Manuel. *Crónicas*. T. 1 [vol. VII de las Obras Completas], edición prólogo y notas de Carlos Monsiváis. México, Secretaría de Educación Pública, 1987. • ANDER-EGG, Ezequiel. *Diccionario del trabajo social*, Buenos Aires, Lumen, 1995. • ARDEMANS, Teodoro. *Ordenanzas de Madrid y otras diferentes que se practican en las ciudades de Toledo y Sevilla [...]*. Madrid, Francisco del Hierro, 1720. • ARNORIAGA, Tomás Martin. *Del barro al barrio. La Meseta de Orcasitas*. Madrid, Lavel/Humanes, 1986. • ASOCIACIÓN DE VECINOS. *Llamarse Barrio: el pozo del tío Raimundo*. Madrid, Comunidad autónoma de Madrid, 1986. • BORGES, Jorge Luís (1930). *Evaristo Carriego*. Buenos Aires, Gleizer, 1993. • BUÑUEL, Luis. *Los Olvidados*. México, Ultramar Films, 1950. • CASTERA, Ignacio de. *Alineamiento de calles y reformas de barrios*. Vol. 2, exp. 1. México, Archivo General de la Nación/Ramo Obras Públicas, abr. 1794. • COMBETTO, Roberto. La ciudad virreinal. In DIFRIERI, Horacio. *Atlas de Buenos Aires*. Buenos Aires, Municipalidad de Buenos Aires, 1981. • CUTOLO, Vicente. *Historia de los barrios de Buenos Aires*. Buenos Aires, Elche, 1996. • DIEZ RODRÍGUEZ DE ALBORNOZ, Raquel. *Vademécum del castellano usual*. Santa Fe, El Litoral, 1998. • DURÁN, Fray Diego de. *Historia de las Indias de Nueva España e Islas y Tierra Firme*. México, Porrúa, 1977. • ESCOLAR, Marcelo. Fabricación de identidades y neocorporativismo territorial. In HERZER, Hilda M. (comp.), *Ciudad*

de Buenos Aires. Gobierno y descentralización. Buenos Aires, CEA-CBC/UBA, 1996. • ESPINO BARRIOS, Eugenio (1910). *Crónica Gráfica de la Ciudad de México en el Centenario de la Independencia*. Edición resumida de la original de 1910. México, Departamento del Distrito Federal, Col. Distrito Federal, 1988. • *Explicación de las quadras y distancias que tiene Buenos Aires*, 1729. • FLORES RIVERA, Salvador (Chava Flores). *Relatos de mi barrio*. 2. reimpresión de la 3ª edición. México, Ageleste, 1998. • GARCIA RUÍZ, Salvador. *El otro barrio* (filme). Tornasols films, 2000. • GORELIK, Adrian. *La grilla y el parque. Espacio público y cultura urbana en Buenos Aires, 1887-1936*. Universidad Nacional de Quilmes, Quilmes, 2001. • GRAHAM, María Ignacia; MORRONI, Walter. *Alternativa para la delimitación de comunas*. mimeo. Buenos Aires, 1998. • GRAVANO, Ariel. Hacia un marco teórico sobre el barrio: principales contextos de formulación. In GRAVANO, Ariel (comp.). *Miradas urbanas, visiones barriales*. Montevideo, Nordan, 1995. • GUERIN, Miguel. La ciudad federal. In DIFRIERI, Horacio. *Atlas de Buenos Aires*. Buenos Aires, Municipalidad de Buenos Aires, 1981. • GUTIÉRREZ, Leandro H.; ROMERO, Luis Alberto. *Sectores populares, cultura y política. Buenos Aires en la entreguerra*. Buenos Aires, Sudamericana, 1995. • *Herradura de tugurios. Problemas y soluciones*. México, Instituto Nacional de Vivienda, 1958. • KUSCH, Rodolfo. *De la mala vida porteña*. Buenos Aires, Peña Lillo, 1966. • LACARRIEU, Moica. *Gobierno de la ciudad de Buenos Aires. Proyecto de creación de comunas. Informe final*. mimeo. Buenos Aires, 1999. • LEÓN DE ARANOA, Fernando. *Barrio* (filme). Producción de Elías Querejeta, 1998. • LIRA, Andrés. *Comunidades indígenas frente a la Ciudad de México: Tenochtitlan y Tlatelolco, sus pueblos y barrios, 1812-1919*. 2ª edición. México, El Colegio de México, 1995. • MANZI, Homero (1942). Barrio de tango. In ROMANO, Eduardo. *Las letras del tango, antología cronológica 1900-1980*. Rosario, Fundación Ross, 1991. • MARTÍNEZ DE ZUÑIGA, Joaquín. *Estadismo de las Islas Filipinas, 1803-06*. Madrid, W. E. Retena/Imprenta de la viuda de Minuesa, 1893. • NAVARINE, Alfredo Placido. *Barrio Reo*. Odeón, 1927. • NOVO, Salvador. *Nueva Grandeza Mexicana. Ensayo sobre la ciudad de México y sus alrededores*. México, Populibros La Prensa, 1956. • NÚÑEZ GRANÉS, Pedro. *Memoria sobre la vialidad de Madrid*. Madrid, Imprenta municipal, 1924. • *Organización del plan regulador, informe preliminar (Etapa 1959-1960)*. Buenos Aires, Municipalidad de Buenos Aires, 1968. • ORTIZ, Víctor Manuel 1990, *El barrio bravo de Madrigal*, Zamora, El Colegio de Michoacán, Centro de Estudios de las Tradiciones. • PALAFOX Y MENDOZA, Juan de. *Relación de la visita eclesiástica del Obispo de Puebla (1643-1646)*, Transcripción, introducción y notas de Bernardo García Martínez. Puebla, Secretaría de Cultura, Gobierno del Estado de Puebla,

1997. • PETRONI, Carlos A.; KRATZ DE KENIGSBERG, Rosa. *Diccionario de urbanismo*, Buenos Aires, Cesarini, 1966. • RODRÍGUEZ, Ismael. *Nosotros los pobres*. México, Rodríguez Hermanos, 1948. • SABUGO, Mario. Placeres y fatigas de los barrios. *Anales del Instituto de Arte Americano y de investigaciones estéticas "Mario J. Buschiazzo"*, Buenos Aires, n. 27-28, Facultad de arquitectura, diseño y urbanismo, Universidad de Buenos Aires, 1989. • SALAS, Horacio. *Le tango*. Paris, Actes Sud, 1989. • SARRAILH, Eduardo (1983). Lámparas y adoquines. In ROMERO, José Luis; ROMERO, Luis Alberto (Dir.). *Buenos Aires, historia de cuatro siglos*. 2ª edición. Buenos Aires, Abril, 2000. • SCOBIE, James R. *Buenos Aires. Del centro a los barrios. 1870-1910*. Buenos Aires, Hachette, 1977. • SCOBIE, James R.; RAVINA DE LUZZI, Aurora (1983). El centro, los barrios y el suburbio. In ROMERO, José L.; ROMERO, Luis A. (Dir.). *Buenos Aires, historia de cuatro siglos*. 2ª edición. Buenos Aires, Abril, 2000. • SERRAT, Joan. La aristocracia del barrio. Album *En directo*, Oriola Eurodisc S.A, 1984. • TORRES, Horacio (Dir.). *Diagnóstico socioterritorial de la Ciudad de Buenos Aires. Buenos Aires y su contexto metropolitano*, Buenos Aires, GCBA-FADU, 1999. • ULLOA, Antonio de (1777). *La Ciudad de México en el año de 1777*. Introducción y notas de Francisco de Solano. México, Condumex, 1980. • ZABALA, Rómulo; GANDÍA, Enrique de. *Historia de la ciudad de Buenos Aires*. Buenos Aires, MCBA, 1980.

Ⓟ beco (pl. becos)

português Brasil, substantivo masculino

Definições

beco: *Rùa muito estreita*. Angiportum. Neut. Angiportus, us. Masc. *Se estas palavras (como querem alguns) significarão hum Beco sem sahida, não dissera Terencio na Scena 2 do Acto 4 dos seus Adelphos, verso 40. [...] Se Angiportum significara bem sem sahida, não fallara Plauto por este modo. Logo melhor he, que por Angiportus, ou Angiportum se entenda hu caminho estreito, mas abreviado* (*Bluteau 1712, 2:81).

beco: *S.m. Rua escusa e pouco própria para o trânsito, ordinariamente estreita e curta [há becos que se comunicam com um largo, uma rua ou uma travessa com outra, e becos que não têm saída] (fig). Despejar o beco,* *ser posto para fora de algum lugar [...] Desinfetar ou desocupar o beco. (Brasil) (pop.), sair, retirar-se [...] (fig.) Beco sem saída, embaraço de onde se não pode sair; (fig. fam.) homem casado [...] (Brasil, Ceará) Esquina// fig. lat: Vicculu. cp. ital. viccolo* (*Aulete 1974:469).

beco: *S.m. Rua estreita, geralmente sem saída. Beco sem saída, situação difícil* (*Lello c.1950-1960:316).

beco: *C. Michaelis de Vasconcelos, do latim vicculu. Para Leite de Vasconcelos, como beco significa rua pequena, talvez venha de via, donde, com o sufixo eco, podia ter saído vieco, veeco, vêco. Exemplos de b por v não faltam* (*Machado 1956:344; *Nascentes 1955:66).

beco: *S.m. Rua de pequena extensão. Origem discutida, talvez de becco, bico, no sentido de extremidade pela qual termina a rua. A hipótese de vieco, diminutivo de via, apresenta dificuldades fonéticas inaceitáveis, bem como de vicus, rua* (*Bueno 1963-1967, 2:498).

beco: *provável origem latina (via, caminho, rua) ao qual se agregou o diminutivo eco; rua estreita e curta, geralmente fechada em um extremo; situação embaraçosa, de grande aperto* (*Ferreira 1986:244).

beco: *S.m. Rua estreita e curta, que em geral não tem saída; fam. Beco sem saída; dificuldade insuperável; meter-se num beco sem saída; fig. Despejar o beco, ser posto para fora de algum lugar; Bras. Fechar o beco, provocar desordem* (*Grande enciclopédia portuguesa-brasileira c.1980).

COMO VIA OU ESPAÇO ABERTO DA CIDADE, TANTO NO registro linguístico português quanto no brasileiro, o beco apresenta duas significações distintas: uma espacial, topográfica, e uma social, moral. No primeiro significado, que remontaria às origens latinas da palavra, o beco aponta para um tipo especial de rua, seja pelo seu traçado, seja pelas suas características enquanto elemento estruturado da *urbs*: curto, estreito, por vezes sem saída. Como aponta Alexandre Herculano na literatura: "aquela vaga de povo... espraiou-se pelas ruas, derivou pelas quelhas, vielas e becos" (Herculano 1970, 1:72; *Grande enciclopédia portuguesa-brasileira* c.1980, 4:414). O beco não surge de um traçado oficial ou não partilha, em termos gerais, daquele conjunto de ruas abertas pela iniciativa do poder público. Ele é, antes, fruto de uma ação particular e, em certa medida, espontânea, que assinala a ocupação dos espaços entre as vias principais, geralmente em posição transversal a elas. Neste sentido, o beco é uma abertura secundária ou interseção entre ruas principais.

Face à esta significação espacial urbana, o beco assume o equivalente de viela, travessa ou atalho. Pode, em alguns casos, ser associado com a servidão, espaço público entre terrenos que serve de passagem. Dele se diz que se entrecruza ou que corta uma rua, o que lhe permite assumir uma significação do Nordeste brasileiro, do termo, equivalente a esquina. Ainda nesta primeira instância de significado, que dá conta das suas delimitações espaciais e topográficas, pode-se dizer que os becos em geral se localizaram, no seu surgimento, nas áreas centrais da *urbs*, e que, praticamente, nasceram com a cidade, seja nos velhos becos da Alfama, em Lisboa, seja nos da cidade colonial do Rio de Janeiro.

Como marco de ocupação urbana antiga, suas velhas designações indicam sociabilidades, personagens e características de núcleos populacionais ainda pequenos, em que as referências de toponímia se constroem na cotidianidade. Entretanto, tanto as representações gráficas quanto os textos dos séculos 18 e da primeira metade do século 19 que se referem aos becos não os representam, necessariamente, como estreitos, curtos ou sem saída. Plantas das cidades nessa época representam os becos à semelhança das ruas, delas em quase nada diferindo em extensão, largura ou livre circulação. Nessas representações, o beco pode comparecer como um trecho de uma determinada rua, o que indica a abertura e a ocupação progressiva de uma via pública.

Em códigos de posturas municipais, eles são equiparados às ruas, face às disposições legais e à obrigatoriedade de cumprimento das disposições normativas da cidade. Em termos gerais, as crônicas antigas não estabelecem maior diferenciação entre o aspecto topográfico, as habitações ou os moradores das ruas e becos, mas registram, por vezes, que o seu traçado e a sua ocupação se deram de maneira espontânea. Isto faz com que nos becos se registrem habitações mais modestas, mas mesmo essas compareçam ao lado de prédios de maior envergadura, como, por exemplo, os sobrados. Em geral, nesses espaços, a ocupação precedeu à posse no que diz respeito aos terrenos devolutos. Portanto, na documentação antiga, o traçado gráfico dos becos, pois, não os individualiza como estreitos ou curtos ou ainda obstruídos, e o discurso sobre eles não os estigmatiza.

Com a modernização das cidades, a partir do fim do século 19, e a efetivação dos planos de renovação urbana, já no século 20, os becos tendem a desaparecer ou a *transformar-se* em ruas, perdendo a sua designação original. Se o seu *desaparecimento* dá-se em função do redesenho da cidade, que implica demolições e abertura de novas vias em substituição às antigas, o *transformar-se* do beco traduz-se no seu *alargamento*, pavimentação e, possivelmente, extensão até ele dos serviços urbanos.

No que diz respeito à segunda instância de significado, que associa o beco a uma difícil situação, este sentido se constrói a partir da segunda metade do século 19, com o crescimento das cidades, o encarecimento do solo urbano e a especulação imobiliária. Nesse momento, o beco passa por um processo de requalificação valorativa, tornando-se um *mau lugar*. O registro linguístico sofre uma inflexão e assume uma conotação depreciativa, tanto moral como social: o beco é um espaço estigmatizado da cidade, habitado por gente pobre, de mau viver e que abriga locais onde se realizam práticas condenáveis, como o bordel, a taverna ou botequim e a casa de jogo.

Como espaço negativamente qualificado da *urbs*, a condenação do beco se expressa por novas referências, que abrangem a área do estético, da higiene e da moral: o beco é designado como sujo, escuro, feio, exalando maus odores; é lugar mal frequentado da cidade, palco de contravenções e crimes, por onde circula gente de moral duvidosa.

A especulação imobiliária encontra nessas vias secundárias um espaço para aplicação de capitais: como área mais desvalorizada diante das ruas principais da *urbs*, seus terrenos alcançam menor preço e, uma vez adquiridos por investidores do solo urbano, se prestam à construção de *casinhas para aluguel*. Por outro lado, com a concentração de moradores de mais baixa renda nesses espaços, os moradores dos sobrados se retiram para outras zonas, sublocando os prédios. O processo de desvalorização e desqualificação de tais espaços se acentua face a degradação física dos prédios, a ocupação dos mesmos pelas camadas mais baixas da população e a instalação, nos becos, de estabelecimentos que concentram as atividades de contravenção: bebida, jogo e, sobretudo, prostituição.

O beco incide no centro da questão social urbana: como produto do crescimento e modernização das cidades, a estigmatização desse espaço se revela um problema a ser enfrentado. Nesse momento, como designação derivada da linguagem de estigmatização urbana, um prédio degradado e sublocado pela população pobre, como um *pardieiro*, pode vir a ser designado também como beco.

A centralidade dos becos, sua localização de enclave no coração das cidades e a contiguidade com os espaços nobres da *urbs* desencadeiam uma campanha pela sua extinção.

A denúncia contra os becos, iniciada pelos jornais, se dá em torno da virada do século 19 para o 20 e antecede as medidas da municipalidade para a sua eliminação. Nesse momento, o registro linguístico desses espaços condenados extrapola o significado pejorativo para outras situações fora da referência espacial. *"Saído de um beco"*, *"nascido em um beco"*, *"de que beco ele veio"* são algumas das expressões que carregam o estigma da degradação do beco.

Sandra Jatahy Pesavento

Ver: calle (e), rua (p), vila (p)

Referências
CORUJA, Antônio Álvares Pereira. *Antigualhas*. Porto Alegre, Erus, 1986. • HERCULANO, Alexandre (1851). *Lendas e narrativas*. Obras completas de Alexandre Herculano. Lisboa, Bertrand, 1970.

C

🅟 calçada (pl. calçadas)
português Portugal e Brasil, substantivo feminino

Definições
calçada: *Rua, ou caminho de calhaos igualmente assentados* (*Bluteau 1713, 2:50*).
calçada: *1. Pancada com a calça, ou meia calça. 2. Rua, caminho, estrada empedrada. 3. Subida grande* (*Silva 1858*).
calçada: *1. Caminho ou rua revestida de pedras. 2. Bras. Caminho pavimentado para pedestres, quase sempre mais alto que a parte da rua destinada aos veículos e geralmente limitado pelo meio-fio; passeio. 3. Bras. Faixa pavimentada em torno dos edifícios, junto às paredes, para evitar a penetração de umidade nos alicerces ou no subsolo. 4. Lus. Ladeira* (*Ferreira Novo dicionário Aurélio século XXI 1999*).

DESDE O INÍCIO DO SÉCULO 19, A PALAVRA CALÇADA designava principalmente um caminho ou uma estrada revestidos de forma uniforme por pedras ou seixos. Essa é a definição mais comum, geralmente indicada como primeiro significado nos dicionários de língua portuguesa. Calçada era então definida como "rua ou caminho de calhaus igualmente assentados" (*Bluteau 1713), ou "rua, caminho, estrada empedrada" (*Silva 1858). No Brasil, esse era um dos significados da palavra calçada até o início do século 20. Em Portugal, essa designação foi utilizada até meados do século 20 (*Silva 1950). No entanto calçada podia designar também apenas a forração por pedregulhos ou seixos de caminhos, estradas ou ruas. Nas cidades esse revestimento era mais elaborado: ao invés de seixos (calhaus), eram usados preferencialmente pedras ou ladrilhos. A técnica de pavimentação das ruas e praças em Portugal é bastante antiga (Brito 1935). Já no início do século 17 existiam quarenta calceteiros em atividade em Lisboa (Oliveira 1620). A técnica utilizada por eles é conhecida até hoje com o nome de calçada *à portuguesa* (Portugal) ou *mosaico português* (Brasil), uma pavimentação modular realizada com pequenos quadrados de pedra (em geral granito) de cores variadas formando vários tipos de desenho e paginação. Esse uso do termo calçada se consolidou paralelamente à difusão do processo de calçamento das vias públicas, em função da técnica utilizada. Calçada foi então a palavra utilizada para designar o leito calçado das vias calçadas. Este sentido se consolidou no século 19. Em 1869, os regulamentos municipais da cidade de Lisboa continham disposições relativas à conservação das calçadas proibindo em especial a "cravar, fazer buracos, ou cravar algum objecto no chão da via pública, bem como desfazer qualquer parte da calçada" (*Código de posturas...* 1869). O mesmo código proibia qualquer tipo de alteração na superfície dos passeios ou calçadas. Até o século 19, o termo calçada possuía basicamente dois significados em Portugal: uma estrada ou via pública pavimentada ou, num campo semântico mais técnico, o leito calçado das vias (o que hoje conhecemos como leito carroçável). Na segunda metade do século 19 cai em desuso tanto em Portugal como no Brasil o uso de calçada, até então bastante comum, para designar "pancada com a calça ou meya" (*Silva 1813). A expressão se referia à meia-calça (meias de seda) usada para cobrir as pernas.

Ao longo do século 19, o uso da palavra calçada foi se diferenciando em Portugal e no Brasil. Em Portugal, calçada passou a designar um tipo de via urbana. Existem traços desse tipo de uso já no século 18, mas ele foi durante muito tempo impreciso e flutuante. Em 1755, Christovam Rodrigues de Oliveira distinguia apenas três categorias de vias públicas: *rua*, *beco* e *travessa*. No seu guia de Lisboa, a palavra calçada aparece integrada à toponímia local: na paróquia de São Mamede, existia, por exemplo, a *rua da* Calçada de Dom Bernardo (Oliveira 1755). Algumas décadas depois, calçada já aparece associada a vários elementos toponímicos – *rua da* Calçada do Combro, hoje calçada do Combro. Alguns documentos evocavam também a existência da calçada do Collegio ou da calçada do Jogo da Pela. O termo calçada aparecia então sem maiúscula (Costa [1712] 1869). Em 1804, o primeiro guia-itinerário de Lisboa indicava 55 diferentes calçadas, sendo que todas faziam referência a um tipo específico de rua (*Itinerário lisbonense* 1804). A partir de então, nos diferentes guias ou índices de ruas da capital publicados ao longo do século 19, o nome não variou. O número de calçadas nas diversas publicações oscilava entre 65 e 66, contra uma centena de travessas e mais de duzentas ruas (Brito 1935). Em Portugal, e em especial em Lisboa, calçada podia também designar uma via com grande declividade. No Brasil, se utilizava inclusive o termo ladeiras. O etimologista português Coelho, no entanto, considera o emprego do termo calçada com esse significado um "abuso" (*Coelho c.1930). Esse uso acontecia tanto no discurso especializado ou técnico quanto na linguagem coloquial ou mesmo literária: "Luísa sobe, / sobe a calçada, / sobe e não pode / que vai cansada" (Gedeão [1968] 1987:67). É difícil datar com precisão essa diferença semântica entre "rua ou via pavimentada" e "rua enladeirada" e explicar claramente suas razões. A hipótese mais plausível é que o calçamento das ruas com maior declividade foi mais comum justamente para facilitar a circulação de veículos e de pedestres, sobretudo em períodos de muita chuva. Para esse tipo de via, o uso do termo calçada se perdeu ao longo do século 20. Desde então, a palavra calçada deixou de ser de uso exclusivo de ruas que fossem efetivamente pavimentadas.

Um uso bastante específico pode ser observado no norte de Portugal, em especial na região do Douro, onde calçada pode designar um contraforte (muro de arrimo) de pedras que sustenta um terreno (*Silva, Moreno, Cardoso Junior & Machado 1950).

No Brasil, ainda no final do século 18, calçada podia designar também um caminho fora das cidades. Era esse o caso da Calçada do Lorena: uma estrada construída em 1792 para transportar a cana-de-açúcar entre a Capitania de São Paulo e o Porto de Santos, transpondo toda a Serra do Mar. Em razão de sua importância e localização estratégica, a *estrada* foi totalmente revestida de pedras para facilitar o transporte de mercadorias. Foi a primeira estrada pavimentada do Brasil; era, no entanto, de uso exclusivo das tropas, cavaleiros e pedestres. A circulação de charretes ou carroças era proibida

(Lemos 1992). O termo calçada logo mudou de sentido, passando a designar a "faixa pavimentada em torno dos edifícios, junto às paredes, para evitar a penetração de umidade nos alicerces ou no subsolo" (*Ferreira *Novo dicionário Aurélio século XXI* 1999). Esse uso é identificado a partir da segunda metade do século 19 nas regulamentações urbanísticas da cidade de São Paulo. A faixa de solo revestida ao redor dos edifícios de taipa para proteger a base de suas paredes externas da umidade e da chuva, no início do século 19, era, em geral, a única parte pavimentada das ruas. Essa faixa era justamente o local que os pedestres utilizavam para circular, em especial nos períodos de chuva quando as ruas de terra ficavam impraticáveis. Este sentido da palavra calçada é específico do Brasil (*Ferreira *Novo dicionário Aurélio século XXI* 1999).

No século 20, os dicionários de português brasileiros atribuem à palavra *calçada* o significado de caminho pavimentado reservado aos pedestres, na porção lateral das vias por onde circulam os veículos. Calçada é então a maneira brasileira de designar o que em Portugal se chama *passeio* (*Ferreira 1986). Considerando o caso do desenvolvimento da cidade de São Paulo, Toledo defende a tese de que a calçada (borda pavimentada) das residências em taipa é a origem da palavra calçada como espaço de circulação de pedestre: "O leito das ruas é de terra e a pavimentação se restringe à faixa em frente às casas, um calçamento de pedra arrematado por uma vala de águas pluviais. Além de proteger as paredes contra infiltração de água no alicerce, a 'calçada' permitira a circulação mais segura de pedestres. Seria esta a origem do brasileirismo *calçada* para designar o *passeio* da rua?" (Toledo 1981:54).

Ao examinar a legislação e os documentos oficiais da cidade de São Paulo a partir de meados do século 19, pode-se observar a evolução do uso dos termos *calçada* e *passeio*. No *Código de posturas do município de São Paulo* de 1886, o termo calçada foi utilizado apenas uma vez para designar a faixa pavimentada ao redor dos edifícios: "Art. 16. – Nos prédios que se forem edificando ou reedificando, haverá canos no interior das paredes para receberem dos telhados ou terraços as águas pluviaes e para as levarem para baixo das calçadas até às sargetas". O termo *passeio* é utilizado durante todo o *Código de posturas* para designar a faixa lateral das ruas destinada ao trânsito de pedestres: "Art. 44. – É prohibido lançarem-se nas ruas e largos, vidros quebrados e quaesquer objectos que possam prejudicar os transeuntes, salvo nos logares designados pela Camara; bem como nos *passeios* collocarem-se cascas de fructas que possam occasionar quedas"; "Art. 52. – É prohibido transitara á cavallo ou conduzir animaes com carga, por acima dos *passeios* das ruas".

Durante as décadas de 1880 e 1890, o termo calçada foi utilizado para designar o leito carroçável das ruas da cidade, enquanto passeio designava as faixas laterais destinadas ao trânsito de pedestres e separadas do leito carroçável por guias e sarjetas. No Decreto n. 142 de 28 de janeiro de 1885, que autorizou o calçamento das ruas da cidade a paralelepípedos de granito e macadame, o artigo 9° diz: "A emissão de que se trata esta lei será garantida especialmente pelo imposto de viação, na parte referente a calçadas".

As dúvidas, no entanto, se mantém: o *Código de obras Arthur Saboya*, aprovado em 1929 (Lei n. 3.427/1929) e regulamentado em 1934 (Ato n.

663/1934), apesar da distinção definida em 1886 traz nova diferenciação entre os termos calçada e passeio: "9 – *Passeios, Calçada*; a) – Passeios são as faixas marginaes das vias publicas destinadas aos pedestres; b) – Calçada de um prédio é a parte do terreno de propriedade particular, ao redor do edifício e junto às paredes de perímetro, revestida de material impermeável".

Nos documentos oficiais no Brasil, a palavra passeio ainda continua sendo utilizada até hoje para designar a área lateral das ruas, reservada ao trânsito de pedestres. Já na literatura, na música popular ou mesmo na linguagem coloquial o termo calçada é utilizado de forma sistemática. Em 1966, no seu poema "Evocação do Recife", Manuel Bandeira descreve uma rua típica da cidade: "Na Rua da união onde eu brincava de chicote-queimado e partia as vidraças da casa de Dona Aninha Viegas / Totônio Rodrigues era muito velho e botava o pincenê na ponta do nariz / Depois do jantar as famílias tomavam a calçada com cadeiras, mexericos, namoros, risadas / A gente brincava no meio da rua" (Bandeira [1966] 1993:133-136). No "Samba do Grande Amor" de Chico Buarque, calçada é utilizada com o mesmo significado: "Hoje eu tenho apenas uma pedra no meu peito / Exijo respeito, não sou mais um sonhador / Chego a mudar de calçada quando aparece uma flor / E dou risada do grande amor" (Holanda 1989:132-135).

Durante a segunda metade do século 20, surge no Brasil a palavra *calçadão*, aumentativo de calçada. *Calçadão* é definido por Ferreira como "calçada ou passeio extenso e excepcionalmente largo, de belo efeito urbanístico", como por exemplo, a avenida Atlântica, no Rio de Janeiro (*Ferreira *Novo dicio-*

nário Aurélio século XXI 1999). Inicialmente, o termo foi utilizado para designar áreas em que a calçada de pedestres fosse mais larga que o normal, com projetos urbanísticos específicos. Durantes os anos 1960 e 1970, várias cidades brasileiras começaram a instalar áreas de circulação exclusiva de pedestres. Essas ruas de pedestres passaram a ser chamadas pelo termo calçadões, plural da palavra calçadão.

Maria Camila L. D'Ottaviano e Frédéric Vidal

Ver: avenida (p), calle (e), rua (p)

Referências
BANDEIRA, Manuel (1966). *Estrela da vida inteira*. Rio de Janeiro, Nova Fronteira, 1993. • BANDEIRA, Manuel (1966). *Libertinagem e estrela da manhã*. Rio de Janeiro, Nova Fronteira, 2000. • BRITO, José Joaquim Gomes de. *Ruas de Lisboa. Notas para a história das vias públicas lisbonenses*. 3 volumes. Lisboa, Livraria Sá da Costa, 1935. • *Código de obras Arthur Saboya* (Lei n. 3.427/1929 regulamentado pelo Ato n. 663/1934). Biblioteca da Câmara dos Vereadores do Município de São Paulo, 1929-1934. • *Código de posturas da Câmara Municipal de Lisboa*. Typographia do Jornal do Commercio, 1869. • *Código de posturas do município de São Paulo: 6 de outubro de 1886*. Prefeitura Municipal de São Paulo/Departamento de Cultura, 1940. • COSTA, Antônio Carvalho da (1712). *Corografia portugueza e descripçam topografica*. Braga, Typografia Domingos Gonçalves Gouvêa,1869. • Decreto n. 142 de 28 jan. 1885. Biblioteca da Câmara dos Vereadores do Município de São Paulo. • Decreto n. 209 de 11 mar. 1896. Biblioteca da Câmara dos Vereadores do Município de São Paulo. • FERNANDES, Francisco. *Dicionário brasileiro contemporâneo ilustrado*. Porto Alegre, Globo, 1967. • GEDEÃO, Antônio (1968). *Poesias completas (1956-1967)*. Lisboa, Sá da Costa, 1987. • HOLANDA, Francisco Buarque de. *Chico Buarque letra e música*. São Paulo, Companhia das Letras, 1989. • *Itinerário lisbonense ou directorio geral de todas as ruas, travessas, becos, calçadas, praças, etc. que se comprehendem no recinto da cidade de Lisboa com os seus proprios nomes, principio e termo, indicados dos lugares mais conhecidos, e geraes, para utilidade, uso, e commodidade dos estrangeiros e nacionais*. Lisboa, Impr. de João Nunes Esteves, 1804. • KOSTOF, Spiro. *The City Shaped*. Nova York, Thames and Hudson, 1991. • LEMOS, Carlos. Calçada do Lorena. *Folha de S. Paulo*, 22 nov. 1992, p. 4. • MARX, Murillo. *Cidade brasileira*. São Paulo, Edusp/Melhoramentos, 1980. • OLIVEIRA, Christovam Rodrigues

de. *Summario em que brevemente se contem algumas cousas assim ecclesiasticas, como seculares, que há na cidade de Lisboa.* Lisboa, Off. Miguel de Rodrigues, 1755. • OLIVEIRA, (Frei) Nicolau de. *Livro das grandezas de Lisboa.* Lisboa, Imp. Jorge Rodriguez, 1620. • SILVA, António de Morais. *Diccionario da lingua portugueza.* 2 volumes, 8a edição revista e ampliada. Lisboa, Empreza Litteraria Fluminense de AA da Silva Lobo, 1889-1891. • TOLEDO, Benedito Lima de. *São Paulo, três cidades em um século.* São Paulo, Livraria Duas Cidades, 1981. • *Vocabulario latino e áulico, anatômico, arquitetônico.* Vol. 2. Coimbra, Real Collegio das Artes da Companhia de Jesus, 1713.

E calle (pl. calles)

español España, sustantivo femenino

Definiciones

calle: *vía, camino. En lenguaje vulgar, libertad* (*Oudin 1675).

calle: *Vía. Col. Alborotar la calle, molestar, inquietar el vecindario. Col. Dejar a uno en la calle, dejar en la vía, rebajarle su condición* (*Cormon 1803).

calle: *Vía, camino entre casas. // Col. Libertad. // Calle de árboles, avenida arbolada. [...] Dejar en la calle, dejar en la vía, quitarle el pan. [...] // Quedar en la calle, quedar en la vía, sin recursos* (*Salvá 1882).

calle: *vía (camino); calle mayor, vía principal // carril (de una autopista) // avenida (arbolada) [...] // calle peatonal, vía para peatones // el hombre de la calle, el hombre común [...] // traje de calle vestimenta de ciudad // [...] Fig. y fam. Echar a la calle, plantar en la* **calle**: *poner en la vía* (*Larousse general diccionario... 1999).

calles: *Son las sendas que fazen los hatos en las selvas, dizense del callo de los pies o por la huella* (*Palencia 1967).

calle: *Por semejanza se llaman dos hileras de árboles, puestas a cordel, como se suele hacer en las alamedas y Jardines. Viene del Latin Callis* (*Diccionario de autoridades 1729).

calle: *Camino para andar entre las casas, en una población. // Parte descubierta, fuera de cualquier edificio o local, en una población* (*Moliner 1966).

calle: *"Un espacio urbano indeterminado, de tránsito. Se opone a casa"* (*Seco, Andrés & Ramos 1999).

SALVO EN EL CASO DE CAMINO PARA EL GANADO, estas definiciones son retomadas en la última edición del *Diccionario de la lengua española* de la Real Academia Española (*2001), que destaca las tres principales acepciones del término: "en un aglomerado, vía entre los edificios o las casas", "exterior urbano de los edificios", "avenida entre dos hileras de árboles u otros cultivos".

En las definiciones de los diccionarios, se hace hincapié en la naturaleza particular de la *calle*, múltiple y continua a lo largo del tiempo. La *calle*, uno de los elementos más importantes del paisaje urbano, es el reflejo de la evolución física de la ciudad y de las formas de concebir el urbanismo en los diferentes períodos de la historia. La *calle* es un fenómeno cultural, económico, social y político. Pero no es el sentido del término lo que ha cambiado desde la Edad Media, sino su función.

En la *Colección Diplomática del Monasterio de Sahagún* (1976) se encuentran documentos fechados entre 970 y 977 y escritos en bajo latín, en los que el vocablo *calle* es empleado en el sentido de camino que delimita las propiedades o las tierras: "a Occidente una *calle* que corre desde Porta Noba a Dugiro" ([970] 1976:307). El primer documento en el que el término aparece con una acepción urbana se encuentra en el Fuero de Avilés (1085, copiado en 1155), y redactado en lengua vulgar: "Quienquiera que arroje basura en las *calles* deberá pagar dinero" (apud Fernández-Guerra 1991:101). Es evidente que se empleaba el término *calle* en la lengua romance castellana de esa época pero, como sólo se escribía en latín o en un idioma en el que coexistían todavía muchas voces latinas, las primeras menciones escritas de *calle* están en lengua latina. El término es utilizado en diversas acepciones, que podían ser comprendidas por la gente que también usaba la palabra *calle* en lengua romance.

Entre los siglos 10 y 15, el término continuó siendo utilizado en un contexto tanto rural como urbano. En uno de los *Opúsculos legales* del Rey Alfonso X (siglo 13): "Si un hombre mete su caballo en una *rúa* o *calle* donde hay gente [...] que pague" (Alfonso X, siglo 13). La situación descripta significa que el caballero entraba a un aglomerado: en esa época, especificar que se trataba de una "*calle* donde hay gente" podría ser necesario para diferenciarla de la *calle* camino entre dos propiedades o dos establecimientos agrícolas situados en el exterior de una localidad.

Desde la Edad Media, el término ha sufrido importantes modificaciones, adquirió nuevos sentidos y perdió algunos, o fue reemplazado por otros vocablos. El uso de la palabra *calle* probablemente demoró en imponerse: largo tiempo atrás tenía el mismo sentido que otras voces que pertenecían al vocabulario rural, como *carral, carrera* o *calzada*. En realidad, se han empleado indistintamente los términos *calle, cal, calzada, cayll, rúa, vía, carral, carrera* o *carrer*, siendo este último usado en los reinos pertenecientes a la Corona de Aragón.

También en la Edad Media se definió el modelo actual de la *calle*, un alineamiento frontal y continuo de fachadas. A partir de los siglos 14 y 15 comenzó a aparecer la forma de *calle* que las ciudades europeas conservan hasta nuestros días. En esa misma época, se decidió dar un nombre a las calles, que podía hacer referencia a establecimientos religiosos: *calle* de las Monjas, a militares: *calle* del Castillo, a los oficios: *calle* de la Plata, a la topografía: *calle* de la Riera, o a patronímicos: *calle* de Mossén Borra.

Varios siglos más tarde, el urbanismo de la época barroca introdujo cambios que desplazaron el contenido del término *calle*. Se consagró a diseñar *calles* amplias, generosamente abiertas, y eso dejó sus huellas en el lenguaje: a partir del siglo 18, la *calle*, un espacio público de paso, con fachadas más o menos homogéneas, fue a veces nombrada con nuevos vocablos, como *avenida*, *vía* o *bulevar*. En los siglos 18 y 19, una *calle* digna de una gran ciudad debía ser ancha e imponente. Su amplitud, entre dos filas de casas, era lo que la distinguía de un *callejón*, lugar estrecho y oscuro. El *callejón* del Infierno de Madrid, luego de su ensanchamiento, se convirtió en la *calle* del Arco del Triunfo, pasando de este modo de ser un lugar repugnante a ser una digna *calle*. Algunos pocos versos de D. Francisco Gregorio de Salas dan una idea de las connotaciones que *callejón* tenía en esa época: "¿En qué estado se hallarán / las costumbres de este pueblo, / cuando es preciso ensanchar / el *callejón* del Infierno?" (apud Répide 1985:49).

En los siglos 17 y 18 el vocablo *calle* perdió en gran medida sus connotaciones rurales para volverse eminentemente urbano, aun cuando algunos de sus usos muestran que no estaba completamente abandonado el ámbito de su utilización primera. En esta época se empleaba la palabra en el sentido genérico de espacio exterior, del espacio urbano exterior a un edificio cerrado, como lo muestra la siguiente frase extraída de *La vida y hechos de Estebanillo González*: "Comí al galope por temer que me pusiese en la calle antes de acabar" ([1646] 1990, t.I:120).

La utilización del término *calle*, con estas mismas connotaciones, se mantuvo durante el siglo 19. Encontramos el origen rural de la palabra en el uso de *carrera* para nombrar a la *calle*. Si bien en Cataluña y en Valencia se decía en general *carrer* significando *calle*, *carrera* fue la voz castellana que designaba una *calle*, mientras que antes aludía a un camino rural. En este sentido, la palabra usada para nombrar la vía de paso entre casas fue posterior a la que se empleaba para designar la vía de paso para el ganado. Benito Pérez Galdós, en *La Fontana de Oro*, desentrañaba la transformación de un camino en una *calle*. Describía la *carrera* de San Jerónimo en 1821 y recordaba cómo había sido durante la segunda mitad del siglo 18: "Antes crucemos, desde el Buen Suceso a los Italianos, esta alegre y animada Carrera de los Padres Jerónimos, que era entonces lo que es hoy y lo que será siempre: la calle más concurrida de la capital. Pero hoy, cuando veis que la mayor parte de la calle está formada por viviendas particulares, no podéis comprender lo que era entonces una vía pública ocupada casi totalmente por los tristes paredones de tres o cuatro conventos" ([1870] 1978:10). En *Fortunata y Jacinta*, otra novela de Pérez Galdós, se muestra la persistencia del uso de *calle* como lugar externo: "Cuando vio la calle, sus ojos se iluminaron con fulgores de júbilo, y gritó: '¡Ay, mi querida calle de mi alma!'... 'Púsose el manto y el pañuelo por la cabeza, y bajó a la calle. Lo mismo fue poner el pie en la vía pública que sus ideas variaron'" ([1887] 1979:483). Las palabras *calle* y *vía* tienen aquí un sentido idéntico.

Los cambios radicales provocados por la revolución industrial y la revolución burguesa afectaron las formas de vida, comportaron una importante extensión urbana y modificaron para terminar las calles de la ciudad. El término *calle* siguió siendo utilizado para designar espacios que conservaban formas similares a las de épocas anteriores, aunque sus funciones no eran idénticas. Los escritos de los teóricos del urbanismo de la segunda mitad del siglo 19 permiten constatar que la *calle* constituía no sólo un objeto de estudio sino el lugar principal de intervención de los urbanistas.

Ildefonso Cerdá, en su *Memoria del anteproyecto de Ensanche de Barcelona* ([1855] 1991), definía una *calle* tipo de un ancho de 35 metros, que concebía como una gran avenida: las *calles* tradicionales de Barcelona tenían cuatro metros de ancho y las *ramblas*, grandes arterias que habían sido creadas después de la demolición de las murallas de recinto, 20 metros. Cerdá hacía una distinción entre *calle de vecindad* y *vía pública* ([1859] 1991:88). En su *Teoría de la viabilidad urbana* (1861) estimaba que la *calle* es "un apéndice y complemento indispensabilísimo de la *casa* que a sus bordes se levanta", que hay un "vínculo de unión inseparable que existe entre la *casa* y la *calle* y que viene a formar de las dos una *especie de entidad*, y que no destruye bajo ningún concepto la viabilidad". La *calle* es, pues, "una parte constitutiva, esencial, inseparable de la casa, siendo de todo punto imposible que ésta exista como tal sin un camino cómodo y holgado" ([1861] 1991:136). Arturo Soria y Mata en su proyecto para una Ciudad Lineal, le atribuía el rol de eje fundamental de la ciudad: "El tipo de ciudad casi perfecta sería aquélla extendida a lo largo de una sola vía en un ancho de 500 metros y que llegara, si fuera necesario, de Cádiz a San Petersburgo, de Pekín a Bruselas" (apud Collins & Flores 1968:191). Sobre esta *vía* se concentrarían los servicios, y se tendría todas las funciones, todavía más numerosas que las que había tenido hasta entonces.

No obstante, gran cantidad de sus funciones se han perdido durante el siglo 20, su rol de lugar y de medio de relación se han diferenciado y la *calle* ha dejado de existir en tanto producción cultural y social. Pese a ello, este trasfondo subsiste todavía en múltiples expresiones corrientes que usan la palabra *calle*: *ganar la calle* significa abandonar la casa donde se vive, más bien para ir a una manifestación o participar de una sublevación; *pasear la calle* es buscar destacarse ante una mujer paseándose delante la casa de ella o de alguna otra forma; *azotar calles* es deambular ociosamente de una calle a otra. Hay también muchas otras expresiones familiares que incluyen el término *calle*: *poner en la calle, quedarse en la calle, llevar de calle* que alude a la acción de conquistar o atraer a una persona, *traer* o *llevar por la calle de la amargura,* sinónimo de tener una gran angustia.

La *calle* como lugar ha sobrevivido a la evolución física de la ciudad e incluso a su destrucción. La *calle,* pese a ello y, posiblemente en razón de su longevidad, sufrió un proceso de transformación continua. Se trata de una recuperación de la *calle* en beneficio del ciudadano, promoviendo las *calles peatonales* o *calles de sólo andar* donde la circulación de vehículos está prohibida. Pero también encontramos en el vocabulario las huellas del pasado, porque siempre se le da distintos nombres a la *calle*: *calleja, callejuela* o *callejón,* que son *calles* angostas; *corredera, ronda* y *cava,* que recuerdan los términos en uso durante la Edad Media; *paseo, avenida, bulevar* y *rambla,* que son vocablos vinculados con el urbanismo de la época barroca. *Calle Mayor, carrera, calzada, ribera, rúa, vía pública, travesía* también se emplean en lugar de *calle* o mezclados con esa palabra.

María Jesús Fuente

Véase: avenida (p), paseo (e), rambla (e)

Referencias
ALFONSO X. *Opúsculos Legales*. Consultados en las fichas de palabras de la Biblioteca de la Real Academia de la Lengua Española, siglo XIII. • CARO BAROJA, Julio. *Paisajes y ciudades*, Madrid, Taurus, 1984. • CERDÁ, Ildefonso (1855). Memoria del anteproyecto de Ensanche de Barcelona. In *Teoría de la construcción de ciudades*. Vol. 1: Cerdá y Barcelona. Ministerio de Administraciones Públicas, 1991, p. 51-105 [original: *Ensanche de Barcelona. Memoria descriptiva de los trabajos facultativos y estudios estadísticos hechos de orden del Gobierno...*] • CERDÁ, Ildefonso (1859). *Teoría de la construcción de las ciudades*. Barcelona, Ministerio de Administraciones Públicas, 1991. • CERDÁ, Ildefonso (1861). *Teoría de la viabilidad urbana*. Madrid, Ministerio de Administraciones Públicas, 1991. • *Colección Diplomática del Monasterio de Sahagún* (970-977). Vol. I. León, Centro de Estudios e investigación S. Isidoro, 1976. • COLLINS, George; FLORES, Carlos (eds.). Arturo Soria y la ciudad lineal. Madrid, *Revista de Occidente*, 1968. • ESTEPA DIEZ, Carlos. *Estructura social de la ciudad de León (siglos XI al XIII)*. León, Centro de Estudios e Investigación "San Isidoro"/Archivo Histórico Diocesano, 1977. • FERNÁNDEZ-GUERRA Y ORBE, Aureliano. *El fuero de Avilés*. Oviedo, Academia de la Lengua Asturiana, 1991. • FUENTE, María Jesús. *Diccionario de historia urbana y urbanismo. El lenguaje de la ciudad en el tiempo*. Madrid, Editorial del B.O.E., 2000. • *La vida y hechos de Estebanillo González* (1646). Madrid, Cátedra, 1990. • PÉREZ GALDÓS, Benito (1870). *La fontana de oro*. Madrid, Alianza, 1978. • PÉREZ GALDÓS, Benito (1887). *Fortunata y Jacinta*. Madrid, Hernando, 1979. • RÉPIDE, Pedro de. *Las calles de Madrid*. Madrid, Afrodísio Aguado, 1985.

🇪 capital (pl. capitales)

español España, sustantivo femenino

Definiciones
capital: *sustantivo masculino Capital, monto original de una deuda, de una renta + Ciudad capital* (*Cormon 1803).

capital: *m. Capital, monto original de una deuda, de una renta. // Capital, ciudad principal de un Estado o de una provincia. En este sentido, capital es adj. y sust. femenino* (*Salvá 1882).

capital: *m. Econ. Capital (cudal) [...] Capital f capital (ciudad principal) [...] // Capital de provincia sede principal de departamento* (*Larousse general diccionario... 1999).

capital: *Puede usarse a veces como sustantivo, para designar a la ciudad que es la cabecera (lit. cabeza, sede principal) de una Provincia, de un Reino, de un Estado o de un feudo: por ejemplo, la Capital de Castilla, de Aragón, de Escocia, de Irlanda, de Milán, de Mantua, de Parma, etc.* (*Real Academia Española 1729).

capital: *Adjetivo que se aplica a la ciudad principal de un Reino o de una Provincia, a veces utilizado como sustantivo: Burgos es una ciudad capital, la capital de España es Madrid* (*Real Academia Española 1843).

capital: *La primera de las ciudades de un Estado, donde se encuentra la sede de los poderes públicos* (*Diccionario enciclopédico Espasa 1912).

capital: *Hablando de una población: ciudad principal y cabeza de un Estado, de una provincia o de un distrito [...] Conglomerado destacable por algún aspecto o actividad* (*Real Academia Española 2001).

LA PALABRA PROVIENE DEL LATÍN *CAPUT*, CABEZA, usada corrientemente para designar el principal aglomerado de una provincia romana. Reapareció algunos siglos más tarde en la península ibérica para denominar, en lengua culta, la sede principal de un reino o una diócesis. Se puede suponer que también fue utilizada en lengua vulgar, aunque no contamos con evidencia escrita.

La palabra *capital* apareció tardíamente y las ciudades que tenían la función de centro administrativo o de localidad principal de un territorio fueron, durante largo tiempo, denominadas con otros términos. Madrid, por ejemplo, sede de la corte a partir de 1561, tenía el título de Villa y Corte o Villa con Corte: villa en tanto localidad que poseía privilegios que la diferenciaban de una aldea o pueblo y corte en su rol de residencia de las autoridades del reino. Pero la palabra no siempre era utilizada en la literatura y obras como los Cigarrales de Tirso de Molina se refieren a Madrid como "la cabeza del mundo secular, frente a Roma, que lo es del mundo espiritual" ([1624] 1996:303). Es probable que capital haya aparecido inicialmente en el vocabulario militar, tal como puede registrarse en *De las guerras de los Estados Baxos* de Carlos Coloma (1622): "el rey fue sitiado en la ciudad de Tours, capital de la región de Turena", y en *El arte militar* de Sebastián de Medrano (1687): "y desde la capital […] se destruirán las casas".

En el siglo 18, el término ya era de uso corriente, y designaba aquellas localidades que eran sede de divisiones administrativas del reino. Uztáriz escribió en su *Teoría del comercio* (1742): "es bien sabido que actualmente no hay más de mil [habitantes] en las dos capitales". En sus *Cartas familiares* (1757), el Padre Isla escribía: "distribuir todos los ejemplares en las capitales de todo el reino". El vocablo *capital* era utilizado para designar el lugar donde residía el rey o la administración real y para las cabeceras de provincia.

Con la llegada de los Borbones a España (1700) y junto con la introducción de nuevas divisiones territoriales, apareció la necesidad de controlar, desde un punto clave, los diferentes sectores de la administración. En el Ejército se crearon Departamentos y Capitales de Departamento. A fines del siglo 18, durante el reinado de Carlos III, la Ordenanza de la Flota Real (1772) disponía en su artículo 23: "se podrá convocar a los maestres e individuos experimentados de la Capital del departamento para que se ocupen de las cuestiones que les serán asignadas". Aun cuando hubo que aguardar hasta el siglo 19 para que se produjera la división en provincias, se fue transformando la administración del territorio mediante la creación de 49 provincias a las cuales se les asignó el nombre de su respectiva capital. Entre las provincias existentes y las nuevas los conflictos no tardaron en surgir entre ciudades que deseaban convertirse en capital. Un claro ejemplo fue la disputa entre las capitales de las provincias de Extremadura, cuando Mérida y Badajoz se disputaban una y Plasencia y Cáceres el rol de capital. La localización geográfica, la centralidad y los equipamientos eran algunos de los argumentos esgrimidos para su designación.

Durante el siglo 19, los escritores se hicieron eco de esta división en provincias y del rol de sus capitales. G. A. Bécquer escribía: "él vivía en un pueblo muy cercano a Zaragoza, que nunca había abandonado salvo para ir a la capital de la provincia", "una excursión para visitar las capitales ahora que la mayoría de ellas está comunicada por la red de ferrocarriles" ([1864] 1995:90). Eusebio Blasco consideraba que la capital era un lugar para divertirse: "Andrés había acertado á la lotería diez mil reales, y se propuso gastárselos en quince ó veinte días en la capital del mundo" (1880). La ciudad era vista por algunos como un sitio de perversión: el escritor cubano José Martí evocaba "ese compuesto híbrido en el que la capital esparcía el delito por toneladas" (1894).

Cada provincia tenía varias circunscripciones judiciales, pero su sede administrativa se localizaba en las localidades más pobladas o más importantes que operaban como cabezas o capitales de circunscripción judicial. Tal como figura en la Ley de Enjuiciamiento Criminal de 1882: "el médico legista residirá en la capital del juzgado" (1882). Aunque los ejemplos son escasos, podemos encontrar la denominación capital en relación a municipios o comunas. Pereda escribió en una de sus obras: "Rinconera no tenía más que un juez de paz, porque se trata de un sector pobre de un municipio cuya capital se encuentra a dos leguas de allí" (1882). Estas capitales de municipio eran las localidades donde sesionaba el consejo de un conjunto de pequeños pueblos sin municipalidad propia.

La adopción de la denominación *capital* para un número cada vez más grande de ciudades puede observarse en las diferentes ediciones del *Diccionario de la lengua castellana* del siglo 19. En 1832, la voz *capital* era definida como "la ciudad que es la cabeza de un reino, una provincia o un Estado, por ejemplo Burgos que es la cabeza de Castilla, o Barcelona, que lo es del principado de Cataluña". En la edición de 1843, el vocablo también podía ser adjetivo: "ciudad principal de un reino o de una provincia, ciudad capital", y en la de 1884 la definición fue ampliada a "la población principal de cada reino, provincia o distrito". En el siglo 19, la palabra tomó una importancia de primer orden y en 1869 apareció en el *Diccionario de la lengua castellana* el concepto de capitalidad: "cualidad de ser una población cabeza o capital de distrito, provincia, etc." Hubo que esperar hasta la edición de 1992 para que esta definición se aplicara también a una cabecera de "región o de Estado".

Sin embargo, el término capital se empleó con anterioridad en un sentido más amplio pues no sólo designaba la sede de la administración, sino que también se aplicó a ciudades que se distinguían por diferentes atributos. En el *Diccionario enciclopédico Espasa* de 1912 encontramos la siguiente definición: "la capital – si nos referimos a la capital de una nación – es el centro de la vida política, social y literaria; también debe ofrecer elementos de vida particulares que puedan justificar su superioridad sobre las otras ciudades". En la primera mitad del siglo 20, esto era una realidad en Madrid.

Convertir a Madrid en la capital de un régimen centralista fue un objetivo fundamental durante los años de la dictadura de Franco (1939-1975). Los términos capital y capitalidad fueron destacados muy particularmente en ese período, con el objeto de reforzar el rol de Madrid contra los nacionalismos y como núcleo del Estado. "La *capital* de una nación debe ser el símbolo de lo que la nación es, y la *capital* de España, como desgraciadamente ha ocurrido en otras épocas, ya no correspondía a las aspiraciones de nuestra juventud, a los sacrificios de tantos españoles. Madrid, entonces, debe ser ahora un ejemplo viviente para todos los españoles" (Franco 1944). Madrid se presentaba como la "capital imperial" del "nuevo imperio" fundado por el generalísimo. Ello implicaba, para los urbanistas del régimen, definir las funciones que la reconvertían en la capital perfecta que había sido en los años de Felipe II, escapando "al desorden y la desorganización de la capital demoliberal". El ideólogo Giménez Caballero escribía: "Madrid, infestada por la peste, el olvido, los escorpiones, las injurias, los crápulas, la democracia, la náusea, las verrugas repugnantes, los olores del cocido … ¡Anda, llora, nueva Babilonia, traidora!" (1944).

Cuando terminó la época franquista, con la creación de las comunidades autónomas, la nueva estructura de la administración conllevó un aumento del número de *capitales,* título que designaba la sede del gobierno de una comunidad autónoma. Fue así que Mérida logró convertirse en capital de Extremadura, aspiración que no había alcanzado en el siglo 19: "la sede del parlamento y del gobierno regional será Mérida, capital de Extremadura" (Ley Orgánica… 1983). Santiago de Compostela, por ejemplo, llamada "capital de Galicia" no aparece como tal en la ley del estatuto de autonomía de Galicia (Ley Orgánica… 1981), al igual que Barcelona, aun cuando está indicado que será allí donde tendrán su sede los órganos del Consejo y del Parlamento de Cataluña (Ley Orgánica… 1979). La descentralización y la división territorial que acompañaron el desarrollo de las comunidades autónomas hicieron que el término capital sea empleado para designar los centros de divisiones territoriales más pequeñas. Tortosa (Tarragona) se convirtió en la capital de la comarca natural y geográfica del Bajo Ebro. Asimismo era también capital de su comarca administrativa en virtud de la Ley 6/1987 del Parlamento de Cataluña, que estableció que "la ley que crea una comarca debe también decidir cuál será su capital".

Paralelamente, la integración de España con la Comunidad Europea llevó a utilizar la palabra capital para designar ciudades que sin tener centralidad administrativa cuentan con atributos excepcionales. Fue así que ciudades españolas, como Madrid, Santiago de Compostela y Salamanca recibieron el título de "capital europea de la cultura". La ciudad de Madrid ha recibido la atribución de muchas capitalidades: de provincia, de comunidad autónoma, del Estado español, de la cultura europea o del fútbol. "Madrid limpia, es capital" es el slogan de los servicios de limpieza, que asocian el rol de capital administrativa con la necesidad de asegurar su mantenimiento. La capitalidad de Madrid ha llevado a la ciudad a un nivel muy superior al que tenía cuando era simplemente una ciudad con Corte, es decir, durante los siglos en los que reinó la casa de Austria. Benito Pérez Galdós probablemente no diría hoy lo que escribió en Fortunata y Jacinta: "Ella vio entonces que los usos y costumbres de Madrid evolucionaban rápidamente, que esta orgullosa capital no iba a tardar en pasar de la condición de aldea rústica a la de metrópoli civilizada. De metrópoli, en efecto, Madrid no tenía más que el nombre y la vanidad ridícula" (Pérez Galdós [1887] 1979:42). En nuestros días Madrid tiene mucho de metrópoli, pero ¿tiene razones para ser vanidosa?

María Jesús Fuente

Véase: paseo (e), rambla (e), rua (p)

Referencias
BÉCQUER, Gustavo Adolfo (1864). *Desde mi celda*. Madrid, Clásicos Castalia, 1985. • BLASCO, Eusebio. *Malas costumbres*. Madrid, Oficina de la Ilustración Española y Americana, 1880. • CHUECA GOITIA, Fernando. *Madrid ciudad con vocación de capital*. La Coruña, Moret/Pico Sacro, 1974. • COLOMA, Carlos. *De las guerras de los Estados Baxos, desde el año M.D.LXXXVIII hasta el M.C.XC.IX*. Amberes, Juan Bellero, 1635. • DEL RÍO BARREDO, María José. *Madrid, urbs regia. La capital ceremonial de la Monarquía Católica*. Madrid, Marcial Pons, 2000. • FERNÁNDEZ DE MEDRANO, Sebastián. *El arquitecto perfecto en el arte militar*. Bruselas, 1687. • FRANCO, Francisco (1944). Discurso pronunciado en ocasión de la promulgación de la Ley de Ordenación Urbana de Madrid, aparecido en la revista

Gran Madrid. *Boletín Informativo de la Comisaría General para la Ordenación Urbana de Madrid y sus alrededores.* Madrid, 1948-1957. • GIMÉNEZ CABALLERO, Ernesto. *Madrid nuestro.* Madrid, Vicesecretaría de Educación Popular, 1944. • GUTIÉRREZ NIETO, Juan Ignacio. En torno al problema de la capitalidad de la monarquía hispánica en Madrid. *Revista de Occidente*, n. 27-28, Madrid, 1983, p. 52-65. • ISLA, José Francisco de (1757). Cartas familiares. In *Obras escogidas [de] José Francisco de Isla; con una noticia de su vida y escritos por Pedro Felipe Monlau*, Madrid, Atlas, 1945. • JORDANA DE POZAS, Luis. Madrid, capital política y sede de la administración central. In *Madrid. Evolución demográfica. Desarrollo urbanístico. Economía y Servicios.* Madrid, 1964. • Ley 6/1987 del Parlamento de Cataluña de 4 de abril 1987. *Diario Oficial de la Generalidad de Cataluña*, 929, 18/12/1987. • Ley de enjuiciamiento criminal. Madrid, Imprenta del Ministerio de Gracia y Justicia, 1882. • Ley orgánica de 18 de diciembre de 1979, de estatuto de autonomía de Catalunya. *Boletín Oficial del Estado*, 21/12/1979. • Ley orgánica de 25 de febrero de 1983, de estatuto de autonomía de Extremadura. *Boletín Oficial del Estado*, 26/02/83. • Ley orgánica de 6 de abril de 1981, de estatuto de autonomía de Galicia. *Boletín Oficial del Estado*, 28/4/1981. • MARTÍ, José (1894). *Obras completas.* La Habana, Lex, 1948. • MARTÍNEZ DÍEZ, Gonzalo. *Génesis histórica de las provincias españolas.* Madrid, AHDE/LI, 1981. • MOLINA, Tirso de (1624). *Los Cigarrales de Toledo.* Madrid, Clásicos Castalia, 1996. • PALACIOS MARTÍN, Bonifacio. *La coronación de los reyes de Aragón. 1204-1410.* Valencia, Anubar, 1975. • PEREDA. José María (1882). El sabor de la Tierruca. In PEREDA, José María de. *Obras completas.* Santander, Tantín, 1992. • PÉREZ BUSTAMANTE, Ciríaco. *La capitalidad de Madrid.* Madrid, Sección de Cultura, 1963. • PÉREZ DÍAZ, Rafael Luis. *Los orígenes de la división provincial de Extremadura. Temas de historia de España.* Madrid, AEPHG, 2005. • PÉREZ GALDÓS, Benito (1887). *Fortunata y Jacinta.* Madrid, Hernando, 1979. • SAINZ DE ROBLES, Federico Carlos. *Motivos que determinaron la exaltación de Madrid a capitalidad de España.* Madrid, Artes Gráficas Municipales, 1932. • SÁNCHEZ ALONSO, B. La Villa de Madrid ante el traslado de la Corte (1600-1601). *Revista de Archivos, Bibliotecas y Museos*, n. 3, Madrid, jul. 1924. • SIMÓN DÍAZ, José. *Fuentes para la historia de Madrid y su provincia.* I: Textos impresos de los siglos XVI y XVII. Madrid, Instituto de Estudios Madrileños, 1964. • TERÁN, Fernando de. *Madrid.* Madrid, Mapfre, 1992. • TORNO, Elias. La capitalidad. Cómo Madrid es Corte. *Revista de Bibliotecas, Archivos y Museos*, VI, Madrid, 1929, p. 420-455. • UZTÁRIZ, Jerónimo de. *Teoría y práctica de comercio y de marina.* Madrid, Imprenta de Antonio Sanz, 1742.

⓿ capital (pl. capitais)
português Brasil, substantivo feminino e adjetivo

Definições
capital: *Principal. O que he como cabeça; princípio; & fonte, donde outras cousas se originão, ou em que outras cousas se encerrão* (*Bluteau 1712, 2:125).
capital: *A cidade principal de algum reino, estado, província, etc, onde residem as principaes autoridades* (*Silva 1858).
capital: *substantivamente, a capital, a cidade principal de um estado ou de uma província. A capital do mundo litterario* (*Vieira 1873).
capital: *Cidade que aloja a alta administração de um país ou de um estado, província, departamento, etc.* (*Ferreira 1986).

O SUBSTANTIVO CAPITAL DESIGNA ATUALMENTE UM lugar onde se concentram atividades, situações ou características que o colocam em situação de proeminência, enquanto representativo destas condições particulares, frente ao conjunto de outros lugares. Assim, a palavra pode ser utilizada para designar uma cidade dominante em diversos registros, sejam eles administrativos e políticos, sejam eles econômicos ou culturais: capital federal, capital nacional, capital econômica, capital intelectual, capital das artes, capital do rock, capital da cultura negra, capital do carnaval, capital do turismo, capital da vaquejada, são designações que ultrapassam em muito a velha acepção puramente político-territorial do termo.

Do latim *caput*, a palavra capital, no sentido de "principal, essencial, fundamental", é, antes de mais nada, um adjetivo de emprego bastante geral: pecado capital, pena capital, crime capital, paixão capital, inimigo capita l, letra capital. Em português, a vinculação do termo capital à cidade tem sua construção bastante espraiada no tempo. Até o século 14, a Corte portuguesa, estando centralizada na figura do rei e se deslocando com ele, não tinha sede. A depender, portanto, das preferências reais, a cidade principal poderia ser, como o foram, Guimarães, Coimbra ou a própria Lisboa (Serrão s.d.). Apenas a partir do século 15 é que Lisboa assumirá mais particularmente esse papel, reagrupando funções administrativas, políticas e comerciais, seu papel de porto constituindo o centro de todo o Império português.

No sentido urbano, no entanto, "a palavra capital não aparece antes do século 17" (Moreira 1999:131). Essa acepção inexiste no dicionário de Raphael Bluteau, publicado em Lisboa, em 1712, ainda que ela esteja presente em alguns exemplos. Esse uso constituía ainda, nessa época, uma exceção e só se aplicava a Londres, "cidade Capital de Inglaterra, & Corte dos Reys"; e a Moscou, "Cidade capital, & Corte de Moscovia" (*Bluteau 1712, 2). A cidade principal era, sobretudo, identificada pelo termo metrópole, que Bluteau assim definia: "Cidade mãy das outras ou cidade principal, [...] com o andar do tempo se deo esse nome às Cidades *capitaes* das Provincias, & Archiepiscopaes". Lisboa é aí descrita como "Celeberrimo Emporio da Europa, & vastissima Metropoli do Reyno de Portugal"; Paris, "Antiquissima, vastissima, populosissima & magnificentissima Metropoli, cabeça do Reyno, & Corte dos Reys de França"; Florença, "Hoje bellissima Cidade, Metropoli da Toscana, & Corte do feu Grão Duque"; Bahia de Todos os Santos, "Cidade Archiepiscopal da America Meridional, Metropoli do Brasil; & lugar de residência do governador"; Roma, "Cidade de

Italia, [...] antigamente cabeça do mundo Pagão, hoje Metropoli do mundo". Praticamente todas as grandes cidades são aí designadas pelo termo metrópole, indicando claramente seu grande tamanho, seu prestígio enquanto lugar de residência de autoridades civis e religiosas, assim como a importância de sua relação com o território que lhe é submetido: metrópole se define em relação a um espaço determinado. Uma outra palavra, mais banal, designa a cidade que concentra as funções político-administrativas como *cabeça* de um reino ou de uma província – a palavra utilizada aqui não é portanto capital, mas um termo aparentado do ponto de vista etimológico. Assim, da mesma maneira que Paris, Berlim é descrita por Bluteau como "cabeça dos Estados do Eleitor, & Marquez de Bradeburgo".

Da mesma maneira, São Salvador da Bahia de Todos os Santos foi também definida como a cabeça do Brasil, lugar da administração centralizada da América Portuguesa. No Regimento do governador geral Tomé de Souza (1548), já se pode perceber o papel de centralização administrativa e militar que a cidade deveria exercer, pois tratava-se de construir, "hûa fortaleza e povoação grande e forte em um lugar conveniente para dahy se dar favor e ajuda as outras povoações e se menistrar justiça" (apud Reis Filho 1968:31-32). Referindo-se à mudança, em 1763, da sede do governo da colônia, Vilhena escreveu, em 1802, que a "cabeça do Estado [do Brasil] se mudou para o Rio de Janeiro" (Vilhena [1802] 1969, 2:412).

No período moderno, *metrópole* e *cabeça* eram, então, os termos mais usados para designar as cidades principais, sendo que as ocorrências da palavra capital eram bastante raras. Todavia, em uma carta endereçada ao rei, datada de 3 de agosto de

1715, os vereadores de Salvador clamavam a Sua Majestade, para que não fosse tirada daquele *senado* "a regalia de ter Juiz do Povo sem atenderem a que ficava a Cidade Capital do Estado do Brasil igual a mais humilde vila delle" (apud Ruy 1955:186). A noção de capital aparece aqui claramente ligada à noção de hierarquia político-administrativa. Na segunda metade do século 18, a palavra capital já era utilizada de forma mais corrente no Brasil. Em mapas do período, podemos encontrar a designação de "Rio de Janeiro, Capital do Estado do Brasil" (1769) – para onde a sede do governo havia sido transferida em 1763. Da mesma forma, encontramos a "Geografica Topografica da Cidade Capital de S. Salvador" (1785) ou ainda a "Topografica da Cidade Capital de S. Salvador Bahia de Todos os Santos, huma das mais famosas do reino de Portugal" (1798) (apud Reis Filho 2000:174, 43, 48). O *Dicionário etimológico da língua portuguesa...* (*Machado 1977) data de 1793 a substantivação feminina do adjetivo capital, conforme obra de Frei João de Sousa, intitulada "Narração da arribada das princesas africanas ao porto desta capital de Lisboa". No Brasil, a palavra não era então utilizada exclusivamente por Salvador e Rio de Janeiro, as duas principais cidades da colônia. As sedes das capitanias, que reuniam frequentemente diversos órgãos da administração real, eram às vezes designadas pelo termo capital, particularmente em Minas Gerais. Em 1780, no quadro de uma disputa territorial, Luís Diogo Lobo da Silva, conselheiro da coroa e antigo governador desta capitania, tem uma opinião favorável ao projeto de anexação enviado por Villa Rica, pois esta "como Capital do dilatado Governo da Capitania de Minas Gerais, [é] a mais notável de todas as que tem, tanto em número de habitantes, como em residência de Governo, junta de fazenda, magistrados" (*Lettre de Luiz Diogo...* apud Fonseca 2003:283).

É no século 19 que se generaliza no Brasil a utilização da palavra capital. Nas sedes de províncias – termo que substitui aquele de capitania – capital se torna sinônimo de cidade, pois esta última foi dada primeiramente a todas as sedes de governos provinciais e, em seguida, a todas as sedes de comarcas (circunscrições judiciárias). O termo capital continuava, paralelamente, a qualificar Salvador e Rio de Janeiro. Em 1807, um ofício do então governador da Bahia relatava as constantes deserções de escravos em Salvador, comentando que "sem grandes dificuldades conheci que nos suburbios desta capital [...] eram innumeraveis os ajuntamentos desta qualidade de gente" (apud Reis [1935] 1986:65). Em 1809, a vereança de Salvador escreve ao príncipe solicitando autorização para proibir o uso de rótulas nas construções da cidade, de forma a promover "a milhor formalidade e adorno e explendor as cidades e populaçoens *Capitaes* do Reino, servindo-se baixar o seu régio beneplácito nessa Capital da América" (apud Ruy 1955:303). O Decreto de 26 de abril de 1811, que propõe a isenção de décimas para construções na cidade nova no Rio de Janeiro, busca, entre outros objetivos, "aformosear mais um bairro da Capital" (apud Antunes s.d.:111).

A vinda da Corte Portuguesa para o Brasil em 1808, a abertura dos portos e os movimentos de libertação nacional que sacodem o país desde o final do século 18 contribuem certamente para dar uma importância crescente à palavra capital. Com a Independência do país em 1822 e a proclamação da República em 1889, a sede geográfica da capital do Brasil torna-se uma questão recorrente, que atravessa todo o século 19 e a primeira metade do século 20. Em 1813, Hipólito José da Costa, fundador do Jornal Correio Braziliense (apud Schmidt 1985:34), escreve, de Londres, que o "Rio de Janeiro não possui nenhuma das qualidades que se requerem na cidade, que se destina a ser a Capital do Império do Brasil; e se os cortesãos que para ali foram de Lisboa tivessem assás patriotismo e agradecimento pelo país que os acolheu nos tempos de seus trabalhos [...] se iriam estabelecer em um país do interior, central e imediato às cabeceiras dos grandes rios" (apud Oliveira & Orlando 1950:11). Um ano antes da proclamação da Independência, os deputados que foram às Cortes de Lisboa, defendiam, por instrução do governo provisório de São Paulo, que seria "muito útil que se levante uma cidade central no interior do Brasil para assento da corte ou da regência" (apud Moraes 1871:85).

Durante todo o século 19, a palavra capital foi usada cada vez com maior frequência e por vários tipos de pessoas: vereadores, revoltosos, ministros, nobres, engenheiros, jornalistas, desembargadores, advogados, médicos e literatos. Essa palavra se encontra então ligada às tarefas de construção de uma nação livre, independente e republicana, traduzidas em parte pelo processo de transformação radical do Rio de Janeiro, a capital federal, pelas discussões insistentes sobre a transferência da capital e pelas agudas concorrências entre regiões.

O debate sobre a mudança da capital do Brasil deveu muito aos trabalhos de Francisco Adolfo de Varnhagen, que colocava a questão da transferência da sociedade nacional para o interior do país em seu "Memorial Orgânico", publicado em Madrid entre

1849 e 1851, e em "A questão da capital: marítima ou interior?", publicada em 1877 (Schmidt 1985:35). A Constituição Republicana de 1891, em seu artigo terceiro, prevê a demarcação de uma zona onde vai se estabelecer a futura capital federal. Essa tarefa foi desenvolvida, no ano seguinte, pela missão Cruls, cujo trabalho se torna referência para as discussões das décadas seguintes.

A construção de Belo Horizonte, nova sede do Estado de Minas Gerais, iniciada em 1894, constitui a primeira experiência de uma nova *capital* no Brasil republicano. Se a ideia de centralidade foi um conceito chave nesse projeto (Salgueiro 1997:5), ela não era totalmente nova: já nos primeiros anos da ocupação colonial da região das minas, o Conselho Ultramarino afirmava, em 1709, que, dentre as vilas, a uma "se poderá dar o título de cidade para residência do governo daquela capitania, [a qual] deve ficar quanto for possível no meio dela" (*Consultas do Conselho Ultramarino* apud Fonseca 2003:148). A experiência seguinte foi a construção de Goiânia, iniciada em 1933. Palmas, capital do novo Estado do Tocantins, inaugurada no início dos anos 1990, é o exemplo mais recente dessa tradição brasileira de construir *capitais*, forma de ocupar e explorar o seu imenso território.

A Constituição Brasileira de 1934 reforça a perspectiva de mudança da *capital*. O artigo n. 4 das disposições transitórias estabelece que "será transferida a Capital da União para um ponto central do Brasil". Um deputado da Assembléia Constituinte defende que "construir nova Capital na região já marcada é concorrer também para essa obra de brasilidade, que é a ligação Norte-Sul-Centro" (apud Oliveira 1950:39). Também a constituição de 1946 reafirma essa busca da nação brasileira e, entre as discussões havidas, vale a pena ressaltar um novo argumento para sua mudança: o temor aos movimentos das massas urbanas. Assim, para o deputado Pedro Calmon, "há nisso [no desejo de mudança], realmente, um antigo idealismo. E uma dupla desconfiança: da desfavorável situação estratégica da capital em caso de guerra e da pressão que possam as massas populares exercer sobre o governo da União, em prejuízo de suas equanimes funções nacionais" (apud Oliveira 1950:45). Finalmente, o Plano de Metas 1956-1961, elaborado no governo Kubitschek, decide construir a nova *capital* – Brasília – que é inaugurada em 1960. Ela estava ancorada nitidamente em princípios de integração nacional, mas também de geopolítica, particularmente no que se refere ao continente sul-americano. Brasília funda, sem dúvida, uma nova centralidade para o país.

Ana Fernandes

Ver: centro (p), ciudad (e), metrópole (p), urbe (e)

Referências
ANTUNES, Paranhos. *Estudos de história carioca*. Rio de Janeiro, Prefeitura do Distrito Federal, s.d. • *Consultas do conselho ultramarino, 1687-1710*. Documentos históricos. Rio de Janeiro, Biblioteca Nacional, Divisão de Obras Raras e Publicações, 1951, vol. XCIII, p. 223. • FONSECA, Cláudia Damasceno. *Des terres au villes de l'or. Pouvoirs et territoires urbains au Minas Gerais (Brésil, XVIIIe siècle)*. Paris, Publications du Centre Culturel Calouste Gulbenkian, 2003. • *Lettre de Luiz Diogo Lobo da Silva à la reine D. Maria I, Lisboa, 30 Mars 1780*. Arquivo Histórico Ultramarino, documento anexo à ata da Câmara de Vila Rica de 5 dezembro 1778, Documentos Avulsos da Capitania de Minas Gerais, caixa 113, doc. 72. • MORAES, Alexandre José de Mello. *História do Brasil-Reino e do Brasil-Império*. Rio de Janeiro, Typographia de Pinheiro & C., 1871. • MOREIRA, Ruy. O arquiteto Miguel de Arruda e o primeiro projeto para Salvador. *Anais do IV Congresso de História da Bahia*. Salvador, IGHB, 1999. • OLIVEIRA, Yves Orlando Tito

de. *A transferência da capital do Brasil*. Tese de concurso para docente livre. Salvador, Faculdade de Ciências Econômicas da Bahia, 1950. • REIS FILHO, Nestor Goulart. *Evolução urbana do Brasil*. São Paulo, Livraria Pioneira Editora, 1968. • REIS FILHO, Nestor Goulart. *Imagens de vilas e cidades do Brasil colonial*. São Paulo, Edusp/Imprensa Oficial, 2000. • REIS, João José (1935). *Rebelião escrava no Brasil. A história do levante dos Malês*. São Paulo, Brasiliense, 1986. • RUY, Affonso. *História da Câmara Municipal da cidade de Salvador*. Salvador, Câmara Municipal, 1955. • SALGUEIRO, Heliana Angotti. *La casaque d'Arlequin. Belo Horizonte, une capitale éclectique au 19e siècle*. Paris, Ed. de l'EHESS, 1997. • SCHMIDT, Benicio Viero. Brasília como centro político. In PAVIANI, Aldo (Org.) *Brasília, ideologia e realidade. O Espaço urbano em questão*. São Paulo, Projeto, 1985, p. 27-41. • SERRÃO, Joel (Org.). *Dicionário de história de Portugal*. Porto, Livraria Figueirinhas, s.d. • VILHENA, Luis dos Santos (1802). *A Bahia do século XVIII*. Bahia, Editora Itapuã, 1969.

E casa (pl. casas)

español España, sustantivo femenino

Definiciones

casa: *Vivienda, morada, alojamiento, edificio* (*Oudin 1675).

casa: *casa, s. f. 'Vivienda, alojamiento. Vivienda, familia, número de personal doméstico que alguien tiene a su servicio, linaje, monasterio, guarida de animal salvaje, cueva de serpiente, caja de piezas de ajedrez o de tric-trac. Casa fuerte, casa poderosa, rica'* (*Cormon 1803).

casa: *"Vivienda, alojamiento. // Hogar, familia. // Personal, número de empleados domésticos. // Dinastía. // Vivienda, monasterio. // Caja de piezas de ajedrez. // Casa a la malicia o de malicia; casa que, vista desde la calle, no tiene más que planta baja. // – de campo, de solaz: vivienda en la campaña o de descanso. // de locos, casas pequeñas. Fam. Casa donde reina el desorden. // casa de moneda: lugar donde se acuña o imprime dinero. // – de posada, o de posadas: albergue. Hotel, pensión [...] // – pajiza: cabaña. // – pública: lugar público, burdel. // – real: mansión real, palacio [...]. // – solariega: casa noble y* *antigua [...]. // Fig. 'No tener casa ni hogar', 'no tener dónde caerse muerto'. // Poner casa: irse a vivir juntos [...] // Tener casa y tinelo: tener comedor abierto"* (*Salvá 1882).

casa: *"casa, f., vivienda; casa amueblada, casa de pensión // Inmueble m., edificio; una casa de ocho plantas: un inmueble de ocho pisos // casa (familia); la casa de los Borbones: la dinastía de los Borbones // Hogar, familia (habitantes) [...] // Poner casa: formar familia // Tienda (establecimiento comercial); casa editora, editorial [...] // Casa adosada: casa lindera [...] // Casa consistorial: palacio municipal [...] Casa de huéspedes: pensión familiar [...] Casa de vecindad o de vecinos o de alquiler: inmueble o edificio donde se alquilan apartamentos [...] // Casa solariega: castillo de un noble [...] // Levantar casa: mudarse [...] 'No tener casa ni hogar'; 'No tener dónde caerse muerto' [...] Poner casa: instalarse"* (*Larousse general diccionario... 1999).

casa: *"habitació rustica, humilde, pobre, sin fundamento, ni firmeza, que facilmente se desbarata; y assí algunos quieré que se aya dicho casa, à casu; por que a qualquier viento amenaza ruina. [...] 3. Agora en légua Castellana se toma casa por la morada y habitació, fabricada con firmeza y suntuosidad"* (*Covarrubias 1611:196).

casa: *"Edificio hecho para habitar en él, y estar defendidos de las inclemências del tiempo, que consta de parédes, techos y tejádos, y tiene sus divisiones, salas y apartamientos para la comodidad de los moradóres. Es la misma voz Latina Casa, que aunque significa la Choza ò Casa pajiza, se ha extendido a qualquier género de casas"* (*Real Academia Española 1729:205).

casa: *"1. Edificio destinado a vivienda [...] 2. Domicilio. Vivienda. Piso o local, aunque no constituya un edificio entero, con las dependencias necesarias para vivir una familia con independencia. [...] Con referencia a los que lo ocupan, cualquier lugar cerrado y cubierto que se utiliza como vi-*

vienda, aunque no esté hecho de obra de albañilería; como una choza o una cueva" (*Moliner 1966).

casa: *"1. Edificio para habitar. 2. Edificio de una o pocas plantas destinado a vivienda unifamiliar, en oposición a piso. 3. Piso (vivienda)"* (*Real Academia Española 2002).

EN CASTELLANO, CASA DESIGNA A UNA CONSTRUCCIÓN o conjunto de edificios destinados a ser habitados. Los diversos usos de esta palabra abren un abanico de sentidos posibles en torno al objeto (el edificio) o a su función (la habitación).

Casa viene del latín *casa*, que en la época clásica significaba cabaña o choza. En castellano se encuentran numerosas ocurrencias a partir del siglo 9, generalmente en plural, *casas*, para nombrar al conjunto de edificios de una misma propiedad, tanto en la ciudad como en el campo (*Corominas & Pascual 1980). El término *casa* muy pronto fue vinculado a la función de habitación; es el edificio destinado al alojamiento humano. De este modo, las Leyes de Indias, que regían la fundación de ciudades y pueblos (1681), hacían una distinción entre *edificios* y *casas*, e indicaban que los colonos, luego de haber trazado el plano de la ciudad, repartido entre ellos las parcelas y organizado la agricultura y la ganadería que brindarían alimentos a los habitantes, "[comenzaban] con mucho cuidado y diligencia a fundar y edificar sus casas de buenos cimientos y paredes" (apud Arteaga Zumaran 1987:262). La ley instituía también la forma de las *casas* a construir: sería necesario, si fuera posible, que [los pobladores] procuren, que en todas las casas pueden tener sus caballos y bestias de servicio, con patios y corrales, y la mayor anchura, que fuere posible, con que gozarán de salud y limpieza" (Recopilación de leyes... apud Arteaga Zumarran 1987:262-263).

Por metonimia, *casa* designa a la familia que la habita. Para expresar el escaso consumo de los indios y, en consecuencia, la absurda cantidad de bienes que les exigían los cristianos, Bartolomé de las Casas escribió que "lo que basta para tres casas de a diez personas cada una para un mes, come un cristiano y destruye en un día" (Las Casas [1542] 1995:80). En el caso de las grandes familias, *casa* significaba el linaje, como la *casa de Osuna*. Los linajes nobles estaban, en efecto, vinculados y basados en un terruño, una propiedad territorial, la *casa-solar* o *solariega*. *Casa* designaba también el patrimonio, el conjunto de propiedades y dependencias de la familia. Este uso perdura en el caso de la familia real, ya que todavía se sigue hablando en España de la *Casa Real* para aludir a la institución o al dominio real.

En su acepción estrictamente material, *casa* es el término genérico para denominar a los edificios usados para ser habitados, tanto en la ciudad como en el campo. Una misma *casa* puede, entonces, contener numerosos alojamientos. Casi todos los censos municipales que se realizan en España contabilizan, desde la época moderna, las *casas*. El *caserío* alude, en la lengua corriente, al conjunto de casas de una ciudad, a su hábitat. El médico César Chicote constataba así que "Los 600.000 madrileños se albergan en menos de 15.000 casas. En esta cifra se suman desde la modesta choza al suntuoso palacio; desde la que ocupa una sola familia hasta la que parece un panal con sus numerosos alvéolos" (Chicote 1914:29).

El ingeniero civil y urbanista Ildefonso Cerdà, en su estudio estadístico sobre Barcelona, de 1855, presentó un capítulo sobre el "estado del número de casa[s]", clasificadas según "el número de pisos que tienen, los hogares en que se hallan divididos", en relación a su superficie, el número de habitantes, la ventilación, etc. Como los higienistas franceses, Cerdà consideraba determinante la cuestión del número de habitantes en relación con el espacio. En cambio, la noción de "pieza", que los franceses se esmeraban por definir, no se encuentra presente. Destaquemos también que Cerdà prefería la noción de hogar a la de vivienda y no reconocía otra unidad espacial dentro de la *casa* que las plantas. Indudablemente, esto es muestra del carácter fluctuante de la división de numerosos inmuebles en apartamentos por esa época: la vivienda es una unidad social más que espacial.

En 1968, el Registro de la Propiedad de Madrid, que contiene la lista de bienes inmuebles y de sus propietarios, inscribió los nuevos edificios usando todavía el término *casa*. No obstante, retiene como elemento descriptivo esencial, además de las plantas, el número de viviendas: "Propiedad urbana. *Casa* en Madrid [...] Consta de plantas de sótanos, planta baja, y cinco plantas altas. [...] Las cinco plantas altas se distribuyen en cuatro viviendas cada una de ellas" (Registro de la propiedad 1968). El desarrollo del hábitat colectivo urbano, entonces, llevó a que *casa* aludiera a un inmueble colectivo. Del mismo modo encontramos en España la expresión *casa de pisos*. Es notable que en ese país donde el hábitat colectivo predomina ampliamente en las ciudades, ningún término específico, como *immeuble* en francés, fuera introducido durante el siglo 19. Esa evolución también involucró a la América de lengua española. Un personaje de una novela del argentino Roberto Arlt, de este modo, se encuentra "frente a la entrada obscura de una casa de departamentos, sube a la garita iluminada de un ascensor de acero" (Arlt [1937] 1995:79).

Sin embargo, para designar un inmueble, el término *casa* entra actualmente en competencia con el vocablo *edificio*, menos preciso, puesto que no dice nada de su función. Se aplica, por lo demás, también y con un matiz enfático a los inmuebles con prestigio de arquitectura destacada.

Casa, en algunas de sus acepciones, se desprende de la referencia al objeto material que es el edificio, para retener solamente una función, la de hábitat. *Casa* designa, entonces, la vivienda, aunque se reduzca a una porción de un edificio, como un apartamento o piso. Así, las primeras leyes que diseñaron un marco jurídico para el hábitat social, en 1911, 1921 y 1924, fueron llamadas Leyes sobre las *Casas Baratas*. El término *habitación*, en español, puede tener el sentido general de alojamiento, pero actualmente designa una pieza dentro de un alojamiento. El alojamiento es la *vivienda*, a veces el *albergue* y, en el siglo 19, en lenguaje popular, el *cuarto* de los alojamientos populares, palabra que también designa a la pieza.

En este sentido, *casa* tiene una connotación afectiva fuerte. Toda vivienda es, en efecto, la *casa* de quien la habite. De allí que *casa*, como *maison* en francés o *home* en inglés, refiere al espacio íntimo de la vida privada, la casa de uno. Volver al hogar es ir *a casa*, estar en su hogar es estar *en casa*. La asociación entre la palabra *casa* y la idea de hogar y de familia queda de relieve en el verbo *casarse* y en la expresión *poner casa* que refiere a armar una familia. En la mayoría de los sentidos en los que se puede emplear *casa*, la voz *casa* tiene una connotación afectiva y familiar.

Casa es, entonces, el término más corrientemente empleado para designar el alojamiento desde el punto de vista de quienes lo habitan. En este sentido, se puede afirmar que *casa* es, "en referencia a los que la ocupan, cualquier lugar cerrado y cubierto que se utiliza como alojamiento, aun si no está construido en mampostería, como una choza o una gruta" (*Moliner 1966). De esta forma, la barraca del trapero de la novela de Pío Baroja *La Busca* es verdaderamente su *casa*. "Se notaba en la construcción de la casa las fases de su crecimiento. Como el caparazón de una tortuga aumenta a medida del desarrollo del animal, así la casucha del trapero debió ir agrandándose poco a poco. Al principio, aquello debió ser una choza para un hombre solo, como la de un pastor; luego se ensanchó, se alargó, se dividió en habitaciones; después agregó sus dependencias, su cubierta y su corraliza" (Baroja [1904] 1972:253).

El sentido de la palabra *casa* va oscilando entre la unidad de alojamiento, independientemente de su forma, y el edificio de habitación. En esta segunda acepción, la evolución de la arquitectura ha relegado progresivamente el significado de *casa* a un tipo de específico: la vivienda individual.

En este sentido, *casa* nunca perdió su connotación rural. La *casa* en la ciudad es la *casa baja* obrera de fines del siglo 19 y principios del siglo 20, *casa molinera* en Castilla. Estaba asociada a los suburbios no planificados y a la autoconstrucción. En el espíritu de la burguesía urbana, la *casa baja* estaba, entonces, marcada a la vez por el estigma de la ruralidad y por el de la pobreza, la falta de confort, incluso la insalubridad. Al contrario, desde el punto de vista de sus habitantes, la *casa baja* era una verdadera *casa*. Vivienda de una sola planta, a menudo de tamaño muy exiguo, estaba provista de un patio, donde se podían criar pollos o conejos y, con frecuencia, una huerta. La población obrera española de fines del siglo 19 y principios del siglo 20 era, en su mayoría, recientemente migrada desde el campo y apegada a la *casa baja*, que reproducía un modelo de hábitat rural. Por último, con frecuencia era autoconstruida por su propietario – ocupante – lo cual explica que allí se sentían más *en casa* que en un *cuarto* o *piso* alquilado – la *casa baja* significaba una cierta independencia económica y la constitución de un patrimonio familiar. Por otra parte, crecía con la familia: si uno de los hijos se casaba, se agregaba una pieza o se construía una segunda *casa* en el mismo terreno.

Desde el punto de vista de los habitantes, todo enfrentaba, entonces, a la *casa baja* con su alternativa en materia de alojamiento popular de la época, la *casa de vecinos* o *de vecindad*, inmueble de hábitat colectivo y locativo – se trataba de una *casa de alquiler* – cuyos apartamentos eran con frecuencia exiguos y oscuros. Dentro de esta categoría, en España se podía distinguir la *casa de corredor* o casa de pasillo, de la que se encuentra una descripción célebre en la novela realista *La Busca*, de Pío Baroja, equivalente, por ejemplo, a las *casas chorizo* de la Argentina, en las que las viviendas dan a un patio central o lateral con galerías. Una de esas *casas de vecindad*, la *casa de Tócame Roque* que se encontraba en la calle Barquillo de Madrid, originó la expresión, hoy en desuso, *"ser o parecerse a la casa de Tócame Roque"* para aludir a un lugar desordenado, donde cada uno entra, sale y desarrolla sus actividades sin tener en cuenta a los demás. A la independencia económica y la relativa intimidad que representa la *casa baja*, verdadero hogar, se opone la promiscuidad y la alienación de la *casa de vecinos*. Esta encarnaba la insalubridad, la miseria y los males sociales y morales que los acompañaban en las palabras de la élite reformista. Las descripciones son significativas: "El hacinamiento en las casas llamadas de vecindad o de corredor, es verdaderamente espantoso, y escogiendo en cada distrito los tipos de casas más insalubres que no disponen más de una sola fuente para toda la casa y de un solo retrete para cada piso, aparecen los siguientes desconsoladores datos" (Chicote 1914:29).

Según el hablante y la ideología del momento en materia de vivienda, todas las connotaciones de *casa* se pueden mezclar. Así, el slogan de la sociedad que sostenía el proyecto de la Ciudad Lineal de Arturo Soria en la década de 1890, era "para cada familia una casa, en cada casa una huerta y un jardín" (apud Maure Rubio 1991:25). En este caso, la *casa* era a la vez el alojamiento y el hábitat natural. El espacio para la agricultura doméstica, además de la relativa independencia de consumo que proveía, imitaba el modo de vida rural y constituía una versión popular del dominio de una familia noble. De esta manera, cada familia debía tener este apego ancestral a una tierra, un *solar*, propiedad territorial hereditaria, patrimonio inmueble a transmitir, que da basamento a la continuidad de las generaciones. Por último, la connotación afectiva era muy clara: para los miembros de la sociedad se trataba de tener un lugar para ellos, un espacio privado digno y agradable para acoger a la familia nuclear y la vida privada.

El término genérico de *casa* para designar el edificio destinado a vivienda individual, si bien sigue siendo el más usual en las zonas rurales, en las ciudades todavía compite con una serie de vocablos más especializados, que se refieren a los tipos arquitectónicos. Era necesario que el hábitat individual urbano, cómodo, moderno y destinado a albergar a los habitantes de la ciudad se diferencie en el lenguaje, de la casa del campo. El censo municipal de Barcelona, realizado en 1930, diferenciaba, de este modo, los *bajos* son casas individuales pobres, de las *torres*, de la burguesía (Oyón 2001). Del mismo modo, en Madrid, el caserón individual en el medio urbano de la primera mitad del siglo 20 era denominado *hotel*. El que apareció en la década de 1980 y que actualmente se construye abundantemente – igualmente ubicado en el centro de la parcela, al contrario que la *casa baja*, que generalmente está alineada en la acera – es un *chalé*. Estos últimos, o las *casas* pueden estar *aisladas*, a*pareadas* o *adosadas*. El desarrollo de las *adosadas* impulsa a los promotores a ofrecer poéticas *casas a los cuatro vientos* cuando están *aisladas* y *casas unifamiliares* para esquivar la imagen negativa que en nuestros días tienen las *adosadas*, que fueron banalizadas por el mercado inmobiliario. Por último, el desarrollo del turismo rural llevó a la invención de la *casa de campo*, vivienda reformada para albergar a los huéspedes. Parece, entonces, que el término *casa* usado para nombrar al hábitat individual, ahora que se ha convertido en un verdadero producto inmobiliario parece demasiado general y ya no alcanza para caracterizar este tipo de vivienda, necesita una calificación.

Por otra parte, existe un tipo de utilización de *casa* en el que el vocablo designa un edificio que no está destinado a servir de vivienda. En numerosas expresiones normativas se denomina *casa* a la sede de grandes instituciones públicas o privadas, como la *Casa de la Moneda* o la *Casa Consistorial* o incluso las *casas comerciales*. Más corrientemente, los establecimientos públicos o privados destinados a la recepción de particulares para diversos servicios, generalmente son *casas*. De este modo, los baños públicos son las *casas de baños*, la *casa de locos* es un asilo psiquiátrico, la *casa de citas* o *de tías* es un prostíbulo, la *casa de comidas* es una cantina popular. Muchos pequeños comercios, bares y restaurantes tienen como razón social el nombre o el apellido de su propietario, precedido por la palabra *casa*, como *Casa* Pepa, *Casa* Mingo. Estos usos reactivan intencionalmente las connotaciones afectivas y familiares de la palabra. De este modo, la *Casa del Pueblo*, establecimiento del Partido Socialista que ofrecía a sus adherentes, en particular durante la década del 1930, diversos servicios y actividades en especial de instrucción y entretenimiento, recordaba al pueblo que formaba una familia.

Actualmente, las acepciones que derivan de la connotación afectiva de *casa* parecen haber triunfado en la ciudad, a la especialización y la dispersión del vocabulario del hábitat urbano que tiende a relegar su uso para nombrar una construcción en el ámbito rural.

Charlotte Vorms

Véase: casa (p), chabola (e), chalet (e), piso (e), rancho (e), solar (e)

Referencias
ARLT, Roberto (1937). La pista de los dientes de oro. *Mundo Argentino*, n. 1357, Buenos Aires, 20/01/1937. In ARLT, Roberto. *Narrativa corta completa*. Madrid, Universidad de la Laguna/ Fareso, 1995, p. 73-80. • ARTEAGA ZUMARAN, Juan José. La urbanización hispanoamericana en las leyes de Indias. In *La Ciudad iberoamericana. Actas del Seminario, Buenos Aires, 1985*. Madrid, Ministerio de Obras Públicas y Urbanismo, 1987, p. 243-

270. • BAROJA, Pío (1904). *La Busca*. Madrid, Caro Raggio, 1972. • BARREIRO PEREIRA, Paloma. *Casas baratas. La vivienda social en Madrid, 1900-1939*. Madrid, Coam, 1991. • BONET CORREA, Antonio. *Vivienda y urbanismo en España*. Barcelona, Banco Hipotecario de España, 1982. • BRANDIS, Dolores. *El paisaje residencial de Madrid*. Madrid, Ministerio de Obras Públicas y Urbanismo, 1983. • CERDÀ, Ildefonso. *Teoría general de la urbanización*. Libro 2: La urbanización considerada como un hecho concreto. Estadística urbana de Barcelona. Madrid, Imprenta Española, 1867. • CHICOTE, César. *La vivienda insalubre en Madrid*. Madrid, Imprenta Municipal, 1914. • DÍEZ DE BALDEÓN, Clementina. *Arquitectura y clases sociales en el Madrid del siglo XIX*. Madrid, Siglo XXI, 1986. • LAS CASAS, Bartolomé de (1542). *Brevísima relación de la destrucción de las Indias*. Madrid, Cátedra, 1995. • MAURE RUBIO, Miguel Ángel. *La ciudad lineal de Arturo Soria*. Madrid, Coam, 1991. • OYÓN, José-Luis. *Barcelona 1930: un atlas social*. Barcelona, Ediciones UPC, 2001. • Recopilación de leyes de los reinos indios. Libro IV, Título 7, leyes 15 e 17, 1681. • Registro de la propiedad de Madrid. Registro n. 21, finca n. 46 867, inscripción de 1968. • SAMBRICIO, Carlos. De la ciudad lineal a la ciudad jardín. Sobre la difusión en España de los supuestos urbanísticos a comienzos del siglo. *Ciudad y Territorio*, n. 94, Madrid, 1992, p. 147-159. • SÁNCHEZ ALBORNOZ, Claudio (1965). *Una ciudad de la España cristiana hace mil años*. 17ª edición. Madrid, Rialp, 1998. • SOLÀ-MORALES I RUBIO, Manuel de. *Las formas del crecimiento urbano*. Barcelona, Ediciones UPC, 1997. • VEGA HOLGADO, Isabel de. *Arturo Soria y el urbanismo europeo de su tiempo, 1894-1994, primer centenario de la Compañía Madrileña de Urbanización*. Madrid, Fundación Cultural Coam, 1996.

Ⓟ casa (pl. casas)

português Brasil, substantivo feminino

Definições

casa: *morada de casas, edifício, em que vive huma família com seus moveis, & alfaias, amparada das injurias do tempo*. Domus, us. Fem. Aedes, ium, Fem. Plur. Cic, Tectum, i. Neut. *Este ultimo propriamente significa o telhado, & o que cobre a casa, mas muitas vezes se toma pella casa mesma* (*Bluteau 1712, 2:172-175).

casa: casa de muitos sobrados. casa baixa. casa de recreio. casa pequena, *Vid*. Casinha. *Geração, Família,*

[...] *Família ilustre & antiga casa, ou seja, Que é de uma boa & grande casa. Homem de casa humilde e baixa* (*Bluteau 1712).

casa: casa, habitação, morada, domicílio, residencia: são synonimos; todo o alojamento de pessoas. As differenciações de sentido que rigorosamente teem alguns destes vocabulos são sem valor para os effeitos das disposições hygienicas (Menezes 1911).

casa: [Do lat. *casa*] S.f.: 1. *Edifício de um ou poucos andares, destinado geralmente à habitação; morada, vivenda, moradia, residência, habitação.* [aum. casão, casarão, casaréu. dim.: casinha, casita, casucha, casebre, casinhola, casinholo, casinhota, casinhoto, podendo ter caráter depreciativo] 2. *Cada uma das divisões de uma habitação; dependência, quarto, sala: o porão tem três casas.* 3. *Lar; família.* 4. *Conjunto de bens e/ou negócios domésticos: o governo da casa.* 5. *O conjunto dos membros de uma família; instituição familiar.* 6. *Local destinado a reuniões ou até à moradia: casa do estudante.* 7. *Estabelecimento, firma, empresa: casa comercial, casa bancária.* 8. *Repartição pública: a Casa da Moeda* (*Ferreira 1986).

A PALAVRA CASA TEM USO ANTIGO E AMPLO: NOMEIA O edifício de habitação e recobre todas as formas de viver sob um teto. Palavra de uso generalizado até hoje, apresenta formas diminutivas e aumentativas. Na forma composta refere-se a uma função: *casa da Câmara, casa civil, casa de detenção*; a uma dimensão: *casinha, casarão* ou a qualidade de seus habitantes: *casa proletária, casa de cômodos*. Designa de modo geral onde se mora: *lá em casa, em sua casa, pessoa de casa, estar em casa*. Esse significado atravessou séculos, e são seus sinônimos mais frequentes: habitação, moradia e residência. Dona de casa, arrumar a casa, cuidar da casa, são expressões correntes. *Oh! de Casa*, expressão antiga para se chamar à porta os moradores, caiu em desuso nas cidades grandes (Freyre 1979).

De acordo com certos filólogos, em sua origem latina, casa designava a moradia rústica em oposição a *domus* (*Bueno 1964). Outros consideram ser "bem plausível que se deva ao Cristianismo a vitória, no lat.vig., de *casa* sobre *domus*" (*Guérios 1979:49). No século 13, os *Descobrimentos portugueses* mencionam: "a Renda das *casas* da morada que el Rey mandou fazer..." (apud *Machado 1954:523) e pode-se constatar o uso corrente da palavra no século 16, pois, aparece já em documentos relativos à colonização do Brasil. Em 1585, o padre Anchieta descreveu o edifício dos jesuítas em São Paulo: "Tem uma casa com oito commodos de sobrado, forrados e suas officinas bem accomodadas". Uma Postura da Câmara Municipal de 12 de maio de 1594 determinava que "ninguém armasse casa nem alicerçasse sem sua permissão" (apud Taunay 1920:108-109).

Outra acepção, proveniente do antigo *Cas*, indica família nobre (Ord. Af. 5. f. 362 apud Lara 1999:49). Mantém até hoje o significado de "instituição familiar: a casa dos Andradas", sentido próximo de "conjunto dos bens e/ou negócios domésticos: o governo da casa" (*Ferreira 1986:291). Na forma *Casal*, além do antigo significado de "casa de campo, e grangearia ou lugarejo de poucas casas", designa, sobretudo, o marido e a mulher unidos pelo matrimônio ou casamento (*Ferreira 1986:292). A forma verbal *casar* mantém o antigo significado de "fazer unir duas pessoas com o vínculo do matrimonio" (*Silva 1813:355). Casório, expressão popular de uso corrente no campo e na cidade, designa a festa de casamento (*Ferreira 1986:292).

De uso generalizado até hoje, a palavra *casa*, às vezes escrita *caza*, atravessa cinco séculos de história brasileira. Assim, embora desde o início da colonização nomeasse a morada ou habitação, Carlos Lemos, arquiteto e estudioso da história da arquitetura no Brasil, fala que nos séculos 17 e 18 "o termo *casa* indicava primordialmente qualquer aposento da moradia". "Dizia-se lanço de casa, morada de casas terreiras ou casas de morada. Falava-se casa de dormir, casa de banhos, casa da moenda, casa da farinha, etc." (Lemos 1999:24, 26). Para designar diferentes formas e tamanhos, *casa* recebeu diminutivos, como casinha (casa pequena), mas também a construção rústica que no quintal abrigava a fossa negra, termo que nos séculos 18 e 19 foi utilizado para pequenas edificações rústicas destinadas ao comércio de víveres e miudezas. Foi associada a outras palavras que particularizam sua forma *casa baixa, casa assobradada*, ou relacionada a sua função – *casa de recreio, casa de praia, casa de campo*. A forma composta *casas fortes* substituiu a antiga expressão *Torres & Castellos* para falar do lugar especificamente construído para guardar valores nas casas bancárias. *Casamata* corresponde a fortificação (*Bluteau 1712:173-175). Dentre as numerosas formas compostas encontramos 26 expressões em Ferreira (*1986:291), tais como, *casa de misericórdia* ou *santa casa, casa de câmbio* (casa de correção onde se recolhem delinquentes e marginais), casa de máquinas (lugar para máquinas e motores), casa de pasto ou restaurante, casa de tolerância ou prostíbulo, casa de cômodos e casa de pensão (sinônimos de cortiço, casa popular para moradia de família modesta). Descrevendo, em um romance, o ambiente de uma festa na cidade do

Recife em 1733, Franklin Távora usa o diminutivo casinhas para nomear pequenos estabelecimentos comerciais, termo de uso correntes nas cidades brasileiras, até serem substituídas pelos mercados municipais (Távora [1876] 1973:51).

O termo *casa-grande* foi utilizado desde o século 18 para designar o casarão do proprietário da fazenda ou engenho, cujo complemento era a senzala (Freyre 1979:96; Lemos 1999:29). Também foi denominada morada senhorial pelo escritor Monteiro Lobato (1919:11) e casa solarenga pelo jurista e sociólogo Oliveira Vianna ([1920] 1973:53). O livro *Casa-grande & senzala* do antropólogo Gilberto Freyre (1933) fez da "casa patriarcal de residência" a imagem da família e do Brasil colonial, em particular no Nordeste açucareiro. A expressão portuguesa *casa de muitos sobrados* (*Bluteau 1712:173) reproduziu nas cidades as casas grandes das fazendas.

No Brasil dos séculos 16 e 17, o termo *casa* designava habitações bastante rústicas, por vezes com a loja de um artesão instalada no cômodo dianteiro. Diferenciava-se do *casarão*, termo usado para as habitações urbanas ricas, edifícios espaçosos, frequentemente com vários andares, reunindo moradia e trabalho – comércio ou escritório (Kidder [1840] 1972:168). Vários viajantes estrangeiros assinalaram a adaptação das casas brasileiras ao clima tropical: uma grande varanda contornando a casa e um pátio interno (Freyre 1979:96, 107). Na segunda metade do século 19, os casarões e nobres sobrados sofreram modificações significativas e os termos específicos se multiplicaram: residências apalaçadas, palácios ou palacetes, com jardins na frente e nas laterais (Loureiro 1981:32-33). Ainda no começo do século 20, o poeta Monteiro Lobato evocava "os soberbos casarões apalaçados de um ou dois andares" (Lobato 1919:8). Hoje, *casarão* designa antigas casas senhoriais (Lemos 1985:24; Loureiro 1981:14-15).

A palavra *casario* possui forte dimensão literária em romances e poemas. É empregado para designar um lanço de casas ou um conjunto de casas em uma pequena cidade (Amaral 1931:49). A propósito do casario e dos costumes nas cidades de Recife e de Olinda, o engenheiro francês Louis Léger Vauthier notava em 1840 – em francês no original – que "dans la classification des habitations, le *sobrado*, c'est l'aristocratie, et la *casa terrea*, la plèble" [na classificação das habitações, o sobrado é a aristocracia e a casa térrea, a plebe] (apud Freyre 1979:96, 98).

No decorrer do século 19, as expressões *casa térrea* e *casa assobradada* passaram a fazer parte da linguagem especializada dos Códigos de Posturas e Editais, o que mostra a preocupação das municipalidades com as questões sanitárias e de estética. No Recife em 1834 e no Rio de Janeiro em 1838 – então capital do Império – a edilidade manifesta o apreço atribuído à riqueza e à regulamentação das edificações: as casas térreas deviam ser alinhadas e se tornava obrigatório levantar um sobrado, ao menos na fachada. A expressão casas térreas continuou a designar edificações pobres e estas foram, em 1870, objeto de regulamentação restritiva, o que mostra a nítida valorização atribuída pelas autoridades às casas assobradadas ou aos sobrados (Mota 1988:4). Em 1886, o primeiro *Código de posturas do município de São Paulo* – cidade que permanece quase um burgo até cerca de 1870 – define as prescrições a serem respeitadas na construção de casas tratando de modo diferenciado as casas de habitação coletiva, chamadas também *cortiços*, casas de operários e cubículos. Objetos de críticas e de regras restritivas, essas habitações deviam, regra geral, ser construídas fora da área central da cidade (*Código de posturas...* 1886). De 1870 a 1930, com a intensificação da imigração europeia, multiplicaram-se as *casas de commodos* e os cortiços em consequência do aumento da demanda de alojamento.

As casas coletivas ou habitações operárias foram objeto de campanhas sanitárias no último quarto do século 19. Em relatório à Câmara Municipal de São Paulo, essas habitações foram descritas como "degradadas e degradantes, insalubres, lúgubres, sórdidas e repugnantes" (*Relatório da comissão...* 1894:43-54; Bresciani 2004:176). *Casa de commodos, cortiço,* estalagem, casas de pensão, hotel cortiço e hospedarias: todos esses termos tinham conotação pejorativa implicando promiscuidade. Em São Paulo, cidade que desde 1880 acolhera grandes vagas de imigrantes europeus, as casas populares foram também chamadas casas de italianos (*Relatório da comissão...* 1894; Lemos 1985:58-60). Em 1906, o engenheiro Everardo Backheuser dirige ao ministério da Justiça um relatório em que utilizava indiferentemente os termos habitações populares ou operárias, casa operária, casa proletária, ou ainda *habitação hygienica*, ao definir os diferentes critérios técnicos que deviam caracterizar a *casa operaria typo* (Backheuser 1906). O termo *vila operária* (um só l) se impõe nesta época e demonstra o esforço do governo e de alguns industriais para enfrentar o mau estado dos alojamentos da população pobre. Nas primeiras décadas do século 20, a expressão *casa de vila* se torna referência para definir a unidade mínima de habitação na forma de casa de porta e janela. No final do século 19 e início do 20, o termo vilas operárias passou a ser associado a política habitacional. Em sua forma mais simples, podiam-se chamar avenidas essas construções compostas por "casas assobradadas e de um pavimento em rua [...] fechada por muro e gradil de ferro" (Backheuser 1906:91). O termo casas particulares constou de Edital de 1892, no qual as regulamentações sanitárias dispõem que sua inserção no lote não deveria exceder dois terços da área total do terreno, reforçando a preocupação sanitária e estética da administração pública, sublinhando inclusive a diferença terminológica entre este tipo de casas e as casas coletivas ou comerciais (Segawa 1997:72).

No final do século 19 e início do 20, a complexidade crescente da diferenciação social se expressava nas formas, estilos e dimensões das habitações. A variedade dos estilos arquitetônicos impunha novos termos para designar as habitações construídas no centro do lote: mansões, palacetes e palácios; ao passo que as villas, contornadas por parques e pomares, afastavam-se na direção de arrabaldes tranquilos (Lemos 1985:52 sq.; Homem 1996:85 sq.). Nos novos bairros residenciais, o termo *casa* passou a designar somente a moradia unifamiliar, não mais incluindo oficina ou comércio. A diversificação dos termos pode ser observada nas obras literárias. No Rio de Janeiro dos anos 1920, os personagens do escritor Théo-Filho deslocam-se entre casas burguesas, chalés construídos com capricho, *vilinos*, palacetes de estilo florentino, *bungalows* à Miami Beach, *cottages* à Dover – termos utilizados paralelamente aos genéricos casa e residência (Théo-Filho [1927] 2000:66). Na edição de 23 de abril de 1922, o jornal da grande imprensa paulistana *O Estado de S. Paulo*, anuncia na mesma página, a venda ou a locação de toda uma gama de habitações nomeadas: *casa, casa grande, bungalow, esplendida vivenda, residência, palacete* e *palacete chic*.

A partir do começo do século 20, os congressos de habitação popularizam o termo *casa unifamiliar*. A propaganda oficial difundia o "sonho da casa própria" junto à população de baixa renda (Carpintéro 1997). Em 1947, o superintendente da Fundação Casa Popular de São Paulo, define a casa como um elemento fundamental da ordem econômica, pois "morar com certo conforto [...] gera a ideia de trabalho e leva toda a sociedade a produzir mais" (apud Bonduki 1998:115). Nem sempre a casa ideal seria acessível aos trabalhadores dada a carência de moradias, acentuada pela Lei do Inquilinato de 1942 que limitava os aluguéis. Essa população se volta para o sistema de auto-construção, ocupando de forma ilegal áreas periféricas destituídas de infra-estrutura, com frequência terrenos em declive sujeitos à erosão. Parte dessas construções formou as favelas, verdadeiros enclaves nas grandes cidades como Rio de Janeiro e São Paulo (Bonduki 1998:261 sq.).

Ainda hoje, a casa autoconstruída, quase sempre pelo sistema de mutirão, define o padrão mais frequente nos loteamentos clandestinos e nas favelas. Substitui aos poucos os barracos construídos com diversos materiais – folhas de zinco, madeira, papelão e pedaços de plástico – sobre chão de terra batida. Algumas políticas públicas incentivam o sistema de autoconstrução de casas individuais ou coletivas em loteamentos regulares ou regularizados após a ocupação, e oferecem assessoria técnica (Sampaio & Lemos 1972). Atualmente, a palavra *casa* está no centro da luta do Movimento dos Trabalhadores Sem Teto, equivalente urbano do Movimento dos Sem-terra. Em São Paulo, o *Fórum de Cortiços* une moradores de rua e os que habitam moradias precárias.

O preconceito em relação às habitações coletivas fez com que somente em 1932, fosse construído em São Paulo um edifício residencial destinado a pessoas de bom padrão econômico (Segawa 1997:64-79; Goulart 1987:93). Contudo, a partir dos anos 1970, os apartamentos de alto padrão e as casas em condomínio fechado, dotados de sofisticados equipamentos coletivos de serviços e de lazer, foram privilegiados pelos membros da classe social de alto poder aquisitivo por conferir status social a seus moradores.

A palavra casa mantém ainda hoje lugar privilegiado com o sentido genérico de *lar* e de lugar de moradia. A linguagem corrente utiliza as expressões: estar em casa, em minha casa, em sua casa, para qualquer tipo de moradia, mesmo quando se refere a apartamento ou a qualquer tipo de habitação individual ou coletiva, rica ou pobre.

Stella Bresciani

Ver: apartamento (p), casa (e), condomínio (p), conjunto (p), cortiço (p), favela (p), mocambo (p), pátio (p), sobrado (p), vila (p)

Referências
AMARAL, Edmundo. *Rotulas e mantilhas. Evocações do passado paulista*. Rio de Janeiro, Civilização Brasileira, 1931. • BACKHEUSER, Everardo. *Habitações populares*. Relatorio apresentado ao Exm. Sr. Dr. J. J. Seabra, Ministro da Justiça e Negócios Interiores. Rio de Janeiro, Imprensa Nacional, 1906. • BONDUKI, Nabil. *Origens da habitação social no Brasil. Arquitetura moderna, lei do inquilinato e difusão da casa própria*. São Paulo, Estação Liberdade, 1998. • BRESCIANI, Stella. Améliorer la ville: interventions et projets esthétiques. São Paulo 1850-1950. In WALD,

Paul; LEIMDORFER, François (Org.). *Parler en ville, parler de la ville. Essais sur les registres urbains*. Paris, Éditions Unesco/Editions de la Maison des Sciences de l'Homme, 2004, p. 169-192. • CARPINTÉRO, Marisa Varanda Teixeira. *A construção de um sonho. Os engenheiros-arquitetos e a formulação da política habitacional no Brasil*. Campinas, Unicamp, 1997. • *Código de posturas do município de São Paulo*, 6 de outubro outubro de 1886. Monografias USP-FAU (mimeo: 692.9 SA63C.1886). • FREYRE, Gilberto (1933). *Casa-grande & senzala*. São Paulo, Círculo do Livro, s.d. • FREYRE, Gilberto. *Oh de casa!* Rio de Janeiro, Arte Nova, 1979. • GOULART, Nestor. *Quadro da arquitetura no Brasil*. São Paulo, Perspectiva, 1987. • HOMEM, Maria Cecília Naclério. *O Palacete paulistano e outras formas urbanas de morar da elite cafeeira. 1867-1918*. São Paulo, Martins Fontes, 1996. • KIDDER, Daniel P. (1840). *Reminiscências de viagens e permanências no Brasil*. São Paulo, Martins/Edusp, 1972. • LARA, Silvia Hunold. *Ordenações Filipinas. Livro V*. São Paulo, Companhia das Letras, 1999. • LEMOS, Carlos. *Alvenaria burguesa*. São Paulo, Nobel, 1985. • LEMOS, Carlos. *Casa paulista*. São Paulo, Edusp, 1999. • LOBATO, Monteiro. *Cidades mortas*. São Paulo, Revista do Brasil, 1919. • LOUREIRO, Maria Amélia Salgado. *Evolução da casa paulistana*. São Paulo, Voz do Oeste/Secretaria de Estado da Cultura, 1981. • MENEZES, Geraldo de. *Cidade salubre. Código sanitário fundamentado e justificado, feito para a cidade e município de Juiz de Fora*. Juiz de Fora, Typographia Brazil, 1911. • MOTA, Cláudia Tavares da. *A evolução do espaço da cidade do Rio de Janeiro, vista através da legislação municipal no período de 1838 a 1925*. Rio de Janeiro, UFRJ, 1988. • *O Estado de S. Paulo*. São Paulo, 23 abr. 1922. • *Relatório apresentado á Camara Municipal de São Paulo pelo intendente municipal Cesario Ramalho da Silva em 1893*. São Paulo, Typ. A Vapor de Espindola Sisuiera & Comp., 1894. • *Relatório da comissão de exame e inspecção das habitações operarias e cortiços no districto de Santa Iphigenia*. Documento dirigido ao Dr. Cesário Motta acompanhado de mapa cadastral da área estudada e de plantas de casas populares sugeridas pelos autores. São Paulo, Departamento do Arquivo do Estado, 1893. • SAMPAIO, Maria Ruth; LEMOS, Carlos. *Casas proletárias em São Paulo*. São Paulo, FAU USP, 1972. • SEGAWA, Hugo. *Arquiteturas no Brasil. 1900-1990*. São Paulo, Edusp, 1997. • TAUNAY, Effonso d'Escragnole. *S. Paulo nos primeiros annos (1554-1601). Ensaio de reconstrução social*. Tours, Imprenta de E. Arrault et Cie., 1920. • TÁVORA, Franklin (1876). *O Cabeleira*. Rio de Janeiro/São Paulo, Três,1973. • THÉO-FILHO (1927). *Praia de Ipanema*. Rio de Janeiro, Dante, 2000. • VIANNA, Francisco de Oliveira (1920). *Populações meridionais do Brasil*. Vol. 1. Rio de Janeiro, Paz e Terra/Governo do Estado do Rio de Janeiro/Universidade Federal Fluminense, 1973.

E casco (pl. cascos)

español España, sustantivo femenino

Definiciones

casco: *el tect o tez, como la test o de un recipiente de arcilla roto, un casco* (*Oudin 1675).

casco: *Cráneo, hueso de la cabeza [...] Casco [...] + estructura de vasija [...] Casco de casa. Muros externos y de carga de un edificio* (*Cormon 1803).

casco: *casco, armadura [...]. // Cabeza, parte de un tiesto [...] // carcasa, estructura de un navío [...] // casco de una casa, estructura de una casa [...] // casco de la casa o lugar, muralla de una casa [...]* (*Salvá 1882)

casco: *"casco (de soldado, bombero...) fragmento de botella [...] // perímetro urbano, recinto f. (de una población)* (*Larousse general diccionario... 1999).

casco o lugar: *Es el recinto en la que se está limitado, sin agregados o accesorios; se dice, por ejemplo, que la renta por el tabaco en todo el casco de Madrid se eleva a tal cifra, sin tomar en cuenta las localidades del distrito* (*Real Academia Española 1726).

casco de una ciudad: *Es el conjunto de viviendas, agrupadas generalmente detrás de un muro de circunvalación o de una muralla, excluyendo a los arrabales* (Almirante 1869:229).

casco de población: *Recinto que rodea sus edificios* (*Enciclopedia universal... 1927).

casco urbano: *Conjunto de edificios de una ciudad, hasta el límite de su parte aglomerada* (*Real Academia Española 1992).

casco antiguo: *Denominación genérica dada a la porción de tejido urbano aparecido antes de la consolidación del modelo de la ciudad industrial* (*Grupo Aduar 2000:66).

casco histórico: *Conjunto de los edificios más antiguos de una ciudad* (*Real Academia Española 2001).

ENTRE EL GRAN NÚMERO DE SENTIDOS DE LA PALABRA *casco* enumerados por las definiciones de los diccionarios, la acepción que nos interesa, la que se refiere a los espacios habitados, siempre va acompañada de un término al que se refiere *casco*: *casco de ciudad, de población, de villa* o *urbano*. Aun cuando en su sentido más amplio, desde el siglo 18 hasta la actualidad, *casco* remite a un agrupamiento de edificios contiguos, su uso no está generalizado: se emplean mucho más frecuentemente otros vocablos, como *lugar, población, pueblo, villa* o *ciudad*.

Una definición antigua mediante el sinónimo *recinto* (*Real Academia Española 1726) precisaba el sentido de *casco* en dos direcciones: sea un lugar cerrado, rodeado por una muralla – caso que se da frecuentemente en los *cascos* de las ciudades españolas –, o bien un espacio que no incluye los suburbios exteriores. Esta aclaración adquirió una importancia particular en el momento en que las ciudades más dinámicas buscaron extenderse mediante *ensanches* (Almirante 1869) y siguió siendo válida hasta mediados del siglo 20 (**Enciclopedia universal...* 1927). No obstante, incluso se recurría a otros vocablos cuando se hacía referencia al espacio que existía antes del *ensanche*: especialmente para hablar de la dualidad interior – exterior era más frecuente utilizar las palabras *recinto, núcleo urbano, ciudad interior centro de población*. Hasta el siglo 20, el vocablo *casco* era poco usual, porque había muchos otros términos que se podían emplear. Cuando aparecía explícitamente, era de forma puntual y nada sistemática, y en los textos especializados. Se lo encuentra en los documentos oficiales. Por ejemplo, en las "Respuestas Generales del Catastro de Ensenada de Cádiz" se puede leer "en el *casco* *y término* de esta ciudad" [...] (*Cádiz 1753* 1990:73) y en las *Ordenanzas para el gobierno del Real Sitio de Aranjuez de 1797*: "a una distancia considerable del casco del Sitio" (*Ordenanzas...* [1797] 1989:261-262). En 1868, en el anuario administrativo de la provincia de Madrid se consideraba "edificios pertenecientes a un poblado a los que se encuentran dentro del *casco* de las *ciudades, villas, lugares y aldeas* (Consejería de Hacienda... 1868:16). El término era usado en los proyectos de *ensanches* de fines del siglo 19. En Mataró, se proponía "separar los cuarteles del *casco de la ciudad*" (Palau I Cabañoes [1878] 1989:214), en Valencia se observaba que "toda la zona abarcada por el proyecto de *ensanche* [...] circunda el antiguo *casco de la ciudad* del lado oeste, del lado sur y en parte al este" (*Proyecto de ensanche...* [1884] 1984:182). Más tarde, en Córdoba, se sugería que un "puente sobre el Guadalquivir [...] descongestionaría el puente actual, muy descentrado con respecto al *casco*" (*Proyecto de saneamiento...* [1935] 1994:38).

La palabra *casco* no aparece más que en escasas ocasiones en el siglo 19 en los escritos de los especialistas en ciudades, que recurrieron con más frecuencia a sus derivados. No obstante, se pueden citar algunas excepciones. El cronista Ramón de Mesonero Romanos hablaba, en 1833, de "propiedades de campo y de ciudad sometidas al impuesto [...] en las afueras *y casco*" (Mesonero Romanos 1982 [1833]:46); el higienista Pedro Felipe Monlau indicaba, en 1849, "que se ha decidido que el *casco* de la ciudad de Madrid sería dividido en seis distritos judiciales" (Monlau [1849:427] 1996:427); el urbanista Ildefonso Cerdá, en 1867, expresaba que "en cuanto a [...] los *suburbios* hemos encontrado, situada entre aquellos y la *urbe*, una importante vía en la que desembocan todos los que vienen de afuera en dirección al *núcleo urbano*, vía que tiene por objeto conducir a todas las vías exteriores [...] a los diversos puntos de entrada al *casco urbano*" (Cerdá [1867] 1968, 1:247); el político Ángel Fernández de los Ríos, hablando del Madrid de 1876, señalaba que "los sitios destacables o importantes, por ejemplo el *casco* de la *villa* antes de 1868, o las localidades aledañas o que están vinculadas al mismo por la red de calles" (Fernández de los Ríos [1876] 1976:48); el doctor Philip Hauser, hablando del Madrid de 1902, escribía que "como en la primera mitad del siglo el *ensanche* de la ciudad todavía no había sido realizado, la red de desagües no existía más que en la parte de la villa denominada *casco*" (Hauser [1902] 1979:335).

Recién a fines del siglo 20, una vez completadas las ampliaciones sucesivas que tuvieron las ciudades españolas, el termino *casco urbano* hizo referencia nuevamente a todo el espacio construido hasta ese momento (*Real Academia Española 1992). Para hablar de los sectores más antiguos de la ciudad, desde entonces se emplea *casco antiguo* (*Grupo Aduar 2000) o *casco histórico* (*Real Academia Española 2001).

La palabra *casco* se utiliza en los medios. Así, en la prensa nacional, se anuncia la venta de chalés ubicados "en el *casco* urbano de La Cañada" (*El País* 23/06/2002:37), se indica la localización de un nuevo complejo residencial "al este del *casco* urbano de Sevilla la Nueva" (*El País* 14/06/2002:3-8), y también se puede leer que "en Sanlúcar se encuentra de todo: camiones cargados de hachís en el *casco* urbano, cuya descarga se hace en la playa, a plena luz del día" (*El País* 02/06/2002:1).

Los términos *casco antiguo* y *casco histórico* son empleados indistintamente y significan, de hecho, la misma cosa. Aparecen raramente en los textos del siglo 19, aunque se pueden citar dos ejemplos de esa época. El primero, en una carta publicada en 1886 por un diario de Barcelona, donde decía: "la estrechez de las calles en el *casco antiguo* y la ausencia de grandes plazas en éste y en el *casco nuevo* dificultan las condiciones de circulación y de vida" (apud Mendoza 1986:38). El segundo, a propósito de la falta de plazas y paseos en Madrid: "escribimos estas líneas teniendo en la mira el *casco antiguo* de Madrid y el plan del último *ensanche*, y le encontramos este defecto enorme, tanto peor porque es difícil de remediar" (apud Espina y Capo 1927:37). Recién a partir de la década de 1970 el uso del término por parte de los especialistas del urbanismo se generalizó. Ante el crecimiento desmesurado de la ciudad, prestaron más atención al sentido y a las características de la parte más antigua que la diferenciaba del resto del aglomerado. El geógrafo Manuel de Terán hacía notar que "la división hecha a partir de 1860 entre el *Interior*, el *Ensanche* y el *Extrarradio* está actualmente perimida. El Interior, hasta la muralla de 1625, es llamado ahora *casco antiguo* de Madrid" (Terán 1976:10). En su esfuerzo por recobrar la ciudad anterior a las transformaciones que la revolución industrial había comportado en los siglos 19 y 20, los profesionales de la planificación urbana emplearon extensivamente dicho término. Las expresiones *casco antiguo* y *casco histórico* se usan muy frecuentemente, tanto en los estudios sobre la ciudad como en los documentos oficiales. Se los encuentra, por ejemplo, en numerosos títulos de informes y presentaciones técnicas: "Plan especial de reforma interna del *casco* – se trataba, en este caso, del *casco antiguo* de Aranjuez – (Coplaco 1982), "la renovación del *casco antiguo* de Madrid (Brandis 1989:24-35). "Estudio para la rehabilitación de los edificios de interés urbano y arquitectónico del *casco histórico* de Alcalá de Henares" (Comunidad de Madrid 1988). A veces se hace uso de otros calificativos, como *casco medieval* (Cuerda 1986:73-90), *casco viejo*, con esta aclaración: "entiendo por *cascos viejos* los perímetros urbanos tal como estaban en 1900" (Chueca Goitia 1977:60), o bien *recinto histórico* (Troitiño 1995).

Sin embargo, estos términos no se encuentran más que muy escasamente fuera de los textos especializados. Las guías turísticas los usan cuando se refieren a la parte monumental de la ciudad: los autores de ese tipo de obra se nutren de los escritos de los especialistas. El lenguaje popular tiende, pese a todo, a despreciar la palabra *casco* y a usar *ciudad* y *centro*, a las que, eventualmente, se les agrega el calificativo *histórico*. En la prensa se observa una proliferación de ejemplos como los que se expresan a continuación: "el centro *histórico* de Madrid se diferencia del de otras ciudades por su amplitud" (*El País* 14/06/2002:3). Es preciso aclarar que esta sustitución de términos no es sorprendente y los especialistas en urbanismo también la emplean. Basta con fijarse en algunos títulos de informes y artículos: "La nueva restauración de los *centros históricos* [...] El caso de Barcelona" (Busquets 1986:59-67); "Los planes especiales de protección y reforma interna del *centro histórico* de Valencia" (Gonzáles Móstoles & Anón Gómez 1986:116-124); "La recuperación del *centro histórico* de Gijón" (Pol & Martín 1987:18-39); "Plan especial del *centro histórico* de Teruel" (Alonso

Velasco 1990); "Plan especial de ordenamiento, mejoramiento y protección de la *ciudad antigua* de León (Alonso Velasco 1991), o también *"Cascos antiguos* y *centros históricos.* Problemas políticos y dinámicas urbanas"* (Troitiño 1992).

Dolores Brandis

Véase: casa (e), centro (e), centro (p), ciudad (e), población (e), vila (p)

Referencias
ALMIRANTE, José. *Diccionario Militar*. Tomo I. Madrid, Ministerio de Defensa, 1869. • ALONSO VELASCO, Juan Manuel; et al. Plan Especial del centro histórico de Teruel, *Urbanismo*, n. 9, Madrid, 1990, p. 80-90. • ALONSO VELASCO, Juan Manuel. *Plan Especial de ordenación, mejora y protección de la ciudad antigua de León*. León, Ayuntamiento, 1991. • BRANDIS, Dolores. La renovación del casco antiguo de Madrid. In *XI Congreso Nacional de Geografía*. Vol. III, comunicaciones. Asociación de Geógrafos Españoles/Universidad Complutense de Madrid, 1989. • BUSQUETS, Joan. Nueva renovación de los centros históricos. Rehabilitación y planeamiento urbanístico. El caso de Barcelona. In *Planeamiento especial y renovación urbana*. Madrid, Ministerio de Obras Públicas y Urbanismo, 1986. • *Cádiz 1753. Según las respuestas generales del Catastro de Ensenada*. Madrid, Tabapress, 1990. • CERDÁ, Ildefonso (1867). *Teoría general de la urbanización. Reforma y Ensanche de Barcelona*. Vol. I, edición facsimilar. Barcelona, Ariel y Vicens Vives, 1968. • CHUECA GOITIA, Fernando. *La destrucción del legado urbanístico español*. Madrid, Espasa Calpe, 1977. • COMUNIDAD DE MADRID. *Estudio para la rehabilitación de edificios de interés urbano y arquitectónico en el Casco Histórico de Alcalá de Henares*. Madrid, Comunidad de Madrid, 1988. • CONSEJERÍA DE HACIENDA. *Anuario administrativo y estadístico de la provincia de Madrid*. Madrid, Consejería de Hacienda, 1868. • COPLACO. *Aranjuez. Plan de reforma interior del casco*. Madrid, Coplaco, 1982. • CUERDA, José Ángel. et al. Plan especial de rehabilitación integrada del casco medieval de Vitoria-Gasteiz. In *Planeamiento Especial y rehabilitación urbana*. Madrid, Ministerio de Obras Públicas y Urbanismo/FEMP, 1986. • *Diccionario de autoridades*. Tomo

I, edición facsímil. Madrid, Gredos, 1990. • *El País*, 02 jun. 2002. • *El País*, suplemento Los Negocios, 23 jun. 2002. • *El País*, suplemento Propiedades, 14 jun. 2002. • ESPINA Y CAPO, Antonio. *Notas del viaje de mi vida*. Madrid, Espasa Calpe, 1927. • FERNÁNDEZ DE LOS RÍOS, Ángel (1876). *Guía de Madrid*. Edición facsimilar. Madrid, Ábaco, 1976. • GONZÁLEZ MÓSTOLES, Vicente; ANÓN GÓMEZ, Juan. Los planes especiales de protección y reforma interior del centro histórico de Valencia. In *Planeamiento especial y rehabilitación urbana*, Madrid, Ministerio de Obras Públicas y Urbanismo/Centro de Publicaciones, 1986. • HAUSER, Philip (1902). *Madrid bajo el punto de vista médico-social*. Edición facsimilar. Madrid, Nacional, 1979. • MENDOZA, Eduardo. *La ciudad de los prodigios*, Barcelona, Seix Barral, 1986. • MESONERO ROMANOS, Ramón de (1833). *Manual de Madrid. Descripción de la corte y de la villa*, Edición facsimilar. Madrid, Fareso, 1982. • MONLAU, Pedro Felipe (1849). *Madrid en la mano*. Edición facsimilar. Madrid, Trigo, 1996. • *Ordenanzas para el gobierno del Real Sitio de Aranjuez* (1797). Edición facsímil. Aranjuez, Las Doce Calles, 1989. • Palau I Cabañes. Proyecto de Ensanche de la ciudad de Mataró (1878). In GARCÍA Y ESPUCHE, Albert; GUÀRDIA I BASSOLS, Manuel. *La construcció d'una ciutat: Mataró 1500-1900*. Mataró, Patronat Municipal de Cultura/ Editorial Alta Fulla, 1989. • POL, Francisco; MARTÍN, José Luis. La recuperación del centro histórico de Gijón. In POL, Francisco (Coord.). *Ciudades, historia y proyecto*. Madrid, Ministerio de Obras Públicas y Urbanismo/UIMP, 1987. • Proyecto de Ensanche para la ciudad de Valencia. Memoria descriptiva y ordenanzas (1884). In *El Ensanche de la ciudad de Valencia de 1884*. Valencia, Colegio Oficial de Arquitectos de Valencia, 1984. • Proyecto de saneamiento y reforma interior de Córdoba (1935). In GARCÍA VERDUGO, Francisco R.; MARTÍN LÓPEZ, Cristina. *Cartografía y fotografía de un siglo de urbanismo en Córdoba, 1851-1958*. Córdoba, Ayuntamiento de Córdoba, 1994. • TERÁN, Manuel de. Prólogo. In PALOMEQUE, Ruiz. *Ordenación y transformaciones urbanas del Casco Antiguo madrileño durante los siglos XIX y XX*. Madrid, Instituto de Estudios Madrileños, 1976. • TROITIÑO, Miguel Ángel (Dir.). *Recinto histórico de Cuenca: Patrimonio Cultural de la Humanidad. Expediente presentado a la Unesco por el Excmo. Ayuntamiento de Cuenca*, 1995. • TROITIÑO, Miguel Ángel. *Cascos antiguos y centros históricos: problemas, políticas y dinámicas urbanas*. Madrid, Ministerio de Obras Públicas y Transportes, 1992.

E **centro** (pl. centros)

español México, sustantivo masculino

Definiciones

centro: *centro, el punto del medio de cualquier cosa* (*Oudin 1675*).

centro: *centro, punto del medio de un círculo, de una esfera [...] Corazón, medio de una villa, de una ciudad, etc. // [...]* (*Salvá 1882*).

centro: *1. [gen.] centro. m. me voy al centro [de la ciudad]* (*Bibliorom Larousse 1996*).

centro: *medio; el centro de un círculo; comprar algo en el centro [...] // Medio; en el centro de la calle en el medio de la calle [...] el centro de la rebelión el foco de la rebelión* (*Larousse general diccionario... 1999*).

centro: *10. fig. El punto o las calles más concurridos de una población* (*Real Academia Española 1925*).

centro: *13. fig. Parte central de una ciudad o de un barrio. // 14. Punto o calles más concurridos de una población o en las cuales hay más actividad comercial o burocrática. // [...] 16. Lugar en que se desarrolla más intensamente una actividad determinada. Centro comercial, centro industrial. //17. Lugar donde se reúnen, acuden o concentran personas o grupos por algún motivo o con alguna finalidad. Centro de movilización. Centro de resistencia. // 18. Lugar donde se reúne algo en cantidades importantes. Centro industrial. Centro editorial* (*Real Academia Española 1992*).

centro: *II. 1. Región o zona de una población, en donde hay mayor actividad social, política, económica, etc.; generalmente, su centro geográfico: centro urbano, el centro de la ciudad de México, el centro de León, 'voy al centro de compras'. [...] 3. [...] centro comercial [...]. III. 4. Centro nocturno* (*Fernández de Lara 1996*).

EN AMÉRICA, EL TÉRMINO *CENTRO* ES EMPLEADO A partir del siglo 18 en las descripciones de los viajeros para identificar un sector de la ciudad. "El plan de la ciudad tiene muchas desigualdades, a excepción del centro [...]. El centro, que ocupan los españoles y la plebe, sin distinción, preferencia ni orden, es tirado a cordel, con división de cuadros" (Velasco 1789). Es posible que dicho uso haya aparecido en el momento en que comenzó a perder su sentido de oposición entre la villa española – la ciudad de los conquistadores diseñada según las normas urbanísticas y los cánones geométricos (el *casco*, la *traza*) – y los suburbios indígenas – caracterizados por su marginalidad sociopolítica y económica, así como por su informalidad material.

En efecto, el "corotipo colonial hispanoamericano" de la ciudad-territorio (Deler 1988) se basaba en una dicotomía semántica entre lo que se suponía español (la villa, la unidad, el ordenamiento geométrico, las construcciones de concreto: lo que se incluye en el término *casco*) y lo que era considerado propio del ámbito rural (los indígenas, la dispersión, el desorden o la precariedad, simbolizados por lo que se designaba, en plural, como *arrabales*). Hasta principios del siglo 20 perduró la visión política y simbólica de una villa-ciudad, dentro de la cual se oponían el espacio del *casco*, construido, al espacio menos edificado, sea suburbano o rural, de los *alrededores* o *afueras* (inmediaciones): "la ciudad de La Grita [...] es una de las más antiguas de la Provincia de Maracaibo. [...] Consta de 500 vecinos en el casco de la ciudad, pero tiene más de 2.000 entre los del campo" (Relaciones topográficas... 1815-1819).

La díada *centro/periferia*, que permite describir la ciudad como un conjunto geográfico, continuo pero complejo, y opuesto a todo lo que no es urbano, apareció recién en la primera mitad del siglo 20, cuando se fue imponiendo una representación más funcionalista del espacio.

Tanto en Europa como en América, el *centro* fue, entonces, identificado a partir de finales del siglo 18 como el lugar más "concurrido" por razones tanto estéticas como sociales y económicas: "hay muchas plazas en Venecia, y algunas de ellas bastante espaciosas, pero ninguna es comparable, ni por su grandeza ni por su forma, ni por sus edificios, ni por el concurso, á la de San Márcos, único paseo de la ciudad, centro del comercio, de los placeres y la concurrencia" (Fernández de Moratín 1793-1797:485). La ciudad se convirtió en una serie de barrios, algunos de los cuales se caracterizaban por sus atributos sociales vinculados al consumo, al entretenimiento y a los encuentros. En el siglo 20, el adjetivo *céntrico* se convirtió en un calificativo esencial para esos barrios especiales del *centro*: *barrios céntricos* (*Larousse moderno 1989), *"un piso céntrico*, un apartamento situado en pleno centro de la ciudad" (*Bibliorom Larousse 1996), o también "céntrico, adj., que pertenece al centro de una localidad o que se relaciona con él: zona céntrica, una calle céntrica, céntrico hotel" (*Fernández de Lara 1996).

Desde los comienzos de la colonización española en el siglo 16 hasta la consolidación de los Estados independientes a finales del siglo 19, las autoridades tuvieron particular cuidado en el ordenamiento, primero del *casco* (la villa central de la ciudad – territorio hispanoamericano) y luego del *centro* (la parte central de la ciudad o aglomerado). Esta preocupación condujo a una monumentalización sistemática de los espacios y perspectivas: se erigieron iglesias, palacios y edificios para la administración, se crearon o se despejaron las plazas y las calles, se embellecieron los lugares públicos y las fachadas. De allí que exista una destacable continuidad en la diferenciación entre el *centro*, que tenía planes de urbanismo y donde estaban los monumentos legados por las distintas épocas estilísticas, y el resto de los espacios urbanos. "La plaza está aquí delante de la iglesia. Es la plaza española. Corazón y centro de la ciudad. Al medio se alza un monumento provinciano, y bien pobre para la categoría de virtudes que exalta" (Asturias 1931).

En el umbral entre el siglo 19 y el siglo 20, el urbanismo cambió progresivamente de objeto: era la época de los loteos planificados en las zonas aledañas al centro o en los suburbios, los *ensanches* y otros *fraccionamientos* (*colonias* en México) y, hasta la década del setenta, el *centro* se fue marginalizando progresivamente. Dejó de ser la primera elección de residencia, al principio para las clases más acomodadas, y luego para las clases medias, que fueron reemplazadas por actividades comerciales o administrativas en su sector más valorado, lo cual implicó un descenso constante del número de sus habitantes durante la segunda mitad del siglo 20, así como una pauperización de los barrios menos preciados. La creciente concentración relativa de pobladores menos pudientes acompañó a la disminución de la rentabilidad de las inversiones y, por consiguiente, la progresiva degradación de las construcciones, cuyos propietarios les daban cada vez menos mantenimiento.

Así fue que, en la década de 1930, se hablaba de cuchitriles, *tugurios* (Sáenz 1934), en el *centro* de México. Para remediar este problema, las políticas urbanas preveían relocalizaciones en viviendas colectivas fuera del centro. Las grandes tiendas, los bancos, la administración pública también se trasladaron fuera del *centro* y progresivamente constituyeron un segundo polo de actividades que presenta muchas de las características del centro de una ciudad pero no siempre es denominado de ese modo: más bien se habla de *barrio de negocios* (barrio comercial) cuando se menciona a Miraflores en Lima, Mariscal Sucre en Quito, Zona Norte en Bogotá, Reforma – Zona Rosa en México, etc. Algunos autores creyeron ver en este fenómeno de mudanza de la centralidad el equivalente de la constitución del *Central Business District* (C.B.D.) en los Estados Unidos para la misma época, que acompañó a "guetización" de la *inner city*. El proceso que afecta a las ciudades de Hispanoamérica es, sin embargo, muy distinto: el *centro* desempeña numerosas funciones que mantienen su centralidad, especialmente desde el punto de vista de la concentración comercial y de la organización de los transportes intraurbanos.

Efectivamente, al mismo tiempo que los grandes establecimientos comerciales fueron desplazados del *centro* a los barrios pericéntricos (grandes tiendas) o periféricos (mercados mayoristas), la zona de negocios del *centro* fue ocupada por pequeños comercios y microempresas, formales e informales. A medida que se iban extendiendo las metrópolis y aumentaba su población, el *centro* se especializó en comercios destinados a las clases menos acomodadas o en nichos de actividad muy puntuales (vestidos de novia, repuestos para máquinas de coser, etc.). Esta reactualización permanente del carácter comercial del *centro* estuvo acompañada por la dualización de los modos de transporte. El transporte público, inicialmente instaurado para facilitar la llegada al *centro*, continua privilegiando su servicio a causa de la inercia relativa de su estructura, mientras que los citadinos que tienen un automóvil y residen en la periferia trabajan en los barrios comerciales y realizan sus compras en un *centro comercial* (España, Colombia), *shopping* (Chile, Argentina, Costa Rica, etc.), o *plaza comercial* (México).

A partir de la década de 1970, se observó una recuperación del interés por el *centro* por parte de las autoridades, el mundo académico y los medios de comunicación. Esto llevo a una identificación más precisa del papel de estos actores sociales, que tienden, cada vez con más fuerza, a enfrentar el *centro histórico* con el *centro de negocios* (Monnet 1994): el primero, que corresponde a lo que la *vox populi* sigue llamando simplemente *centro*, es caracterizado desde entonces por sus rasgos patrimoniales y monumentales y no ya por sus funciones comerciales, residenciales y sociales. El *centro* se convirtió, entonces, en objeto de políticas de protección del patrimonio que tratan de luchar contra su tugurización y de revalorizarlo. "Entiende el Coloquio [de Quito] por centros históricos todos aquellos asentamientos humanos, vivos, fuertemente condicionados por una estructura física proveniente del pasado, reconocibles como representativos de la evolución de un pueblo. Queda claro que humanidad y vida resumen los dos requisitos previos de la definición, dándonos a entender que el problema se ciñe a aquellos núcleos de población en que el nivel de densidad y productividad es alto, e inexcusables las confrontaciones, o contradicciones, entre lo viejo y lo nuevo" (*El País* 1977). Los países hispanoamericanos disponen, desde entonces, de normas y regulaciones específicas para atender sus *centros históricos*, que a veces gustan de llamar con la antigua voz de *casco* (España, Cuba, Honduras, Venezuela, Argentina).

Dichas políticas con frecuencia se plasman en una reinversión de los gobiernos nacionales y locales y de las empresas (bancos, cadenas de hoteles, asociaciones de comerciantes, etc.) en el patrimonio inmobiliario para convertirlo en museos, salas de exposición, galerías, bibliotecas, hoteles y restaurantes. Estas implican siempre un impulso, más o menos explícito, a la reubicación lejos del *centro* de la población más pobre y una lucha encarnizada contra el comercio ambulante y las actividades artesanales informales. "Es importante señalar lo concerniente a la problemática de nuestra cabecera municipal, que todos padecemos a diario: contamos con un Centro Histórico en el que resulta tedioso circular por sus calles y que, por su actividad de comercio ambulante, se encuentra en muy malas condiciones de limpieza. Por ello, nos hemos planteado el compromiso de concretar el proyecto de Rescate del Centro Histórico de Texcoco, en el que se considera la reubicación del comercio ambulante, el mantenimiento y remozamiento de edificios históricos, la reglamentación del lugar y su limpieza" (Ayuntamiento de Texcoco 2001).

Estos procesos estuvieron más o menos desarrollados según los países, pero la tendencia es general. El riesgo es hacer que el *centro* pierda su centralidad social de lugar más "concurrido" para convertirlo en recurso simbólico y turístico. No obstante, la valorización de la dimensión patrimonial y monumental reafirma el poder político del *centro* y el escenario que ofrece para las reivindicaciones y las confrontaciones, en el momento en que las mismas se multiplican a causa de la democratización vigente en todos los países hispanoamericanos. Desde las manifestaciones, las rondas de las "locas de Plaza de Mayo" en Buenos Aires hasta las marchas de los neozapatistas en México, todas tienen su meta, y con frecuencia su represión, cuando el *centro* es ocupado. "Los granaderos estarán colocados en todas estas calles – al decir esto señaló con su vara en el plano un amplio perímetro en torno a la alameda. Una vez que los porros rompan las vidrieras se retirarán de inmediato. Entonces los granaderos iniciarán su ataque. Primero cubrirán con nubes de gas lacrimógeno a los manifestantes y después atacarán en masa, golpeando a todos los ilusos que creían muy fácil poder llegar al Zócalo a insultar al gobierno. Por cierto – concluyó con sombrío acento – aun en el supuesto, que estoy seguro no ocurrirá, de que algunos lograsen atravesar el cerco de los granaderos, se encontrarían entonces con una infranqueable barrera de agentes de la Federal de Seguridad, y éstos no se contentarían con darles de golpecitos, sino que llevarán orden de disparar sobre cualquier revoltoso que intente llegar al Zócalo. Jamás permitiremos que el centro histórico de la nación, la sede donde se encuentra la máxima autoridad del país, sea utilizado para otros fines que no sean los estrictamente oficiales. El licenciado Echeverría había concluido su exposición" (Velasco Piña 1987).

En el lenguaje corriente, el vocablo *centro* sigue, pues, en uso para denominar esta parte del espacio público "donde pasa de todo", el sitio más frecuentado (cuya reputación puede ser sulfurosa entre las categorías de población que la consideran "mal" frecuentado), allí donde pululan las gentes y las actividades, donde el congestionamiento indica la intensidad de los intercambios de todo tipo, donde se expresan los enfrentamientos políticos y la contraposición de intereses. El objeto socioespacial así denominado tiene límites que pueden ser borrosos, cambiantes por el transcurso del tiempo o por designio de los usos y difícilmente coinciden con las zonificaciones de los reglamentos urbanísticos, aunque tal cosa no le quita nada a la pertinencia del término.

Jérôme Monnet

Véase: capital (e), casco (e), centro (p), ciudad (e), periferia (e), plaza (e), población (e)

Referencias
ASTURIAS, Miguel Ángel (1931). *Ávila*. In REAL ACADEMIA ESPAÑOLA. *Banco de datos del español. Corpus diacrónico del español* <www.rae.es>. • AYUNTAMIENTO DE TEXCOCO. *Informe de gobierno*, 2001 <www.texcoco.gob.mx/informe/cap4_1.html>. • DELER, Jean Paul. La cité-territoire, un chorotype colonial hispano-américain. *Mappemonde*, n. 88/4, 1988, p. 9-13. • EL PAÍS. Primacía del centro histórico. *El País*, Madrid, 28 ago. 1977. In REAL ACADEMIA ESPAÑOLA. *Banco de datos del español. Corpus diacrónico del español* <www.rae.es>. • FERNÁNDEZ DE MORATÍN, Leandro (1793-1797). *Viaje a Italia*. In REAL ACADEMIA ESPAÑOLA. *Banco de datos del español* <http://cronos.rae.es/cgi-bin/crpsrv/crpsrv.dll>. • MONNET, Jérôme. Centres historiques et centres des affaires: la centralité urbaine en Amérique latine. *Problèmes d'Amérique Latine*, n. 14, jul./sep. 1994, p. 83-101. • MONNET, Jérôme. *La ville et son double. Images et usages du centre: la parabole de Mexico*. Essais & recherches. Paris, Nathan, 1993. • Relaciones topográficas de Venezuela (1815-1819). In REAL ACADEMIA ESPAÑOLA. *Banco de datos del español. Corpus diacrónico del español* <www.rae.es>. • SÁENZ, Aarón. *Informe presidencial y memoria del Departamento del Distrito Federal 1933-1934*. Ciudad de México, 1934. • VELASCO PIÑA, Antonio. *Regina (novela)*. Ciudad de México, 1987. In REAL ACADEMIA ESPAÑOLA. *Banco de datos del español. Corpus diacrónico del español* <www.rae.es>. • VELASCO, Juan de (1789). *Historia del Reino de Quito en la América meridional*. In REAL ACADEMIA ESPAÑOLA. *Banco de datos del español* <http://cronos.rae.es/cgi-bin/crpsrv/crpsrv.dll>.

❿ centro (pl. centros)

português Brasil, substantivo masculino

Definições

centro: *s. m. t. de Geom. O ponto, que dista igualmente dos pontos da superficie de alguma figura [...] Fig. O meyo: v. g. no* centro *da cidade, do coração, amago* (*Silva 1813, 1).

centro: *O ponto em que as cousas sollicitadas por alguma força, se reunem e chegam á sua maior acção, d'onde emanam, se espalham e exercem a sua influencia, etc. [...] No* centro *da corrupção, dos prazeres. [...] Logar em que se dá uma concentração, um desenvolvimento consideravel d'acções sociaes [...] Os grandes* centros, *as grandes cidades* (*Vieira 1873, 2).

centro: *(Fig.) Os logares onde se acham, se fazem, se praticam habitualmente certas coisas: O edificio do correio está longe do* centro *dos negocios. [...] Coisa ou pessoa a que muitas outras se referem ou são subordinadas: A capital é o* centro *da acção governativa* (*Aulete & Valente 1881, 1).

centro: *6. A parte mais ativa da cidade, onde estão os setores comercial e financeiro* (*Ferreira 1986).

O TERMO CENTRO DERIVA DO LATIM CENTRUM OU DO grego *kéntron*. Ponta afiada, aguilhão, a palavra designava a ponta seca do compasso, depois o centro da circunferência e, por extensão, de outras figuras geométricas. Sua primeira acepção em português prende-se a tal origem: "he o ponto, que está perfeitamente no meyo de hum circulo, de huma esphera, de hum globo" (*Bluteau 1712, 2). Os primeiros autores brasileiros empregam o termo nesse sentido geométrico/cosmográfico (Teixeira [1601] 1927:IX, XLII), mas também ampliam o uso às partes centrais de outros objetos (Matos [c.1684] 1992; Matos [c.1694] 1992). Nos séculos 17 e 18, seu significado estendeu-se à região adjacente ao centro geométrico de determinado espaço: meio, interior, miolo etc. Ao mesmo tempo, passou a indicar o âmago, a essência, a referência principal de uma entidade qualquer. No Setecentos, a ideia de centro como ponto de convergência e, por analogia, como local onde se reúnem determinados traços, já está consagrada: "Se nesses campos, onde a glória habita / Centro do gosto, do prazer estância" (Costa [1760-1770] 1966).

Ambas as acepções do termo teriam aplicação no universo urbano. Cada vez mais, a partir das Luzes, as cidades seriam vistas como centros de civilização, de comércio, de bons ou maus costumes. Mas também possuíam um centro geométrico; e, por extensão, um trecho central (adjetivo de origem latina, também registrado por Blauteau em 1712), o qual muitas vezes se confundia com a aglomeração dos usos e edifícios mais importantes: mercado, igreja matriz, sede do governo, residências notáveis. Tais elementos emblematizavam o caráter polarizador dos núcleos urbanos.

Mesmo assim, no período colonial não há menção do centro na caracterização de vilas e cidades brasileiras. Na detalhada descrição de Salvador por Rocha Pita em 1730 a capital é simplesmente dividida em bairros de igual importância: "Em seis bairros se divide a cidade [...] além dos outros que ficam extra-muros". Essa delimitação bastava enquanto hierarquização dos quadrantes urbanos. Analogamente, o Rio de Janeiro (capital após 1763) tinha um núcleo urbano bem delimitado e separado em freguesias ou paróquias.

Eventualmente, as duas acepções básicas do termo *centro* em português – polo geométrico e concentração referencial – se uniriam para designar uma região específica dentro da cidade. A primeira delas dá origem à expressão *centro da cidade*, registrada pelo dicionarista português Morais Silva no início do século 19 (*Silva 1813, 1) e a segunda é visível nas expressões centro comercial, centro do comércio, centro dos negócios e similares, muitas vezes preferidas, ao longo do Oitocentos, para identificar essa região urbana economicamente dominante.

O fenômeno coincide com a necessidade de delimitar perímetros centrais na legislação urbanística. No caso brasileiro, as posturas promulgadas pela Câmara do Recife em 1831 não contavam ainda com a expressão centro da cidade, também ausente do romance picaresco urbano *Memórias de um sargento de milícias* (Almeida [1853] 1996) — em vez disso adotavam *praça*, que neste caso não indica um logradouro, mas uma zona dedicada a transações comerciais (Lira 2001:189, 197). Ao proibir certos usos no território situado "dentro da Praça" a legislação indicava um espaço central emprestando um termo da linguagem comercial – usado, até hoje, em compensações bancárias.

Essa vocação comercial das áreas centrais foi crucial ao favorecer o deslizamento do segundo significado de *centro*, de concentração de usos para região urbana. As cidades poderiam ser vistas como centros em si mesmas. Uma capital importante podia ser descrita como um *grande centro* (Guimarães [1875] 1977:18); povoações distantes como *centros afastados* (Olímpio [1903] 1983:VI). Centro político, centro intelectual, centro industrial, centro comercial, centro de consumo, de produção estão entre as expressões arroladas por Vieira em 1873. Entretanto, cada vez mais esses papéis se corporificavam em determinado trecho, normalmente central, da cidade.

Centro do comércio, enquanto designação da área central do Rio de Janeiro, em torno da Rua do Ouvidor, surge em romances da segunda metade do século 19 (Alencar [1870] 1998) e centro da cidade desponta na literatura vinte anos depois (Azevedo [1890] 1997; Assis 1891) contrapondo-se a *bairro*: com a expansão urbana, a cidade deixava de ser mero aglomerado de freguesias, passando a se organizar hierarquicamente, com um núcleo central ao qual se subordinavam bairros mais ou menos distantes.

Ao longo do século 19 os núcleos herdados do período colonial transmutavam-se em regiões centrais comandando territórios urbanos em expansão contínua. Até então havia clara definição dos espaços dominantes: o largo da matriz ou Sé, o largo do Paço e a rua comercial principal, ou Direita, junto com a área portuária, tipicamente polarizavam os poderes religioso, político e mercantil. Isso mudaria com a acelerada expansão urbana do Oitocentos. No Rio de Janeiro, a ampliação inicial foi chamada de *cidade nova*; em São Paulo, uma cidade nova era assinalada em 1821 (Barros 1967:224).

Documentos da década de 1870 ainda hesitam para encontrar denominação apropriada à área central do Rio. Uma descrição do porto recorre a parte mais povoada da cidade (Castro 1877:18-19); o relatório da Comissão de Melhoramentos de 1875 prefere "parte mais antiga da cidade" (*Melhoramentos da cidade...* 1875:2-6), mas um ofício ao Ministro do Império, de 1877, denuncia "a aglomeração dos indivíduos no centro da cidade [em] habitações sem condições higiênicas regulares" (apud Benchimol 1992:141-142, 152). No mesmo momento posturas municipais proibiam a construção de cortiços dentro de um perímetro definido em torno da área central (Vaz 2002:32).

Logo em seguida centro da cidade se generalizava, mas ainda convivendo com uma série de expressões alternativas, conforme se depreende de artigo de 1903: "a communicação do cáes com a zona commercial da cidade [exigia] nova arteria que servisse a todo o bairro do commercio mais intenso" (*Jornal do Commercio* 1905 apud Brenna 1985:57). Outras formulações sinônimas incluíam centro comercial (*O Paiz* 1905 apud Brenna 1985:301), zona de movimento (Os melhoramentos de São Paulo 1911:40), coração da cidade e núcleo central (Cintra & Maia 1925:121-128).

No final do século 19 constatamos pela primeira vez o emprego, com o mesmo sentido, do termo *centro* sem outras especificações. Segawa levantou uso jornalístico da expressão em 1890 (apud Segawa 2000:26). Encontramo-lo na literatura anos depois (Barreto 1909). É preciso frisar, todavia, as diferentes implicações entre centro da cidade e apenas centro. A primeira expressão ainda carrega a referência geométrica de uma região cujo principal diferencial é sua inserção no âmago do tecido urbano; a segunda aproxima-se da acepção abstrata da palavra enquanto concentração. Mais que uma contração verbal, implica reconhecer nessa região características que transcendem sua posição geográfica, dando origem a novo personagem no panorama da cidade, com problemática e trajetória próprias. Todavia, essa autonomização de *centro*, sem o uso de qualificativo, foi um fenômeno gradual: o uso do termo *tout court* para designar a região central da cidade só seria consagrado por dicionaristas na década de 1970 (*Ferreira 1975).

A evolução no emprego do termo acompanhou o processo de diferenciação das áreas centrais nas cidades brasileiras. No final do século 19, os núcleos antigos seguiam reunindo atividades administrativas, comerciais e religiosas, enquanto as camadas privilegiadas deixavam suas casas antigas, que, subdivididas como cortiços, eram ocupadas pela população mais pobre. Diferenciação e deterioração balizariam a partir daí a trajetória das áreas centrais nas cidades brasileiras. Novos usos resultavam do incremento das atividades terciárias ligadas ao sucesso do modelo agroexportador baseado no café. Sedes de empresas, órgãos governamentais, comércio de luxo, transporte ferroviário e marítimo – tudo isso exigia a remodelação do modesto quadro urbano herdado do período anterior a fim de criar um centro moderno.

Manifestadas a partir de 1870, tais intenções ganharam corpo após a proclamação da República em 1889, no Rio de Janeiro e em outras cidades como São Paulo, Salvador, Recife e Belém. A prioridade das políticas urbanas era clara: "reformar o centro" (Telles 1907 apud Simões 1995:80). A nova configuração dos espaços centrais inspirava-se nos aspectos mais visíveis do modelo haussmaniano: bulevares elegantes "à parisiense" (Os melhoramentos de São Paulo 1911:38) ladeados por edifícios de linguagem eclética ou *Beaux-Arts*, praças e monumentos cívicos etc. A generalização do uso de centro no lugar de centro da cidade correspondeu à consolidação desses espaços claramente definidos por suas funções administrativas, simbólicas ou públicas. Esse primeiro ciclo de intervenções teve seu apogeu entre 1905 e 1925.

Na década de 1920 o uso de centro, apenas, já era corrente na literatura (Barreto [1922] 1998), na imprensa e mesmo em documentos urbanísticos (Cintra 1924:331), embora textos legais preferissem ainda expressões como *zona central* ou *perímetro central* (Lei Municipal n. 1.874 12/05/1915). Ao mesmo tempo, multiplicavam-se no vocabulário urbanístico as qualificações apostas ao termo centro, seja designando áreas urbanas – centrais ou não – especializadas em alguma atividade: centro cívico, centro administrativo, seja caracterizando a posição relativa da própria cidade: centro regional, centros secundários (Bouvard 1911:42; Maia 1953:13-14, 49, 56).

O modelo de centro que prevaleceu até os anos 1920 esgotou-se rapidamente devido ao crescimento das maiores cidades brasileiras, que começavam a superar o milhão de habitantes. A partir de 1930 impôs-se acelerado desenvolvimento urbano, agora inspirado na América do Norte, com o rodoviarismo e uma verticalização intensiva (Campos 2002). Entre os anos 1930 e 1950 abriram-se, muitas vezes nas proximidades do núcleo central existente, grandes avenidas ladeadas por edifícios altos em linguagem moderna e monumental, conformando zonas de expansão para as atividades centrais: o Centro Novo em São Paulo, o Castelo e a Avenida Presidente Vargas no Rio de Janeiro, o bairro de Santo Antônio no Recife.

A noção de centro como entidade urbana foi consagrada pela publicação dos primeiros estudos sobre essas regiões, destacando-se os de Lecocq-Müller em São Paulo (1958) e o de Milton Santos em Salvador (1959). Mas a crise dos centros se impunha em virtude do próprio sucesso das intervenções centralizadoras, que acentuaram seu congestionamento e obsolescência precoce. Desde 1920 a palavra descentralização ingressava no vocabulário urbano. Antônimo de centralização, que até então tinha sentido essencialmente político-administrativo (*Silva 1858, 1:439), o termo emprestado ao vocabulário urbanístico europeu justificava a extensão das intervenções para além das áreas centrais existentes. A "ampliação do centro commercial ou descentralização" imporia "uma certa dilatação do perimetro central" e a "extensão da zona commercial" (Cintra & Maia 1926:228-231). Denunciava-se a centralização excessiva das atividades urbanas, que haveria congestionado as zonas comerciais tradicionais. Entre os anos 1950 e 1970 os planos urbanísticos seguiam obcecados pela criação de *sub-centros* (SAGMACS 1957; *PUB/SP* 1969; Doxiadis Associates 1967; *PUB/RJ* 1977). As intervenções realizadas, todavia, como no caso de São Paulo, levaram à mera ampliação do centro principal, à hipertrofia da área dedicada às funções terciárias e à expansão da ocupação vertical, formando, a partir dos anos 1960, um enorme centro expandido (Villaça 1998:265).

Mais que sua efetiva despolarização (Scherer 1987), o traço marcante da evolução dos centros no Brasil tem sido a migração progressiva das sedes do poder – econômico, político, simbólico – na direção dos bairros ocupados pelos setores sociais dominantes. Tal processo leva à perda de atratividade e prestígio dos centros históricos: em São Paulo (centro velho) e no Recife (zona portuária) desde os anos 1940, posteriormente em outras capitais. Nas cidades litorâneas as classes privilegiadas se transferiram ao longo das praias (Zona Sul no Rio de Janeiro, orla oceânica de Salvador ou Boa Viagem no Recife). Em metrópoles do interior, como Belo Horizonte e São Paulo, delineou-se uma fatia mais valorizada do centro expandido no rumo dos bairros residenciais de alto padrão, progressivamente atingidos pela verticalização, pelas grandes obras viárias e pelos usos comerciais.

O empobrecimento do centro histórico, a segregação de ilhas de riqueza e o predomínio do automóvel levaram, a partir dos anos 1980, à proliferação de shopping centers, centros empresariais e condomínios fechados (Caldeira 2000:257-284). O termo *shopping center,* importado em 1965, foi imediatamente incorporado à língua na medida em que esses *malls* ao estilo norte-americano se multiplicaram por todas as grandes cidades brasileiras, concentrando o comércio de alto padrão e contribuindo para a crise dos centros históricos. As noções de centralidade (Santos 1959; Frugoli Jr. 2000) e, mais especificamente, de novas centralidades surgiram para dar conta do fenômeno, libertando os usos centrais da fixação geográfica expressa pela noção localizada de centro.

Não obstante, a tendência atual é a de valorização do lugar e do termo. A partir da década de 1990 a degradação das áreas centrais tradicionais tornou-se importante tema de debates e intervenções no Brasil. Tornou-se claro que o centro é insubstituível enquanto polo de atração e referência de identidade para a cidade como um todo, e que a democratização da cidadania passa necessariamente pela recuperação das qualidades urbanas dessa região acessível a todos. Assim, a palavra tornou-se mote para uma série de programas urbanísticos: "Morar no Centro" (Sehab), "Reconstruir o Centro" (BID), "Viva o Centro" (Associação Viva o Centro), e, de maneira mais ampla, para movimentos de revalorização do patrimônio histórico e cultural presente nas áreas centrais.

Candido Malta Campos Neto

Ver: capital (p), bairro (p), centro (e), metrópole (p), subúrbio (p)

Referências

ALENCAR, José de (1870). *A pata da gazela*. São Paulo, Ática, 1998. • ALMEIDA, Manuel Antonio de (1853). *Memórias de um sargento de milícias*. São Paulo, Ática, 1996. • ASSIS, Joaquim Maria Machado de. *Quincas Borba*. Rio de Janeiro, Garnier, 1891. • AZEVEDO, Aluísio (1890). *O cortiço*. São Paulo, Ática, 1997. • BARRETO, Lima (1922). *Clara dos Anjos*. São Paulo, Ática, 1998. • BARRETO, Lima (1909). *Recordações do escrivão Isaías Caminha*. Rio de Janeiro, Ediouro, 2002. • BARROS, Gilberto Leite de. *A cidade e o planalto*. Vol. 1. São Paulo, Martins, 1967. • BENCHIMOL, Jaime Larry. *Pereira Passos: um Haussmann tropical*. Rio de Janeiro, Prefeitura da Cidade do Rio de Janeiro, 1992. • BOUVARD, Joseph-Antoine. Relatório apresentado ao Sr. Prefeito Raymundo Duprat. *Revista de Engenharia*, vol. 1, n. 2, jul. 1911. • BRENNA, Giovanna Rosso del (Org.). *O Rio de Janeiro de Pereira Passos*. Rio de Janeiro, Index, 1985. • CALDEIRA, Teresa Pires do Rio. *Cidade de muros. Crime, segregação e cidadania em São Paulo*. São Paulo, Editora 34, 2000. • CAMPOS NETO, Candido Malta. *Os rumos da cidade. Urbanismo e modernização em São Paulo*. São Paulo, Senac, 2002. • CASTRO, Borja. *Descrição do porto do Rio de Janeiro e das obras da Doca d'Alfandega*. Rio de Janeiro, Imperial Instituto Artístico, 1877. • CINTRA, João Florence de Ulhôa. Projecto de uma avenida circular constituindo perimetro de irradiação. *Boletim do Instituto de Engenharia*, vol. 5, n. 24, jan./mar. 1924. • CINTRA, João Florence de Ulhôa; MAIA, Francisco Prestes. Um problema actual: Os grandes melhoramentos de São Paulo. *Boletim do Instituto de Engenharia*, vol. 6, n. 29, jul./ago. 1925. • CINTRA, João Florence de Ulhôa; MAIA, Francisco Prestes. Um problema actual: Os grandes melhoramentos de São Paulo. *Boletim do Instituto de Engenharia*, vol. 6, n. 31, mar./jun. 1926. • COSTA, Cláudio Manoel da (1760-1770). Epicédio II – A morte de Salício. *Poemas*. São Paulo, Cultrix, 1966. • DOXIADIS ASSOCIATES. *Guanabara, um plano para desenvolvimento urbano*. Rio de Janeiro, Secretaria de Governo, 1967. • FRUGOLI JR., Heitor. *Centralidade em São Paulo*. São Paulo, Cortez/Edusp, 2000. • GUIMARÃES, Bernardo (1875). *A escrava Isaura*. Belo Horizonte, Itatiaia, 1977. • LECOCQ-MÜLLER, Nice. A área central da cidade. In AZEVEDO, Aroldo de (Org.). *A cidade de São Paulo. Estudos de geografia urbana*. Vol. 2. São Paulo, Companhia Editora Nacional, 1958. • Lei Municipal n. 1874, 12 mai. 1915. In *Leis e atos do município de São Paulo do ano de 1915*. São Paulo, Imprensa Oficial do Estado, 1934. • LIRA, José Tavares Correia de.

Freguesias morais e geometria do espaço urbano. O léxico das divisões e a história da cidade do Recife. In BRESCIANI, Stella (Org.). *Palavras da cidade*. Porto Alegre, Editora da UFRGS, 2001. • MAIA, Francisco Prestes. Os grandes problemas urbanísticos de São Paulo. *Digesto Econômico*, vol. 9, n. 99, fev. e n. 102, mai. 1953. • MATOS, Gregório de (c.1694.) Ao mesmo assumpto. Mote. *Obra poética*. Rio de Janeiro, Record, 1992. • MATOS, Gregório de. (c.1684). Descrição, entrada, e procedimento do Braço de Prata Antonio de Souza de Menezes governador deste estado. *Obra poética*. Rio de Janeiro, Record, 1992. • *Melhoramentos da cidade. Primeiro relatório da Comissão de Melhoramentos da cidade do Rio de Janeiro*. Rio de Janeiro, Arquivo Geral da Cidade, 1875. • OLÍMPIO, Domingos (1903). *Luzia-Homem*. São Paulo, Ática, 1983. • Os melhoramentos de São Paulo. *Revista de Engenharia*, vol. 1, n. 2, jul. 1911. • PITA, Sebastião da Rocha (1730). *História da América Portuguesa*. São Paulo, Itatiaia/Edusp, 1976 • *PUB – Plano Urbanístico Básico da cidade do Rio de Janeiro*. Rio de Janeiro, PCRJ, 1977. • *PUB – Plano Urbanístico Básico de São Paulo*. São Paulo, PMSP, 1969. • SAGMACS – Sociedade para Analise Mecanográfica e Gráfica dos Complexos Sociais. *Estrutura urbana da aglomeração paulista. Estruturas atuais e estruturas racionais*. São Paulo, PMSP, 1957. • SANTOS, Milton. *O centro da cidade do Salvador. Estudo de geografia urbana*. Salvador, Progresso, 1959. • SCHERER, Rebeca. *Descentralização e planejamento urbano no município de São Paulo*. Tese de doutorado. São Paulo, FAU USP, 1987. • SEGAWA, Hugo. *Prelúdio da metrópole*. São Paulo, Ateliê Editorial, 2000. • SIMÕES JR., José Geraldo. *Anhangabaú. História e urbanismo*. Tese de doutorado. São Paulo, FAU USP, 1995. • TEIXEIRA, Bento (1601). Prosopopéia. *Revista de História de Pernambuco*, vol. 1, n. 1, 1927, Recife. • TELLES, Augusto Carlos da Silva. *Melhoramentos de São Paulo*. São Paulo, Escolas Profissionaes Salesianas, 1907. • *Urbs*, revista da Associação Viva o Centro, São Paulo, 1998-2010. • VAZ, Lilian Fessler. *Modernidade e moradia. Habitação coletiva no Rio de Janeiro. Séculos XIX e XX*. Rio de Janeiro, 7 Letras/Faperj, 2002. • VILLAÇA, Flávio. *Espaço intra-urbano no Brasil*. São Paulo, Studio Nobel/Fapesp, 1998.

E chabola (pl. chabolas)

español España, sustantivo femenino

Definiciones

chabola: *Choza // Caseta // Garita (del soldado) // Casa mala. Las chabolas: Barrio de las latas* (*Garcia-Pelayo & Testas 1987).

chabola: *Chaola (voz vascuence; de eche, casa y ola, tabla. F. Choza o barraca del campo en las provincias vascongadas, hecha, bien de tablas, ramaje o piedra en seco. Importada la voz por canteros vascongados, se ha extendido el uso entre los operarios de obras de caminos, y de minas por las demás provincias, para designar una choza donde se guardan herramientas, sirviendo a la par de vivienda* (*Enciclopedia ilustrada Seguí... 1900).

chabola: *1891, barraca, albergue provisional. Del vasco txa (b) ola choza, cabaña (también etxola y etxabola), palabra ya antigua en vasco, 1630, si bien es probable que este idioma la tomara del francés antiguo y provincial jaole, jaula, cárcel (hoy geôle, procedente del latín caveola, jaulita), alterándola en su forma y en su sentido por influjo del vasco etxe, casa* (*Corominas & Pascual 1984).

chabola: *Choza o caseta, generalmente la construida en el campo. // 2. Vivienda de escasas proporciones y pobre construcción que suele edificarse en zonas suburbanas* (*Real Academia Española 1992).

EL TÉRMINO CHABOLA DESIGNA, EN EL ESPAÑOL ACtual, una construcción precaria por sus materiales, dimensiones, comodidades; sus condiciones espaciales, legales e inmobiliarias son complicadas. Es un tipo de vivienda informal. En este sentido, la administración pública utiliza frecuentemente dicha palabra para definir y tratar un conjunto de problemas sociales y urbanos. Pero su empleo también es muy popular, y las autoridades incluso se refieren a ella mediante el eufemismo de *infravivienda*.

Chabola proviene del vasco, y designa una pequeña construcción rural: una casucha, una construcción aislada en la naturaleza, hecha de plantas y no de mampostería. Significativamente, algunos monumentos megalíticos (aislados y a la intemperie) se denominan así (la *chabola* de la Hechicera, en un pueblo de Álava). También puede hacer referencia a una vivienda no necesariamente precaria y pobre en lengua familiar y poco frecuente. La *chabola* es "mi" casa. En la jerga de la delincuencia, *chabolo* puede designar la casa, como también la cárcel, la celda.

Pese a la variedad de estos usos, recién en la edición de *1936 del diccionario de la Academia, se reveló que el sentido original provenía del vasco (Atxaga 1989). Recién en *1983, la Academia adoptó el sentido español actual de vivienda precaria. ¿Cuándo se incorporó la palabra *chabola* al léxico actual de la vivienda urbana?

Probablemente, *chabola* emprendió su camino en la década de 1920. En ese momento, designaba viviendas de barrios suburbanos y semirurales del País Vasco. El diario de Bilbao *El Liberal* hace mención de ello en uno de sus artículos "El desahucio de las chabolas de Solocoeche", el 8 de septiembre de 1922 (apud Azpiri Albístegui 2000:359). Para equipar la ciudad en pleno crecimiento, se demolieron casuchas ubicadas en las cercanías de Bilbao. En cuanto a Madrid, gracias al testimonio de un médico, también podemos ubicar esta acepción en el tiempo. En sus memorias publicadas en 1929, pero para este pasaje relativas a la última década del siglo 19, se menciona indirectamente la aparición del vocablo como suburbio de la capital: "Las facilidades que estas líneas daban para el transporte fue llevando de los inmuebles del centro de Madrid y barrios bajos, casi inhabitables, a la clase obrera y aun a la clase media, hacia las afueras, al campo, si no a la casa propia, aun cuando era lo ideal, por lo menos a lo que nuestros obreros llaman chabola, construida al aire libre, en busca de la luz y del sol" (Espina y Capo 1929:§4). *Chabola* pertenecía entonces al vocabulario obrero de la década de 1920 ("nuestros obreros" se refiere a los obreros de la época en la que se escribió el texto), según este destacado médico comprometido en la lucha contra la tuberculosis. Por lo tanto, la palabra apareció, sin lugar a dudas, un poco antes y se refiere a una vivienda individual de suburbio más bien humilde.

Independientemente de la discusión sobre el origen exacto del término y de su transmisión del vasco al español, su uso parece haberse popularizado cerca de mediados del siglo 20. Entre los términos que compiten con *chabola* y que incluso comparten una letra inicial, los términos que podrían haberse impuesto son *chamizo, choza, chabisque*. Pero este tipo de viviendas remitían a materiales de construcción más difíciles de renovar (Canosa Zamora & Rodríguez Chumillas 1985). La palabra *tugurio*, utilizada ya en el siglo 19, se aplicaba más particularmente a la vivienda colectiva que a la individual, y si bien el ingeniero Ildefonso Cerdá había inventado la noción de *tugurismo* en sus investigaciones estadísticas sobre la vivienda proletaria de Barcelona, este término era más abstracto que *chabola*. A partir de la década de 1950, el empleo de *chabola* reflejaba el escándalo de esa pobreza que crecía en la periferia de las grandes ciudades modernas e industriales durante el desarrollo económico, pero también evocaba una fuerte apropiación de la vivienda precaria por parte de sus habitantes.

Los novelistas de la postguerra, como Luis Martín-Santos, utilizaron esta palabra con mucha frecuencia. Su novela *Tiempo de silencio* fue censurada en 1962, especialmente por cómo describía la miseria de los suburbios madrileños. También forma parte del marco de algunos cuentos de Ignacio Aldecoa: "Los enseres son pocos en la chabola: un colchón de saco y paja [...]. En la chabola huele a brea, a cocido de ranchada, a un olor animal, violento, de suciedad y miseria... La chabola es construida con un trozo de valla, hojalatas, piedras grandes, ladrillos viejos, ramas y papeles embreados, además de otros materiales de difícil especificación. [...] Es la chabola de Martín Jurado y su mujer, una más de las que extienden a la orilla derecha del río, frente a la ciudad blanca y hermosa, al otro lado" (Aldecoa 1977:72). En la novela *Flores, el gitano*, Juan Madrid describe uno de los sectores de *chabolas* más importante de Madrid, en franco proceso de desaparición: "Después de mucho preguntar y de deambular por las calles terrosas de la barriada, Flores se detuvo frente a una chabola que formaba el último núcleo de un grupo de seis o siete, situadas en la parte alta de un terraplén que daba a la autopista de Valencia. Observó al perro callejero que dormitaba, tirado en la puerta. Él había vivido en casuchas parecidas a aquélla, sin baño ni retretes, con el suelo de tierra" (Madrid 1989:231). Aquí podemos observar nuevamente que si *chabola* forma aún parte del medio urbano, sólo designa una vivienda. Cuando hablamos de un grupo de *chabolas*, debemos llamarlo *barrio de chabolas*, cualquiera sea el grado de "evidencia" territorial de este conjunto. En español, no existe ninguna palabra que designe el barrio en sí mismo, y algunos diccionarios proponen traducir la palabra francesa *bidonville* por *chabolas*, en plural. *Barrio de latas* para abreviar.

Los sociólogos y los geógrafos adoptaron el vocablo *chabolismo* para describir el fenómeno de la vivienda precaria o su resultado. En la edición del diccionario de la Academia de 1983, se define *chabolismo* como "abundancia de *chabolas* en los *suburbios*, síntoma de miseria social" (*Real Academia Española 1983). Entre los años 1960 y 1970, las ciencias humanas estudiaron diversos aspectos del fenómeno: el social, el económico, el psicológico. También hablan de *vivienda, barrio* o *periferia marginal* para evocar al mismo tiempo la marginalidad, la exclusión y la delincuencia. Fernando Chueca Goitia, el historiador de la arquitectura, escribió: "Estos barrios marginales serán para algunos el lugar donde empezar a subir, mientras que para otros serán el último escalón de un doloroso descenso [...] Y el chabolismo ni ha gozado de esa ventaja" ([1968] 1995:230-231). A veces, se denomina *chabolista* al habitante de este tipo de barrio.

Los arquitectos-urbanistas hablan normalmente de *urbanización marginal* basándose ellos también en las dos acepciones de *urbanización*: el proceso de desarrollo urbano y el resultado de dicho proceso (Busquets Grau 1978). También es una manera de reconocer que este desarrollo residencial nace del mismo modo que la ciudad, a pesar de la precariedad. Sin embargo, en España, a fines de la década del 1970, se desarrollaron amplios programas de erradicación del *chabolismo*. Esos programas sufrieron una aceleración importante durante la transición democrática y fueron apoyados por las "luchas urbanas" y el "movimiento ciudadano" analizados por el sociólogo Manuel Castells (1974) y algunos otros.

Los equivalentes regionales son diversos. Al igual que en Cataluña, *corea* o *pasillo* (era la categoría del censo de Barcelona de 1930) eran posibles equivalentes de *chabola*, la palabra *barraca* pertenece al área cultural y lingüística catalana y levantina. El geógrafo barcelonés Horacio Capel explica en su manual, con el que se formaron varias generaciones de geógrafos, que un "elemento importante del paisaje urbano de las ciudades españolas la constituyen los barrios de chabolas o barracas" (Capel Saéz [1975] 1983:49). Si bien él utiliza con mayor frecuencia el segundo vocablo, dice que el *barraquismo* es un fenómeno muy similar al *chabolismo*. Hay otros términos que se utilizan a nivel regional: por ejemplo, en Navarra se emplea *chabisque*, y si bien al principio designaba una pequeña casa rural y un tugurio, hoy se aplica en Pamplona a los bares en los que la juventud se reúne durante las fiestas anuales de la ciudad.

Isabel Rodríguez Chumillas

Véase: barriada (e), casa (e), extrarradio (e), favela (p), fraccionamiento (e), mocambo (p), población (e), solar (e), vecindad (e)

Referencias
ALDECOA, Ignacio. *Cuentos completos*. Recopilación y notas de Alicia Bleiberg. Madrid, Alianza, 1977. • ATXAGA, Bernardo. *Obabakoak*. Barcelona, Ediciones B, 1989. • AZPIRI ALBÍSTEGUI, Ana. *Urbanismo en Bilbao. 1900-1930*. Bilbao, Gobierno Vasco, 2000. • BUSQUETS GRAU, Juan. *La urbanización marginal en Barcelona*. Vol. 3. Barcelona, ETSAB/Laboratorio de Urbanismo de Barcelona, 1978. • CANOSA ZAMORA, Elia; RODRÍGUEZ CHUMILLAS, Isabel. Urbanización marginal en la periferia noreste de Madrid. *Ciudad y Territorio*, Madrid, n. 66, 1985, p. 11-41. • CAPEL SAÉZ, Horacio (1975). *Capitalismo y morfología urbana en España*. Barcelona, Amelia Romero, 1983. • CASTELLS, Manuel. *Movimientos sociales urbanos*. México, Siglo XXI, 1974. • CHUECA GOITIA, Fernando (1968). *Breve historia del urbanismo*. Madrid, Alianza, 1995. • ESPINA Y CAPO, Antonio. *Notas al viaje de mi vida*. 4 volúmenes. Madrid, Espasa Calpe,

1926-1929. • MADRID, Juan. *Flores, el gitano*. Barcelona, Edición B, 1989. • MARTÍN SANTOS, Luis (1961). *Tiempo de silencio*. Barcelona, Crítica, 2000.

E **chalet** (var. chalé, pl. chalets, chalés)

español España y Argentina, sustantivo masculino

Definiciones

chalet: Casa de madera y tabique a estilo suizo. // Casa de recreo de no grandes dimensiones (*Real Academia Española 1927*).

chalé: Casa de madera y tabique a estilo suizo. // Casa de recreo de no grandes dimensiones, generalmente, rodeada de un pequeño jardín (*Real Academia Española 1989*).

chalé: Vivienda unifamiliar rodeada de jardín con una tipología ruralizante casi siempre situada fuera de los cascos históricos convencionales (*Grupo Aduar 2000*).

chalet: Casa de madera a estilo suizo. Casa de recreo de gran tamaño (*Diccionario general de la lengua española 2000*).

SI *CHALET* O *CHALÉ* DESIGNA, GENERALMENTE, UNA casa individual urbana o periurbana, la palabra remite a la idea de recreo. Por otro lado, desde el siglo 19, la palabra sufre una reformulación que signa un desfase entre las representaciones que transmite y su realidad de referencia, comúnmente periurbana.

Una de las primeras apariciones del término en la literatura data de fines del siglo 19, en la novela naturalista *La Regenta*. Vetusta, ciudad emblemática de la provincia española, abarcaba un barrio de "*palacios y chalets de la Colonia, o sea el barrio nuevo de americanos y comerciantes*" (Alas, alias "Clarín", [1884-85] 1969:18). Este barrio de viviendas individuales marcaba una diferencia morfológica, como también social y genealógica, con todo el resto de la ciudad, pues estaba habitada por *indios* provenientes del Imperio colonial. El término – sin lugar a dudas tomado del francés, y de la vivienda montañesa suiza o saboyana – designó, en primer lugar, una vivienda de lujo, totalmente diferente a la vivienda urbana autóctona. Si la referencia alpina era la más frecuente, Normandía, Bretaña e Inglaterra también figuraban entre las referencias habitualmente mencionadas. Sin embargo, otras palabras también se difundieron en las periferias urbanas de esa época: *palacio* (en la descripción que acabamos de citar), pero también *torre*, de origen medieval (designaba un castillo, una casa noble, y era utilizada también en Barcelona para denominar las grandes casas periurbanas de la burguesía), *villa* (en el siglo 19, el sentido de casas de verano reemplazó el de explotación agrícola transmitido en los diccionarios), pero también *hotel*, a la vez hotel de viajeros y "casa aislada de las colindantes, del todo o en parte, y habitada por una sola familia" (*Real Academia Española 1899). Al evocar a los ricos alemanes de los Estados Unidos bloqueados en Barcelona durante la Primera Guerra Mundial, el escritor Vicente Blasco Ibáñez contaba que "Los que habitaban *hoteles* lujosos iban a instalarse en villas y chalets de los *alrededores*" (1918:402). Dichas viviendas se diferenciaban de las simples *casas*, sin lugar a dudas, por su nivel social y por su uso recreativo, pero también porque la *casa* estaba asociada al tejido urbano tradicional. Por último, cabe destacar que las primeras realizaciones y proyectos de viviendas obreras fueron siempre *casas* agrupadas en *colonias* y *barrios* bien diferentes a los *cuarteles*, ya que este término expresaba una dimensión colectiva (Castrillo Romón 2001).

No obstante, el término parece haber evolucionado rápidamente. Cuando la entrada *chalet* apareció tardíamente en el diccionario de la Real Academia en *1927, ya se lo describía como "de no grandes dimensiones". Pero esta fuente sólo evocaba entonces su uso recreativo. Sin embargo, desde principios del siglo 19, el vocablo *chalet* designaba casas más modestas. La Ciudad Lineal de Madrid, operación urbanística muy famosa de comienzos del siglo 19, fue entonces el escenario de la célebre novela *El Chalet de las Rosas*, de Gómez de la Serna ([1923] 1997). En este caso en particular, se trataba de una pequeña casa de ladrillos, de construcción muy económica, pero en un barrio moderno, que era objeto de crítica en el relato en cuestión (la ausencia de alumbrado público y de actividad social habían propiciado un crimen). Esta apelación estaba ausente de la pluma de los urbanistas de la operación, como también del lenguaje administrativo y jurídico, al menos hasta la década de 1980. En efecto, *chalet* se convirtió – y en esta novela se lo usó en varias ocasiones como sinónimo de *hotelito* – en un término popular que designaba una vivienda modesta, sobre todo en las *colonias* obreras de Madrid.

Chalet, al urbanizarse por completo, se volvió entonces un vocablo que no correspondía a las representaciones que le dieron su origen. En 1966, en *Señas de identidad*, el escritor Juan Goytisolo describió con pesimismo los suburbios de Barcelona: "Mediocres chalés de San Gervasio, pisos asfixiados de Gracia, piedad sórdida y pueblerina de Sarriá". Su mirada sobre los *chalés* era también la de un desfase entre realidad y representaciones, por ejemplo, a través del pequeño mundo de repatriados del Imperio: "El elegante abuelo, tocado con su proverbial sombrero de paja, junto al absurdo *chalé* morisco del Ensanche de Barcelona, instalado ya en

España con mujer e hijos, chófer y jardinero, *torre de verano*" (Goytisolo [1966] 1996:84, 19).

Esta evolución está marcada por la eliminación de la *t* final, perceptible en la década de 1940, por ejemplo, en un cuento de Camilo José Cela, novelista conocido por su estilo cercano al lenguaje corriente: "me dirigí con paso presuroso hacia el chalé más próximo. El chalé se llamaba *My Cottage*" (Cela 1945:93). Este fenómeno registrado en el diccionario académico en *1956 reflejaba el éxito de este término durante el franquismo, ya que se lo usaba para designar una vivienda individual, mientras que, en las ciudades, su uso era todavía muy minoritario, y se concentraba, por ejemplo, en las *urbanizaciones*, esas amplias colonias algo aisladas que se construían alrededor de las ciudades, o en los suburbios acomodados de la capital. Más tarde, la comedia de Juan José Alonso Millán, *Oportunidad: bonito chalet familiar*, utilizó con humor todas estas representaciones: "No tiene pérdida; sales por la M-30 a la carretera de La Coruña [...] enseguida verás un chalet con una tapia amarilla, no tiene pérdida, porque tiene una pintada. "Con Franco teníamos bingo" (Alonso Millán 1992:24). El desarrollo del suburbio del noroeste de Madrid en altitud, en las áreas verdes y frescas de la sierra, recuperó, sin lugar a dudas, el antiguo origen suizo y montañés del término, aun tratándose de construcciones ostentosas y con albañilería sólida, a menudo, con piscina (Valenzuela Rubio 1977).

Esta afirmación del término corresponde, entonces, a un desarrollo más claro aún de la casa individual a partir de los años 1980. Hoy, los *chalés* están *aislados*, *pareados* o *adosados*... En el primer caso, los anuncios inmobiliarios indican a menudo *chalet independiente* o *individual*, o incluso, *unifamiliar*. Hoy en día, estos "productos" inmobiliarios están tan generalizados como diferenciados unos de otros que *chalé* pasó a ser un término superfluo: un *adosado* es una casa adosada, un *unifamiliar* es una casa individual, etc. Los habitantes de esta vivienda específica (los *adosados*) y muy homogéneos, se los describe, a veces, como *pitufos*… Estos calificativos son utilizados constantemente por las agencias inmobiliarias y por los promotores. Una publicidad decía, por ejemplo: "Golf, playa… ¿qué quiere mejor? La Torre Golf Resort (Torrepacheco, Murcia) Conjunto residencial compuesto de apartamentos, adosados y villas" (*El País Propiedades* 2003). El peso del sector inmobiliario para el turismo en España explica en parte el éxito en dicho país de un término que siempre designa, de cierto modo, una vivienda de recreo, aun siendo originario de regiones más septentrionales. Sin embargo, aquí, *chalet* debe distinguirse de *villa*, un término que se encuentra por encima en la escala inmobiliaria y que es utilizado considerablemente menos. *Chalet* se volvió finalmente un término muy genérico para designar una casa individual, y esto condujo a ciertas fuentes, principalmente jurídicas, a proponer calificaciones: *chalet-villa*, *casa-chalet*, *chalet-vivienda*, *chalet de verano*… Entonces, ¿el *chalet* es elegante o no? Depende del punto de vista.

Laurent Coudroy de Lille y Marta Lora Tamayo

EN ARGENTINA, EL USO DE LA PALABRA *CHALET* PUEDE identificarse bastante temprano, alrededor de 1880 (Ballent 1998): las primeras casas llamadas así eran residencias de verano de la ciudad balnearia de Mar del Plata, realizadas por constructores anónimos de origen español e italiano para la alta burguesía de Buenos Aires. Se trataba de construcciones de aspecto pintoresco, con techos de tejas y estructuras de madera, paredes de mampostería "rústica", similares a algunas casas campesinas vascas o navarras. A principios del siglo 1920, algunas variantes inglesas o normandas se hicieron frecuentes, en relación con el país de origen de sus creadores (Cova & Gómez Crespo 1981).

Del mismo modo, en Argentina, Uruguay y Chile, el término fue aplicado más tarde a la vivienda suburbana, rodeada de jardines, que correspondía a la residencia para la clase alta de la sociedad y estaba asociada al paisaje urbano con el que se las identificaba.

Durante los primeros años del siglo 20, era normal ver revistas populares, tales como *PBT* o *Caras y Caretas* anunciar la venta de *cottages* prefabricados en Inglaterra y llamados *chalets* para los clientes de Buenos Aires. En 1909, esta última publicación organizó un concurso, cuyo primer premio era un *chalet* prefabricado, presentado como un *cottage* inglés. Dos años más tarde, la misma revista anunció la venta de "ocho preciosos chalets"; eran construcciones sólidas con terraza y de aspecto moderno (*Caras y Caretas* 1911). En esta evolución, no es sorprendente encontrar que una novela ambientada en un suburbio de la ciudad de Rosario en la década de 1920, *El chalet de las Ranas*, describiera la casa en cuestión como una pequeña *villa* de estilo italiano, construida con ladrillos, terraza y baranda, y ubicada en el centro de amplios jardines (Weyland 1968).

Pese a estas variantes de estilo arquitectónico y a la notable extensión del uso de este término, los *chalets* tenían en común una localización suburbana o semirural. Correspondían a la arquitectura ecléctica, predominante entre 1890 y 1940, que los profesionales de la época construían en dichos barrios (Christopherson 1917).

Si bien, en un primer momento, la imagen del *chalet* fue considerada como representativa de algunas casas de recreo o de descanso para las clases acomodadas, en menos de dos décadas se volvió común entre las clases populares. Hacia 1918, la *Comisión Nacional de Casas Baratas* diseñó para el barrio Cafferrata de Buenos Aires unos 160 *chalets* en lotes individuales, con techos de "tejas francesas" y paredes de ladrillos a la vista o enlucidos. Se implementó la misma fórmula en el barrio Alvear (1927) y en el barrio Rawson (1934), como también en el barrio Sargento Cabral, uno de los pocos conjuntos habitacionales construidos directamente por el Estado en la década del 1930. Este *barrio de chalets*, más modesto que los de la *Comisión*, estaba destinado a suboficiales del ejército en la guarnición militar más importante del país, Campo de Mayo. Durante este período, algunas publicaciones especializadas, como la *Revista de Arquitectura* o *Nuestra Arquitectura*, introdujeron *chalets* diseñados por profesionales de un cierto renombre. La imagen simplificaba, entonces, los estilos vernáculos europeos, que imitaban el *mission style* surgido en California para evocar el legado de las antiguas construcciones coloniales españolas. La industria de Hollywood podría ser considerada un vector importante de su difusión.

A lo largo de toda la década de 1930 y de una parte de la década siguiente, puede observarse la amplia difusión del *chalet* como imagen estilística y forma de construcción, superando los orígenes regionalistas y generando una tipología muy particular. La modernidad europea se había abocado a nuevas formas de distribución en plantas, con esquemas de circulación más compactos o "racionales", y mejoras en materia de ventilación e iluminación. Durante ese tiempo, los techos se construían siempre en pendiente y con tejas "españolas" o "francesas" (Caride 1992). El uso de esta palabra en las revistas que aconsejaban a sus lectores cómo construir su propia casa se volvió masivo. Quizá la publicación más importante de esa época para la difusión del *chalet* como nueva tipología fue la revista *Mundo Argentino*, con la sección *La casa propia*, publicada entre 1937 y 1948. Al comienzo de la década de 1940, en sus columnas se anunció simplemente un "estilo chalet" despojado de toda línea europea (*Mundo Argentino* 14/07/1943). Casi al mismo tiempo, con la pérdida de esta referencia, las notas evocaban una "pequeña vivienda resuelta en las clásicas líneas del chalet" o un proyecto llevado a cabo "dentro de las líneas clásicas de probada predilección colectiva" (*Mundo Argentino* 24/4/1940 y 28/7/1943). Dichas afirmaciones se sostenían en una clara consagración social, y adquirieron mayor envergadura en los años siguientes.

Durante las dos presidencias de Perón (1946-1955), el *chalet* fue una de las soluciones más practicadas para la construcción masiva de viviendas. Entre los ejemplos más significativos en Buenos Aires podemos citar los barrios Primero de Mayo (1948) y Diecisiete de Octubre (1952). Se trataba de unidades divididas en lotes individuales, con paredes blancas y tejas "coloniales o españolas", y una clara organización en plantas, de influencia "moderna". Si bien la elección de este modelo para la construcción de medio millón de viviendas por el Estado durante esa década fue y continúa siendo tema de debate, podemos concordar en que la consagración social de la primera etapa contribuyó a la instalación de una tipología que reunía ciertos aspectos tradicionales y modernos, y que era accesible a las aspiraciones populares. Ciertos autores consideraron que esta coyuntura fue la razón de su éxito, y llegaron incluso a considerar que se trataba de un verdadero producto original, el "chalet argentino" (Larrañaga & Petrina 1986).

En el transcurso de la segunda mitad del siglo 20, y a pesar de su éxito popular ininterrumpido, el *chalet* se consagró en Argentina como una imagen de prestigio de la alta burguesía. Versiones más sofisticadas con techos de vidrio o imitaciones de pizarra, paredes de ladrillo a la vista y *bow-windows* a la inglesa proliferaban en ciertos barrios de Buenos Aires. También constituían una tipología frecuente en los *barrios cerrados* o *countries* que se construyen en la periferia de las grandes ciudades argentinas desde hace al menos dos décadas. Sin embargo, incluso en los viejos *barrios sociales* de *chalets* construidos por la *Comisión Nacional de Casas Baratas* durante el gobierno de Perón, los habitantes originales fueron reemplazados por ciudadanos de clase media o clase media alta que modificaron las terminaciones y la ornamentación con el fin de acrecentar el prestigio de este tipo de arquitectura y de apropiarse de él.

Horacio Caride

Véase: casa (e), casa (p), colonia (e), solar (e), urbanización (e), villa (e)

Referencias

ALÁS, Leopoldo [dit Clarín] (1884-1885). *La regenta*. Libro de bolsillo. Madrid, Alianza, 1969. • ALONSO MILLÁN, Juan José. *Oportunidad: bonito chalet familiar*. Madrid, Sociedad General de Autores de España, 1992. • BALLENT, Anahí. Chalet. In *Materiales para la historia de la arquitectura, el hábitat y la ciudad en la Argentina*. La Plata, Facultad de Arquitectura y Urbanismo, Universidad Nacional de la Plata, 1998. • BLASCO IBÁÑEZ, Vicente (1918). *Mare nostrum*. Edición de María José Navarro. Madrid, Cátedra, 1988. • *Caras y Caretas*, Buenos Aires, 25 mar. 1911. • CARIDE, Horacio. La casa propia. El caso del chalet. Notas en las revistas populares de Buenos Aires durante la década infame. *Documentos de Arquitectura Nacional y Americana – DANA*, n. 31-32, Buenos Aires, 1992, p. 57-64. • CASTRILLO ROMÓN, María. *Reformismo, vivienda y ciudad. Orígenes y desarrollo del debate en España. 1850-1920*. Valladolid, Universidad de Valladolid, 2001. • CELA, Camilo José. *Esas nubes que pasan*. Madrid, Afrodísio Aguado, 1945. • CHRISTOPHERSON, Alejandro. La arquitectura colonial y su origen. *Revista Técnica*, Buenos Aires, Sociedad Central de Arquitectos, mar./abr. 1917. • COVA, Roberto; GÓMEZ CRESPO, Raúl. *Arquitectura marplatense, estilística y pintoresquismo. Documentos para una historia de la arquitectura argentina*. Coordinación de Marina Weisman. Buenos Aires, Summa, 1981. • DUNOWICZ, Renée (Dir.). *90 años de vivienda social en Buenos Aires*. Buenos Aires, FADU-UBA, 2000. • *El País Propiedades*. Madrid, 11 jul. 2003. • GÓMEZ DE LA SERNA, Ramón (1923). *Obras completas*. Barcelona, Círculo de Lectores/Galaxia Gutenberg, 1997. • GOYTISOLO, Juan (1966). *Señas de identidad*. Barcelona, Mondadori, 1996. • LARRAÑAGA, María Isabel; PETRINA, Alberto. Allá lejos y hace tiempo: la vivienda de un proyecto nacional. *Arquitectura y Comunidad Nacional*, n. 4, Buenos Aires, 1986. • *Mundo Argentino*, Buenos Aires, 24 abr. 1940; 14 jul. 1943; 28 jul. 1943. • REAL ACADEMIA ESPAÑOLA. *Corpus diacrónico del español* (Corde.) <www.rae.es>. • VALENZUELA RUBIO, Manuel. *Urbanización y crisis rural en la Sierra de Madrid*. Madrid, Instituto de Estudios de Administración Local, 1977. • WEYLAND, Walter Guido. *El chalet de las ranas*. Buenos Aires, Losada, 1968.

E ciudad (pl. ciudades)

español España, México y Argentina, sustantivo femenino.

Definiciones

ciudad: Población *numerosa, habitualmente rodeada de murallas y gozando de privilegios y derechos*. Fr. Ville, Cité.

Lat. Urbs, Oppidum, Civitas. *It.* Cittá. Ciudad, *designa también el cuerpo de Representantes y Magistrados, qui reglamentan la policía de la* Ciudad. *Fr.* Ville. *Lat.* Magistratus urbanus. *It.* Magistrati *(*Terreros 1786-1793).*

ciudad: *Poblacion de gentes congregadas à vivir en un lugár, sujetas à unas leyes, y à un gobierno, gozando de ciertos privilegios y exenciones, que los señores Reyes le han servido de concederlas segun sus servicios. Unas son cabézas de Reino, como Burgos, Tolédo, Leon, Sevilla, &c. Otras tienen voto en las Cortes, como las referidas, y Valladolid, Salamanca, Cuenca, &c. Viene del Latino Civitas, que significa lo mismo. [...]. Ciudad. Materialmente significa los muros, torres y demás edificios de que se compóne. Lat.* Urbs., *[...] Es Cambray una de las mayóres y mas nobles Ciudades de los Estados Baxos [...] Ciudad. Significa también el Ayuntamiento, ò Cabildo, y los Diputados, ò Procuradóres de Cortes, que en virtud de los podéres que les otorgan, tienen la representacion y voz de la Ciudad que los envía. Lat.* Senatus, us. (Colmen. Hist. Segob. Cap. 41.§I. *Por la tarde salieron de las casas de Consistório los Regidóres acaballo, en formation de Ciudád.* (Real Academia Española 1729:363-364)

ciudad: *Población comunmente grande que goza de mayores preeminencias que las villas. Algunas son cabezas de reino, y otras tienen este título por privilegio. Llámase también así el conjunto de calles, casas y edificios que componen la ciudad.* Civitas, urbs. *Ciudad. El Ayuntamiento, o Cabildo de cualquier ciudad, y también los diputados, o procuradores en cortes que las representan* (*Real Academia Española 1780:232).

ciudad: Ciudad es *un término que se aplica a un núcleo de población dotado de medios de comunicación, de servicios urbanos y de estructuras administrativas, que constituyen el centre económico y cultural de una región* (Enciclopedia de México 1987).

ciudad: *(del latín* civitas, -atis*). F. Espacio geográfico, cuya población, generalmente numerosa, se dedica en su mayor parte a actividades no agrícolas. // 2. Conjunto de sus calles y edificios. // 3. Lo urbano, en oposición a lo rural. // 4. Ayuntamiento o cabildo de cualquiera ciudad. //5. Población, comúnmente grande, que antiguamente gozaba de mayores preeminencias que las villas. //* Dormitorio. *Conjunto suburbano de una gran ciudad cuya población laboral se suele desplazar a diario al núcleo urbano mayor. //* Jardín. *Conjunto urbano formado por casas unifamiliares, provista cada una de jardín. //* Lineal. *La que ocupa una faja de terreno de varios kilómetros de longitud y de poca anchura, con una sola avenida central y calles transversales que van a dar al campo. //* Satélite. *Núcleo urbano dotado de cierta autonomía funcional, pero dependiente de otro mayor y más completo, del cual se halla en relativa cercanía. //* Universitaria. *Conjunto de edificios situados en terreno acotado al efecto, destinados a la enseñanza superior, y más especialmente la que es propia de las universidades* (*Real Academia Española 1992).

ciudad: Población *importante. Antiguamente,* población *de categoría superior a la de villa. 2. Utilizada de modo genérico. Por oposición a* campo, población *no* rural (*Moliner 2000).

LAS PRIMERAS DEFINICIONES DE *CIUDAD* OTORGADAS por los diccionarios españoles insisten sobre su carácter de aglomeración pero también sobre su importancia funcional, su dignidad y los privilegios que le caben. Se menciona también, a menudo, la presencia de murallas y la de un cuerpo de autoridades – otra de las acepciones del término *ciudad* – que aseguran su administración. No obstante, en los textos medievales, el término es mucho menos utilizado que *villa* – ha dejado más trazas en la toponimia de España – a los efectos de designar los agrupamientos significativos de habitaciones y habitantes. La consagración del término *ciudad*, y su diferenciación semántica de *villa*, fue un proceso de larga duración, contemporáneo de la reconquista. Los historiadores, a menudo, señalan el impacto que tuvo el descubrimiento del mundo urbano de Al-Andalus sobre las mentalidades de los cristianos, habituados a un hábitat menos concentrado y a una civilización menos urbana y comerciante. En ese proceso, la *Villa* Real, fundada en 1256 al sur de Toledo, se transformó un siglo más tarde en *Ciudad* Real, testimoniando así el éxito de esta creación urbana (Pillet 1984). Según numerosos textos, la *ciudad* tuvo un rol importante en la conquista (Ordenanza de Don Alfonso el sabio… [1266] 1866) El ejército de la reconquista ocupaba las casas y las calles antes de la expulsión de los moros, como sucedió en Murcia, Valencia, Toledo, Córdoba y Granada, todas ellas aglomeraciones muy importantes en el cambio de dominio y que fueron designadas inmediatamente como *ciudad* en el lenguaje español del medioevo.

Desde el siglo 14, la trilogía ciudad, villa y lugar – siempre en ese orden en las fuentes administrativas y jurídicas – aparece y da cuenta de una jerarquía. La ciudad es en general sede del episcopado y es calificada como grande, rica, bella y noble… Está cargada de connotaciones positivas en las fuentes, narraciones de viaje o textos literarios, tendencia que persiste hasta la fecha. Pero el orden de los privilegios nunca desapareció totalmente. Madrid, elegida como sede de la monarquía en 1561, cuando no era más que una aldea, era nombrada como Villa y Corte, mientras que

Barcelona es mencionada, en numerosos textos, como *ciudad condal*. La presencia de murallas defensivas, que nunca tuvo Madrid, es a veces considerada como un criterio excluyente. Algunas de las acepciones del diccionario de la Academia de 1992, referidas a la existencia de un *Ayuntamiento* o a sus prerrogativas, muestran muchos de los elementos históricos que aún hoy persisten junto con criterios referidos al tamaño, al paisaje y a la densidad (*Real Academia Española 1992).

Mientras los diccionarios de los siglos 18 y 19 subrayaban las diferencias entre *villa* y *ciudad*, ésta última se consagraba como término genérico para designar las aglomeraciones urbanas. El crecimiento urbano y la abolición del antiguo orden territorial (durante la primera mitad del siglo 19) explican que se generaliza el término caracterizado por sus connotaciones positivas, que lo asocian simbólicamente con el territorio y sus habitantes y con una concepción del progreso humano y económico típico de las valoraciones decimonónicas. La referencia etimológica – la *civitas* latina – refuerza su valor por sobre el término villa que remite de algún modo al ambiente agrícola, rural y medieval. Esta evolución es interesante a los efectos de establecer sus paralelos con el vocabulario francés, en el cual *ville* avanzó sobre el término *cité*. No obstante, en el español se fueron desarrollando otros términos como *metrópolis* (después del siglo 16) pero también *capital* (siglo 18), a los efectos de designar la *villa* como sede del poder. Dicho de otro modo, una aglomeración densa de habitantes es una *población*. Pero la *ciudad* tiene además una dimensión jurídica y militar, en tanto el *ciudadano* y la *ciudadanía* se presentan como derechos asociados a ese estatuto.

El ingeniero Ildefonso Cerdá trató, en 1867, de luchar contra lo que consideraba una facilidad de vocabulario: él se molestaba por las connotaciones de *ciudad* que percibía como parte del vocabulario del antiguo régimen. El nuevo término que propone, el término *urbe*, tardo más de cien años en ser utilizado. Otra tentativa fue, un siglo más tarde y sobre el fin del franquismo, la de introducir el término *área metropolitana*, traducción de la expresión de *metropolitan area* de cuño norte-americano. El término entraba en consonancia con la promoción de los organismos intercomunales para la gestión de las aglomeraciones, propia de las décadas de 1960 y 1970. No obstante, esas nuevas palabras no prosperaron en España pues una de las primeras decisiones de la transición democrática (1979) fue la de afirmar la autonomía política y de gestión local, a cargo de las municipalidades. Pero más allá de los intentos de geógrafos y de estadísticos, *ciudad* – al igual que *urbe* – sigue siendo utilizada por la prensa para dar cuenta de los problemas de la expansión urbana. Para Barcelona, Madrid, Bilbao, las expresiones *conurbación*, *región metropolitana*, *aglomeración urbana*, *región urbana*… no tuvieron éxito. Por un lado, las ciencias humanas en España carecen de la creatividad para la propuesta de neologismos tal como se registra en el francés o en el inglés. Por otro lado, la ciudad española es más compacta y densa que la de la mayoría de países desarrollados y tal vez, en esa característica, pueden encontrarse algunas de las razones de la hegemonía y la duración del término *ciudad*.

El término c*iudad*, entre sus recursos y connotaciones, afirma una cierta identidad y unidad propia del organismo urbano: siguiendo los rumbos de la Barcelona de la exitosa novela de Eduardo Mendoza la *Ciudad de los prodigios* (1986), la *ciudad* es un mundo en sí mismo. No obstante, se puede evocar casos donde *ciudad* solo design una parte o un barrio con ciertas características. Pero esa utilización es limitada y muy tardía. Es posible que esas acepciones de gestaron en las oposiciones entre *ciudad antigua* o *vieja* y *ciudad nueva* o *moderna*. En los planos de arquitectos e ingenieros del siglo 18 se identifican menciones como las de *ciudad proyectada*, en tanto las expresiones *ciudad baja* y *ciudad alta* no son habituales antes del siglo 20. En el proceso de crecimiento de las ciudades y en la diferenciación de los paisajes que resultan del *ensanche* del siglo 19, se hacía referencia a la *ciudad nueva*. No obstante, los crecimientos menos regulados eran designados como *barrios* o *suburbios*. A propósito de una pequeña ciudad, el novelista Vicente Blasco Ibañez en 1900 presenta esta imagen: "Rafael [...] pasó el puente y entró en el *Arrabal*, la *ciudad nueva* amplia y abierta, como si las casas apretadas de la isla, cansadas de esa opresión hubieran pasado e tropel a la otra costa" ([1900] 1997:102). Se trata acá de la pequeña ciudad de Alzira, de la región de Valencia, que poseía sus murallas defensivas. La palabra *casco*, calificado a veces como *antiguo, viejo, amurallado*…, designa también la parte antigua de la *ciudad*, como si éste término fuera que el que continua abarcando a los otros.

Los proyectos de urbanismo utilizaron sistemáticamente la palabra *ciudad* para designar un nuevo barrio: la *ciudad lineal*, modelo imaginado por el urbanista madrileño Arturo Soria y Mata a partir de 1882 y realizado en la periferia nordeste de la capital era una alternativa anular a la ciudad existente y fue luego el título de una revista de urbanismo. En ese clima, los reformadores españoles tradujeron *garden-city* como *ciudad jardín* en tanto el propagandista español de la idea, Cipriano Montoliú de Togores, fundó en 1912 la *Sociedad Cívica Ciudad-Jardín*. Burgos, Pamplona, Alicante… cuentan con barrios así designados. La expresión es retomada en la actualidad por los promotores inmobiliarios en el marco de la difusión de la casa individual después de 1980. *Ciudad obrera* no es habitual, pero una *ciudad* puede ser *burguesa*, *conventual*, *portuaria*… o *industrial*. La *ciudad universitaria* de Madrid es una operación lanzada en los años 1920 y fue el premier campus europeo y es hoy un barrio de Madrid, al igual que la *Ciudad de los Ángeles*, la *Ciudad Pegaso*, la *Ciudad de los Periodistas*, toponimias que corresponden a operaciones inmobiliarias destinadas a ciertos grupos profesionales bajo el franquismo. La antigua *Ciudad deportiva* del equipo de futbol del Real Madrid es la localización para cuatro espectaculares rascacielos de una operación inmobiliaria que, seguramente, intentara conservar esa denominación con registro histórico pero también en virtud de las connotaciones positivas del término *ciudad*, remarcablemente durables a lo largo de la historia.

Rafael Mas Hernández
y Laurent Coudroy de Lille

SEGURAMENTE, LOS PRIMEROS LA PALABRA *CIUDAD* llego a América con los primeros barcos españoles. Los conquistadores y los evangelizadores la utilizaron para designar las localidades indígenas más importantes que encontraban en su camino, muy sorprendidos por la importancia de esos centros de población. Hernán Cortés, en la segunda de sus *Cartas de relación* (1532), veía en Tenochtitlán una "gran *ciudad*", más amplia que Sevilla y Córdoba, con una plaza dos veces más grande que la de la *ciudad* de Salamanca. Se podía observar plazas, palacios, templos, mercados, acueductos y casas. A pesar de las diferencias con las ciudades de Europa, Tenochtitlán (y muchas otras aglomeraciones mexicas, mayas, tlaxcaltèques o purépechas) tenía una escala similar a las ciudades españolas.

Estas ciudades fueron desapareciendo con las guerras de la conquista y con la reorganización del espacio impuesto por la colonización y la evangelización. El control del territorio y la fundación de ciudades, que aseguraban el dominio y el control, eran el centro de la estrategia colonial. En ese sentido, es de referirse a una noción próxima a la experiencia española, tal como es planteada en la primera edición del diccionario de la Real Academia: "Población de gentes congregadas à vivir en un lugar, sujetas a unas leyes, y a un gobierno, gozando de ciertos privilegios y exenciones" (*Real Academia Española 1729). El plan en damero constituía la expresión material, espacial y social de la dominación colonial. La red urbana constituida en este período, con sus sitios costeros y mineros, con sus centros económicos, administrativos y políticos, fue la base de la organización espacial jerarquizada que prevaleció hasta nuestros días.

Otra iniciativa implementada durante la urbanización colonial fue el reagrupamiento de la población indígena, es decir la fundación de *pueblos de indios* concebidos como espacio para la evangelización, donde debían vivir en un clima de cristianismo y buenas costumbres, alejados también de la influencia española. En esos términos, se trataba de controlarlos con el objetivo de someterlos al poder civil y religioso. Ésta política tuvo consecuencia la existencia de núcleos urbanos diferenciados para españoles y para la población local. En los primeros, un trazado ortogonal ordenaba la trama urbana, con una plaza central, sede de los poderes instituidos. Paralelamente, en México, Puebla o Guadalajara, por ejemplo, se localizaban en las cercanías de la *ciudad* los *barrios de indios* (Lira 1985; López Moreno 2001). La *ciudad* propiamente dicha era la planificada, la periferia de los indios era denominada alternativamente *pueblo, barrio* o *arrabal*. A pesar de esta distinción, la política de segregación no pudo aplicarse no en las *ciudades* españolas no en los *pueblos de indios*. En la medida que las *ciudades* de la Nueva España se caracterizaban en el siglo 18 por un tejido socio-espacial mixto y polifónico, los indios, los españoles y las *castas*, esas poblaciones importadas del África, compartían el espacio.

Fundar une *ciudad* implicaba también crear un *municipio*. En muchas ocasiones, como en Veracruz o México, la creación de una administración precedía el plano de la ciudad, situación que permitió el desplazamiento de ciertas ciudades. Guadalajara, por ejemplo, tuvo dos localizaciones sucesivas antes de su implantación definitiva. *Ciudad* designaba un conjunto de edificios y de calles, pero era también una entidad política y la representación de sus habitantes. Para el hermano Servando Teresa de Mier (1813), se debe a la instancia municipal "simplemente el nombre de una *ciudad* o de una *villa*, con el lugar que representa y su propio nombre". Así el consejo municipal de la capital de la Nueva España – el actual México – podía escribir al rey en nombre de la ciudad: "La muy noble y muy fiel e imperial *ciudad* de México, *metrópolis* de América, tomó conocimiento de las tristes noticias que figuran en los diarios de Madrid de los días 13, 17 et 20 mayo" (Mier 1813). Este uso que transformaba la *ciudad* en persona en el antiguo régimen, cayó en desuso a partir del siglo 19.

"*Ciudad* traducía entonces un privilegio político, un reconocimiento. La aglomeración de los indios de Tlaxcala obtuvo esa distinción por el apoyo que brindaron a los españoles en su guerra de conquista contra los Mexicas. En esa instancia, la ciudad de Tlaxcala recibió en el nombre de Leal *Ciudad* de Tlaxcala" (apud Peñafiel [1909] 1978). La elevación al título de *ciudad*, que ubicaba jerárquicamente un núcleo urbano por arriba de *villa* o de *pueblo*, estaba acompañada de privilegios y derechos. Esta situación, asociada a títulos de nobleza, se encuentra a lo largo de la época colonial y durante una gran parte del siglo 19. En el siglo 20, reaparece esporádicamente en ocasión de las celebraciones oficiales. A lo largo del siglo 19, en un contexto de guerras y de invasiones, un número elevado de *pueblos* y de *villas* mexicanas recibieron del partido en el poder el título de *ciudad* en reconocimiento de su "lealtad y de su patriotismo". Los criterios adoptados para distinguir una localidad de otra consideraron factores tales como la cantidad de habitantes o los servicios urbanos existentes, tal como fuera considerado en el primer censo de población mexicana de 1895. En esa orientación, la *Enciclopedia de México* (*1987) considera que "*ciudad* es un término que se aplica a un núcleo de población dotado de medios de comunicación, de servicios urbanos y de estructuras administrativas, constituyendo el centro económico y cultural de una región".

Más allá de esa aparente simplificación de los usos de *ciudad*, el fenómeno es más que complejo. En el curso de la segunda mitad del siglo 19 y a lo largo del 20, las *ciudades* y *villas* mexicanas conocieron un crecimiento en todas sus esferas. Pero se trata de un cambio cualitativo más que cuantitativo. La puesta en marcha de la red de transportes y el desarrollo de servicios urbanos modernos así como la emergencia de los nuevos barrios, llamados *colonias*, dotados de nuevos trazados urbanos han modificado profundamente la apariencia de la *ciudad*. La industrialización y la expansión del sector terciario han jugado un rol fundamental en ese proceso. No obstante, es necesario subrayar que esta modernización no afectó de igual modo al conjunto de habitantes. Símbolo de la vida moderna, y vivida como una esperanza, la *ciudad* encarnaba la promesa de una vida mejor, sana, lejos de los inconvenientes de la vida rural, como espacio privilegiado para favorecer el desarrollo intelectual, profesional y asegurar el ascenso social. Las *ciudades* constituyeron centros de atracción para poblaciones rurales que llegaban en masa a esta tierra prometida, pero casi nunca encontraban el paraíso. Frente a este crecimiento, a menudo percibido como patológico, la *ciudad* es a menudo representada como una amenaza: "La *ciudad* se obstina en tragarme, yo me obstino en pintarla y en amarla" podría leerse en un *graffiti* sobre los muros de la ciudad de México.

En la segunda mitad del siglo 20, apareció la expresión *ciudad perdida,* que remite a una parte de la *ciudad* donde se concentra una población pobre, que en su mayoría ha debido abandonar su lugar de origen y donde las viviendas y los servicios son insuficientes (*Diccionario del español usual en México* 2000). *Ciudad perdida* se presenta como una *ciudad* en las antípodas del proyecto colonial de orden, de buenas costumbres y de armonía... Una *ciudad* en el interior de otra ciudad, esa es finalmente la ciudad contemporánea, une *ciudad* de ciudades.

Ernesto Aréchiga Córdoba

LA CORONA ESPAÑOLA FUNDÓ SU POLÍTICA PARA LOS territorios del nuevo mundo, sobre la base de una *red de ciudades*. La búsqueda de un orden y de una regularidad fue reglamentada por las *Leyes de Indias* que definieron la morfología, el gobierno y la organización de las ciudades, precisando la obligación de residencia para sus habitantes. En ellas se estableció una jerarquía entre *ciudades* y aglomeraciones más pequeñas denominadas *villa* y *lugar* (Ordenanzas... 1573 apud Altamira 1950: 213 sq.) en tanto en los primeros siglos de colonización se podían encontrar, en los textos oficiales, denominaciones tales como *puerto o pueblo*. Los calificativos "muy noble y muy leal", "muy fiel" correspondían a los privilegios acordados a las ciudades y a sus aspiraciones de nobleza: "por Dios, por el Rey, por su ciudad" (Ordoñez de Cevallos [1614] 1905:271).

Hacia el fin del siglo 18, el término y los alcances de *ciudad* se asociaron a las ideas de civilización y progreso tal como se registra en los discursos de la independencia americana. Algunos textos ponían de manifiesto su rol destacado en el quiebre del orden colonial (Azara [1809] 1941) planteándose como un objetivo clave de los programas de la independencia. Simón Bolívar imaginó una utópica ciudad-centro para América mientras en los debates políticos se planteaba la necesidad de ciudades-capitales "que reúnen la mayor suma de poder" (Alberti 1852) en tanto focos de modernización para la organización de los Estados Nacionales. En Argentina se opuso lo urbano, sinónimo de civilización, a lo rural, sinónimo de los valores tradicionales y arcaicos. La literatura argentina registra entonces la oposición entre la civilización y la doble barbarie, la de la naturaleza americana y la del pasado colonial español. "El hombre de la *ciudad* lleva el traje europeo, vive una vida civilizada [...] Todo lo que es de civilizado en la ciudad se encuentra bloqueado, prohibido en el exterior" (Sarmiento [1845] 1961:31). Pero esta imagen de ciudad como espacio de civilización se transforma, a fines del siglo 19, cuando el campo se presenta en tanto fuente para la recuperación de los valores y la salubridad frente a los peligros que acarrea la metropolización.

En el tránsito del siglo 19 al 20 esas imágenes contrapuestas subsisten en los juicios de valor que suscitan las transformaciones de las ciudades. "En un primer momento primó una valoración positiva, en tanto las imágenes negativas dominan más tarde asociadas con el pauperismo, la mendicidad, la pereza, el lujo, la prostitución, el juego, la necesidad de aparentar, la fiebre de los negocios y las especulaciones arriesgadas, que son otros tantos factores del delito, se localizan y crecen" (Lancelotti 1914). Estas imágenes de la ciudad como metáfora de la sociedad están presentes en los textos de los higienistas, en la literatura naturalista y en el discurso de los reformadores sociales que exigen "estudios en profundidad y proposiciones razonables y prácticas" (Amadeo 1910:18). La *ciudad* en tanto objeto de conocimiento e intervención estuvo precisamente en el centro del campo especializado del urbanismo.

En el siglo 20, en las décadas de 1920 y 1930, la idea de ciudad, como organismo y como proyecto, se traduce en definiciones y propuestas: "toda *ciudad* es un organismo vivo portador de una función determinada" (Rinaldini 1937:70), ella "es expresión de la civilización" (Vela Huergo 1937:51), "expresión de una estética" (Intendencia Municipal 1925:70). La *ciudad* es también pensada como un "inmenso mecanismo" (Vautier & Prebisch 1924:110) y como un "taller" de producción (Cóppola 1916:25). En esos años, la ciudad era sujeto de ensayos y columnas periodísticas. En la producción literaria de la "modernidad periférica" la vida urbana suscitó fascinación y rechazo. La heterogeneidad de personajes, situaciones y sensaciones metropolitanas queda plasmada en las "aguafuertes" de Roberto Arlt, en las poesías de Borges – que situaba el origen de Buenos Aires en una manzana en el medio de la pampa –, en la "cabeza de Goliat" de Martínez Estrada (1943) con su lectura crítica de las distinciones entre civitas y urbs, en "la ciudad alucinada" del brasilero Mario de Andrade (1922). La ciudad es vista en este momento como verdadero sujeto, perspectiva que se perderá hacia mediados de siglo, cuando se transforma en escenario de las narraciones de Ernesto Sábato, Julio Cortázar, Mario Vargas Llosa, Gabriel García Márquez o Guillermo Cabrera Infante.

Después de la segunda posguerra, en el pasaje del Urbanismo a la Planificación Territorial, el carácter genérico y espacial de la palabra *ciudad* fue sustituido en Latinoamérica por hipótesis explicativas sobre los factores intervinientes en su desarrollo y crecimiento. La mirada se centra en temas-problema: como la "concentración" poblacional, las "migraciones rural-urbanas", el "hábitat marginal". La ciudad se concebía "como motor de cambio del desarrollo económico y por ende de un amplio proceso social. [...] Cuando se trata de definir una zona urbanizada, parece también aconsejable el abandono de sus contenidos de unidad política para apresar por medio de términos estadísticos la genuina función de unidad económica que representa" (Hauser 1962). Esta imagen se formulaba en el Seminario de Santiago de Chile de 1959 donde se trataban los diagnósticos y proyectos motorizados por las recomendaciones de la Organización de los Estados Americanos (OEA) y la Comisión Económica para América Latina (Cepal) de las Naciones Unidas, que canalizan líneas crediticias regionales desde fines de la década de 1950. La ecuación sesentista industrialización-urbanización-modernización (Harris 1971; Davis 1967) se plasma en planes y "esquemas" de urbanismo que proponen equipamientos de escala regional – "transportes, parques y vialidades", conjuntos habitacionales, "polos de desarrollo" y una gestión estatal centralizada, pues "la ciudad [...] es el espacio más propicio para asegurar el crecimiento económico global de la nación a través de la industria" (Harris 1971). Queda plasmada así una idea de ciudad – "aglomeración" desde lo geográfico, "urbanización" desde lo demográfico, "motor" desde lo económico – y como objeto de diagnóstico para los programas de intervención estatal a gran escala y largo plazo que confieren un rol central a los funcionarios y técnicos. Las particularidades de la *ciudad* se diluyen, substituyéndose por "lo urbano" percibido en como totalidad.

En los años 1970, el modelo de modernización y las interpretaciones de la teoría de la dependencia y del subdesarrollo mostraron sus límites. En lo que concierne a la ciudad, varios proyectos competían. En primer lugar, la reformulación de los esquemas ecológicos tributarios de la Escuela de Chicago (Echenique 1975), una nueva sociología urbana de inspiración marxista que criticaba esa posición caracterizándola de "espacialista", pues pone el acentúen el rol de los actores y sus formas de acción en los procesos de estructuración social urbana (Coraggio 1974), la Conferencia de Estocolmo de 1973 insistía en la dimensión planetaria del ambientalismo y en la necesidad de instituir nuevas nociones: "los términos de ciudad, aglomerado, área, conurbano, región política, etc. resultan según este enfoque inaplicables, en tanto que la presencia de partes diferenciadas, de relaciones, de estructura funcional, avala la existencia de un verdadero sistema territorial como representación más ajustada a la realidad" (Simeb 1975:65). Estas perspectivas de análisis eran debatidas en los encuentros y publicaciones de la Sociedad Interamericana de Planificación (SIAP), donde se organizaba el campo de los estudios urbanos latinoamericanos (Kullock, Catenazzi & Pierro 2001).

Es en ese cuadro, donde fueron definidas las nociones de *"ciudad* legal" opuesta a *"ciudad* ilegal", gestadas en los años 1980, son un corolario de la crítica a la perspectiva tecnocrática y sustentan las experiencias de "participación" y autogestión desde la consideración de los movimientos sociales y el poder local: "El sector 'ilegal' de las ciudades esta creciendo y extendiéndose más rápidamente que el sector legal. Es ilegal porque los pobres invaden terrenos, construyen sus viviendas sin considerar el uso del suelo y las regulaciones edilicias, trabajan al margen de las organizaciones laborales convencionales, toman agua y consumen alimentos que no provienen de fuentes autorizadas, visitan 'médicos' o curanderos no autorizados. Muchos gobiernos del Tercer Mundo todavía pretenden planificar y construir ciudades que sólo existen en la mente de los tecnócratas y burócratas" (Hardoy & Satterthwaite 1987). Como trasfondo de esta problemática subyace la noción de "ciudad real" opuesta a la "ciudad ideal" de la planificación. El Concurso de las 20 ideas para Buenos Aires organizado en 1986 con el Ayuntamiento de Madrid ilustra los fundamentos y objetivos de las propuestas: "partimos de la idea que la *ciudad* como producto cultural no puede resolverse ya en encerrados gabinetes tecnocráticos, sino que debe recoger las necesidades de los habitantes y el talento y las inquietudes de quienes han sido preparados para la estimulante labor de resolverlos dando forma a la ciudad". El objetivo es que "las intervenciones públicas y privadas se conviertan en hechos irradiantes" (20 *ideas* 1986:12).

Finalmente, en los años 1990 se impone, por último, un nuevo referencial: la ciudad se transforma en sede de competitividad, inversiones y productividad. La *"ciudad* global" – término acuñado por Saskia Sassen (1991:384) – debe competir en el mercado de sus pares, con las cuales se articula simultáneamente en una "red". En respuesta a los lineamientos y recomendaciones emitidas desde foros e instituciones como el Banco Mundial, las nuevas concepciones se traducen en expresiones como "ciudad gobernable", "ciudad competitiva", "ciudad equitativa" (*Plan urbano ambiental* 2000; *Plan Estratégico Rosario* 1998). Mientras el lenguaje de los técnicos se fue transformando, en el habla cotidiana – y en eso el término genérico de ciudad se diferencia muy fuertemente de otros vocablos referidos a ella – dominaron representaciones difusas. Prevalece a ese nivel la referencia a vivencias cotidianas, a los monumentos, a la calidad de los servicios, a las deficiencias de la acción municipal.

Alicia Novick

Véase: capital (e), centro (e), periferia (e), plaza (e), población (e), pueblo (e), vila (p), villa (e)

Referencias

20 ideas para Buenos Aires. Buenos Aires, 1986. • ALBERTI, Juan Bautista (1852). *Bases y puntos de partida para la organización política de la Confederación Argentina*. Buenos Aires, Plus Ultra, 1996. • AMADEO, Tomas. *Economía social. El museo social de Buenos Aires. Fundamentos y anteproyecto*. Buenos Aires, Imprenta Coni, 1910. • ARLT, Roberto. *Obra completa*. Buenos Aires, Carlos Lohlé, 1981. • AZARA, Félix (1809). *Viajes por la América Meridional*. Tomo I. Buenos Aires, Espasa Calpe, 1941, p. 124. • BLASCO IBÁÑEZ, Vicente (1900). *Entre narcosis*. Madrid, Cátedra, 1997. • BORGES, Jorge Luis. *Obras completas*. Buenos Aires, Emecé, 1974. • CÓPPOLA, Horacio. Urbanismo, síntesis de nueve conferencias magistrales. *Revista de Arquitectura*. Buenos Aires, Sociedad Central de Arquitectos, nov. 1926. • CORAGGIO, José Luis. Consideraciones teórico-metodológicas sobre las formas sociales de organización del espacio y sus tendencias en América Latina. *Revista Interamericana de Planificación*, n. 32, Ciudad de México, SIAP, 1974. • CORTÉS, Hernán (1532). *Cartas de relación*. Edición anotada por el Dr. Julio Le Riverend. Ciudad de México, Concepto, 1983. • DAVIS, Kingsley. La urbanización de la población humana. In SCIENTIFIC AMERICAN. *La Ciudad*. Madrid, Alianza, 1967. • ECHENIQUE, Rubén (Comp.). *Modelos matemáticos de la estructura espacial urbana*. Buenos Aires. SIAP, 1975. • HARDOY, Jorge Enrique; SATTERTHWAITE, David. *La ciudad legal y la ciudad ilegal*. Buenos Aires, Grupo Editor Latinoamericano, 1987. • HARRIS, Walter. *El crecimiento de las ciudades en América Latina*.

Buenos Aires, Marymar, 1971. • HAUSER, Philip M. (1962). *La urbanización en América Latina*. Buenos Aires, Solar-Hachette, 1967. • INTENDENCIA MUNICIPAL, COMISIÓN DE ESTÉTICA EDILICIA. *Proyecto orgánico para la urbanización del municipio*. Buenos Aires, Talleres Peuser, 1925. • KULLOCK, David; CATENAZZI, Andrea; PIERRO, Nilda. *Nuevas corrientes de pensamiento en planificación urbana*. Buenos Aires, Ugicamba, 2001. • LANCELOTTI, Miguel Ángel. La criminalidad en Buenos Aires 1887-1912: sus causas y consecuencias. *Revista de Criminología, Psiquiatría y Medicina Legal*, año I, 1914, p. 129-148. • LIRA, Andrés. *Comunidades indígenas frente a la Ciudad de México: Tenochtitlan y Tlatelolco, sus pueblos y barrios, 1812-1919*. 2.ª edición. Ciudad de México, El Colegio de México, 1995. • LÓPEZ MORENO, Eduardo. *La cuadrícula en el desarrollo de la ciudad hispanoamericana, Guadalajara, México*. Guadalajara, Universidad de Guadalajara/Instituto Tecnológico y de Estudios Superiores de Occidente, 2001. • MARTÍNEZ ESTRADA, Ezequiel (1943). *La cabeza de Goliat. Microscopía de Buenos Aires*. Buenos Aires, Losada, 1983. • MARTÍNEZ ESTRADA, Ezequiel. *Radiografía de la pampa*. Buenos Aires, Babel, 1933. • MENDOZA, Eduardo. *La ciudad de los prodigios*. Barcelona, Seix Barral, 1986. • MIER, Fray Servando Teresa (1813). *Historia de la revolución de Nueva España*. Edición facsimilar: Londres, Imprenta de Guillermo Glindon. México, Fondo de Cultura Económica/Instituto Cultural Helénico, 1986. • *Ordenanza de don Alfonso el sabio, concediendo a los muslimes de Murcia que pudiesen vivir apartadamente de los cristianos, y labrar su muro en el Arrijaca* (1266). Madrid, Real Academia de Historia, 1866. • *Ordenanzas del descubrimiento, nueva población y pacificación de las Indias dadas por Felipe II* (1573). In ALTAMIRA Y CREVEA, Rafael. *Ensayo sobre Felipe, hombre de estado: su psicología general y su individualidad humana*. México, Jus, 1950, p. 213 y ss. • ORDÓÑEZ DE CEVALLOS, Pedro (1614). *Viaje al mundo hecho y compuesto*. In SERRANO Y SANZ, Manuel. *Autobiografías y memorias*. Madrid, Librería Editorial de Bailly-Baillière e hijos, 1905, p. 271. • PEÑAFIEL, Antonio (1909). *La ciudad virreinal de Tlaxcala*. Edición facsimilar enriquecida con ilustraciones. México, Cosmos, 1978. • PILLET, Félix. *Geografía urbana de ciudad real*. Madrid, Akal Universitaria, 1984. • *Plan estratégico Rosario. Diagnóstico y formulación*. Rosario Santa Fe, PER, 1998. • *Plan urbano ambiental. Objetivos y lineamientos estratégicos*. Buenos Aires, GCBA-SPU-COPUA, 2000. • REAL ACADEMIA ESPAÑOLA. *Corpus diacrónico del español* (Corde.) <www.rae.es>. • RINALDINI, Julio. Difusión de los propósitos del Congreso. In *Primer Congreso Argentino de Urbanismo realizado en*

Buenos Aires los días 11 a 19 octubre de 1935. Buenos Aires, 1937.
• SARLO, Beatriz. *Una modernidad periférica. Buenos Aires 1920 y 1930.* Buenos Aires, Nueva Visión, 1988. • SARMIENTO, Domingo Faustino (1845). *Facundo.* Buenos Aires, Edición del Honorable Concejo Deliberante, 1961. • SASSEN, Saskia (1991). *La ciudad global. Nueva York, Londres, Tokio.* Buenos Aires, Eudeba, 1999. • SIMEB. *Documento Especial del Simeb (Sistema Metropolitano de Buenos Aires).* Buenos Aires, 1975. • VAUTIER, Ernesto; PREBISCH, Alberto. Ensayo de estética contemporánea. *Revista de Arquitectura.* Sociedad Central de Arquitectos, Buenos Aires, jun. 1924. • VELA HUERGO, Julio. Síntesis histórica de la acción de obras sanitarias de la nación. In *Primer Congreso Argentino de Urbanismo realizado en Buenos Aires los días 11 a 19 octubre de 1935.* Buenos Aires, 1937.

E colonia (pl. colonias)

español México, sustantivo femenino

Definiciones

colonia: *asentamiento de gente. // Especie de cinta de seda, filete* (*Oudin 1675).

colonia: *Asentamiento, tropa de gente enviada para poblar una región. // Cinta de seda, de tres dedos o más de ancho* (*Salvá 1882).

colonia: *asentamiento (país, reunión de personas, de animales, etc. // agua de colonia // cinta de seda //* colonia obrera *ciudad obrera //* colonia de vacaciones, penitenciaria (*Larousse general diccionario... 1999).

colonia: *f. 1. Número más o menos considerable de personas que va de un país a otro para poblarle y cultivarle, o para establecerse en él* (*Zerolo 1895).

colonia: *f. En Mejico, ensanche o barrio nuevo en las poblaciones, principalmente en la capital de la República* (*Santamaría 1942, I).

colonia: *f. Dase hoy en México a este nombre una acepción nueva y enteramente local. Colonias son los ensanches de la ciudad en época reciente: los barrios nuevos; y así tenemos Colonia de Santa María, de los Arquitectos, de Guerrero* (*Santamaría 1959).

COLONIA, COMO EXPRESIÓN DE UNA NUEVA DIVISIÓN de la ciudad, apareció a fines del siglo 19 y no existe más que en México. Tal fue el término elegido por los urbanistas y las élites cultivadas para designar a los nuevos espacios residenciales surgidos de un pensamiento reformista e higienista. Se trata, entonces, según los diccionarios, de un mexicanismo, incluso cuando *colonia* también conserva en México los otros sentidos que este vocablo conlleva en lengua española. Destaquemos, sin embargo, que en Madrid, en la década de 1950, el término *colonia* fue usado para denominar ciertas extensiones urbanas de una condición burguesa y aun si todavía figura asociado a un sustantivo que a menudo hace referencia a una corporación en algunos mapas de la ciudad vendidos en los kioscos; ha caído muy rápidamente en desuso.

En México, el urbanismo de la época colonial estaba muy reglamentado y había dado lugar a una división corporativa y étnica de la ciudad (Lira 1983). En la segunda mitad del siglo 19 se cuestionó este modelo y la ciudad de México, al igual que Guadalajara, tuvieron un crecimiento espacial desordenado que explicaría las nuevas diferenciaciones sociales, el desarrollo del mercado y los problemas políticos (Gruzinski 1996). El término *arrabal* designaba, entonces, la extensión de este desorden, pero la palabra *barrio* no escapaba tampoco a las representaciones negativas de la época. Durante la última década del siglo 19 aparecieron las *colonias*, que pretendían ser un proyecto urbanístico opuesto al *arrabal*. La *colonia* rompía deliberadamente con el centro de la ciudad a la cual estaba vinculada por avenidas eventualmente dispuestas formando rayos y no en damero como en el plan colonial (López Moreno & Ibarra Ibarra 1997). Sobre todo, trataba de convertirse en el marco de un nuevo modo de vida urbana, ligada a la modernidad. ¿Cuáles eran sus rasgos principales? En primer término, la *colonia* era residencial y, por consiguiente, desempeñaba solo una función. En segundo término, rompía con las formas arquitectónicas de las casas coloniales, inspirándose más bien en el sur de los Estados Unidos y de Europa. Era obra de promotores privados a quienes las municipalidades les confiaban todas las operaciones de urbanización. Estaba dirigida prioritariamente a una burguesía urbana que se estaba desarrollando, a menudo dedicada al comercio y a veces de origen extranjero, lo que explica las locuciones *colonia alemana, colonia española*, etc. Para hacerla más atractiva, se difundía asociada a una imagen de vida higiénica y de homogeneidad social.

Progresivamente, y a pesar de los desórdenes urbanos que provocó la Revolución (1910-1922), la *colonia* se convirtió en la propia esencia del urbanismo ordenado y del retorno a la marca corporativa, pero esta vez moderna y postrevolucionaria. Así fue que aparecieron las *colonias obreras*, que dependían de tal o cual organización corporativa, como la Central de los Trabajadores Mexicanos (CTM) o la Confederación Revolucionaria Obrera Campesina (CROC), o, según las ciudades, tal o cual organización política local aliada al Partido Revolucionario Institucional (PRI), que representaban intereses corporativos o clientelísticos, estrechamente vinculados. Se puede citar el surgimiento de las *colonias* del Comité de Defensa Popular (CDP) en Ciudad Juárez, por ejemplo, en las últimas décadas

(1980-2000), durante las cuales la ciudad tuvo un crecimiento extremadamente veloz.

Hacia 1940, *colonia* hacía referencia a toda ampliación espacial de la ciudad, según señalan los diccionarios, especialmente los especializados en mexicanismos y americanismos. En 1960, todos los barrios, en el sentido genérico del término, construidos antes de 1950 fueron paulatinamente designados como *colonia*. En Guadalajara, *colonia* sigue designando los nuevos barrios de clase media o popular que se construyen por fuera de un límite implícitamente conocido por todos, pero que, en rigor, no coincide con el de los *sectores*, grandes divisiones administrativas de la ciudad creadas en 1915 (López Moreno & Ibarra Ibarra 1997). De este modo, el nombre de *colonia* apareció como tal en las direcciones postales. Hacia 1950, la *colonia* burguesa o de clase media no necesitó de más calificativos. Existe, adosada a su toponimia y eso alcanza para que su calidad sea reconocida, como es el caso de la colonia Roma, la Colonia Condesa de la ciudad de México o la colonia Chapalita de Guadalajara. Por el contrario, desde la misma época, las *colonias* populares que se extienden hasta que se pierden de vista para alojar más o menos legalmente a los migrantes de las zonas rurales estuvieron siempre asociadas a calificativos que recuerdan la condición de los habitantes dentro de la estructura social del trabajo y de las corporaciones.

En la década de 1960, en pleno crecimiento capitalista, se multiplicaron las *colonias proletarias*, con frecuencia en tanto resultado de los loteos de promotores clandestinos que copiaban el proceso legal. Luego, la crisis económica (1994) que destruyó la posibilidad de pensar en la expansión lineal del empleo asalariado se gestó la paradójica expresión de *colonia irregular*. Esto se explica por el deseo de integración que impulsa a las personas, a menudo migrantes recién llegados, que invaden las periferias de las ciudades. Ellos saben que inician un largo proceso, llamado de regularización, que concluirá con el reconocimiento de su status de propietarios. Su deseo de integración encuentra una artimaña, ya que los habitantes prevén la legalización de su territorio: la ocupación creó la *colonia*, las autoridades municipales saben que es *irregular*, pero si se le atribuye un topónimo, puede entonces reivindicarse la condición de *colono* (o *vecino*) y, en cierto modo, de ciudadano.

Ser reconocida como *colonia*, para una zona urbana periférica, popular y parcialmente autoconstruida, es remitir a la memoria de la larga historia de las reglamentaciones del urbanismo hispánico, que marca los comportamientos y representaciones colectivas: se imita la legalidad. Pero también es – y lo sigue siendo en el sentido de la representación del orden y de la dignidad. Cuando los habitantes ven que su espacio vital se degrada, sobre todo desde el punto de vista de su seguridad, dicen "acá, esto no es más una *colonia*, es un *barrio*" recurriendo a un término que en México es extremadamente peyorativo (Rivière d'Arc & Ibarra Ibarra 2001).

Para diferenciarse de las ampliaciones populares que ocupan espacios extensos en las grandes ciudades, los promotores de las nuevas construcciones destinadas a las clases medias tratan de encontrar nuevos nombres como es el caso de los *fraccionamientos* o los *condominios horizontales*, etc. La *colonia* popular se volvió demasiado numerosa y descalifica tanto a la ciudad en su conjunto como a la *colonia* en tanto espacio residencial moderno. Esta situación se registra sobre todo en Guadalajara y en otras grandes ciudades, más que en México, donde el urbanismo de las primeras *colonias* burguesas de la década de 1930 conserva un poco de su nostálgico prestigio.

Hélène Rivière d'Arc

Véase: barrio (e), chalet (e), country (e), extrarradio (e), fraccionamiento (e), jardim (p), loteamento (p), suburbio (e), urbanización (e)

Referencias

GRUZINSKI, Serge. *Histoire de Mexico*. Paris, Fayard, 1996. • LIRA, Andrés (1953). *Comunidades indígenas frente a la ciudad de México. Tenochtitlan y Tlatelolco, sus pueblos y barrios, 1812-1919*. 2ª edición. Ciudad de México, El Colegio de México, 2000. • LOPEZ MORENO, Eduardo; IBARRA IBARRA, Xochitl. Barrios, colonias y fraccionamientos. *Cahiers Les Mots de la Ville*, n. 2. Paris, Most-Unesco/Pir-Villes/CNRS, oct. 1997. • RIVIÈRE D'ARC, Hélène; IBARRA IBARRA, Xochitl. De Guadalajara à Recife et Salvador, du vocabulaire de l'action à celui de la légitimité urbaine. In RIVIÈRE D'ARC, Hélène (ed.). *Nommer les nouveaux territoires urbains*. Paris, Editions de la Maison des Sciences de l'Homme/Editions Unesco (Les mots de la ville), 2001, p. 235-249.

ⓔ condominio (pl. condominios)

español México, sustantivo masculino

Definiciones

condominio: *condominium (de un territorio)* (*Larousse general diccionario... 1999*).

condominio: *posesión de un bien en común por parte de varias personas, o de un territorio por varios países. Territorio así poseído* (*Moliner 1966*).

condominio: *Grupo de apartamentos, alojamientos, casas, locales o cuerpos de edificio de un inmueble cons-*

truidos vertical y horizontalmente, o combinando los dos, susceptibles de un uso independiente mediante una salida propia que da a un elemento común del mismo o a la vía pública, y que pertenece a diferentes propietarios que tienen un derecho singular y exclusivo de propiedad sobre una unidad de pertenencia exclusiva y, además, un derecho de copropiedad sobre los elementos y partes del inmueble necesarias para un uso y disfrute adecuados (Ley de propiedad... 2000, II:art. 3).

EN SU ACEPCIÓN CORRIENTE, EL TÉRMINO *CONDOminio* tuvo una difusión cada vez mayor en las principales metrópolis de México – encontramos ejemplos de ello en las ciudades medianas pero muy rara vez en los aglomerados más pequeños – y designa a los inmuebles o edificios de habitación compactos, espacios característicos de las experiencias de la vida cotidiana de nuestros días. Aunque el vocablo *condominio* podría aplicarse también a los inmuebles de uso comercial e industrial, en estos contextos se trata de un término jurídico y no forma parte del vocabulario usual. En la ciudad de México y las ciudades aledañas o vinculadas al Distrito Federal (Cuernavaca, Toluca, Querétaro, Acapulco....) se puede observar esta integración de la palabra al lenguaje cotidiano para designar, lejos de cualquier referencia a las leyes, un lugar de vida común entre vecinos. Habitar un *condominio* quiere decir cohabitar en un edificio pequeño o un vasto complejo inmobiliario, con las ventajas e inconvenientes que eso conlleva en cada caso. Para las familias con altos ingresos, generalmente prevalecen las ventajas, y *condominio* está asociado al status social; para los estratos sociales menos favorecidos, es a la inversa y el vocablo tiene, la mayor parte del tiempo, connotaciones de superpoblación.

El origen jurídico del término *condominio* ha marcado su desarrollo de una forma determinante e, incluso en la actualidad, hace referencia a una noción jurídica muy precisa. Aun cuando dicho régimen de propiedad siempre ha sido considerado como una modalidad de la propiedad privada, combina las formas tradicionales de la propiedad individual y de la propiedad colectiva, ya que el apartamento es de propiedad exclusiva, mientras que las otras partes, al ser indivisas, son de propiedad común: en principio, lo es el terreno mismo, pero también los rellanos, las paredes medianeras, las escaleras, los vestíbulos de entrada, los patios, los jardines, las cisternas, los reservorios, las cañerías, etc.

Hay documentación que da testimonio de la existencia de edificios compartidos en la Roma antigua – *communio pro indiviso* – pero en esos tiempos no se trataba de un régimen de propiedad sino más bien de una subdivisión en viviendas en las que la propiedad del terreno era determinante y el edificio, aunque fuera de varios pisos, era secundario – *superficie solo cedit*. En la Edad Media apareció la necesidad de fraccionar los edificios por planta y hasta por piezas, puesto que el crecimiento horizontal era imposible dentro de los límites urbanos – algo que volvemos a observar en la ciudad moderna. En Francia, a partir del siglo 15, se comenzó la tarea de fijar por escrito las normas necesarias para resolver los conflictos surgidos de la cohabitación. En el siglo 18, la necesidad económica de densificar el espacio disponible se había incrementado, al punto de justificar la existencia de un régimen jurídico específico para la propiedad urbana. Con la promulgación del *Código Civil* por parte de Napoleón (1804), aparecieron por primera vez las disposiciones particulares referidas a la propiedad horizontal, que acompañarían la expansión inmobiliaria durante toda la era industrial. A partir de la Primera Guerra Mundial, el problema de la vivienda se agravó y se acentuó la presión para subdividir el espacio. Después de la Segunda Guerra Mundial, al aumento del déficit en materia de viviendas se agregó la proliferación de las construcciones para uso turístico. Entonces, emprendieron la tarea de legislar sobre el asunto numerosos países, como Bélgica (1924), Rumania (1927), Brasil (1928), Italia (1934), Chile (1937), Francia (1938), España (1939), Uruguay (1946), Colombia (1948), Cuba (1950) y México (1954).

En el caso de México – que conserva la tradición jurídica romana y francesa –, en 1870 el término *condominio* apareció por primera vez en el artículo 664 del código civil federal, inspirado en el Código Napoleón. El texto corregido de 1884, en su artículo 1120, lo mantuvo tal cual en tanto en 1928, el artículo 951 del nuevo código de 1928 ampliaba su aplicación. Aproximadamente a partir de 1920 el término comenzó a incorporarse en el lenguaje corriente, con el intenso período de modernización que vivió el país luego de la Revolución (1910-1917). El hecho de vivir en un apartamento – cosa que en ese tiempo era sinónimo de *condominio* – era considerado, entre las clases medias y altas progresistas, un signo de modernidad radical, de pertenencia a una vanguardia cultural que había roto con la tradición conservadora de la casa unifamiliar.

En 1954, la "Ley sobre el régimen de propiedad y condominio de los inmuebles divididos por pisos, apartamentos, viviendas o locales" tenía por objeto hacer frente a la formidable expansión urbana de la ciudad de México, de otras ciudades cabecera como

Guadalajara, Monterrey y Puebla, o de las ciudades turísticas como Acapulco – donde la plusvalía resultante de la extensión limitada de las playas conllevaba necesariamente la adopción del nuevo régimen de propiedad –, todos ellos aglomerados que tuvieron un impresionante crecimiento entre 1940 y 1970. Más tarde, casi todo el país se volvió eminentemente urbano y la necesidad de los inmuebles de propiedad compartida aumentó en forma exponencial. El aura inicial de distinción que tenían los primeros apartamentos modernos se esfumó, a medida que se construían cada vez más masivamente los apartamentos en el marco de las *viviendas de interés social*, término que aludía no solamente a un edificio, sino a una amplia zona que comprendía las viviendas, las plazas, las calles internas, los parques y los comercios. Uno de los ejemplos emblemáticos de esta tendencia fue el imponente conjunto de Nonoalco-Tlatelolco, construido en el Distrito Federal durante la década de 1960.

La "Ley sobre el régimen de copropiedad [*régimen de propiedad en condominio*] de inmuebles en el Distrito Federal", promulgada en 1972, amplió las aplicaciones del *condominio*. La construcción de viviendas en las zonas metropolitanas se densificaba, en particular con la construcción de edificios altos, mientras que comenzaban a desarrollarse, bajo la influencia norteamericana, los centros comerciales en las zonas urbanas periféricas – el primero del país, Plaza del Sol, se inauguró en Guadalajara en 1970. Se utilizó entonces el régimen de *condominio* para incluir un gran número de comercios en una operación inmobiliaria única. El uso corriente del vocablo *condominio* en la vida cotidiana se extendió a las zonas urbanas del país al ritmo de su propia dinámica de modernización territorial, especialmente en Guadalajara, Monterrey, Puebla, Tijuana, Cancún, Puerto Vallarta, etc.

En 2000, la "Ley sobre la copropiedad de inmuebles en el Distrito Federal" – que precedió las leyes de Nuevo León en 1993 y de Jalisco en 1995 – fue objeto de amplias discusiones a fin de dar un salto cualitativo con la intención de dar una mejor respuesta a los problemas planteados durante los treinta años anteriores. Un elemento importante de esta legislación era permitir que los *condominios* recuperaran rápidamente sus créditos: la imposibilidad que tenían de hacer pagar los gastos de mantenimiento comportaban una rápida e irremediable degradación de los inmuebles, lo que causaba pérdidas considerables en el patrimonio de las familias y a la ciudad. Este problema tenía tal extensión que, para el Distrito Federal, se adoptó también la *Ley de la Procuraduría Social* (1998) y su autoridad de aplicación, una institución pública autónoma encargada de negociar los litigios vecinales, con frecuencia inextricables en la cohabitación urbana, donde los *condominios* ocupan un lugar preponderante.

La dinámica urbana se anticipa a la ley: el *condominio*, aún en la actualidad, y a pesar de sus antecedentes, es una forma de propiedad que todavía falta explorar. Cada día se descubren nuevas posibilidades para producir ingresos más seguros y más elevados, al mismo tiempo que nuevas formas de cohabitación. Es necesario destacar el fenómeno de los *condominios cerrados*, llamados también *cotos*, que pretenden ser, desde fines de la década de 1980, una respuesta a la creciente inseguridad y a la insuficiencia de la infraestructura urbana y de los servicios municipales. Las clases más altas crean este modelo manipulando la noción de "exclusividad", pero su implantación se generaliza con mucha rapidez en todos los estratos de la sociedad, no sólo en México sino en muchos otros países. El régimen del *condominio* es explotado hasta los límites de la misma legislación. Los promotores inmobiliarios obtienen beneficios más elevados y los habitantes encuentran allí nuevas condiciones de cohabitación. De esta manera, se escapa a la obligación de ceder terrenos destinados al equipamiento público privatizando el uso de espacios urbanos tradicionales (plazas, parques, mercados, escuelas) y se reducen las redes viales, aumentando de esta manera la densidad de ocupación del suelo y su rentabilidad, dado que las calles son estrechas y las aceras son eliminadas. Pero sobre todo se abusa del sentimiento de inseguridad: no hay más que una única entrada y la propiedad esta circundada por alambrados. Como se considera que el Estado es incapaz de garantizar la seguridad de los ciudadanos, pone a los habitantes en la obligación de tomarla a su cargo a un alto precio.

Jesús Rábago Anaya

Véase: casa (e), condomínio (p), conjunto (p), country (e), piso (e), polígono (e)

Referencias
BANDERA OLAVARRÍA, José Jr. *La propiedad horizontal o propiedad por pisos*. Tesis de licenciatura. Ciudad de México, Escuela Libre de Derecho, 1954. • *Barnhart concise Dictionary of etymology*. New York, Harper Collins, 1995. • BATTLE VÁZQUEZ, Manuel. *La propiedad de casas por pisos*. Alcoy, Marfil, 1954. • BORJA MARTÍNEZ, Manuel. *La propiedad de pisos o departamentos en derecho mexicano*. Ciudad de México, Porrúa, 1957 • CABRALES BARAJAS, Luis Felipe (Coord.).

Latinoamérica: países abiertos, ciudades cerradas. Guadalajara, Universidad de Guadalajara/Unesco, 2002. • *Código Napoleón, con las variaciones adoptadas por el cuerpo legislativo el día 3 de septiembre de 1807*. Madrid, Imprenta de la hija de Ibarra, 1809. • CORRIPIO, Fernando. *Diccionario etimológico general de la lengua castellana*. Barcelona, Bruguera, 1973. • GONZÁLEZ Y MARTÍNEZ, Jerónimo. Propiedad sobre pisos y habitaciones. In *Estudios de derecho hipotecario y derecho civil*, vol. II, Madrid, 1928. • GUZMAN ARAUJO, Gerardo. *El condominio*. Trillas, Ciudad de México, 1990. • IZQUIERDO ORTIZ, Juan de Dios; CASTILLO, Lucio. *Ley de propiedad en condominio de inmuebles para el Distrito Federal*. Versión comentada y referida a la Ley de la Procuraduría social, y el Código civil. México, Porrúa, 2000. • *Ley de propiedad en condominio de inmuebles para el Distrito Federal, 10 de febrero del 2000*. Ciudad de México, Diario Oficial, 2000. • *Ley de régimen en propiedad en condominio del Estado de Jalisco*. Guadalajara, Diario Oficial del Estado, 1995. • *Ley de régimen en propiedad en condominio del estado de Nuevo León*. Monterrey, Diario oficial del Estado, 1993. • *Ley sobre el régimen de propiedad en condominio de inmuebles para el Distrito Federal, 26 de diciembre de 1972*. Ciudad de México, Diario Oficial, 1972. • *Ley sobre régimen de propiedad y condominio de los edificios divididos en pisos, departamentos, viviendas o locales*. Ciudad de México, Diario Oficial, 1954. • *Nouveau dictionnaire étimologique et historique*. Paris, Larousse, 1971. • PUIG BIUTAU, José. *Compendio de Derecho civil*. Barcelona, Casa Editorial, 1989. • ROJINA VILLEGAS, Rafael. *Compendio de Derecho Civil*. Ciudad de México, Porrúa, 1962. • ROJINA VILLEGAS, Rafael. *Derecho Civil Mexicano*. Vol. III. Ciudad de México, Porrúa. 1949. • SALLES BERGÉS Y CHAPITAL, Marcelo. *Condominios*. Chicago, Real Estate Education Company, 1999.

Ⓟ condomínio (pl. condomínios)

português Brasil, substantivo masculino

Definições

condomínio: Condominium (*Scartezzini & Pestana 1985)
condomínio: Copropriedade (*Ronai 1989)
condomínio: domínio que pertence a mais de uma pessoa ou entidade juntamente, co-domínio (*Aulete 1948).
condomínio: Condomínio por andares e apartamentos, propriedade autônoma de apartamentos, propriedade em planos horizontais, condomínio 'pro-diviso', condo-

mínio parcial ou condomínio especial, propriedade mista, condomínio moderno ou condomínio 'sui-generis', condomínio relativo ou simplesmente condomínio, tantas são as expressões formuladas pelos escritores e especialistas para indicar o instituto que resulta da fusão de duas modalidades do domínio: a propriedade privada unida à comunhão, constitui um modo todo orgânico, sob o aspecto da unicidadde jurídica e de destino, de tal maneira que se não pode ser titular da propriedade privada sem o ser igualmente do direito de comunhão (Brandão 1958).

condomínio: *1. Domínio exercido juntamente com outrem; co-propriedade. 2. O objeto de condomínio* (*Ferreira 1975).

condomínio fechado: *conjunto de prédios ou casas residenciais cercado por muros e cuja entrada é controlada* (*Borba 2002).

EXISTEM NUMEROSAS DENOMINAÇÕES PROPOSTAS pelos especialistas para caracterizar o instituto do *condomínio*: comunhão pró-diviso, condomínio integral, comunhão sem indivisão, divisão com obrigações recíprocas, condomínio especial, condomínio plúrimo.

No Brasil o instituto do condomínio tem sua origem no decreto-legislativo n. 5.481 de 25 de junho de 1928. O decreto n. 5.481 surgiu em consequência da impossibilidade de aplicação do art. 52 do Código Civil (coisas divisíveis) à nova modalidade de propriedade em prédios de apartamentos. Portanto, o condomínio em edifícios divididos por andares ou apartamentos constitui uma combinação de propriedade comum e de propriedade exclusiva. Cada condômino é senhor exclusivo de uma fração do edifício.

Para melhor se compreender a ideia que a palavra *condomínio* quer exprimir entre nós, é importante distingui-la de comunhão. Comunhão, *communio*, é termo genérico, de sentido amplo, ao passo que condomínio tem significado mais restrito: é a comunhão numa coisa determinada, a título de propriedade. Condomínio é, etimologicamente, palavra composta da preposição com(n) e da palavra domínio e significa domínio comum, co-propriedade.

Na comunhão o titular exerce seu direito sobre o todo, em igualdade com os demais; no condomínio, cada titular dispõe de uma parte inconfundível, ao lado de outras que são comuns. No primeiro caso, o título abrange todo o patrimônio; no segundo apenas a porção restrita, embora permaneça o direito de uso, mas não de propriedade individual sobre as partes comuns, que só essas passam a ser propriedade coletiva. O termo *condomínio* ou copropriedade exprime, portanto, um conceito real, estado de fato, uma modificação do tipo de propriedade (Brandão 1958:6). Nesse sentido a palavra exprime com veemência que a ação de compartilhar não deve ser confundida com a de cooperar (Vaz 2002:148).

A partir do decreto n. 5.481 de 1928 que estabeleceu o condomínio de apartamentos, este se desenvolveu e floresceu, constituindo-se em forma de propriedade imobiliária sem contestação, principalmente depois da edição do *Código de obras* ([1937] 1959), que regulamentando a forma física daquilo que era entendido como apartamento, deu ao condomínio a sua materialidade necessária. Ou melhor, àquela forma de propriedade, vestia-a com a roupagem do prédio de apartamentos que desde os anos 1930 começam a se espalhar pela paisagem da cidade.

Não podemos deixar de assinalar que a palavra *condomínio*, além de aplicar-se a uma forma específica de propriedade, é utilizada também para nomear as formas de gerenciamento daquelas partes comuns da propriedade. Assim a expressão *pagar o condomínio* diz respeito ao pagamento dos gastos relativos aos usos comuns do edifício e *condômino* refere-se ao proprietário enquanto partícipe das coisas do condomínio.

Cabe chamar atenção também para a evolução do termo *condomínio*, que a partir dos anos 1970, passou a ser aplicado a uma forma específica de empreendimento imobiliário. Tal empreendimento fez parte de uma estratégia imobiliária de venda de apartamentos na zona de expansão do Rio de Janeiro, naquele então, a Barra da Tijuca. Trata-se de uma área afastada da zona urbana, onde, para se atrair os possíveis moradores/compradores, foi delineado um tipo de ocupação espacial inexistente, então, no Rio. O projeto consta de prédios de apartamentos cercados de áreas verdes e onde se oferecia todo o tipo de serviço para os moradores. Essa área livre ou ocupada por equipamentos de lazer que passava a fazer parte da "propriedade" do morador separa-se do entorno por grades e guaritas, dando a este segurança 24 horas por dia e fazendo-o proprietário não só de seu apartamento, mas de tudo aquilo que as grades guarnecem. O conceito de *condomínio* aproxima-se do de "um burgo, de um castelo medieval preservado e seguro" (Santos 1999). Deve-se ressaltar que essa experiência de condomínio acabou se generalizando pelas principais capitais do país.

A palavra *condomínio* amplia, portanto, seu âmbito. Além de ser uma forma de propriedade serve a denominar também uma nova forma de moradia: o condomínio fechado. Tal prática de cercamento dos prédios e separação do espaço público generalizou-se por toda a cidade do Rio levando a uma espécie de "condominização" da cidade. Tão significativa é essa forma de morar que a imprensa criou a expressão *geração condomínio* para nomear as crianças que nascem, vivem e realizam a maior parte de suas atividades nessas áreas protegidas que quase prescindem da cidade.

Além de identificar uma forma de propriedade e uma maneira de morar, a palavra *condomínio* incorporou o imaginário de certo estilo de vida que se impõe pelo exclusivismo e segregação em relação ao resto da cidade. Num país como o Brasil onde as formas de habitação coletiva (cortiços, casas de cômodo etc.) foram sempre desprezadas, classificar as novas modalidades de moradia de condomínio foi, sem dúvida, um ato simbólico. Nem prédio, nem edifício, nem apartamento: em definitivo o condomínio fechado. Coisa que afastava quaisquer identificações com as antigas habitações coletivas e acrescentava à ideia de que, se condomínio evoca a ação de compartilhar, esta não deve ser confundida com a de cooperar. Historicamente, quando do surgimento dos primeiros condomínios fechados no Rio de Janeiro, estes tomaram o nome dos bairros mais distintos da cidade naquele então (Ipanema e Leblon), aplicando-lhes o adjetivo *novo*. Assim os primeiros condomínios fechados do Brasil passaram a chamar-se Nova Ipanema e Novo Leblon, como a sugerir a existência de novos bairros e, fundamentalmente, como a possibilidade de uma nova forma de vida, uma vida compartilhada, mas não de cooperação, numa cidade que se desclassificava na mistura e confusão de seus tradicionais bairros que perdiam a nobreza.

A expressão condomínio fechado pode ser entendida, então, como uma exacerbação da noção de condomínio, dilatando o seu significado de propriedade comum e propriedade exclusiva ao mesmo tempo. Se a palavra condomínio já define com nitidez do ponto de vista da linguagem e da definição jurídica a ideia de propriedade comum, a necessidade de cunhar a expressão condomínio fechado (nascida nos anos 1970) derivou de uma estratégia do mercado imobiliário de "inventar" uma nova urbanidade, uma maneira de morar que contemplasse tanto o desejo de segurança, quanto a vontade de distinção da forma de morar de outros bairros da cidade, assim como da necessidade de culminar de status àqueles que se tornassem proprietários de moradias nesses verdadeiros guetos urbanos.

Chama atenção que dos poucos dicionários que registram a expressão, o *Novo dicionário Aurélio século XXI* (*Ferreira 1999), que classifica o verbete condomínio fechado como "conjunto residencial composto de edifícios e/ou casas, geralmente cercados, com acesso controlado, e cujos moradores dividem equipamentos comunitários", especifique, ao final do verbete, que condomínio fechado deve ser remetido para condomínio ("também se diz apenas condomínio"). A qualificação de "fechado" do condomínio é, portanto, uma vontade de acrescentar valor simbólico à forma jurídica de propriedade em condomínio. Neste sentido essa forma de propriedade transforma-se numa forma de moradia, que se por um lado dá status ao morador, por outro lhe dá garantia de privacidade e segurança. Por isso mesmo *condomínio* e *condomínio fechado* devem ser tomados como coisas distintas, pois se trata, respectivamente, de uma forma de propriedade e de uma forma de moradia. Se a palavra *condomínio* ainda guarda alguns traços da experiência coletiva e de compartilhamento da cidade, a expressão condomínio fechado, definitivamente remete para uma nova concepção de cidade onde prevalece a condição do isolamento e o individualismo.

Robert Moses Pechman

Ver: apartamento (p), casa (p), conjunto (p), sobrado (p)

Referências
BATALHA, Wilson de S.C. *Loteamentos e condomínios. Sistema jurídico da propriedade fracionada*. Rio de Janeiro, Max Limonad, 1953. • BRANDÃO, Alonso C. *Manual do condomínio*. Rio de Janeiro, A. C. Branco, 1958. • *Código de obras e legislação complementar* (Decreto n. 6.000 de 1 jul. 1937). 3a edição. Rio de Janeiro, A. C. Branco Filho, 1959. • *Coleção de leis do Brasil*. Rio de Janeiro, Imprensa Nacional, 1928. • *Lei do condomínio e legislação conexa e atualizada para 1982*. Rio de Janeiro, Gráfica Auriverde, 1982. • SANTOS, Ana C. Gomes. *A outra urbanidade: pós-modernidade e Barra da Tijuca*. Dissertação de Mestrado. Rio de Janeiro, FAU UFRJ, 1999. • VAZ, Lilian Fessler. *Modernidade e moradia. Habitação coletiva no Rio de Janeiro. Séculos XIX e XX*. Rio de Janeiro, 7 Letras/Faperj, 2002.

ⓟ conjunto (pl. conjuntos)

português Brasil, substantivo masculino

Definições
conjunto residencial: *É um agrupamento de habitações isoladas ou múltiplas, obedecendo a uma*

planificação urbanística pré-estabelecida (Lei n. 7427, 19/01/1961).

conjunto: *1. Junto simultaneamente [...] 2. Ligado, conjugado [...] 3. Adjacente, contíguo, próximo [...] 4. Reunião das partes que formam um todo [...] 5. Grupo, quadro, equipe [...] 6. conjunto residencial: O conjunto do Cordovil recebeu grande número de favelados* (*Ferreira 1975:366).

conjunto habitacional: *conjunto de habitações unifamiliares, multifamiliares ou ambas, que podem ou não ter equipamentos sociais* (Gilda Bruna apud Costa & Douchkin 1982).

conjunto: *c. residencial. Arq. Urb.: série de casas ou edifícios habitacionais projetados em conjunto, ou simples grupamento de tais elementos, por estarem implantados numa área contígua; conjunto (mora num conjunto em Padre Miguel)* (*Houaiss, Villar & Franco 2001:804).

"A NOTÍCIA DO DESPEJO DO CONJUNTO CAVALO DE aço chegou ao conjunto Selva de Pedra, distante cerca de 300 metros, e seus moradores se armaram para enfrentar os inspetores" (*Jornal do Brasil* 14/08/1974 apud Valladares 1980:75). Esta informação publicada em um diário de grande circulação, indica o uso amplo da palavra *conjunto*, uma forma reduzida de conjunto residencial e conjunto habitacional, dois termos que aparecem sobretudo no vocabulário técnico.

No Brasil, o termo conjunto residencial começou a ser amplamente utilizado a partir de 1940 para designar empreendimentos habitacionais promovidos pelo Estado e pelos institutos de aposentadoria e pensões. Tratam-se de grupos de casas construídas em série ou de prédios de moradia coletiva, algumas vezes dotados de equipamentos coletivos como escola, parque infantil e quadra esportiva. O termo refere-se sobretudo a moradias de dimensões reduzidas destinadas à classe trabalhadora. A palavra bloco difunde-se no mesmo momento para nomear cada um dos prédios de habitação coletiva que compõem o conjunto. Em alguns casos, nos quais um único e extenso bloco habitacional reúne todos os apartamentos, utilizou-se a palavra unidade residencial para nomeá-lo.

Nos anos 1940, várias foram as palavras utilizadas para nomear este tipo de empreendimento. Uma das expressões mais usuais empregada era o termo *vila operária*. Este termo se generalizou no Brasil, a partir das últimas décadas do século 19, para designar grupos de casas modestas e semelhantes construídas por empresas imobiliárias para aluguel ou venda, e por empresas ferroviárias, indústrias, minas, frigoríficos e usinas de açúcar para seus operários, técnicos e administradores. As primeiras iniciativas governamentais no campo da moradia popular não apenas se inspiram nestes projetos, como tomam emprestado o nome vila operária ou vila. Observam-se exemplos do uso destes termos desde as iniciativas pioneiras deste gênero, como a da fundação A Casa Operária, instituída pelo governo do Estado de Pernambuco, que edificou em 1924 no Recife a Vila Operária Paz e Trabalho. A partir da década de 1930, as expressões para nomear este tipo de moradia se diversificam. Os grupos de casas construídos por empresas ou pelo setor público em cidades podiam ser chamados de vilas operárias, mas podiam também receber outros nomes como bairros proletários, bairros populares ou vilas populares. No Rio de Janeiro, então capital do Brasil, a prefeitura usou a denominação parque proletário para designar vários grupos de moradias que construiu. Alguns tinham grandes dimensões como o Parque Proletário n. 1, localizado no bairro da Gávea contando com setecentas unidades habitacionais. Nos anos 1940, no Recife, os empreendimentos habitacionais construídos pelo Serviço Social Contra o Mocambo foram chamados de *vilas*: Vila Cruz de Cabugá, Vila das Lavadeiras, Vila Popular de Areias etc. Na mesma década, realizações da Fundação da Casa Popular – órgão que construiu cerca de dezoito mil habitações no Brasil entre 1937 e 1964 – receberam igualmente o nome vila como a Vila Popular Bernardo Vieira de Melo e a Vila Engenho do Meio.

Os termos *vila* e *conjunto residencial* foram amplamente utilizados para nomear as realizações dos institutos de aposentadoria e pensões, órgãos que ergueram mais de cem mil habitações no Brasil entre 1937 e 1964. A Vila dos Comerciários, a Vila 3 de Outubro e a Vila Waldemar Falcão são exemplos da primeira denominação. A expressão conjunto residencial foi empregada em empreendimentos de grandes dimensões como o Conjunto Residencial Várzea do Carmo, cuja construção foi iniciada nos anos 1940 pelo Instituto dos Industriários. Este projeto previa vários prédios da habitação coletiva (totalizando quatro mil apartamentos), uma de escola, um cinema, um hotel, comércio local, um clube, uma creche, um restaurante popular e um posto de gasolina.

A partir dos anos 1950 a denominação *conjunto residencial* se firmaria, em detrimento de termos recentes como parque proletário ou já consagrados como vila e vila operária, para nomear grupos de moradias construídas em série pelo Estado ou por outros agentes. No caso dos empreendimentos governamentais, o abandono dos termos vila e vila operária e sua substituição por conjunto residencial são reveladores do desprestígio destas palavras e do habitat que elas designavam. Com efeito, as moradias construídas por indústrias foram acusadas de restringir a liberdade de seus habitantes. O termo *conjunto residencial* sugere uma alteração de escala, de configuração física e de inserção na cidade. Refere-se a grupos com até centenas de unidades, dotados muitas vezes de diferentes equipamentos coletivos, e construídos seguindo projeto urbanístico. Pressupõe igualmente uma área de uso residencial socialmente homogênea e construções inspiradas no estilo internacional de arquitetura moderna. Sob este aspecto, nota-se que a difusão de palavras como conjunto residencial, bloco e unidade residencial vincula-se à propagação no Brasil de conceitos e de modelos habitacionais consagrados pelos congressos internacionais de arquitetura moderna.

O termo conjunto residencial continua a ser amplamente empregado para designar grupos de moradias construídos pelo poder público para venda a trabalhadores via financiamentos amortizados a longo prazo. Às vezes são utilizadas variantes como *núcleo residencial*, que desde os anos 1940 tem sido empregado como sinônimo na literatura especializada. Em alguns casos, palavras são acrescidas ao termo de modo a sublinhar o fato de que se trata de moradias populares. Este é o caso das expressões conjuntos residenciais operários e a conjuntos residenciais populares. A partir da segunda metade dos anos 1960, especialmente em publicações ligadas ao Banco Nacional de Habitação – BNH e às Companhias de Habitação Popular – COHABs, foi igualmente difundido o termo conjunto habitacional e, com menor frequência, sua variante núcleo habitacional. Na literatura especializada, essas diversas variantes são igualmente empregadas: "A COHAB, porém, encontrou dificuldades no recebimento desta taxa. Em muitos conjuntos habitacionais, alguns residentes atrasavam de tal maneira seu pagamento que aquela viu-se forçada a mudar a política" (Valadares 1980:69). "O conjunto de Cidade de Deus, construído nessa região, ficaria destinado aos favelados da Zona Sul, enquanto que os conjuntos próximos a Bangu abrigariam os favelados do eixo da avenida Brasil e Zona Norte [...]. A alta taxa de inadimplência e o alto índice de desocupação dos conjuntos populares no final da década de [19] 60, justificaram a mudança ocorrida no sentido de excluir os trabalhadores de menor renda" (Zaluar 1985:66). No romance *Cidade de Deus*, cuja trama tem como cenário um grande conjunto habitacional no Rio de Janeiro, o termo é utilizado de forma recorrente: "Era um domingo de sol e de feira. Lá em Cima, tempo de pipa colorindo o céu do conjunto [...]. Cabeleira voltou ao conjunto no começo da noite [...]. Aluísio desembarcava do ônibus na praça principal do conjunto" (Lins 1997:40, 49, 58).

Na denominação das centenas de grupos de casas e prédios de apartamentos erguidos em todo o país pelo BNH e pelas COHABs, o uso da palavra *conjunto* foi constante. Exemplos neste sentido são o Conjunto Rio Doce em Olinda, o

Conjunto Presidente Médice no Rio de Janeiro e o Conjunto Jardim América em Porto Alegre. A generalização desta política de habitação fez com que, na linguagem corrente, o termo conjunto seja empregado para designar grupos de moradias populares, em oposição ao termo *condomínio* que se refere aos grupos de casas e/ou apartamentos de padrão mais elevado.

Telma de Barros Correia

Ver: apartamento (p), bairro (p), casa (p), condomínio (p), polígono (e), vila (p)

Referências
BNH. *Projetos sociais*. Rio de Janeiro, Banco Nacional de Habitação, 1979. • COSTA, Eunice R. Ribeiro; DOUCHKIN, Tatiana. *Thesaurus experimental de arquitetura brasileira*. São Paulo, FAU USP, 1982. • FREIRE, Laudelino. *Grande e novíssimo dicionário da língua portuguesa*. 3ª edição. Rio de Janeiro, José Olympio Editora, 1957. • *Habitação popular: inventário da ação governamental*. Rio de Janeiro, FINEP, 1983. • Lei n. 7427 de 19 jan. 1961. In *Código de obras e urbanismo*. Recife, Prefeitura da cidade do Recife, s.d. • LINS, Paulo. *Cidade de Deus*. São Paulo, Companhia das Letras, 1997. • MENDES, Fernando. *Diccionario da lingua portugueza (prosodico e ortographico)*. 2 volumes. Lisboa, João Romano Torres, 1904-1905. • ROUSE, Jean; CARDOSO, Ersílio. *Francês-português coligido do grande dicionário de Domingos de Azevedo*, Paris/Lisboa, Garnier Frères/Livraria Bertrand, c.1960. • VALLADARES, Licia do Prado. *Passa-se uma casa. Análise do programa de remoção de favelas do Rio de Janeiro*. Rio de Janeiro, Zahar, 1980. • ZALUAR, Alba. *A máquina e a revolta: as organizações populares e o significado da pobreza*. São Paulo, Brasiliense, 1985.

❸ conventillo (pl. conventillos)

español Argentina, Uruguay, Chile, Bolivia y Perú, sustantivo masculino

Definiciones

conventillo. *La casa compuesta de varios aposentillos, en que se recogen y viven mugéres perdidas.*

Llamase assi vulgarmente por la semejanza que tienen los tales aposentos con las celdas de los Conventos". [remite a] **conventículo**: *Junta ò congregación de algúnas personas, que ordinariamente se toma à mala parte, como Junta oculta y para malos fines. Viene del Latino Conventiculum. Siguenz. Vid. de S.Geron, lib.4, disc.2* (*Real Academia Española 1729:577).

conventico, -llo, -to: *Diminutivo de* convento. *Parvum coenobium. La casa de viviendas pequeñas, en las que suelen habitar mujeres perdidas y hombres viciosos. Lupanar, lupanarium* (*Real Academia Española 1783-1791).

conventillo: *Argentina. Casa de inquilinato de ínfima clase. [remite a] casa de inquilinato: "Argentina. La que contiene muchos cuartos reducidos, por lo común con acceso a patios y corredores, en que viven distintas familias poco acomodadas. En español: casa de vecindad, corral, corral de vecindad, y en Murcia: casa de moradores; sin uso en la República Argentina* (*Garzón 1910).

conventillo: *En Bolivia, Chile y Argentina, casa de vecindad, de gente muy pobre* (*Santamaría 1942).

conventillo: *No se da en el español peninsular; voz histórica, unidad léxica que aún se usa hoy día en la respectiva acepción [...] Casa grande, con varias habitaciones o viviendas pequeñas, en las que vivían hacinadamente personas de extracción humilde* (*Haensch & Werner 1993).

CONVENTILLO, REFIERE A UN TIPO DE HABITACIÓN urbana colectiva característica de los sectores populares, es una voz de uso común en los países del cono sur americano desde la segunda mitad del siglo 19 hasta nuestros días. Según registro de los diccionarios del español peninsular, el término aparece en 1726, y para algunos etimólogos, en 1611 (*Corominas 1983). Cabe señalar que estas acepciones, como diminutivo de *convento*, si bien describen una organización funcional similar al tipo latinoamericano, tienen connotación peyorativa y exclusivamente referida a actividades de prostitución.

En América Latina no tuvo acepciones licenciosas o religiosas. Los *conventillos* aparecieron en la segunda mitad del siglo 19, y este americanismo entonces corrientes en ciudades de Argentina, Bolivia, Chile, Perú y Uruguay designaba viviendas destinadas a trabajadores agrícolas o mineros desplazados a medio urbano, en tanto en ciudades como Buenos Aires, Rosario o Montevideo, la primera vivienda de la gran masa de inmigrantes europeos. Para nominar tipologías análogas, en otros países americanos optaron por voces tales como *cortiço* en São Paulo, Brasil; *ciudadela* y *cuartería* en La Habana, Cuba; *vecindad* en Ciudad de México; *mesón* en Zacatecas, México y en San Salvador, El Salvador; *tenement house* en Nueva York, Estados Unidos de América.

A excepción del caso mexicano, donde las *vecindades* fueron edificadas ex-profeso para la renta, tienen una larga historia, ya que datan del siglo 17 y se las supone construidas por iniciativa de la Iglesia, quien fuera durante la Colonia el mayor propietario rentístico de inmuebles (Ayala Alonso 1996). Sus antecedentes más directos los encontramos en los *corrales de vecinos* sevillanos, con habitaciones alrededor de un patio dispuestas en más de un nivel, o en una versión no tan estructurada: los *cuartos para renta* del Virreinato del Río de la Plata. En los años 1980 del siglo 19 ya se constata la existencia de *cortiços* en São Paulo, con un pico de crecimiento en la década siguiente, cuando se triplica la población y crece proporcionalmente la demanda habitacional. La Relación de la Comisión de *cortiços* del barrio paulista de Santa Ifigênia, denomina *cortiço* al predio de interior de manzana al cual se accede por un corredor estrecho y largo, con un patio al cual se abren una serie de habitaciones iguales con capacidad para alrededor de cuatro personas en cada una de ellas. El cuarto del fondo, sin pavimentar, se destina a cocina común y en el patio hay piletas y letrinas también comunes. A su vez, se registran otras tres variantes de *cortiços*: la *casinha* (vivienda independiente con dimensiones y deficiencias de habitabilidad similares al tipo principal), el *hotel-cortiço* (especie de restaurante con cuartos pequeños destinados a dormitorios comunes para obreros solteros), los *prédios em sobrados convertidos em cortiço* (viviendas unifamiliares transformadas en colectivas subdividiendo cuartos e improvisando letrinas y cocinas comunes) y las *vendas com cômodos nos fundos* (tiendas con precarios aposentos para alquiler en sus fondos) (Alterman Blay 1985).

En La Habana, la *ciudadela* y el *solar* fueron utilizados para designar un tipo de vivienda especulativa asociada a la tugurización, que tiene su origen en la segunda mitad del siglo 19. Consiste, casi siempre, en antiguas casonas o palacetes cuyos espacios fueron subdivididos en cuartos para alquilar, adicionándoles baterías de baños comunes, ubicadas en los patios. Poco a poco se transforma en el tipo predominante de La Habana Vieja. Contemporáneamente a las primeras *ciudadelas* aparece una solución aún más especulativa, desarrollada en otras áreas de expansión urbana; se trata de la *cuartería*, resuelta como hilera de habitaciones alineadas junto a un patio generalmente estrecho, con servicios comunes al centro o al fondo del mismo.

La *vecindad* de la Ciudad de México, tal como se describe en fecha reciente, "en su origen está relacionada con el modelo de la casa de patio central, sólo que en vez de servir a una familia lo hace a un número bastante elevado de ellas, las cuales habitan en uno o dos cuartos distribuidos alrededor de un patio de planta cuadrada o rectangular en cuyo perímetro se desarrolla un corredor porticado [...], en tanto que sus escasos servicios son de uso compartido [...], y los exteriores colectivos sirven para múltiples actividades domésticas y laborales" (Ayala Alonso 1996). En la época republicana, la *vecindad* mexicana deviene una modalidad numerosa surgiendo una serie de variantes, como habitaciones precedidas de azotehuelas, viviendas de cuarto único al que se le agrega un tapanco o altillo, y finalmente unidades compuestas por dos o tres habitaciones con pequeño patio propio. Se trata de versiones modernas de las edificadas en la época colonial, pero con los antiguos patios reducidos a pasillos, privándoselos de la función de espacio colectivo y prolongación social de la habitación familiar.

El surgimiento y expansión de los *mesones* en la capital de El Salvador a principios del siglo 20 están ligados al crecimiento de una numerosa clase obrera y artesanal, presentándose como su primera opción de vivienda. Allí también se repite el caso de subdivisión de antiguas casas coloniales, con cada familia ocupando una habitación, en arrendamiento, y compartiendo el uso de baños, lavaderos y el patio central. Otros se construyen en lotes baldíos, en donde cada familia construye con materiales de desecho, su propia *champa*. Según los investigadores Elizabeth Murcia de López y Luis Castillo (1999), "para 1930 el 50% de la población de San Salvador vivía en *mesones,* manteniéndose como la mejor opción de vivienda para los sectores populares hasta la década del 1950, cuando se inicia el decrecimiento cuantitativo y deterioro cualitativo de su infraestructura". En el año del terremoto (1987), el 26% de la población residía en *mesones*. Hoy, el remanente de los existentes, algo menor al 20% de habitantes, se encuentra muy deteriorado y en zona de riesgo sísmico. En cuanto al *mesón* zacatecano, cabe destacar que responde a una tipología originada en el siglo 18, como habitación de los obreros mineros, habiendo sido construidos para este fin con el consabido sistema de habitaciones contiguas alrededor de un gran patio, con servicios comunes.

En Buenos Aires, la cabeza de serie habrían sido dos *conventillos* de 30 piezas cada uno, construidos en 1867 por comerciantes italianos en el casco céntrico, multiplicándose de tal forma que en 1880 ya alcanzaban el 15 % de la vivienda urbana (Scobie 1974) y en 1887 el 27%, con considerables índices de hacinamiento. Cifras similares se registraban para esa época en Santiago de Chile y Montevideo. En toda el área geográfica, *conventillo* y sus variantes léxicas se usan para dos tipos: los *de rezago* (Lecuona 1984) y los *de nuevo diseño*. Los primeros son adaptación de antiguas casas de patios, obsoletas o muy deterioradas, con una familia en cada cuarto. Los segundos fueron construidos por especuladores urbanos en base a una máxima explotación del lote, disponiendo una serie de habitaciones unifamiliares alrededor de un espacio abierto central y común (el patio), donde lavaderos y sanitarios se agrupan en batería. Cuando tienen dos niveles, las escaleras se colocan a mitad del patio. Otro subtipo, en una o dos plantas, es el de los llamados *conventillos chorizo*, con distribución similar a los anteriores pero a simple crujía, dando sus habitaciones a patio lateral. Finalmente cabe citar los *conventillos* del barrio portuario bonaerense de La Boca, de inmigración ligur, los cuales se disponen en el terreno como bloques de más de una planta, construidos por adiciones progresivas y separados por patios no tan amplios como los antes mencionados. Patios característicos, con sus exentas escaleras de madera y circulaciones perimetrales a la manera de galerías-balcón. Son las viviendas descriptas a principios del siglo 19 por un viajero francés como "construidas con planchas pintarrajeadas de verde o de rosa vivo por sus mismos dueños y que se parecen a cabañas de gitanos o bohemios dispuestos a dejar el lugar en cuanto sea preciso" (Huret 1911).

En Argentina, el término aparece con cierta imprecisión en la documentación oficial del siglo 19. Algunas veces, como en los censos municipales de 1887 y 1904, no se lo define explícitamente; otras veces se lo menciona ocasionalmente como *conventillo* (censos nacionales de 1869 y 1895) y frecuentemente se lo denomina *casa de inquilinato*. Pero en todos los casos denominan una vivienda colectiva de más de 30 habitantes, con habitaciones en torno a un patio, y servicios comunes. Otro tanto ocurre en el campo del higienismo, con menciones indistintas de *casa de inquilinato* (Rawson 1885) y *conventillo* (Wilde 1878-1895; Gache 1900). Desde 1871, a raíz de la importante epidemia de fiebre amarilla desatada en Buenos Aires, el léxico cobra notable presencia en las ordenanzas municipales de inspección, vigilancia, higiene y construcción. Así se constata en el "Reglamento para las *casas de inquilinato, conventillos* y *bodegones*" de 1871, y en las sucesivas normativas hasta aproximadamente 1920.

En la narrativa argentina y uruguaya, a la voz *conventillo* se la detecta desde la década del 1980 en el siglo 19 (Calle 1886; Cambaceres 1887) mientras en la música popular aparece desde los orígenes del tango (Contursi 1914). Es también a principios del siglo 20 que se la usa en la poesía, el teatro y en dos manifestaciones populares escenificadas casi siempre en el ámbito *conventillo*: el sainete y el grotesco. En el habla popular rioplatense, la unidad léxica *conventillo* mutó a *conventiyo* en el cambio de siglo anterior, tal como se constata en los primeros estudios sobre la jerga porteña (c.1915). Según algunos lexicógrafos contemporáneos (Gobello 1975), *conventiyo* se incluye en la categoría de "lenguaje general" y define una "casa de vecindad, de aspecto pobre y con muchas habitaciones, en cada una de las cuales viven uno o varios individuos o una familia". Gobello anota que también circulan la regresión *convento* y el juego paronomástico *convoy* (corrupción del estadounidense *cow-boy*). El mismo autor agrega el término *conventiyero* como acepción de "chismoso".

A partir de la cuarta década del siglo 20 se percibió una disminución de los *conventillos* en varias ciudades latinoamericanas, acompañada de relocalizaciones en nuevas áreas de expansión urbana, por compra a crédito de loteos periféricos u ocupaciones ilegales de tierras. Desde 1970, aproximadamente, se observa una recomposición social de los habitantes de *conventillos* en el casco urbano, reemplazándose las familias originales por "nuevos pobres" producto de la desocupación y el descenso social, y por migrantes de las provincias y de países limítrofes en situación crítica. Iniciándose el siglo 21, con mayor o menor significación, la voz *conventillo* y sus diversos equivalentes latinoamericanos mantienen una presencia viva en la lengua española de América.

Jorge Ramos

Véase: casa (e), casa (p), cortiço (p), solar (e), vecindad (e)

Referencias

ALTERMAN BLAY, Eva. *Eu não tenho onde morar. Vilas operárias na cidade de São Paulo*. São Paulo, Nobel, 1985. • AYALA ALONSO, Enrique. *La casa de la ciudad de México. Evolución y transformaciones*. Ciudad de México, Consejo Nacional para la Cultura y las Artes, 1996. • CALLE, Ceferino de la (Silverio Domínguez). *Palomas y gavilanes*. Buenos Aires, Félix Lajouane, 1886. • CAMBACERES, Eugenio. *En la sangre*. Buenos Aires, Imprenta Sud América, 1887. • CONTURSI, Pascual. *Flor de fango*. Buenos Aires, 1914. • GACHE, Samuel. *Les logements ouvriers à Buenos Aires*. Paris, Steinheil, 1900. • GOBELLO, José. *Diccionario lunfardo y de otros términos antiguos y modernos usuales en Buenos Aires*. Buenos Aires, A. Peña Lillo, 1975. • HURET, Jules. *En Argentine: de Buenos Aires au Gran Chaco*. Paris, Fasquelle, 1911. • LECUONA, Diego E. *La vivienda de "criollos" y "extranjeros" en el siglo XIX*. Tucumán, Instituto Argentino de Investigaciones de Historia de la Arquitectura y del Urbanismo, 1984. • MURCIA DE LÓPEZ, Elizabeth; CASTILLO, Luis. El Salvador: un caso de renovación urbana y rehabilitación de mesones. *Medio Ambiente y Urbanización*, n. 54, Buenos Aires, Instituto Internacional de Medio Ambiente y Desarrollo/IIED-América Latina, 1999. • RAWSON, Guillermo. *Estudio sobre las casas de inquilinato de Buenos Aires*. Buenos Aires, El Porvenir, 1885. • *Diccionario de autoridades*. Madrid, Imprenta de Francisco del Hierro/Real Academia Española, 1726-1739. • RODRÍGUEZ ALOMA, Patricia. *Viaje en la me-*

moria. Apuntes para un acercamiento a La Habana Vieja. Ciudad City Monográfico 1. La Habana, La Oficina del Historiador de la Ciudad de La Habana/Colegio Oficial de Arquitectos Vasco Navarro, 1999. • SCOBIE, James R. *Buenos Aires. Del centro a los barrios, 1870-1910*. Buenos Aires, Solar, 1977. • WILDE, Eduardo. *Curso de higiene pública*. Buenos Aires, Imprenta y Librería de Mayo, 1885.

Ⓟ cortiço (pl. cortiços)

português Brasil, substantivo masculino

Definições

cortiço: *Casa de cortiça em que as abelhas fazem mel* (*Sá 1794).

cortiço: *do latim* corticea, *do adj.* corticeus, *casca de sovereiro com que se fazem as colméias;* (*Victoria 1963:64); *colméia, caixa dentro da qual as abelhas fabricam o mel* (*Soares & Soares 1954:145).

cortiço: *casa de abelha. Lat.* corticeus (*Grande enciclopédia portuguesa e brasileira c.1980, 7:829); *fig. pop. Pessoa mal configurada, de forma quase cilíndrica [...]; casa pequena onde habita muita gente* (*Aulete 1974:868).

cortiço: *porção de casinhas de porta e janela em torno de um pátio central para habitações dos pobres* (*Soares & Soares 1954:145).

cortiço: *fig.: habitação coletiva de gente pobre, vem do lat. corte e significa pátio da corte* (*Victoria 1963:64); *diminutivo de corte, pátio* (*Nascentes 1955:138).

cortiço: *s.m. Caixa cilíndrica de cortiça, em que as abelhas se criam e fabricam o mel e a cera; habitação coletiva das classes pobres; casa de cômodos* (*Bueno 1968, 2:829).

cortiço: *sentido bras.: pátio com agrupamento de pequenas casas* (*Aulete 1974:868; *Fonseca 1907:384).

cortiço: *edifício disposto para alojar muitas famílias pobres* (*Lello c.1950-1960, 1:643).

cortiço: *moradia coletiva* (*Grande enciclopédia portuguesa e brasileira c.1980, 7:829).

cortiço: *sinônimo bras.: casa de cômodos, cabeça-de-porco, caloji, estância, quadro, zungu* (*Ferreira 1986:487).

A PALAVRA CORTIÇO REMETE A DUAS FAMÍLIAS DE vocábulos latinos apropriados figuradamente para designar um tipo de habitat: *corticea, corticeus*, com o sentido de colméia ou caixa de cortiça que abriga as abelhas, e *coortus*, corte, com a significação de pátio.

Enquanto palavra da cidade, que designa habitação popular, de gente pobre, o cortiço tem características comuns à colméia e ao pátio, ou seja, trata-se de um recinto ou espaço delimitado que agrega/concentra seus ocupantes. O deslizamento de sentido do termo, indicando superlotação de um espaço, já aparece em Gil Vicente, no século 16, pela voz do fidalgo, que hesita em entrar na lotada nau capitaneada pelo diabo: "Parece-me isto um cortiço" (Vicente [c.1517] 1996:44), ou, ainda, em Raul Brandão ([1926] 2011:266).

A convergência das noções de forma e ocupação – um recinto delimitado e superlotado – derivou para outro significado a partir do século 19, a palavra recebe nova significação, a de um tipo de habitação especificamente urbana destinada às classes desfavorecidas, de modo que as noções de forma e de ocupação uniam-se para designar um lugar fechado e super povoado, no qual poderiam se desenvolver todas as espécies de doenças. Os cortiços constituíam objeto de preocupação para os médicos: "Entendendo que o fóco da epidemia reinante existe nessas casas nauseabundas, chamadas cortiços, que ahi tem o seu berço o monstro insaciável de vidas" (*Annaes Brasilienses de Medicina* 1873:50). Com o crescimento das cidades, a desigual apropriação do solo urbano, a especulação imobiliária, a falta de moradia e a alta dos aluguéis levaram ao surgimento de uma nova forma de habitat e a palavra *cortiço* generaliza-se para designar, em grandes cidades como São Paulo, a habitação coletiva de pessoas pobres e precárias condições de higiene: "o cortiço como vulgarmente se chamam essas construções acanhadas, insalubres, repulsivas algumas, onde as forças vivas do trabalho se ajuntam em desmedida, fustigadas pela difficuldade de viver numa quasi promiscuidade que a economia lhes impõe, mas que a higiene repelle" (*Relatório da comissão...* 1893:43).

Em uma de suas modalidades, o cortiço se apresenta como um pátio circundado por casinhas modestas e pequenas, dispostas parede contra parede. São "casas de porta e janela", ou seja, com essas duas únicas aberturas voltadas para o pátio central, onde há um tanque e uma bica de água para o uso comum. O surgimento de um cortiço era, em geral, iniciativa do proprietário de um terreno da cidade, que subdividia esse espaço para alugá-lo, dispondo-se a construir ou a permitir a construção de casinhas no local. A imagem clássica desse habitat, imortalizada pela literatura, vem do romance *O cortiço*, escrito em 1890 por Aluísio de Azevedo e ambientado no Rio de Janeiro: "Os casulos subdividiam-se em cubículos do tamanho de sepulturas e as mulheres iam despejando crianças com uma regularidade de gado procriador" (Azevedo [1890]1991:166). Considerado como um gênero de moradia característico das populações urbanas pobres, o cortiço é descrito e aproximado nessa narração literária a um meio de vida animal, o qual prolifera sem controle e obedece a regras outras. O viés biológico da descrição, de evidente teor naturalista, caracteriza esse olhar que relaciona estreitamente o social ao meio ambiente. A inspiração para esse romance parece ter sido dada pelo cortiço Cabeça de Porco, existente na cidade e que chegou a abrigar mais de 2.000 pessoas na época de sua demolição, em 1893. O nome do cortiço vinha da cabeça de porco que encimava o portão de entrada. O escritor carioca Machado de Assis, em crônica do jornal *A Semana*, saudou a derrubada do cortiço em 1893, levada a efeito pelo prefeito da cidade na época, Barata Ribeiro equiparando-a a derrubada das muralhas bíblicas de Jericó (Assis [1893] 1994, 3:566). Embora não tenha sido padrão para os cortiços da época, uma vez que, pela sua superfície e população, se constituía em uma verdadeira "cidade" dentro da cidade, o Cabeça de Porco tornou-se um símbolo para esse tipo de habitat popular, e com o romance de Aluísio de Azevedo, permaneceu como uma referência paradigmática. A designação *cabeça de porco* é, ainda hoje, no Rio de Janeiro, um sinônimo de cortiço e esta palavra é utilizada pela população urbana de forma depreciativa.

Embora *cortiço* seja a designação generalizada para esse tipo de habitat popular urbano, outros termos convivem com esta palavra, segundo as diferentes regiões do Brasil e com variações de apresentação, o que se observa nos relatórios da inspeção de higiene de várias cidades. Em Porto Alegre, no final do século 19, aparece, ao lado da palavra *cortiço*, o vocábulo *portão*. Cortiço e portão se equivalem como definição espacial de habitat popular, referindo-se a um pátio com casas dispostas lado a lado e abrindo-se para a rua através de um portão. Os relatórios da inspetoria municipal de higiene sugerem uma maior degradação e precariedade das condições materiais e de higiene dos portões com relação aos cortiços. O inspetor de polícia sanitária dispõe que "os proprietários dos casebres n. 86a, 58, 37a e 37b, que se encontram em um portão da rua General Lima e Silva [...] são obrigados a construir latrinas, pintar os muros e a fazer a limpeza geral das casas" (*Jornal do Commercio* 1899). Ainda dentro desta mesma configuração – de pátio ou entrada para um terreno coberto por casas com uma abertura para a rua –, o cortiço pode se confundir com o beco, termo que designa a rua pequena, estreita e geralmente sem saída. Os dois vocábulos associam uma habitação coletiva a uma via pública, e essa aproximação faz desaparecer a diferença entre o espaço público do beco e o espaço privado do cortiço.

A palavra *cortiço* pode também designar um prédio ou edifício que abriga vários moradores ou famílias, ocupando cada qual uma subdivisão do habitat coletivo. Nos anos 1890, em Porto Alegre: "Temos 141 cortiços, tipo de habitação frequentemente indescritível, onde o amontoamento é tal que seria difícil chegar a um bom recenseamento de seus habitantes, a maioria sem família e vivendo numa promiscuidade repugnante" (*Anuário...* 1893:155). Em geral, tratava-se de um prédio degradado, abandonado por seus primitivos moradores, subdividido e sublocado para pessoas de baixa renda. Em São Paulo no final do século 19, os relatórios da inspeção de higiene utilizavam também o termo estalagem como sinônimo de cortiço para designar um imóvel transformado em hospedaria ou albergue. Nessa acepção, cortiço se apresenta tanto como sinônimo de casa de cômodos (*Ferreira 1986), como de outros termos: "Os cortiços ou estalagens, as casas de dormida, os predios transformados em hospedarias, as vendas e tascas, quasi todas com aposentos no fundo para aluguel, os hotéis de 3ª ou 4ª categoria transformados em cortiços, eis o que se vê a miúdo no bairro onde a epidemia mais se alastrou" (*Relatório da comissão...* 1893).

Em seu livro *Sobrados e mucambos*, Gilberto Freyre evoca a degradação das antigas residências senhoriais do Nordeste, como os sobrados, transformadas em habitações coletivas, do tipo cortiço no decorrer dos séculos 19 e 20 (Freyre [1936] 1961, 1:181). Freyre fazia retroagir aos primeiros imóveis sublocados, como forma de vida urbana, até o crescimento das cidades quando da ocupação holandesa de Recife no século 16.

No Nordeste brasileiro, o termo pode também ser aplicado ao *mocambo* (*Ferreira 1986). Por extensão, tende-se a denominar *cortiço* toda a habitação coletiva com evidentes sinais de degradação e que abriga uma população de baixa renda. Trata-se, por vezes, de casa assobradada ou sobrado, casa composta de piso térreo e mais um andar, com porão alto, e antes habitada por pessoas de melhor condição social, na qual o porão foi igualmente divido em vários quartos, equivalendo, pois, ao cortiço. No final do século 19, jornalistas brasileiros denunciavam a total falta de higiene, de luz e de aeração nesses porões. Pode-se, ainda, denominar cortiço o sobradinho quando habitado por pessoas pobres.

No Sul brasileiro, encontra-se ainda corrente um tipo de edificação semelhante aos cortiços, chamados galpões, construções térreas e simples, de madeira, com subdivisões maiores, quartos, ou menores, cubículos, e construídas expressamente para alugar aos pobres. "Na Praça da Harmonia foi construída há algum tempo [...] uma espécie de galpão de tábuas, dividido em compartimentos que são alugados para pessoas da classe mais ínfima. É um cortiço" (*Gazeta da Tarde* 1896).

No final do século 19, a palavra *cortiço* faz parte do vocabulário da estigmatização social. Os moradores de cortiços são considerados gente de má reputação e maus hábitos, vivendo em promiscuidade, sem higiene e moral. "Os casulos subdividiam-se em cubículos do tamanho de sepulturas e as mulheres iam despejando crianças com uma regularidade de gado procriador" (Azevedo [1890] 1991:166). À discriminação social soma-se a racial, dado serem, sobretudo, os negros e os mestiços os moradores dos cortiços. O termo *zungu*, para designar tais moradas, é representativo desta postura: *zungus* eram *batuques* ou reuniões de escravos para dançar. A palavra de conotação racial evoca um espaço barulhento ou mesmo de contravenção à ordem social. A mesma conotação étnico-racial se repõe no termo *caloji*, de presumível origem africana, e apontado como sinônimo de cortiço no Brasil (*Ferreira 1986).

Considera-se comumente, o cortiço como foco de doenças, de práticas condenáveis e crimes de toda espécie, parte de um contexto urbano indesejado. O movimento de renovação urbana que tem início nesse período de passagem do século 19 ao 20 propunha eliminar esse tipo de moradia, típica da cidade velha e de feição colonial, que se desejava eliminar. A condenação do cortiço, nos planos técnico, higiênico, moral e estético, levou ao controle de tais moradias e à criação das Juntas ou Diretorias de Higiene e às inspeções domiciliares. O termo cortiço integra- -se, então, ao discurso científico, comparecendo nos relatórios do poder público e nos códigos de posturas municipais.

Sandra Jatahy Pesavento

Ver: apartamento (p), casa (e), casa (p), conventillo (e), pátio (p), sobrado (p), vila (p)

Referências
Annaes Brasilienses de Medicina, t. 25, n. 2, Rio de Janeiro, Academia Imperial de Medicina, jul. 1873, p. 50 [redação do Dr. Peçanha da Silva]. • ASSIS, Joaquim Maria Machado de. Crônicas. A Semana, 28 jan. 1893. *Obras completas*. Vol. 3. Rio de Janeiro, Nova Aguilar, 1994. • *Anuário do Estado do Rio Grande do Sul*. Porto Alegre, A Federação, 1893. • AZEVEDO, Aluísio de (1890). *O cortiço*. Porto Alegre, Movimento, 1991. • BRANDÃO, Raul (1926). Visão da madeira. *As ilhas desconhecidas*. Braga, Vercial, 2011. • Decreto n. 9.081, de 15 dez. 1883. Art. 1º. *In Império do Brasil*. Volume 2. Rio de Janeiro, Coleção de Leis do Império do Brasil, 1883, p. 347. • FREYRE, Gilberto (1936). *Sobrados e mucambos*. 3ª edição, t. 1. Rio de Janeiro, José Olímpio, 1961. • *Gazeta da Tarde*, Porto Alegre, 15 nov. 1896. • *Jornal do Commercio*. Porto Alegre, 27 dez. 1894. • LAET, Carlos Maximiliano Pimenta de. *Folhetim Jornal do Commercio*, 29 abr. 1883. • Lei Provincial de 28 dez. 1857. Arquivo Histórico do Rio Grande do Sul, CL 577. • *Relatório da comissão de exame e inspeção das habitações operárias e cortiços no distrito de Santa Efigênia*. São Paulo, 1893. • VICENTE, Gil (c.1517). *O auto da barca do inferno*. Mira-Sintra, Europa-América, 1996.

❺ country, country club
(pl. countries, country clubs)

español América Latina (en general), sustantivo
y sustantivo compuesto masculino.

Definiciones
Country club: *sustantivo masculino Club campestre*
(*Collins diccionario... 1992).

Country Club: *sust. Expresión empleada en el lenguaje común, que hace referencia a un club cerrado, situado en las zonas limítrofes de la ciudad, que combina instalaciones deportivas y residencias de fin de semana* (Mansilla Moreno & Tivoli 1935).

Club de Campo: *(traducción al español de la locución Country Club) sustantivo masculino. Por Club de Campo debe entenderse un espacio limitado que no constituye un núcleo urbano, que está situado en una zona no urbana; que está acondicionado y posee un sector consagrado a la práctica de actividades deportivas, sociales y culturales en contacto con la naturaleza, y otro destinado a la construcción de viviendas de uso intermitente y donde la zona de las actividades deportivas, culturales y sociales tiene una relación funcional y jurídica que hace del club de campo un todo indivisible* (Ley 8912/77 de ordenamiento territorial... 1977:art. 64).

EL ORIGEN DEL TÉRMINO *COUNTRY CLUB* ES BRItánico, aunque su mayor difusión se produjo en la periferia de ciertas ciudades de los Estados Unidos y de Canadá: Chicago, Nueva York, Boston o Montreal. En inglés, *country club* remite a un club situado en los alrededores de una ciudad, consagrado a la práctica de deportes al aire libre, como el golf, la natación o el tenis.

En América Latina, encontramos el término *country club* a partir de la primera mitad del siglo 20 para designar dos tipos diferentes de club. En algunos países, como Venezuela, México o Puerto Rico, simplemente se trata de clubs de golf para la élite, destinados a la práctica deportiva y situados en zonas próximas a las ciudades: algunos ejemplos son el Caracas Country Club en Venezuela, el Santo Domingo Country Club en la República Dominicana o el Guadalajara Country Club en México. En otras ciudades, como por ejemplo São Paulo, Lima o Buenos Aires, la expresión *country club* aparece en las revistas de arquitectura de la década de 1930 y se refiere a un tipo diferente, que incluye a la vez instalaciones deportivas y residenciales (Mansilla Moreno & Tivoli 1935).

En estos últimos casos, la palabra *country* es utilizada por los profesionales de la arquitectura para denominar a los clubs situados en zonas contiguas a la ciudad, donde la práctica de ciertos deportes prestigiosos – polo, equitación, golf, tenis y natación – está asociada con dos tipos de residencias temporarias para la recreación. En algunos casos, se construye solamente un *club house* o sede central, que concentra los servicios generales e incluye habitaciones distribuidas a ambos lados de un corredor, con una modalidad idéntica a la de un hotel. En otros, además se construye un *barrio parque*, adosado al *country club* y comunicado con él, donde se localizan el conjunto de las "casas *individuales de fin de semana*" que son utilizadas por los socios. Es preciso destacar que las formas jurídicas de propiedad en esos primeros *country clubs* de principios del siglo 20 oscilaban entre dos posibilidades: ser propiedad del club y otorgar usufructo a los socios de las habitaciones de la *club house* o de las residencias del *barrio parque*, o bien incluir formas de propiedad cooperativa o privada por parte de cada socio sobre su casa o apartamento (Mansilla Moreno & Tivoli 1935).

En la Argentina, el uso de la palabra *country* se mantuvo sin modificaciones significativas hasta mediados de la década de 1970, cuando el vocablo fue traducido al español en las primeras reglamentaciones que lo definirían y regirían su desarrollo. La ley 8912/77 oficializaba la expresión *club de campo*, que en Argentina solo fue utilizada en el lenguaje jurídico, en los reglamentos de urbanismo y en el léxico institucional del tránsito por las rutas. Es muy raro que aparezca en los artículos periodísticos y tiene todavía menos presencia en el vocabulario corriente de quienes viven en ellos, quienes continúan definiéndose como habitantes de un *country*. El uso de la voz española es, sin embargo, frecuente en otros países de América Latina, por ejemplo Colombia, donde se refiere a los desarrollos de hábitat temporario con instalaciones deportivas.

En la actualidad, sólo en la Argentina y el Uruguay se emplean los términos *country* y *country club* para nombrar los nuevos lugares de residencia suburbana permanente, cerrados, con acceso controlado, con equipamiento y servicios de alto nivel. En el resto de América Latina, este fenómeno de las *ciudades cerradas* también se generalizó, pero con otras denominaciones: en Chile se los llama *condominios*; en Brasil, *condominios horizontales* o *condominios fechados*; en Venezuela se les dice *urbanizaciones* y en México, *fraccionamientos cerrados* o *condominios horizontales*.

En el área metropolitana de Buenos Aires, los primeros *countries* adoptaron el modelo de club deportivo con residencia de fin de semana y se desarrollaron a partir de los clubes de golf existentes. Entre los más antiguos se pueden citar, el Tortugas *Country Club* (década de 1930), el Hindú *Country Club* (1944), el Highland *Park* y el Olivos *Golf Club*, todos de la década de 1950 (Malbranche 1930; Estrada & Cuenca 1944).

Durante la década de 1970 se produjo un principio de diversificación del fenómeno de los *country club*s. La imagen social elitista de los espacios de esparcimiento de las décadas anteriores se transformó, pues los promotores inmobiliarios fueron ampliando el mercado a otros sectores de las clases medias, aprovechando la apertura de nuevas autopistas que vinculaban la ciudad central con las comunas de la provincia y las exigencias que se derivaban del cumplimiento de la ley 8912 de ordenamiento territorial y uso del suelo de la provincia de Buenos Aires (1977). Esta segunda generación de *country clubs* que reducía sus exigencias sociales para la admisión de nuevos propietarios, presenta características inéditas: los espacios están equipados de poderosos sistemas de seguridad que funcionan día y noche – generalmente se trata de muros perimetrales –, y que garantizan la vida privada de los socios, protegiendo sus bienes. La seguridad, la recreación y la imagen de una vida sana en contacto con la naturaleza fueron los valores que se ponderaron en la creación de estos nuevos desarrollos.

A mediados de la década de 1980, tuvo lugar un cambio radical en el uso tradicional del *country club*: las residencias destinadas a pasar el fin de semana se transformaron poco a poco en viviendas permanentes, donde fueron a instalarse, en especial, jóvenes matrimonios con niños de corta edad. En ese momento se puede ver la consolidación del *country* actual como el modo de vida de una comunidad cerrada, centrada en sí misma y que busca reducir al mínimo los vínculos con el exterior.

Las causas del *boom* de los *country club* de tercera generación, con sus nuevos modos de construcción, de cohabitación y de organización social están principalmente relacionadas con la búsqueda de seguridad y de vida sana. No obstante, los aspectos económicos (distribución de las expensas entre los socios) y culturales (los cambios en las prácticas recreativas de una población de ingresos medios y altos, el máximo aprovechamiento de los fines de semana, la disminución de los tiempos de traslado y de los gastos, la asociación de la vida privada con la vida social, la organización del tiempo libre para los más chicos, la participación en grupos reunidos por afinidad) se reúnen y, de este modo, posibilitan el desarrollo de esta tercera generación (Con propiedad 1990).

Desde esa perspectiva, se puede comprender que el fenómeno del *country* no se plantea como un suplemento de la vida urbana, sino como una alternativa a la vida en la ciudad donde el aumento de los conflictos, la violencia y la contaminación son percibidos como una amenaza. Frente a estas cuestiones que son construidas como problemas, el aislamiento y la autosegregación aparecen como soluciones para estos sectores con suficientes recursos económicos, que eligen vivir aparte llevando una vida "en comunión con la naturaleza". La aparición de revistas especializadas destinadas a sus habitantes y los suplementos semanales de los diarios donde, además de las ofertas de viviendas y la publicidad de operaciones inmobiliarias, hay información sobre el deporte, la cocina y la "vida *country*", son una muestra de la amplitud del fenómeno.

En la década de 1990, las características de los *country clubs* se reproducen en tres nuevas tipologías: las *chacras de campo*, los *barrios cerrados* y las *torres countries* son expresiones que comienzan a surgir de la pluma de los promotores inmobiliarios, en las revistas y en los suplementos destinados a la publicidad de estas operaciones. Las *chacras* se caracterizan por el gran tamaño de los terrenos y están, por ello, situadas en comunas más alejadas del área metropolitana. Los *barrios cerrados* se diferencian de los *countries* por el hecho de que los equipamientos comunes están reducidos al mínimo, a fin de rebajar los costos de mantenimiento. Los propietarios privilegian la seguridad, la accesibilidad al centro de la ciudad y la vida al aire libre, en conjuntos que se reducen a lotes individuales situados a lo largo de un dédalo de calles. Las *torres countries*, por su parte, son desarrollos inmobiliarios implantados dentro del tejido urbano. En Buenos Aires, se las vio aparecer en el contexto de la reactivación del mercado inmobiliario de los años 1990 pero, en esa misma época, ya eran frecuentes en otras ciudades de América Latina, como por ejemplo Rio de Janeiro y São Paulo. Se trata de edificios en altura, que dependen del régimen de copropiedad en los que se encuentran reunidos los espacios comunes y donde se privilegian los espacios verdes, las actividades recreativas (piscinas, solárium, canchas de tenis o *paddle*, salones de uso múltiple) y la seguridad. Al principio, se trataba de desarrollos de gran categoría, pero luego se fueron diversificando en unidades más reducidas.

El origen de estos nuevos tipos de urbanización varía según los países, pero cualquiera sea su denominación, todos hacen referencia a este nuevo fenómeno de la *ciudad cerrada*, que, al parecer, se extiende por toda América Latina.

Verónica Paiva y Federico Collado

Véase: chalet (e), colonia (e), condominio (e), condomínio (p), parque (e), periferia (e), suburbio (e)

Referencias
BALLENT, Anahí. Country Life: los nuevos paraísos, su historia y sus profetas. *Block*, n. 2, Buenos Aires, Universidad Torcuato Di Tella, mayo 1998, p. 88-101. • Con propiedad. *El Cronista Comercial*, Buenos Aires, mar. 1990. • ESTRADA Y CUENCA ARQS. El Hindú Country Club. *Nuestra Arquitectura*, n. 8, Buenos Aires, Sociedad Central de Arquitectos, 1944, p. 257-279. • IGLESIAS, Norberto (Comp.). *Documento memoria del Seminario sobre barrios cerrados*. Municipio de Malvinas Argentinas, 9 y 13 de diciembre de 1997. Municipalidad de Malvinas Argentinas, 1998. • *Ley 8912/77 de ordenamiento territorial y uso del suelo*, art. 64. Provincia de Buenos Aires, 1977. • MAGARIÑOS, Néstor. *Nuevos emprendimientos residenciales en la región metropolitana de Buenos Aires: barrios privados, clubes de chacras y countries clubes*. Mimeo. Buenos Aires, 1998. • MALBRANCHE, Carlos. Lo que será el Tortugas Country Club. *Nuestra Arquitectura*, n. 17, Buenos Aires, Sociedad Central de Arquitectos, dic. 1930, p. 655-662. • MANSILLA MORENO Y TIVOLI ARQS. El Country Club. *Nuestra Arquitectura*, n. 72, Buenos Aires, Sociedad Central de Arquitectos, jul. 1935, p. 429-434. • SVAMPA, Maristella. *Los que ganaron. La vida en los countries y barrios cerrados*. Buenos Aires, Biblos, 2001. • TORRES, Horacio. Procesos recientes de fragmentación socioespacial en Buenos Aires: la suburbanización de las elites. *Mundo Urbano*, n. 3, Universidad Nacional de Quilmes, jul. 2000 <www.mundourbano.unq.edu.ar/index.php/ano-2000>. • VERDECCHIA, Carlos Roberto. Los clubes de campo. *Arquis*, n. 5, Buenos Aires, 1995, p. 26-28.

❸ cuadra (pl. cuadras)

español América Latina (en general), sustantivo femenino

Definiciones

quadra: *f. Una sala o habitación cuadrada* (*Oudin 1675).

quadra: *sustantivo femenino. Sala o salón de recibir, generalmente cuadrado [...] ancho de un navío, medido hacia el cuarto de popa* (*Cormon 1803).

cuadra: *f. cuadrilla, soldados u obreros que viven juntos. // Sala cuadrada para recibir [...]. // Ancho del navío en la popa. // Medida de longitud, americana, de aproximadamente cuatrocientos pies* (*Salvá 1882).

cuadra: *f caballeriza [...] // Salón [...] // Cuarto m de milla (medida de longitud) [...] // (amer.) Manzana, conjunto de casas limitado por calles (manzana de casas) [...]. - Observ. En las ciudades americanas, cuyo plan es a menudo un cuadriculado de calles, la* cuadra *designa la longitud de una manzana de casas, o sea, la distancia entre dos esquinas de calles. Esta distancia equivale a un centenar de metros: vivo a tres cuadras vivo a más o menos 300 metros* (*Larousse general diccionario... 1999).

ENTRE LOS SIGLOS 12 Y 19 EN ESPAÑA, LA PALABRA *cuadra* quería decir "sala o habitación espaciosa", "caballeriza", "sala baja" – lugar en la planta baja de una casa que servía para guardar la leña u otros bienes (**Enciclopedia del idioma español* 1947, 1). En algunas provincias, el término era sinónimo de *lugar* o *fundo*. En otros, por ejemplo en Cataluña, su uso estaba asociado a la idea de *burgo* o *barriada* dependiente de un municipio (**Enciclopedia universal...* 1913, 16:706). A partir del siglo 19, el término también fue empleado para designar una medida de longitud: el cuarto de milla, o bien incluso un espacio generalmente repleto de gentes:

dormitorio común de un cuartel, sala común de un hospital.

En 1573, el vocablo llegó a la América española en el bagaje, bien cargado, de nuevos y antiguos términos que figuraban en las ordenanzas de Felipe II, destinadas a reglamentar la forma de las ciudades y su futuro crecimiento. La palabra *cuadra*, en dichos textos, conservaba el sentido que tenía en la península Ibérica: amplia sala que servía de dormitorio común para la tropa en los cuarteles. A los administradores o responsables de estos dormitorios se los denominaba *cuarteleros* (Leyes de Indias [1573] 1681, 2:94). Esta acepción de *cuadra* fue cayendo poco a poco en desuso y en la actualidad, tanto en España como en la América hispánica, no se refiere más que a los lugares destinados a albergar a los caballos, las mulas y los asnos: establos, galpones, caballerizas (*Enciclopedia universal...* 1913, 16:706).

En el Nuevo Mundo, si bien la palabra *cuadra* continuaba siendo usada para designar un "espacio que cobija a los animales de silla o de tiro", también se refería a una medida de longitud; la unidad de medida podía variar: 150 *varas* (1,2 metros, aprox.) en la Argentina y en Chile, 100 *varas* (0,6 metros, aprox.) en América Central, Paraguay y Uruguay (*Diccionario crítico etimológico...* 1980, 5:739). Sin embargo, en su principal acepción, el término desde entonces había roto con sus orígenes y había tomado el sentido de un espacio geométrico, cuadrado o rectangular que constituía la unidad elemental de la expansión urbana y una forma racional, lógica y clara de construir la ciudad: "el lote de terreno previsto para cada casa debe tener cincuenta *varas*, a medir en *cuadra* en todos sus lados" (Libro de medidas y traslados 1567).

Desde el siglo 16, el vocablo *cuadra* pertenecía al patrimonio común hispanoamericano y se refería tanto a un *cuadrado* – en el sentido de emplazamiento destinado a ser dividido en *solares*, esos "lotes de terreno que, al encontrarse en el interior de las localidades o en sus inmediaciones, son los más apropiados para la construcción de edificios (Disposiciones de la Real Audiencia 1822) – como al *cuadrado* de las unidades constitutivas de la ciudad que se denominaban *cuadras* (López Moreno 1992). Su trazado regular y preciso, regido por normas claramente establecidas, dio origen a un espacio urbano de gran homogeneidad y coherencia formal, que distinguía a la ciudad española del mundo indígena que la rodeaba (López Moreno 1992). La *cuadra* era una unidad perfecta que marcaba una diferencia ontológica entre las trazas indeterminadas y las formas irregulares de los poblados aborígenes y las partes bien definidas y normatizadas de la villa colonial: "se tira una cuerda hacia el norte y se marca con un punto de referencia la esquina de la calle y, a partir de allí, del mismo modo, se tiende una cordel hacia el este, donde también se pone una marca, del mismo tipo que la anterior y más tarde también se tira una cuerda hacia el sur hasta coincidir con la primera marca realizada y también hacia el oeste, luego de lo cual el *solar* queda terminado y convertido en un cuadrado" (Reino de la Nueva España 1711).

Muy probablemente en el siglo 12, el significado del término se enriqueció y diversificó. Según el *Vocabulario popular hispanoamericano* (*1934), *cuadra* designaba entonces tanto un "conjunto aislado de varias casas contiguas" como un "terreno, construido o no, bordeado por calles por sus cuatro costados". Desde el siglo 16 se pueden encontrar algunas manifestaciones aisladas en las que *cuadra* es reemplazada por la palabra *manzana* (La Paz, Bolivia, 1549 apud Girbert 1992), pero sólo a mediados del siglo 19 el empleo de este último vocablo se extendió. En un informe sobre los *ejidos* – terrenos de propiedad colectiva contiguos a la ciudad destinados a un uso común no agrícola – el consejo municipal de la ciudad de Guadalajara declaró en 1823: "los *exidos* son, en realidad, los terrenos donde la superficie es tan reducida que hay *manzanas* que contienen [...] un número mucho más grande de propiedades extranjeras que están allí mezcladas" (Archivo Municipal de Guadalajara 1823).

Sin duda, fue a comienzos del siglo 19 que *cuadra* comenzó a expresar una distancia: "el tramo de una calle comprendido entre dos calles transversales" (**Enciclopedia del idioma español* 1947, 1), "la distancia entre dos esquinas de una *manzana*" o, incluso, "un lado de la *manzana*" (**Enciclopedia universal...* 1909, 1). Por último, en el lenguaje técnico de la planificación de moda a mediados del siglo 20, *cuadra* fue reemplazada por *isla* o *bloque*, dos términos empleados por el urbanismo funcionalista europeo y norteamericano.

Desde la conquista, la palabra *cuadra* tuvo, pues, tres significados principales en la América hispánica: una unidad de crecimiento, una unidad de división del suelo y una unidad de medida.

En el sentido de unidad de crecimiento, *cuadra* designaba la célula inicial de una ciudad, el principio ordenador del espacio. La ciudad ha crecido a medida que se adicionaban nuevos *cuadrados* que venían a estructurar una trama simple, denominada *plan en damero*, compuesta de las propias *manzanas* y calles. La *plaza* fundacional constituía la primera *cuadra*, cuya traza obedecía a reglas precisas y que determinaba el espacio urbano, delimitaba el horizonte y marcaba el espacio natural que se trataba de controlar (Viana 1992). La *plaza* simbolizaba el universo creado, y su multiplicación en otras unidades llamadas *cuadras* permitió perpetuar el mito fundador, siempre por la gracia del rey. De la centralidad de la *plaza* principal nacía la jerarquía que se iba extendiendo hacia la periferia con la aparición de nuevas *manzanas*. El conjunto toma el nombre de *cuadrícula*, modelo presentado como racional en el discurso fundador y cuyas propiedades estaban claramente reconocidas por los habitantes y las autoridades. Este plan ha atravesado, a veces con irregularidades, el período colonial en la mayoría de los países de la América hispánica (siglo 16 y principios del siglo 19) y ha sido la regla para el ulterior desarrollo urbano. Las *manzanas cuadradas* comenzaron, sin embargo, a perder su forma y sus dimensiones regulares con la aparición, a principios del siglo 19, de desarrollos inmobiliarios realizados en la periferia de la ciudad colonial, en los bienes inmuebles denominados *fundos*, que marcaban la frontera o el *término* de la jurisdicción urbana. Más tarde, en tanto modelo regulador del espacio, la *cuadra* fue cuestionada por el urbanismo moderno del siglo 20 y dejó de gobernar el desarrollo urbano.

En el sentido de unidad de distribución del suelo, la *cuadra* permitió un reparto equitativo del espacio urbano, es decir, los bienes a repartir entre los conquistadores y los futuros habitantes de la ciudad naciente. Esto fue posible gracias a una clara división de la ciudad en pequeñas unidades, también ellas *cuadradas*, como en este decreto de un Consejo Municipal del siglo 17: "las *cuadras* o *manzanas* son perfectamente *cuadradas*, uno de sus costados tiene el mismo tamaño que cualquiera de los otros tres" (Actas de Cabildo 1711). Los *solares* o terrenos urbanos delimitados por esta división permitían la atribución de la propiedad en base a fracciones de *manzanas*: "Tomás Sánchez necesita, para construir su casa, un *solar* de una media *cuadra*" (Actas de Cabildo 1633). En otros casos, se otorgaba toda una *manzana*: "acta de donación por la Audiencia de un solar de una *cuadra* en las cercanías de la ermita de San Sebastián" (Actas de Cabildo 1633). La ortogonalidad y la línea recta respondían a una cuestión de estética, pero sobre todo a una cuestión de imparcialidad e igualdad. De esta manera, en caso de error en la traza de *cuadras* que no eran *cuadradas*, se hacía intervenir a la justicia. El caso de Juan Ramírez de Guzmán, que construyó una amplia casa sin respetar la línea recta del trazado en damero, es particularmente interesante, ya que el juez decretó que "el cordel que servía para medir la *cuadra* había superado las siete *varas* de terreno y más bien más que menos, lo que produjo un estrechamiento del espacio de la calle, que no quedó libre más que en la mitad de la anchura que debería tener [...] en el caso que esta *cuadra* fuera realizada, ella sería, entonces, completamente irregular" (Reino de la Nueva España 1711:f.9).

Las *manzanas cuadrilongas* continuaron siendo el modelo de distribución y organización del espacio en los esquemas regulatorios de las administraciones urbanas después de las independencias. En un reglamento argentino de 1853 se puede leer: "los lotes asignados serán de una décima de *cuadra*" (Reglamento del Plan Regulador de la nueva ciudad de Mendoza 1863, apud Foglia 1992). Hasta hace muy poco, las *cuadras* constituyeron un mecanismo simple y claro para repartir la propiedad en las periferias urbanas donde vive la población pobre. De ello da testimonio el siguiente texto de la asociación de barrio de la *colonia* El Vergel, en Guadalajara, México: "todos los terrenos serán divididos de manera uniforme en cada *manzana*, y cada familia recibirá un terreno" (Asociación de Pobladores 1998). En todos esos casos, la *cuadra* tomó valor de norma, de criterio de justicia. Pero en los desarrollos urbanos actuales, la monotonía de la cuadrícula, la falta de jerarquía que ella conlleva y las dificultades que tiene para adaptarse al soporte físico natural hicieron que las *cuadras* ya no sean el principio generador y la unidad básica de división de la ciudad.

En el sentido de unidad de medida, la *cuadra* ha sido adoptada en los países de América Latina, y ésta se aplicaba dentro de los límites de la ciudad que, a su vez, la definía. La *cuadra* o *manzana*, que tenía un tamaño variable, era utilizada para organizar la traza de las ciudades, pero también para indicar las distancias: "las *manzanas* o *cuadras* que se encuentran en torno a la *plaza* miden, aproximadamente, 290 pies" (La Paz, Bolivia, 1549 apud Girbert 1992). *Cuadra* también designa hasta nuestros días una medida de longitud, como lo indica la *Enciclopedia europeo americana*

(*1913, 16:706): "la *cuadra* es la distancia que existe entre las esquinas de un mismo lado de una *manzana*", o también "la distancia que hay desde la esquina de una calle hasta la esquina de la calle siguiente". Sin embargo, curiosamente, la palabra *cuadra*, que nombra una distancia repetida regularmente según el mismo módulo, ha terminado por ser utilizada en un nuevo sentido, el de medio de localización: "vive en la *cuadra* 11 del *cuartel* 5" (*El Informador* 1962).

El vocablo se ha generalizado en todos los países de América Latina, aunque hay algunas variantes regionales que pueden ser sorprendentes. En Ecuador, *cuadra* es una "pequeña propiedad rural, en las cercanías de la ciudad" (*Enciclopedia del idioma español* 1947, 1); en la Argentina (provincia de La Rioja), es una "parcela irrigada de la ciudad original, destinada a las actividades agrícolas" (apud Foglia 1992), mientras que en México y Perú es el nombre que se le da a las grandes propiedades rurales próximas a la ciudad (*Enciclopedia universal...* 1913, 16:706). Hay otras extensiones semánticas que utilizan el sustantivo como raíz de un verbo, y significan "adaptarse", "acomodarse" o también "someterse", remitiendo de este modo a "cuadrarse", cuyo empleo en un contexto militar indica "ponerse de pie" o "ponerse en posición de firmes".

Eduardo López Moreno

Véase: casa (e), piso (e)

Referencias
Actas de Cabildo, Ayuntamiento de Guadalajara, México, 1633, 1679 y 1711. • Archivo Municipal de Guadalajara. Documento elaborado por Don Martín Román, 11 de oc-

tubre de 1823, paquete 41, legajo 170, 4 fs. • Asociación de Pobladores, Colonia el Vergel, Guadalajara, México, 1998, Carta al Ayuntamiento. • *Diccionario crítico etimológico, castellano e hispánico*. Madrid, Gredos, 1980. • *El Informador* (periódico), Guadalajara, México, 15 oct. 1962. • FOGLIA, María Elena. Ciudad de Mendoza, Argentina. *Seminario sobre la cuadrícula*. Salamanca, Instituto de Estudios de Administración Local/Ayuntamiento de Salamanca, 1992. • GIRBERT, Teresa. La ciudad de la Paz, Bolivia. *Seminario sobre la cuadrícula*. Salamanca, Instituto de Estudios de Administración Local/Ayuntamiento de Salamanca, 1992. • Leyes de Indias (1573). Ordenanzas de Felipe II. In *Regulación de leyes de los Reinos mandadas imprimir y publicar por la Majestad Católica del Rey Don Carlos II*. Vol. 2. Madrid, Ivlan de Paredes, 1681. • Libro de medidas y traslados. Ordenanza publicada por el Virrey de Nueva España en 1567, Archivo de la Real Audiencia, Biblioteca Pública del Estado de Jalisco. • LÓPEZ MORENO, Eduardo. La cuadrícula hispanoamérica: un modelo urbano permanente. *Comisión del Quinto Centenario*. Salamanca, Instituto de Estudios de Administración Local/Ayuntamiento de Salamanca, Salamanca, 1992. • Reino de la Nueva España. Archivo de la Real Audiencia de Guadalajara, Biblioteca Pública del Estado de Jalisco, 1711, 16.13.228. • VIANA, Isabel. Ciudad de Maldonado. *Seminario sobre la cuadrícula*. Salamanca, Instituto de Estudios de Administración Local/Ayuntamiento de Salamanca, 1992.

e

🇪 ensanche (pl. ensanches)
español España, sustantivo masculino

Definiciones
Se entiende por ensanche *de una población la incorporación a la misma de los terrenos que constituyen sus afueras en una extensión proporcionada al incremento probable del vecindario, a juicio del Gobierno, siempre que aquellos terrenos hayan de convertirse en calles, plazas, mercados, paseos, jardines y edificios urbanos* (Reglamento para la ejecución de la ley de ensanche de 1867 *apud* Bassols Coma 1973:277).

ensanche: Dilatación, extensión. // *Parte de tela que se remete en una costura del vestido para poderlo ensanchar cuando lo necesite* (*Real Academia Española 1899*).

ensanche: Dilatación, extensión [...] *Terreno dedicado a nuevas edificaciones fuera del casco de una población* (*Real Academia Española* Suplemento 1899).

ensanche: *1. Amplitud, espacio disponible en un sitio. 2. Parte aumentada en una cosa cuando al ensancharla. 3. Parte de una nueva población situada en sus alrededores. 3bis. Sitio en el que está planeada dicha parte.* Zona de ensanche: *La de alrededor de una población* *que se prevé como edificable para el ensanche de ella y se condiera como tal para ciertos efectos administrativos* (*Moliner 1990).

EXISTEN DOS ASPECTOS QUE LLAMAN LA ATENCIÓN de aquel que se interesa en el uso del término *ensanche* en el vocabulario español de la ciudad. El primero de ellos consiste en el carácter sumamente circunstancial y técnico del vocablo. La experiencia del *ensanche* en Barcelona, bosquejada por el ingeniero Ildefonso Cerdá (1815-1876), y luego la legislación han relegado este método de planeamiento urbanístico de la segunda mitad del siglo 19 a una etapa muy específica de la historia del urbanismo español. Esto se tradujo por un ingreso tardío de este término en el diccionario de la Real Academia Española bajo una acepción urbanística, de conformidad con su origen técnico-administrativo (*1899 en el Suplemento, luego *1914). Como consecuencia, un gran número de autores no hispánicos decidieron no traducir la palabra. Es el caso del historiador británico Thomas Hall quien, luego de proponer como equivalente el término inglés *extensión*: Barcelona ocupa una posición especial en la historia del planeamiento urbanístico, en primer lugar porque *the extension of the city – the ensanche –* que había sido planificada alrededor de la década de 1860, y luego desarrollada mediante una coherencia inusual para un contexto semejante" (1997:126), decide conservar el término en español en el capítulo que le dedica a Barcelona. Esto es cierto también en la evocación de los paisajes urbanos: el geógrafo francés Pierre Laborde recalca que "el *ensanche*, identificado perfectamente por el extranjero, se caracteriza por una alta proporción de edificaciones altas (entre cuatro y cinco pisos) y por formas arquitectónicas a menudo destacables" (2005:158). El *ensanche* es típico del urbanismo del siglo 19: una cuadrícula regular, densa y continua, con grandes avenidas, y este paisaje es típico de ciertas ciudades españolas (Coudroy de Lille 1995).

En segundo lugar, no obstante, cabe destacar que los diccionarios españoles contemporáneos se limitan a definir el *ensanche* de manera mucho más general, como una simple *extensión* o *expansión* de la ciudad, y en forma muy genérica: la *zona de ensanche* es el territorio reservado a la nueva urbanización. Esta diferencia constituye el punto de partida para un abordaje histórico de los usos de este término, que resulta más singular de lo que aparenta a primera vista. A camino entre el lenguaje técnico y el lenguaje corriente, entre usos toponímicos y genéricos, he aquí el periplo que atravesó esta palabra.

Hasta el sigo 19, *ensanche* no constituía tanto una palabra de la ciudad, sino más bien una palabra más general, y podía traducirse como *amplitud*, *expansión*, *ensanchamiento*. Se utilizaba además en numerosos textos literarios para designar la benevolencia, la generosidad, la prodigalidad. ¿Puede interpretarse el uso que hizo de este término el historiador Luis Cabrera de Córdoba – "A los dos de este mes vino S. M. (Su majestad) a San Lorenzo [...] y con esta ocasión paso por la Platería a ver las casas que se habían derribado para en *ensanche* de la calle" ([1599-1614] 1857:528) – como un presagio de los usos urbanísticos del término? También es posible encontrar enunciados igualmente significativos durante el Siglo de las Luces. En efecto, el economista e historiador Antonio de Capmany se lamentaba en 1779 de que la presencia de la muralla de Barcelona impidiera *"ensanchar la población"* (apud Busquets 1992:77). El verbo *ensanchar*, que designaba tanto la ciudad como su población, podía también referirse al comercio allí practicado. De este modo, en aquella época de auge colonial transatlántico, la creación de un consulado marítimo y terrestre en Santander en 1785 permitía, según su acta fundacional, "dar mayor extensión a los muelles [...] un *aumento* de su población y un mayor *ensanche* de comercio" (apud Martínez Vara 1983).

Sin embargo, es en Barcelona y alrededor del año 1840 que se puede observar la migración definitiva del término hacia una acepción urbanística. ¿La "Manchester española" elige acaso, para responder a las necesidades territoriales de sus industriales, un término que pertenece también al vocabulario de la industria textil? En efecto, ¡el *ensanche* designaba también el dobladillo de una prenda! Independientemente de esta hipótesis, lo esencial de la transición en cuestión reside en los nuevos retos de la expansión urbana. En la época en que la municipalidad abogaba por la destrucción de la muralla defensiva, la primera respuesta parcial que obtuvo desde el punto de vista urbano representó el punto de partida de una demanda generalizada de apertura. El *engrandecimiento* de la plaza del Palacio planeada por el arquitecto José Massanés (1835 apud *Ajuntament...* 1985:123) se transformó en el *ensanche* de la ciudad en su totalidad (Ferras 1977). Esta mutación pudo observarse sobre todo en ocasión del concurso de ideas organizado por la municipalidad: "Los establecimientos de vapor requieren vastas localidades. Restrinjidos ahora dentro de un círculo limitado y ya casí demasiado reducido, por el considerable aumento de la poblacion, es indispensable para Barcelona un mayor *ensanche*, un nuevo campo en que circulen, á la par de aires saludables, activos jérmenes de vida social" (Monlau 1841:IV). Estos términos muy fuertes fueron rigurosamente tomados en cuenta en la respuesta premiada del joven médico Pedro Felipe Monlau en 1841. Su opúsculo de gran difusión *À bas les murailles!!!* constituía, ante todo, una argumentación de carácter higienista, pero en su demostración el autor hacía también hincapié en las ventajas combinadas de una rápida demolición de la muralla. "*Ensanchada* nuestra capital", "necesidad del *ensanche*", "Barcelona está destinada á un aumento progresivo de poblacion, y que es una locura inhumana oponerse con muros y barreras á su natural *ensanche*" (Monlau 1841:11). Esta retórica se volvió emblemática en todos los actores subsiguientes de esta historia bien conocida, a la que contribuyeron también el papel desempeñado por las comisiones municipales en pos de un "*ensanche* ilimitado", la pérdida de terreno de la muralla en 1854, la legislación de 1864-1867 sobre el *ensanche de población* [urbana] y luego por los *proyectos de ensanche* en diversas ciudades (Saint-Sébastien, 1864; Bilbao, 1877; Valencia, 1886; Gerona, 1895; Pamplona, 1911…). Los estudios monumentales del ingeniero Cerdá que tenían por fin el de planificar una extensión racional fueron de particular importancia, dado que su obra *La Théorie générale de l'urbanisation et application de ses doctrines et principes à la reforma y Ensanche de Barcelona* (Cerdá 1867) fue el primer tratado de urbanismo de la historia (Choay 1977).

En la terminología del autor, común a los juristas y a los técnicos, *ensanche* se oponía entonces no sólo a *reforma*, sino también a *mejora*, e incluso a *saneamiento* de las ciudades. Ramón de Mesonero Romanos, antiguo intendente de Madrid y conocido en las crónicas municipales por haber postergado las propuestas iniciales del *ensanche* en 1846, dice al respecto en sus memorias escritas 35 años después de los hechos: "partiendo de la base de que a la sazón no urgía la necesidad de la *ampliación* o Ensanche de Madrid […] limitando la tarea a la regularización del espacio entonces ocupado por *el caserío*" ([1880-1881] 1994:551). Dicho testimonio nos demuestra que existían otras opciones terminológicas posibles y pone el acento sobre los nuevos valores, inspirados en el progreso y el liberalismo, que expresa esa simple palabra. Los términos *ampliación*, *aumento*, *incremento* y *engrandecimiento*, más utilizados antiguamente, fueron substituidos por parte de los "decisores" y los personajes de la época por el de *ensanche*, que en ese momento era más bien sinónimo de *expansión* que de *extensión*… Ninguno de los términos antiguos en cuestión fue luego utilizado para designar en forma habitual alguna parte de la ciudad (Coudroy de Lille 2001).

El mecanismo por el cual este proceso de ordenación pasó a designar un tipo de barrio en el lenguaje cotidiano puede observarse a partir de 1887, por ejemplo bajo la pluma del novelista del

Naturalismo Leopoldo Alas "Clarín": "Ahora lo mejor de la población, el *ensanche* de Vetusta iba por aquel lado, y si bien el Espolón y sus inmediaciones se respetaron, a pocos pasos comenzaba el ruido, el movimiento y la animación de los hoteles que se construían, de la *barriada* colonial que se levantaba como por encanto" ([1884-1885] 1990:521). Dicha descripción encierra claramente connotaciones de modernidad, de actividad y de riqueza asociadas a los barrios que acogieron rápidamente las opulentas residencias de los *indios*, antiguos colonos que habían regresado de América, en una ciudad – Vetusta – emblemática del inmovilismo español.

A principios del siglo 20, esta técnica de planeamiento comenzó a caer lentamente en desuso, y el término estuvo a punto de quedar relegado a ciertos usos toponímicos estáticos. En las ciudades que lo implementaron, el *ensanche* era un conjunto de barrios reconocibles por su plano geométrico, por sus anchas calles, por sus residencias burguesas. Los que no contaban con estas características no eran reconocidos por lo general como tales, incluso si habían sido diseñados de conformidad con dicho régimen jurídico. En Madrid, los islotes promovidos por el banquero Salamanca hacia el año 1860 eran (y son todavía) considerados como ejemplos representativos del *ensanche*, en bastante mayor medida al menos que los demás barrios (Chamberí, Pacífico, Delicias…) dado el inmenso tamaño de estos últimos. Lo mismo ocurrió en Barcelona, donde se dio una oposición entre la "derecha" y la "izquierda" del *ensanche* o *eixample* (en catalán, usado por lo general como nombre propio), la primera en los alrededores del Passeig de Gracía y habitada por la gran burguesía, y la segunda habitada más bien por la media y pequeña burguesía y por los trabajadores asalariados.

Las connotaciones de modernidad y riqueza quedaron por lo tanto fuertemente asociadas a esta apelación: "Pero hay varios Bilbaos, con funciones diferentes y vida singular. El *Casco* viejo es la *urbe* de las calles estrechas, del comercio, del mercado, del ajetreo humano, del paseo. En el *ensanche* domina en automóvil, las calles amplias, los grandes edificios, la vida financiera, los negocios, los grandes comercios. Los *barrios* son otra cosa; en principio lugares donde dormir que con el tiempo han ido adquiriendo una entidad propia. Ninguna de esas *ciudades* dentro de la *ciudad* son departamentos y a veces se encuentran, se unen por tejidos invisibles que configuran el dinamismo de la gran *urbe*" (*España de punta a punta* 1996:82). Esta cita muestra la manera en la cual los *ensanches* estuvieron asociados en el siglo 20 a una verdadera teoría de los espacios urbanos españoles, compuestos por pedazos diferentes y complementarios a la vez. En Madrid, sobre todo, en lugar de los *barrios* evocados aquí, se encontraba el *extrarradio*, un conjunto de suburbios que se desarrollaban en forma inmediatamente contigua al perímetro que delimitaba el *ensanche* (Vorms 2007). Por último, vale notar que, si bien el ensanche podía aparecer como un todo homogéneo, no figuraba en la descripción de la capital vasca como un topónimo, ya que no llevaba mayúscula, a diferencia del *Casco*. La argumentación fundadora – la idea del *ensanche* como proyecto, elemento de un programa político, sinónimo de progreso – no se perdía de vista ni aquí ni allí.

Cabe señalar, sin embargo, la existencia de algunos usos no tan acordes a los ideales iniciales, particularmente en las ciudades en las que no se dieron estas políticas. *Ensanche*, entonces, podía designar toda la periferia o solamente uno de los barrios de dicha periferia. Este caso se dio por momentos en España, y también se puede apreciar en las descripciones de las ciudades extranjeras. En sus memorias sobre la Guerra del Rif, un soldado, que luego se volvió un intelectual falangista famoso, describió la pequeña ciudad de Tamuda, vecina de Tetuán, en las siguientes palabras: "Moros, cristianos, judíos. Todos revueltos y mezclados en este ombligo de la ciudad, que es la plaza de España, adonde se asoman los tres barrios típicos: la morería, el mellah y el *ensanche*" (Giménez Caballero 1923:154). En esta ciudad que no poseía un barrio colonial propiamente dicho, el *ensanche* era, a los ojos del autor, la periferia reciente carente de un carácter étnico dominante. En América, por último, en Santo Domingo (República Dominicana), la palabra parece haber tenido un destino muy particular en el siglo 20, dando nacimiento a numerosos topónimos: *ensanches* de Luperón, Quisqueya o, de mayor renombre, el *ensanche* Ozama. Se trata de barrios periféricos relativamente pobres y de trazado regular, y que fueron evocados en novelas de Manuel Vázquez Montalbán, como *Galíndez* (1991), y de Mario Vargas Llosa, como *La fiesta del chivo* (2000). El término logró cruzar el Atlántico, y encontramos, por ejemplo, el término *colonia* definido en el diccionario de mexicanismos (es decir, en el español de España) como "*ensanches* de la ciudad en época reciente: los *barrios* nuevos" (*Santamaría 1959).

El término *ensanche*, todavía en uso en España, ha resurgido en los últimos veinte años con una acepción muy parecida a la que poseía en el siglo 19: se trata de los nuevos barrios en construcción, planificados y relativamente densos, que han aparecido alrededor de las ciudades en el contexto de fuerte crecimiento urbano de los años 1990 y 2000. En efecto, podía leerse en la prensa cotidiana respecto del sudeste de Madrid: "Coslada recibirá a cambio un 'pico' del extremo capitalino, terreno ahora rústico que ese municipio podrá urbanizar como ensanche residencial" (Madrid presentará... 2005). La responsabilidad de este regreso puede ser atribuida quizá a la escuela española de urbanismo, que ha redescubierto y rehabilitado, primero en Barcelona y luego en Madrid, las prácticas de planeamiento del período 1850-1940 anteriores al franquismo y a la era funcionalista. Luego de que las investigaciones conducidas en el seno de la Escuela de Arquitectura de Barcelona a partir de los años 1970 (por Manuel de Solá-Morales, Oriol Bohgias...) reafirmaran el valor de los trazados en damero del siglo 19, el término *ensanche* fue ampliamente utilizado en el *marketing* urbano, inmobiliario y político. En Madrid, los grandes proyectos de extensión urbana de la década de 1980 propusieron introducir en las periferias más desfavorecidas la calidad y la intensidad de la urbanidad de los barrios centrales donde se encuentran las antiguas villas de emergencia: los "nuevos ensanches" de San Blas o de Vallecas constituyen una referencia explícita al modelo (López de Lucio 1999:143). ¿Esta fórmula ya fue sugerida en 2006? Nada impide pensarlo, y podemos observar que los grandes desarrollos del norte de Madrid, en dirección de los suburbios más favorecidos, se denominan efectivamente PAU, sigla que significa *Programas de actuación urbanística*.

Laurent Coudroy de Lille

Véase: barrio (e), casco (e), extrarradio (e), periferia (e), población (e), subúrbio (p), urbanización (e)

Referencias
ALAS "CLARÍN", Leopoldo (1884-1885). *La regenta*. Castalia (Madrid), Gonzalo Sobejano, 1990. • BASSOLS COMA, Martín. *Génesis y evolución del derecho urbanístico español (1812-1956)*. Madrid, Montecorvo, 1973. • BUSQUETS, Joan. *Barcelona: evolución urbanística de una ciudad compacta*. Madrid, Mafpre, 1992. • CABRERA DE CÓRDOBA, Luís (1599-1614). *Relación de las cosas sucedidas en la corte de España desde 1599 hasta 1614*. Madrid, Imprenta de Martín Alegría, 1857. • CAPMANY, Antonio de. *Memorias históricas sobre la marina, commercio y artes de la Antigua Ciudad de Barcelona [...]*. Madrid, Impr. de D. Antonio de Sancha, 1779. • CERDÁ, Ildefonso. *La théorie générale de l'urbanisation*. Présentée et adaptée par Antonio Lopez de Aberasturi. Paris, Seuil, 1979. • CERDÁ, Ildefonso. *Teoría general de la urbanización y aplicación de sus principios y doctrinas a la reforma y Ensanche de Barcelona*. Madrid, Imprenta española, 1867. • CHOAY, Françoise. *La règle et le modèle*. Paris, Seuil, 1977. • COUDROY DE LILLE, Laurent. *L'ensanche de población en Espagne: invention d'une pratique d'aménagement urbain (1840-1890)*. Thèse de Doctorat en Géographie. Paris, Université de Paris-X-Nanterre, 1995. • COUDROY DE LILLE, Laurent. L'unitaire' et le 'divisionnel': l'évolution de la terminologie des nouveaux quartiers en Espagne au XIXe siècle. In RIVIÈRE D'ARC, Hélène (Dir.). *Nommer les nouveaux territoires urbains*. Paris, Unesco/Éditions de la Maison des Sciences de l'Homme, 2001, p. 87-104. • *España de punta a punta*. Madrid, Anaya, 1996. • FERRAS, Robert. *Barcelone: croissance d'une métropole*, Paris, Anthropos, 1977. • GIMÉNEZ CABALLERO, Ernesto. *Notas marruecas de un soldado*. Madrid, Impr. de Ernesto Giménez, 1923. • HALL, Thomas. *Planning*

Europe's capital cities. Aspects of nineteenth-century urban development. London, E&FN Spon, 1997. • *Inicis de la urbanística municipal de Bercelona. Mostra del fons municipals de planes i projectes d'urbanisme. 1750-1930*. Ajuntament de Barcelona/Corporació Metropolitana de Barcelona, 1985. • LABORDE, Pierre. *Les villes espagnoles*. Coll. Parcours universitaires. Pessac, Presses Universitaires de Bordeaux, 2005. • LÓPEZ DE LUCIO, Ramón (Ed.). *Madrid. 1979-1999. La transformación de la ciudad en veinte años de ayuntamientos democráticos*. Madrid, Ayuntamiento de Madrid, 1999. • MARTÍNEZ VARA, Tomás. *Santander de villa a ciudad*. Santander, Ayuntamiento de Santander/Librería Estudio, 1983. • MAS HERNANDEZ, Rafael. *El barrio de Salamanca. Planeamiento y propiedad inmobiliaria en el Ensanche de Madrid*. Madrid, IEAL, 1982. • MESONERO ROMANOS, Ramón de (1880-1881). *Memorias de un setentón*. Madrid, Castalia-Comunidad de Madrid, 1994. • MONLAU, Pedro Felipe. *Abajo las murallas!!! Memoria acerca de las ventajas que reportaría Barcelona y especialmente su industria de la demolición de las murallas que circuyen la ciudad*. Barcelona, Imprenta del Constitucional, 1841. • Madrid presentará su candidatura olímpica par el 2008 si Sevilla no lo consigue. *El Mundo*, Madrid, 5 oct. 2005. • POZUETA ECHAVARRI, Julio. Relaciones e implicaciones en el modelo ciudad/puerto de Santander. *Ciudad y Territorio*, Madrid, n. 4, oct./dec. 1984, p. 23-34. • REAL ACADEMIA ESPAÑOLA. *Corpus diacrónico del español* (Corde) <www.rae.es>. • VARGAS LLOSA, Mario. *La fiesta del Chivo (La fête au bouc)*. Madrid, Alfaguara, 2000. • VÁZQUEZ MONTALBÁN, Manuel. *Galíndez*, Barcelona, Planeta, 1990. • VORMS, Charlotte. *Bâtisseurs de banlieue. Le développement de la Prosperidad à Madrid. 1830-1936*. Thèse de doctorat en histoire contemporaine. Marseille, Université d'Aix--Marseille1, 2006.

E extrarradio (pl. extrarradios)

español España, sustantivo masculino

Definiciones

extrarradio: *zona* f *suburbana, aledaños* m, *alrededores* m (*Larousse general diccionario... 1999*).

extrarradio: *Circunscripción administrativa en las afueras de una población* (*Martín Alonso 1960*).

extrarradio: *Afueras, alrededores. Zona de una población alejada del centro* (*Moliner 1966*).

extrarradio: *Parte o zona, la más exterior del término municipal, que rodea al casco y radio de la población*
(*Diccionario Marín de la lengua española 1982*).

EXTRARRADIO ES UNA PALABRA DE RECIENTE APARI-
ción en España, vinculada desde hace mucho con el contexto madrileño. Se nota muy rápidamente un desajuste duradero entre el uso corriente y el administrativo o urbanístico del término.

El vocablo apareció en la legislación fiscal aduanera. En efecto, en ella se dividía el territorio municipal en tres espacios: el *casco*, que estaba dentro de las murallas, el *radio*, zona de protección del tributo que se extiende 1.600 metros alrededor de las barreras y el *extrarradio*, espacio comprendido entre los límites del *radio* y los de la comuna. El término fue retomado en Madrid en las décadas de 1860-1870 para designar una realidad territorial y administrativa muy específica de la capital española. En 1860, esta última adoptó el plan de ampliación programada del ingeniero Castro; esa futura expansión fue denominada *ensanche* (Castro 1860). En este contexto, la palabra *extrarradio* reemplazó a *extramuros*, *alrededores*, *cercanías* y, sobre todo, *afueras* para denominar el espacio exterior a los muros, fuera de los límites de la ciudad oficial. El Plan Castro preveía un nuevo límite para la ciudad ampliada, más acá de la frontera de la comuna de Madrid. Esta se materializaba en un camino de ronda, que en algunos tramos estaba reforzado por un foso. El plan delimitaba, de esta forma, tres espacios en la comuna: la ciudad vieja, que se convirtió en el *interior*, la ampliación oficial y un tercer espacio en el cual la tierra se calificaba siempre de rural, pero que fue inmediatamente objeto de una urbanización espontánea a lo largo de las vías de comunicación: el *extrarradio*. A esos nuevos asentamientos se los llamó *arrabales, barriadas* o, mucho menos frecuentemente, *suburbios de extrarradio*.

En tanto que esta tercera zona continuaba siendo rural, no se diferenciaba del resto del territorio externo a la ciudad. Se la designaba por el término que se usaba entonces para nombrar el espacio exterior a la ciudad: *afueras*, como en el texto del Plan Castro. Por otra parte, casi nunca era un asunto importante. Sólo cuando la urbanización de este espacio – fuera de toda previsión – fue evidente, se convirtió en tema de discusión y aparecieron términos específicos para denominarlo. Los primeros habitantes de este tercer espacio lo describía, en principio, como las *afueras de la puerta de tal* o *fuera del circuito, fuera de la línea de cerramiento del ensanche, fuera de la zona de ensanche* o también *en las afueras del ensanche*, retomando de esta forma el término usual de *fuera* o *afueras*, mientras también denotaban el nuevo límite (diversos expedientes de permisos de construcción). En cuanto a la administración municipal, que asistía pasivamente a la urbanización de estas *afueras*, su comisión *de ensanche* la nombraba en 1863 mediante perífrasis en sus respuestas a los pedidos de permiso de construcción: *fuera de la línea de cerramiento del nuevo círculo*, o *fuera de la línea exterior del ensanche*.

En 1863, en una de estas solicitudes, el peticionante describía de este modo la localización de su terreno: está "camino de Hortaleza, fuera del radio de la población" (Archivo Histórico de Villa, Secretaria 4-261-66). En 1872, los habitantes de la Prosperidad, uno de las núcleos de urbanización de estas nuevas *afueras*, en una petición colectiva a la alcaldía, describían así su suburbio: "Barrio de la Prosperidad, Término de Madrid, fuera del radio del ensanche" (Archivo Histórico de Villa, Secretaria 5-66-82). Utilizaban el vocablo *radio*, banda de terreno inmediatamente contigua a una frontera y objeto de una reglamentación particular, al estilo de la "zona" parisina. Este término, generalmente empleado en el contexto militar o fiscal, fue incorporado de este modo en un contexto de extensión urbana. Era quien ocupaba la administración municipal cuando se creó un nuevo vocablo para denominar las nuevas *afueras*: *extra-radio* y más tarde *extrarradio*. Así, en 1881, la nueva guía oficial de las calles de Madrid, redactada por la comisión de estadísticas del ayuntamiento, se llamó *Guía Oficial de las Vías Públicas de Madrid, su ensanche y extra-radio* (la ortografía de la palabra todavía no se había estabilizado). La alcaldía tomó nota de la aparición de un tercer espacio urbano y la Real Orden del 31 de agosto de 1888 invitó al consejo municipal a estudiar "con toda urgencia el trazado de vías para el extrarradio, así como de sus alineaciones y rasantes, para que, en armonía con las aprobadas para el ensanche, que le son contiguas, coloque a estos suburbios no sólo en condiciones de buena e higiénica urbanización, sino de ser en su día ampliación del ensanche aprobado, y una vez esto sancionado, no se permita construcción alguna que no se sujete a las alineaciones y rasantes generales aprobadas" (Real Orden 1888:249).

La palabra tardó en imponerse en el habla corriente, que durante mucho tiempo prefirió *afueras*. Tampoco lograba unanimidad en los textos técnicos y administrativos. Si bien es normal que Ángel Fernández de los Ríos no utilizara jamás el vocablo, dada la fecha de publicación de sus dos obras sobre Madrid (1868 y 1876), destaquemos que el ingeniero municipal Núñez Granés criticaba abiertamente su uso: "extrarradio. Palabra esta última, impropia en el presente caso, porque emana de la legislación de Consumos, que establece el casco, el radio y el extrarradio, y porque significa cosa distinta del Término municipal, pero que se usa impropiamente para designar el campo de Madrid hasta los límites de su Término" (Núñez Granés 1906:32). De hecho fuera de Madrid, el *extrarradio* conserva su sentido fiscal: la ciudad de Valladolid publicó en 1870 un "Reglamento para la imposición y la tasa de consumos municipal en la capital, su *radio* y su *extrarradio*" (Ayuntamiento de Valladolid 1870).

La selección de una palabra compuesta a partir de *radio*, vinculada a la idea de frontera, de barrera, remite, sin duda, a una determinada visión de la ciudad, heredada de la época moderna, que el plan de ampliación de Madrid de 1860 parece prorrogar adaptándolo a la época contemporánea; se trata de un espacio cerrado con límites claros. A los *extramuros* de antes de la destrucción de las murallas, se corresponden, entonces, los *extrarradios* situados más allá de los *ensanches*.

El relativo éxito de la palabra *extrarradio* está directamente vinculado al surgimiento del problema social y urbano de las periferias pobres, de las cuales *extrarradio* es la expresión madrileña. Si bien *extrarradio* era al principio un vocablo técnico, que designaba una realidad administrativa y reglamentaria, prontamente tomó un sentido urbanístico y hasta social. En efecto, la división administrativa de Madrid en tres zonas distintas, que perduró oficialmente hasta 1955, conllevaba una división morfológica y social sentida con fuerza por los habitantes de la capital. Por eso fue que en 1961, en un artículo importante, el geógrafo Manuel de Terán identificó esta tripartición espacial de territorio municipal como núcleo de análisis de la geografía de la aglomeración urbana (Terán 1961). En efecto, el *extrarradio* se volvió rápidamente un anti-*ensanche*, oponiendo a la racionalidad de la ciudad programada el desorden y la insalubridad de la ciudad espontánea: el *extrarradio* se convirtió en un "problema". En 1929, el resultado de la amplia encuesta de la alcaldía acerca de la ciudad de Madrid retomó esa división en tres espacios y el capítulo *"extrarradio"* comenzaba así: "Una cintura formada de grupos en los que las vías son angostas, con trazados incomprensibles y sin los indispensables servicios de pavimentación, desagües ni alumbrado; con edificaciones pobres, en las que alternan las casas de pisos, de alturas desproporcionadas al ancho de las calles y pasos, con las que solamente constan de una o dos plantas. El fondo de manzanas es muy pequeño y el tipo de parcela excesivamente reducido. Las disposiciones responden a un perjudicial aprovechamiento, bajo el punto de vista higiénico. Por otra parte la vivienda esta entremezclada con la industria, de la que sufre los naturales perjuicios de incomodidad, peligro e insalubridad. Los pozos negros abundan en el Extrarradio, así como las charcas, producidas por la falta de estudio de pendientes en calles emplazadas en terreno muy sinuoso, aumentando estos perjuicios los cementerios, en cuya contigüidad existen edificaciones" (Ayuntamiento de Madrid 1929:28).

Símbolo madrileño de la mala urbanización desde principios del siglo 20, a diferencia del *ensanche*, la palabra quedó marcada de una connotación negativa. El término está asociado a una forma de urbanización marginal, degradada, a los lugares de vida a mitad de camino entre la ciudad y el campo, pero que no tienen las virtudes de ninguna de las dos. De este modo, los habitantes del Puente de Segovia, suburbio del *extrarradio*, en un artículo de su diario local, consagrado a los recientes proyectos municipales de mejoramiento del *extrarradio*, rechazaban en 1923 esta denominación: "Concretándonos a la barriada del Puente de Segovia [...] es un absurdo denominarla extrarradio. ¿Extrarradio de qué, y por qué? ¿Puede ser ni debe ser hoy extrarradio, una zona habitada, como está el Puente de Segovia, a donde en diez minutos en tranvía se puede llegar desde la Puerta del Sol? ¿Puede denominarse ni considerarse extrarradio a un trozo de población que en estos últimos diez años tomó unas proporciones gigantescas y que hoy cuenta con más de veinte mil almas y con una industria y un comercio verdaderamente extraordinario? [...] La barriada del Puente de Segovia, sino extrarradio [...] ¿Que deberá ser? Pues la solución es una y clara, hagamos de ella (y si conviniera en unión del vecino Puente de Toledo) la cuarta zona del ensanche, y al ensanchar como debe hacerse, el perímetro o término municipal de Madrid; llamemos extrarradio a los campos y eriales que hay a partir de lo que es hoy el actual término municipal" (El extrarradio y sus proyectos 1923). En las décadas de 1950 y de 1960, los discursos sobre las *chabolas* y los *barrios marginales* reemplazaron a los referidos al *extrarradio*.

Nuevo problema, el *extrarradio* suscita una nueva generación de proyectos urbanísticos. A los planes de *ensanches* les sucedieron los planes de urbanización del *extrarradio* de Madrid. Estos últimos desarrollaron una nueva concepción de la ciudad y de la planificación urbana: a la visión del plan Castro, estrictamente intraurbana de una ciudad limitada y tratada aisladamente, le sucedió una visión regional del aglomerado urbano. Los diversos planes de ordenamiento del *extrarradio* madrileño vieron la eclosión del ordenamiento regional.

En el habla corriente, la palabra perdió rápidamente su especificidad madrileña para denominar la periferia de una ciudad, los suburbios. Desde las décadas de 1920 y de 1930, en Madrid, el diario *El Defensor del Extrarradio* entendía por ese término las comunas inmediatamente vecinas a la capital que participaban del aglomerado (*El Defensor...* 1931). Cuando la división administrativa de Madrid en tres sectores fue suprimida, en 1955, la palabra desapareció del vocabulario administrativo y urbanístico. Por el contrario, continúa existiendo en el lenguaje corriente, con ese mismo significado de suburbio, de periferia urbana. Actualmente es un vocablo bastante neutro, con menos connotaciones negativas que el de *suburbio*. Así, se lo utiliza en los diferentes anuarios profesionales y turísticos o en la clasificación de los transportes públicos para distinguir la ciudad de su periferia – la idea predominante aquí es la de la distancia. En la lengua hablada, a menudo se prefiere el término más antiguo de *afueras*. Parece, sin embargo, que en ciertas grandes ciudades, el vocablo comienza a ser empleado para designar un modo de vida, una cultura, y hasta una clase social, la de los habitantes de los suburbios populares de los grandes aglomerados, a la manera del francés *banlieue*. Un periodista del diario ABC presenta así a los músicos del grupo de *rock* catalán Estopa: "la historia de estos dos hermanos de Cornellà (Barcelona) es más o menos conocida: una juventud paralela a la de muchos jóvenes del extrarradio de cualquier gran ciudad, aficiones comunes, todavía 'apalancados' en casa de los padres, estudios colgados para disgusto de la familia, curro a destajo en una fábrica de suministros de la Seat" (Gubern 2000). El periodista Carlos Toro, de *El Mundo*, evocó como un tipo fácilmente identificable por sus lectores a los "rumberos, raperos o cualquier fauna musical de extrarradio" (Toro 2002). A su vez, la banda de *rock* Chucho, ha titulado "*Extrarradio*" a una reciente canción, que habla de "la pobreza, la destrucción moral de las familias en el mercado de las drogas y de la carne" (Chucho 2001).

Charlotte Vorms

Véase: arrabal (e), barriada (e), barrio (e), chabola (e), chalet (e), colonia (e), ensanche (e), fraccionamiento (e), periferia (e), polígono (e), suburbio (e), subúrbio (p), urbanización (e)

Referencias

Archivo Histórico de Villa, Secretaria 4-261-66. • Archivo Histórico de Villa, Secretaria 5-66-82. • AYUNTAMIENTO DE MADRID. *Información sobre la ciudad*. Madrid, Imprenta Municipal, 1929. • AYUNTAMIENTO DE VALLADOLID. *Reglamento para la imposición y escacción de arbitrios municipales, en la capital, su radio y extrarradio*. Valladolid, Imprenta Lucas Garrido, 1870. • CANOSA, Elia. *La promoción inmobiliaria en la periferia noreste de Madrid*. Madrid, Universidad Autónoma de Madrid, 1995. • CASTRO, Carlos María de. *Memoria descriptiva del anteproyecto de Ensanche de Madrid*. Madrid, Imprenta de José C. de la Peña, 1860. • CHUCHO. Extrarradio [canción]. *Los diarios de petróleo* [álbum]. Virgin Records, España, 2001. • Diversos expedientes de permisos de construcción. Archivo Histórico de Villa, Fondos Secretaria, contribución: 4-261-66, 10-79-6, 4-261-6, 4-261-173, 4-318-10, 5-68-76. • *El Defensor del Extrarradio*, Madrid, n. 8, 19 jun. 1931. Director Pedro Monforte. • El extrarradio y sus proyectos. *La voz del puente de Segovia*, año IV, n. 32, Madrid, feb. 1923, p. 1. • FERNÁNDEZ DE LOS RÍOS, Ángel. *El futuro Madrid*. Madrid, Imprenta de la Biblioteca Universal Económica, 1868. • FERNÁNDEZ DE LOS RÍOS, Ángel. *Guía de Madrid. Manual del madrileño y del forastero*. Madrid, Oficinas de la Ilustración Española y Americana, 1876. • *Gaceta de Madrid*, Madrid, 5 set. 1888, p. 249. • GUBERN, Alex. No queremos ser flor de un día. *ABC*, 17 ago. 2000. • *Guía oficial de las vías públicas de Madrid, su ensanche y extrarradio con expresión de los distritos y barrios a que corresponden y de las campanadas de aviso para anunciar los casos de incendio, formada por la comisión de Estadística del Excmo. Ayto*. Madrid, Imprenta y litografía Municipal, 1881. • LÓPEZ DE LUCIO, Ramón. En torno a los procesos reales de desarrollo urbano. Las tipologías de crecimiento en la formación de la periferia de Madrid. *Ciudad y Territorio*, Madrid, n. 2-3, 1976, p. 153-158. • MARTÍNEZ DE PISÓN, Eduardo. El barrio de cuatro caminos. *Estudios Geográficos*, XXV, n. 95, Madrid, 1964. • MARTÍNEZ DE PISÓN, Eduardo. La formación de los suburbios madrileños en el paso del siglo XIX al XX. *Boletín del Seminario de Derecho Político*, n. 31, Salamanca, 1964, p. 251-257. • MÁS HERNÁNDEZ, Rafael. Crecimiento espacial y mercado del suelo periférico en los inicios de la Restauración. In BAHAMONDE MAGRO, Ángel; ORTEGO CARVAJAL, Luis Enrique (Dir.). *La sociedad madrileña durante la Restauración 1876-1931*. Madrid, Comunidad de Madrid, 1989, p. 104-135. • MÁS HERNÁNDEZ, Rafael. Los orígenes de la propiedad inmobiliaria en el Extrarradio Norte de Madrid. *Ciudad y Territorio*, Madrid, ene./mar.

1979, p. 77-86. • NÚÑEZ GRANÉS, Pedro. *El problema de la urbanización del extrarradio de dicha villa desde los puntos de vista técnico, económico, administrativo y legal*. Madrid, Imprenta Municipal, 1920. • NÚÑEZ GRANÉS, Pedro. *Vías públicas del interior, ensanche y extrarradio. Memoria relativa a los trabajos efectuados en dichas vías en los años de 1904 y 1905*. Madrid, Imprenta Municipal, 1906. • Real Orden del 31/08/1888. *Gaceta de Madrid*, Madrid, n. 249, 5 sep. 1888, p. 688. • TERÁN, Manuel de. El desarrollo espacial de Madrid a partir de 1868. *Estudios Geográficos*, XXII, n. 84-85, Madrid, 1961, p. 599-615. • TORO, Carlos. El ruedo ibérico. La dinamita. *El Mundo*, 4 feb. 2002. • VALENZUELA RUBIO, Manuel. El barrio de doña Carlota en la aglomeración del Puente de Vallecas. *Estudios Geográficos*, XXX, n. 116, Madrid, 1969, p. 403-453.

f

● favela (pl.favelas)
português Brasil, substantivo feminino

favela: *As Favellas, anonymas ainda na sciencia – ignoradas dos sabios, conhecidas demais pelos tabareus – um futuro genero* cauterium *das leguminosas têm, nas folhas de estomatos alongados em villosidades, notaveis aprestos de condensação, absorpção e defesa. Por um lado, a sua epiderme resfriando, à noite, muito abaixo da temperatura do ar, provoca, a despeito da secura deste, breves precipitações de orvalho; por outro, mão que a toca, toca uma incandescente de ardencia inaturavel. Ora quando, ao revez das anteriores, as especies não se mostram tão bem armadas para a reacção vitoriosa, observam-se dispositivos por ventura mais interessantes: intimamente abraçadas, transmudadas em plantas sociaes. Não podendo revidar isoladas, disciplinam-se, congregam-se, arregimentando-se (Cunha 1902).*

favela: *O morro da Favella é ingreme e escarpado; as suas encostas em ribanceiras marchetam-se, porém, de pequenos casebres sem hygiene, sem luz, sem nada. Imagine-se de facto, casas (!) tão altas como um homem, de chão batido, tendo para paredes trançados de ripas,* *tomadas as malhas com porções de barro a sopapo, latas de kerosene abertas e juxtapondo-se taboas de caixões: tendo para telhado essa mesma mixtura de materiais presos à ossatura da coberta por blocos de pedras de modo a que os ventos não as descubram; divisões internas mal acabadas, como que paradas a meio com o proposito unico de subdividir o solo para auferir proventos maiores. E isto pallida idéa do que sejam estas furnas onde, ao mais completo desprendimento por comesinhas noções de asseio, se allia uma falta de agua, quasi absoluta, mesmo para beber e cosinhar* (Backheuser 1906).

favela: *A 'favella' é também uma especie de cidade-satellite de formação expontanea, que escolheu, de preferencia, o alto dos morros, composta, porém, de uma população meio nomada, avêssa a toda e qualquer regra de hygiene. [...] É assim designado, o conjuncto de construcções precarias que desenvolveram-se nos morros do Rio de Janeiro. Pode-se dizer, que são o resultado de certas disposições nos regulamentos de construcção e da indifferença manifestada até hoje pelos poderes publicos, relativamente as habitações da população pobre* (Agache 1930).

favela: *Art. 349 – A formação de favellas, isto é, de conglomerados de dois ou mais casebres regularmente dispostos ou em desordem, construidos com materiais improvisados e em desacôrdo com as disposições deste decreto, não será absolutamente permitida. 1º Nas favellas existentes é absolutamente proibido levantar ou construir novos casebres, executar qualquer obra nos que existem ou fazer qualquer construção* (Código de obras [1937] 1964)

favela: *Favella s.f. 1. planta das caatingas da Bahia. 2. Conjunto de choupanas ou casebres, construidos em um morro e desprovidos de condições higiênicas* (*Freire 1939)

favela: *Foram incluidos na conceituação de favelas os aglomerados humanos que possuissem, total ou parcial-*

mente, as seguintes caracteristicas: 1. Proporções minimas – agrupamentos prediais ou residenciais formados com unidades de numero geralmente superior a 50; 2. Tipo de Habitação – Predominancia, no agrupamento, de casebres ou barracoes de aspecto rustico tipico, construidos principalmente de folhas de Flandres, chapas zincadas, tabuas ou materiais semelhantes; 3. Condição juridica da ocupação – Construções sem licenciamento e sem fiscalizaçao, em terrenos de terceiros ou de propriedade desconhecida. 4. Melhoramentos publicos – Ausência, no todo ou em parte, de rêde sanitaria, luz, telefone e agua encanada; 5. Urbanização – Area não urbanizada, com falta de arruamento, numeração ou emplacamento (Guimarães 1953)

favela: *s.f. 1. BOT arbusto ou árvore (*Jatropha phyllacantha*) da fam. das euforbiáceas, que ocorre no Brasil (NE e SE), de ramos lenhosos, folhas repandas ou sinuosas e denteadas, flores brancas, em cimeiras, e cápsulas escuras, verrucosas, com sementes oleaginosas e de que se faz farinha rica em proteínas e sais minerais; faveleira, faveleiro, mandioca-brava; 2. BOT fruto dessa planta; 3. B conjunto de habitações populares que utilizam materiais improvisados em sua construção tosca, e onde residem pessoas de baixa renda; 4. p. ext. B pej. lugar de mal aspecto; situação que se considera desagradável ou desorganizada. ETIM fava+ela; [...] o nome se generalizou para 'conjunto de habitações populares'. SIN/VAR bairro de lata (Portugal), caniço (Moçambique), musseque (Angola)"* (*Houaiss, Villar & Franco 2001).

favela: *"No final do século 20, o Brasil já conta com 3.905 favelas, distribuídas pelo conjunto do território nacional* (Censo 2000: Brasil... 2001).

ANTES DE ENTRAR PARA O VOCABULÁRIO DA CIDADE *favela* é um substantivo comum, feminino, de origem brasileira, que designa um arbusto do sertão descoberto no final do século 19 pelo escritor Euclides da Cunha e repertoriado como *jatropha phyllacantha*, da família das euforbiáceas, pelos especialistas. De um registro botânico, a palavra passou a designar um topônimo (Morro da Favella, no Estado da Bahia, depois Morro da Favella no centro da cidade do Rio de Janeiro); para em seguida passar a um substantivo comum, caracterizando um tipo de habitação precária do Rio de Janeiro, um fenômeno urbano próprio da urbanização brasileira. Em seguida a palavra entrou para o vocabulário oficial dos recenseamentos, tornando-se também uma categoria das ciências sociais brasileiras e finalmente uma categoria internacional (Valladares 2005). Cem anos foram necessários para que tal evolução ocorresse, mas os dicionários continuam a insistir numa fórmula genérica: "conjunto de habitações populares".

Esta longa metamorfose vem pontuada, desde sua origem, de conotações políticas e simbólicas. Finda a guerra de Canudos em 1897, os soldados vitoriosos obtiveram a permissão de se instalar no Morro da Providência enquanto esperavam seus soldos atrasados a serem pagos pelo Ministério da Guerra. O Morro da Providência foi então rebatizado de Morro da Favella na linguagem popular, o que se explicaria pela similitude da vegetação como também pelo conteúdo simbólico da ocupação: afinal de contas o Morro da Favella na guerra de Canudos havia sido decisivo na vitória final dos republicanos. Uma ocupação que na sua origem era provisória, tornou-se definitiva, consagrando-se assim a dimensão simbólica da dominação.

O mesmo Morro da Providência vinha recebendo desde o final do século 19 populações oriundas de reformas urbanas sucessivas (Benchimol 1990) originárias dos cortiços do centro de cidade e vítimas do Bota-abaixo de Pereira Passos (Vaz 1986). Descrito pela primeira vez pelo engenheiro Backhauser (1906), o Morro da Providência se torna, sob a nova apelação, o arquétipo da favela. Jornalistas, reformadores sociais e ilustres estrangeiros o visitam (Zylberberg 1992), participando da produção de um discurso sobre a favela muito semelhante àquele dos higienistas sobre os cortiços. A Favella (o Morro da Favella) se torna assim a referência para designar outros conjuntos de habitação popular do mesmo tipo.

Nos anos 1920 o termo perde sua maíuscula e se torna um substantivo, entrando para a linguagem corrente, sendo a partir de então muito empregado pela imprensa carioca (Abreu 1994). O uso se expande, os casos se mutiplicam mas o Morro da Favella continua sendo o modelo, o arquétipo. A palavra remete sempre a um mesmo tipo de localizaçao – favela é morro – e ganha cada vez mais uma conotação negativa e pejorativa – um aglomerado de barracos construidos com material improvisado (restos), distinguindo-se de outras aglomerações por sua morfologia, sua falta de equipamentos públicos e por sua implantação ilegal. Seus habitantes são inicialmente chamados de *favellanos* (Mendonça 1931:139) sendo considerados como preguiçosos e vadios e logo assimilados ao mundo do crime e da desordem. A imagem do Rio como a "cidade maravilhosa" vê-se ameaçada pela "lepra da estética", como se referia Mattos Pimenta (1926:7) às favelas. Tal representação dominará a visão e o diagnóstico de reformadores sociais brasileiros e estrangeiros. Assim o francês Alfredo Agache no seu *Plano para a cidade do Rio de Janeiro* de 1930 apresenta a favela como um mal contagioso que deve ser combatido, insistindo sobre a necessidade de realojar seus habitantes em vilas-jardins operárias (Agache 1930:190). Ao mesmo tempo em que é vista negativamente, o modo de vida que se organiza nestes espaços é visto positivamente, sendo a favela transformada no berço de uma cultura popular. Habitada principalmente por negros ex-escravos e vista sob um olhar exótico, ela serve de inspiração a pintores (Tarsila do Amaral, Portinari), escritores (Costallat, Lucio Cardoso) e compositores de samba. Oliveira & Marcier (1998) lembram que numa visão idealizada as letras de música enaltecem os laços de vizinhança e de união entre os moradores numa nítida oposição à *cidade*. Desta dupla leitura emerge a ideia de uma oposição cidade/favela já presente nos textos da época.

Este tipo de habitação que se desenvolve cada vez mais na capital do país, vai ter uma existência jurídica a partir do *Código de obras* de 1937. O artigo n. 349 voltado para as favelas, propõe elementos de identificação ("construídos com materiais improvisados") e um tamanho mínimo: dois casebres ou mais. Graças ao seu reconhecimento administrativo a palavra se implanta no léxico técnico do urbanismo. Mas se o *Código* consagra o termo, é visando o seu desaparecimento: "é absolutamente proibido levantar ou construir novos casebres". Com efeito o primeiro reconhecimento oficial de tal fenômeno urbano vem acompanhado pelo artigo n. 347 com a intenção de substituir os barracos por conjuntos de habitação a preços módicos.

Somente em 1939, ano em que se dá a publicação do *Grande e novissimo dicionario da lingua portuguesa* (*Freire 1939) é que a palavra *favella* vai ser repertoriada de forma acadêmica, ganhando um outro sentido que não o registro botânico. No referido dicionário *favella* corresponde a um conjunto de habitações precárias, sem se precisar se se trata ou não de um fenômeno exclusivamente urbano, mas insistindo por outro lado sobre a sua localização geográfica, em morro, e sobre suas condições de higiene.

No ano 1942 a reforma ortográfica suprime a palavra *favella* de um "l". A partir dos anos 1940 o discurso negativo sobre as favelas do Rio ganha novos contornos. O debate político-administrativo defende uma postura de "respeito à ordem urbana". O fenômeno passa cada vez mais a ser associado não apenas a uma patologia espacial mas a uma patologia social. A estigmatização dos seus moradores se reforça, sendo os mesmos chamados a partir de então de *favelados* pelas assistentes sociais do governo Vargas (Silva 1942:43). Seu modo de vida, assim como a sua incapacidade de sair da pobreza são ressaltados. Uma primeira tentativa de "solucionar" o "problema das favelas" é oferecida pelos Parques Proletários concebidos por Victor Tavares de Moura (1940).

Em 1948 é realizado o primeiro recenseamento das favelas do Rio de Janeiro, levado a cabo pela Prefeitura do Distrito Federal: o número de favelas é igual a 105, representando a população das favelas 7% da população total da cidade. De natureza eminentemente política, este primeiro censo revela um discurso cheio de clichês e preconceitos morais, afirmando que as favelas são habitadas por uma população negra e avessa ao trabalho, promíscua e sem hábitos higiênicos, sendo necessária a sua extinção (*Censo das favelas* 1949). O Recenseamento Geral do Brasil de 1950 obedecerá a critérios mais científicos e proporá a primeira definição oficial do que é uma favela: um aglomerado de um mínimo de cinquenta habitações, caracterizado por um tipo de construção (precária), uma condição jurídica da ocupação (ilegal), a ausência de equipamentos públicos numa zona não urbanizada (Guimarães 1953). O IBGE cunhou na ocasião a expressão aglomerado sub-normal para se referir a situações semelhantes geradas pelo processo de urbanização a nível nacional: Belém: baixadas; Belo Horizonte: vilas favelas; Brasília: favela, invasão; Porto Alegre: malocas, vilas; Recife: mocambos, invasão; Salvador: invasão; São Paulo: favelas. Tais critérios restam em sua maioria válidos no recenseamento geral de 2000 (IBGE 2000).

A partir dos anos 1960 as ciências sociais entram em cena. A teoria da marginalidade social inspira inúmeros trabalhos e pesquisas, transformando as favelas em campo privilegiado dos estudos sobre a pobreza urbana (Valladares 2005). Consequência inevitável, a palavra *favela* torna-se rapidamente sinônimo de marginalidade (Perlman 1977) ressaltando-se as consequências desastrosas da urbanização galopante e das dificuldades de integração dos migrantes à vida urbana e de sua busca de um lugar onde morar. Alguns anos antes o antropólogo americano Anthony Leeds que passara muitos anos no

Rio, advertia sobre os riscos de se considerar a favela como um fenômeno particular, frizando que muitas das características das favelas poderiam ser encontradas em outras áreas da cidade (Leeds 1969). Entretanto a favela, transformada em categoria erudita, é construída pela maior parte dos sociólogos, geógrafos, arquitetos e urbanistas, antropólogos, demógrafos, juristas, como um espaço singular: uma cidade dentro da cidade; a cidade ilegal ou a cidade informal. A favela é também considerada como uma resposta dos pobres à crise habitacional, insistindo-se sobre o caráter de mobilização coletiva que a precede – a invasão da terra. O interesse dos estudiosos pela informalidade, pelos movimentos sociais, pelo associativismo de favela e pelas formas de exclusão social que a mesma representaria, reforçam a ideia de que se trataria de um espaço socialmente diferenciado. A favela seria nesta acepção o espaço por excelência da pobreza, dos problemas sociais – a violência urbana assumindo o primeiro plano. Na perspectiva da teoria da dualizaçao urbana fala-se numa "cidade partida" onde a favela seria a "outra metade", onde a República não teria chegado (Ventura 1994). Símbolo da segregação social, a favela seria o outro lado da cidade onde a violência seria a linguagem do cotidiano e onde viveriam as atuais "classes perigosas".

No entanto, frente a evolução da realidade das favelas do Rio, as conotações da palavra favela vêm se modificando. O reconhecimento de uma certa legitimidade de sua existência na Constituição de 1988 não pode ser negado. A extensão do princípio de usucapião às áreas urbanas torna a remoção um recurso quase impossível, contrariamente à prática de remoção que caracterizou os anos 1960 e 1970 (Valladares 1978). O Programa Favela-Bairro, promovido pela Prefeitura do Rio de Janeiro, e financiado pelo Banco Interamericano de Desenvolvimento – BID prevê, como o nome o diz, a transformação das favelas em bairros. Por outro lado, novas representações da favela, baseadas em dados empíricos, mostram a presença de uma diversidade social e econômica e de uma sociabilidade ímpar. O uso do termo *comunidade* no lugar de *favela* tende a se generalizar entre aqueles que defendem a imagem da positividade da favela. *Comunidade* é termo politicamente correto, usado com a intenção de valorizar uma identidade territorial, mas também social e cultural, sendo empregado sistematicamente por líderes locais, pessoas que trabalham nas ONGs, funcionários do Favela-Bairro e moradores em geral. *Comunidade* remete a união, solidariedade, coesão e vontade de pertencer à sociedade urbana.

Um outro registro é o da internacionalização do termo, seja pela difusão na mídia da paisagem da favela ou do modo de vida dos seus moradores. O filme *Orfeu negro* realizado por Marcel Camus em 1959 e as inúmeras traduções do livro de Carolina Maria de Jesus (1960) contribuiram, sem dúvida, para divulgar uma imagem exótica da favela como espaço dotado de características culturais específicas. A ponto de serem, hoje em dia, muitas as agências que disputam este destino turístico (Freire-Medeiros 2007).

Cem anos após o aparecimento das primeiras favelas cariocas a "favela virtual" começa a se desenvolver, num sinal dos novos tempos (Valladares 2005). Os sites e os blogs se multiplicam em português mas também em inglês, francês e alemão, assegurando a comunicação entre os moradores que têm acesso a internet, difundindo a informação das ONGs locais e internacionais, e expondo ao mundo exterior a nova realidade das favelas, que aparece menos como um espaço isolado e atrasado e mais como um território participante da modernidade. Com efeito, a evolução recente das favelas do Rio de Janeiro, sobretudo das mais antigas, deixa pensar que não são mais o território por excelência da pobreza, e que outras categorias médias ou mais qualificadas ali residem também, como por exemplo os universitários das favelas (Silva 2003).

Muito embora os dicionários insistam em dar à palavra favela o sentido negativo de *bidonville* e de *slum*, a tendência é a de transformação do espaço das favelas não somente de um ponto de vista social e econômico mas também urbanístico: é cada vez mais presente a consolidação das construções – várias alcançando muitos andares –, o desenvolvimento de um mercado imobiliário de compra e venda e de aluguel, a instalação de alguns dos serviços públicos e o desenvolvimento de um mercado de bens e serviços.

O sucesso inconteste da palavra *favela* não leva entretanto em conta a evolução do fenômeno. Tendo sido transformada numa categoria que é utilizada em outras áreas do planeta (Davis 2006) seu êxito se deve, sem dúvida, à oposição frequente que lhe é atribuida ao asfalto. O tráfico de drogas que utiliza certas favelas como quartel geral e local de vendas, certamente reforça o antagonismo favela/asfalto, reativando assim a dualidade e a visão da favela como de uma ameça à cidade.

Licia Valladares

Ver: bairro (p), casa (p), chabola (e), cortiço (p), invasão (p), pátio (p)

Referências
ABREU, Maurício de Almeida. *Reconstruire une histoire oubliée: origine et expansion initial des favelas de Rio de Janeiro.* Genèses, n. 16, jun. 1994, p. 45-68. • AGACHE, Alfred (Org.) *Cidade do Rio de Janeiro: extensão – remodelação – embellezamento.* Rio de Janeiro/Paris, Prefeitura do Distrito Federal/Foyer Brésilien, 1930. • BACKHEUSER, Everardo. *Habitações populares.* Relatorio apresentado ao Exm. Sr. Dr. J.J. Seabra, Ministro da Justiça e Negócios Interiores. Rio de Janeiro, Imprensa Nacional, 1906. • BENCHIMOL, Jaime Larry. *Pereira Passos: um Haussmann tropical.* Rio de Janeiro, Secretaria Municipal de Cultura, 1990. • Censo 2000: Brasil ganha 717 favelas em nove anos. *Folha de S. Paulo*, 07 jan. 2001. • *Censo das favelas: aspectos gerais.* Rio de Janeiro, Prefeitura dos Distrito Federal/ Secretaria Geral do Interior e Segurança/ Departamento de Geografia e Estatística, 1949. • *Código de obras e legislação complementar* (Decreto n. 6.000 de 1 jul. 1937). 4ª edição. Rio de Janeiro, A.C. Branco Filho, 1964. • CUNHA, Euclides da. *Os sertões.* Rio de Janeiro, Laemmert & Cia, 1902. • DAVIS, Mike. *Planeta favela.* São Paulo, Boitempo, 2006. • FREIRE-MEDEIROS, Bianca. A favela que se vê e que se vende. Reflexões e polêmicas em torno de um destino turístico. *Revista Brasileira de Ciências Sociais*, vol. 22, n. 65, out. 2007, p. 61-72. • GUIMARÃES, Alberto Passos. As favelas do Distrito Federal. *Revista Brasileira de Estatística*, ano 14, n. 55, jul./set. 1953, p. 250-273. • IBGE – Instituto Brasileiro de Geografia e Estatística. *Instruções para revisão do trabalho da base operacional geográfica.* Rio de Janeiro, IBGE, 2000. • JESUS, Carolina Maria de. *Quarto de despejo.* Rio de Janeiro, Francisco Alves, 1960. • LEEDS, Anthony. The Significant Variables Determining the Character of Squatter Settlements. *América Latina*, vol. 12, n. 3, jul./set. 1969, p. 44-86. • MENDONÇA, Marcello Taylor Carneiro de. Casas populares. Cidades jardins. *Instituto de Engenharia de São Paulo. Annaes do 1º Congresso de Habitação.* São Paulo, Escolas profissionais do Lyceu Coração de Jesus, 1931. • MOURA, Victor Tavares de. Esboço de um plano para

estudo e solução do problema das favelas do Rio de Janeiro. Dact. Apresentado ao Exmo. Sr. Dr. Jesuino de Albuquerque, Secretário Geral de Saúde e Assistência, 1940. • OLIVEIRA, Jane Souto de; MARCIER, Maria Hortense. A palavra é favela. In ZALUAR, Alba; ALVITO, Marcos (Orgs.). *Um século de favela*. Rio de Janeiro, Editora Fundação Getulio Vargas, 1998. • PERLMAN, Janice. *O Mito da marginalidade; favelas e politica no Rio de Janeiro*. Rio de Janeiro, Paz e Terra, 1977. • PIMENTA, José Augusto Mattos. Para a remodelação do Rio de Janeiro. Discursos pronunciados no Rotary Club do Rio de Janeiro. Rio de Janeiro, 1926. • SILVA, Jailson de Souza. *Por que uns e não outros. Caminhada de jovens pobres para a universidade*. Rio de Janeiro: Sette Letras, 2003. • SILVA, Maria Hortensia do Nascimento. *Impressões de uma assistente sobre o trabalho na favela*. Rio de Janeiro, Grafica Sauer/Prefeitura do Distrito Federal/Secretaria Geral de Saúde e Assistência, 1942. • VALLADARES, Licia do Prado. *A invenção da favela: do mito de origem a favela.com*. Rio de Janeiro, Editora FGV, 2005. • VALLADARES, Licia do Prado. *Passa-se uma casa. Análise do programa de remoção de favelas do Rio de Janeiro*. Rio de Janeiro, Zahar Editores, 1978. • VAZ, Lillian Fessler. Notas sobre o Cabeça de Porco. *Revista Rio de Janeiro*, vol 1, n. 2, jan./abr. 1986, p. 29-35. • VENTURA, Zuenir. *Cidade partida*. São Paulo, Cia. Das Letras, 1994. • ZYLBERBERG, Sonia (Org.). *Morro da Providência. Memórias da "favella"*. Rio de Janeiro, Secretaria Municipal de Cultura, Turismo e Esportes/Departamento Geral de Documentação e Informação Cultural, 1992.

🄴 fraccionamiento (pl. fraccionamientos)

español México, sustantivo masculino

Definiciones

fraccionamiento: *fractura, acción de fraccionar en pequeñas partes* (*Salvá 1882).

fraccionamiento: *housing estate (mex. constr.)* (*Collins diccionario... 1992).

fraccionamiento: *división* (*Larousse general diccionario... 1999).

fraccionamiento: *En México, parcela o lote de terreno destinado a la edificación* (Diccionario enciclopédico UTEHA 1953).

fraccionamiento: *Acción y efecto de fraccionar. Se usa especialmente hablando de la propiedad rústica* (*Santamaría 1959).

fraccionamiento: *1) Acción y efecto de fraccionar. 2) Mex. Terreno muy grande urbanizado y dividido en lotes para la construcción de casas. 3) Mex. Zona residencial construida en un terreno de este tipo. Viven en un fraccionamiento en las afueras de la ciudad* (*Larousse 2003).

FRACCIONAMIENTO ES UNA PALABRA QUE REMITE A la preocupación, particularmente destacada en México, por recortar, en forma ordenada, el espacio urbano. Cada uno estará en su casa gracias a la acción de quien haya procedido a la división: el *fraccionador*. La mayoría de los nuevos espacios residenciales aparecidos en la periferia de las ciudades mexicanas entre 1950 y 2000 son *fraccionamientos* o, en otras palabras, la obra de *fraccionadores*, personajes que hacen de intermediarios entre las autoridades, los vendedores de los terrenos y los eventuales candidatos a la propiedad del suelo urbano, capaces de dar una apariencia de legalidad a las operaciones inmobiliarias que estaban fuera o en el límite de la ley.

La palabra formó parte del lenguaje tanto culto como popular. Su connotación técnica da cuenta de la presión ejercida sobre los responsables locales del urbanismo y también sobre los aspirantes a la ciudad, por la idea de planificación y las representaciones de los modelos que, se supone, sugerirá.

En la década de 1950, el término *fraccionamiento* designaba toda parcela de terreno destinada a la construcción. Su uso parecía más frecuente en el campo que en la ciudad y, en ciertas regiones, dicen los diccionarios (**Diccionario general de americanismos* 1942), la *fracción* correspondía incluso a una medida de superficie de una a dos hectáreas. Apareció en el lenguaje común del medio urbano durante la década de 1950 porque acompañó el ritmo intenso de migración del campo hacia la periferia de las ciudades. Sin embargo, hasta la década de 1980, no se refería más que a la primera fase de instalación de los recién llegados: la de la división del terreno y su reparto en lotes – legales, ilegales o imitando la legalidad (Rivière d'Arc 1991). Desde que les resultaba posible, los nuevos ocupantes del terreno lo denominaban con el término de *colonia*, que hace mención al acceso al status de ciudadano, si no de citadino.

La década de 1980 marcó una clara desviación en estas denominaciones. *Fraccionamiento* remitía, hasta esa época y desde la década de 1960, al poder del *fraccionador*, de quien era necesario ser cliente. Pero el rol de este último era, a veces, riesgoso y en algunas situaciones políticas locales, invocando pretextos morales, se arremetió contra los *fraccionadores*, llegando incluso a encarcelar a algunos de ellos. La profesión, por esta razón, estaba desvalorizada y, en la década de 1980, el personaje se convirtió en *urbanizador*, posición bastante prestigiosa, porque trabajaba más bien con los ricos y con las clases medias y no con los estratos populares y pobres. Pero curiosamente, el resultado de su proyecto de urbanización, que estuviera dirigido a la residencia de los ricos, de los pobres o de las clases medias, llevaba uniformemente el nombre de *fraccionamiento*, en general asociado a un calificativo como "*de primera*" o "popular" quedando, por otra parte, bien claro que el término fue, de ahí en más, muy ampliamente utilizado por todos los tipos de hablantes.

Una de las principales razones de la amplia difusión social de la palabra, tan consensual por otro lado, es simplemente que nombra espacios disociados de la ciudad, el barrio, el suburbio, los aledaños, la periferia, etc. *Fraccionamiento* remite, entonces, a una diversidad (social) de espacios residenciales que no son ni ciudad ni campo, y resulta interesante comprender por qué tiende, en la actualidad, a suplantar la voz *colonia* (López Moreno & Ibarra Ibarra 1997).

La ley sobre los *fraccionamientos urbanos* fue promulgada en México y cada Estado introdujo, posteriormente, especificidades locales redactando sus propias leyes (López Moreno & Ibarra Ibarra 1997). *Fraccionamiento* era un proceso jurídico que, entonces, formó parte del lenguaje administrativo. Empero, como dijimos, los *fraccionadores* populares dividieron el espacio, entre 1970 y 1990, según un procedimiento que imitaba al legal; sólo omitían la instalación y distribución de las obras de infraestructura, obviamente necesarias y obligatorias para todo proyecto inmobiliario. Compraban, para revenderlos, los terrenos de los *ejidatarios* que, en principio, no tenían derecho a vender. Este procedimiento dio origen a las *colonias populares*, *colonias irregulares* y *fraccionamientos populares*, nociones diferentes del simple *asentamiento*. Este concepto espacial, calcado del inglés *settlement* introducido por la Conferencia de las Naciones Unidas sobre el Hábitat realizada en Vancouver en 1976, se difundió ampliamente en México y más bien hizo referencia a una ocupación simple y llana.

Desde la década de 1990, el *fraccionamiento* se distingue de la colonia por el hecho de que es solamente residencial. No se ve perturbado por la urbanización salvaje que acecha y deforma la imagen de la *colonia popular*. El hecho de que incluso carezca de todo espacio público – que se supone peligroso por ser susceptible de ser recorrido por cualquiera – tranquiliza.

En el otro extremo de la jerarquía social, *fraccionamiento* es un vocablo de cierto modo genérico, que sirve para nombrar esta nueva forma de hábitat que se multiplica en las zonas periurbanas y que se denominan *fraccionamientos cerrados* o *cotos* en México, *country* o *club campestre en la Argentina*, etc. (Cabrales Barajas 2002), donde se destacan la calidad del aire de campo, el régimen de *condominio* y una serie de servicios sofisticados que, sobre todo, conciernen a la seguridad y la confianza de que los vecinos serán de una edad semejante y cultivarán los mismos valores (Ickx 2002). Esa última característica que une a los habitantes los lleva a constituir comités de vigilancia y de mantenimiento que brindan, a aquellos que viven en los *fraccionamientos de primera*, la sensación de llevar una vida comunitaria.

Ya sea popular o *de primera*, la palabra *fraccionamiento* remite al paso de la división ordenada a la garantía de seguridad en los años 2000, por oposición a la inseguridad que ha inundado las representaciones de las zonas céntricas de las ciudades de América Latina. "El *fraccionamiento* es más seguro que la *colonia*", dice un habitante de una antigua *colonia irregular* urbanizada en Guadalajara, la Colonia Polanco. "¿Cómo llaman a ese conjunto elegante de edificios o casas inteligentes con portero, portal y vigilancia? ¿Será una colonia? No, no es colonia, es más bien *fraccionamiento de primera*", afirma el chofer de taxi que nos conduce a esos lugares (Rivière d'Arc 2000).

Para designar el espacio alternativo a los lugares peligrosos, que supone escaparse fuera del centro, solamente el lenguaje mexicano ha recurrido a la palabra *fraccionamiento*, una división igualitaria en lotes, quedando sobreentendida, sin embargo, la pertenencia de clase, las diferencias en los ingresos de sus habitantes, etc. La integración de un funcionalismo revisitado de algún modo. Las otras formas de hablar de América Latina han recurrido a innumerables invenciones para designar estos espacios residenciales aparecidos en la segunda mitad del siglo 20, y cuya lista es demasiado extensa como para reproducirla.

Hélène Rivière d'Arc

Véase: arrabal (e), barriada (e), colonia (e), loteamento (p), periferia (e), urbanización (e), villa (e)

Referencias
ABADIA, Adelaida; CARIDE, Horacio; DUPORT, Claudie; et alii. *Un glossaire français-espagnol (d'Amérique latine) de l'urbanisme, de l'aménagement et de la gestion urbaine*. Paris, CNRS/GDR Les Mots de la Ville/Ministère des Affaires Etrangères, 2000. • CABRALES BARAJAS, Luis Felipe (coord.). *Latinoamérica: países abiertos, ciudades cerradas*. Guadalajara, Universidad de Guadalajara Unesco, 2002. • HIERNAUX, Daniel. Les mots de la planification du territoire au Mexique. IN RIVIÈRE D'ARC, Hélène (Comp.). *Amérique Latine: les discours techniques et savants de la ville pans la politique urbaine*. Gestion des Transformations Sociales MOST, document de travail n. 37, 1999, p. 55-62 <http://unesdoc.unesco.org/images/0011/001160/116099mo.pdf>. • ICKX, Wonne. Los fraccionamientos cerrados en la Zona Metropolitana de Guadalajara. IN CABRALES BARAJAS, Luis Felipe (Coord.). *Latinoamérica: países abiertos, ciudades cerradas*. Guadalajara, Unesco/Universidad de Guadalajara, 2002, p. 117-145. • LOPEZ

MORENO, Eduardo; IBARRA IBARRA, Xochitl. Barrios, colonias y fraccionamientos. *Les Cahiers du Programme Most Les Mots de la Ville*, n. 2, Unesco/Pir Villes/CNRS, oct. 1997 <www.unesco.org/most/p2wpfr2.htm#integral>. • RIVIÈRE D'ARC, Hélène. Enquêtes de terrain à Guadalajara, 2000. • RIVIÈRE D'ARC, Hélène. L'état de Mexico malade du District Fédéral: Chalco. *L'Ordinaire Mexique Amérique Centrale*, Tolouse, n. 136, nov./déc. 1991, p. 13-20.

Ⓟ freguesia (ant. freguezia, frèguesia) (pl. freguesias)

português Portugal, substantivo feminino

Definições

freguesia: *Também esse é bom freguês e muito gamenho zote* (Vicente [1523] 1990:21).

freguezia: *A Igreja parrochial. [...] O lugar da cidade, ou do campo, em que vivem os freguezes* (*Bluteau 1713, 4:206).

freguez: *Aquelle, que mora em huma freguezia, ou que he de huma freguezia [...]. Aquelle, que sempre, ou quasi sempre compra do mesmo mercador* (*Bluteau 1713, 4:206).

freguesia: *Haverá em cada Paróquia uma Junta nomeada pelos vizinhos* (Juntas da paróquia 1872:22).

freguesia: *Associação de família, onde se adora o mesmo Deus, se lhe rende o mesmo culto, se lhe erige o mesmo templo, se lhe levanta o mesmo altar, e onde se sepultam os cadáveres dos seus finados* (Juntas da paróquia 1872:42).

freguesia: *[funções] derivadas do interesse geral e imediato de todos os cidadãos que as constituem* (Tavares 1896).

freguesia: *f. paróchia; igreja parochial; conjunto dos parochianos; hábito de comprar a certa pessoa ou em certo estabelecimento; concorrência de compradores a um estabelecimento ou a um vendedor; clientela, (de freguês)* (*Figueiredo 1899).

freguesia: *Previnem-se os Excelentíssimos Fregueses que a partir de 8 do corrente o preço do café passar a* *ser: chávena pequena, $20; chávena grande, $30* (café A Brasileira 1922 apud Costa 1965:206).

freguesia: *As paróquias civis passam a ter a denominação oficial de freguesias, designando-se por 'Junta de Freguesia' o corpo administrativo até agora denominado junta de paróquia* (Diário do Governo 1916).

freguesia: *freguesia é a congregação dos habitantes de uma vila, ou grupo de vilas, em redor da igreja-mãe* (Oliveira 1950).

freguesia: *Como restaurante ou cervejaria, apenas se tornou notável, pelo fabrico de pastéis de bacalhau, que era um regalo comê-los, na opinião da freguesia* (Costa 1965:300).

freguesia: *Há quem deseje uma revolução na divisão administrava [de Lisboa] . Mas a freguesia como identidade ainda é importante* (Ribeiro 2004:55).

A HISTÓRIA DA PALAVRA *FREGUESIA* PODE SER DELIneada através do jogo sutil de oposições que a liga à palavra *paróquia*. Estes dois termos foram tidos como mais ou menos equivalentes até ao início do século 20. No final do século 19, nos textos oficiais ou nos estudos de caráter jurídico ou histórico, encontrava-se por vezes a expressão "freguesia ou paróquia", como que para realçar que se tratava da mesma unidade territorial.

A palavra paróquia é mais antiga. O seu uso remonta aos primórdios do cristianismo. Podem, aliás, ser encontradas palavras derivadas do termo latino *parochu* na maioria das línguas europeias. Segundo Miguel de Oliveira, os primeiros documentos a mencionar o termo freguesia datam do século 13 (Oliveira 1950:121). A palavra *freguês* seria anterior. Encontra-se uma forma próxima na língua castelhana (*feligrés*). O cristianismo nasceu e organizou-se em primeiro lugar nas cidades, mas no final da idade média, as palavras freguesia e paróquia já não pertenciam há muito ao vocabulário específico do universo urbano. Logo, desde o seu surgimento que a palavra freguesia remete mais para a ideia de um habitat concentrado. Este é o primeiro ponto de oposição entre os dois termos. O termo paróquia é originário da linguagem administrativa eclesiástica: é o território e, por inerência, a população que se encontra sob a autoridade de um pároco. O termo freguesia evoca em primeiro lugar a comunidade de fiéis, ou seja, a "freguesia é a congregação dos habitantes de uma vila, ou grupo de vilas, em redor da igreja-mãe" (Oliveira 1950:121). Raphael Bluteau já assinalava essa distinção no início do século 18. Os dicionários de língua portuguesa dos séculos 19 e 20 conservam, de forma mais ou menos acentuada, essa oposição entre uma entidade territorial definida por uma relação de poder e uma comunidade local.

No final do século 19 os dicionários registravam um outro significado para freguesia: a palavra designava também o hábito de fazer compras na mesma loja ou armazém. A freguesia podia então significar a clientela. Contava-se que, havia em Lisboa, por volta de 1900, uma cervejaria muito conhecida pelos seus pastéis de bacalhau, e que era, na opinião da "freguesia", um regalo comê-los (Costa 1965:300). Na primeira edição do dicionário de António de Morais Silva, esta acepção era inclusive citada em primeiro lugar (*Silva, Moreno, Cardoso Junior & Machado 1949-1959). O freguês era o cliente habitual. Este uso é mais antigo e ficou muito presente na linguagem corrente. Encontram-se vestígios em Gil Vicente, escritor do renascimento, célebre pelas suas peças satíricas: "Também esse é bom freguês e muito gamenho zote" (Vicente [1523] 1990:21). Raphael Bluteau já atribuía este significado a freguês, mas não a freguesia. Em janeiro de 1922, um cartaz afixado ao fundo do estabelecimento lisboeta "A Brasileira" informava os "caros fregueses" que o preço da chávena de café ia de novo aumentar (Costa 1965:206). Hoje ainda, nos mercados de Lisboa ou do Porto, os vendedores interpelam os fregueses. De acordo com este uso, a palavra freguesia remete para a imagem da pequena comunidade de bairro, unida por laços múltiplos e trocas cotidianas, cujo modo de inserção no espaço urbano se torna impreciso.

Durante a segunda metade do século 19, vai surgindo a pouco e pouco um outro nível de distinção entre os termos freguesia e paróquia. As oposições de uso elaboraram-se, a partir de então, no campo semântico das categorias territoriais seculares ou laicas. Nos nossos dias, a freguesia corresponde à unidade administrativa de base do território português. Desde o século 19, o País encontra-se dividido em distritos, que são compostos por concelhos, e estes por freguesias. Quando se quer fazer referência à unidade administrativa, a palavra freguesia, é habitualmente traduzida para francês pela expressão *paroisse civile*. Esta opção é sem dúvida um pouco desajeitada mas tem o mérito de assinalar claramente a distinção entre circunscrições administrativas civis – as freguesias – e eclesiásticas – as paróquias. A noção de "paróquia civil" foi criada na década de 1830, na sequência das grandes reformas liberais iniciadas por Mouzinho da Silveira, ministro do rei D. Pedro IV. Estas entidades territoriais organizavam-se em função do "interesse geral e imediato de todos os cidadãos que as constituem" (Tavares 1896:14). Durante toda a segunda metade do século 19, os textos legislativos ou os discursos oficiais foram marcados por uma grande instabilidade semântica. Num primeiro momento, o uso do termo paróquia foi predominante. O adjetivo único era *paroquial*, utilizado nomeadamente na expressão registo paroquial [registos paroquiais do estado civil].

O princípio de uma administração civil dos territórios constituídos pelas paróquias eclesiásticas foi estabelecido pelo decreto de 26 de novembro de 1830, que previa a criação de um novo órgão administrativo à escala da vizinhança: "haverá em cada Paróquia uma Junta nomeada pelos vizinhos" (*Juntas da paróquia* 1872:22). O reconhecimento oficial desta nova divisão administrativa sobreveio no *Código administrativo português* de 1836, que estipulava que "os Concelhos se compõem de uma ou mais Freguesias". O mesmo texto esclarecia que as freguesias eram administradas por um regedor de paróquia e que todos os cidadãos residentes na paróquia tinham direito de voto nas eleições das Juntas de Paróquia. O *Código administrativo* de 1842, que suprimiu esta divisão territorial, confiava a gestão da administração paroquial, ou seja, dos assuntos religiosos e, nomeadamente, dos bens da Igreja, a funcionários paroquiais e a uma Junta de Paróquia. Nos códigos de 1886 e 1896, este nível administrativo territorial reapareceu sob o nome de paróquia. Estes mesmos textos esclareciam no entanto que a junta de paróquia se compunha de três membros nas freguesias com menos de mil habitantes. O primeiro *Código administrativo* republicano, publicado em 1913, fazia referência à paróquia civil e à junta de paróquia. Durante todo este período, os deputados utilizavam nos debates parlamentares, tanto paróquia como freguesia para designar a paróquia civil. Nos anos 1880, surgiu a expressão paróquia civil. A lei acabou por impor o uso do termo freguesia. Em 1916, o parlamento decidiu que as "As paróquias civis passam a ter a denominação oficial de freguesias, designando-se por 'Junta de Freguesia' o corpo administrativo até agora denominado junta de paróquia" (*Diário do Governo* 1916).

Durante a segunda metade do século 19, a concorrência entre os termos freguesia e paróquia pode ser vista como uma tradução semântica do processo de secularização e de laicização da sociedade portuguesa. A instabilidade do vocabulário é ela própria uma consequência da dificuldade em dissociar circunscrições religiosas e civis. A monarquia parlamentar introduziu pouco a pouco elementos de distinção, como a interdição das reuniões das juntas de paróquia no interior das igrejas (*Código administrativo* 1886:art.185). A 1ª República, mais radical, procurou laicizar os nomes das "paróquias civis". Esta evolução deixou vestígios na toponímia local das grandes cidades. Em Lisboa, muitas paróquias civis foram assim rebaptizadas: São Pedro de Alcântara, Coração de Jesus ou São Jorge de Arroios, foram, por exemplo renomeadas Alcântara, Camões e Arroios (Silva 1943:26-27).

No século 20, o uso da palavra freguesia impõe-se e paróquia cai em desuso, exceto quando se trata de fazer expressamente referência à circunscrição eclesiástica (Silva 1997:1-3).

Terá o termo *freguesia* uma existência própria, fora da linguagem administrativa, nomeadamente na cidade? Ao nível individual, a freguesia pode ter um forte valor simbólico: é o local oficial de nascimento ou de residência inscrito nos documentos de identidade. Todavia, a ideia mais generalizada é que as freguesias são, sobretudo, realidades do mundo rural. Em contexto urbano, estes recortes antigos não corresponderiam a nenhuma construção social facilmente reconhecível no espaço (Santos 1995:94-95). São aliás, regularmente postos em causa (Ribeiro 2004:55). Estas afirmações devem ser relativizadas. Na cidade, a palavra freguesia não é reservada apenas à linguagem administrativa. Pode constituir uma das formas para designar um espaço claramente identificado nos recortes comuns. Ou seja, a palavra freguesia pode também ser utilizada para designar um bairro, quando este termo remete para formas de identificação dos espaços urbanos baseados em sentimentos de partilha de experiências, de situações ou de interesses. Esta acepção da palavra freguesia é todavia mais rara e o seu uso depende em grande medida da natureza do espaço em questão. Por exemplo, um estudo mais aprofundado das formas de nomear os espaços lisboetas poderia sem dúvida evidenciar uma oposição entre os bairros do centro histórico – Alfama, Bica, Bairro Alto etc. – e os que se situam na periferia – Benfica, Carnide, Olivais etc. Esta oposição cristalizou-se ao longo do século 19, momento de forte expansão da cidade, em que os recortes comuns (bairros), as delimitações administrativas (freguesias) e a fixação da toponímia local resultaram de um mesmo movimento de apropriação de um novo espaço urbano ainda em formação. Esta pluralidade de lógicas dos recortes do espaço poderia explicar em que medida a palavra freguesia pode, ainda hoje, ser associada a um sentimento identitário (Ribeiro 2004:55).

Frédéric Vidal

Ver: bairro (p), barrio (e)

Referências
Código administrativo. Coimbra, Imprensa da Universidade, 1886. • *Código administrativo*. Lisboa, Imprensa Nacional, 1842. • *Código administrativo*. Lisboa, Imprensa Nacional, 1913. • *Código administrativo português*. Lisboa, Imprensa Nacional, 1836. • COSTA, Mário. *O Chiado pitoresco e elegante*. Lisboa, Município de Lisboa, 1965. • Lei n. 621 de 23 de Junho de 1916. *Diário do Governo*, 23 jun.1916. • FIGUEIREDO, Cândido de. *Dicionário da língua portuguesa*. 4 volumes, 25ª edição. Lisboa, Bertrand, 1996. • *Juntas de paróquia*. Relatório apresentado por uma das comissões do curso do 3º ano Jurídico da Universidade de Coimbra, Coimbra, 1872. • NETO, Vítor. *O Estado, a Igreja e a sociedade em Portugal (1832-1911)*. Lisboa, INCM, 1998. • *Novo Código Administrativo* (Carta de lei de 4 de Maio de 1896). Coimbra, Imprensa da Universidade, 1896. • OLIVEIRA, Miguel de. *As paróquias rurais portuguesas: sua origem e formação*. Lisboa, União Gráfica, 1950. • RIBEIRO, Fernanda. Como devem ser as novas freguesias de Lisboa? *Público*, 6 mai. 2004. • SAMPAIO, Alberto. As vilas do norte de Portugal. *Estudos Históricos e Económicos*, vol. 1, Porto, 1923. • SANTANA, Francisco; SUCENA, Eduardo (Org.). *Dicionário da História de Lisboa*, Lisboa, 1994. • SANTOS, José António. *As freguesias. história e actualidade*. Lisboa, Celta, 1995. • SILVA, Augusto Vieira da. *As freguesias de Lisboa*. Lisboa, CML, 1943. • SILVA, Isabel (Org.). *Dicionário enciclopédico das freguesias*. 4 volumes. Matosinhos, Minhaterra, 1997. • TAVARES, José. *A freguesia ou paróchia como divisão administrativa*. Coimbra, Imprensa da Universidade, 1896. • VICENTE, Gil (1523). *Pastoril português*. Lisboa, Quimera, 1990.

i

❶ invasão (pl. invasões)
português Brasil, substantivo feminino

Definições
invasão: *Invasão dos bárbaros. Invasão holandesa no Brasil* (*Dicionário enciclopédico brasileiro ilustrado 1943*).
invasão: *f.f. Accommettimento; a acçao de invadir, de accommetter subitamente, e com violência uma cidade* (*Sá 1794*).
invadir: *Entrar pela força* (*Lima 1949*).
invadir: *apropriar-se violentamente de* (*Ferreira 1975*).

QUANDO A PALAVRA DESIGNA UM ESPAÇO OCUPADO ilegalmente no perímetro urbano, *invasão* é contemporânea da urbanização acelerada dos anos 1950-1985 (Souza 1990). É tipicamente brasileira e, sobretudo, nordestina. Os dicionários citam esta palavra somente para designar a ação violenta de apropriação que remete a seu significado original. No Brasil, ocorreram somente duas "invasões": a invasão francesa entre 1555 e 1612 e, especialmente, a invasão holandesa de 1624-1632, referência obrigatória em todos os dicionários

(*Dicionário enciclopédico brasileiro ilustrado 1943; *Larousse cultural 1988).

O ato coletivo de invadir um terreno urbano é certamente parte da história brasileira desde o final do século 19, quando os escravos libertados abandonaram as casas de seus senhores e construíram suas moradias em espaços aparentemente vazios (Ribeiro & Pechman 1985). O conflito/tensão entre as diferentes formas de acesso a terra – uso, ocupação e compra – datava de 150 anos quando foi promulgada a Lei de Terras (1850), que continua em uso (Lacerda & Leitão 2000). Esta lei estabelecia, de fato, que a propriedade da terra, urbana e rural, baseava-se em uma transação monetária. Entretanto, no regime colonial das terras, se reconhecia o estatuto de posse (denominado em geral em certas regiões de usucapião) – também designado por "posse" de modo a distingui-lo de modo claro da "propriedade", adquirida por ocupação ou pelo uso, graças ao pagamento de uma taxa aos enfiteutas (beneficiários de terras devolutas). Segundo numerosos testemunhos, esta prática, bastante conhecida na Bahia, por exemplo, permanecia ambígua e assim se manteve até a Constituição de 1988 (Souza 1993). A tensão acentuou-se de tal modo com a urbanização rápida da segunda metade do século 20 que termos específicos se multiplicaram para designar os agrupamentos de moradias precárias erguidas em áreas com estatuto legal incerto: da favela do Rio ao mocambo de Recife e à vila de Porto Alegre, a extensão urbana alheia a qualquer código de urbanismo se generalizou, dando lugar a uma espécie de não-cidade, dado não existir termo genérico para denominá-la.

Nesse momento é que termos como *ocupação* e *invasão* apareceram para designar as tentativas organizadas, e na maioria das vezes efetuadas por grupos de recém-chegados, para se apropriar dos espaços da não-cidade (terrenos baldios, áreas não edificadas, terrenos mais ou menos próximos dos serviços urbanos ou, no limite, para tornar sua presença irreversível. *Ocupação* é um termo comedido que reenvia às definições estabelecidas pela Lei de Terras. Faz alusão a um antigo procedimento popular que faz parte da história das cidades brasileiras. Invasão possui uma conotação nitidamente mais violenta: inclui o enfrentamento e explicita o grau de tensão que marcou a urbanização recente. A *invasão* constitui elemento central das lutas urbanas da segunda metade do século 20. Contemporânea da reivindicação do direito à moradia e do acesso à propriedade, expressa, em 1968, na Congregação dos Bispos da América Latina em Medellín aparece associada ao desejo de integração defendido pelas Comunidades Eclesiais de Base – CEBs, mas também às brutais repressões de que foram objeto durante o período de governo autoritário (1964-1985) em uma forma de quebra de braço entre os poderes locais e os grupos organizados para "invadir".

Até os anos 1980, as cidades do Sul, tais como São Paulo e Curitiba, ou ainda Porto Alegre e Florianópolis, detentoras de reputação de ordem e prosperidade, pareciam escapar a esse tipo de expansão, pois havia possibilidade de absorver os migrantes em alojamentos populares. Entretanto, essa forma de absorção não foi suficiente: *ocupação* em Curitiba, *favela* em São Paulo e *vila* em Porto Alegre, passarem a ser, como em todos os lugares, elementos da paisagem urbana. A palavra invasão não foi mais, contudo, usada para designar os atos fundadores de novos territórios urbanos assim como suas consequências: "aqui, fala-se de *ocupação*, *invasão* é utilizada somente no Nordeste", diziam em 1994 os habitantes de uma vasta área precária de Curitiba (Rivière d'Arc 2000). O uso da palavra ficava restrito a situações nordestinas onde a desordem, a incivilidade, a pobreza e o clientelismo marcavam a vida cotidiana. Invasão, para os habitantes das cidades do Sul do Brasil é, portanto, um termo que designa um ato não civilizado, e em consequência, um lugar estigmatizado. O mesmo não ocorre nas cidades do Nordeste nas quais estes atos fundadores, uma mescla desse saber--fazer, da exasperação e reivindicação dos anos 1970 e 1980, foram considerados vitórias populares coletivas e valorizados entre os que tentavam se integrar à cidade. As lutas que estiveram na base da formação de uma nova zona urbana, mais ou menos reprimidas em função das circunstâncias locais, são respeitadas e os habitantes reconhecem que habitam uma invasão e, mais ainda, que é a partir desse gesto e graças à ele que se tornaram cidadãos. A vitória num contexto de enfrentamento — numerosas invasões levam nomes bastante belicosos e evocativos de acontecimentos mundiais contemporâneos, como Malvinas ou Irã-Iraque — lhes pareceram um processo normal de acesso e de integração à cidade. Ainda que um dia, numa espécie de consenso e de pacificação geral, as autoridades locais e os habitantes terminem por aceitar que se trata de um novo bairro ou de uma nova comunidade. A invasão das Malvinas em Salvador da Bahia, quando, em 1985, 20.000 pessoas se apropriaram em uma só noite dos terrenos à beira do mar e à margem da estrada que leva ao aeroporto, é emblemática desta evolução: dez anos depois e por recomendação da prefeitura, a invasão das Malvinas se tornou o bairro da Paz, embora, a maioria de seus habitantes ainda a denomine pelo seu nome de origem.

Assim, a invasão é valorizada ainda hoje, embora não se saiba em quanto tempo se perde a memória do ato fundador. Pouca coisa resta, por exemplo, de Brasília Teimosa, invasão muito antiga que se deu a 15 de fevereiro de 1958 em Recife, caso emblemático da integração à cidade, em parte graças à sua excelente situação geográfica distante do centro da cidade a poucos minutos de caminhada. Entretanto, nesse bairro bastante urbanizado (Vidal 1999) os habitantes afirmavam com certo orgulho, passados trinta anos, "aqui, foi uma invasão…" (Rivière d'Arc 2000; Rivière d'Arc & Ibarra Ibarra 2001).

A palavra invasão mantém sua força expressiva na hierarquia interna dos espaços construídos pelos habitantes nas cidades do Nordeste: se a invasão for digna e comunitária, quando reivindica um estatuto junto às autoridades locais ou se estiver impregnada de uma dinâmica social positiva e libertária no contexto do acesso ao solo por meio de um mercado urbano paralelo (Rivière d'Arc & Ibarra Ibarra 2001; Bitoun 1999). A palavra favela no Nordeste designa inversamente às do Rio de Janeiro, a estagnação e a delinquência sem saída (Bitoun 1999).

Entretanto, as palavras não possuem o mesmo sentido para todos: a multiplicidade das designações dos espaços populares, pobres, irregulares, faz com que os técnicos locais encarregados de nelas intervir, se confundam um pouco em meio às tentativas de sinonímia de suas próprias designações e as designações populares: zona subnormal, zona especial de interesse social etc. não correspondem exatamente nem à invasão, pejorativo para os legalistas, nem à ocupação, termo da preferência dos humanistas, pois menos carregada de conotações. *Favela*, termo que se tornou quase generalizado, tende a resolver o problema de vocabulário entre os urbanistas, enquanto comunidade se tornou a palavra do consenso entre os habitantes e os poderes locais.

Hélène Rivière d'Arc

Ver: bairro (p), favela (p), loteamento (p)

Referências
BITOUN, Jan. Les territoires du dialogue. Mots de la ville et enjeux de la gestion participative à Recife: Unesco. *Gestion des transformations sociales MOST*, Document de travail n. 37, 1999, p. 63-70. • LACERDA, Norma; LEITÃO, Lucia. *A função urbanística do usucapião*. Não publicado, 2000. • RIBEIRO, Luiz Cesar; PECHMAN, Roberto. *O que é a questão da moradia*. São Paulo, Nova Cultura Brasiliense, 1985. • RIVIÈRE D'ARC, Hélène; IBARRA IBARRA, Xochitl. De Guadalajara à Recife et Salvador, du vocabulaire de l'action à celui de la légitimité urbaine. In Rivière d'Arc, Hélène (Org.). *Nommer les nouveaux territoires urbains. Les mots de la ville*. Paris, Éditions Unesco/Editions de la Maison des Sciences de l'Homme, 2001, p. 235-249. • RIVIÈRE D'ARC, Hélène. De Guadalajara à Recife et Salvador, anticiper et agir sur la légitimité urbaine par les mots. In CROUZET, François; ROLLAND, Denis (Org.). *Pour l'histoire du Brésil, mélanges offerts à K. de Queiros Mattoso*. Paris, L'Harmattan, 2000, p. 550-560. • SOUZA, Angela Maria Gordilho. Novas formas de habitar, velhas estruturas. *Revista Bahia Análise Dados*, Salvador, vol. 3, n. 2, SEI – Superintendência de Estudos Econômicos e Sociais da Bahia, set. 1993, p. 94-105. • SOUZA, Angela Maria Gordilho. *Invasões e intervenções públicas: uma política de atribuição espacial em Salvador, 1946-1989*. Rio de Janeiro, IPPUR UFRJ, 1990. • VIDAL, Dominique. *La politique au quartier. Rapports sociaux et citoyenneté à Recife*. Collection Brasilia. Paris, Editions de la Maison des Sciences de l'Homme, 1999.

j

◉ jardim (pl. jardins)
português Brasil, substantivo masculino

Definições
jardim: *Chão repartido em canteiros, ou quadros de murta, em que se cultivão flores. Jardin à fleurs* (*Sá 1794).

jardin: *Jardim, horto, horta* (*Valdez c.1900:507).

jardin: *Jardim, país abundante em frutas e legumes.* Jardin botanique, *jardim botânico.* // jardin zoologique, *jardim zoológico.* // Jardin d'acclimatation, *jardim de aclimação* // *Estabelecimento onde se experimenta a aclimatação dos vegetais e dos animais úteis* (*Azevedo 1953:872-873).

jardim: *Boninàl. Hospício de Flora. Alardo de amenidades Triunfo da Primavera, Açougue dos pobres. Deraolhe os antigos este nome, porque (como advertio Plinio) não ha cultura mais segura, nem menos despendiosa, que a dos jardins. [...] Porèm segundo a minha opinião, neste lugar fala Plinio nas hortas, que, tendo agoa, sempre estão verdes, e todo o anno são proveitosas para a pobreza; que os jardins pelo contrario são muy custozos, e dificultozos de manter com a louçania, que convém. Theatro da mais deliciosa, e menos útil Agricultura* (*Bluteau 1721 Supplemento Pt.2 10:203).

jardim: *Espaço ordinariamente fechado por muros ou grades, junto às casas de habitação ou separado e em logar público, onde se cultivam árvores, flores e plantas de ornato para recreio ou para estudo; Naut. O corredor da popa; Jardim Botânico, aquele onde se cultivam plantas para estudo e por curiosidade; (fig.) Mulher que exageradamente se enfeita com flores: Esta mulher é um jardim; Paiz, terreno fértil onde há muita vegetação: Toda província do Minho é um jardim* (*Aulete & Valente 1881).

jardim: *1. terreno, geralmente contíguo a uma casa e cercado, onde se cultivam legumes, flores e/ou árvores, para consumo, ornamentação, estudo etc., e também usado como área de lazer. 2. (1842) área de terra destinada a uma composição paisagística ou que é parte integrante de um projeto arquitetônico ou urbanístico, na qual se cultivam plantas ornamentais. 3. Derivação: sentido figurado. país, região que apresentam vegetação abundante, fértil e harmoniosa* (*Houaiss, Villar & Franco 2001).

A EXISTÊNCIA DE *JARDINS* É REGISTRADA NO BRASIL ainda nos primeiros séculos de colonização. Em um mapa do Rio de Janeiro de cerca de 1579, por exemplo, está indicado um *jardim* (Reis Filho 2000:155) e mais tarde também em um mapa da cidade de Felipéia (atual João Pessoa), fundada por Felipe III de Espanha no período da União Ibérica (1580-1640) (Silva 2005). Durante o breve período da ocupação holandesa das costas nordestinas do Brasil (1630-1654), o conde Johan Maurits de Nassau-Siegen, militar, humanista e administrador da Companhia das Índias Ocidentais, criaria para seu palácio de Vrijburg (Friburgo) o mais célebre jardim que se conhece no país no período colonial (Silva 2002:152-176).

Frei Manuel Calado, amigo de Nassau assim o descreve: "e no meio daquele areal estéril, e infrutuoso [Maurício] plantou um jardim, e todas as castas de árvores de fruto que se dão no Brasil, e ainda muitas que lhe vinham de diferentes partes [...]; pôs neste jardim 2.000 coqueiros [...] e deles fez umas carreiras compridas, e vistosas a modo da alameda de Aranjués" (apud Teixeira 2002:18). Suas referências, de todo modo, nos remetem ora à Holanda protestante e burguesa e às suas novas formas de sociabilidade, ora à Espanha católica, no que se refere ao tratamento paisagístico de algumas de suas partes.

Em Portugal, entretanto, a partir da Restauração (1640) e com o melhoramento das condições sociais da nobreza ao fim das guerras pela Independência (1660), a nova prática da jardinagem se desenvolve, reinterpretando tanto o *horto* medieval, quanto o *pomar* de recreio ou a *horta* 'ajardinada' de tradição árabe (Leite 1989:236). Ao longo do século 18, foram criados importantes jardins privados barrocos e sob Pombal, com a reconstrução de Lisboa após o terremoto de 1755, a cidade ganha o projeto de um Passeio Público, construído a partir de 1764 (França 1977:131-132). Entretanto, os comentários que buscam fixar o sentido do vocábulo *jardim* permanecem genéricos, não remetendo a uma ideia ou à uma forma precisa e exemplos contemporâneos não são citados no verbete dedicado à ele no *Vocabulário portuguez e latino* de Bluteau (*1713, 4).

A partir do período pombalino uma mentalidade administrativa nova, delineia outros usos do vocábulo que passa agora a ser empregado em palavras compostas e, particularmente, para designar um tipo específico de jardim, o *jardim botânico*, organizado por iniciativa do Estado. A criação do Museu Real e Jardim Botânico do Paço da Ajuda em 1772 em Lisboa e a reforma da Universidade de Coimbra, com a criação da cátedra de Filosofia Natural, também naquele ano, dão também nova visibilidade social à palavra jardim. A atenção a ser dada à agricultura e à utilidade dos jardins botânicos passa a ser defendida em memórias como a do célebre mestre de Coimbra Domingos Vandelli (apud Segawa 1994:99). Contudo, em 1773, o Marques de Pombal recusava a criação de um Jardim Botânico na Universidade de Coimbra, criticando a "curiosidade já viciosa", como a dos "sequazes de Linneu", que se extasia com um malmequer da Pérsia, uma açucena da Turquia ou com aloés de nomes pomposos (apud Faria 2001:46).

No Brasil, a análise das fontes iconográfica relativa às cidades mais importantes revela que, no plano privado, as residências urbanas, haviam passado a reservar uma parte próxima à casa para o cultivo de plantas ornamentais separando-a, por muros, do resto do lote que continuava a ser destinado ao plantio de hortaliças, verduras e algumas ervas medicinais para o abastecimento doméstico (Freire 1783-1792) Contudo é o vocábulo *quintal* que designa, sem especificar, toda essa área da propriedade, salvo no que diz respeito à horta e às pequenas construções destinadas à criação de pequenos animais.

O termo *jardim* se fixa definitivamente na linguagem urbana à partir das últimas décadas do século 18 com a criação em diversas cidades brasileiras de uma série de estabelecimentos botânicos, mais tarde chamados jardins botânicos *e* também com os passeios públicos arborizados, que ampliam os lugares de fruição das áreas verdes plantadas, tornando-as uma experiência socialmente compartilhada. Tanto do ponto de vista da linguagem, quanto da função socialmente atribuída a esses lugares, esse processo foi desenvolvido em ritmos diferentes e marcado por hesitações até inícios do século 19. Se o uso do vocábulo *jardim*, passa, então, a ser definitivamente adotado, ele vinha associado, via de regra, ao adjetivo *botânico*, expressão utilizada como sinônimo de *horto*, que passa, agora, também a ser empregada para designar áreas públicas de cultivo de plantas com fins utilitários e estratégicos para o desenvolvimento do próprio sistema colonial.

Em Belém, entre 1796-1798, as autoridades ora falam da criação de um *estabelecimento botânico* ora de um *jardim botânico* que, por sua vez, deveria servir de modelo para os de outras capitanias do Brasil, particularmente em Pernambuco, Bahia e Rio de Janeiro (*Carta régia...* 1796; *Carta de D. Rodrigo...* 1798). No Rio, D. João VI, apenas instalado no Brasil com a família real, após a invasão de Lisboa pelas tropas napoleônicas, cria em 1808 um Jardim de Aclimação, promovido quatro meses depois a Real Horto e, enfim, a Real Jardim Botânico.

Entretanto, analisemos também os hibridismos e é aqui que vemos também surgir uma outra expressão composta: *jardim público*. Desde 1785 já existia no Rio de Janeiro um Passeio Público, cuja criação, à época do vice-rei Luís de Vasconcellos, foi movida por diversas razões, começando por sanear pântanos e domar as águas do mar (Azevedo [1877] 1969:550) e cujo traçado é atribuído ao Mestre Valentim, que havia vivido algum tempo em Lisboa. Valentim concebeu um jardim fechado por muros e de rígido desenho geométrico que contrastava com um vasto terraço que se abria, pelo lado do mar, à visão do Pão de Açucar. O Passeio Público, com seus jardins, mais do que um monumento a si mesmo (Segawa 1994:63), fazia do Pão de Açucar um emblema da natureza, tornada aqui, ela sim, um monumento.

Muitos destes espaços acabavam sendo visitados sobretudo por estrangeiros e ficaram em abandono, às vezes décadas, durante a primeira metade do século 19. Em São Paulo, o Jardim Botânico, situado na praça ou campo da Luz, diante do passeio público local, e que vinha lentamente ganhando forma desde 1797 de modo oscilante, passa a ser franqueado ao público em 1825. Entretanto, em 1830 o Jardim que deveria ser destinado à diversão e à instrução, estava no abandono e servia de pasto para gado. Em Olinda, a situação não havia sido diferente, levando a que o comerciante francês Tollenare criticasse estas "decisões sábias e benfazejas abafadas por execuções infiéis e imprudentes" (Segawa 1994:111).

Nestes primeiros cinquenta ou sessenta anos de iniciativas paisagísticas regulares em diferentes cidades brasileiras, três documentos permitem uma análise geral sobre alguns dos sentidos sociais atribuídos a esses novos espaços arborizados e as palavras utilizadas para designá-los. Em um texto de 1839, o naturalista Antonio Ladislau Monteiro Baena, ao descrever a situação em que se encontrava o Jardim Botânico de Belém utiliza a expressão *Horto Botânico,* criticando a falta de rigor científico que preside sua disposição. Baena é igualmente severo quanto ao Passeio Público da cidade e ao Horto das Caneleiras – chamado de Jardim por outros autores como P. J. da Silva Gama, presidente da Província do Pará (apud Segawa 1994:103). O texto de Baena permite constatar que do ponto de vista de uma "agricultura útil" os significados dos vocábulos *jardim* e *horto*, guardavam a mesma oposição semântica comentada por Bluteau (*1713, 4) entre jardim e *horta*. Isto é: o uso da palavra *jardim* era reservado à designação de áreas aprazíveis enquanto a palavra *horto* mantivera o sentido utilitário anteriormente reservado apenas à palavra *horta*. De todo modo, as expressões *jardim* e *horto* quando seguidas do adjetivo *botânico* tornavam-se equivalentes. A antiga palavra *horta*, continuava utilizada para designar pequenas áreas de cultivo, geralmente privadas, dedicadas exclusivamente ao plantio de legumes e verduras. Mas a sinonímia entre a palavra *jardim* e *paraíso* havia desaparecido inteiramente diante de uma linguagem que buscava cada vez mais especializar-se, apoiando-se na observação empírica.

Os dois outros documentos que ajudam-nos a observar as mudanças ideológicas, linguísticas, urbanísticas e de sociabilidade são os célebres *Um passeio pela cidade do Rio de Janeiro* escrito em 1861, de autoria do escritor Joaquim Manuel de Macedo e o *Pequeno panorama do Rio de Janeiro*, obra de Manuel Duarte Moreira de Azevedo, revista, ampliada e republicada em 1877. Estas obras permitem, primeiramente, constatar que o uso da palavra *horto* já havia completamente caído em desuso no Rio, embora ainda se mantivesse em outras regiões do país até um século mais tarde. Entre 1861 e 1877 a expressão Passeio Público, tornara-se também praticamente um topônimo, servindo para designar o jardim aí construído (Azevedo [1877] 1969:547). Mas o que chama particularmente a atenção é a valorização dessas áreas de uso coletivo e público, o que se constata seja através da grande reforma empreendida no Passeio Público entre 1861-1862, seja da criação do novo Jardim do Campo de Santana, ambos projetos do botânico francês Auguste Marie Glaziou, autor também do Jardim da Quinta da Boa Vista, residência do Imperador Pedro II.

Obras urbanísticas de ambições ainda maiores, do próprio Glaziou, como a abertura de uma *promenade* Leste-Oeste cortando toda a cidade, ou a de André Rebouças criando um parque à beira-mar, também manifestam este investimento na reforma das áreas públicas nos anos 1860-70. Macedo e Moreira nesses anos criam uma nova expressão composta, o *jardim-paisagista*, para designar o tipo de jardim desenvolvido pelo novo gênero de profissional – botânico e artista – que Glaziou passava também a encarnar: o "jardineiro-paisagista" (Azevedo [1877] 1969:556). Rival, nas palavras de Macedo, do "paisagista-pintor". De concepção, à inglesa, estes jardins introduziram no país uma outra forma de agenciamento arbóreo seguindo vias sinuosas e que com seus vastos gramados, pontuados por lagos, grutas e pontes, que contrastavam com os jardins precedentes, de traçado em formas geométricas elementares e que continuaram a ser construídos.

Auguste-Marie Glaziou se tornaria diretor dos Parques e Jardins da Casa Imperial (Azevedo [1877] 1969:559), cargo criado também nesse período; e a encomenda de projetos de jardins públicos e privados atingem a maior parte das grandes e pequenas cidades mais diretamente associadas ao movimento de internacionalização cultural e econômica do país, acentuado depois de 1850.

A multiplicação das formas indica que uso da palavra jardim se ampliou. Passaram a ser criados jardins não só em residências das camadas mais abastadas ou sequer restritos às áreas urbanas. Após 1860, são realizados também jardins em fazendas, particularmente as de propriedades das elites ligadas ao setor cafeeiro ou açucareiro e em cidades tão diferentes quanto Campos ou Campinas, Petrópolis ou Friburgo, Barra Mansa, Salvador ou São Paulo.

Nos anos 1880 o ajardinamento torna-se quase uma "necessidade pública" influindo beneficamente no entender de autoridades tanto na salubridade quanto no costume das novas populações urbanas, cada vez mais diversificada socialmente e heterogênea etnicamente. Os relatórios das câmaras municipais registram a febre de melhoramentos urbanos e antigas praças, reservadas aos exercícios militares ou os largos, rocios e campos tornam-se jardins-paisagistas, passando a ser designados como jardins públicos ou simplesmente jardins.

O *jardim público* marcou um dos principais espaços de distinção social, para onde as classes abastadas acorriam para ver e ser visto. Nas últimas décadas do século 19, as regras de apropriação social desse espaço já faziam parte do senso comum e permitia-se, assim, a omissão da palavra *público*, como por exemplo: Jardim da Luz ou Jardim da Aclimação. No âmbito privado, o jardim aparecia agora, francamente, aproveitando-se também das justificativas higienistas, primeiramente, como área lateral à habitação, e pouco mais tarde diante delas (Reis Filho 1970:170). Nas áreas de expansão urbana, a concepção de loteamentos com lotes de dimensões maiores já permitia isolar a edificação e cercá-las de ar, luz e verde. Das ruas às alamedas, passando pelos bulevares, praças, parques e avenidas, é o próprio processo de construção da noção moderna de domínio público que vai ganhando mais nitidez – ainda que durante todo o período Imperial os jardins quase sempre foram cercados com grades e portões e submetidos a severos regulamentos, seu uso sendo impedido pela população escrava.

Um balanço nas mutações linguísticas e semânticas no período posterior à proclamação da República (1889) permite registrar a tendência de tornar também sinônimos muitas vezes as praças públicas e os jardins. O vocabulário das demais áreas públicas integra algumas expressões estrangeiras utilizadas na língua de origem ou traduzidas para o português – como *squares* ou bosque, por exemplo. Uma hierarquia simples classifica esses espaços segundo suas dimensões, formas e programas: pracinhas, praças e parques. O vocábulo *praça* (e seu diminutivo) tornam-se um termo genérico para nomear áreas de pequenas e médias dimensões e que haviam sido ajardinadas, enquanto as áreas livres que iam sendo abertas nos novos loteamentos "naturalmente" já nascem arborizadas, isto é já eram pensadas desde a sua origem como jardins. Registra-se, ainda na virada do século, o uso de mais um vocábulo composto – o *jardim-de-inverno* – designando um espaço de lazer e descanso no interior das residências burguesas (Reis Filho 1970:176). Seu uso foi adotado mesmo nas áreas de clima quente do interior do país até nos anos 1960.

Com a aceleração do processo de urbanização nas primeiras décadas do século 20 uma nova acepção da palavra jardim aparece quando se difunde – primeiramente em São Paulo – um novo conceito de loteamento, a cidade-jardim, cujos promotores se colocam como seguidores da *garden-city* de Ebenezer Howard. No Brasil, embora esta expressão tenha tido sua circulação restrita aos debates técnicos entre engenheiros, arquitetos e urbanistas, projetos com clara inspiração neste ideário, do ponto de vista do desenho urbano, dão forma à noção de *bairro-jardim*. Nos anos 1910-1920, em um momento de forte cosmopolitismo, novos atores sociais ligados aos grandes negócios internacionais, introduzem em certas cidades brasileiras loteamentos-jardins à beira-mar como Copacabana e Ipanema ou os chamados bairros-jardins como o Jardim Pernambuco, no Rio, e os Jardim América, Jardim Paulista, Jardim Europa, Jardim Paulistano, em São Paulo (Pereira 2002:275-285; Souza 1994:81-84).

A expressão jardins passaria a designar, assim, as novas áreas de expansão urbana ocupadas pelos segmentos mais abastados da população. Entretanto, nos anos 1970 e 1980, se produz uma certa "subversão" desse fenômeno quando a palavra jardim passa a ser utilizada na toponímia dos loteamentos pobres situados nas margens das zonas das cidades, num processo de apropriação do vocabulário dos elegantes bairros-jardim.

Por outro lado, a partir dos anos 1930, a palavra jardim começa a ceder lugar à expressão parque público, frequentemente utilizada sem o adjetivo público, tal como ocorrera com a expressão jardim público, reduzida simplesmente a jardim. Confirmando a previsão do intendente Lemos em Belém, em 1903, quando afirmava que "cada praça é um futuro parque", o conceito reúne em seus atributos e significados tanto a ideia do antigo *jardim botânico,* como espaço expositivo da natureza, quanto a do *jardim* e *praça pública,* como lugar de representação social. Entretanto, acrescenta-se, agora, a estes antigos sentidos uma noção que o intendente não previra. Isto é, o sentido de uma experiência compensatória e que contribui para a saúde não só física como mental do citadino, diante do cotidiano "rude" das metrópoles (Mello 1929:26).

Múltiplos topônimos, pautados nesses discursos, vão generalizando a adoção do vocábulo pelas camadas médias urbanas que frequentam os parques D. Pedro e Ibirapuera, em São Paulo, o parque do Flamengo no Rio, os parques Barigui e Tanguá em Curitiba, o parque das Mangabeiras em Belo Horizonte, os parques de Pituaçu e Abaeté em Salvador ou, ainda, o parque da Redenção em Porto Alegre.

De início, para a classe média, ir ao *parque* se transforma em um lazer como anteriormente ir ao *jardim,* enquanto o resto da população operária mantém-se distante destas áreas urbanas e ignoram a palavra em seu linguajar. Hoje, entretanto, em cidades claramente demarcadas do ponto de vista social, a força de uma ideologia do culto ao corpo, à saúde e ao bem estar físico, a situação é outra. A caminhada e a distensão nos parques, nos calçadões ajardinados, nos *park-ways* liberados dos veículos ou nos *water-fronts*, constitui tarefa obrigatória sempre que possível para os estamentos médios. Quanto às camadas mais pobres da população, elas também procuram refrigério e recomposição de forças em praças, jardins, pracinhas e outras áreas públicas ajardinadas. Se a palavra jardim não desaparece nesse novo léxico completamente, é porque é dela que também deriva o novo sentido ecológico que se afirma, absorvendo, assim, a maioria dos seus antigos sentidos e reativando muitas vezes velhos jogos e antigos pactos, mas também subvertendo-os.

Margareth da Silva Pereira

Ver: avenida (p), loteamento (p), praça (p), vila (p)

Referências
AGUIAR, Rafael Tobias (1835). Relatório à assembléia provincial. In BRUNO, Ernani da Silva. *História e tradições da cidade de São Paulo*. Vol. 2. Rio de Janeiro, José Olympio, 1954, p.533. • AZEVEDO, Manuel Duarte Moreira de. Pequeno panorama: *ou descripção dos principaes edificios da cidade do Rio de Janeiro*. Rio de Janeiro, Typographia de F. de Paula Brito, 1861. • AZEVEDO, Manuel Duarte Moreira de (1861). *Pequeno panorama do Rio de Janeiro*. 2ª edição revista e ampliada. Rio de Janeiro, Livraria Brasiliana, 1877. • AZEVEDO, Manuel Duarte Moreira de (1877). *Pequeno panorama do Rio de Janeiro*. 3ª edição. Rio de Janeiro, Francisco de Paula Brito, 1969. • BAENA, Antonio Ladislau Monteiro. *Ensaio corografico sobre a provincia do Pará*. Belém, Typografia de Santos e Menor, 1839. • CALADO, Manuel (1648). *O valoroso Lucideno e triunfo da liberdade*. Recife, Fundarpe, 1985. • *Carta de D. Rodrigo de Souza Coutinho de 30/12/1798*. In *Códice 676*. Acervo Biblioteca Pública Estadual Arthur Viana, Seção de Obras Raras, Belém, Pará. • *Carta régia de 4/11/1796*. In *Códice 676*: Acervo Biblioteca Pública Estadual Arthur Viana, Seção de Obras Raras, Belém, Pará. • FARIA, Miguel Figueira de. *A imagem útil. José Joaquim Freire (1760-1847) desenhador topográfico e de história natural*. Lisboa, Editora Universidade Autônoma de Lisboa, 2001. • FRANÇA, José Augusto. *Lisboa Pombalina e o iluminismo*. 2ª edição. Lisboa, Bertrand, 1977. • FREIRE, José Joaquim. 1783-1792, desenhos. In FARIA, Miguel Figueira de. *A*

imagem útil. José Joaquim Freire (1760-1847) desenhador topográfico e de história natural. Lisboa, Editora Universidade Autônoma de Lisboa, 2001. • LEITE, Ana Cristina S.T. Jardins. In PEREIRA, José Fernandes (Org.). *Dicionário da arte barroca em Portugal*. Lisboa, Ed. Presença, 1989. • LEITE, Maria Angela Faggin Pereira. *Construção ou desconstrução*. São Paulo, Hucitec/Fapesp, 1994. • MACEDO, Joaquim Manuel de (1861). *Um passeio pela cidade do Rio de Janeiro*. Rio de Janeiro, Z. Valverde, 1942. • MELLO, Luiz de Anhaia. Problemas de urbanismo. *Boletim do Instituto de Engenharia-Escolas profissioanis Salesianas*, São Paulo, 1929. • PEREIRA, Margareth da Silva. Le temps des mots: le lexique de la ségrégation à São Paulo dans les discours de ses réformateurs (1890-1930). In TOPALOV, Christian (Org.). *Les divisions de la ville*. Paris, Éditions Unesco/Editions de la Maison des Sciences de l'Homme, 2002, p. 255-290. • REIS FILHO, Nestor Goulart. *Imagens de vilas e cidades do Brasil colonial*. São Paulo, Imprensa Oficial, 2000. • REIS FILHO, Nestor Goulart. *Quadro da arquitetura no Brasil*. São Paulo, Perspectiva, 1970. • SEGAWA, Hugo. *Ao amor do público. Jardins no Brasil 1779-1911*. Tese de doutorado. São Paulo, FAU USP, 1994. • SILVA, Maria Angélica; ALCIDES, Melissa Mota. Collecting and Framing the Wilderness. The Garden of Johan Maurits (1604-79) in North-East Brazil. *Garden History*, vol. 30, n. 2, 2002, p. 153-176. • SILVA, Maria Angélica. João Maurício de Nassau. O jardim como teatro do mundo. Mimeo. Macéio, Grupo de Pesquisa Estudos da Paisagem, 2005. • SOUZA, Maria Adélia de. *A identidade da metrópole*. São Paulo, Hucitec/Edusp, 1994. • TEIXEIRA, Dante Martins. A iconografia do Brasil holandês: testemunho de um mundo perdido. In *Albert Eckhout returns to Brazil*. Recife, International Experts Symposium, 2002, p. 116-139.

❶ ladeira (pl. ladeiras)
português Brasil, substantivo feminino

Definições
ladeira: *subida com pendor e declive; ir ladeira arriba [...] e as avessas; ir ladeira abaixo* (*Silva 1813).
ladeira: *descida, lomba, rampa, recosto, subida* (*Roquete & Fonseca 1869-1871).

NO BRASIL UMA MORFOLOGIA URBANA LIGA-SE à ladeira. Em 1707, a Constituição Primeira de Salvador, normatizou as regras de composição das vilas brasileiras; as igrejas situavam-se no alto, por razões de ordem simbólica, de paisagística e de higiene; elas materializavam a ligação do céu e da terra e recebiam a ventilação e o sol, diminuindo os efeitos insalubres da umidade. As ladeiras e as vias planas enlaçavam as montanhas e no caminho da procissão, a igreja vista de baixo formava um ângulo de 45° com a via, destacando-se a parede frontal e a lateral (Vide 1853:31-32).

Na toponímia, a história do termo *ladeira* coloca algumas questões. Se aplicássemos a definição dos dicionários a Ouro Preto, importante cidade colonial brasileira e patrimônio cultural da humanidade, deveríamos encontrar dezenas de ladeiras; porém, o que ocorre é que tanto na nomenclatura das vias, quanto na fala dos seus moradores, encontramos apenas quatro ladeiras: Santa Efigênia, São Francisco de Paula, Tassara e João de Paiva. Na atualidade, elas cortam bairros menos centrais em direção às paróquias menos ricas. As demais ladeiras são denominadas rua da Escadinha, rua Teixeira Amaral e rua do Pilar.

A denominação *ladeira* perdeu força nas últimas décadas do século 19. No "Projeto de estabelecimento de canos d'esgotos de Ouro Preto" de 1884 encontram-se representadas as ladeiras do Hospício, Ismão da Rocha, São José e do Pilar. Em 1890, o poder público intimou os moradores da ladeira do Pilar a demolir os patamares das casas para facilitar o calçamento. A profissão de alinhador da via pública ganhou destaque ao mesmo tempo em que o traçado e o nome das vias foi alterado. A ladeira do Pilar passou a ser denominada de rua da Escadinha. Com a elaboração dos *Planos de melhoramentos urbanos*, a nova grafia da cidade "moderna" que se opõe à cidade "colonial" denunciou a falta de racionalidade dos colonizadores portugueses na escolha dos sítios urbanos, nos altos dos morros. "A vestuta Ouro Preto [...] se apinacula, tristonha, nos beirais do caldeirão formado pelos serros do Itacolomi, sem horizontes, sem luz, sem espaço, nem ar para a acanhada população que se atrofia naquelas ladeiras quase inacessíveis" (Reis 1895 apud Natal 2003:28).

Nos planos da "cidade moderna" postulou--se que as vias deviam facilitar a velocidade e não dificultá-la. Belo Horizonte, primeira cidade brasileira planejada, foi construída para substituir Ouro Preto como capital do Estado de Minas Gerais (1897) e, embora também esteja situada em sítio topográfico montanhoso, a disposição da sua malha viária atenua o efeito visual da diferença de nível ao longo do percurso das ruas. Do centro histórico de Salvador a "Ladeira da preguiça" resiste na fala a nova grafia urbana e ainda hoje intitula a canção de Gilberto Gil. No Rio de Janeiro as ladeiras concentram-se na região portuária próxima ao morro da Providência ou de forma isolada distribuem-se, por exemplo, junto às igrejas coloniais da Glória ou ao Mosteiro de São Bento, ou nas favelas como a ladeira da Balaiada no Morro da Serrinha.

Tanto na poesia como na canção popular brasileira, ladeira é uma tópica da memória. No Rio de Janeiro, por exemplo, a ladeira da Misericórdia protegeu, em 1567, os habitantes que nela se instalaram após a vitória sobre os franceses (Mello Jr. 1988:42). Em São Paulo a ladeira e o largo da Memória formavam uma porta da cidade, local de encontro dos comerciantes que vinham do Sul do país (Toledo 1989). Nesse local foram construídos um obelisco em 1814 e uma fonte em 1917 para as comemorações do centenário da Independência do Brasil (1922). Na poesia brasileira do século 20 ladeira representa a memória do passado: "nas ladeirentas ruas tortas me inscrevo deixando sob os meus rastros-astros" (Guimarães 1998:157); é encontro do passado com o presente: "um burrico que sobe uma ladeira, é um corcel medieval" (Moraes [1952] 1995:66). Para os poetas árcades e modernistas em Ouro Preto, a ladeira remete à história da Inconfidência Mineira e ao Ciclo do Ouro (Andrade [1922] 1972:74). Na canção popular ladeira designa o antigo, "ela é hoje, ela é desde quando se amarrava cachorro com linguiça" (Gil 1973). Tanto na poesia como na canção popular brasileira, ladeira é uma tópica da memória ligada ao ritmo onde se intercalam o som e o silêncio ou a inscrição gráfica e o branco da página, como nessa imagem poética: "os paralelepípedos da ladeira onde mora a quem se quer, recontados como sílabas de versos em andamento" (Guimarães 1998:22).

É trágico registro, passado associado à morte, "ah, pequenino cadáver a mirar o tempo", em "Menino morto pelas ladeiras de Ouro Preto" (Moraes 1995:65), e aos passos da *Via Crucis*: "ergamos nessas ladeiras essas cruzes / e ajoelhemonos sombras / entre trama e clamor / todas as luas alumiam / a memória a pedra" (Guimarães 1998:141).

Em homenagem à cidade do Rio de Janeiro, Chico Buarque de Hollanda ([1987] 1995) canta o "rio de ladeiras, civilizações encruzilhadas". Em São Paulo a canção "Ladeira da memória" convida-nos a um percurso pela memória da cidade: "olha as pessoas descendo, descendo [...] até o Vale do Anhangabaú" (Ribeiro 1983). Ladeira é ainda a sensação produzida pelo corpo face à gravidade do plano inclinado e a dificuldade de deslocamento: "queda pedrenta da ladeira / calcei botinas de febre / Meus pés são duas sarças ardentes" (Andrade [1922] 1972:74). Ou ainda sobre Belo Horizonte: "cidade oblíqua / Depois de dançar os trabalhos do dia / Faz muito que dormiu / Seu corpo respira de leve o aclive vagarento das ladeiras" (Andrade [1924] 1972:137).

A expressão *ladeira abaixo* é usada na imprensa brasileira para designar uma queda que se prolonga, por exemplo, na cotação da moeda no mercado.
Myriam Bahia Lopes

Ver: calle (e), centro (p), rua (p)

Referências
A Ordem. Arquivo Público de Minas Gerais, s.n., 29 nov. 1890. Apud FONSECA, Janete Flor de Maio. *Tradição e modernidade. A resistência de Ouro Preto à mudança da capital*. Tese de mestrado. Belo Horizonte, UFMG, 1998, p. 58. • ANDRADE, Mário (1922). Losango cáqui. *Poesias completas*. São Paulo/Brasília, Martins/INL, 1972. • ANDRADE, Mário (1924) Noturno de Belo Horizonte. *Poesias completas*. São Paulo/Brasília, Martins/INL, 1972. • *Encyclopedia e diccionario internacional*. Rio de Janeiro, W.M. Jackson, c.1922. • FERREIRA, Aurélio Buarque de Holanda. *Novo dicionário da língua portuguesa*. Rio de Janeiro, Nova Fronteira, 1975. • FONSECA, Janete Flor de Maio. *Tradição e modernidade. A resistência de Ouro Preto à mudança da capital*. Tese de mestrado. Belo Horizonte, UFMG, 1998. • GIL, Gilberto. Ladeira da preguiça [letra de música]. In *Cidade do Salvador* [disco], Universal [gravadora], 1973 • GUIMARÃES, Júlio César Castañon. *Matéria e paisagem. E poemas anteriores*. Rio de Janeiro, Sette Letras, 1998. • HECKLER, Evaldo; BACK, Sebald; MASSING, Egon. *Dicionário morfológico da língua portuguesa*. T. 3. São Leopoldo, Unisinos, 1984. • HOLLANDA, Chico Buarque de (1987). Estação derradeira [letra de música]. In *Uma palavra* [disco]. Rio de Janeiro, Mariola [gravadora], 1995. • MELLO JR., Donato. *Rio de Janeiro. Planos, plantas e aparências*. Rio de Janeiro, João Fortes Engenharia, 1988, p. 42-43. • MORAES, Vinícius de (1952). Menino morto pelas ladeiras de Ouro Preto. In CARDOSO FILHO, Jusberto (Org.). *Antologia poética de Ouro Preto*. Ouro Preto, Edição do Autor, 1995. • REIS, Aarão (1895). *Revista Geral dos Trabalhos*. Rio de Janeiro: H. Lombaerts, n. 2, ago. 1895. Apud MENEGUELLO, Caion Natal. *Ouro Preto em dois tempos: a cidade e seu passado*. Monografia de bacharelado em História. Ouro Preto, Universidade Federal, 2003. • RIBEIRO, Zé Carlos. Ladeira da memória [letra de música]. In GRUPO RUMO. *Diletantismo* [disco]. São Paulo, Lira Paulistana/Continental [gravadora], 1983. • RIPARDO, Sergio. Bancos vislumbram dólar a R$ 2,50 com FMI, rating e reforma. *Folha online*, 03 fev. 2005. Disponível in <http://www1.folha.uol.com.br/folha/dinheiro/ult91u93144.shtml>. • SÓ, João. Menina da ladeira [letra de música], Emi-Odeon [grava-

dora], 1971. • TOLEDO, Benedito Lima de. *Anhangabahú*. São Paulo: Federação das Indústrias do Estado de São Paulo, 1989. • VIDE, [Don] Sebastião Monteira da (1707). Da edificação e reparação das igrejas paroquiais. Regimento do Auditório Eclesiástico do Arcebispado da Bahia, metrópoli do Brasil. Constituições Primeiras do Arcebispado da Bahia. São Paulo, Typographia, 2 dez. 1853. • WURFFLAOS, Gustavo. Projeto de estabelecimento de canos d'esgotos de Ouro Preto, dimensão 5,10 x 1,10 m. Reserva técnica, s.n. Ouro Preto, Museu de Mineralogia/Escola de Minas, ago. 1884.

Ⓟ loteamento (pl. loteamentos)

português Brasil, substantivo masculino

Definições

lote: *s.m. (do francês* lot*). Porção de um todo que se divide por sorte entre muitas pessoas* (*Vieira 1873:1340).

lote: *s.m. Cada parte em que foi dividido o todo ou totalidade, afim de haver distribuição; quota-parte; quinhão [...] Conjunto de objetos, vendidos publicamente e em globo [...] qualidade; classe; padrão* (*Mendes 1904-1905, 2:44).

lotear: *v. tr. dir. (São Paulo e Rio de Janeiro). Dividir um terreno em lotes* (*Lima 1939).

loteamento: *s. m. Bras. 1. Ato de lotear. 2. Terreno que se loteou ou vai lotear* (*Lima 1939).

loteamento: *s.m. Urb. 1. Parcelamento da terra em lotes fazendo-se necessária a abertura ou prolongamento de logradouros públicos para os quais tenham testada. 2. O projeto dessa divisão de terras* (Ferreira 1980:1048).

loteamento: *s.m. (s. XX) B. 1. Jur. Ato, processo ou efeito de lotear; divisão de terreno, imóvel etc. em lotes, ger. para venda. 2. O plano, o projeto de divisão de um terreno ou terra. 3. P. ext. o terreno ou a terra loteada* (*Houaiss, Villar & Franco 2001:1784).

PALAVRA RECENTE EM PORTUGUÊS, *LOTEAMENTO* FOI introduzida no Brasil na virada do século 19 ao 20 em paralelo ao intenso processo de urbanização e mercantilização da terra urbana no país. Deriva diretamente do francês *lotissement* termo clássico proveniente do medieval *lot*. Em português, *lote* foi cunhado por volta de 1459 (*Houaiss, Villar & Franco 2001:1784), e originalmente deve ter significado duas coisas: "o mesmo que *Sorte*, & *Loterie* em Francês, he quando entre os herdeiros se reparte huã fazenda por arbitragem, ou por sortes"; mas também: "qualidade, gênero, especie" (*Bluteau 1712, 5:184).

No início do século 19, lote ainda preservava esta mesma conotação: "número de pessoas, rancho, bandos [...] um lote de escravos [...] fig. Sorte, qualidade de mercadoria, melhor, somenos, inferior" (*Silva 1813). E, de fato, ao longo do século a sua constituição semântica parece ter passado de objeto de partilha de herança, para o mundo do jogo e da troca, enquanto mercadoria a ser rifada e valorizada. Um *lote* doravante poderia entrar em "hasta" ou "leilão" (*Aulete & Valente 1881:1080) e, conforme o vocabulário lotérico, supor "dinheiro para tirar o lote" (*Silva 1858, 2:287). É nesse processo que cedo poder-se-á "pôr um terreno em loteria" (*Vieira 1873, 3:1340), a "fim de se obterem prêmios pecuniários" (*Figueiredo 1899, 2:71).

Parece que dois de seus atributos originários viriam servir à promoção desse sentido mercantil da palavra: pois em seu núcleo semântico, lote assinala uma dimensão quantitativa, enquanto parte de um todo, isto é, o "conjunto de objetos vendidos publicamente e em globo"; e uma dimensão qualitativa, pois se trata de um "grupo de mercadorias com uma ou mais qualidades que as distinguem de outras" (*Aulete & Valente 1881:1080), mas que, misturadas, isto é, agrupadas em lotes ou lotadas, adquirem um padrão médio de modo a serem vendidas "por um preço médio proporcional" (*Silva 1813; *Freire 1940:3227). Essa dupla condição do lote será decisiva para a compreensão do termo em sua acepção fundiária, seja como lote de terra seja como loteamento.

Até o final do século 19, todavia, o significado da palavra lote como efeito do parcelamento da terra urbana, como terreno próprio para o loteamento, a venda e a construção está ausente dos dicionários. E isso, a despeito de desde então já se exigir a concessão de licenças e saberes especiais relacionados ao alinhamento, ao cordeamento, ao arruamento, à numeração e, mais tarde, ao afastamento recíproco dos imóveis. Apenas excepcionalmente o termo pode ser encontrado no início do século 19, como no texto do estadista erudito e conselheiro do imperador D. Pedro I, José Bonifácio de Andrade e Silva, que em 1822 escreveu um balanço da questão fundiária no país pouco depois da Independência: entre suas recomendações, que "não se dem mais Sesmarias gratuitas [...] ; mas se vendão em porções ou lotes que nunca possão exceder de meia legoa quadrada" (apud Falcão 1965, 2:100).

Mesmo em uma cidade como o Recife, das mais edificadas no país no início do século 19, não aparece qualquer referência ao termo em nenhum dos capítulos de seu código de *Posturas* de 1831, nem mesmo no que trata do "Alinhamento de ruas, e edificações": ali encontramos termos como lugares, lugares marcados, sítios, prédios, propriedades, quintais, quarteirões, mas jamais as palavras lote ou terreno (*Posturas* 1831). Em uma legislação instituída antes da promulgação da Lei de Terras no país, a lei n. 601, de 18 de setembro de 1850, compreende-se a rusticidade do vocabulário específico ao parcelamento da terra urbana, ainda marcado pelo regime colonial das sesmarias, donde a preocupação precípua nos códigos com o espaço das ruas, com seu alinhamento, fachadas e perfis.

É fato, contudo, que o prestígio da palavra lote só viria a aumentar com o avanço do capitalismo, o advento da ideia de propriedade e as novas formas de troca e transmissão da terra urbana (Andrade 1966; Marx 1988:144-5; Marx 1991:104). Em cidades menores, como Sorocaba, Bananal ou Jundiaí, todas na província de São Paulo, por exemplo, os códigos de posturas urbanas editados em 1865 já utilizam a palavra terreno para designar a nova forma de bem imobiliário posterior à Lei de Terras (*Legislação provincial* 1865:172, 255). Em cidades maiores como São Paulo, o *Código de posturas* de 1886 também se remete a propriedades ou terrenos, que na cidade compreendiam *edificações*, *quintais* e *terreiros*, mas as referências ao tecido urbano continuariam limitadas a expressões como perímetro, arruamento e alinhamento (*Código de posturas...* 1886).

Curioso também perceber que em São Paulo alguns desses terrenos ainda podiam ser igualmente designados como datas ou "datas de terrenos" para construção (*Código de posturas...* 1886:art. 28), isto é, terra adquirida "por dada, direito, ou acção de dar" (*Silva 1813, 1:511). Trata-se de uma nítida evocação das cartas de doação de sesmarias, dos registros de aforamento ou comissão de terras. A expressão data podia tanto referir-se a uma parcela de terra urbana, como aludir a um pedaço de terra rural de dimensões reduzidas, bem como a uma medida em alqueires de terra de extensão razoável (Marx 1991; Fridman 1999). A própria sobrevivência da palavra indicia a perpetuação de velhos sistemas de demarcação a despeito do novo regime universal de compra e venda introduzido com a Lei de Terras. É sintomático que no dicionário de Bluteau não encontremos os termos terreno e lote, mas apenas data, cham ou chão, "o chão de hum edificio" (*Bluteau 1712, 2:272), ou ainda terra, terrão ou torrão (*Bluteau 1712, 7), que em termos mais recentes quer dizer solo, terreno, fragmento, pedaço de terra (*Aulete & Valente 1881:1774). Há referências setecentistas à palavra (Marx 1988:135-6), mas no século 19 terreno já é dominante, ainda que os dicionários inicialmente a remetessem às formas rurais do direito de uso da terra: "a terra para agricultura" (*Silva 1813, 2), "espaço de terra mais ou menos extenso" (*Aulete & Valente 1881:1746), "porção de terra cultivável" (*Figueiredo 1899, 2:732). Tais acepções são reveladoras do fraco interesse comercial da terra urbana naquele momento.

Palavra onipresente, *terreno* ainda hoje figura como sinônimo primeiro de lote. Segundo Murillo Marx, somente mais para o final do século 19 o termo loteamento despontaria na documentação oficial relativa às questões da terra urbana (Marx 1991:109). Com efeito, no limiar de seu aparecimento na ordem dos assuntos fundiários e urbanos, a palavra terreno oscilaria entre referências locais, naturais ou geográficas – terreno baldio, terreno marginal, terrenos baixos, terrenos orgânicos, terrenos alagados, expressões muito frequentes em códigos de posturas do início do século 20 (Anjos 1909:4-5; Menezes 1911:60) – e uma clara problematização da produção do espaço em termos econômico-político, de valor, renda, financiamento, e especulação imobiliária. Essa última abordagem torna-se cada vez mais frequente na virada do século, sobretudo nas cidades mais prósperas, estimulando reflexões de administradores públicos, técnicos e lideranças empresariais, como Antônio Jannuzzi, grande construtor de casas operárias no Rio de Janeiro na República Velha. Em um período no qual a terra urbana começava a ser disputada, começava-se a falar em "valor do solo", em "prazos de valorização dos imóveis", em "preços econômicos de quarteirões e arrabaldes" (Jannuzzi 1909:274, 282-5).

São provavelmente deste período as primeiras referências explícitas à palavra lote como sinônimo de um terreno ou subdivisão dele no interior de um plano ou traçado urbanizador. Em sua conferência sobre os "Melhoramentos de São Paulo", de 1911, o engenheiro Vítor da Silva Freire, diretor da Seção de Obras da Prefeitura de São Paulo, já emprega o termo com desenvoltura: "Nada da grelha 'rectangular' de Nova-York, superior ao 'xadrez' de Buenos Aires, por permitir a constituição de *lotes* sem o fundo exagerado"; mais interessante talvez fosse a conformação do bairro de Higienópolis na capital paulista, onde "a divisão em *lotes* foi feita da maneira mais adequada para proporcionar jardins de dimensões convenientes" (Freire 1911:99, 124; ver também Freire 1914:323). Malhas reticuladas de loteamento que inclusive podiam causar certa indignação, como ocorreu no

Rio de Janeiro por volta de 1900, quando o engenheiro Frederico Augusto Liberalli denunciou a ação impiedosa do "martelo do leiloeiro" sobre o terreno acidentado da cidade, "retalhado em lotes geométricos, tristes, e monótonos como os retângulos dos cemitérios" (Liberalli 1900:117).

O momento coincide com a entrada em desuso na linguagem comum e comercial de uma terminologia rural mais arcaica, cada vez mais imprecisa e ociosa, como lugar, sítio, chão, data, em favor do verbo lotear e do substantivo loteamento. Se em um *Código de posturas municipais* como o de Salvador, de 1921, a palavra terreno ainda imperava (*Códigos de posturas...* 1921), no de Recife, de 1919, lote "ganhava terreno". Além de constituir uma das principais definições prévias do código, o termo definia uma condição específica para aprovação dos projetos de novos parcelamentos ou divisões de terra: "nenhuma edificação será aprovada para partes ainda não arruadas dos perímetros urbano e suburbano, sem que os proprietários dos terrenos submetam à aceitação da Prefeitura o plano de retalhamento da quadra em lotes" (Lei n. 1051, 1919).

É preciso frisar que à diferença de terreno, a palavra lote supõe o loteamento, isto é, um todo do qual é parte entre partes semelhantes, pois logicamente é um termo da repartição. A coisa à qual a palavra se refere diferencia-se, pois, do termo terreno por emancipar-se de determinações naturais e locais, subsumindo-se às condições artificiais da divisão da terra enquanto propriedade. Como tal, a palavra lote está indissociavelmente ligada à criação de um mercado abstrato, no caso de capital imobiliário, jamais podendo ser apropriado ou particularizado senão enquanto mercadoria. Enquanto forma da repartição e da ocupação do solo, o loteamento nivela racionalmente as qualidades dos lotes em prol da abstração e do intercâmbio do valor.

E isto não apenas no registro jurídico ou administrativo, mas também na linguagem comum. Anúncios de jornal da década de 1920 em São Paulo utilizam a nova terminologia com a mesma frequência com que surgiam novos bairros. Desde o centro, em 1929, onde "amanhã iniciaremos a venda em lotes do Anhangabahú no coração da cidade" (apud Segawa 2000:117); aos bairros-jardim burgueses implantados pela Companhia City de urbanização desde o final da década de 1910: "V.S. poderá adquirir um belo lote dotado de todos os melhoramentos urbanos"; "no centro do Jardim América apenas 10 lotes" (apud Wolff 2001:144) e à toda a nova periferia em formação. Afinal, com a promulgação da Lei de Parcelamento do Solo do município em 1923, a prática do loteamento tornara-se objeto de regulação (Grostein 1987), e a cidade passara a observar um verdadeiro surto de loteamentos, regulares e clandestinos, a maioria dos quais de caráter popular (Sampaio 1994). Conforme o geógrafo Juergen Langenbuch, foi nesse momento que começou a se constituir o "vasto cinturão, se bem que descontínuo, de loteamentos" residenciais e proletários, movimentados pela especulação de terrenos baratos em subúrbios, periferias e fronteiras municipais da metrópole em estruturação (Langenbuch 1971:136).

Na década de 1930, pelo menos, o termo já descrevia uma tendência de urbanização e periferização em todo o país. O relatório urbanístico de 1935 sobre Goiânia, nova capital do Estado de Goiás, por seu idealizador o arquiteto Atílio Corrêa Lima, dedicou todo um capítulo aos loteamentos, assunto ali regulamentado desde 1933, ano de fundação da cidade (apud Sabino Jr. 1960:82-109). Em Porto Alegre, o interior das quadras do projeto de urbanização da Vila Assunção, de 1937, criavam "nos fundos dos lotes um ambiente sossegado" (Léiria [1940] 1999). No Rio de Janeiro, em 1945, a Companhia Têxtil Aliança Industrial, antiga proprietária da área, anunciava estar "loteando na Cidade Jardim Laranjeiras" os terrenos da velha fábrica, conforme anúncio publicado em jornal (*O Globo* 15/01/1945). Em Salvador, por exemplo, mais de duzentos projetos de loteamento já haviam sido propostos entre 1932 e 1976 (*Disponibilidade de terras...* 1977).

Na cidade de São Paulo, onde se assistiu talvez à maior explosão urbana no país ao longo do século 20, as discussões em torno do fenômeno foram intensas. Ainda na década de 1910, o tema dos arruamentos havia exigido regulamentação especial. Em 1929, o *Código de obras* cobrava dos interessados em abrir frentes de urbanização "o retalhamento completo das quadras em lotes", bem como "o cadastro das construções existentes com o respectivo loteamento" (*Código de obras Arthur Saboya* [1929] 1935:160, 168-169). No Congresso de Habitação de 1931, o engenheiro municipal responsável pelos arruamentos e loteamentos na cidade apontava uma "febre de loteamento" na cidade, e do "loteamento clandestino" em particular (Silva 1931). Em uma conferência sobre habitação econômica, patrocinada pela elite industrial paulista, em 1941, o tema despertou uma postura disciplinadora contra o que então se chamava "loteamento construtivo" a cargo de especuladores (Barbosa 1942). Um observador distante, como o historiador norte-americano Richard Morse, logo percebeu o prestígio dessa figura do loteador na economia local da urbanização (Morse 1954:293-4), "terrenistas desalmados" que "vendiam os terrenos em lotes como se pertencessem a um plano perfeitamente legal" (Garcia 1959:40). Tema central dos estudos geográficos, sociológicos, jurídicos, urbanísticos e habitacionais na década de 1970, o loteamento "clandestino", "irregular" ou "periférico" na cidade (Sampaio 1972; Bonduki & Rolnik 1978; Grostein 1998), também se tornou objeto de políticas e de lutas fundiárias e urbanas. Entre 1979 e 1985, 2.350 loteamentos irregulares foram legalizados na cidade (Grostein 1987); e a despeito disso em 2003 ainda havia cerca de 3.000 loteamentos nessas condições, ocupando aproximadamente um quinto do território municipal e acolhendo perto de três milhões de habitantes da cidade (*Resolo...* 2003:25).

Em 1979, a Lei Lehmann entrou em vigor e se tornou o primeiro instrumento federal de disciplinamento do parcelamento da terra urbana e rural. Nela loteamento é conceituado da seguinte maneira: "sub-divisão da gleba em lotes destinados à edificação com abertura de novas vias, com requisitos urbanísticos, registro" (*Diário Oficial da União* 19/12/1979). O progresso da legislação não neutralizou, todavia, a contravenção. Segundo o Instituto Brasileiro de Geografia e Estatística, de todos os loteamentos existentes no Brasil em 2001, 24,4% continuavam clandestinos e 36,8%, irregulares (Retrato do Brasil 2001). Surgidos à revelia do poder público, sem o seu conhecimento, os primeiros, ou descumprindo total ou parcialmente as normas legais, esses últimos, o fato é que a realidade do loteamento ecoa as definições mercantis de origem do lote.

Maria Ruth Amaral de Sampaio
e José Tavares Correia de Lira

Ver: arrabal (e), bairro (p), condomínio (p), jardim (p), periferia (e), subúrbio (p), vila (p)

Referências
ANDRADE, Francisco de Paula Dias de. *Subsídios para o estudo da influência da legislação na ordenação e na arquitetura das cidades brasileiras*. São Paulo, Escola Politécnica da USP, 1966. • ANJOS, Manoel Alves dos. *Código de posturas [...] desta cidade de Mogy das Cruzes*. São Paulo, Typographia Heitor & Alves, 1909. • BARBOSA, Synesio Cunha. O loteamento em São Paulo. *Revista do Arquivo Municipal*, ano 7, vol. 82, São Paulo, mar./abr. 1942, p.143-154. • BONDUKI, Nabil; ROLNIK, Raquel. Periferia: ocupação do espaço e reprodução da força de trabalho. *Cadernos de Estudos e Pesquisas PRODEUR/ FUPAM*, n. 2, São Paulo, FAU USP, 1978. • *Código de obras Arthur Saboya*. (Lei n. 3427/1929 regulamentado pelo Ato n. 663/1934). São Paulo, Escolas Profissionais Salesianas, 1935. • *Código de posturas do município de São Paulo: 6 de outubro de 1886*. São Paulo, Typographia do Correio Paulistano, 1886. • *Código de posturas municipais*. Salvador, Imprensa Official do Estado, 1921. • *Disponibilidade de terras – anexo, inventário de loteamentos*. Salvador, Prefeitura Municipal do Salvador, 1977. Apud LEME, Maria Cristina da Silva (Org.). *Urbanismo no Brasil 1895-1965*. São Paulo, Studio Nobel/FAU USP/Fupam, 1999, p. 262. • FALCÃO, Edgard de Cerqueira (Org.). *Obras científicas, políticas e sociais de José Bonifácio de Andrada e Silva*. 3 volumes. São Paulo, Revista dos Tribunais, 1965. • FERNANDES, Francisco. *Dicionário brasileiro contemporâneo*. 2ª edição. Porto Alegre, Globo, 1960. • FERREIRA, Aurélio Buarque de Holanda. *Dicionário da língua portuguesa*. Rio de Janeiro, Nova Fronteira, 1980. • FREIRE, Vítor da Silva. A Cidade salubre. *Revista Polytechnica*, vol. 8, n. 48, São Paulo, out./nov., 1914, p. 91-148, 319-337. • FREIRE, Vítor da Silva. Melhoramentos de São Paulo. *Revista Polytechnica*, vol. 6, n. 33, São Paulo, fev./mar.

1911. • FRIDMAN, Fania. *Donos do Rio em nome do rei: uma história fundiária da cidade do Rio de Janeiro*. Rio de Janeiro, Jorge Zahar/Garamond, 1999. • GARCIA, Heitor Eiras. Urbanização criminosa. *Revista Engenharia Municipal*, vol. 2, n. 13, São Paulo, jun. 1959. • GROSTEIN, Marta Dora. *A cidade clandestina, os ritos e os mitos: o papel da irregularidade na estruturação do espaço urbano no município de São Paulo, 1900-1987*. São Paulo, FAU USP, 1987. • GROSTEIN, Marta Dora. Expansão urbana e habitação da classe trabalhadora: da vila operária ao lote popular. In SAMPAIO, Maria Ruth Amaral de (Org.). *Habitação e cidade*. São Paulo, FAU USP/FAPESP, 1998, p.101-122. • JANNUZZI, Antônio. *Pelo povo: monographia sobre as casas operárias, apresentada ao IV Congresso Medico Latino-Americano*. Rio de Janeiro, Typographia do Jornal do Commercio, 1909. • LANGENBUCH, Juergen Richard. *A Estruturação da Grande São Paulo*. Rio de Janeiro, Instituto Brasileiro de Geografia, 1971. • *Legislação provincial*. São Paulo, Secretaria do Governo de São Paulo, 1865. • Lei n. 1051. Prefeitura Municipal do Recife, Imprensa Oficial, 1919. • LÉIRIA, Ruy de Viveiros. Projeto de urbanização da Vila Assunção. *Boletim da Sociedade de Engenharia*, n. 31, Porto Alegre, jan. 1940, p. 16-28. Apud LEME, Maria Cristina da Silva (Org.). *Urbanismo no Brasil 1895-1965*. São Paulo, Studio Nobel/FAU USP/Fupam, 1999, p. 309. • LIBERALLI, Frederico Augusto. 1ª Questão da 4ª Secção: obras municipaes. *Revista do Club de Engenharia*, série 4, n.1, Rio de Janeiro, dez. 1900. • LIMA, Hildebrando de. *Pequeno dicionário brasileiro da língua portuguesa*. 2ª edição. Rio de Janeiro, Civilização Brasileira, 1939. • MARX, Murillo. *Cidade no Brasil: em que termos?* São Paulo, Nobel, 1999. • MARX, Murillo. *Cidade no Brasil. Terra de quem?* São Paulo, Nobel/Edusp, 1991. • MARX, Murillo. *Nosso Chão: do sagrado ao profano*. São Paulo, Edusp, 1988 • MATOS, Dirceu Lino. O parque industrial paulistano. In AZEVEDO, Aroldo de (Org.) *A cidade de São Paulo: estudos de geografia urbana*. São Paulo, Nacional, 1958. • MENEZES, Eduardo de. *Cidade salubre: código sanitário fundamentado e justificado feito para a cidade e município de Juiz de Fóra*. Juiz de Fora, Typographia Brazil, 1911. • MORSE, Richard M. *De comunidade a metrópole: biografia de São Paulo*. São Paulo, Comissão do IV Centenário da Cidade de São Paulo, 1954. • *Posturas*, Títulos 6º, 10º e 11º, *Diário de Pernambuco*, n. 248, Câmara Municipal do Recife, 22 nov. 1831, n. 262, 10 dez.1831 e n. 264, 13 dez. 1831 • REIS FILHO, Nestor Goulart. *O lote urbano e a arquitetura no Brasil*. São Paulo, FAU USP, 1969. • *Resolo: regularização de loteamentos no município de São Paulo*. Prefeitura de São Paulo. São Paulo, Portela Boldarini Arquitetura e Urbanismo, 2003. • Retrato do Brasil: moradia inadequada por região. Pesquisa de domicílios. *O Estado de S. Paulo*, Caderno Cidades, 2001, p. C5. • RODRIGUES, Silvio. *Direito civil. Direito das coisas*. São Paulo, Max Limonad, 1964. • SABINO JR. Oscar. *Goiânia documentada*. Goiânia, Museu Estadual/Serviço de Documentação, 1960. • SAMPAIO, Maria Ruth Amaral de. *Metropolização: estudo da habitação popular paulistana*. São Paulo, FAU USP, 1972. • SAMPAIO, Maria Ruth Amaral de. O papel da iniciativa privada na formação da periferia paulistana. *Espaço e Debates*, n. 37, São Paulo, 1994, p. 19-33. • SEGAWA, Hugo. *Prelúdio da metrópole*. São Paulo, Ateliê, 2000. • SILVA, José Antonio da. *Direito urbanístico brasileiro*. São Paulo, Revista dos Tribunais, 1981. • SILVA, Lysandro Pereira da. Defesa da municipalidade contra o arruamento clandestino para a especulação de terrenos. In *Annaes do 1º congresso de habitação*. São Paulo, Imprensa Oficial, 1931, p. 87-137. • WOLFF, Silvia Ferreira Santos. *Jardim América: o primeiro bairro-jardim de São Paulo e sua arquitetura*. São Paulo, Edusp/Imprensa Oficial, 2001.

m

❸ mall (pl. malls)
español Chile, sustantivo masculino

Definición
mall: *(a)* alameda *f.*, paseo *m.* *(EE. UU.:* pedestrian street*);* calle *f.* peatonal. *(b) (esp. EE. UU.:* shopping*)* centro *m.* comercial (*Diccionario Collins 1992).

EL TÉRMINO MALL ES UN ANGLICISMO DE USO corriente en Chile para designar los centros comerciales o *shopping centers*. El *mall* se concibió a partir de un eje peatonal bordeado de tiendas y comprende diferentes niveles por donde circula el flujo de usuarios. En el interior, en ambos extremos, se encuentran generalmente dos grandes tiendas o las marcas más prestigiosas; en el exterior, el conjunto ocupa un amplio terreno en el que espacios importantes como la planta baja o el subsuelo se destinan al estacionamiento.

Los primeros *shopping malls* aparecieron en los Estados Unidos en la década de 1950, pero el término se originó en Europa un tiempo antes. La palabra *mall* en inglés deriva del juego de *pall-*

-*mall*, muy de moda en Inglaterra en el siglo 17. Se denominó entonces *mall* al lugar donde se practicaba dicho juego. Después, *The Mall,* una calle de Londres que antes se destinaba al *pall-mall*, se convirtió en un importante paseo. Por extensión, se empezó a llamar *malls* a los paseos públicos, término que cruzó el Atlántico y, a fines del siglo 18, fue incorporado para designar el principal paseo de Washington. *The Mall*, luego *The National Mall* (Longstreth 1991). Como los *malls* británicos, pero a una escala muy superior, el *National Mall* conservó de sus orígenes su doble aspecto de paseo para peatones y de avenida arbolada. En el transcurso del siglo 20, cuando surgieron los *shoppings centers* en los Estados Unidos, la referencia al *National Mall* llevó a dar el nombre de *mall* a la galería central que reúne las tiendas (*Simpson & Winter 1989). El componente comercial, que hoy caracteriza el uso del término chileno, se incorporaba así a un término asociado originalmente al entretenimiento refinado.

En el caso de Chile, sólo a fines de la década de 1980 se adoptó definitivamente la expresión. En realidad, cuando se inauguró el primer *mall* en Santiago en 1982, se presentó con el nombre de *shopping center*. Si prestamos atención al marketing que acompañó este proyecto considerado innovador y moderno, podemos observar que la apelación *mall* designaba únicamente los espacios interiores del centro comercial, reservados para la circulación a pie de los compradores y visitantes. Es de esta manera, al menos, que los administradores de lo que constituiría el primer centro comercial de Chile a nivel regional se referían al mismo: el Parque Arauco, ubicado en el sector este de Santiago (Parque Arauco…

1981). Al parecer este centro comercial introdujo el término *mall* en el vocabulario corriente.

A partir de ese momento, el modo en que dicha palabra empezó a difundirse y a designar un *shopping center* no resulta evidente. Quizá debido a su facilidad para pasar al español o al sentido amplio que podía tomar, *mall* empezó a emplearse como sinónimo de *centro comercial* o de *shopping center* a fines de la década de 1980. El uso popular lo generalizó en la década de 1990 y, hoy en día, se trata de la expresión a la que más se recurre para designar este tipo de complejo comercial. En Chile, el uso de la expresión *shopping center* se limitó a la nomenclatura comercial y a los nombres propios de algunos de estos establecimientos. Cabe señalar que, a pesar del uso extensivo del término *mall* en Chile (y en otros países como Perú, Bolivia, Venezuela, Honduras, México, etc.), no figura en los diccionarios de la lengua española ni en los diccionarios de regionalismos.

En el término inglés, coexisten aún todos los significados anteriores de *mall*: *mall* es un paseo peatonal, un espacio comercial cerrado a la circulación de automóviles, un *shopping center* o la galería central de éste. Pero existen otras acepciones de *mall*: la vía central en una ruta o autopista (*Morris 1980). Sin embargo, cabe destacar que el uso predominante del término en el mundo angloamericano es el mismo que en Chile, aunque – naturalmente – se lo utilice en este país con una sola acepción.

Desde la aparición de los *malls* en el mundo y en Chile, se construyeron dos discursos en cuanto a su identificación y a su interpretación. Por un lado, los profesionales del sector inmobiliario y la literatura académica anglosajona de la década de 1980 los definían como los "nuevos centros comunitarios", espacios públicos que fomentan los encuentros entre personas de diferentes clases sociales y con distintos estilos de vida (Kowinsky 1985). Por otro lado, la producción académica de la década de 1990, fuertemente influenciada por corrientes postestructuralistas y postmodernas, tiene un enfoque crítico con respecto al *mall* y lo califica de muralla ideológica destinada a fortalecer el control social (Sorkin 1992; Judd 1995; Fiske 1998). Gran parte de este discurso lo encontramos en las pocas producciones intelectuales chilenas que tratan este tema: los autores insisten en las estrategias de exclusión, de segregación y de control social imputables a dichos centros comerciales (Moulian 1997).

Particularmente, es una práctica corriente que los *malls* cuenten con importantes dispositivos de seguridad: vigilancia privada y control electrónico (Koskela 2000), y exclusión de las personas consideradas como no gratas por parte de la gerencia del centro comercial – jóvenes, pobres, minorías, personas mayores, etc. – mediante restricciones de ingreso, localización y selección de tiendas (Fiske 1998; Connell 1999). Para otros autores – entre los que encontramos intelectuales chilenos de renombre – el *mall* constituye una incitación disfrazada al consumo. Con parques temáticos, centros deportivos, salas de cine multiplex, etc., los *malls* tratan de crear un "mundo de fantasía" que introduce cierta heterogeneidad en la previsible homogeneidad fordista que el *mall* necesita para ser rentable (Sorkin 1992; Sarlos 1994). Las diversas atracciones que encontramos en los *malls* norteamericanos, tales como el West Edmonton o el *Mall* of America, responderían a esta estrategia: Camp Snoopy (el parque de atracciones cubierto más grande del mundo) o bien la réplica de la carabela Santa María, que navega por un lago artificial (Goss 1999).

Esta crítica radical opera una generalización a partir de los *malls* más importantes y más desarrollados de los Estados Unidos. Sin embargo, si bien todos los *malls* del mundo tienen características comunes, también presentan cierta diversidad ligada a la realidad de cada país (Salcedo 2003). En Chile, el *mall* se diferencia de su homólogo norteamericano: puede instalarse prácticamente en cualquier lugar de la ciudad – y no sólo en los sectores donde vive la gente de mayor poder adquisitivo – y ser fácilmente accesible a través del servicio de transporte público. La comparación entre el *Mall* of America y el *Mall* Plaza Vespucio, el más importante de Chile, lo muestra claramente: mientras el *Mall* of America privilegia únicamente la diversión, el *Mall* Plaza Vespucio ofrece equipos culturales sofisticados, galerías de arte, salas de conciertos y de teatro, así como también una biblioteca.

Gonzalo Cáceres, Diego Campos
y Rodrigo Salcedo

Véase: mercado (e), mercado (p), periferia (e), plaza (e)

Referencias
CONNELL, John. Beyond Manila: walls, malls and private spaces. *Environment and Planning* A, vol. 31, n. 3, 1999, p. 417-440. • FISKE, John. Surveilling the City: whiteness, the black man and democratic totalitarism. *Theory, Culture and Society*, vol. 15, n. 2, may 1998, p. 67-88. • GOSS, John. Once upon a Time in the Commodity World: an unofficial guide to mall of America. *Annals of the Association of American Geographers*, vol. 89, n. 1, 1999, p. 45-75. • JUDD, Dennis. The Rise of the New Walled Cities. In LIGGETT, Helen; PERRY, David (Eds.). *Spatial Practices: critical*

explorations in social/spatial theory. Thousand Oaks, Sage, 1995. • KOSKELA, Hille. The Gaze Without Eyes: video surveillance and the changing nature of urban space. *Progress in Human Geography*, vol. 24, n. 2, 2000, p. 243-265. • KOWINSKY, William Severini. *The Malling of America: an inside look at the great consumer paradise*. New York, Morrow, 1985. • LONGSTRETH, Richard (ed.). *The Mall in Washington 1791-1991*. Washigton, National Galery of Art, 1991. • MOULIAN, Tomás. *Chile actual: anatomía de un mito*. LOM, Santiago, 1997. • PARQUE ARAUCO SHOPPING CENTER. *El primer Shopping Center de Chile*. Santiago, Parque Arauco, 1981. • SALCEDO, Rodrigo. When the global meets the local at the mall. *American Behavorial Scientist*, vol. 46, n. 8, 2003, p. 1084-1103. • SARLOS, Beatriz. *Escenas de la vida posmoderna*. Buenos Aires, Ariel, 1994. • SORKIN, Michael. *Variations on a Theme Park: the new american city and the end of public space*. New York, Farrar/Straud and Giroux, 1992.

❺ mercado (pl. mercados)

español España, sustantivo masculino

Definiciones

mercado: *lugar, m. El mercado, el lugar donde se vende o se compra* (*Oudin 1675).

mercado: *mercado, lugar público donde se vende. // Mercado, encuentro de comerciantes o compradores en el mercado. //. Mercado, venta en el mercado. // Mercado, precio, condición de una compra* (*Salvá 1882).

mercado: *La concurrencia de gente á un paraje determinado á comprar y vender algunos géneros.* Mercatus. *El sitio público destinado para vender, comprar ó trocar las mercaderias y géneros en los dias señalados* (*Real Academia Española 1734).

mercado: *mercado; mercado de pescado; lanzar un producto al mercado // [...] // Ir al mercado, hacer las compras* (*Larousse general diccionario... 1999).

Y los sabios de la Antigüedad le han dado el nombre de fuero [forum] *en latín para denominar al* **mercado** *donde las gentes se reunían para comprar y vender las mercancías, y este lugar tomó también el nombre de* fuero en España, pues de la misma forma que el mercado se desarrolla en público, el fuero debe ser también de libre acceso y abierto *(Alfonso X [siglo 13] 1992:I, 2).*

mercado: *La concurrencia de gente a comprar y vender algunos géneros. Distinguese de Féria en que estas son mas copiosas, concurriendo à ellas mercaderes forastéros con mercaderias gruesas; y los mercados son de menos entidad, aunque mas freqüente. [...] Se llama tambien el sítio destinado para vender, comprar, ò trocar las mercaderías y géneros* (*Real Academia Española 1739:548).

mercado: *Contratación pública en paraje destinado al efecto y en días señalados. Sitio público destinado permanentemente o en días señalados para vender, comprar o permutar géneros o mercadurías. Concurrencia de gente en un mercado* (*Real Academia Española 1884).

mercado: *Lugar o edificio público destinado permanentemente a la actividad de comprar y vender. [...] Se aplica específicamente a los edificios consistentes en una nave cubierta en cuyo interior hay puestos dedicados a la venta de toda clase de verduras, frutas, carnes y pescados* (*Moliner 1966).

EN ESTA PRESENTACIÓN CRONOLÓGICA DE LAS DEfiniciones se muestra con claridad la lenta evolución del término: al principio, una asamblea de personas reunidas para comprar y vender en una ubicación determinada; después, se refería al emplazamiento en sí mismo; más tarde, al edificio donde se realizaban las transacciones. La palabra se remonta a tiempos aún más lejanos pues el término, derivado del latín *mercatus*, ha pasado al castellano con un sentido comparable al que había tenido en los tiempos de las ciudades romanas, donde este nombre se le había dado, en primer lugar, a la actividad comercial, al intercambio de mercancías y más tarde también al lugar donde se comerciaba.

El emplazamiento del *mercado*, con naves donde se encuentran los puestos, llamado *conventos mercatus* en las ciudades de la España visigoda, se convirtió en el *mercado* en las ciudades cristianas y en el *sûq* en las villas musulmanas de Al-Andalus. El término designaba las reuniones semanales destinadas al comercio y la zona de la ciudad donde dicho comercio tenía lugar. Encontramos que, en la ciudad de León, para designar una ubicación concreta, se usaba el vocablo *mercato*, y también se lo llamaba *mercadiello* o *mislleo* a fines del siglo 12 (Estepa 1977:419).

La importancia asignada al *mercado* en tanto lugar bien definido en las ciudades medievales se mostró claramente en el siglo 13 en los escritos del rey Alfonso X. En *Las siete partidas*, daba precisiones sobre lo que debía entenderse por *mercado*: "*ferias* o *mercados* a los que la población asiste regularmente para realizar allí las ventas, compras o intercambios; no se lo debe hacer en otros lugares, sino solamente donde la antigua costumbre indica que se realicen. Si el rey lo decidiera, otros lugares podrían tener este nuevo privilegio" (Alfonso X [siglo XIII] 1992:V, 3, 323). *Mercado* podía aproximarse a *feria*, aunque este último término, desde la baja Edad Media, nombraba una realidad diferente. Las *ferias* eran grandes *mercados* que, según la localidad, tenían lugar una o dos veces por año, duraban por lo menos una semana y en los que participaban los comerciantes venidos de más o menos lejos. En otro texto de Alfonso X, *La primera crónica general*, se enfatiza sobre la realización de los *mercados* "en las plazas, teatros u otros lugares donde los hombres se dedican a los intercambios de ideas o al comercio de mercancías" ([siglo XIII] 1977).

Entre estas acepciones, la que se extendió más ampliamente fue la de "lugar". Antonio de Nebrija (*1516) daba esta definición de la palabra *"mercatus-i*: por el *mercado,* lugar de comprar". En el mismo *Vocabulario de romance en latín* de Nebrija encontramos otro término definido como sinónimo de *mercado*: *"forum-i*: por el *mercado*, lugar donde compran y venden" (*Nebrija 1516). El sentido de estos dos vocablos coincidía en la medida en que la *plaza* donde habitualmente se llevaban a cabo los *mercados* estaba generalmente situada en el antiguo emplazamiento del *forum* de la villa romana, donde ya se encontraban compradores y vendedores. Lo que, al principio, era un lugar abierto, se transformó en un espacio más elaborado. Desde el siglo 15 encontramos que en Palencia se mencionan los *poyos de mercado*, emplazamientos donde los vendedores debían instalarse previo pago de un impuesto.

El *mercado*, en algunas ciudades de Castilla, era llamado *zoco* o *azogue*, palabras derivadas del árabe *sûq*. Estos términos parecen haber subsistido en ciertas regiones de España y *zoco* aparece en la *Recopilación de algunos nombres arábigos...* de Diego Guadix (1593), con la siguiente definición: "se da este nombre, en ciertos lugares de España, a la *plaça* o *mercado* en el que se venden alimentos y muchas otras cosas". En algunas ciudades, el lugar donde se realizaba el mercado se convirtió en la plaza más importante de la localidad. En Toledo, la plaza principal de la ciudad ha conservado el nombre de Azoguejo y, en Ávila, las dos plazas más importantes llevan el nombre de *Mercado* Grande y *Mercado* Chico.

El *mercado* se convirtió en uno de los principales espacios y una de las más importantes instituciones de la ciudad o villa. En las *Relaciones de los pueblos de España*, durante el reinado de Felipe II, las localidades son clasificadas según su tipo de *mercado*. En algunas, había *mercados francos*: "esta *villa* tiene costumbre antiguo inmemorial de hacer *mercado* franco en el día del martes de cada semana" (Viñas & Paz [1576] 1951, 2:55); en otras no había exenciones: "la *villa* de Fuensalida tiene un *mercado* muy pequeño y no franco los viernes y este mismo dia la villa de Maqueda tiene otro mercadillo ruin" (Viñas & Paz [1576] 1951, 1:202).

La importancia del mercado ha perdurado. Por ejemplo, cuando se decidía el plan de una ciudad, el *mercado* era uno de los puntos esenciales a considerar. Cuando se colonizaron y fundaron nuevos pueblos en Andalucía, en la segunda mitad del siglo 18, la *Cédula de población de la Sierra Morena* precisaba que "el Superintendente deberá establecer, en el lugar que juzgue más satisfactorio, un *mercado franco* semanal, o dos, o más, en función de la extensión de los nuevos pueblos" (*Novísima recopilación...* 1975, 3:491).

En el siglo 19, el *mercado* se instaló cada vez más frecuentemente en edificios construidos a tal efecto y el vocablo comenzó a designarlos. Al principio se trataba de conventos abandonados o de terrenos de conventos destruidos como consecuencia de las leyes de confiscación de los bienes de la Iglesia (a partir de 1836), ejemplos de lo cual se encuentran en toda España: el *mercado* de Ronda en Málaga, instalado en el antiguo convento de Santo Domingo, el *mercado de abastos* de San Blas en Logroño, sobre el emplazamiento de la iglesia del mismo nombre, o el *mercado* de San Miguel en Madrid, sobre el edificio de la iglesia de San Miguel de los Octgoes. Muy rápidamente comenzaron a construirse de madera, de hierro o de otros materiales. El *mercado de abastos* de Aranjuez fue una de las primeras obras de arquitectura en hierro de España; otro ejemplo es el ya citado *mercado* de San Miguel. En las grandes ciudades, se construían mercados especializados en tal o cual producto. Alfonso XII inauguró en 1875 dos *mercados* en Madrid, el de la *plaza* de la Cebada (frutas y legumbres) y el de la *plaza* de los Mostenses (carne, huevos, pescados). Este último, cuya construcción se había decidido en la época de José Bonaparte, fue erigido sobre el emplazamiento que quedó libre luego de la destrucción del convento de los Premostratenses, de donde proviene el nombre popular de Mostenses. Ambos fueron construidos sobre el modelo de las *Halles* (naves) centrales de París y eran *mercados mixtos*, de venta al por mayor y al por menor.

Desde entonces, el término *mercado* fue empleado con frecuencia para designar el edificio o el lugar donde se desarrollaba la actividad comercial, sin que se abandonara el sentido de mercado al aire libre donde se vendía ganado, pescado, cereales, etc., y que tienen lugar generalmente en las plazas: *plaza* de la Paja en Madrid o *plaza* del Trigo en Orense. En esa época el vocablo *mercado* entró en el lenguaje corriente para designar el edificio donde se acude para realizar las compras cotidianas, y el *Mercado de Abastos* se convirtió en uno de los edificios salientes de todas las localidades importantes. El hecho de que, tradicionalmente, el *mercado* se realizaba en la *plaza* y que numerosos *mercados* cubiertos eran construidos en las plazas, llevó a una confusión entre *plaza* y *mercado*: de este modo, las expresiones *ir a la plaza* o *hacer la plaza* querían decir lo mismo que *ir al mercado* o *hacer la compra*.

En el siglo 20, en las grandes ciudades, se comenzó la construcción de *mercados centrales*, como en el caso de Madrid, donde se edificaron en 1935 el *Mercado Central* de frutas y legumbres y el *Mercado Central* del pescado. Los *mayoristas*, término que apareció en el suplemento del *Diccionario de la lengua española* de 1947, se agruparon en el *mercado de mayoristas*, dentro de entes como Mercamadrid o Mercabarna. En la segunda mitad del siglo, la planificación urbana consideraba necesario construir un *mercado* en cada barrio, edificio que se concebía, en especial en las grandes ciudades, como un elemento constitutivo del barrio. En ocasiones, se construía además una *galería de comercios de alimentación*. Este nombre estaba reservado a un *mercado* de dimensiones reducidas en el que generalmente no se encontraba más que un vendedor por categoría de productos y que el *Diccionario de la lengua española* definió como "un pasaje cubierto donde se encuentran diferentes comercios" (*Real Academia Española 1984).

Sin embargo, la costumbre de ir a hacer las compras al *supermercado* se generalizó y, en 1970, el término apareció en el *Diccionario de la lengua española*. Durante las últimas décadas del siglo 20 se construyeron los *centros comerciales*, las *grandes superficies*, los *hipermercados* – palabra que hizo su aparición en el *Diccionario de la lengua española* en 1989 – al tiempo que los pequeños *mercados* de barrio se han mantenido e incluso multiplicado.

La creciente importancia del *mercadillo*, considerado sin embargo "miserable" en el siglo 16 se refleja en las definiciones del término que encontramos en el *Diccionario de la lengua española*. El vocablo apareció allí por primera vez en 1984, con la siguiente definición: "un *mercado* de pequeñas dimensiones donde se encuentran artículos a bajo precio, que se realiza en general en días fijos". En la edición de 2001, la definición se había convertido en "*mercado*, en general al aire libre, que se realiza en días fijos y donde se venden artículos de toda clase, nuevos o de ocasión, a precios más bajos que en los comercios".

Es sorprendente observar que, durante estos últimos años, el término *mercado* perdió importancia y dio paso a expresiones más corrientes como *super* (por *supermercado*) e *hiper* (por *hipermercado*). Alude, de allí en más, sobre todo al *mercado de abastos*. En su sentido original, es retomado como un elemento folklórico, con la aparición de *mercados medievales* que recuerdan los *mercados* de los que hablábamos más arriba: lugares de encuentro, donde se reunían mercaderes y vendedores de productos diversos y clientes atraídos por lo que se les ofrecía. Se realizan en la *plaza* de localidades de origen medieval, y se considera que estos *mercados* o *mercadillos* son un medio de alentar la economía local.

María Jesús Fuente

Véase: centro (e), mall (e), mercado (p), plaza (e)

Referencias
ALFONSO X (siglo XIII). *Las siete partidas: antología*. Edición de Francisco López Estrada y María Teresa López. Madrid, Castalia, 1992. • ALFONSO X (siglo XIII). *Primera Crónica General*. Edición de Menéndez Pidal. Madrid, Gredos, 1977. • ESTEPA, Carlos. *Estructura social de la ciudad de León (siglos XI-XIII)*, León, Centro de estudios e investigación S. Isidoro, 1977. • FUENTE, María Jesús. *Diccionario de historia urbana y urbanismo. El lenguaje de la ciudad en el tiempo*. Madrid, 2000. • GUADIX, Diego

de. *Recopilación de algunos nombres arábigos... [de] ciudades.* Madrid, 1593 (manuscrito no publicado consultado en las fichas de palabras de la Biblioteca de la Real Academia de la Lengua Española). • NEBRIJA, Antonio de. *Vocabulario de romance en latín.* Sevilla, Juan Varela de Salamanca, 1516. • *Novísima recopilación de las leyes de España.* Vol. III. Madrid, Editorial del B.O.E., 1975. • VIÑAS, Carmelo; PAZ, Ramón. *Relaciones histórico – geográfico – estadísticas de los pueblos de España hechas por iniciativa de Felipe II.* Toledo, volúmenes I y II. Madrid, Consejo Superior de Investigaciones Científicas, 1951.

🅟 mercado (pl. mercados)

português Brasil, substantivo masculino

Definições

mercado: *Mercado, Feira. O lugar em q se vende, & compra. Mercado. Distingue-se de Feira, em q à feira acodem mercadores de fora, no mercado são de terra. [...] Em Lisboa o mercado das terças feiras chama-se Feira. [...] O Adagio Portuguez diz, Muitos vão ao mercado, & cada hum com seu fado* (*Bluteau 1712, 5:419).

mercado: *Praça, lugar, em que se compra, e vende. Preço do que se compra, ou vende. Compra* (*Sá 1794).

mercado: *Mercado; reunião de compradores e comerciantes no mercado; venda no mercado; preço, condição de uma compra* (*Valdez c.1900).

mercado: *Feira, praça onde se vendem alimentos. O preço do que se compra.* Comprado (*Pinto 1832)

mercado: *Mercado, praça: lugar público onde se vende. Feira. Preço daquilo que se compra. Preço bom, bom negócio* (*Roquette 1921).

mercado: *do latim mercatus. Lugar público onde se vendem alimentos, etc. O preço do que é comprado. Lugar ou edifício público reservado à venda de gêneros alimentícios, legumes, frutas, etc. Bom mercado, barato. Porto, cidade, etc. onde ocorrem importantes transações comerciais: o mercado do Rio de Janeiro. Lugar* *onde se vende determinado tipo de mercadoria: o mercado de vinhos (*Silva s.d.:340-341).*

mercado: *Lugar público (coberto ou ao ar livre) onde os comerciantes expõem e vendem gêneros alimentícios e artigos de uso cotidiano. Estabelecimento onde se negociam os preços de certo tipo de mercadoria: mercado de carnes, mercado de flores. Reunião de negociantes em um local público. Lugar (país, cidade, localidade) importante em termos de comércio e de transações financeiras, centro comercial, empório (*Houaiss, Villar & Franco 2001:1897).*

NO BRASIL, A PALAVRA MERCADO FOI ORIGINALMENTE associada ao comércio de gêneros alimentícios de primeira necessidade, até que seu uso se estendeu ao comércio de outras mercadorias de uso diário como louças, utensílios de cozinha, roupas e quinquilharias. Do período colonial ao final do século 19, os mercados ocorriam em lugares públicos chamados de largos e praças. Mercado, largo e praça, eram então termos que muitas vezes se confundiam. As mercadorias eram expostas ao ar livre, muitas vezes ao sol, sobre tabuleiros de madeira, em cestos ou sobre uma carroça. Nas praças de mercado as autoridades faziam conhecidos seus decretos, açoitavam os escravos e, por vezes, realizavam execuções.

Em certas localidades do Brasil, o termo mercado era utilizado, e ainda o é, como sinônimo de feira. As feiras reuniam em datas fixas os produtores locais, agricultores e comerciantes da região e, em determinadas épocas do ano, eram realizadas feiras especializadas nesse ou naquele produto. Segundo Bluteau, a palavra feira pode pode ter origem no termo latino *feria*, utilizado pelos romanos para designar o comércio realizado em dias de festa. *Feira* pode derivar diretamente do termo latino *forum*:

local, geralmente uma praça, no qual os romanos realizavam a venda de bens diversos. Em português, o termo feira podia ser igualmente sinônimo de praça, a praça na qual tinha lugar um mercado (*Bluteau 1712:61). Lacerda considerava igualmente que a palavra feira vem do latim *forum*, e definia o termo como uma praça, um lugar, onde se reuniam, certos dias da semana, do mês ou do ano, comerciantes e agricultores par vender seus produtos (*Lacerda & Lacerda 1858-1859:506). Silva propôs uma definição parecida da palavra feira e insistiu sobre sua sinonímia com mercado (*Silva s.d.:25). Além disso, Vieira afirmou que praça vem do latim *platea* e lhe dava a seguinte definição: "lugar espaçoso dentro de qualquer povoação onde se realizam feiras, mercados, etc." (*Vieira 1873, 4:877).

Foi na idade média, especialmente a partir do século 12, que as feiras tornaram-se essenciais para a organização econômica da Europa ocidental permitindo a distribuição de produtos raros provenientes de regiões distantes. As feiras eram numerosas em Portugal e ocorriam, até o final do século 14, no interior das muralhas das vilas e cidades. Instituídas pelo rei ou pelo senhor do lugar, elas deviam obedecer a um estatuto que regulava seu funcionamento. A paz da feira era rigorosa, proibindo as hostilidades entre seus frequentadores e garantindo a segurança dos comerciantes e suas mercadorias. As feiras medievais se distinguiam dos pequenos mercados locais porque ofereciam produtos importados e não produtos do lugar e da região (Rau 1983). No início do século 18, em Portugal, Bluteau confirmou essa distinção entre mercado e feira (*Bluteau 1712:340).

No Brasil, por sua vez, até meados do século 19, os termos mercado e feira eram utilizados quase como sinônimos para designar o comércio urbano de alimentos, geralmente realizado ao ar livre. As duas palavras não se diferenciavam na prática até que surgiram os mercados cobertos e fechados nas cidades maiores. Havia feiras importantes como a de Sorocaba na província de São Paulo, conhecida por seu comércio de gado bovino e muar, realizada em abril ou em maio, conferindo àquele lugar pacato e adormecido um aspecto de grande centro (Prado Júnior 1965:252-253). O acontecimento comercial, representado pelas feiras, deu lugar ao surgimento de muitas cidades como Feira de Santana, no atual Estado da Bahia (Lenharo 1979; Zemella 1990).

Além dos mercados e feiras, existiram em numerosas localidades brasileiras uma outra forma de comércio de alimentos conhecida pelo nome de casinhas. As casinhas recebiam esse nome em função do tipo de edificação utilizada pelos comerciantes: pequenas casinhas dispostas umas ao lado das outras ao longo de uma rua ou em pequenos prédios divididos internamente em lojas nas quais se vendiam produtos hortícolas, carne fresca e cereais. As casinhas foram criadas a partir das preocupações do poder municipal quanto ao abastecimento alimentar das vilas e cidades, e foram os primeiros mercados públicos instalados em lugares fechados. Comuns nas áreas urbanas a partir do final do século 18 e grande parte do 19, as casinhas coexistiram com os mercados a céu aberto ou fechados e com as feiras, quando não desapareciam em proveito daqueles. Na cidade de Campinas as casinhas surgiram entre 1819 e 1820, em um edifício cuja planta foi fixada pela Câmara

Municipal. Pouco tempo depois da inauguração de seu primeiro mercado coberto e fechado, em 1861, as casinhas de Campinas foram desativadas. Muitas vezes, as casinhas davam seu nome à rua na qual se localizavam. Dessa maneira, existiu uma rua das Casinhas em cidades como São Paulo, Campinas, Rio de Janeiro, Curitiba, entre outras. Da mesma forma, quando uma cidade possuía um mercado, era certo que nela houvesse sua rua do Mercado (Martins 2001).

O termo *mercado* conservou seu significado funcional mas passou a designar lugares profundamente transformados. Os mercados passaram a ser cada vez mais protegidos por um telhado e, durante o século 19, se tornaram novos espaços comerciais nas cidades brasileiras mais povoadas, por iniciativa das Câmaras Municipais. Estas desejavam controlar o comércio dos gêneros alimentícios, cuidar de sua condição higiênica, assegurar o recolhimento dos impostos devidos pelos comerciantes e desembaraçar as ruas do comércio ambulante – muitas vezes exercido por escravos – que atrapalhava a circulação e sujava as ruas (Martins 2001). Esses novos mercados, protegidos do sol e da chuva, eram acessíveis por portões que permaneciam fechados fora dos horários estabelecidos para o comércio. Definia suas atividades um regulamento prescrito pelas câmaras municipais. "A praça do mercado é estabelecida para que nela se venda toda sorte de produtos, quer sejam importados para a cidade, quer seja da região ou do exterior" (Regulamento da Praça do Mercado 1864:art. 1). O regulamento fixava as normas do comércio e das relações entre seus frequentadores e o inspetor ou administrador do mercado as fazia cumprir, recebia os aluguéis dos quartos, cuidava da manutenção do edifício, da salubridade e da qualidade dos produtos e se encarregava de manter a ordem, com a ajuda da polícia se necessário (Martins 2001). No final do século 19 e início do 20 o Brasil adotou os mercados pré-fabricados com estrutura metálica que se multiplicavam na Europa. Muitos mercados de ferro foram montados em cidades brasileiras, dentre os quais, o mercado de São José em Recife (inaugurado em 1875), os mercados de Manaus (1883) e o de Fortaleza (1897), o mercado municipal do Rio de Janeiro (1907) e o mercado da carne de Belém (1908) (Lemoine 1980; Silva 1987).

Nas cidades que contavam com vários mercados como Rio de Janeiro, São Paulo ou Campinas, cada um recebia um nome. Quando eram destinados à venda de um tipo particular de mercadorias, recebiam nomes que o identificavam entre os demais: Mercado de Hortaliças, Mercado de Peixe ou Mercado de Carnes, cada um possuia seu regulamento e seu administrador (Regulamento do Mercado de Hortaliças de Campinas 1876). Outras características podiam igualmente dar nome ao mercado, tais como, Mercado Grande ou Mercadinho, Mercado Velho, Mercado Central ou Mercado Modelo. Por vezes designava-se um mercado por sua localização em uma praça ou largo: Mercado da 25 de Março, Mercado do Largo Riachuelo, Mercado da Candelária, Mercado da Praça General Osório.

A multiplicação dos supermercados a partir dos anos 1950 e o surgimento das Centrais de Abastecimento nos anos 1970 representaram mudanças importantes. Numerosos mercados construídos no final do século 19 e início do 20 tornaram-se obsoletos. Muitos desapareceram em nome do "progresso", outros sobreviveram nas áreas centrais e degradadas das cidades. Graças à ação dos órgãos de proteção do patrimônio, vários foram classificados e salvos da demolição. Restaurados, conservam sua função original de comércio de gêneros alimentícios. Valorizados por sua arquitetura, transformados em monumentos históricos, os mercados, lugares de memória da cidade, dissonantes e ao mesmo tempo decorativos na nova paisagem urbana, conheceram uma nova vida. Transformaram-se em museus vivos, atrações turísticas muitas vezes pitorescas e úteis como, por exemplo, os mercados municipais de Porto Alegre e de São Paulo (Bresciani 1996).

As chamadas feiras livres existem no Brasil desde o início do século 20 e se mantêm até os dias atuais. Reúne produtores e comerciantes de alimentos e ocorrem a cada semana em dias e horários fixos, em determinadas ruas. Instaladas ao ar livre em barracas padronizadas, elas devem seu nome ao fato de serem isentas de impostos, porém os comerciantes devem obter uma licença e se submeter à fiscalização da prefeitura. No Rio de Janeiro, as *feiras livres* foram instituídas no quadro das reformas urbanas realizadas pelo prefeito Francisco Pereira Passos (decreto n. 997, 13/10/1904) visando a reorganizar e melhorar o abastecimento da cidade. O artigo n. 1 dispunha: "O prefeito está autorizado a estabelecer na zona urbana do Districto Federal feiras ou mercados livres que funcionarão aos domingos, nos feriados e dias de festas religiosas nas praças e nas ruas e avenidas antecipadamente designidas" (apud Gorberg & Fridman 2003:135). Na cidade de São Paulo, as feiras livres foram regulamentadas pela municipalidade em 1914 (Bruno 1953;

Guimarães 1969). Atualmente, as feiras livres fazem parte do sistema de distribuição ao lado dos supermercados, embora sofram a concerrência destes e percam terreno na venda no varejo dos produtos alimentícios. Entretanto, nas pequenas cidades e aglomerações do interior do país, elas mantenham ainda relevante importância.

A palavra mercado pode significar também "desordem, lugar barulhento", ou ainda "cidade ou país com grande atividade comercial". Diz-se mercado financeiro, mercado de trabalho, mercado imobiliário, mercado clandestino, mercado livre, mercado mundial etc.

Valter Martins

Véase: mall (e), mercado (e), praça (p)

Referências
BRESCIANI, Stella. Sanitarismo e preocupações estéticas. O mercado central de São Paulo. *Seminario internacional*. Documento de trabajo n. 2. Vaquerías, Argentina. 17-20 oct. 1996. • BRUNO, Ernani da Silva. *História e tradições da cidade de São Paulo*. Rio de Janeiro, José Olympio, 1953. • *Coleção das leis e decretos do Estado de São Paulo* (Decreto n. 233 de 2 mar 1894). Código Sanitario, s.n., t. 4, São Paulo, 1918, p. 75-109. • FERREIRA, Aurélio Buarque de Holanda. *Novo dicionário da língua portuguesa*. Rio de Janeiro, Nova Fronteira, 1975. • GORBERG, Samuel; FRIDMAN, Sergio A. *Mercados do Rio de Janeiro, 1834-1962*. Rio de Janeiro, S. Gorberg, 2003. • GUIMARÃES, Olmária. *O papel das feiras livres no abastecimento da cidade de São Paulo*. Dissertação de mestrado. São Paulo, Instituto de Geografia USP, 1969. • LEMOINE, Bertrand. *Les Halles de Paris*. Paris, L'Equerre, 1980. • LENHARO, Alcir. *As tropas da moderação: o abastecimento da corte na formação política do Brasil, 1808-1842*. São Paulo, Símbolo, 1979. • MARTINS, Valter. *História de compra & venda. Mercados e abastecimento urbano em Campinas, 1859/1908*. Tese de doutorado. São Paulo, FFLCH USP, 2001. • PRADO JÚNIOR, Caio. *Formação do Brasil contemporâneo*. 8ª edição. São Paulo, Brasiliense, 1965. • RAU, Virgínia. *Feiras medievais portuguesas*. Lisboa, Presença, 1983. • Regulamento da Praça do Mercado. *Código de posturas*

da Câmara Municipal de Campinas. Campinas, Typographia Campineira, 1864, p. 20-23 • Regulamento do Mercado de Hortaliças de Campinas. *Colleção de leis e posturas municipais promulgadas pela Assembleia Legislativa Provincial de São Paulo*. Resolução n. 67. São Paulo, Typ. do Diario, 1876. • SAINT-HILAIRE, Auguste de. *Viagem à província de São Paulo*. São Paulo, Edusp, 1976, p.132-133. • SILVA, Geraldo Gomes da. *Arquitetura do ferro no Brasil*. 2ª edição. São Paulo, Nobel, 1987. • ZEMELLA, Mafalda. *O abastecimento da capitania das Minas Gerais no século XVIII*. 2ª edição. São Paulo, Edusp, 1990.

℗ metrópole (pl. metrópoles)

português Portugal e Brasil, substantivo masculino

Definições

metrópoli: *Cidade Metropolitana, ou Igreja Archiepiscopal. Esta palavra he tomada do Grego, Mitir, Mitros, Mater matris; & Polis, Cidade. Val o mesmo, que Cidade mãy das outras, ou Cidade principal. Antigamente se appropriava às Cidades, das quaes havião sahido colônias, & povoações circumvizinhas, & que por esta razão erão cabeças, & como mãys das mais Cidades, a que ellas havião dado os primeiros moradores. E assim houve duas Cidades chamadas* Metropolis, *huma na Phrygia, & outra em Thessalia. Mas com o andar do tempo se deo este nome às Cidades capitaes das Províncias, & Archiepiscopaes, das quaes as que só erão Episcopaes dependião. Hoje esta superioridade se considera de hum de tres modos. O primeiro em quanto aquella Cidade he superior a huma Província, & nella se poem Arcebispo Metropolitano. Segundo, em quanto precede a muitas Provincias, em que ha Arcebispos, que então se constitue na tal Cidade Arcebispo Primaz, que he superior a todos os Arcebispos daquelle Reyno. Terceiro, se toma como mais principal, & suprema, na qual se constitue Patriarca, que precede, & he superior aos Primazes, a isto quer dizer* Patriarcha, id est, Summus Pater, *ou* Princeps Patrum (**Bluteau 1712, 5:469*).

metrópole: *cidade principal ou capital de um reino ou de uma provincia [...]. Diz-se de qualquer nação em relação ás suas colonias [...]. Fóco, centro, empório*
(Diccionario contemporaneo da lingua portugueza 1884).

metrópole: *Nação considerada relativamente aos países que dela dependem. Cidade principal de um país, de um estado, de uma região; cidade grande* (*Pequeno dicionário enciclopédico Koogan Larrousse 1979).

metrópole: *Cidade principal de um estado ou de uma arquidiocese. 2 cidade grande e importante. 3 País que possui um império ultramarino; país em relação às suas colónias. 4 Centro de irradiação civilizacional e comercial. 5 Igreja arquiepiscopal em relação às sufragâneas*
(*Casteleiro 2001 2:2461).

FERNÃO MENDES PINTO, NO SEU FRESCO PITORESCO sobre as deambulações de um português pelo oriente, utiliza a palavra *metrópole* no sentido de cidade capital. A capital em questão seria a do Império Tártaro, a que chama Tuymicão. A *Peregrinação* de Fernão Mendes Pinto, que morreu em 1583, foi publicada em Lisboa em 1614, provavelmente com alterações. Realidade e ficção estão entrelaçadas com uma forte força presencial mas o universo descrito é cheio de maravilhas, os templos mais ricos, as maiores cidade, os rios mais caudalosos. O uso da palavra metrópole insere-se nesse contexto de descrição das grandezas do Oriente.

Raphael Bluteau no século 18 dá-lhe dois sentidos diferentes. Primeiro o de cidade arqui-episcopal da qual dependeriam várias cidades episcopais. Segundo a origem grega tem o significado de cidade mãe de todas as outras. Em sentido metafórico atribui-lhe ainda o significado de princípio (*Bluteau 1712). Em 1831 o dicionário de Morais

Silva e Velho já acrescentava a estes o significado de país de onde saíram colónias, mãe pátria (*Silva & Velho 1831, 2:310).

Este significado pode ser encontrado em 1822 no jornal *A Borboleta Constitucional*, n. 152, num artigo intitulado "Diálogo entre dois Portugueses vizinhos": "E assenta V. M. Em que os Portugueses iluminados, e que já nesse tempo Lião por por outra cartilha, não lamentavam o sistema colonial? E não estão V.M. bem vingados com os males que por causa desse sistema refluíram sobre a Metrópole?" (Sociedade patriótica... 1822). A Constituição de 1822 ignora este significado dado à palavra *metrópole* por não reconhecer qualquer diferença entre os territórios do Reino Unido de Portugal e do Brasil. É mesmo preciso chegar ao Ato Colonial de 1933 para a expressão ser utilizada num documento constitucional (*Constituições portuguesas* 1992).

E no entanto, explicada às crianças em histórias ou na história de Portugal escolar, a palavra metrópole torna-se, num contexto imperial quase exclusivamente sinónimo de território de Portugal na Europa (Costa c.1940).

Até 1900 os títulos de livros contendo a palavra metrópole, presentes no ficheiro da Biblioteca Nacional de Lisboa, partilham-se quase em igualdade entre o significado religioso e o significado de país com colónias. Assim, em 1872 podemos encontrar uma dissertação sobre a organização religiosa e administrativa de Portugal em que a palavra metrópole é utilizada para significar arquidiocese (Sá 1872).

Até 1950, a 99 títulos referidos a metrópole colonial correspondem apenas seis em que se trata de metrópole religiosa. O significado religioso vai pois desaparecendo lentamente ante a pujança da utilização da palavra no seu sentido de mãe pátria colonial.

As referências ao uso da palavra com o significado de grande cidade são muito menos numerosas até esta data. É de referir que Eça de Queiroz (1901) não utiliza o termo no seu romance anti-urbano intitulado *A cidade e as serras*. A Paris de Jacinto é muito esquemática, simples materialização da Babilônia, sem detalhes de caráter paisagístico.

A descrição de uma sociedade de beneficência situada em Londres, traduzida do inglês mas publicada em Lisboa em finais do século 18, usa a palavra *metrópole* no título para se referir a esta cidade. Londres é ali a metrópole do Império britânico (Araújo 1799).

No grande *Guia de Portugal* dirigido por Raul Proença, publicado entre 1928 e 1932, encontramos a palavra metrópole no sentido de grande cidade. No volume 3 sobre a província da Beira, Hipólito Raposo qualifica Covilhã de "metrópole da lã" por analogia com Manchester.

Já Orlando Ribeiro publica em 1955, em Coimbra, um folheto, provavelmente correspondente a uma conferência, cujo título é *São Paulo metrópole do Brasil*. O grande geógrafo dá-nos uma pista para a parca utilização do termo no sentido de grande cidade em português até aos anos 1970. O qualificativo metrópole parece-lhe merecido por São Paulo devido a uma série de fatores: a sua aparência de cidade americana, o ritmo trepidante do seu centro contrastando com a pacatez da sua periferia, a rapidez do crescimento populacional, os tentáculos que lançou fora do seu contorno, a taxa de substituição dos bairros e finalmente os arranha-céus que lhe dariam "a silhueta das grandes metrópoles" (Ribeiro 1955).

Não haveria pois, no Portugal de então, nenhuma cidade a que se pudesse atribuir a designação de metrópole, e a palavra só teria uso em termos comparativos ou em discursos sobre cidades estrangeiras.

No entanto, em 5 de junho de 1888, a apresentação na Associação de Engenheiros Civis de um caminho-de-ferro urbano a construir em Lisboa classificava-o como metropolitano à imagem dos de Londres, Berlim e Nova York. O substantivo *metropolitano* era utilizado por analogia e na descrição do caminho-de-ferro subterrâneo de Londres. É significativo que a possibilidade de tal construção fosse contestada por um dos engenheiros presentes que salientou o caráter diminuto da população de Lisboa quando comparada com a destas cidades já equipadas com um *metropolitano* (Associação dos Engenheiros Civis 1888). Apesar de outros projetos só em meados dos anos 1940, quando se previa que a cidade atingisse o milhão de habitantes, se avançou para uma concretização da construção de um caminho-de-ferro subterrâneo. Desde a sua inauguração, em finais dos anos 1950, o caminho-de-ferro subterrâneo de Lisboa, ficou conhecido por metropolitano, impulsionando o uso comum do substantivo.

Escritor emigrado, Jorge de Sena, em *Sinais de Fogo*, romance escrito entre 1962 e 1969, mas editado postumamente em 1995, utiliza a palavra metrópole, para situar um soldado, e as experiências que as ruelas sórdidas de Lisboa lhe proporcionam (Sena 1999).

Entre especialistas de planejamento urbano, como o engenheiro Valente de Oliveira, começam a discutir-se os limites das áreas metropolitanas de Lisboa e Porto no início dos anos 1970 (Oliveira 1981).

Vítor Matias Ferreira, dedica a sua tese de doutoramento ao nascimento da metrópole de Lisboa. Para este autor a cidade de Lisboa terá nascido como metrópole nos anos 1960-1980. A metrópole é caracterizada pelo confronto entre o espaço central e os espaços periféricos (Ferreira 1987:21). O mesmo autor, em obra datada de 1997, analisa as reestruturações que a competitividade internacional ocasionam na hierarquia das metrópoles e no seio da metrópole de Lisboa. Desindustrialização, diversidade de estratégias de reurbanização e emergência de novas centralidades são afloradas. Perspectiva-se uma cornubação com duas metrópoles que se estenderia de Setúbal a Braga (Ferreira 1997:100).

Em 1994, na *História do Porto,* ao descrever a evolução recente da aglomeração, François Guichard, escreve: "Mas o burgo de dimensão restrita, inserido numa ruralidade dominante, transformou-se num aglomerado tentacular que concentra quase toda a dinâmica regional. A cidade de ontem é hoje metrópole" (Guichard 1994). A constituição da metrópole do Porto ter-se-ia feito em três fases. A primeira seria a da preeminência, a segunda, a da exclusividade e a terceira, a da hierarquização. A terceira fase teria início nos anos 1970 com a generalização do transporte individual motorizado. Um processo de metropolitanização, com forte crescimento periurbano mas em que, nalguns setores, o Porto seria apenas um escalão intermédio entre a região e outros polos de hierarquia superior.

Já Teresa Barata Salgueiro, em *A cidade em Portugal*, usará a expressão "área metropolitana" para descrever as regiões de Lisboa e do Porto (Salgueiro

1994). A expressão é a escolhida pela linguagem oficial. A área metropolitana de Lisboa foi criada a 2 de agosto de 1991. O seu principal órgão é uma junta constituída pelos autarcas da região presidida por um dentre eles. Em 2003 a área metropolitana de Lisboa lançou a revista *Metrópoles*.

A 13 de maio de 2003, o Governo legislou especificamente sobre a criação, quadro de atribuições e competências das áreas metropolitanas. Estas seriam constituídas voluntariamente por municípios ligados entre si por um nexo de continuidade territorial, sendo necessários no mínimo nove municípios e 350.000 habitantes. A instituição da área metropolitana, seria dependente de decisões das assembleias municipais, competindo-lhes planear e coordenar em matéria de infra-estruturas de saneamento, saúde, educação, ambiente, conservação da natureza e recursos naturais, acessibilidades e transportes, etc. sempre que estejam em causa interesses supramunicipais.

Magda Pinheiro

NA LÍNGUA PORTUGUESA, NO INÍCIO DO SÉCULO 18, o termo *metrópole* era empregado para designar a cidade principal de uma região ou de um reino, ou até do mundo inteiro. Assim, Bluteau (*1712) designava Florença como "Metropoli da Toscana", Lisboa como "Metropoli do Reyno de Portugal" e Roma como "Metropoli do mundo". No Brasil, a noção de metrópole como capital – seja em relação a colónias, a um país, a um estado ou a uma região – persiste nas definições da palavra ao longo dos séculos 19 e 20. No caso das povoações brasileiras, o uso da expressão *capital* pode ser localizado no século 17. Assim, Gaspar Barléu em sua obra sobre o Governo holandês no Nordeste, publicada em 1647 em Amsterdam, fala de Olinda e Salvador como capitais de capitanias (Barléu [1647] 1974).

No início do século 19, a palavra *metrópole* se referia a uma cidade ou nação que se constitui em sede do poder que controla um território colonial. Mas, este nem sempre era o caso. Em um mapa de 1798, apesar da sede do vice-reino haver sido transferida da Bahia para o Rio de Janeiro em 1763, Salvador foi nomeada de cidade capital e, em 1803, o cartógrafo José Fernandes Portugal intitulou uma de suas cartas náuticas de "Mappa Hydrográphico da Bahia de Todos os Santos, Metrópoli do Estado do Brazil" (apud Costa 1953:131). A designação de Salvador como uma metrópole ou capital, entretanto, não era generalizada. Na cartografia portuguesa dos séculos 17 e 18, Salvador surge designada como cidade e, em 1798 e 1799, o português Luís dos Santos Vilhena escreveu uma série de cartas nas quais faz uma descrição minuciosa de Salvador como "cidade" ou "cidade da Bahia" (Vilhena [1802] 1969). No século 18, o Rio de Janeiro também era qualificada de cidade na cartografia. Todavia, já presente em mapa de 1769 (Costa 1953), a designação do Rio de Janeiro como capital do Estado ou do Império do Brasil se encontra, em francês, em obras como *Voyage pittoresque et historique au Brésil* publicada entre 1834 e 1839 pelo pintor Jean-Baptiste Debret ([1834-1839] 1975). Durante o período imperial (1822-1889), se costumava chamar o Rio de Janeiro de "a corte".

Com o advento da República, os vínculos entre os termos *metrópole* e *capital* se estreitaram, tanto no que concerne à capital do país como, progressivamente, a algumas capitais de estados, como São Paulo, Recife e outras grandes cidades. Como já aparecia em Bluteau no começo do século 18, os termos capital e metrópole se aproximaram desde então quando referenciados à organização territorial dos poderes religiosos e civis. No século 19, no Brasil, o governo local começou a ser organizado em municípios e o município onde se encontra a sede do governo da província – posteriormente estado – ficou conhecido como o município da capital, noção próxima daquela de município capital. A tendência de identificar uma capital de importância regional ou nacional como uma metrópole, se atenuaria somente no fim de século 20, depois de instauração das regiões metropolitanas por lei de 1973, exatamente quando a expansão das grandes aglomerações urbanas começou a extrapolar os limites de um único território municipal. O município capital continuou a ser chamado cidade capital mas, muitas vezes, fazendo parte de numa aglomeração metropolitana mais vasta.

No Brasil, ao longo dos séculos 19 e 20 novos significados foram sendo associados ao termo metrópole: um centro de comércio e de civilização ou uma cidade de grandes dimensões. Nesta alteração semântica, nota-se que uma metrópole, além de sua importância política, comercial e cultural, deve ser uma cidade grande, importante a nível regional, nacional ou internacional. É na década de 1920 que o uso da palavra metrópole para designar grandes cidades brasileiras começa a se difundir largamente. Na imprensa de São Paulo em 1926, material de propaganda do novo loteamento da Villa Conceição sublinhava a "curta distância que a separa das duas ricas metrópoles commerciais, São Paulo e Santos". Em 1939, material publicitário da Companhia City apresentava os loteamentos de Jardim América e

Pacaembú como "duas maravilhas de urbanismo na metrópole paulistana". O filme *São Paulo, sinfonia da metrópole*, realizado por Adalberto Kemeny e Rodolfo Lustig em 1929, sublinhava o ritmo acelerado de transformação de São Paulo: a metrópole é revelada na construção de arranha-céus, na atividade das fábricas e na agitação das ruas disputadas por veículos e pedestres apressados. Em 1937, Erasto de Toledo descrevia o centro de São Paulo – qualificada de "grande metrópole" – como coisa "vertiginosa e atordoante", com máquinas e engrenagens em movimento, som de buzinas, telefones e rádios, intensificação do comércio, multiplicação dos lugares de diversão e construção de arranha-céus. Associado às grandes cidades, o trem urbano subterrâneo foi nomeado *metropolitano* ou *metro*, e desde a década de 30 do século 20 estudos propunham a construção de linhas metropolitanas no Rio de Janeiro. As palavras metrópole e metropolitano também foram amplamente empregadas para batizar cinemas, hotéis, empresas de ônibus e casas comerciais. Como os prédios altos, os anúncios de neon e o tráfego intenso, as próprias palavras metrópole, metropolitano e metrô – exibidas em letreiros, placas e anúncios – tornaram-se símbolos das grandes cidades.

Em revistas especializadas de engenharia o uso da palavra metrópole se torna corrente a partir da década de 1930, quando as populações das cidades do Rio de Janeiro e de São Paulo ultrapassam um milhão de pessoas. Em 1938, o Rio de Janeiro, a maior cidade brasileira na época, é referido, como *nossa metrópole*. Segundo matéria publicada na revista *Acrópole*, desde meados dos anos 1930, "a cidade de São Paulo já era considerada uma metrópole" (*Acrópole* 1941). O uso do termo metrópole logo seria estendido a outras cidades: em 1936, uma descrição de aspectos do Recife à noite sublinhava a "vibração" e o "nervosismo metropolitano" da cidade (*Recife Vista de Noite* 1936). Nos anos 1950, a noção de "metrópole regional" foi desenvolvida nos meios técnicos, em referência às cidades que exercem uma grande influência econômica e cultural e um forte poder de atração sobre suas regiões. Se tornou frequente se falar na cidade do Recife como "a metrópole do Nordeste", nomeação que foi justificada pela concentração de população, tamanho do porto, acessibilidade à cidade por rede de estradas e ferrovias e pela vida cultural da cidade (Lebret 1955:15-18), mas que não tardaria a ser associada também a graves problemas urbanos vinculados tanto a aumento da população, como a desemprego e pobreza (Damata 1959).

Alguns defenderam a urgência de intervenções urbanísticas nestes locais, enquanto outros vão criticar a intensa concentração urbana. Em artigo sobre São Paulo publicado em 1925, o engenheiro Francisco Prestes Maia interpretava seu rápido crescimento como indícios "da sua passagem para o rol das grandes metrópoles", fato que, segundo ele, impunha com urgência uma reorganização de seu espaço (Maia 1925). Na década de 1950, o mesmo Prestes Maia assinalava o "caráter industrial e metropolitano" da cidade de São Paulo, a qual definia como uma "metrópole essencialmente dinâmica", cujo raio de influência crescia continuamente. No final da década de 1920, o engenheiro-arquiteto Luiz de Anhaia Mello falava da "invasão metropolitana", mencionava as "cidades metropolitanas supercongestionadas" e sublinhava "os inconvenientes da centralização exagerada". Postulando "a necessidade de descentralizar", criticava a "confusa economia metropolitana" e considerava que "a metrópole é grande demais para que possam ter sentido de unidade os que nela se agitam". Definia o "districto metropolitano" como uma unidade geográfica, social e econômica distinta da unidade política (Anhaia Melo 1929). Em 1947, este autor criticava as "metrópoles congestionadas" e as megalópoles, sublinhando supostos impactos negativos destes lugares sob o interesse cívico e a cidadania de seus moradores (Anhaia Melo 1947). Foi necessário aguardar a década de 1970 para que a palavra megalópole transpusesse as fronteiras dos textos especializados para aparecer nos dicionários, onde foi definida como: "grande metrópole, cidade muito grande ou resultante da interpenetração dos limites de metrópoles (*Houaiss 1979). Ao contrário do termo metrópole que conheceu um período de grande prestígio – especialmente nas décadas de 1940 e 1950 quando foi utilizado para nomear cinemas e lojas – a palavra *megalópole* permaneceu restrita à linguagem técnica.

Os contornos territoriais do que tem sido entendido, no Brasil, como metrópoles se alteraram ao longo dos anos. Nas décadas de 1930 e 1940 se referiam a grandes cidades e seus subúrbios, depois o crescimento destas cidades absolveu aglomerações pré-existentes que foram integrados em seu tecido urbano. Desde então a formação de grandes aglomerações constituídas por diferentes cidades é designada, na linguagem técnico-administrativa, pelos termos áreas metropolitanas ou de conurbações. Lei federal brasileira de 1973 define nove Regiões Metropolitanas, "constituídas por municípios que, independentemente de sua vinculação administrativa, integram a mesma comunidade sócio-econômica, visando à realização de serviços de interesse comum" (Melo 1978:22).

No início do século 21, o termo metrópole encontra-se investido de um novo sentido: lugar que gera, concentra e propaga informações em todo o território nacional e com o exterior. A quantidade e qualidade destas informações pode alçar a metrópole à condição de cidade global.

Philip Gunn

Ver: capital (e), capital (p), vila (p)

Referências

Acrópole, ano 2 n. 33. São Paulo, jan. 1941. • ANHAIA MELLO, Luiz de. O governo das cidades. *Boletim do Instituto de Engenharia*, ano 10, n. 44, São Paulo, jan. 1929, p. 3-10. • ANHAIA MELLO, Luiz de. Urbanismo em escala humana. *Digesto Econômico*, ano 3, n. 28, São Paulo, mar. 1947, p. 36-43. • ARAÚJO, Antônio Carlos Ribeiro Machado da Silva (Trad.). *Propostas para formar por subscrição na metrópole do Império britânico uma instituição pública para derramar, e facilitar a geral introdução das úteis invenções mecânicas, e melhoramentos por meio de cursos de lições filosóficas, e experiências aos comuns fins da vida apresentadas pelos administradores da instituição, traduzidas do inglês de ordem de sua Alteza Real*, Lisboa, oficina de A. Rodrigues Galhardo,1799, p. 46. • ASSOCIAÇÃO DOS ENGENHEIROS CIVIS. *Revista de Obras Públicas e Minas*, Lisboa, t. 19, 1888, p. 364. • BARLÉU, Gaspar (1647). *História dos feitos recentemente praticados durante oito anos no Brasil*. Belo Horizonte/São Paulo, Itatiaia/Edusp, 1974 • COUTO, Antônio Maria do. *Diccionário da maior parte dos termos homónymos, e equívocos da lingua portugueza*. Lisboa, Typographia de Antônio Joze da Rocha,1842. • *Constituições portuguesas*, Lisboa, Assembleia da República, 1992, p. 275. • COSTA, Emília de Sousa. *Joanito africanista*. Porto, Livraria Figueirinhas, c.1940. • COSTA, [Gal.] Canrobert P. da. *Catálogo das cartas históricas na Diretoria do Serviço Geográfico do Exército*. Rio de Janeiro, Exército Brasileiro, 1953. • DAMATA, Gaspariano. O Recife cresceu de pés descalços. *O Observador Econômico e Financeiro*, ano 24, n. 285, São Paulo, nov. 1959. • DEBRET, Jean-Baptiste (1834-1839). *Viagem pitoresca e histórica ao Brasil*.

6ª edição. São Paulo/Brasília, Martins/INL, 1975 • *Dicionário contemporaneo da língua portugueza*. Lisboa, Imprensa Nacional, 1884. • FERREIRA, Vítor Matias. *Cidade de Lisboa. De capital do Império a centro da metrópole*. Lisboa, Publicações Dom Quixote, 1987. • FERREIRA, Vítor Matias; et. al. *Lisboa a metrópole e o rio*. Lisboa, Bizâncio, 1997. • GUICHARD, François. O século XX. In RAMOS, Oliveira. *História do Porto*. Porto, Porto Editora, 1994, p. 524-637. • KEMENY, Adalberto; LUSTIG, Rodolfo [realizadores]. *São Paulo, sinfonia da metrópole* [filme], 1929. • LEBRET, Louis-Joseph. *Estudo sôbre desenvolvimento e implantação de indústrias, interessando a Pernambuco e ao Nordeste*. Recife, Comissão de Desenvolvimento Econômico de Pernambuco, 1955. • MACHADO, José Pedro. *Dicionário da língua portuguesa*. 7 volumes. Lisboa, Sociedade da Língua Portuguesa, 1958-1971. • MAIA, Francisco Prestes. Um problema actual. Os grandes melhoramentos de São Paulo. *Boletim do Instituto de Engenharia*, ano 6, n. 26-27, São Paulo, 1925. • MAIA, Francisco Prestes. Urbanismo paulistano. *Engenharia*. São Paulo ano 9, n. 5, julho 1951, p. 415-416. • MELO, Mário Lacerda de. *Metropolização e subdesenvolvimento*. Recife, UFPE, 1978. • MICHAELIS. *Moderno dicionário da língua portuguesa*. São Paulo, Melhoramentos, 1998. • OLIVEIRA, Luís Valente de. *Apresentação de alguns tópicos para a discussão no seminário sobre as "áreas metropolitanas"*. Lisboa, DL, 1981. • PINTO, Fernão Mendes (1614). *Peregrinação*. 2ª edição. Lisboa, Afrodite, 1975, p. 143. • PROENÇA, Raul (1928-1932). *Guia de Portugal*. Vol. 3 (Beira), t. 2 (Beira Baixa e Beira Alta). 2ª edição. Lisboa, F.C. Gulbenkian, 1994. • QUEIROZ, Eça de. *A cidade e as serras*. Lisboa, 1901 [1ª edição póstuma]. • *Recife Vista de Noite*. Revista do Imperial Cassino, ano 2, n. 2, Recife, jan. 1936. • REIS, Nestor Goulart. *Imagens de vilas e cidades do Brasil colonial*. São Paulo, Edusp/Fapesp/Imprensa Oficial, 2000. • RIBEIRO, Orlando. São Paulo, metrópole do Brasil. In *Brasília*, Coimbra, vol. IX, Instituto de Estudos Brasileiros da Faculdade de Letras da Universidade de Coimbra, 1955, p. 243-256. • SÁ, Eduardo Dally Alves de. *Direitos da Igreja e do Estado a respeito da erecção, supressão, união e circunscrição de dioceses e metrópoles*. Coimbra, Imp. da Universidade, 1872. • SALGUEIRO, Teresa Barata. *Cidade em Portugal*. Porto, Afrontamento, 1994. • SANTOS, Milton. *A urbanização brasileira*. São Paulo, Hucitec, 1993. • SENA, Jorge de (1995). *Sinais de fogo*. 8ª edição. Porto, Asa, 1999, p. 498 [escrito entre os anos 1962-1969, publicado postumamente]. • SOCIEDADE PATRIÓTICA PORTUENSE. Diálogo entre dois portugueses vizinhos. *Borboleta Constitucional*, n. 152, Porto, 8 jul. 1822. • TOLEDO, Erasto de. *A cidade moderna. Notas, comentários e Fantasias*. São Paulo, Cultura Moderna, 1937. • VILHENA, Luís dos Santos (1802). *A Bahia no século XVIII*. Salvador, Editorial Itapuã, 1969.

ⓟ mocambo, mucambo
(pl. mocambos, mucambos)

português Brasil, substantivo masculino

Definições

mocambo: *He o nome de hum dos Bayrros de Lisboa, em que Religiosas de S. Bernardo tem hum Convento. Antigamente havia neste sitio huma quantidade de casinhas de pescadores, & negros. No Brasil chamão às Aldeas de huns negros repartidas em choupanas, Mocambos, donde tomou este sitio o nome* (*Bluteau 1716, 5:522).

mocambos: *Quilombos ou habitação feita nos matos pelos escravos fugidos no Brasil* (*Silva 1789).

mocambo: *Brasil. Choça em que os pretos se abrigam, quando fogem para o mato. (Ext.) Choça. Grande moita onde se esconde o gado nos sertões; habitação ou abrigo de quem vigia lavoura* (*Figueiredo 1899).

mocambo: *Humilde cabana, muito baixa, de armação de varas e toda coberta de palha de coqueiro ou de sapé, ou tendo algumas vezes as paredes toscamente feitas de taipa* (*Costa [1937] 1976).

mocambo: *Do quimb. Mu'kambu, 'cumeeira'. Bras. Couto de escravos fugidos, na floresta. Bras., N e NE. Cerrado de mato, ou moita, onde o gado costuma às vezes esconder-se. Bras., NE, Habitação miserável. Bras. V. cabana* (*Ferreira 1986).

MOCAMBO É UMA PALAVRA DE ORIGEM QUIMBUNDA, frequentemente traduzida como trave de sustentação de uma coberta ou cumeeira. Segundo Renato Mendonça (1935), mucambo designa também esconderijo. Entre as décadas de 1920 e 1930, foi objeto de intensas querelas lexicográficas. Em meio aos múltiplos e fortuitos encontros linguísticos peculiares ao processo de dialetação do português e formação da língua culta no Brasil, os sentidos do vocábulo africano se dispersaram e estabilizaram no território americano (Mendonça 1935; Senna 1938). Para João Ribeiro (c.1935:85), a palavra constitui um exemplo de formação de substantivos verbais em Ambundo, tendo se originado da fusão do verbo *camba* – acompanhar, juntar-se a, reunir-se a – com o afixo *mu*, resultando também nos termos mucamba e mucama, dama de companhia, amante, concubina, escrava doméstica etc. Com efeito, mucamba e mucama, tanto na África como no Brasil, denominam a escrava ou criada que acompanha a cadeirinha em que a senhora sai a passeio, assim como na Bahia e em Pernambuco podem chamá-la de mumbanda e, em outros estados, macuma (*Aulete & Valente 1881).

Mocambo remete, assim, ao termo africano que designa uma reunião, uma companhia, uma associação, e não apenas o ato de esconder-se ou o local de abrigo e esconderijo. Com a palavra, passou-se algo próximo ao que sucedeu com *quilombo*: "É curioso o fenômeno de extensão de sentido que na América adquiriu o vocábulo quilombo; no Brasil é uma multidão de negros escravos; no sul tem o sentido de lupanar e bordel. A palavra quilombo significava entre nós uma espécie de república de negros fugidos à escravidão" (Ribeiro c.1935:92). A relação entre as duas palavra provavelmente reenvia a uma realidade africana ancestral, externa ou anterior ao processo de colonização luso-escravista do Brasil. Para Ribeiro, em Angola, quilombo significava asilo, paragem, pouso ou local de repouso em uma viagem. Nesses lugares reuniam-se mulheres ou macamba, que viviam em sociedades pacíficas e constituíam elas mesmas um quilombo. Talvez por isso que mocambo teria passado de "reunião de mulheres quilombeiras" a "sociedade de negros fugidos", adquirindo inclusive "o sentido que não tinha de ajuntamento ilícito e lugar de costumes torpes" (Ribeiro c.1935:85, 92). E foi provavelmente isso o que aconteceu, tendo mocambo inclusive precedido quilombo nos documentos portugueses que descrevem a *República dos Palmares*, formada no início do século 17 e considerada o maior, mais importante e duradouro quilombo da América (Price 1979). A partir do século 18, mocambo teria como primeiro sinônimo, quilombo, termo cuja generalização fez fortuna na historiografia (Reis & Gomes 1996). Essa relação entre duas palavras aparentadas, ainda que diferentes, produziu uma interpolação de significados e uma enorme explosão semântica: encontro íntimo, associação secreta, reunião clandestina, pouso recuado, retiro, refúgio, esconderijo, prostíbulo etc.

Não obstante, os dicionários privilegiaram o significado histórico da palavra, que remete às formas de resistência dos escravos africanos e seus descendentes à dominação senhorial – as fugas coletivas e formação de comunidades de fugitivos – antes da abolição da escravidão no Brasil em 1888. É indicativo que, nessa acepção precisa, a palavra compareça nos estudos de história política, antropologia e sociologia histórica até o presente: de Arthur Ramos (1942) e Edson Carneiro (1946; 1964) até as múltiplas monografias dedicadas à formação, estrutura, cotidiano, perseguição e destruição dos mocambos e assentamentos quilombolas no período colonial e imperial. Assim utilizados desde o século 17 na correspondência oficial, em 26 de novembro de 1714, mocambo aparece em uma provisão do rei de Portugal que autorizava o marquês de Angeja, vice-rei do Estado do Brasil, a criar "postos de capitão-mor-das-entradas dos mocambos" e em documentos mais antigos (apud Lara 1996:89). Não obstante isso, a palavra quilombo não consta do *Vocabulário português e latino* (*1712) do padre Raphael Bluteau, *mocambo* ali designando tão-somente um bairro de Lisboa com o mesmo nome.

E é de tal significado histórico, não meramente lexical, que a palavra adquire os seus primeiros sentidos. Acepções não propriamente urbanas, ainda que em vários casos tais acampamentos de fugitivos ou sociedades militares, tenham sido designados no latim da época como *res publicae* e apresentados como verdadeiras cidades ou conjunto de cidades articuladas entre si, constituídas em meio às matas e sertões controlados pelos negros rebelados contra a ordem escravocrata. Pois de fato foi como uma cidade, uma república ou confederação de cidades que o *Quilombo dos Palmares* notabilizou-se a partir do século 17. Na reconstituição elaborada por Raimundo Nina Rodrigues, precursor da Antropologia no Brasil, em texto escrito entre 1890 e 1905 e publicado postumamente, a palavra *mocambo* foi empregada primordialmente na referência às várias cercas e cidades que compunham Palmares: "como em geral nas cidades africanas, [...] deviam ser verdadeiros agrupamentos de pequenas vilas, quarteirões ou distritos" (Rodrigues 1932:122). Nos escritos dos historiadores, com efeito, o deslizamento quilombo-mocambo é recorrente. Ora se emprega um, ora outro termo para descrever muitas vezes a mesma realidade: mocambo e quilombo podendo representar tanto a associação de cercas, vilas ou núcleos habitacionais, quanto as casas e construções individuais no interior dos agrupamentos maiores (Brandão 1914). Como bem notou um texto de 1922: "essa expressão [quilombo] que queria significar uma casa em particular, escondida nas florestas, uma choça ou esconderijo, passou a exprimir um conjunto de habitações" (Arão 1922:222). Da ampliação de sentido, não há qualquer referência propriamente histórica, senão que a própria intensificação e organização militar das fugas teria conduzido à passagem da choça ou cabana improvisada e isolada às complexas aldeias de refugiados que se espalhariam de Norte a Sul, em todo o Brasil.

Um outro sentido da palavra, contudo, começou a se cristalizar no Nordeste do Brasil entre o final do século 19 e início do 20, à medida que populações inteiras de trabalhadores do campo, livres ou desocupados em face da reorganização de uma economia açucareira, eram impelidos para algumas cidades da região. Foi nesse processo que mocambo assumiu uma nova conotação, eminentemente proletária e principalmente urbana. Nos arrabaldes e arredores, nas praias, margens de rio, charcos e pântanos de muita cidade viria a se instalar toda uma população de homens pobres livres, libertos e escravos ao ganho, que residiam em cabanas feitas de barro ou materiais vegetais, choças de palha ou choupanas cobertas de folhas. Fenômeno, aliás, percebido desde os meados do século 19 por viajantes, publicistas e artistas; tais residências passariam a ser também chamadas no século 20 de mocambos.

Na cidade do Recife, o deslizamento da palavra foi quase absoluto em relação àquilo que os dicionários vinham definindo como choça, choupana, barraca, cabana, pequena casa rústica, tugúrio, casa humilde, colmado, casa de madeira ou madeira e palha ou pano ou ramos, coberta de ramos ou de colmo (*Aulete & Valente 1881; *Figueiredo 1899; Lira 1997; Lira 1998). Ali, já no início do século 20, a palavra era amplamente empregada em variada documentação oficial, relatórios médicos e pareceres técnicos relativos à cidade, para descrever uma forma local de manifestação do problema habitacional urbano, espécie de versão da casa de cômodos, da casa proletária, do quadro, do cortiço. Conforme o sanitarista oficial Otávio de Freitas, áreas inteiras da cidade haviam se tornado núcleos de "milhares de mocambos" que constituíam, "por assim dizer, a principal moradia das classes pobres" (Freitas 1905:50). O deputado federal Arthur Orlando, então envolvido na redação do Código Civil brasileiro, descrevia os mocambos como casas de "tábuas de caixões e latas de querosene, sem divisões internas, vivendo todos os inquilinos, moços e velhos, homens e mulheres, pais e filhos, em uma repugnante promiscuidade" (Orlando 1908:56). "Os mucambos e cortiços são uma ameaça constante à saúde pública" (*Relatório apresentado...* 1908:111). A palavra tornara-se de tal modo corrente que podia constar de rubricas estáticas (Municipio do Recife 1915) e justificar a própria constituição de uma Comissão para o recenseamento dos mucambos (Comissão Censitária... 1939); polarizar opiniões, campanhas e cruzadas (Medeiros 1926; Filgueira 1929; Moraes 1929; Magalhães 1939; Mariano Filho 1940) e até constituir-se no cerne de uma política oficial de habitação, como aquelas encaminhadas pela Liga Social Contra o Mocambo em 1937-45

(*Liga social...* 1941) e pelo Serviço Social contra o Mocambo em 1945-1964 no Estado de Pernambuco, que revestiriam o mocambo de um aspecto não apenas anti-higiênico ou imoral, mas monstruoso, repugnante, atrasado, vergonhoso e perigoso política e racialmente.

A palavra choça aparece como o principal sinônimo da palavra mocambo, seja em sua acepção histórica, seja em seu sentido urbano. Um mocambo é "qualquer choça ou palhoçasinha" (*Silva 1813); ou a "choça que os pretos constroem" (*Aulete & Valente 1881) ou "em que os pretos se abrigam" (*Figueiredo 1899). Choça, palavra de origem árabe, quer dizer "pequena casa campestre, feita de ramos e coberta de colmo", e ainda, "habitação humilde" (*Lacerda & Lacerda 1858-1859); "abrigo, cabana feita de ramos de árvores ou de colmo" (*Aulete & Valente 1881). Essas definições, portanto, consideram o aspecto rústico e vegetal da construção, sem implicar uma condenação médico-moral.

O fato é que, paulatinamente, a figura do mocambo viria a ser interpretada por um olhar cultivado pela estética do pitoresco ou pela ecologia humana. Desde as telas do pintor Telles Junior (1905) às aquarelas de Dimitri Ismailovitch (1936), aos romances (Barreto 1939) e cartões postais do Recife, uma imagem romantizada do mocambo ganhava forma. Principalmente a partir da década de 1920, graças à ação do Centro Regionalista do Nordeste (Freyre [1926] 1955) e a personalidade carismática do sociólogo Gilberto Freyre, para quem o estudo dos valores tradicionais da região e dos traços afro-brasileiros de cultura impunha a reconsideração da arquitetura do mocambo em sua dignidade antropológica, estética e ecológica, senão, inclusive, econômica e higiênica. Nos seus livros *Sobrados e mucambos* (1936) e *Mucambos do Nordeste* (1937), Freyre passava a encarar o "tipo de casa" como sobrevivência popular culturalmente híbrida e adaptada aos trópicos, forma de resistência à descaracterização e uniformização da cultura brasileira e, ademais, como forma de habitação, superior à "vida em cortiço, promíscua e ensardinhada. A vida em mucambo pequeno seris mais favorável à ordem, ao asseio, à moralidade sexual" (Freyre 1937:30). Inversão radical de argumentos que contribuía agora para idealizar o universo popular do Nordeste.

Em nossos dias, a palavra possui numerosas acepções. Na fala do homem pobre de cidade, mocambo ou mocambinho articula uma realização, um projeto ou um direito à moradia, por mais modesto e frágil que seja ele. Nos campos da geografia humana e do planejamento regional (Baltar 1951; Castro 1954; Bezerra 1965) continua a representar uma categoria importante, mas no discurso político e urbanístico, cada vez mais parece ser substituído pela palavra *favela*.

José Tavares Correia de Lira

Ver: bairro (p), casa (p), chabola (e), cortiço (p), favela (p), invasão (p), pátio (p), sobrado (p), vila (p)

Referências
AZEVEDO, Domingos de. *Grande dicionário de português-francês*. 5ª edição. Lisboa, Bertrand, 1975. • ARÃO, Manoel. Os quilombos dos Palmares. *Revista do Instituto Archeológico, Histórico e Geográphico Pernambucano*, vol. 24, Recife, jan./dez. 1922. • BALTAR, Antônio Bezerra. *Diretrizes de um plano regional para*

o Recife. Recife, 1951. • BARRETO, Antônio. *Mocambo*. Recife, Livraria Universal, 1939. • BEZERRA, Daniel Uchoa Cavalcanti. *Alagados, mocambos e mocambeiros*. Recife, Universitária. 1965. • BRANDÃO, Alfredo. *Viçosa de Alagoas*. Recife, Imprensa Industrual, 1914. • CARNEIRO, Edson. *Guerra de los Palmares*. México, Fondo de Cultura Económico, 1946. • CARNEIRO, Edson. *Ladinos e crioulos: estudo sobre o negro no Brasil*. Rio de Janeiro, Civilização Brasileira, 1964. • CASTRO, Josué de. *A cidade do Recife. Ensaio de geografia urbana*. Rio de Janeiro, Casa do Estudante do Brasil, 1954. • Comissão Censitária dos Mucambos. *Observações estatísticas sobre os mucambos do Recife*. Recife, Imprensa Oficial, 1939. • COUTINHO, Aluízio Bezerra. *O problema da habitação hygienica nos países quentes em face da architectura viva*. Rio de Janeiro, Officinas Alba Graphicas, 1930 [originalmente, tese de doutorado na Faculdade de Medicina do Rio de Janeiro]. • FILGUEIRA, Salomão. Os mocambos serão menos pittorescos que os chalets de Boa Viagem. *A Província*, Recife, 15 mar. 1929. • FREITAS, Otávio de. *O clima e a mortalidade*. Recife, Imprensa Industrial, 1905. • FREYRE, Gilberto. *Sobrados e mucambos*. São Paulo, Companhia Editora Nacional, 1936. • FREYRE, Gilberto. *Mucambos do Nordeste: algumas notas sobre o typo de casa popular mais primitivo do Nordeste do Brasil*. Publicações do Sphan, n. 1. Rio de Janeiro, Ministério da Educação e Saúde 1937. • FREYRE, Gilberto (1926). *Manifesto regionalista de 1926*. Rio de Janeiro, Ministério de Educação e Cultura, 1955, p. 22-23. • LARA, Silvia Hunold. Do singular ao plural: Palmares, capitães do mato e o governo dos escravos. In REIS, João José; GOMES, Flávio dos Santos. *Liberdade por um fio. História dos quilombos no Brasil*. São Paulo, Companhia das Letras, 1996, p. 81-109. • *Liga social contra o mocambo. Uma publicação da Diretoria de Estatística, Propaganda e Turismo*. Comemorativa do 2º aniversário da Liga social contra o mocambo em 12 de julho de 1941. Recife, Estado de Pernambuco/Drechsler, 1941. • LIRA, José Tavares Correia de. *Mocambo e cidade*. São Paulo, FAU USP, 1997. • LIRA, José Tavares Correia de. Mots cachés: les lieux du mocambo à Recife. *Genèses*, 33, dez. 1998, p. 77-106 [em ingles: Hidden meanings: the mocambo in Recife. *Social Science Information*, vol. 38, n. 2, jun. 1999, p. 297-327. • MAGALHÃES, Agamenon. O pudor do mocambo. *Folha da Manhã*, Recife, 4 out. 1939. • MARIANO FILHO, José. A expressão urbanística dos mocambos nordestinos. *Urbanismo e Viação*, Rio de Janeiro, n. 8, abr. 1940. • MEDEIROS, Amaury de. *Saúde e assistência. Doutrinas, experiências e realizações 1923-1926*. Recife, 1926. • MELO, Mário Lacerda de. *Pernambuco. Traços de sua geografia humana*. Recife, Jornal do Comércio, 1940. • MENDONÇA, Renato. *A influência africana no português do Brasil*. São Paulo, Companhia Editora Nacional, 1935. • MICHAELIS, Carolina. *Novo dicio-*

nário português-inglês. 37ª edição. São Paulo, Melhoramentos, 1985. • MORAES, Eduardo de. *Como acabar com o mocambo no Recife? A Província*, Recife, 16 mai. 1929. • MUNICÍPIO DO RECIFE. *Recenseamento realizado em 12 de outubro de 1913 por determinação do Prefeito Capitão Dr. Eudoro Corrêa*. Recife, Escolas Profissionais do Colégio Salesiano, 1915. • ORLANDO, Arthur. *Porto e cidade do Recife*. Recife, Typographia do Jornal do Recife, 1908. • PRICE, Richard (Org.). *Maroon Societies. Rebel slave communities in the Americas*. Baltimore, John Hopkins University Press, 1979. • RAMOS, Arthur. *A aculturação negra no Brasil*. São Paulo, Companhia Editora Nacional, 1942. • REIS, João José; GOMES, Flávio dos Santos (Org.). *Liberdade por um fio. História dos quilombos no Brasil*. São Paulo, Companhia das Letras, 1996. • *Relatório apresentado ao Exm. Sr. Governador do Estado pelo Secretário geral Elpídio de Abreu e Lima Figueiredo, em 31 de janeiro de 1908*. Recife, Estado de Pernambuco/Typographia do Diário de Pernambuco, 1908. • RIBEIRO, João. *O elemento negro*. Rio de Janeiro, Record, c. 1935. • RODRIGUES, Raimundo Nina. *Os africanos no Brasil*. São Paulo, Companhia Editora Nacional, 1932. • SENNA, Nelson de. *Africanos no Brasil*. Belo Horizonte, Graphicas Queiroz Breyner, 1938. • SILVA, António de Morais (1813). *Diccionario da lingua portugueza*. 2ª edição facsímile. Rio de Janeiro, Litho-Typographia Fluminense, 1922.

Ⓟ município (pl. municípios)

português Portugal e Brasil, substantivo masculino

Definições

município: *Cidade municipal. No tempo dos antigos Romanos chamavão-se Municipios as Cidades, que logravão as isenções dos Cidadãos Romanos; como v.g. as Cidades do Lacio, que erão as da Provincia, em que Roma está fundada. E à imitação destas, também se chamavão Municipios as Cidades de Castella, Portugal, &c. que logravao os ditos privilégios.* Municipium (**Bluteau 1716, 5:639*).

município: *Cidade, que lograva as isenções, e foros dos Cidadãos Romanos* (**Sá 1794*).

município: *(do lat. municipium) cidade do Lácio e da Itália que vivia segundo as suas próprias leis e costumes e que participava do direito de cidadão romano. O mu-*

nicipio diferia da colônia em que esta tinha as leis da mãe pátria, havia também municípios fora da Itália. Concelho Municipal, habitantes de um concelho, em que existe uma câmara municipal (*Vieira 1871-1874).

município: *vila municipal; conselho municipal* (*Valdez c.1900).

município *Lat. municipium. Cidade submetida à autoridade de Roma e que participava dos direitos de cidade romana, conquanto se governasse com as suas próprias leis. 2. Cada uma das circunscrições territoriais em que se exerce a jurisdição de uma vereação. 3. Os habitantes dessa circunscrição* (*Freire 1942-1943).

município: *Cada uma das circunscrições territoriais em que se exerce a jurisdição de uma vereação. Concelho. Habitantes de um Concelho. (Lat. Municipium)* (*Figueiredo 1949:441-442).

município: *cidade submetida a Roma, que vivia segundo as suas próprias leis e costumes, e gozava dos direitos de capital* (*Azevedo 1953:998).

município: *(do lat. municipium) s.m. 1. Circunscrição administrativa autônoma do estado, governada por um prefeito e uma câmara de vereadores; municipalidade, concelho. 2. O conjunto de habitantes do município (1), municipalidade* (*Ferreira Dicionário Aurélio básico da língua portuguesa 1999).

município: *(Lat. municipium, de munus, dom benefício, dever) cidade ou vila sujeita a Roma antiga, e gozando do direito de eleger câmara para regimento dos cidadãos* (*Lacerda & Lacerda 1858-1859).

NO ARTIGO N. 249 DA CONSTITUIÇÃO DA REPÚBLICA portuguesa de 1976, a palavra município é considerada como equivalente a concelho e, em consequência, designa a circunscrição territorial elementar a partir da qual o território de Portugal está dividido. "Os Concelhos existentes são os

Municípios previstos na Constituição, a lei podendo criar outros ou abolir os que sejam manifestamente inviáveis" (*Constituições Portuguesas* 1992:438). Entretanto, nem sempre foi assim.

As Ordenações Afonsinas (séculos 15 e 16) e as Ordenações Filipinas (1603), nos títulos sobre a administração dos concelhos, não utilizam a palavra município. No entanto a palavra era utilizada na forma de adjetivo e de substantivo, pelo menos desde o século 17. Rafael Bluteau (*1716), cita o *Portugal Restaurado* de D. Manuel da Cunha (1645) para explicar que a palavra município designava as cidades que obtiveram esse título durante o período romano. A mesma definição é encontrada na edição de 1831 do dicionário de António de Morais Silva e Theotonio Velho. Isto é, a palavra município não era referida ao conjunto dos 816 concelhos existentes em 1826, nem aos 351 que foram conservados após a sua reorganização, em 6 de novembro de 1836, mas exclusivamente às cidades portuguesas cujos cidadãos haviam recebido a cidadania no período romano. Município era, portanto, uma expressão de um léxico que, no antigo regime, exprimia uma hierarquia de dignidade recebidas por cidades, vilas e lugares – diferenças cujos vestígios podem ser encontrados em suas respectivas Cartas.

O termo português utilizado pelos códigos administrativos liberais era o que vinha da idade média – concelho (Coelho & Magalhães 1986:91-96), da palavra romana *conciliu* (Mattoso 1992, 1:467-468). Concelho foi utilizado assim em 1820 e se manteve no código administrativo liberal de 1836 que, no entanto, referia a existência de câmaras municipais (*Código administrativo portuguez*

1837). Este termo, contudo, era aí reservado às disposições especiais referentes às duas maiores cidades do país, os municípios de Lisboa e do Porto. No entanto, em 1839, na câmara dos deputados, Passos Manuel, ministro que referendara o código, já utilizava a palavra município em um sentido geral que se referia ao estatuto de todos os demais concelhos do país (*Diário da câmara dos deputados* 1839, 2:459-462). O deslocamento de sentido do termo se acelera com a reflexão erudita sobre as instituições municipais, às quais o historiador Alexandre Herculano, em sua *História de Portugal*, publicada a partir de 1846, atribuiria um papel fundamental na história do país.

A publicação, em 1856, do livro do republicano e federalista José Felix Henriques Nogueira, *O município no século XIX*, também pode ser considerado um marco. Ele escreve: "O município nasceu no nosso país […] pela influência de tradições romanas, desenvolveu-se pelo instinto de liberdade dos nossos maiores, e definhou pela acção compressora do absolutismo" (Nogueira 1856:91). Liberdades medievais, definhamento devido ao absolutismo e à dominação religiosa da sociedade, importação do modelo centralizador francês pelo liberalismo triunfante no decreto de 16 de março de 1832, são os diferentes ingredientes de uma reflexão sobre a história de Portugal, na qual o município tem um lugar central. Nogueira previa um futuro socialista onde os municípios, associando-se em nível nacional, adquiriam novas funções culturais, de controle da economia e de assistência pública. Em 1863, já existia em Lisboa um jornal, *O Município*, que no subtítulo registrava "Jornal dos interesses materiais do país".

O novo significado da palavra foi assim fixado ao mesmo tempo em que os municípios, ainda que centrais no debate político português, tinham uma vida muito pouco ativa (Silveira 1998). Um levantamento da imprensa nacional na primavera de 1868 mostra que a palavra município era ainda pouco ou quase nada utilizada. As palavras cidade, vila e concelho continuaram a ser usadas e até os concelhos municipais continuaram a ser chamados simplesmente câmara. Os administradores de concelho, designados pelo governo, e as guardas municipais eram os funcionários locais os mais citados, geralmente para criticar as suas práticas ou quando intervinham por ocasião de eleições e de tumultos. As guardas eram chamadas em Lisboa de municipais (*O Popular* 1868; *Revolução de Setembro* 1868).

Após 1879, um novo código descentralizador respondeu às constantes críticas em relação ao centralismo simbolizados por estes funcionários. Em 1886 foi introduzida a representação das minorias nas câmaras municipais, mas pouco depois, em 1892, o endividamento das municipalidades levou o Governo a retirar o seu poder em matéria de execução de obras públicas. Um novo código, publicado a 4 de maio de 1896 e considerado muito centralizador, vigorou assim até à instauração da República em 1910. À época, a imprensa local continuava a utilizar muito pouco o substantivo município e os habitantes das cidades e vilas continuavam convencidos da sua superioridade em relação aos camponeses, que eram alvo de alcunhas depreciativas, como a de saloio, aplicada aos camponeses da região de Lisboa. No catálogo da Biblioteca Nacional de Lisboa, até 1910, só se encontravam 42 títulos de monografias com a palavra município.

A República repôs em vigor o código de 1878. Em 15 de agosto de 1911, um novo código foi apresentado ao parlamento, mas só em 1913 foi parcialmente promulgado. Ele pouco alterava a organização municipal monárquica: apenas a possibilidade de referendo marcava uma inovação. Os municípios continuaram, portanto, a não lograr adquirir o papel que a utopia republicana federalista lhes havia reservado. No entanto a vida política local anima-se. As campanhas para as eleições locais mostram que os serviços urbanos se tinham tornado um desafio central: luz, água, esgotos, matadouros eram agora qualificados de *municipais* (*A Pátria* 1921-1922). Em 1927, existia em Lisboa um jornal do pessoal dos serviços camarários cujo título era *O Município*.

Após o golpe de 28 de maio de 1926 houve um corte frontal com a tradição liberal. Os concelhos foram considerados unidades orgânicas, ao mesmo título que a família e a nação, mas foram inicialmente governados por comissões administrativas nomeadas. A constituição de 1933 não utilizava o substantivo município mas considerava as câmaras municipais como corpos administrativos. Em 1936 aceitou-se o sistema eleitoral para as juntas de freguesia, mas nas câmaras municipais as eleições eram feitas parcialmente por corpos. O presidente da câmara era livremente nomeado pelo governo, que podia dissolvê-las. Assistiu-se à atonia da vida local (Oliveira 1996).

Com a Revolução de 1974 as câmaras municipais ganharam em autonomia e meios, garantidos pela lei das finanças locais. A eleição dos vereadores assegura a participação democrática dos cidadãos e o topor parece ter cedido o lugar ao dinamismo. O número de títulos hoje publicados sobre o tema ou sob a égide das instituições municipais é notável e os municípios tornaram-se tema frequente de estudos locais.

Magda Pinheiro

O VOCÁBULO MUNICÍPIO É ATUALMENTE DE USO GEneralizado no Brasil e é utilizado como a unidade administrativa de base de divisão do território nacional. Entretanto, até o começo do século 19, o termo era conhecido apenas como uma expressão latina arcaica, de emprego extremamente restrito e erudito.

Composto pela contração do substantivo *munus* (dever, obrigação, privilégio) e do verbo *capere* (tomar, receber), o termo era utilizado apenas para designar as povoações que durante o período de expansão do Império romano, embora respeitando à autoridade de Roma, se governavam segundo suas próprias leis e costumes e gozavam dos mesmos privilégios dos cidadãos romanos (*Freund 1862-1866, 2:1873).

Após séculos de esquecimento o interesse pela noção de *municipium* pode ser associado tanto à crise do absolutismo quanto aos estudos crescentes das instituições políticas e jurídicas greco-romanas entre o fim do século 18 e a primeira metade do século 19. Esta tendência pode ser observada em um tempo, assim, muito curto em diferentes países de origem latina e inspira também a formação de outros neologismos em português, como municipalidade, por exemplo. A utilização do termo município – agora com uma grafia simplificada – para designar uma circunscrição administrativa aparece bem antes no

Brasil do que em Portugal, mas seria necessário esperar pelo menos meio século para que a palavra fosse dicionarizada.

Alguns autores portugueses já usavam o adjetivo municipais por volta de 1800 como Joaquim de Santa Rosa Viterbo ao fazer referência em seu *Elucidário* às leis de uma "cidade, villa, concelho ou julgado". Entretanto, o substantivo município, como sinônimo de circunscrição administrativa autônoma – sentido moderno que um século mais tarde já estaria consolidado – não era sequer mencionado (*Viterbo 1798-1799).

Em 1813, o *Diccionario* do brasileiro António de Morais Silva, publicado em Lisboa, registrava o vocábulo município que continuava designando, como no século precedente (*Bluteau 1716:5), apenas as cidades da antiguidade que tinham o direito de servir às magistraturas romanas e votar nas assembleias, mas que se governavam por suas leis particulares (*Silva 1813).

O que favorecerá o uso precoce do vocábulo município na língua portuguesa falada no Brasil foi sua capacidade de evocar não apenas o conceito de autonomia (e talvez de um direito natural) mas também o de unidade, isto é, a noção de um território e de um corpo social cuja forma de governo manifestava ao mesmo tempo a ideia de autogoverno e de adesão ou submissão a uma ordem comum. Nestes termos, talvez possamos entender porque o seu uso no Brasil se deu justamente no contexto da proclamação da independência política do país em relação a Portugal (1822) e das lutas por uma ampla reforma administrativa que lhe seguiram, após 1824, com a proclamação da primeira constituição do Império.

A construção de um novo país exigia a acomodação de estatutos administrativos e de práticas culturais de uma série de povoações que haviam se formado e eram governadas, até aquela data, segundo regras diferenciadas. Primeiramente, haviam as cidades que mesmo tendo sido criadas por decisão da Coroa portuguesa e usufruindo do mesmo título não compartilhavam os mesmos privilégios, direitos e obrigações e nem, necessariamente, a mesma forma de funcionamento de suas câmaras. Depois vinham as centenas de vilas, formadas por iniciativa régia ou particular, elas também com as suas câmaras e seus regimentos singulares, os quais uma vez votados localmente, necessitavam ser aprovados pelos juízes de fora que representavam a autoridade do rei (Andrade 1966:154). Existiam também os arraiais e as aldeias, estas habitadas pela população de origem indígena, ambos destituídos de qualquer autonomia. Enfim, com a transferência da corte de Lisboa para o Rio de Janeiro em 1808 e com a política de colonização que passou a ser implementada pouco mais tarde, foram também criadas as colônias, habitadas majoritária ou exclusivamente pelos novos imigrantes de diferentes nacionalidades.

A partir de 1822, a reforma administrativa implementada pelo governo imperial começou por tentar introduzir um novo vocabulário em relação à divisão do território cujas dezenove capitanias passaram a ser designadas províncias. Em um primeiro momento, os patriarcas da independência parecem ter visto na antiga noção de município um conceito e uma palavra capaz de evocar um novo tempo e de exprimir tanto a intenção de manter a unidade do antigo território colonial português (como aquela do Império romano) como a vontade de autonomia, defendida, internamente, por várias cidades das diferentes províncias.

Mas na prática essa construção política e jurídica acabaria por encontrar, por sua vez, reivindicações de uma autonomia plena por parte de algumas regiões ou cidades, expressas nos diferentes movimentos de revolta e separatismo que se multiplicariam até, pelo menos, 1840. Isso não impediria, contudo, que a palavra passasse a ser utilizada também por parlamentares e nos círculos eruditos, entretanto com um significado mais restrito.

Na assembleia constituinte de 1823, o neologismo utilizado para se referenciar genericamente ao poder local foi municipalidade. Com a dissolução da própria assembleia, a Constituição de 1824, promulgada pelo imperador Pedro I, adota um ideário ainda mais liberal e descentralizador que o dos constituintes. Embora nem municipalidade nem município figurem no texto constitucional, o título VII, "Da administração e economia das províncias" estabeleceu que todas as cidades e vilas deveriam ser dotadas de uma câmara responsável pelo seu "governo econômico e municipal" (*Constituição política...* [1824] 1826). A palavra município começa a ser empregada no sentido moderno no *Regimento das câmaras municipais*, de 1828 (Laxe 1868). Como sinal das hesitações linguísticas, o *Regimento* adotava também antigas palavras portuguesas ignoradas na fala local, como concelho municipal, expressão empregada, às vezes, como sinônimo de câmara, usada no país no período colonial (Andrade 1966:155). Entretanto, esses debates de linguagem incidiam, evidentemente, sobre os limites do liberalismo e da centralização, e acabaram por conduzir à abdicação de Dom Pedro I, em 1931. É com o Ato Adicional de 1834 que, paradoxalmente, tanto a palavra município ganha plena visibilidade quanto são refreadas as "franquias liberais e as avançadas bases de organização municipalista" da Carta Constitucional de 1824 e do Regimento de 1828.

Visando reforçar o poder provincial e um certo sentido federativo, o Ato Adicional definiu que as câmaras seriam "coorporações apenas administrativas" (Laxe 1868:37). Evitando litígios territoriais ou uma descentralização excessiva, sequer lhes seria facultado "repartir seu termo em distritos e dar-lhes títulos" e a divisão civil, judiciária e eclesiástica passou à competência das assembleias provinciais (Laxe 1868:65). Entretanto, a sede do governo, passou a ser designada como Município Neutro, também chamado Município da Corte, e a função foi atribuída ao Rio de Janeiro.

Como se vê, a palavra município firma-se sem esconder a arquitetura política complexa na qual se dá seu renascimento, passando muito mais a significar um topônimo – o lugar da sede do governo imperial – do que um estatuto jurídico e político. Estas novas disposições suscitaram tantas interpretações que acabaram tendo alguns pontos novamente firmados por lei em 1840, que devolveu certa força às câmaras municipais, restringindo também a ação da esfera provincial (Medeiros c.1947:53).

Assegurado o pacto federativo com a repressão de vários movimentos nas províncias, a partir de 1859 os projetos de reforma das administrações municipais e provinciais multiplicam-se sem sucesso relançando os debates sobre o conceito de município, mas agora, a par e passo com o crescimento do movimento republicano (Cabral 1859).

Para sublinhar o sentido jurídico e político da raiz latina *munes* e para diferenciá-la do seu uso toponímico, vemos ressurgir a palavra municipalidade nesse período. Contra a unidade de direito aplicada à diversidade de situações urbanas nas regiões, Tavares Bastos escrevia em 1870: "organizadas as municipalidades por lei de cada assembleia [...] atender-se-iam certamente às condições peculiares de cada localidade. As leis municipais seriam as cartas de cada povoação [...], alargadas conforme seu desenvolvimento, alteradas segundo o conselho da experiência. Então, administrar-se-ia de perto, governar-se-ia de longe" (Bastos 1870:147).

Durante os anos 1850-1870, os historiadores que estudavam antigos documentos portugueses, como Alexandre Herculano, se apropriam do velho termo latino utilizando-o como sinônimo de concelho e considerando como se, implicitamente, a palavra fosse usada no período medieval. Ainda que essas generalizações sejam reconsideradas hoje, elas deixaram marcas nos dois lados do Atlântico. Assim, se no dicionário de Lacerda & Lacerda (*1858-1859) a definição permanence sem mudanças em relação ao seu uso exclusivamente arcaico, no de Vieira (*1874:4) sua utilização moderna era reconhecida e, inclusive, passa a ser vista também como sinônimo do termo concelho.

Com a proclamação da República em 1889, o uso do termo município como circunscrição administrativa se generaliza mas o tênue equilíbrio entre controle e centralização ou independência e descentralização continuaria marcando a história das cidades brasileiras.

A primeira Constituição republicana, de 1891, adotando o princípio federativo, entenderia que a questão da autonomia municipal passava a ser matéria de regulamentação por parte dos governos das antigas províncias, agora chamadas estados, os quais deveriam, inclusive, assegurá-la. As Constituições do Rio Grande do Sul e de Goiás dariam o exemplo, sendo as primeiras a conceder autonomia para que os seus municípios votassem suas leis orgânicas. Entretanto esses ideais rapidamente foram refreados com a ditadura dos primeiros anos do governo republicano e com a ênfase colocada mais uma vez no governo dos estados, em detrimento dos municípios (Delorenzo Neto 1957:76-94).

Pode-se dizer que no Brasil republicano os movimentos de autonomia municipal floresceriam nos períodos de governo democrático, os quais, entretanto, foram ciclicamente interrompidos por períodos de ditaduras, interferindo no próprio processo de ampliação do significado político do vocábulo. Nos anos 1910, o sentimento municipalista começaria novamente a se fazer sentir com a regularização das instituições democráticas e seria registrado nas páginas dedicadas à defesa da autonomia estadual e municipal de Alberto Torres (1914:143-160) ou à crítica do sistema federativo de Silvio Romero (1912). O período do entre-guerras representa um momento de importância para o municipalismo, semelhante ao dos anos 1950-60 e ao que começa com a Constituição de 1988.

É no crescimento do municipalismo nos anos 1920 que se encontram os germes da Revolução de 1930 e todo o movimento reformador que toma forma nos primeiros anos daquela década, colocando o município no primeiro plano da vida política nacional até o golpe de estado que instaura o Estado Novo em 1937. Ao longo desses anos, a preocupação em regular o funcionamento da vida municipal com uma série de leis e decretos culmina com a criação do Departamento de Organização Municipal às vésperas da Revolução de 1930. Por sua vez, este orgão seria modificado pelo Decreto n. 5366 de 1° de fevereiro de 1932 dando forma ao Departamento de Administração Municipal destinado a dar assistência técnica, financeira e administrativa às municipalidades (Andrade 1966:315).

A Constituição de 1934 foi de vida curta, logo interrompida pelo golpe de 1937; mas nesse período foi publicada uma das mais importantes obras enfocando as relações entre o governo da União e o poder local no Brasil: *Problemas fundamentais do município* (Carvalho 1937).

Um novo momento forte de descentralização pode ser observado com a redemocratização do país, quando foi fundada a Associação Brasileira dos Municípios, em 1946, e realiza-se o primeiro Congresso Brasileiro de Municípios, em 1950. Em 1956, sintoma da importância da questão nesse período, a palavra ganha o espaço da criação literária na obra de Ribeiro Couto, o *Barro do Município*.

O movimento municipalista continuaria suas lutas sobre diversos aspectos, cada vez mais complexos, da vida das municipalidades até 1964, quando a ditadura militar silencia os seus debates. Novo conjunto de leis veio fazer retroceder alguns avanços históricos do poder local, entretanto, serão mais uma vez reconquistados à partir da reabertura política do país no final da década de 80. Assim, se a palavra designa hoje uma circunscrição administrativa que se governa, autonomamente, por um prefeito e por uma câmara de vereadores à partir de sua próprias leis, como registra Ferreira (*1999), este é um entendimento recentíssimo, confirmado apenas a partir da Constituição Federal de 1988, após quase 180 anos de lutas políticas que vinham construindo o Brasil como nação independente. Hoje, formado por 5.565 municípios o Brasil se prepara, com o Estatuto das Cidades aprovado em 2001, para construir novos significados sociais para o antigo termo latino.

Margareth da Silva Pereira

Ver: cidade (p), ciudad (e), metrópole (p)

Referências
A Pátria. Lisboa, 1921-1922. • ANDRADE, Francisco de Paula Dias de. *Subsídios para o estudo da influência da legislação na ordenação e na arquitetura das cidades brasileiras*. Tese de concurso de cátedra. São Paulo, Poli USP, 1966. • BASTOS, Aureliano Cândido Tavares. *A província. Estudo sobre a descentralisação no Brazil*. Rio de Janeiro, B.L. Garnier, 1870 • CABRAL, Prudêncio Geraldes Tavares da Veiga. *Direito administrativo brasileiro: comprehende os projectos de reforma das administrações provinciaes e municipaes e as instituições que o progresso da civilização reclama*. Rio de Janeiro, Typographia Universal de Laemmert, 1859. • CARVALHO, Orlando. *Problemas fundamentais do município*. São Paulo, Nacional, 1937. • *Código administrativo portuguez*. Lisboa, Imprensa Rua S. João, 1837. • COELHO, Maria Helena; MAGALHÃES, Joaquim Romero. *O poder concelhio: das origens às cortes constituintes*. Coimbra, CEFA, 1986. • *Constituição política do Império do Brazil* (1824). Lisboa, João Nunes Esteves, 1826. • *Constituições portuguesas*. Lisboa, Assembleia da República, 1992. • COUTO RIBEIRO, Rui. *Barro do município*. São Paulo, Anhembi, 1956. • DELORENZO NETO, Antônio. A evolução do municipalismo no Brasil. *Revista do Serviço Público*, Rio de Janeiro, jan. 1957, p. 76-94. • *Diário da câmara dos deputados*. Sessão de 11 mai. 1839, vol. 2. Lisboa, Imprensa Nacional. • *Falas do trono*. Brasília, INL-MEC, 1977. • HERCULANO, Alexandre. *História de Portugal*. 4

volumes. Lisboa, Casa Viúva Bertrand e Filhos, 1846-1853. • LAXE, João Baptista Cortines. *Regimento das câmaras municipaes ou lei de 1º de outubro de 1828*. Rio de Janeiro, Eduardo e Henrique Laemmert, 1868. • MAIA, João de Azevedo Carneiro (1878). *O município. Estudos sobre administração local*. Rio de Janeiro, Typographia G. Leuzinger & Filhos, 1883. • MATTOSO, José. *História de Portugal*. 8 volumes. Lisboa, Círculo de Leitores, 1992. • MEDEIROS, Océlio de. *O govêrno municipal no Brasil*. Rio de Janeiro, c.1947, p. 56-57 [Biblioteca do IBAM códice: 352.081]. • NOGUEIRA, José Felix Henriques. *O município no século XIX*. Lisboa, Typographia do Progresso, 1856. • *O Município. Jornal dos interesses materiais do país*. Lisboa, 1863. • *O Município*. Lisboa, 1927. • *O Popular*. Lisboa, mar./mai. 1868. • *O Provinciano*. Lisboa, 1897-1904. • OLIVEIRA, César (Org.). *História dos municípios e do poder local*. Lisboa, Círculo de Leitores, 1996. • *Ordenações Afonsinas*. Livro 1. Facsimile da edição de 1792. Prefácio de Mário Júlio de Almeida Costa. Lisboa, F. C. Gulbenkian, 1984. • *Ordenações Filipinas*. Livro 1. Facsimile da edição de 1870. Lisboa, F. C. Gulbenkian, 1985. • *Revolução de Setembro*. Lisboa, mar./mai. 1868. • ROMERO, Sílvio. *O Brasil na primeira década do século XX*. Lisboa, A Editora, 1912. • SILVEIRA, Luís Nuno Espinha da. Estado liberal, centralismo e atonia da vida local. *Actas dos IV Cursos Internacionais de Verão de Cascais*, vol. 2, Cascais, Câmara Municipal, 1998, p.127-145. • TORRES, Alberto. *O problema nacional brasileiro, introducção a um programma de organização nacional*. Rio de Janeiro, Imprensa Nacional, 1914.

p

❸ parque (pl. parques)
español España, sustantivo masculino

Definiciones

parque: *Es nombre francés y significa el cercado junto a la casa real, y en algunos el bosque de casa* (*Covarrubias 1611).

parque: *1 – Parque Bosque cerrado. Tomase frecuentemente por el que está cerca de los Palacios y Casa Reales. Es tomado del inglés Park [...] 2 – Parque. En la Milicia se llama el sitio o paraje donde se colocan los municipios de guerra en los acampamentos, y también aquel en que se sitúan los víveres y vivanderos* (*Real Academia Española 1737).

parque: *La etimología del bajo latín* parcus *no parece admisible. En general, toda reunión, colección o agrupación organizada de cierta parte del material de guerra, correspondiente a los servicios de artillería e ingenieros. Hay visible diferencia entre parque y tren [...] Al llegar el tren ante la plaza, se establecen los diferentes parques [...] parque, en topografía, es el jardín grande o bosque adyacente a un palacio* (Almirante [1869] 1989, 2).

parque: *Terreno o sitio cercado para plantas o para caza, generalmente, inmediato a un palacio o a una población* (Enciclopedia universal... 1920, 42).

parque: *Del francés Parc 1. m. Terreno destinado en el interior de una población a prados, jardines y arbolado para recreo y ornato. 2. m. Terreno o sitio cercado y con plantas, para caza o para recreo, generalmente, inmediato a un palacio o a una población. 3. m. Conjunto de instrumentos, aparatos o materiales destinados a un servicio público.* Parque de incendios, de aviación, sanitario [...]. *4. m. En las ciudades, paraje destinado para estacionar transitoriamente automóviles y otros vehículos* [...]. *6. m. Mil. Sitio donde se colocan las municiones de guerra en cuarteles o campamentos* (*Real Academia Española 2001).

PARQUE ES UN TÉRMINO DE ORIGEN ILUSTRADO que posee múltiples sentidos, y que está vinculado a movimientos lingüísticos extensos y a horizontes europeos e incluso mundiales. Durante el Antiguo Régimen, el término poseía un doble significado, tal como lo refleja el diccionario de la Academia (*Real Academia Española 1726-39). Por un lado, remitía a un bosque cercado próximo a un palacio, acepción que deriva de la experiencia británica y francesa. Evidencia de este empleo podía encontrarse en el Palacio Real de Madrid, también escenario de algunas comedias de Pedro Calderón de la Barca, y puede verse claramente en el plano de Madrid de Texeira (1656). Pero este uso es, en realidad, bastante específico: las otras propiedades reales con vegetación recibían, o bien el nombre de *jardín* cuando las plantas eran objeto de un tratamiento selectivo para embellecer el lugar, o bien el de *bosque*, en el caso de un espacio cubierto y arbolado utilizado principalmente para la caza.

El otro sentido pertenecía al registro militar: se refería a la organización física del material utilizado para el sitio de fortalezas. Con el correr del tiempo, según lo explicado en el *Diccionario militar* de José Almirante ([1869] 1989), también llama *parque* a los lugares o a los edificios donde se guardaba el material de guerra.

Antes del siglo 20, la confrontación de ambas acepciones era muy clara. En un plano de detalle de 1748, por ejemplo, podía leerse: "Proyecto de portada de un puente en el Jardín de la Isla, frente al parque de Artillería del Real Sitio de Aranjuez" (*El Real Sitio...* 1987:403). Pese a que existía una clara línea de demarcación entre los dos significados, se daba, en ambos casos, una coincidencia explícita en la alusión a perímetros cercados para un uso específico.

Si bien la acepción del término en tanto que "espacio con plantas" sufrió un cambio fundamental en la primera mitad del siglo 19, su sentido militar se conservó intacto hasta el día de hoy. Este movimiento afectó a todas las capitales de Europa, cuyas antiguas posesiones reales y principescas se fueron abriendo paulatinamente al público. En las ciudades más importantes también aparecieron nuevos *parques*.

La lengua española incorporó el nuevo sentido de la palabra sin dificultades. En las ciudades españolas existían espacios destinados al paseo y a la recreación pública, con funciones similares a las de los nuevos *parques*, los que recibían nombres diferentes. Entre ellos, había *paseos* y *alamedas*, además de *campos*, muy amplios en algunos casos, como el *Campo* Grande de Valladolid o el *Campo* de San Francisco de Oviedo. Según el estudio que realizó Francisco Quirós Linares (1991) sobre el *Diccionario geográfico-estadístico- -histórico de España y sus posesiones de ultramar* de Pascual Madoz (*1845-1850), el uso de *parque* era marginal a mediados del siglo 19, y la palabra aún figuraba como neologismo y era empleada sólo en casos excepcionales.

La impresión que provocaron los nuevos *parques* europeos (británicos y franceses) surgió principalmente a través de la obra de escritores que los conocieron y fueron, en general, partidarios de su implantación en las ciudades españolas. De este modo, el cronista madrileño Ramón de Mesonero Romanos, tras su estadía en Londres, reflexionó en 1836 acerca de la reorganización del sitio real del Buen Retiro para que éste "no tuviera nada que envidiar a los parques más célebres, ni al de Vauxhall de Londres" (apud Ariza Muñoz 1986:112). Otros autores, como el republicano Ángel Fernández de los Ríos, quien vivió en el exilio durante muchos años, se explayan sobre las características de los diferentes *jardines públicos*, que seguían, en ese entonces, el modelo británico o francés, como el de los *pleasure gardens*, los *squares* y los *parks*: "Los bulevares, los *squares* y los pequeños y grandes parques ofrecen ocasión de lucir sus conocimientos a los ingenieros, los arquitectos, los horticultores y fabricantes de diferentes industrias" (Fernández de los Ríos 1868:291).

En este proceso de asimilación y de traducción de conceptos extranjeros, se produjo un marcado distanciamiento entre la antigua palabra *jardín* y la nueva palabra *parque*, y la segunda fue reservada para designar los espacios libres de mayor tamaño. Francisco Soler Gloria, ingeniero barcelonés, lo expresó claramente en 1859: "No son miserables jardines, sino espaciosos parques lo que Barcelona necesita" (apud Castro [1860] 1978); y el ingeniero Carlos-María de Castro insistió en su plan de Ensanche de Madrid acerca de la necesidad de realizar "grandes espacios libres [...] destinados a plazas, a pequeños parques o jardines, y a bosques o grandes parques" (Castro [1860] 1978:151-152).

En realidad, si bien el nuevo concepto fue asimilado enérgicamente por los técnicos a cargo del diseño y de la planificación urbana, fue en respuesta a la terminología urbanística oficial, ya que, por ejemplo, en el decreto real de 1857, se solicitaba realizar la planificación de Madrid ordenando "fijar las vías y calles, los parques, paseos y plazas, los solares o plantas de los principales edificios públicos [...] las manzanas de casas y, por último, la línea que va a rodear la Villa" (Castro [1857] 1978:10). Nacía aquí el nuevo sentido del término emblemático e innovador, que tendía a marginalizar las antiguas denominaciones. Así, cuando el *Sitio* del Buen Retiro fue cedido al municipio durante la revolución de 1868, fue abierto al público con el nombre *Parque* de Madrid (Fernández de los Ríos 1876). Esta tentativa suscitó un comentario negativo por parte del novelista Benito Pérez Galdós: "Llegaron por fin al Buen Retiro, cuyo lindo nombre ha querido en vano cambiarse con el insulso rótulo de *Parque de Madrid*" ([1881] 1975:61). De manera más eficaz, en Barcelona se llamó *Parque* de la Ciudadela al emplazamiento de las antiguas instalaciones militares a partir de 1872, lo que no impidió que palabras antiguas como *dehesas*, *campos* o *jardines* pudieran perpetuarse en otros sitios mediante nuevos topónimos.

En el siglo 20, el empleo de *parque* se extendió al incorporar otros contenidos a los antiguos. Su acepción de *zona verde* pública de cierta envergadura y dotada de elementos para la estancia y la recreación (Turrell 1952) cobró fuerza en múltiples esferas de la sociedad. En el sector urbanístico, se especuló tanto respecto de la forma y el contenido de *parque* como respecto de su necesaria existencia en las densas aglomeraciones urbanas y las ventajas que podría aportar a la población… En la literatura y en la prensa, el *parque* estuvo muy presente: situaciones relativas al contacto con la naturaleza, vegetal y animal, a los intercambios entre las personas, al paseo, al deporte e, incluso, a los eventos públicos: conciertos, reuniones cívicas, encuentros políticos…

Sin embargo, el uso actual de la palabra conserva cierta indeterminación. La más evidente es su distinción respecto del término *jardín*. El argumento sobre el tamaño está siempre presente, pero rara vez se acompaña de cifras precisas. Algunos autores tomaron el riesgo de fijar un umbral mínimo de 5 hectáreas (Alomar Esteve 1980), en cambio, otros lo concibieron de forma más vaga. Además de este criterio, se tuvo en cuenta los criterios propios del diseño o de la estética. El escritor catalán Josep Pla acepta el término en la medida en que la concepción de los *parques* y su diseño hayan conservado un aspecto natural y simplemente preservado lo que existía antes de su creación (topografía, fronda…). Sin embargo, entiende por *jardines* aquellos donde prevalece el diseño artificial y geométrico: "Inglaterra es un país de parques, como Italia es un país de jardines. Los parques ingleses obedecen a una concepción mental, a un gusto, absolutamente contrario al de los jardines italianos" (Plá 1972). El *Parque* (aquí palabra catalana) Güell de Barcelona (1900-1910), obra del arquitecto Antoni Gaudí, idealiza la relación de los ciudadanos con una naturaleza maravillosa y exalta la topografía escarpada en balconadas sobre la ciudad. Inversamente, conviene señalar que los espacios verdes utilizados para la enseñanza de las plantas son todos *jardines botánicos* sin excepción alguna. El peso de los criterios históricos y artísticos explica la importancia del movimiento de salvaguardia que se formalizó en 1981 mediante la *Carta de los jardines históricos* de Florencia.

Un elemento adicional es la tendencia actual a identificar los *parques* como elementos urbanos, y a vincular su denominación a un nivel administrativo, por ejemplo. Existen entonces *parques de barrio*, *de distrito*, *urbanos* o *metropolitanos*. Otra extensión del uso se generó por el crecimiento autónomo de los elementos internos que configuran el *parque* clásico de principios del siglo 20. Las primeras colecciones animales dieron lugar a los *parques zoológicos*, y aquellos que contaban con atracciones se "autoindependizaron" bajo el nombre de *parques de atracciones*.

Otra vía de dispersión semántica provino de la capacidad de sugerencia – naturaleza, árboles, prestigio, pero también cierre y elitismo – del término: el urbanismo de principios del siglo 20 utilizó el nombre *parque urbanizado*, un término particularmente contradictorio, para designar zonas habitacionales. Éstas consistían en *colonias* y, más recientemente, en *urbanizaciones*. En la segunda mitad del siglo 20, las campañas inmobiliarias que promovían casas individuales o edificios colectivos lo llamaban comúnmente *parque* o *parque residencial*. En las últimas décadas, asistimos a una generalización del término, que tendía a aplicarse a todo cercado especializado, sin importar su actividad. Junto a importantes campañas publicitarias y promocionales, encontramos, hoy en día, *parques comerciales*, *tecnológicos*, *empresariales*, *industriales*, *temáticos*, incluso, *parques cementerios*.

Rafael Mas Hernández

Véase: colonia (e), country (e), jardim (p), paseo (e), urbanización (e)

Referencias
ALMIRANTE, José (1869). *Diccionario militar*. Madrid, Ministerio de Defensa, 1989. • ALOMAR ESTEVE, Gabriel. *Teoría de la ciudad. Ideas fundamentales para un urbanismo humanista*. Madrid, Instituto de Estudios de Administración Local, 1980. • ARIZA MUÑOZ, María del Carmen. Los jardines del Buen Retiro.Primera parte:su época como Real Sitio. *Ciudad y territorio*, Madrid, n. 69, 1986, p. 93-114. • CASTRO, Carlos-María (1860). *Memoria descriptiva del ante-proyecto de Ensanche de Madrid* (con un estudio preliminar de Antonio Bonet Correa). Madrid, Colegio Oficial de Arquitectos de Madrid, 1978. • *El Real Sitio de Aranjuez y el arte cortesano del siglo XVIII*.Madrid, Ministerio de Cultura/Patrimonio Nacional, 1987. • FERNÁNDEZ DE LOS RÍOS, Ángel. *El futuro Madrid.Paseos mentales por la capital de España tal cual es y tal cual debe dejarla transformada la revolución*. Madrid, Imprenta de la Biblioteca Universal Económica, 1868. • FERNÁNDEZ DE LOS RÍOS, Ángel. *Guía de Madrid, ma-*

nual del madrileño y del forastero. Madrid, La Ilustración Española y Americana, 1876. • MARTÍNEZ SARANDESES, José; HERRERO MOLINA, María Agustina; MEDINA MURO, María. *Espacios públicos urbanos:trazado, urbanización y mantenimiento*. Madrid, Ministerio de Obras Públicas y Urbanismo, 1990. • PÉREZ GALDÓS, Benito (1881). *La desheredada*. Madrid, Alianza, 1975. • PLA, Josep. Jardines y parques. *Destino*, Barcelona, n. 1812,24 jun. 1972, p. 24-25. • QUIRÓS LINARES, Francisco. *Las ciudades españolas a mediados del siglo XIX. Vistas de ciudades españolas de Alfred Guesdon. Planos de Francisco Coello*. Valladolid, Ámbito/Sociedad Estatal Quinto Centenario, 1991. • SOLER GLORIA, Francisco (1859). Apéndice a la memoria facultativa sobre el ensanche y mejora de la ciudad de Barcelona del ingeniero Don Francisco Soler y Gloria por el mismo. In CERDÁ, Ildefonso.(1867). *Teoría general de la urbanización y aplicación de sus principios y doctrinas a la reforma y Ensanche de Barcelona*. Vol. III. Barcelona, Instituto de Estudios Fiscales, 1971. • TURRELL, Federico. Nuevas zonas verdes en Madrid. *Gran Madrid.Boletín informativo de la Comisaría General para la Ordenación Urbana de Madrid y sus alrededores*, n. 19, 1952, p. 12-27.

E paseo (pl. paseos)

español España, sustantivo masculino

Definiciones

paseo: *Pourmenade, pourmènement, pourmenoir* (*Oudin 1675).

paseo: *Paseo: acción de pasear. // Paseo, paseo cubierto, lugar para pasear* (*Nuñez de Taboada 1820).

paseo: *Paseo, vuelta (poco usado), deambulación* (*Martínez Amador 1960).

paseo: *El lugar donde se pasea* (*Covarrubias 1611).

paseo: *El acto de pasearse, ó pasear [...]. El lugar, ó sitio público, destinado para pasearse, así en coche, como á pie, ó á caballo. [...] La salida, ó pompa con acompañamiento, que se hace en obsequio, ú ostentacion de alguno* (*Real Academia Española 1780:695).

paseo: *Lugar o sitio público destinado para pasearse, así en coche como a pie o a caballo. En arquitectura civil* *de construcción de vías y calles en las grandes urbes, los paseos son calles de 20 metros de ancho o más, provistas de arbolado, con excelente desagüe. Si bien no es raro dar el nombre de paseo a todo el ancho de la calle, en propiedad se denomina paseo de peatones a la parte destinada a la deambulación de los ciudadanos. Hay en ella bancos para el reposo, arbolado y, en general, excelentes perspectivas, fuentes, monumentos y cuanto pueda contribuir a ornato y decoración de la ciudad. A estos grandes paseos se les da también el nombre de avenidas* (*Enciclopedia universal... 1927).

paseo: *Lugar para pasear. A veces forma parte de la denominación de algunas calles largas, anchas y con arbolado* (*Seco, Andrés & Ramos 1999).

A PESAR DE QUE TODAS LAS DEFINICIONES DE ESTA palabra se asemejan a lo largo del tiempo – "lugar donde uno pasea" – podemos percibir la riqueza semántica de sus usos a través de la historia. En España, el *paseo* (por ejemplo, al final del día) es una práctica social antigua y difundida, muy representativa del modo de vida.

Se cree que la palabra *paseo* como acción de *pasear* apareció varias décadas antes de designar un lugar, un espacio acondicionado como tal. El paseo podía realizarse en cualquier espacio bien abierto, tal como lo expresa la descripción tomada de la novela picaresca *El Guzmán de Alfarache*: "los mercaderes hacían lonja para sus contrataciones en las gradas de la Iglesia Mayor, que era un andén o paseo hecho a la redonda della, por la parte de afuera tan alto como a los pechos, considerado desde lo llano de la calle" (Alemán [1599] 1996:85). En efecto, la ciudad del siglo 17 era la heredera de la ciudad medieval. En general, era compacta y estaba rodeada de murallas, y no contaba con espacios dedicados especialmente al paseo, ya que las calles más anchas eran habitualmente las más concurridas. La definición del diccionario de Covarrubias (*1611), muy breve, refleja con gran exactitud el empleo del término en la ciudad española del siglo 17.

Sin embargo, aparecieron excepciones vinculadas a circunstancias particulares. En Madrid, se remodeló un *prado* frente a un monasterio muy apreciado por la realeza, que el cronista y humanista Juan López de Hoyos describió en 1570 de la siguiente forma: "una de las mejores y más delectables recreaciones públicas que hay en todo el reino [...] le llaman Prado de San Hierónimo, en el cual se ha hecho una calle de más de dos mil pies de larga y ciento de ancha, plantada de muy diferentes suertes de árboles muy agradables a la vista" (apud Peñasco de la Puente & Cambronero [1889] 1990:397). En aquella época (1595), el cosmógrafo e historiador Pedro de Medina agregó que "llaman a estas alamedas el Prado de San Hierónimo, en donde de invierno al sur y de verano [...], es cosa de muy de ver y de mucha recreación la multitud de gentes que sale, de bizarrísimas damas, de bien dispuestos caballeros, de muchos señores y señoras principales en coches y carrozas" (apud Sambricio & Lopezosa Aparicio 2002:60). El *paseo* se convirtió en un teatro social y urbano, muy presente en todas las descripciones de ciudades.

Al mismo tiempo, en otra gran ciudad, Sevilla, transformaron un antiguo brazo de río en una amplia plaza de paseo, la *Alameda* de Hércules, según el comentario de un contemporáneo de las obras en 1578: "y así la vemos al presente correr [el agua] en estas fuentes con tanta superabundancia que riegan todo el año mil y setecientos árboles, que entre alisos, álamos blancos, naranjos, cipreses y árboles del paraíso fueron en esta laguna plantados, perdiendo desde entonces su antiguo nombre, y llamándose después acá por este otro de Alameda" (apud Tinoco Rubiales 1993:63). El lugar se convirtió rápidamente en el principal punto de encuentro y de reunión de los sevillanos.

Sin embargo, el *Prado* madrileño, mencionado por ejemplo en el "plano escenográfico" de Teixeira de 1656, lugar de reunión al aire libre con grandes sombras, fue el más prestigioso en aquella época. Los escritores del siglo 17 lo describieron a menudo, y fue el primero en recibir el nombre de *paseo*, aunque muchos otros *paseos* aparecieron al poco tiempo en Madrid, como el *Paseo* de Atocha, escenario de una de las comedias más famosas de Pedro Ruíz de Alarcón en 1628 ([1628] 1975). A pesar de ello, el término popular de *prado* siguió utilizándose en las obras "costumbristas" de autores como Félix Lope de Vega: "¡Qué bueno estuvo esta tarde el Prado, la procesión de los coches fue notable!" o como Pedro Calderón de la Barca: "Ni en iglesia, ni en paseo del Prado ni en calle Mayor". (1647 y 1664, apud Lorenzo Velasco 1991:427, 439). De esta forma, podemos observar de qué manera *paseo* se impuso como único y verdadero término genérico que designa un "lugar de paseo" frente a otros términos que funcionan en forma local como topónimos, por ejemplo, *El Prado*. Mucho más tarde, el topónimo Prado denominó un palacio, luego un museo de renombre mundial.

La remodelación de la que fueron objeto dichos lugares, ya conocidos, explica que la definición dada en 1737 por el diccionario académico fuera aún más precisa: remitía a un sitio creado expresamente para pasear, incluso a caballo o en automóvil, y mencionaba también el uso que la corte le daba. (*Real Academia Española 1737). También debemos referirnos aquí al Prado madrileño que, tras las transformaciones del siglo 17, se convirtió en *paseo* similar al de otras ciudades europeas, con rasgos específicos y significativos de la vida urbana. En 1763 se proclamó el *"Vando e instrucción para el uso del Paseo Nuevo del Prado"*. Establecía las normas de circulación de los automóviles y transeúntes, a pie o a caballo (apud Lorenzo Velasco 1991:562). En el diccionario académico, se define entonces *"prado"* como un "sitio ameno adornado de árboles, que suele estar cerca de la ciudades y sirve de diversión y paseo: como en Madrid el Prado nuevo, el de San Jerónimo" (*Real Academia Española 1737). A nivel local, la pareja *paseo/prado* continuó funcionando entonces a la merced de las transformaciones de ese lugar y de las prácticas de la sociedad. Otros *paseos* nacieron en Madrid, tomando a éste como referencia más o menos explícita. En aquella época, la cartografía de Madrid utiliza frecuentemente la palabra, por ejemplo, en *Paseo* Nuevo de la Puerta de Atocha (plano de Tomás López 1757), y *Paseo* Viejo de San Gerónimo, *Paseo* de las Delicias y *Paseo* de Chamberí (plano de Espinosa de los Monteros 1769).

Estos dos últimos eran los nuevos paseos barrocos fuera de la ciudad, pero delimitados por una tapia muy baja.

Hasta el siglo 20, las definiciones no sufrieron cambios en los diccionarios, lo que refleja la constancia del sentido de este vocablo a lo largo de todo ese período. Sin embargo, el uso de la palabra pone de manifiesto una realidad más compleja, ya que eran llamados *paseos* lugares que nunca habían sido denominados así por las nomenclaturas. En el *Diccionario geográfico-estadístico-histórico de España* de Pascual Madoz (*1845-1850), se empleó con frecuencia este término para designar lugares diferentes a los *paseos* del siglo anterior, en tanto y cuanto ofrecían un entorno arbolado y eran el escenario de las relaciones entre los habitantes.

Por lo tanto, no debe sorprendernos de que Las Delicias sea el sustantivo propio de numerosos *paseos* creados entonces, tal como *Las Delicias* de Arjona en Sevilla: "Todo este conjunto de paseos, la frescura y lozanía de sus árboles y jardines, su inmediación al río, sus casinos y el aire puro y aromático que se respira, hacen de este sitio una morada de verdadero placer, que encanta a cuantos se acercan a disfrutarlo" (Madoz apud Quirós Linares 1991). También son numerosos los *paseos* denominados *alamedas*, nombre genérico para designar todas las plantaciones de árboles que brindaban sombra y frescura a esos lugares en otras ciudades meridionales (Valencia, Almería o Jaén). La *alameda* más joven es la de Málaga, de la cual se inauguró un primer tramo en 1785, y según una topografía médica de dicha ciudad andaluza pasó a ser un "un magnífico paseo, adornado de frondosos árboles, cómodos asientos" (Martínez y Montes [1852] 1993:37). Pero, a lo largo del siglo, se crearon varios otros lugares de paseo que recibieron el nombre de *Dehesa*, en Soria; de *Malecón*, en Almería; de *Carrera* del Darro, en Granada; de *Ramblas*, en Barcelona; de *Rondas*, en Madrid... En 1789, en Burgos, fuera de las murallas, en el lugar donde paseaban los habitantes de una ciudad que carecía de espacios libres en el interior de éstas, la orilla del río Arlanzón fue remodelada y se lo bautizó con el nombre de *Paseo* del Espolón. En este caso, espolón es el topónimo que especifica *paseo*; pero también es un término genérico con un sentido extraño (un *espolón* es una apófisis ósea del ave). En el lenguaje corriente, era entonces costumbre (y lo sigue siendo todavía) identificar los *paseos* por su nombre propio, como lo hace el novelista Vicente Blasco Ibáñez cuando menciona a Valencia: "Emprendieron los dos la marcha hacia las Alameditas de Serranos, paseo habitual de don Eugenio" (Blasco Ibáñez [1894] 1967:140).

A lo largo del siglo 19, también se utilizó la palabra *salón*, que se conoció por primera vez en 1768, por el *salón* del Prado. Allí se constituyó ese modelo, el que se impuso más tarde en numerosas ciudades españolas. Según las declaraciones del geógrafo Francisco Quirós Linares, sólo se atribuía este nombre a los *paseos* grandes y al aire libre remodelados como complemento de los "salones" de las viviendas aristocráticas o burguesas. Se reemplazaba simplemente el espacio del baile por el del paseo (Quirós Linares 1991). En 1835 se hizo el siguiente comentario sobre el *Salón* madrileño: "El Salón, parte más espaciosa y despejada, donde concurre la gente de a pie, es hermoso y cómodo, aunque comprendido en él se halla, limitado por postes, el espacio para carruajes y caballos" (Ferrer [1835] 1952 apud Lorenzo Velasco 1991:636). Esto puede observarse en el plano de Francisco Coello (1847-1848). Numerosas ciudades contaban entonces con *salones* como el Nuevo *paseo-salón* de Santa Engracia, creado en Zaragoza en 1815 y el *Salón de Cristina*, en Sevilla, en 1830.

Desde mediados del siglo 19 hasta ya avanzado el siglo 20, en relación con la aparición de los *ensanches*, se crearon *paseos* que consistían, la gran mayoría, en simples calles anchas que permitían, sin haberlo previsto, una circulación fluida de automóviles y de peatones cada vez mayor. La definición de *paseo* en la *Enciclopedia universal ilustrada europeo-americana* (*1927) podría parecer poco apropiada, en la medida en que conservaba el sentido establecido hacía más de doscientos años. Sin embargo, la definición se mantenía vigente siempre y cuando la lengua popular sólo utilizara el término para referirse a los *paseos* de antaño o a aquellos, más modernos, que conservaban sus mismas características. Así, en 1865, el poeta Víctor Balaguer describió en *Las calles de Barcelona* el antiguo *Paseo* de Gracia, creado en 1822 para unir la ciudad de Barcelona a la localidad de Gracia: "la moda lo había escogido, la elegancia lo había aceptado [...]. Las Ramblas y la muralla del puerto se vistieron de luto. El paseo de Gracia triunfó y su victoria no parece pasajera" (Balaguer 1865 apud Hughes 1992:359). Entre los nuevos *paseos*, encontramos en Madrid el de la *Fuente Castellana*, evocado por el novelista Pedro

Mata en 1816, en un artículo de la revista *Blanco y Negro*: "La Castellana es única en el mundo, por su carácter, su espíritu y su fisonomía [...] ¡Oh bello paseo, desfiles de trenes, escaparate de belleza, exhibición de trajes, punto de cita y centro de tertulia, lugar de amoríos y mentidero de murmuraciones, que dulcemente transcurren las horas en tus sillas" (apud Azorín 1990:172). Se la llamaba simplemente "La Castellana", sin recurrir a la palabra *paseo* en el topónimo.

Más tarde, como en las calles más anchas se dio prioridad a la circulación de los automóviles, esto afectó a numerosos *paseos* existentes que fueron perdiendo poco a poco parte de sus atributos, hasta transformarse en vías de circulación rápida. Incluso, algunos perdieron el nombre de *paseo*, como sucedió con *Los Areneros*, tramo de la antigua ronda de Madrid que terminó llamándose *calle* Alberto Aguilera. Esto no es todo: aquellos que fueron los más importantes conservan aún su nombre como simple reseña histórica algo ornamental. De este modo, en 1990, un historiador de la ciudad escribió acerca de la ciudad de Madrid: "Hoy la palabra 'paseo' aplicada al de Recoletos y al de la Castellana no tiene sentido [...]. Se pasa por ellos, atados de prisas y aturdidos por el ruido ensordecedor del tráfico o por nada" (Azorín 1990:73). De ahí proviene la definición del diccionario de Manuel Seco en 1999: *lugar para pasear*, la cual reemplaza sutilmente la antigua definición de *lugar destinado al paseo*. La segunda parte de la definición: "forma parte de la denominación de algunas calles", lo que es justo, ya que ahora son pocos los elementos que diferencian los *paseos* de las *calles* (*Seco, Andrés & Ramos 1999).

Si bien con el crecimiento de la movilidad, el concepto y el uso de la palabra *paseo* tienden a desaparecer, a fines del siglo 20 aún se construían nuevos *paseos* que retomaban el sentido original del término. Es el caso de los *paseos marítimos*, definidos por geógrafos como un "espacio público dedicado al tránsito, situado al borde del mar, pródigo en espacios peatonales y ocasionalmente arbolado" (*Grupo Aduar 2000:261). Desde mediados del siglo 19, estos *paseos* eran característicos de ciudades como San Sebastián, Santander o Palma de Mallorca, y hoy existen en todas las ciudades costeras, convirtiéndose en los lugares más concurridos, debido especialmente a la fuerte valorización de sus vistas relacionadas con las prácticas turísticas. Algo similar sucede con los lechos de los ríos que, en numerosas ciudades, se convierten en lugares muy frecuentados, como el *Paseo* de la Quinta, en Burgos, o el *Paseo* Cristóbal y Delicias, en Sevilla.

Dolores Brandis

Véase: avenida (p), calle (e), parquet (e), rambla (e)

Referencias
ALEMÁN, Mateo (1599). *El Guzmán de Alfarache*. Edición de Benito Brancaforte. Madrid, Akal, 1996. • AZORÍN, Francisco. *La Castellana, escenario de poder*. Madrid, Ediciones La Librería, 1990. • BLASCO IBÁÑEZ, Vicente (1894). *Arroz y tartana*. Buenos Aires, Espasa Calpe Argentina, 1967. • COELLO, Francisco. *Diccionario geográfico-estadístico-histórico de España y sus posesiones de ultramar por el coronel de ingenieros don Francisco Coello*. 46 hojas, 1847-1848. • ESPINOSA DE LOS MONTEROS, Antonio. *Plano topográfico de la Villa y Corte de Madrid*. Madrid, Museo Municipal de Madrid, 1769. • FERRER, Antonio Carlos (1835). *Paseo por Madrid*. Madrid, Almenara, 1952. • HUGHES, Robert, *Barcelona*. Barcelona, Anagrama, 1992. • LÓPEZ, Tomás. *Plano geométrico de Madrid*.

Madrid, Museo Municipal de Madrid, 1757. • LOPEZOSA APARICIO, Concepción. Madrid. Proceso de configuración urbana hasta 1750. In SAMBRICIO, Carlos; LOPEZOSA APARICIO, Concepción. *Cartografía histórica. Madrid Región Capital*. Madrid, Comunidad de Madrid, 2002. • LORENZO VELASCO, Pilar de. *El Paseo del Prado de Madrid en la literatura*. Madrid, Universidad Complutense de Madrid, 1991. • MARTÍNEZ Y MONTES, Vicente (1852). *Topografía médica de la ciudad de Málaga*. Málaga, Círculo Literario, 1993. • PEÑASCO DE LA PUENTE, Hilario; CAMBRONERO, Carlos (1889). *Las calles de Madrid. Noticias, tradiciones y curiosidades*. Edición facsímil. Madrid, Administración, 1990. • QUIRÓS LINARES, Francisco. *Las ciudades españolas en el siglo XIX*. Valladolid, Ámbito, 1991. • RUÍZ DE ALARCÓN, Juan (1628). *Mudarse por mejorarse*. Madrid, Nacional, 1975. • TEXEIRA, Pedro. *Topographía de la Villa de Madrid*. Madrid, Museo Municipal de Madrid, 1656. • TINOCO RUBIALES, Santiago. De Triana al Arenal, una ciudad fluvial. In MARTÍNEZ SCHAW, Carlos (Dir.). *Sevilla, siglo XVI. El corazón de las riquezas del mundo*. Madrid, Alianza, 1993.

Ⓟ pátio (ant. pateo) (pl. pátios)

português Portugal, substantivo masculino

Definições

pateo: *A parte da casa, que na entrada della fica descuberta, mas murada.* (*Bluteau 1720, 6:316).

pátio: *Espaço que nos palácios e outros edifícios vai desde a entrada principal à escadaria; átrio, vestíbulo [...] Espaço cercado de muros ou de casas de habitação e anexo a um edifício* (*Machado 1954, 7:913).

pátio: *Recinto descoberto situado no interior de um edifício. Um pátio de convento. 3. Átrio.[...] Espaço descoberto, cercado por muros ou outras construções, contíguo a um edifício. As crianças brincavam no pátio da escola; Espaço descoberto rodeado de edifícios A passagem dava para um pátio com esplanadas* (*Casteleiro 2001:2782).

pátio: *(antigo) Pateo da Comedia,[...] lugar onde se assentava o povo para ver as Comedias, e outros espec-*

táculos, representados no theatro (*Bluteau 1720, 6:316). O páteo da comédia, a plateia; porque aí nos páteos, e talvez descobertos, ou toldados se representava, e assistia o povo às representações (*Silva & Velho 1831, 2:428). Denominação dada aos antigos teatros em Lisboa (*Casteleiro 2001:2782).

pátio: (antigo) O páteo, entre os jesuítas, as suas aulas de latim e bellas letras (*Silva & Velho 1831, 2:428). Edifício ou aulas em que se professavam Humanidades nos colégios religiosos: 'frequentar o pátio' [...] (Reg.) Conjunto de casas pobres, geralmente em volta de um terraço, e correspondente às ilhas do Porto (*Silva, Moreno, Cardoso Junior & Machado 1954, 7:913).

pátio: consiste fundamentalmente numa espécie de corredor lajeado ou térreo (rua pouco larga e pequena), ora em linha recta, ora em linha quebrada, para o qual deita, de um lado ou dos dois, uma fila de casas de andar baixo (rés-do-chão) e às vezes também de primeiro ou mais andares, dispostas à maneira de celas de convento. O corredor que forma no essencial o pátio, inicia-se à beira da via pública, onde ostente um número policial, como qualquer outro edifício, e onde pode ter um portal (de madeira, de ferro, ou de grade); fica em geral sem saída pela extremidade oposta, e nisto se assemelha ao beco, diferençando-se em que o beco se integra no arruamento da cidade, recebendo cada morada seu número, enquanto o pátio constitui propriedade particular, construído, como foi, para se alugar a várias pessoas. As casas do pátio distinguem-se entre si por numeração especial: 1, 2, etc. (Vasconcelos 1936, 2:320).

pátio: Em Lisboa encontram-se exemplares de todas as disposições. Nuns as habitações são abarracadas e irregularmente dispersas em quintaes, outros rodeados de casas altas, que as afrontam mais na sua mesquinhez; há ainda pardieiros e casas antigas aproveitadas nas suas ruinas, lojas sombrias e encaixadas e também a forma *peor das ilhas do Porto [...] Geralmente são recintos muito irregulares onde se aglomeram os varios moradores em pequenas habitações de construção defeituosa e muita limitada capacidade, humidas por encostarem ao terreno ou terem lojas subterrâneas* (Inquérito aos pateos de Lisboa 1903:5). *O pátio é constituído por um espaço murado ou envolvido por casas de habitação e agrupa, geralmente, em volta de um terraço, um conjunto de casas pobres* (Rodrigues 1979:38).

O TERMO *PÁTIO* REVESTE, AINDA HOJE, VÁRIOS significados, referindo-se tanto a uma parte descoberta e cercada, de dimensões variadas, de um edifício coletivo – convento, palácio, igreja, escola, hospital, fábrica –, de uma casa ou prédio, como se refere a micro-territórios habitados, no interior de bairros antigos, resguardados das vias públicas, e por isso pouco visíveis, localizados em traseiras, logradouros e/ou saguões de casas e prédios; no interior de antigos palácios ou conventos ou, ainda, em becos ou pequenos largos afastados da rua. Nalguns casos, podem, ser igualmente ocupados por jardins, hortas, arrecadações, estacionamento de automóveis.

Apesar de não se conhecer registros históricos do aparecimento dos primeiros pátios nas cidades portuguesas, a sua origem árabe tem sido amiúde referida e afirmada, parecendo remontar à ocupação muçulmana (desde o século 7), que imprimiu um traçado urbano feito de ruelas, becos e pátios, cujo lado intimista ajudava a promover os laços de solidariedade vicinal e comunitária (Leite 1991:11). A ideia de que "o pátio do período medieval não é mais do que a continuação do *pátio* árabe, construído segundo os mesmos princípios urbanísticos e sociais comunitários" (Leite

1991) é, afinal, uma ideia de senso comum que prevalece nas representações e no imaginário urbano desta cidade.

É possível registrar dois significados diferentes, mais importantes, para o termo pátio anterior a meados do século 19. Por um lado, os primeiros recintos teatrais que apareceram em Lisboa em finais do século 16 – os Pátios das Comédias, semelhantes aos *corrales* espanhóis. "Destes é o *pátio do Borratém*, também chamado da Mouraria, aquele de que há mais remota notícia, pois que já funcionava em 1588" (Rebello 1988:64), mas o primeiro a ter sido construído exclusivamente para os espectáculos foi o Pátio da Betesga, mais tarde conhecido por Pátio das Arcas (Rodrigues 1997:87) inaugurado entre 1593 e 94, e que foi o "centro vital do teatro português durante o século 17, até o fogo o destruir em 1697 ou 98" (Rebello 1988:64).

Um segundo sentido, que ainda hoje permanece, refere-se a partes descobertas de alguns edifícios, tais como palácios ou conventos, cercadas ou a abrir sobre um largo, um beco ou uma rua. Uma das primeiras referências surge no século 16, na obra de E. Prestage & P. De Azevedo, *Registo da Sé* (1587) ao Pátio dos Bulhões (apud Vasconcelos 1936). Na *Corografia portuguesa*... do P. António Carvalho da Costa (1712, 3) surge referido o "*Pátio do Elvas*, frente a um poço com águas salobras", assim como o beco das Galegas; e no *Itinerário lisbonense* (1804) são nomeados cinco pátios: de D. Fradique, da Gallega, da Inquisição, do Saldanha e o das Vaccas.

Em finais do século 19 o termo pátio ganha um novo sentido referindo-se a pequenos conjuntos habitacionais miseráveis que foram surgindo, espontaneamente, em certos lugares intersticiais da cidade – espaços vazios entre prédios, ou no interior de palácios e conventos, quintais, logradouros, becos etc. – caracterizados pela falta de condições de habitabilidade, pela fome e pela doença, e moralmente conotados com o vício, o crime, a marginalidade. O termo *pátio* usado em Lisboa tem um equivalente no Porto, a *ilha*: "a definição de pátio convém, mutatis mutandis; à de ilha: na forma, na disposição, na insalubridade" (Vasconcelos 1936:326). "As ilhas consistiam em filas de pequenas casas térreas, com uma média de 16m^2, construídas nas traseiras de antigas habitações das classes médias. O único acesso da ilha para a rua era feito através de um estreito corredor que passava por baixo da casa burguesa, construída à face da rua. [...] A ilha mais comum tinha mais de dez ou doze pequenas casas de um único piso, rudimentarmente construída e com materiais de má qualidade, construída muitas vezes no quintal do seu próprio promotor, reduzindo assim a zero o investimento em solo necessário para a sua construção" (Teixeira 1994:555, 561). Noutras cidades, há, igualmente notícia do aparecimento destes pátios, como sejam a Covilhã (Pereira 1994:509), Setúbal (Guimarães 1994) ou Barreiro (Vasconcelos 1936:330).

É curioso notar que esta acepção do termo, como referência a micro-lugares de habitação pobre urbana, só tardiamente surge nos dicionários – já em pleno século 20. No entanto, já desde o inicio do oitocentos que o processo de aparecimento destes pátios, em Lisboa, está em curso. A densificação populacional da cidade, orientada pela localização das fábricas desta primeira industrialização, levou a que a "apropriação da casa e do espaço envolvente" proliferasse em torno de um conjunto de pré-existências, tanto no interior dos bairros antigos, como pela ocupação de edifícios abandonados (palácios e conventos, sobretudo), logradouros, quintais e espaços vazios, improvisando habitações (Rodrigues 1979:37-8). "Certos pátios nasceram de pátios propriamente ditos, isto é, que faziam parte de casas antigas, adaptadas depois a habitação de gente pobre, como o de D. Fradique, o do Barbosa, o do Carrasco [...] que abriga umas 10 famílias [...] no corpo do edifício (ed. Grandioso) em que do mesmo modo se arrendam compartimentos" (Vasconcelos 1936:322). Assistiu-se, assim, nesta época, à proliferação de uma estrutura já existente, que se tornará, numa primeira fase, o modo mais frequente de alojamento do trabalhador – o *pátio* (Rodrigues 1979:38). O contexto da proliferação deste sistema antigo de organização do espaço tem sido entendido como um "tema indígena de larga penetração [...] forma utilizada e mesmo exportada através da arquitectura erudita portuguesa" constituindo-se como "espaço particular, individual ou colectivo [...] numa forma de agrupamento social de estratos cuja marginalização é evidente" (Rodrigues 1979:36-37).

O capítulo sobre *Pátios & ilhas*, de J. Leite de Vasconcelos, incluído no volume 2 da sua imensa obra *Etnografia portuguesa...* (Vasconcelos 1936) dá-nos a seguinte descrição: "Por causa do seu vastíssimo âmbito, a Etnografia obriga-se a esquadrinhar cousas que melhor seria por vezes calar. Estão em tal caso os patios de Lisboa e ilhas do Porto, agrupamentos iguais, ou muito semelhantes, entre si, de moradias, em regra, miserandas, que infelizmente enxameiam, por assim dizer, a ocultas, as duas principais cidades de Portugal" (Vasconcelos 1936:320).

A percepção destes lugares desvalorizados socialmente e estigmatizados surge, claramente, nos discursos e as atitudes dos poderes públicos, dos intelectuais, dos técnicos responsáveis pelo controle do crescimento urbano das cidades industriais. Vale a pena referir o *Inquérito aos pateos de Lisboa* (1903) feito sobre as "habitações mais perigosas, do ponto de vista da saúde pública, de Lisboa, como são denominados os *Pateos* [...] na maioria imundos e miseravelmente habitados, [...] desagradáveis" (*Inquérito...* 1903:3). Dos 102 com existência confirmada, detectados em apenas dezoito freguesias (deixando onze, num primeiro momento de fora) habitavam 4.294 habitantes, em 1.106 pequenas habitações, na maior parte miseráveis dos quais 35 se encontram "impróprios à habitação humana", com 293 habitações e 1.225 habitantes, "sem ar puro, sem luz, nem possível asseio" (*Inquérito...* 1903:5). No entanto, existe uma fronteira muito tênue, em certos casos, destes pátios com becos, ruas, partes dos bairros mais antigos e pobres da cidade: "este esboço, que mal sei fazer, não é só peculiar dos pateos em Lisboa. Nos bairros que percorri na sua pesquisa, e o de Alfama é típico, não deixei de reconhecer que muito abundam, por estreitíssimas ruas, becos e recantos, deploráveis habitações que, nas suas deficientes condições de higiene e salubridade, não são mais habitáveis do que as dos pateos" (*Inquérito...* 1903:7).

Por exemplo, o etnógrafo Leite de Vasconcelos (1936) após uma breve definição do conceito pátio (ver acima) detém-se sobre algumas ambiguidades e sobreposições de sentido com outros termos, ou sobre a origem das suas designações. É assim que assinala a continuidade que muitas vezes existe entre os pátios e largos: "Na prática, nem sempre as cousas se nos atolham tão simples. Há patios para que se desce ou sobe por escadas que partem da rua, ou cujo corredor desemboca em um largo rectangular, ou de outra forma, cercado de casario, e com frequência provido de corredores secundários" (Vasconcelos 1936:321); certas ruas: "Alguns patios até se transformaram em via pública, tais como os do Almotacé, do Conde de Soure, do Salema, do Salgueiro, do Silva e Crus, do Tijolo" (Vasconcelos 1936:321-322); becos: "patio não é a designação unica dos agregados de casas de que nos estamos ocupando. Encontram-se alguns que se denominam, p.e.: patio do bêco do Alegrete, bêco da Bolacha, patio do bêco da Batalha; o patio do Ceitil fica no bêco do Jasmim. D'isto se infere que bêco se aplicava a pátio, tanta é a semelhança entre eles, como acima se disse" (Vasconcelos 1936:326); e, ainda, boqueirão: "O patio do Ferrador, na rua de S. Bento, n. 500, denominava-se em 1738, boqueirão do Ferrador" (Vasconcelos 1936:326). Sobre o nome dos pátios, diz ele que "grande parte dos patios tomam o nome dos senhorios: patio do Sousa, do Daniel, de Maria, de Luís Pacheco, etc, etc, o que explica haver neles tantos nomes pessoais. Muitos nomes vêm do passado, como os de Almotacé, Carrasco, Conde de Soure, D. Fradique, Gil […] do Ceitil" (Vasconcelos 1936:323-324).

Neste sentido, pode-se afirmar que, conforme o seu contexto de enunciação, pátio tanto se refere a uma divisão da cidade industrial, sendo sinônimo de micro-bairro popular, como a um tipo de habitat relativamente espontâneo que, nessa época se desenvolveu alterando a paisagem urbana, como, ainda, a espaços abertos em continuidade com vias de circulação, não sendo claras as fronteiras com certas artérias urbanas, como sejam becos, calçadas, terreiros, largos, praças. Ambiguidades semânticas que se estendem à designação de vila, que, na interpretação de Leite de Vasconcelos, se trata de um "nome abusivo e resultante da fanfarronice dos donos" (Vasconcelos 1936:326-327), enquanto que a de bairros clandestinos ou de lata (*slum*) são "ainda mais desgraçados que os pátios" (Vasconcelos 1936:329). Na realidade, se é certo que há vilas que quase se confundem com os pátios (na sua história e características), a maior parte das vilas corresponde a um novo período na história da habitação popular urbana que, antecede, de certa forma, embora de iniciativa privada e em menor escala, os primeiros bairros sociais, uma vez que são concomitantes com o esforço de dignificação da habitação popular e operária, ocupada pelas classes laboriosas.

A partir da década de 1930, com o Estado Novo, Lisboa é objeto de uma política de revalorização simbólica dos seus bairros mais pobres e antigos, que se tornam populares, típicos, históricos. Faz parte desta construção simbólica de Lisboa como "uma cidade de bairros" (Cordeiro 2003) a valorização de um conjunto de elementos físicos, sociais e culturais próprios da ruralidade, ainda muito presente em Portugal. Os pátios que resistiram à passagem do tempo, não só não escapam a este processo narrativo de mitificação e enaltecimento de um certo tipo de vida social de rua, baseada num forte controle social, familiar e de vizinhança, como se tornam particularmente representativos deste lado mais humano e relacional da cidade, sendo olhados como "pequenas aldeias entre muros, pequenos mundos fechados, quase sempre à margem da sociedade, recatados e escondidos, que devem ser olhados de dentro" (Leite 1991:5). Testemunho deste processo de atribuição de novos significados a este termo, é o filme *Pátio das cantigas* (1942), comédia que recria o ambiente de um "popular pátio lisboeta", numa associação de sentido entre os antigos *pátios das comédias* (teatros do século 16 e 17) e os *pátios* dos bairros mais antigos da cidade.

Ao longo das décadas de 1980 e 1990, o município de Lisboa vai dar uma particular atenção à reabilitação urbanística destes lugares – pátios e vilas. São olhados como lugares urbanos com um valor histórico e patrimonial insubstituível, por ali "conviverem várias épocas" e exprimirem o desejo (e o sonho) de uma vida urbana contemporânea mais humana. A evolução semântica deste termo acompanha, não apenas um leque diversificado de referências materiais (do edifício ao bairro) como de valorações, desde as mais negativas à mais positivas, que têm ser temporalmente contextualizadas. Se no início do século 20 predomina o discurso crítico e interveniente de autoridades públicas, sanitárias e urbanísticas com o objetivo de "erradicar" os pátios pobres numa cidade que se desejava mais moderna e saudável, já no final do mesmo século o discurso vai no sentido de preservar tais tipologias habitacionais, como elementos de memória urbana indispensáveis à construção da identidade particular de uma cidade, num processo de patrimonialização e, até, nalguns casos, de *gentrification* de tais pátios e vilas (duas noções atualmente sempre associadas).

Graça Índias Cordeiro

Ver: bairro (p), casa (p), cortiço (p), favela (p), mocambo (p), rua (p), vecindad (e), vila (p)

Referências
CLEMENTE, Augusto (Org.). *Reabilitação urbana. Núcleos históricos*. Lisboa, Câmara Municipal de Lisboa/Pelouro da Reabilitação Urbana dos Núcleos Históricos, 1993. • COSTA, Américo. *Diccionario chorographico de Portugal continental e insular*. Vol. 8. Vila do Conde, Typographia Privativa do Diccionario Chorographico, 1943, p. 1192-93 • CORDEIRO, Graça I. Uma certa ideia de cidade: popular, bairrista, pitoresca. *Sociologia*, n. 13, 2003, p. 185-199. • COSTA, (Padre) Antônio Carvalho da. *Corografia portuguesa e descrição do famoso reino de Portugal*. 3 volumes. Lisboa, Officina Real Deslaudesiana, 1712. • GUIMARÃES, Paulo. A habitação popular urbana em Setúbal no primeiro terço do século XX. *Análise Social*, vol. 29, n. 127, 1994, p. 525-554 • *Inquérito aos pateos de Lisboa*. Vol. 1. Ministério das Obras Públicas, Comércio e Indústria, 1903. • *Itinerário lisbonense ou directorio geral de todas as ruas, travessas, becos, calçadas, praças, etc. que se comprehendem no recinto da cidade de Lisboa com os seus proprios nomes, principio e termo, indicados dos lugares mais conhecidos, e geraes, para utilidade, uso, e commodidade dos estrangeiros e nacionais*. Lisboa, Impressão Régia, 1804. • LEITE, Ana Cristina; VILHENA, João Francisco. *Pátios de Lisboa. Aldeias entre muros*. Lisboa, Gradiva, 1991. • MACEDO, Luís Pastor de. *Lisboa de lés-a-lés. Subsídios para a história das vias públicas da cidade*. Lisboa, Câmara Municipal de Lisboa,1940-43. • MACHADO, José Pedro. *Grande dicionário da língua portuguesa*. Vol. 8. Lisboa, Amigos do Livro, 1981. • PEREIRA, Nuno Teotónio: BUARQUE, Irene. *Prédios e vilas de Lisboa*. Lisboa, Livros Horizonte, 1995. • PEREIRA, Nuno Teotónio. Pátios e vilas de Lisboa, 1870-1930: a promoção privada do alojamento operário. *Análise Social*, vol. 29, n. 127, 1994, p. 509-524. • REBELLO, Luiz Francisco. *História do teatro português*. Lisboa, Publicações Europa

América, 1988. • RODRIGUES, Maria João. Tradição, transição e mudança: a produção do espaço urbano na Lisboa oitocentista. *Boletim Cultural*, Lisboa, n. 84, Assembleia Distrital de Lisboa, 1979. • RODRIGUES, Teresa. *Cinco séculos de quotidiano. A vida em Lisboa do século XVI aos nossos dias*. Lisboa, Cosmos, 1997. • SANTANA, Francisco; SUCENA, Eduardo (Org.). *Dicionário da história de Lisboa*. Lisboa, Carlos Quintas e Associados, Consultores, Lda, 1994. • SILVA, Augusto Vieira da. *Os bairros de Lisboa*. Separata de Arqueologia e História. Lisboa, Imprensa Lucas, 1930. • TEIXEIRA, Manuel C. A habitação popular no século XIX – características morfológicas, a transmissão de modelos: as ilhas do Porto e os cortiços do Rio de Janeiro. *Análise Social*, vol. 29, n. 127, 1994, p. 555-579. • VASCONCELOS, José Leite. *Pátios & ilhas. Etnografia portuguesa*. Vol. 2, Lisboa, Imprensa Nacional de Lisboa, 1936, p. 320-335.

🇪 periferia (pl. periferias)

español México, sustantivo femenino

Definiciones

periferia: *circunferencia // Término o contorno de un espacio o de una figura curvilínea* (*Cásares 1959).

periferia: *Contorno de una cosa, zona que rodea otra zona: la* periferia *de la ciudad, vivir en la* periferia, *la* periferia *de una herida* (*Fernández de Lara 1996).

periferia: *1. Contorno de un círculo, circunferencia. 2. Término o contorno de una figura curvilínea. 3. Espacio que rodea a un núcleo cualquiera* (*Real Academia Española 2001).

periferia urbana: *márgenes de la ciudad en los que la densidad de usos urbanos decrece. El término* periferia *se utiliza sobre todo para referirse a aquellos espacios urbanos semiformalizados que se localizan una vez finalizado el núcleo continuo y que por lo tanto forman parte de una gran ciudad, una aglomeración urbana o un área metropolitana legalmente constituida* (*Grupo Aduar 2001).

LA DEFINICIÓN DE LA PALABRA *PERIFERIA* APARECE únicamente en el último de los diez diccionarios de español mexicano publicados entre 1895 y 1996.

Esta aparición tardía está relacionada con la elección de las entradas para cada una de las obras: mientras que las primeras intentan capturar únicamente las particularidades del español de México (*Santamaría 1959), la de 1996 incluye también todas las palabras comunes del país entre 1921 y 1974 (*Fernández de Lara 1996). No obstante, la acepción que nos interesa a nosotros no fue incluida en la edición reciente del diccionario de la Real Academia Española (*2001), mientras que sí lo fue en el diccionario de español mexicano (*Fernández de Lara 1996). La base de datos de *La Jornada*, un diario publicado en México y disponible en Internet desde 1996, permite ilustrar este uso más diverso del término en un juego de palabras entre *centro* y *periferia*, dado que este último se usa también para designar a los países del Tercer Mundo. También se usa para designar un grupo de teatro alternativo y, en medicina, el contorno de una herida. Sin embargo, la palabra *periferia* es utilizada más frecuentemente para designar el espacio que rodea una ciudad, o bien dentro de sus límites administrativos: "No hay una cobertura suficiente, sobre todo en la *periferia* de la ciudad (*delegaciones* Iztapalapa)" (*La Jornada* 2/4/1988), o bien por fuera de los mismos: "Por litro [de agua], paga más un pobre de la periferia de Ecatepec o Chalco, que un potentado de…" (*La Jornada* 2/5/2002).

A primera vista, la categoría parece ambigua (Rivière d'Arc & Ibarra 1999:236). Sin embargo, entre los usos observados en *La Jornada* – incluso si encontramos allí los términos "tierra agrícola", "terreno baldío" o "industria", seguidos del adjetivo *periférico(a)* – el sustantivo *periferia* se refiere sobre todo a los barrios alejados del centro de la ciudad, más pobres y desprovistos de servicios en los que predomina la irregularidad en la propiedad de la tierra, la insalubridad y la inseguridad. Por otro lado, no todos los espacios situados en las inmediaciones de la ciudad constituyen la *periferia*. La palabra *suburbio*, por ejemplo, se usa para designar los barrios opulentos y alejados del centro. Podemos decir que se da, por lo tanto, un doble fenómeno de estigmatización de la palabra *periferia* y de ennoblecimiento de su palabra rival *suburbio*, lo que nos muestra que la distancia al centro no es únicamente un factor geográfico sino también económico, cultural y social. ¿Cómo podemos dar cuenta del origen de la especificidad de los significados de cada uno de los dos términos?

En la primera mitad del siglo 20, la palabra *periferia* era utilizada muy raras veces en el español corriente de México. Antes, los términos *arrabal* y *colonia* "ocupaban" de cierta manera su lugar. El primero fue importada por los colonos españoles del siglo 16: "Esta ciudad [...] tiene hasta veinte mil casas dentro, *en el cuerpo de la ciudad,* y tiene de *arrabales* otras tantas" (Cortés [1522] 1988:45-46). *Arrabal*, un término neutro bajo la pluma del conquistador, designaba, desde el siglo 19, los barrios llamados en nahuatl *calpullis*, al igual que los *pueblos* en parte mestizados y muy empobrecidos durante la época colonial. El término se convirtió de esta forma uno de los símbolos de la iniquidad colonial y adquirió una dimensión romántica, tal y como lo muestra un relato del poeta Altamirano ([1869] 1985:108), pero también, y ya en el siglo 20, la canción sumamente popular "Las quejas del arrabal" (Lara [c.1930] 2004). A pesar de que esta canción se encontraba en la cumbre del éxito, la palabra *arrabal* caía cada vez más en desuso, y surgió un gran abanico de términos para designar los espacios urbanos que rodeaban la ciudad. El término *periferia* parece haberse utilizado muy excepcionalmente en ese entonces, por ejemplo, en un discurso pronunciado en 1932 ante el Consejo de gobierno de la capital federal: "existen en la ciudad de México *barrios* verdaderamente horribles [...] puesto que se trata de miles y miles de gentes que viven en la *periferia* como en los tiempos de la conquista" (Habitaciones para obreros... 1932). La palabra más común por lejos era *colonia*, pero en el discurso de los planificadores y de los periodistas podía encontrarse también *cinturón de miseria*, *herradura de tugurios* y *ciudades perdidas*.

A partir de la mitad del siglo, en el discurso de los académicos podían encontrarse también las palabras *periferia* y *suburbio*, que parecen deber su origen a un intercambio complejo de traducciones. En la década de 1950, los sociólogos norteamericanos Floyd y Lillian Doston intentaron poner a prueba el modelo elaborado por Ernest W. Burgess para Chicago en una veintena de ciudades mexicanas. Su traductor utilizaba siempre la palabra periferia para designar los espacios limítrofes de la ciudad (Dotson & Dotson 1957) e ignoraba los términos *suburbio* y *ciudad satélite*, que hubieran resultado traducciones más naturales de los términos *suburban area* y *satellite city* utilizados por Burgess (1925:50). En cambio, la traductora de la obra *Five families* escrita por el antropólogo americano Oscar Lewis no utilizó jamás la palabra *periferia* (1961), y tradujo los términos *the outskirts of the city* y *the edge of city* del texto original (1959:11, 211) por *suburbios*, independientemente de que le barrio situado en los márgenes de la ciudad descrita fuera pobre. Para estos traductores, las palabras *periferia* y *suburbio* parecen entonces ser sinónimos que describen una posición geográfica, sin connotaciones de clase. No obstante, en los años 1960, estas palabras tomaron cada una un significado propio.

La palabra *suburbio* parece haberse ennoblecido por influencia de la fuerte presencia de la cultura norteamericana en México. Desde 1970, la cadena norteamericana *Suburbia* vende prendas en prêt-à-porter y, desde hace casi diez años, *Suburban* es el nombre del automóvil de moda entre las amas de casa acomodadas. Sin embargo, para algunos, la palabra acarrea una connotación poco idílica que fue muy probablemente introducida por ciertas películas del vecino del Norte: "La familia dijo: ¿Cómo se van a ir tan lejos? [...] Mis padres sabiamente contestaron: ¿lejos? ¿de dónde? Después vine a descubrir que lejos de todo contacto social, de la familia, de la felicidad, del calor humano y cerca de la frialdad de un *suburbio* aislado en esta malplaneada ciudad" (Ward Osornio 2005).

La palabra *periferia*, por su parte, ha evolucionado a partir de un juego de asociaciones más difícilmente discernible. La "teoría de la dependencia", surgida en América Latina en la década de 1970, consideraba que "el desarrollo y el subdesarrollo son estructuras parciales pero interdependientes [...] en el cual la estructura desarrollada (*centro*) es dominante y la subdesarrollada (*periferia*), dependiente" (Bassols

1988:338). La metáfora se empleaba sobre todo para describir las relaciones entre las naciones y, en contextos urbanos, los teóricos empleaban más bien el término *marginal* para describir la situación de disgregación económica y social que caracterizaba a los países *periféricos* (Nun 1971; Quijano 1973). Un poco más tarde – y más bien en el marco del debate respecto de la segregación socio-espacial que tenía lugar dentro de la sociología urbana marxista – la palabra *marginal* comenzó a ser remplazada por la palabra *periférico*, sufriendo un desplazamiento semántico que impedía hacer una distinción entre la distancia geográfica y la distancia socio-económica. A pesar de dicha imprecisión, la palabra *periferia* se consolidó como el término adecuado para designar los barrios pobres y alejados del centro. Comenzó a ser utilizado en diversos títulos de libros, tesis y tesinas en ciencias sociales (*Biblioteca del Colegio de México*; *Biblioteca de la Unam*), en los programas de planificadores urbanos (SP-DDF-Colmex 1972), en el discurso de los políticos y, por supuesto, en el lenguaje de los periodistas.

Si bien la palabra *periferia* es de uso común en estos registros profesionales, es de uso menos común en el lenguaje cotidiano. Una encuesta etnográfica reciente, por ejemplo, busca estudiar los motivos por los cuales ciertas familias de clase media alquilan alojamientos muy costosos en un barrio acomodado del centro de México, en donde el mercado rentista no representa más que el 20% del parque inmobiliario (Inegi 2003). Cuando se los interroga acerca de la posibilidad de ser propietarios, los entrevistados comparan las ventajas y los inconvenientes de alquilar en el centro o de comprar en la periferia, donde la propiedad inmobiliaria es más barata. No obstante, la palabra *periferia* es utilizada en tan sólo una de las diecisiete entrevistas, y con una acepción muy específica: Allá [en provincia], a la gente no le importa irse [a vivir] a la *periferia de la ciudad*" (Ward Osornio 2005). Si bien el estigma que pesa sobre la palabra puede explicar su relativa ausencia en las entrevistas, tal y como lo observaron Rivière d'Arc e Ibarra en el caso de la ciudad de Guadalajara (1999:247), dicha explicación sería sin embargo incompleta. Una encuesta realizada en una de las primeras *colonias* de viviendas sociales en la ciudad de México arrojó que la palabra *periferia* – que podría haberse utilizado cuando los entrevistados describían la *colonia* en la época de su fundación, en 1936 – no fue mencionada en ninguna de las 54 entrevistas. Sin embargo, se encontró lo siguiente: "Hay gente a la que no les gusta vivir en las *orillas* y esta era la *orilla* de la ciudad"; o incluso: "Fue una *colonia* desolada, un territorio muy alejado del *centro de la ciudad*, estaba rodeado de cañaverales y de un llano muy grade" (Zamorano Villarreal 2004).

Ejemplos de este tipo permiten observar el carácter estigmatizador del término *periferia*, pero muestran sobre todo la indefinición y la tecnicidad de una palabra utilizada en la vida cotidiana. Los interlocutores apelan entonces a tres soluciones: algunos de ellos designan mediante topónimos los espacios que, según la literatura y los medios – pertenecen a la *periferia* social y/o geográfica de la ciudad; otros recurren a las palabras *orillas*, *alrededores*, *límite* o *afueras*; y por último, los demás proveen descripciones detalladas que muestran que, más allá del espacio que se evita denominar, no existe señal alguna de urbanización.

Claudia C. Zamorano Villarreal

Véase: arrabal (e), centro (e), ciudad (e), colonia (e), country (e), ensanche (e), extrarradio (e), fraccionamiento (e), suburbio (e), subúrbio (p), urbanización (e)

Referencias
ALTAMIRANO, Ignacio Manuel (1869). Una visita a la Candelaria de los Patos. In MONSIVÁIS, Carlos. *A ustedes les consta. Antología de la crónica en México*. México, Era, 1985. • BASSOLS, Mario (et. al). *Antología de sociología urbana*. México, Universidad Nacional Autónoma de México, 1988. • *Biblioteca de la Unam* <www.dgbiblio.unam.mx>. • *Biblioteca del Colegio de México* <http://biblio.colmex.mx>. • BURGESS, Ernest W. The Growth of the City. In PARK, Robert E.; BURGESS, Ernest W.; MCKENZIE, Roderick D. *The City*. Chicago, The University of Chicago Press, 1925. • CORTÉS, Hernan (1522). *Cartas de relación*. Colección Sepan Cuantos n. 7. México, Porrúa, 1988. • DOTSON, Floyd; DOTSON, Lillian Ota. La estructura ecológica de las ciudades mexicanas. In *Revista Mexicana de Sociología*, n. 1, vol. 1, México, Universidad Nacional Autónoma de México, 1957. • GUTIERREZ MENDOZA, Gerardo. Estructura territorial y urbanismo en Mesoamérica. Los casos Huaxteco y Mixteco Tlapaneco-Nahua. In SANDERS, William T.; MASTACHE DE ESCOBAR, Alba Guadalupe; COBEAN, Robert H. *El urbanismo en Mesoamérica*. Pensylvania/México, The Pensylvania State University/Instituto Nacional de Antropología e Historia, 2003. • Habitaciones para obreros. Iniciativa que aprobó el Consejo. *El Universal*, 27 sep. 1932. • Inegi. *Scince por colonias. XII Censo general de población y vivienda 2000*. Distrito Federal, Aguascalientes Instituto Nacional de Estadística Geografía e Informática, 2003. • *La Jornada* <www.lajornada.unam.mx>. • LARA, Agustín (c.1930). *Las quejas del arrabal* [canción, también conocido como el *Arráncame la vida*]. CD-Colección de oro. Ciudad de México, Orfeón Viedeovox, 2004. • LEWIS, Oscar. *Antropología de la pobreza. Cinco familias*. México, Fondo de Cultura Económica, 1961. • LEWIS, Oscar. *Five Families. Mexican case studies in the culture of poverty*. New York, New American Library, 1959. • LIRA, Andrés. Les divisions de Mexico aux XVIIIe et XIXe

siècles: de la ville des deux Républiques à la ville républicaine. In TOPALOV, Christian. *Les divisions de la ville*. Paris, Unesco/ Éditions de la Maison des Sciences de l'Homme, 2002. • NUN, José. Marginalidad y otras cuestiones. *Revista Latinoamericana de Ciencias Sociales,* n. 4, Ciudad de México, Facultad Latinoamericana de Ciencias Sociales, 1971. • QUIJANO, Aníbal. La formación del universo marginal en las ciudades de América Latina. In CASTELLS, Manuel. *Imperialismo y urbanización*, Barcelona, Gustavo Gili, 1973. • RIVIÈRE D'ARC, Hélène; IBARRA, Xochitl. De Guadalajara à Recife et Salvador, du vocabulaire de l'action à celui de la légitimité urbaine. In RIVIÈRE D'ARC, Hélène (Dir.). *Nommer les nouveaux territoires urbains*. Paris, Unesco/Éditions de la Maison des Sciences de l'Homme, 1999, p. 235-249. • SP-DDF-Colmex (Secretaría de Programación, Departamento del Distrito Federal y Colegio de México). 1972. *Comisión de la zona metropolitana*, México, mimeo. • WARD OSORNIO, Juan Ricardo. *Rentar en Narvarte. Violencia simbólica y consumo de vivienda rentada en clases medias de la ciudad de México*. Tesis de maestría. Dirección de Claudia Zamorano. México, Inah-Ciesas, 2005. • ZAMORANO VILLARREAL, Claudia C. *Los hijos consentidos de la modernidad y sus prácticas residenciales. Ciudad de México (1936-2004)*. México, Ciesas, 2004.

E piso (pl. pisos)

español España, sustantivo masculino

Definiciones

piso: *Planta: espacio entre dos pisos // Piso: separación entre las plantas* (*Núñez de Taboada 1820).

piso: *Suelo, piso. Pavimento, calzada // Piso. Apartamento [...] El piso bajo: la planta baja* (*Reyes 1941).

piso: *Piso (de una casa) [...] // Vivienda f.[...] Suelo (sol). // Piso (de madera) (plancher) // Calzada f. (de la calle) (chaussée) [...] Piso bajo: rez de chaussée. // Piso de muestra o piloto.// Piso de soltero. // Piso principal: primer piso (de una casa) (en el teatro). // Casa de pisos: edificio de viviendas* (*Garcia-Pelayo & Testas 1987).

piso: *acción y efecto de pisar. [...] El suelo, ó pavimento de las casas; y así se dice: todas las piezas están á un piso. [...] El suelo, ó superficie natural, ó artificial de algun* *terreno; y asi se dice de las calles, ó paseos que tienen buen piso, ó mal piso. [...] Lo mismo que alto en las casas; como primer piso, segundo piso: F. vive en el tercer piso [...] Lo que se paga por habitar, ó estar en algún edificio, casa, ó posada* (*Real Academia Española 1803:660).

piso: *2. Suelo de las diversas habitaciones de las casas. Todas las piezas están a un piso. // 3. Suelo o superficie natural o artificial de un terreno. Esta calle tiene buen piso. // 4. Alto [...] Primer piso; segundo piso* (*Real Academia Española 1914).

piso: *2. Inus. Nivel o altura uniforme del suelo de las habitaciones de una casa. // 3. Pavimento natural o artificial de las habitaciones, calles, caminos, etc. // 4. Conjunto de habitaciones que constituyen vivienda independiente en una casa de varios altos* (*Real Academia Española 1956).

piso: *2. m. Pavimento natural o artificial de las habitaciones, calles, caminos, etc. 3. m. Cada una de las diferentes plantas que superpuestas constituyen un edificio. 4. m. Conjunto de habitaciones que constituyen vivienda independiente en una casa de varias alturas. [...] 9. m. Arg. En edificios de varias alturas, departamento que ocupa toda la extensión de una planta. 10. m. desus. Nivel o altura uniforme del suelo de las habitaciones de una casa. Todas las piezas están en un piso* (*Real Academia Española 2001).

EN LA ACTUALIDAD, SEGÚN EL DICCIONARIO DE la Academia (*Real Academia Española 2001), varias acepciones de *piso* (cinco de diez) tienen relación directa con la vivienda y con la ciudad. Dichas acepciones pueden presentarse como resultado de una sedimentación semántica que nació en el siglo 18 y evolucionó en forma paralela a la de vivienda urbana colectiva en la época contemporánea. A grandes rasgos, esta "sedimentación" se desarrolló en tres tiempos: a fines de la época moderna y durante los siglos 19 y 20. Está ligada tanto a la elevación de los edificios urbanos como a su división, su compartimentación interna en viviendas cada vez más independientes las unas de las otras. Si bien se perdieron algunas acepciones, como por ejemplo la de "alquiler" (el *piso* podía ser hasta el siglo 19 la retribución del derecho de pisar un suelo), vamos a evocar lo esencial de aquellas que perduraron en el tiempo.

A través de los siglos, el término *piso* se cruzó con diferentes palabras equivalentes a una u otra de sus acepciones. Si bien *alquilamiento*, *arrendamiento*, *renta*, y sobre todo, *alquiler* reemplazaron por completo la palabra *piso* con la antigua acepción de "alquiler" que mencionamos más arriba, hoy coexisten otros equivalentes posibles como *planta* y *alto* para la acepción de "piso" (tercera acepción que adquirió *piso* en el siglo 19), y *apartamento*, *vivienda*, o incluso, *casa* para la de "apartamento" (cuarta acepción, adquirida en el siglo 20). Sin embargo, cada una de estas otras palabras vivió también su propia historia. Si *piso* es, en el español actual de España, uno de los términos más utilizados en el campo de la vivienda, ¿cómo es posible que haya conservado tantas acepciones diferentes cuando se cruzó en su camino con tantos términos rivales? A través de sus diferentes ediciones, los diccionarios hicieron mención, a su manera, de las fluctuaciones de esta familia tan numerosa e inquieta, pero solidaria… en la que cada miembro trató de encontrar su propio lugar. Para ello, seguiremos con cierta precisión el diccionario académico que, si bien a menudo registra tarde los usos idiomáticos, provee muchos elementos.

El primero de los términos rivales fue, sin lugar a dudas, *alto*. Ya en la primera edición del diccionario académico, se definía este adjetivo sustantivado con mucha precisión: "se llaman en las casas los suelos que están fabricados unos sobre otros, y dividen los cuatros y viviendas" (*Real Academia Española 1726-1739). La expresión *los altos* correspondía a "los pisos", por lo tanto, excluía la planta baja, el *bajo*. Ahora bien, cuando la palabra *piso* ingresó en el *Diccionario académico* (*1803) valiéndose de cinco acepciones, ya pertenecía seguramente al vocabulario corriente desde hacía tiempo. Así como designaba un suelo y su revestimiento (primera acepción), también podía referirse a la planta baja de edificios, lo que representaba una importante ventaja con respecto a alto en una época donde la elevación progresiva de las construcciones urbanas intercambiaba, en cierto modo, los niveles entre sí. La planta baja se convirtió entonces en el piso bajo, por oposición a los otros pisos (por definición, alto no podía ser bajo, literalmente: bajo). Así, mientras que los *pisos* podían contarse con facilidad, tal como lo indican todos los diccionarios (primer piso, segundo piso…) y numerosas fuentes, los *altos* muy rara vez podían serlo. Pero, sobre todo, la expresión *piso principal* para designar el primer piso (el "*piso noble*" académico), que marcó la transición entre los siglos 18 y 19, llevando los *altos*… todavía más alto, es decir hacia las viviendas más modestas, y las *buhardillas*. El *piso principal*, o *primer piso* en la ciudad, desclasó a las demás expresiones en lo que a dignidad se refiere, ya que éste, en general, era habitado por los nobles o a veces hasta por el propietario del edificio. Al bajo, con las *tiendas*, se le daba a menudo usos particulares y no se accedía por la escalera general. Durante el siglo 19, la aparición del *entresuelo* acentuó esta diferenciación vertical de los edificios.

Sin embargo, otro término se incorporó a la competencia en el transcurso del siglo 19: el de *planta*. Al igual que *piso*, *planta* tiene un vínculo semántico con *suelo* del que quizá carecía *alto*… Por otro lado, con las expresiones *planta baja*, *planta alta* o *primera planta*, *segunda planta*, contó rápidamente con usos muy similares a los de *piso*. Pero si bien *planta* se utiliza hoy para designar un *piso*, jamás llegó a designar una vivienda. Quizá *piso* ya estaba demasiado incorporado en las plantas como para desalojarlo de éstas… Pasaremos a analizar este punto a continuación.

En los largos textos que el ingeniero Ildefonso Cerdá dedicó a la vivienda barcelonesa en la década de 1850, encontramos numerosas respuestas a estas preguntas: "Asimismo analicé la disposición especial de las casas consideradas con respecto a la superficie que ocupa su planta, a la altura total y su subdivisión en pisos, al número y capacidad de las habitaciones que hay en cada uno de estos, al de los apartamentos de toda clase que hay en cada una de ellas" (Cerdá [1859] 1991:§7, 116). Si se da por sentado que *piso* designa una planta de edifico, la nomenclatura de las subdivisiones de los diferentes niveles es mucho menos clara. En aquella época, muchas palabras se utilizaban o podían utilizarse para designar las viviendas que se encontraban en las plantas: *vivienda*, pero también *casa*, y Cerdá evocaba también la "División de los pisos en hogares o menajes" (§140, 147). Para seguir ahora con su propio vocabulario, la división de casa moderna en *compartimientos verticales* (es decir, las plantas) y en *compartimientos horizontales* (es decir, las viviendas) (§133-135, 147) consistía en una *trituración de la vivienda* [lit.] en perjuicio de la higiene, como también de la intimidad de las familias. Las cosas se hacían cada vez más confusas… y ¡la descripción de la vivienda urbana se estaba convirtiendo en un rompecabezas!

Y dicha confusión terminológica – que para Cerdá representaba un síntoma de una confusión de los objetos designados – formaba parte del escándalo que intentaba denunciar: "El especulador no consulta ni entiende para nada ninguna de estas circunstancias. Su problema es dividir cada piso en el mayor número de celdas o dormitorios possibles, por medio de tabiques, de panderetes, corredores y pasillos" (Cerdá [1859] 1991:§197, 170). En numerosos textos españoles se denunciaba entonces la *casa de vecindad*, en cuya organización interna no aplicaba ningún principio de separación entre familias, tal como se publicó en aquel artículo de prensa generalista en Oviedo (Asturias), en 1888: "En este Oviedo desconocido están enclavadas las casas de vecindad […] para que nada falte, estas casas suelen estar cerca de estrechas y poco frecuentadas callejuelas, no lejos de alguna taberna" (apud Tomé 1988:116). La indefinición interna de dicha vivienda se confundía con el propio espacio público…

¿Cómo *piso* llegó a designar un apartamento, una vivienda en un edificio colectivo en el siglo 20? Quizá, en este punto, la acepción de "alquiler", en total desuso a mediados del siglo 19, le hizo un último favor (*Real Academia Española 1803). En una época en que las *casas de pisos* se multiplicaban en las grandes ciudades, estas construcciones eran a la vez "casa de plantas" y "casa de alquiler". Los edificios de este tipo, mencionados hasta aquí como *casas* o *edificios de viviendas*, por ejemplo, en 1893 en la ciudad de Logroño (Cerrillo Rubio 1993:142), se convirtieron en *casas de pisos*.

Si bien el diccionario académico sólo tomó conocimiento de esta acepción de "vivienda" en 1956, podemos comprobar, por ejemplo, que el censo municipal de Barcelona de 1930 recurrió sólo a ella para construir su nomenclatura básica dejando de lado las demás acepciones: el *piso* (un 85% de la vivienda barcelonesa) se diferenciaba de la *torre*, casa individual opulenta y de la *barraca*, casa individual humilde, y sobre todo del *bajo* (sustantivo proveniente del adjetivo *bajo*), edificio urbano sin planta que representaba casi un 10% del total (apud Oyón, Maldonado & Griful 2001:121). Por lo tanto, en aquel período de gran confusión lexical que observó Cerdá unas décadas antes... ese tipo de vivienda prevaleció en Barcelona y en las grandes ciudades. El sentido de *piso* como "apartamento" se impuso en forma tardía con respecto a la evolución del sistema residencial, sin perder, sin embargo, sus otras acepciones. Esta capacidad para redefinirse hurgando en las acepciones correlativas constituyó finalmente una ventaja, y no un factor de dispersión en el tiempo.

Para comprender esto, podríamos entonces analizar la historia de los otros rivales potenciales de *piso*-departamento, señalando, en primer lugar, que *habitación* y *cuarto* tenían seguramente una semántica demasiado similar a la de la simple "pieza" (el uso de *habitación* para designar una vivienda en el siglo 19 era cada vez menor), y por otro lado, *casa* se identificaba mucho con *edificio*, como también con la vivienda rural e individual. Sin embargo, la polisemia de *casa* no se vio afectada porque la palabra *piso* hubiera tomado el sentido de alojamiento, como así tampoco el de *"vivienda"* en general.

Pero los competidores más temibles eran probablemente *apartamiento*… y *apartamento*. Ésta es su historia.

La Academia consideraba que el primero, tan antiguo en el idioma como *piso*, era equivalente de *"habitación, cuarto, vivienda"*. En el siglo 18, *apartamiento* designaba también la acción de apartar (*Real Academia Española 1770). Pero si retomamos las citas de Cerdá presentadas más arriba, notamos que el término *apartamiento* no separaba muy claramente las viviendas de un mismo piso, en todo caso, no tanto como pretendían hacerlo los edificios de vecindad construidos entonces en las ciudades. Conviene destacar que *apartamiento* no tuvo la capacidad de redefinirse – los diccionarios lo mencionan como en desuso durante todo el siglo 19 –, pero, en cambio, *piso* sí logró hacerlo. De hecho, el español importó la palabra francesa con otra forma (*apartamento*). Probablemente esta nueva confusión, tanto morfológica como fonética, contribuyó entre tanto (a principios del siglo 20) a la consolidación del término *piso*…

En efecto, la palabra *apartamento* sólo parece haberse desarrollado en España cuando cayó en el olvido el viejo término *apartamiento*, es decir a mediados del siglo 20. La Real Academia parecía reticente a asimilar *apartamento*, ya que a principios del siglo 20 lo consideraba un galicismo que había pasado por América (Chile y Honduras, *Real Academia Española 1927); sólo lo reconoció como término español en *1970. Pero, mientras tanto, *piso* se había impuesto ampliamente, tal como nos lo mostraron las fuentes administrativas o literarias, dándole a *apartamento* un lugar muy específico: el de una vivienda más pequeña, menos familiar y menos "burguesa" que el de *piso*.

El término *piso* sacó entonces provecho de su ambigüedad – podía designar el piso entero, por ende, una gran vivienda – mientras que *apartamento* sufría las nefastas consecuencias de su parentesco aparente con *apartamiento*. "Contaminado" por el viejo término español, *apartamento* se convirtió en una pequeña vivienda, una suerte de "apartado" en el edificio urbano: "Con la mayoría de edad solicitó la herencia paterna: dos paquetes de acciones y una casa de vecindad. Alquiló un apartamento de soltero en el extrarradio", encontramos en una novela realista social que comparaba aquí *apartamento* con otras palabras relacionadas con la pobreza urbana (Grosso [1961] 1984:§1). "Pequeño *piso* para habitar" se presenta como segunda acepción, mencionada como específicamente española (no americana), de *apartamento* en el diccionario académico (*Real Academia Española 2001). La vivienda elegante y moderna, a menudo referente del modelo parisino del siglo 19 en todo el mundo, pasó a ser entonces en España un *piso* en vez de un *apartamento*; la novena acepción de la edición de 2001, presentada como argentina y sinónimo de *departamento*, la evoca, ya que según ésta, un *piso* puede incluso cubrir toda una planta. Cabe señalar que la afirmación del régimen de propiedad horizontal en España no influyó mucho en el léxico (Tatjer 1988). Como no tuvo gran desarrollo hasta la ley de 1960 (llamada *de propiedad horizontal*), la división de edificios en propiedades diferentes correspondiente a *pisos* no incidió en este vocabulario (¡menos aún en el de *condominio*!). En realidad, lo esencial de la vivienda urbana colectiva se ve afectada hoy por este régimen, dado que la vivienda social para alquilar tiene poca representación en España. En los avisos inmobiliarios de hoy en día, *piso* es entonces tanto un término genérico (que se puede traducir como "apartamento"), como cuando entra en nomenclaturas que abarcan también *apartamentos*, *estudios* o *dúplex*, el más amplio y lujoso de la lista.

Demostrando su retraso habitual respecto del uso corriente, la Academia sólo reconoció la victoria de *apartamento* sobre *apartamiento* en 1984 invirtiendo las cosas, es decir, definiendo *apartamiento* como *apartamento* y no a la inversa. En la actualidad, las tres acepciones de *apartamiento* (numeradas 5, 6 y 7) presentadas por el diccionario de la Academia (*Real Academia Española 2001) comparten la mención "poco usadas"... En cuanto a *apartamento*, sólo revisamos su origen: aparentemente proviene del italiano y de *apartamiento*, y ya no se menciona su "paso" por Francia y por América.

Laurent Coudroy de Lille

Véase: apartamento (p), casa (e), chalet (e), cuadra (e), polígono (e), vecindad (e)

Referencias
CERDÁ, Ildefonso (1859-1861). Teoría de la construcción de las ciudades aplicada al proyecto de reforma y Ensanche de Barcelona. In *Cerdá y Barcelona*. Vol. 1. Barcelona/Madrid, INAP/Ayuntamientos de Barcelona y Madrid, 1991. • CERRILLO

RUBIO, Inmaculada. *La formación de la ciudad contemporánea. Logroño entre 1850 y 1936. Desarrollo urbanístico y tipologías arquitectónicas*. Logroño, Ayuntamiento de Logroño-Instituto de estudios riojanos, 1993. • GROSSO, Alfonso (1961). *La zanja*. Edición de José Antonio Fortes. Madrid, Cátedra, 1984. • OYÓN, José-Luís; MALDONADO, José; GRIFUL, Eulàlia. *Barcelona 1930: un atlas social*. Barcelona, Universidad Politécnica de Catalunya, 2001. • REAL ACADEMIA ESPAÑOLA. *Corpus de referencia del español actual* (Crea) <www.rae.es>. • REAL ACADEMIA ESPAÑOLA. *Corpus diacrónico del español* (Corde) <www.rae.es>. • TATJER, Mercedes. *Burgueses, inquilinos y rentistas. Mercado inmobiliario, propiedad y morfología en el centro histórico de Barcelona: la Barceloneta, 1753-1982*. Madrid, CSIC, 1988. • TOMÉ, Sergio. *Oviedo: la formación de la ciudad burguesa. 1850-1950*. Oviedo, Colegio Oficial de Arquitectos de Asturias, 1988.

E **plaza** (pl. **plazas**)

español España, Argentina y México, sustantivo femenino.

Definiciones

plaza: *Lugar ancho y espacioso dentro del poblado, donde se venden los mantenimientos y se tiene el trato comun de los vecinos y comarcanos, y donde se celebran ferias, mercados y fiestas públicas. Sale del Latino Platea, que significa eso mismo. Lat. Forum // Se llama también cualquier lugar fortificado con muros, reparos, baluartes, para que la gente se pueda defender del enemigo. [...] // Se llama asimismo, el sitio determinado y preciso para que pueda estar alguna cosa donde hay otras de su especie [...] // Se toma tambien por fama ú opinión* (*Diccionario de autoridades [1737] 1963).

plaza: *Lugar ancho y espacioso dentro del poblado. // Aquel donde se venden los mantenimientos y se tiene el trato común de los vecinos y comarcas, y donde se celebran ferias, los mercados y fiestas públicas. // Cualquier lugar fortificado con muros, reparos, baluartes, etc. para que la gente se pueda defender del enemigo. // Sitio determinado para una persona o cosa, en el que cabe, con otras de su especie* (Real Academia 1992).

EN EL DICCIONARIO DE AUTORIDADES (*[1737] 1963:296) *plaza* poseía varias acepciones que se han mantenido con pocos cambios hasta la actualidad (Real Academia Española 1782, 1936, 1992), que refieren genéricamente a un *lugar* o *sitio* – emplazamiento significa aún hoy ubicación – y en particular a su importancia social y espacial en la ciudad.

Una primera acepción la definía como un espacio de la ciudad destinado al comercio – "colocar en *plaza*" es, aún hoy, sinónimo de vender –, a la reunión y a la realización de festividades de todo tipo. Vinculada con ese alcance, una segunda acepción aludía al carácter público de un ámbito en el que se dan a conocer las noticias y se comunican normas y decisiones de gobierno. Así, "pasar plaza" era "tener fama" de algo; "sacar a plaza" era hacer público, "publicar" alguna cosa que estaba oculta, en implícita referencia a un espacio donde el acontecer de la ciudad se volvía conocido de todos. Con un léxico profuso, se presenta también la acepción militar: *plaza alta*, *plaza baja*, *plaza de armas*, *plaza fuerte*, *plaza muerta*, *plaza viva* y, por un proceso de metonimia derivado del rol militar de las ciudades durante la reconquista española y la ocupación de América, *plaza* fue sinónimo de ciudad en expresiones tales como: *ceñir la plaza* o *socorrer la plaza*. Al ser sus pobladores tanto soldados como vecinos, se las utilizaba como polvorín y lugar de entrenamiento militar: *plazas de armas*.

Las *plazas* tuvieron un rol destacado en las poblaciones españolas de la reconquista, donde se las fue creando en espacios liberados por demoliciones para alojar mercados en localizaciones extramuros (Gutkind 1967). Las *plazas* así creadas se rodearon de edificios significativos y propiciaron nuevos usos, en localizaciones diversas, diferenciándose de las ciudades americanas donde fueron el núcleo central de la cuadrícula y el concentrador de las funciones urbanas. Según la bibliografía, la plaza hispánica en América es el resultado de la confluencia de la experiencia urbanística acumulada durante la reconquista ibérica – organizada tempranamente por el monje Juan de Eximenis en el siglo 14 – (García y Bellido, Torres Balbas & Cervera Vera [1954] 1987), de los trazados regulares establecidos en los manuales renacentistas (Palm 1951) y de la tradición de los espacios abiertos ceremoniales de las culturas americanas recuperados por su valor simbólico (Hardoy 1983).

Resultado de múltiples filiaciones (Solano 1990), este tipo de forma y de centralidad fue sistematizada en la legislación indiana. Las Ordenanzas de Felipe II, de 1573, dispusieron de manera precisa que "La *Plaza mayor* donde se ha de comenzar la población, siendo en costa de mar, se debe hacer al desembarcadero de el Puerto, y si fuere lugar Mediterráneo, en medio de la población: su forma en cuadro prolongada, que por lo menos tenga de largo una vez y media de su ancho [...] su grandeza proporcionada al número de vecinos [...] y las ocho calles, que saldrán por las cuatro esquinas, salgan libres, sin encontrarse en los portales, de forma que hagan la acera derecha con la plaza y calle". También se establecía que la Iglesia principal [*Templo*] debía ubicarse separada de la *plaza*, y que se hicieran "otras plazas menores para iglesias parroquiales y monasterios" (Ordenanzas n. 112-115 y 126-128

[1573] apud Arteaga Zumarán 1987:260-261). No obstante, la realidad de las ciudades latinoamericanas presentó un panorama extremadamente heterogéneo, desde pueblos y villas que tuvieron una sola *plaza*, hasta grandes ciudades dotadas de complejos conjuntos como México, Cuzco y Guadalajara (Gutiérrez 1989). Mientras las *plazas* menores, vinculadas a las iglesias organizaban las diferentes parroquias, en casi todos los casos la *plaza mayor* se asoció con las más variadas funciones (Ricard 1950).

Durante el periodo colonial, la *plaza* central se rodeó de las residencias de las familias notables y de las principales instituciones (gobierno, religión, justicia), fue sede del mercado cotidiano, escenario de celebraciones y lidias de toros, lectura de bandos, ejecuciones (Robertson & Robertson [1843] 2000) y autos de fe; que le conferían su carácter de espacio colectivo de integración social y de representación colectiva (Rojas Mix 1978). Las *plazas*, aún las de menor importancia, constituían el marco de una sociabilidad tradicional, estructurada según vínculos verticales, corporativos y estamentales (Guerra 1992). En ese espacio público en sentido amplio, el acontecer de la ciudad se volvía notorio tanto en el rumoreo informal y como en el circular de las noticias oficiales de bandos y pregones. "Hombre de plaza" era el *Homo publicus,* la persona que ocupaba un lugar de prestigio, en tanto "sacar a plaza" equivalía a hacer conocer a la sociedad, al pueblo de la ciudad concebida como "república", como "comunidad perfecta" dotada de un gobierno y un territorio propios (Lempérière 1998).

A partir de los mediados del siglo 18 y después de la independencia a comienzos del ochocientos, declinó la multiplicidad de usos de la *plaza* al tiempo que surgían nuevas *plazas* especializadas (Favelukes 1998). El crecimiento urbano y el ideario higienista heredero de la Ilustración impulsaron el desplazamiento a la periferia de las ejecuciones, las actividades militares y los mercados. En Buenos Aires los vecinos notables proponían la creación de plazas que permitirían valorizar los barrios alejados (*Plaza* Nueva, 1773; *Plaza* Amarita, 1781, y *Plaza* Monserrat, 1782, en *Acuerdos* ... 1928:555-556, 1929:666-671 y 1930:98-101). En otras ciudades, como en México, los equipamientos que acompañaban la expansión urbana fueron "una parroquia, una *plaza* de mercado, un cuerpo de guardia de oficial, una botica, un lavadero, un baño y las fuentes públicas necesarias" (Ortiz de Ayala [1822] 1968:27). Con la noción de *paseo* – que nace del modelo del boulevard y del parque barroco – la *plaza mayor* se fue ordenando como espacio ceremonial, del que hay tempranos registros para el zócalo de México (Hernández Franyuti 1994; Plaza Mayor 1789). Por la misma época, en Buenos Aires, se restringieron los usos sociales de la *plaza* "donde las señoras iban a ver y a ser vistas" (Wilde [1881] 1960:68) y se dictaban nuevos códigos de comportamiento ("Reglamento de los Alcaldes de barrio" 1813 in *Registro Oficial...* 1879, 1:191-193; Aviso de la Municipalidad 1869) y se fue generalizando el uso de cercados o la delimitación de la *plaza* con cadenas o desniveles para evitar el ingreso de "vagabundos" (Municipalidad... 1862:302). A lo largo de ese proceso de transformación orientado según criterios de "embellecimiento, adorno y simetría", se fue incorporando vegetación, se erigieron en ellas monumentos, se dictaron reglamentos especiales para uniformar las fachadas de su entorno (*Ordenanza*... 1875:326).

Durante la segunda mitad del siglo 19 en Argentina las plazas constituyeron una preocupación central de las municipalidades recientemente creadas (Berjman 2001). Junto con los parques, se consideraron como instrumentos para contrarrestar los "males urbanos" desde sus cualidades de espacio natural, higiénico, de sociabilidad y civismo. En ese marco comienza un proceso de redefinición de contenidos en el discurso político y técnico.

En un primer momento, los higienistas atribuyeron a esos "pulmones de la ciudad" el rol de "modificadores urbanos" (Wilde 1872:95), capaces de compensar las deficientes condiciones de vida populares: "las plazas y sus correspondientes plantaciones de árboles servirían para aumentar la superficie aereatoria de aquellas vecindades" (Rawson 1891:107). Fueron también visualizadas como un instrumento para fortalecer los valores democráticos en tanto "oasis [para] todas las clases sociales" (Municipalidad... 1887:298). Para los partidarios del arte urbano – en la línea inaugurada por el austríaco Camillo Sitte – eran un sitio privilegiado para el despliegue de su proyecto pedagógico y civilizatorio, y recomendaban localizar en ellas la "efigie de nuestros héroes [...] para revivir sus vidas ejemplares" (Schiaffino 1894). En los comienzos del siglo 20 los documentos de urbanismo condensan el ideario: "la *plaza* pública es un importante elemento de la ciudad. [...] es un punto de reunión, un lugar agradable donde se desarrollan fiestas y ceremonias, un lugar de bienestar y de aire puro, es la localización ideal para los monumentos, un punto de referencia en el laberinto de las calles. Es un lugar de descanso, un regulador del movimiento. Es necesario crearlas en gran número en todos los barrios de la ciudad…" (Intendencia…1909:19). Sobre esos lineamientos, el carácter y la morfología de las *plazas* fue un tema de debate político y problema de arquitectos e ingenieros (Intendencia... 1909:19) a más de operar como un importante factor de valorización dentro de un mercado inmobiliario en expansión.

La controversia en torno a las plazas dio a los arquitectos la oportunidad de mostrar sus habilidades en el campo de embellecimiento urbano: "la belleza de una ciudad a menudo se mide por la importancia y belleza de sus plazas, edificios que las rodean y las obras de arte que lo adornan" (Agrelo 1923:102). Su valor estético y su capacidad para fortalecer el espíritu cívico y comunitario también se consideraron desde la medicina social y alimentaron las propuestas de reformadores y socialistas. Las *plazas* "cumplen una misión profiláctica en la lucha contra el precario desarrollo biológico de la población". Los ejercicios físicos, colonias de vacaciones, guarderías fueron iniciativas destinadas a asegurar "la salud y el bienestar de las personas". Su distribución equilibrada – posible gracias a la expropiación – se presentó como un freno para la especulación inmobiliaria (Castiñeiras 1929:7). Las *plazas* pasaron a formar parte de la categoría genérica de "espacios libres públicos", instaurada en Sudamérica por los manuales del arte cívico de Werner Hegemann ([1922] 1992) y por el paisajista francés Jean-

Claude Forestier, que proponía un sistema metropolitano jerarquizado, compuesto por parques, plazas, centros cívicos, terrenos de juego y ejercicios físicos y vinculado por avenidas paseos (Intendencia…1925:69) que debía cualificar el espacio metropolitano y otorgar variedad a la cuadrícula infinita de Buenos Aires (Novick 2003). Esa transición de la plaza al sistema de espacios libres anunciaba la emergencia de los "centros funcionales" de los planteos *ex novo* de la arquitectura moderna (Corbusier, Kurchan & Hardoy 1947) que tuvieron como corolario las "plataformas" y "explanadas" de los conjuntos habitacionales de la segunda posguerra.

Poco a poco, el carácter de lo que los especialistas llamaron luego la *plaza tradicional* se fue desdibujando, en un proceso que duró hasta los años 1970, cuando se comienza a intentar recuperar sus dimensiones culturales y su carácter de espacio público colectivo (La plaza pública… 1978). Así, durante los años 1980 y en el contexto de operaciones urbanísticas de nueva generación, se observa su revalorización en tanto dispositivos de "mejoramiento" del espacio público y de "moderadores de procesos ambientales" (Áreas verdes… 1998).

Por su parte, muchos ensayos literarios retomaron las críticas formuladas en los discursos de los profesionales: "las plazas de Buenos Aires son tal vez la parte más impersonal de la urbe; parecen sus tragaluces y nada más" (Escardó 1945:79); aunque la mayoría de los escritores y poetas modernistas – como Borges (1923) o Baldomero Fernández Moreno – pusieron el énfasis en el clima calmo y sereno que transmitían las plazas arboladas. En ese mismo sentido, la *plaza* fue crecientemente percibida como un sinónimo de vida barrial, de posibilidades recreativas para los habitantes de ciudades convirtiéndose en un reclamo habitual de asociaciones vecinales que las municipalidades y las campañas preelectorales han logrado sólo ocasionalmente satisfacer.

En síntesis, el rasgo distintivo y constante de las plazas en América Latina reside en su dimensión simbólica de espacio público en el sentido político. A lo largo del siglo 18 la *plaza mayor* fue el lugar de la representación pública, de las fiestas y las manifestaciones oficiales de la época colonial; en el ochocientos devino *plaza pública* (López [1880] 1967:26), lugar de demostraciones partidarias y de *meetings* dando forma junto con las calles y los atrios de las iglesias al espacio público moderno, caracterizado por el debate, la democracia y la movilización (Sábato 1998). Mediante grandes manifestaciones, allí dirimieron sus pujas políticas los líderes de movimientos populistas, allí se expresaron el movimiento sindical y estudiantil, allí se gestaron o se derribaron las dictaduras. "Ir a la plaza" es todavía sinónimo de ir a manifestar o protestar, "quedar tendido en la plaza" fue una de las amenazas formuladas durante el período de la represión (Las confesiones... 1994). Las madres de Plaza de Mayo se constituyeron como grupo en ese lugar emblemático: "Y, volvimos a la Plaza y la retomamos [...] esa Plaza había que conservarla porque era la lucha, porque era el futuro" (Bonafini 1988:3).

Alicia Novick y Graciela Favelukes

Véase: calle (e), centro (e), ciudad (e), mercado (e)

Referencias

Acuerdos del extinguido cabildo de Buenos Aires (1769-1773). Serie III, tomo IV, libros XXXV y XXXVI. Buenos Aires, Archivo General de la Nación, 1928. • *Acuerdos del extinguido cabildo de Buenos Aires* (1777-1781). Serie III, tomo VI, libros XL al XLIV. Buenos Aires, Archivo General de la Nación, 1929. • *Acuerdos del extinguido cabildo de Buenos Aires* (1782-1785). Serie III, tomo VII, libros XLIV al XLVII (1782-1785). Buenos Aires, Archivo General de la Nación, 1930. • AGRELO, Emilio C. En nuestras plazas. *El Arquitecto*, Buenos Aires, vol. 3, n. 28, nov. 1923. • Áreas verdes y recreativas. In *Plan urbano ambiental de la ciudad de Buenos Aires. Elementos de diagnóstico*. Buenos Aires, Gobierno de la Ciudad de Buenos Aires/Secretaría de Planeamiento Urbano y Medio Ambiente, 1998. • ARTEAGA ZUMARÁN, Juan José. La urbanización Hispanoamérica en las leyes de Indias. In *La ciudad iberoamericana*. Madrid, MOPU-CEHOPU, 1987. • Aviso de la Municipalidad. *El Nacional, órgano de la política, del comercio y literatura de la República Argentina*. Buenos Aires, n. 6840, 7 ene. 1869. • BERJMAN, Sonia. *La plaza española en Buenos Aires. 1580/1880*. Buenos Aires, Kliczkowski Publishers, 2001. • BONAFINI, Hebe. Historia de las madres de Plaza de Mayo. Conferencia de 06 de julio 1988. Buenos Aires, Asociación de Madres de Plaza de Mayo, 1988. • BORGES, Jorge Luis. Plaza San Martín. *Fervor de Buenos Aires*. Buenos Aires, Emecé, 1923. • CASTIÑEIRAS, Alejandro. *Los espacios libres en la ciudad de Buenos Aires. Plazas, plazoletas y parques. Proyecto de ordenanza y fundamentos presentados al H. Concejo Deliberante en nombre del Grupo Comunal Socialista*. Buenos Aires, Peuser, 1929. • CORBUSIER, Le; KURCHAN, Juan; HARDOY, Jorge Ferrari. Plan Director para Buenos Aires. Extracto traducido al español de *L'Architecture d'Aujourd'Hui*. Buenos Aires, 1947. • ESCARDÓ, Florencio. *Geografía de Buenos Aires*. Buenos Aires, Losada, 1945. • FAVELUKES, Graciela. La plaza, articulador urbano de la ciudad hispanoamericana independiente. Buenos Aires, 1810-1870. In *Escritos del IAA. Notas sobre Buenos Aires. Territorio, espacio público y profesionales de la ciudad (siglos XVIII al XX)*. Buenos Aires, FADU UBA, 1998. • GARCÍA Y BELLIDO, Antonio; TORRES BALBAS, Leopoldo; CERVERA VERA, Luís; CHUECA GOITIA, Fernando; BIDAGOR, Pedro (1954). *Resumen histórico del urbanismo en España*. Madrid, Instituto de Estudios de Administración Local, 1987. • GUERRA, François Xavier. *Modernidad e independencias. Ensayos sobre las revoluciones hispánicas*. Madrid, Mapfre, 1992. • GUTIÉRREZ, Ramón. La ciudad iberoamericana en el siglo XIX. In *La ciudad latinoamericana. El sueño de un orden*. Madrid, Centro de Estudios Históricos de Obras Públicas y Urbanismo/Ministerio de Obras

Públicas y Urbanismo, 1989. • GUTKIND, Erwin Anton. *Urban development in Southern Europe: Spain and Portugal*. Vol. III de la International History of City development. New York/London, The Free Press/Collier-Macmillan Limited, 1967. • HARDOY, Jorge E. Las plazas coloniales de América Latina. *Documentos de Arquitectura Nacional y Americana – DANA*, n. 15, Resistencia, 1983. • HEGEMANN, Werner; PEETS, Herbert (1922). *Arte civil*. Edición facsimilar de la versión de Civic Art. Barcelona, Fundación Caja de Arquitectos, 1992. • HERNÁNDEZ FRANYUTTI, Regina. Ideología, proyectos y urbanización en la ciudad de México. In HERNÁNDEZ FRANYUTTI, Regina (Dir.). *La ciudad de México en la primera mitad del siglo XIX. Economía y estructura urbana*. México, IIJMLM, 1994. • INTENDENCIA MUNICIPAL; BOUVARD; ANDRÉS. *El nuevo plano de la ciudad de Buenos Aires*. Buenos Aires, Imprenta Litografía y Encuadernación Kraft, 1909. • INTENDENCIA MUNICIPAL; COMISIÓN DE ESTÉTICA EDILICIA. *Proyecto orgánico para la urbanización del Municipio*. Buenos Aires, Talleres Peuser, 1925. • La plaza pública: un espacio para la cultura. *Culturas*, vol. V, n. 4, Unesco, 1978. • Las confesiones de Nicoletti. *Revista Gente*, 9 jun.1994. • LEMPÉRIÈRE, Annick. República y publicidad a finales del Antiguo Régimen (Nueva España). In GUERRA, François Xavier; LEMPÉRIÈRE, Annick; et al. *Los espacios públicos en Iberoamérica. Ambigüedades y problemas. Siglos XVIII-XIX*. México, Fondo de Cultura Económica, 1998. • LÓPEZ, Lucio Vicente (1884). *La gran aldea*. Buenos Aires, CEAL, 1967. • MUNICIPALIDAD DE BUENOS AIRES. *Memoria de la intendencia de la capital de la República correspondiente a 1886, presentada al Honorable Concejo Deliberante*. Buenos Aires, 1887. • MUNICIPALIDAD DE BUENOS AIRES. *Memoria de la municipalidad de la ciudad de Buenos Aires correspondiente a los años 1860 y 1861*. Buenos Aires, 1862. • NOVICK, Alicia. Foreign Hires: french experts and the urbanism of Buenos Aires, 1907-1932. In NASR, Joe; VOLAIT, Marcedes. *Urbanism Imported or Exported? Native aspiration and Foreign Plans*. Chichester, Wiley-Academy, 2003. • Ordenanza sobre arquerías y recova en el Paseo de Julio y de Colón. In *Digesto Municipal de la Ciudad de Buenos Aires*. Buenos Aires, 1875. • ORTIZ DE AYALA, Simón Tadeo de (1822). *Resumen de la estadística del Imperio Mexicano, 1822*. Estudio, revisión y notas de Tarcisio García Díaz. Ciudad de México, UNAM-IIB, 1968. • PALM, Erwin Walter. *Los orígenes del urbanismo imperial en América*. México, IPGH, 1951. • Plaza Mayor. Archivo Histórico de la Ciudad de México, vol. 3618, 1789. • RAWSON, Guillermo. *Escritos y discursos*. Buenos Aires, Compañía Sudamericana de Billetes de Banco, 1891. • *Registro Oficial de la República*

Argentina que comprende los documentos expedidos desde 1810 hasta 1873. Vol. 1. Buenos Aires, 1879. • RICARD, Robert. La plaza mayor en España y en América española. *Estudios Geográficos*, Madrid, año XI, n. 39, 1950. • ROBERTSON, John Parish; ROBERTSON, William Parish (1843). *Cartas de Sudamérica*. Buenos Aires, Emecé, 2000. • ROJAS MIX, Miguel. *La plaza mayor. El urbanismo, instrumento de dominio colonial*. Barcelona, Muchnik, 1978. • SÁBATO, Hilda. *La política en las calles. Entre el voto y la movilización. Buenos Aires, 1862-1880*. Buenos Aires, Sudamericana, 1998. • SCHIAFFINO, Eduardo. La Plaza de Mayo y las estatuas históricas. *La Nación*, Buenos Aires, 1894. • SITTE, Camillo (1889). *Construcción de ciudades según principios artísticos*. Barcelona, Canosa, 1926. • SOLANO, Francisco de. *Ciudades hispanoamericanas y pueblos de indios*. Madrid, Consejo Superior de Investigaciones Científicas, 1990. • WILDE, Eduardo. *Curso de higiene pública*. Buenos Aires, Casavalle, 1872. • WILDE, José A (1881). *Buenos Aires desde 70 años atrás*. Buenos Aires, Eudeba, 1960.

❺ población (pl. poblaciones)

español España y América Latina (en general),
sustantivo femenino

Definiciones

población: *La acción de poblar. [...] Recop. de Ind. Lib. 4. Tít. 7. l. 1. Y en caso de edificar à la ribéra de algun rio, dispongan la* población *de forma, que saliendo el Sol de primero en el Pueblo que en el agua.* Población. *Se llama tambien la Ciudad, Villa ò Lugar que está poblada y habitada de gente [...]. Recop. de Ind. Lib 4. Tít 7. L. 12. Ordenamos que cerca de las murallas ò estacádas de las nuevas* poblaciones, *en distancia de trecientos passos, no se edifiquen casas. [...].* Población. *Se entiende tambien el número de vecinos, que componen algún Pueblo* (*Real Academia Española 1737:304).

población: *la acción de poblar, y la Colonia, ó jentes que vienen, ó pasan á alguna parte á buscar tierra en que habitar. Fr. Peuplade. Lat. Coloniae, vel Incolarum inductio. It. Popolazione, colonia: Europa ha embiado* poblaciones *á muchas partes. Los Godos inundaron con*

ellas á España. Población, el lugar, ó habitadores mismos. Fr. Peuplade. Lat. Incolae. It. Colonia (*Terreros III, 1788:164).
la palabra **población** *[...] nos sirve también para expresar un grupo de edificaciones, aunque más propiamente con relación al vecindario, que a la parte material de las construcciones* (Cerdá 1867: 30).

población: Ciudad, pueblo o lugar *que están poblados y habitados de gente. // Caserío disperso, situado en las haciendas o suertes que constituyen un solo vecindario* (Enciclopedia universal... 1921, 45:920).

población: *(Del latín* populatio, -onis*). 1. f. Acción y efecto de poblar. // 2. f. Conjunto de personas que habitan la Tierra o cualquier división geográfica de ella. // 3. f. Conjunto de edificios y espacios de una ciudad. // 4. Casco, densidad, radio de población* (*Real Academia Española 1992).

LAS TRES ACEPCIONES PROPUESTAS POR LA MAYORÍA de los diccionarios del siglo 17 muestran una gran coherencia en la definición, pero también su importancia en la historia y en la cultura española de *población*, que puede ser traducida al francés como *population*, *peuplement* o *ciudad*.

La referencia en cuestión, presente desde las primeras ediciones del *Diccionario de la Real Academia* (siglo 18), es la de las *Recopilaciones*, los textos reglamentarios obligatorios del Imperio. La célebre Ordenanza de Carlos Quinto, promulgada en 1523, estableció un verdadero modelo de urbanización colonial. En este texto, se pedía a los colonos lo siguiente: "cuadro hagan la planta del *lugar*, repártanlo por sus *plazas*, *calles* y *solares* a cordel y regla comenzando desde la *plaza mayor*, y sacando desde ella las *calles* a las puertas y caminos principales, y dejando tanto compas abierto, que aunque la *población* vaya en gran crecimiento se pueda siempre proseguir y dilatar en la misma forma" (apud Arteaga Zumarán 1987:259).

Las *Ordenanzas* publicadas en 1573 por Felipe II bajo el título *Nuevas ordenanzas de descubrimiento, poblaciones y pacificaciones* ponían claramente de manifiesto que, en el sistema colonial español, "población" era un término genérico que designaba la ciudad, dado que su empleo era anterior a la definición que daban los estatutos de las aglomeraciones nuevas (Goerg & Huetz de Lemps 2003:479-544), y cuya jerarquía reproducía la nomenclatura utilizada entonces en España: "Elegida la Tierra, Provincia y Lugar en que se ha de hacer nueva *población* [...] el Gobernador en cuyo distrito estuviere, ó confinare, declare el *Pueblo*, que se ha de poblar, si ha de ser *Ciudad*, *Villa ó Lugar*, y conforme á lo que declarare [...] de forma que si hubiere de ser *Ciudad Metropolitana*, tenga un Juez con título de Adelantado" (Ordenanza n. 43, citada por Arteaga Zumarán 1987:259). *Población* designaba entonces un asentamiento urbano pero también el poblamiento y el proceso de control socioterritorial que iba necesariamente de la mano.

Desde este punto de vista, la colonización de Hispanoamérica no es más que el resultado de la transferencia de una lógica arraigada en la península Ibérica y en los períodos anteriores. Explica el historiador Herminia Rodríguez Balbín: "Si nos apoyamos en los argumentos históricos, toponímicos y lingüísticos, podemos demostrar que el verbo *poblar* significa conferir una organización oficial, político-administrativa a entidades de *población* desorganizadas o sin forma, y además, indica que en el siglo 12 [...] el verbo *populare* significaba fortificar y organizar *poblados* en forma ininterrumpida desde tiempos anteriores" (1977:88), en la línea de los grandes trabajos históricos realizados desde el siglo 19 sobre la Reconquista y el Medio Oriente ibérico. Por lo tanto, no es necesario que el territorio en cuestión haya estado despoblado: el acto de *poblar* representa más bien un acto de dominio y de conquista que de poblamiento en propiamente dicho. Los términos *poblar*, *pueblo*, *puebla*, *poblacho*, *poblado*, *pobladores* constituyen un conjunto de palabras ligadas etimológicamente a *población* y traducen un conjunto de valores ligados al territorio.

En la América española, el término *población* tuvo entonces varios usos. Si el sistema colonial estableció *plazas* militares (siendo Santo Domingo la primera en ser fundada, en 1494), *puertos* (Puerto Rico en 1508), *ciudades* donde residían los representantes de la monarquía (La Habana, 1515; Panamá, 1519; Los Reyes o Lima, 1535; Buenos Aires, 1536; Santa Fe de Bogotá, 1538…), ciudades mineras y muchísimos otros asentamientos humanos, la creación de *poblaciones* constituyó una característica permanente del proyecto colonial español durante tres siglos (Musset 2002). Esto permite explicar por qué, en los mapas antiguos de las *nuevas villas* o *nuevas ciudades*, el término *población* no formaba parte de la toponimia, mientras que, al contrario, *villa*, *pueblo* y, claro está, *ciudad* sí (*Pueblo* Nuevo, *Pueblo* Libertador, *Villa* Ocampo, *Villa* Constitución, *Ciuda*d Hidalgo, *Ciudad* Juárez…).

Los documentos cartográficos del siglo 18 muestran que un gran número de proyectos de asentamiento, como por ejemplo el "Plano de la nueva *población* de Guaillas en la provincia de

Patas" (Biblioteca del Palacio Real E112/T2 in CEHOPU 1989:68). Este movimiento es similar a aquel que se dio en la península Ibérica en la época de los Borbones, muy conocida en la historia del urbanismo español a raíz de ciertos asentamientos urbanos en Andalucía, Nueva Castilla y Sierra Morena (La Carlota, La Carolina...) y que algunos describen incluso como una "colonización interior" (Oliveras Samitier 1998). La expresión *nuevas poblaciones* designaba obras bastante diversas durante el siglo 18 y principios del siglo 19: los barrios populares de la Barceloneta o del puerto de Terragona, o incluso los proyectos grandiosos, originales e inigualables como la Nueva Sangüesa en Navarra, la Nueva Tabarca sobre un islote cerca de Alicante o el Puerto de la Paz al lado de Bilbao. *Población* es también el nombre genérico que los comentadores de la época y la historiografía dan a estos proyectos. Estas propuestas emanaron de una misma doctrina en materia de planeamiento, que reposaba sobre los valores de la economía política del Siglo de las Luces, y fueron representadas en España por hombres como Gaspar de Jovellanos, el conde de Campomanes o el economista Antonio de Capmany, todos ellos simpatizantes del desarrollo simultáneo de las ciudades, de la nación y de su población. Todos estos elementos terminológicos pueden asociarse eventualmente a los argumentos del filósofo Michel Foucault acerca del surgimiento del concepto de población...

En el siglo 19, el término *población* tuvo nuevos usos. En efecto, en 1864, la primera ley de planeamiento urbanístico dictaminó el *ensanche* de la *población*, sin dar cabida a la palabra "ciudad" en los textos reglamentarios (Bassols Coma 1973; Coudroy de Lille 1995): el tamaño del *ensanche de población* debía proporcional al aumento de la *población*. En este caso, el antiguo término castellano encaja muy bien en la nueva concepción, que busca adaptar el tamaño de las ciudades a su demografía, y *población* tuvo entonces una nueva "oportunidad" en el campo léxico. Por otro lado, al no formar parte de la jerarquía habitual en las aglomeraciones del Antiguo Régimen – que reconocía la *ciudad*, la *villa* y el *lugar* tanto en la Metrópolis como en el Imperio – dicho término podía también satisfacer las necesidades de los recolectores de estadísticas, los higienistas y los ingenieros que marcaban también las tendencias ideológicas del siglo 19. La búsqueda de criterios estadísticos en la definición y la clasificación de las ciudades dieron entonces lugar a usos adicionales que confundían, dentro de las categorías del pensamiento del siglo 19, *población* y "aglomeración": "De setenta *poblaciones* importantes de España a que se refieren los datos demográficos, solo siete andan a los alcances de Pamplona en punto a mortalidad […]. Este horrible mal no es pasajero sino que va en constante aumento […]. La *población* ha disminuido en 465 habitantes en cuadro años" (Borrador del informe presentado a Alfonso XII por la municipalidad de Pamplona...1884 apud Orbe Sivate 1986:223). El *ensanche* no constituye por ende la consecuencia del aumento de la población, sino una forma de evitar su disminución. Más adelante, se menciona que "el conflicto entre las necesidades de la *población* civil y las de la *plaza de guerra* es más aparente que real" (apud Orbe Sivate 1986:224): la polisemia de la palabra cumple aquí su plena función, dado que la lógica del texto conduce a usar el término "población", y a usar en cambio el término "ciudad" para diferenciarlo de "plaza fuerte".

Conviene preguntarse si el término *población* logró mantenerse en la época contemporánea como un término genérico para designar las ciudades. Ya desde 1860, el ingeniero Ildefonso Cerdá, quien escribió el proyecto de Ensanche de Barcelona, utilizó *población* y varios otros términos para designar las aglomeraciones satelitales (Gracía, Sants...) perímetro barcelonés: "hube de comprender todas las *poblaciones* inmediatas que deben reputarse como otros tantos *arrabales* o *suburbios* de la *Ciudad*" (Cerdá [1855] 1991:126§33). En otras ocasiones, el autor describe a los *pueblos*, *villas*, e incluso *hijuelas* como "*poblaciones* que en su disposición y trazado constituyen un verdadero padrón de ignominia para nuestro siglo" (Cerdá [1855] 1991:76§99). Si este precursor del pensamiento urbanístico recalcó con frecuencia las connotaciones antiguas de la palabra *ciudad*, también decidió "evitar utilizar la palabra *población*, un sustantivo genérico de nuestra lengua que es utilizado para designar un grupo de casas habitadas, pero que representa un muy grave inconveniente para mi propósito, ya que designa también a un grupo de personas que pueblan un país, una comarca, una *ciudad* o una *aldea*" (Cerdá 1867:31). Las connotaciones de Antiguo Régimen de la palabra *ciudad* terminaron por desaparecer... junto con el mismo Antiguo Régimen, y esto impidió que el término genérico y muy antiguo de *población* mantuviera su rango. La relación etimológica de *población* con *pueblo* fue lo que probablemente llevó a Cerdá a forjar un nuevo término

– *urbe* – destinado a traducir el carácter novedoso de la mirada que sus contemporáneos arrojarían sobre las ciudades, las grandes ciudades. A pesar de este intento, *ciudad* logró consolidarse claramente como un término genérico del siglo 19.

El vocablo *población* no desapareció, pero, al igual que otros, se volvió un sinónimo de *ciudad* en el siglo 20. El novelista y político Vicente Blasco Ibáñez supo aprovechar el carácter intercambiable del léxico en cuestión en una descripción en la que el héroe de *La horda* ([1905] 1958) contempla Madrid desde las alturas del sudoeste: "Vista desde allí, la *población* era monumental, soberbia; pocas *capitales* de Europa parecían tan hermosas", pero unas líneas más abajo, dice encontrarse frente a una "imponente *metrópoli*", luego ante una "gran *villa*" y, por último, ante una "orgullosa *urbe*" (Blasco Ibáñez [1905] 1958:1514). Estas variaciones léxicas introducen aquí a un estilo hiperbólico y sugieren la continuidad de una equivalencia entre estas palabras, cuyas connotaciones particulares se ven parcialmente suspendidas.

Cuando estas connotaciones entran en juego, funcionan un poco en detrimento de *población*. La palabra evoca una ciudad humilde, cuya condición modesta proviene de su carácter inacabado y de la ausencia total de estatutos o de jerarquía. El término *población* se vuelve sinónimo de *ciudad*, como lo es *village* de *ville* en francés, pero no es reconocido institucional e históricamente como tal. Cuando una aglomeración posee unos cuantos miles de habitantes, lo que resulta poco en un país donde predomina la vivienda colectiva, se lo denomina un *pueblo*. Por último, la palabra *población* pertenece a familia léxica muy particular, algunos miembros de la cual cayeron en desuso o poseen connotaciones despectivas: es el caso de *poblado*, *poblazón* o *poblacho*. *Puebla*, por ejemplo, definido como equivalente de *población* por la mayoría de los diccionarios, aparece sistemáticamente como caído en desuso desde… el siglo 18. El término *población* se encuentra nuevamente desclasado en el siglo 20, y la palabra *ciudad*, una vez desprendida de sus rivales del Antiguo Régimen, puede abarcar prácticamente la totalidad del campo. *Población*, antigua palabra genérica de la ciudad, perdió de esta manera una buena parte de su espacio semántico. Sus usos vienen ahora a reforzar las filas de la *ciudad*. Todavía conserva el sentido de "población"… al igual que una interesante particularidad en Chile.

En efecto, la evolución de la palabra en Chile es original. Al igual que en el resto de los países de Hispanoamérica, el uso del término *población* como sinónimo de asentamiento colonial ha sido destacable a partir del siglo 16: Santiago de Chile fue fundada en 1541, Valdivia en 1552… Sin duda, nada distingue los usos chilenos de *población* hasta mediados del siglo 20.

Sin embargo, a partir de la década de 1950, el término *población* comienza a designar los barrios de urbanización informal. En su *Canto general*, el poeta Pablo Neruda evoca las *aldeas invadidas* y las *poblaciones nocturnas* (1950:88). Si bien se trata simplemente aquí de una villa de emergencia, en sus *Memorias* evoca la relación que puede existir entre la cultura indígena y la larga historia de su país: "luego venían las inundaciones, que se llevaban las *poblaciones* donde vivía la gente más pobre" (Neruda [1973] 1993:16).

Esta mención literaria muestra de qué manera los orígenes coloniales de la palabra se relacionan con la pobreza indígena, en este caso en el antiguo territorio de los Araucanos.

Muy presentes en la famosa novela *La casa de los espíritus*, de Isabel Allende, las *poblaciones* de Santiago son el objeto de largas descripciones a partir de década de 1970: "Brillaba una luna tenue que me permitió ver a lo lejos el perfil de una mísera *población* de cartones, calaminas y tablas" (Allende [1982] 1995§12). Las *poblaciones* constituyen una variante de la villa de emergencia en Chile, como las *barriadas* en Perú, las *villas miserias* en Argentina y los *ranchos* en Venezuela.

Laurent Coudroy de Lille

Véase: barriada (e), casco (e), centro (e), ciudad (e), favela (p), pueblo (e), villa (e)

Referencias
ALLENDE, Isabel (1982). *La casa de los espíritus*. Barcelona, Plaza y Janés, 1995. • ARTEAGA ZUMARÁN, Juan José. La urbanización Hispanoamérica en las leyes de indias. In *La ciudad iberoamericana*. Madrid, MOPU-CEHOPU, 1987. • BASSOLS COMA, Martín. *Génesis y evolución del derecho urbanístico español (1812-1956)*. Madrid, Montecorvo, 1973. • BLASCO IBAÑEZ, Vicente (1905). *La horda*. In BLASCO IBAÑEZ, Vicente. *Obras completas*. Vol. 1. Madrid, Aguilar, 1958. • CEHOPU, *La ciudad hispano-americana. El sueño de un orden*, Madrid, CEHOPU, 1989. • CERDÁ, Ildefonso (1855). Memoria del anteproyecto del Ensanche de Barcelona. In *Cerdá y Barcelona*, Ministerio para las Administraciones Públicas/Ayuntamiento de Barcelona, 1991, p. 51-55. • CERDÁ, Ildefonso (1867). *Teoría general de la urbanización y aplicación de sus principios y doctrinas a la reforma y Ensanche de Barcelona*. Volúmenes I y II. Edición facsímil a cargo de Fabián Estapé. Madrid, Imprenta Española, 1971. • COUDROY DE LILLE, Laurent. *L'ensanche de población en Espagne: invention d'une pratique d'aménagement urbain (1840-1890)*. Doctorado en Géographie. Paris, Université de Paris-X-Nanterre, 1995. • GOERG, Odile; HUETZ DE LEMPS, Xavier. La ville eu-

ropéenne outre-mer. In PINOL, Jean-Luc (Dir.). *Histoire de l'Europe urbaine*. Livre 5, vol. 2. De l'ancien régime à nos jours. Expansion et limite d'un modèle. Paris, Éditions du Seuil, 2003, p. 277-551. • MUSSET, Alain. *Villes nomades du Nouveau Monde*. Paris, Editions de l'EHESS, 2002. • NERUDA, Pablo (1973). *Confieso que he vivido. Memorias*. Barcelona, Seix Barral, 1993. • NERUDA, Pablo. *Canto general*. Ciudad de México, Talleres Gráficos de la Nación, 1950. • OLIVERAS SAMITIER, Jordí. *Nuevas poblaciones en la España de la Ilustración*. Barcelona, Fundación Caja de Arquitectos, 1998. • ORBE SIVATE, Asunción de. *Arquitectura y urbanismo en Pamplona a finales del siglo XIX y comienzos del XX*. Pamplona, Institución Príncipe de Viana, 1986. • REAL ACADEMIA ESPAÑOLA. *Corpus de referencia del español actual* (Crea) <www.rae.es>. • REAL ACADEMIA ESPAÑOLA. *Corpus diacrónico del español* (Corde) <www.rae. es>. • RODRÍGUEZ BALBÍN, Herminia. *De un monte despoblado a un fuero real 700 a 1145: estudio sobre los primeros siglos de desarrollo urbano de Oviedo*. Oviedo, Universidad, 1977.

E polígono (pl. polígonos)

español España, sustantivo masculino

Definiciones

polígono: *Polígono, figura, lugar con más de cuatro lados* (*Cormon 1803).

polígono: *Geom. Polígono, figura con varios ángulos y varios lados. // Polígono, amplio terreno donde los artilleros practican el tiro de bocas de fuego* (*Salvá 1882).

polígono: *Geom. & Mil. Polígono; polígono de tiro. // polígono industrial* (*García-Pelayo & Testas 1998).

polígono: *adj. Objeto con forma de polígono o que tiene una fuerte relación con un polígono. // sustantivo masculino. Nombre genérico que la geometría da a toda figura plana que cuenta con más de cuatro lados.* Polígono exterior. *Fortificaciones. El que se forma tirando líneas rectas de punta a punta de los baluartes de una plaza.* Polígono interior. *Fortificaciones. Figura formada por líneas que unen cortinas y reductos* (*Real Academia Española 1780).

polígono: *m. [...]Geom. Porción de plano limitado por líneas rectas. Urb. Unidad urbanística constituida por* *una superficie de terreno, delimitada para fines de valoración catastral, ordenación urbana, planificación industrial, comercial, residencial, etc. De tiro. Mil. Campo de tiro destinado a estudios y experiencias de artillería [...] Exterior. Fort. El que se forma tirando líneas rectas de punta a punta de los baluartes de una plaza* (*Real Academia Española 1984).

polígono: *1. Superficie plana limitada por una línea quebrada cerrada. 2. Superficie delimitada de terreno que constituye una unidad por su finalidad o por su consideración urbanística. Generalmente con un complemento especificador: industrial, de tiro, etc.* (*Seco, Andrés & Ramos 1999).

polígono: *Espacio periférico con delimitación precisa y notable homogeneidad interna en usos y volumetría, producto por general del planeamiento urbanístico y de estrategias territoriales y sectoriales más amplias [...]. Reposan en una fijación previa de áreas y volúmenes edificables, creando una nueva trama viaria [...]. Los polígonos urbanos, según su uso, se denominan polígonos industriales y polígonos residenciales* (*Grupo Aduar 2000).

LA INTRODUCCIÓN DEL TÉRMINO POLÍGONO EN EL léxico corriente de la ciudad traduce uno de los mayores cambios que conoció el crecimiento de las ciudades españolas en el siglo 20: desarrollo de grandes operaciones unitarias, residenciales o industriales debido a la iniciativa pública o privada, y forma predominante en las periferias urbanas. Esta nueva acepción – anteriormente se trataba de un término del área de la geometría y del arte militar – se incorporó entonces más tarde en los diccionarios de lengua española. Si bien *polígono* se empleaba frecuentemente con este sentido a fines de la década del 1950, sólo en 1984, la Real

Academia Española incorporó esta acepción urbana a las más antiguas. Gracias a la tenacidad de aquellos que continuaron utilizando el término para designar los nuevos conjuntos residenciales o industriales, éste se impuso finalmente, independientemente de su uso en la reglamentación de urbanismo.

En el siglo 19, el término *polígono* se empleaba asiduamente bajo la pluma de los ingenieros en su acepción geométrica. Éstos eran responsables del trazado de las futuras ampliaciones, mientras la construcción de edificios quedaba bajo el control de los arquitectos. Ildefonso Cerdá, ingeniero y geómetra para algunos (Corominas Ayala 2004:211-222), lo utilizaba en sus famosos trabajos acerca del Ensanche de Barcelona, o incluso Carlos María de Castro, quien fue responsable de una tarea similar en Madrid: "tras determinar la zona probable del *ensanche* [...] se empezaron los trabajos en el terreno cercando grandes polígonos" (Castro [1860] 1978:20). Esto consistía en cortar geométricamente las inmediaciones de las grandes ciudades para fijar las bases de la futura urbanización.

El arquitecto e historiador de urbanismo, Fernando de Terán, revivó el empleo de *polígono* en el campo del urbanismo y con el sentido actual al proyecto de 1918 en lo relativo a la urbanización del *extrarradio* de Madrid, a cargo de otro ingeniero, Pedro Núñez Granés. Una vez más, el plan se basaba en la prolongación hacia afuera de las vías existentes en el *casco* y en el *ensanche*, lo que condujo a la creación de "grandes polígonos cuya urbanización interior corresponderá a los propietarios del suelo" (Terán 1982:184). Paralelamente, el impulso definitivo para establecer un catastro moderno en España conforme a la ley de 1906 coincidió con el uso, como módulo básico para ejecutar la cartografía parcelaria de cada municipio, de *polígonos* delimitados por accidentes topográficos, en vez del uso de términos tales como *sección*, empleado anteriormente, o el sistema de hojas por kilómetro aplicado durante las primeras operaciones de catastro (Pro Ruiz 1988). La estrecha relación entre la valoración de la propiedad inmobiliaria y las normas de urbanismo se expresa aquí en la similitud del léxico empleado en el campo de la fiscalidad catastral y de la reglamentación urbana; el término pasa entonces del uso geométrico al urbanístico.

El término *polígono*, como sinónimo de unidad operativa de planificación, se difundió lentamente, en relación con la legislación urbana y con las políticas de vivienda después de la Guerra Civil Española (1936-1939). *Polígono* aparecía como un elemento físico y básico del proyecto operativo de urbanización en el texto de ley para la planificación urbana de Madrid y de sus alrededores del 1º de marzo de 1946, así como también en el reglamento que se adjuntó casi un año más tarde (*Índice progresivo de legislación* 1971). Pero, en la ley de planificación urbana de Valencia y su región, también en 1946, los términos *zona* o *terreno* designaban unidades de intervención urbana (*Índice progresivo de legislación* 1971). Sin embargo, *polígono* figuraba en los textos oficiales, por ejemplo, en el discurso pronunciado en 1944 por Pedro Bidagor, artesano del plan general de Madrid, cuando exponía el complejo modelo de crecimiento contemplado para la capital y subrayaba que después de consolidar el centro, convenía "cerrar la ciudad con un anillo verde y continuar el crecimiento futuro con nuevos polígonos" (apud Terán 1976:24). También podemos encontrar su impronta en varios proyectos de planificación urbana, por ejemplo, el *Polígono* III Cuatro Caminos-Tetuán-Progreso en la capital (1945), o incluso el *Polígono* Avenida de Castilla, en Valencia (1945), del cual Terán (1982) reprodujo los planes en su importante obra acerca de la historia del urbanismo español contemporáneo. La Ley sobre el régimen inmobiliario y el planeamiento urbano del 12 de mayo de 1956 consagró definitivamente el término *polígono* como "unidad de acción dentro del planeamiento" (Bassols Coma 1973; *Índice progresivo de legislación* 1971). La legislación posterior conservó el término con posterioridad, tanto a nivel nacional como en las regiones autónomas.

La reglamentación urbana apuntaba a controlar una urbanización acelerada que, a partir de la década de 1950, se extendió a las ciudades más grandes de España. Paralelamente, el déficit habitacional, un crecimiento desordenado y la extensión de chabolas, sumados a las carencias del sector privado en los años posteriores al conflicto, provocarían una mayor intervención pública en los sectores de construcción de viviendas y en la planificación inmobiliaria. La difusión de los principios de la arquitectura racionalista, la estandarización y la prefabricación definieron el paisaje característico de la nueva trama urbana. La confluencia de estos fenómenos condujo a la creación de un vínculo entre la morfología, la magnitud de las operaciones y la importancia de la iniciativa pública, y explica el éxito del término *polígono*.

El geógrafo Horacio Capel (2002) describió los *polígonos* residenciales como operaciones unitarias periféricas, conformadas por una concentración de edificios de vivienda, edificios elevados con espacios verdes y equipamientos agrupados en zonas específicas, y una red de acceso jerarquizado. Tanto este geógrafo como los arquitectos y urbanistas Manuel de Solà-Morales (1993) y Fernando de Terán (1999) sacaron a la luz las similitudes entre los *polígonos* y las formas del crecimiento urbano de otras ciudades europeas – por ejemplo, los *grands ensembles* franceses o los *neighbourhoods units*, incluso los *new towns* británicos. Partiendo de una definición morfológica de *polígono* en el caso de la región de Barcelona, Solà-Morales (1993) definió cuatro períodos históricos válidos para la totalidad del territorio español. El primero, de 1926 a 1929, correspondía a pequeños conjuntos de viviendas económicas donde aún prevalecía la vivienda individual. Desde el fin de la Guerra Civil hasta 1955, aparecieron los primeros grandes conjuntos de iniciativa pública. Entre los años 1955 y 1965, se realizaron las inversiones públicas más importantes en el sector de la vivienda, luego de la ley inmobiliaria y del primer plan nacional de vivienda. Por último, a partir de 1965, los *polígonos* sufrieron la irrupción de la iniciativa privada y cierta diversificación morfológica.

Al igual que el desarrollo residencial, la ayuda al desarrollo industrial – considerado prioritario después de la guerra – se tradujo particularmente en una planificación inmobiliaria en el marco de los llamados *polígonos industriales*. Los tres planes de desarrollo económico y social, puestos en marcha en 1964, alentaron la multiplicación de dichos *polígonos*, pero como dichas operaciones se llevaron a cabo al margen de planes de planificación urbana, la oferta de terrenos industriales del orden de la iniciativa pública afectó, en forma general, zonas marginales insuficientemente equipadas en materia de infraestructuras y de servicios. Estas insuficiencias fueron aún más acentuadas en los proyectos que dependían de la iniciativa privada (Terán 1999). En las novelas, se describe el *polígono industrial* como una zona alejada y peligrosa, asolada por la prostitución y la droga (Arregui 1995; Silva 2000). En una de las canciones de la banda de rock español Extremoduro, la prueba que el protagonista consume drogas se da a través de la siguiente frase: "que te he visto yo pa'l polígono" (Extremoduro 1996).

Cuando la operación de planificación terminó, la palabra *polígono* – ya sea industrial o residencial – continuó empleándose, lo que expresa un reconocimiento público y compartido de la singularidad de estos *conjuntos*. Cuando el paso del tiempo permitió un mejoramiento de las condiciones en esas zonas residenciales, originalmente de calidad mediocre, el *barrio* perdió en general su nombre de *polígono*. Sin embargo, las insuficiencias estructurales o la permanencia de una población residente de muy modestos ingresos llevaron a conservar el calificativo de *polígono* para designar gran parte de las operaciones públicas de la época del franquismo llamada *desarrollista*. Prácticamente todas las ciudades de España conservan algún *polígono* con esas mismas características de segregación y de calidad mediocre de construcción y de medio ambiente, por ejemplo, los *polígonos* de San Blas o de Moratalaz, en Madrid; los *Polígonos Poniente* y *Levante*, en Córdoba, etc. En Toledo, el equipo de básquet de la ciudad toma el nombre de

Polígono – sin especificación toponímica – mientras que el nombre oficial del barrio, Santa María de Benquerencia, casi no se emplea. En este caso, *polígono* es un topónimo, de una singularidad particularmente evocadora. La telenovela *Memorias de Andalucía* evoca así una trayectoria residencial en Sevilla. "Un chiquillo al que une tarde lluviosa sacan con su familia de un corral en ruinas de la Puerta Osorio. Van a la cochera de los Tranvías [...] hasta que les dan el piso en el Polígono [...]. Días de amargura y de alegría, el piso nuevo es muy bonito, y tiene hasta cuarto de baño, pero está tan lejos de la Puerta Osorio... Rafael Gordillo, del corral al refugio, del refugio al Polígono [...] representará la superación de todas nuestras tristezas" (Burgos 1996).

El *Polígono* sur de la capital andaluza es muy famoso por ser uno de los centros de la cultura flamenca y cuna del cantante Rafael Amador. Allí se filmó la película *Polígono Sur* (Abel 2003), cuyo afiche publicitario muestra un burro asomado por la ventana de un piso de este gran conjunto. Esta imagen confronta las prácticas sociales rústicas del pueblo gitano que vive allí con los principios de planificación funcionalista masiva. Este nombre de barrio es entonces todo un programa… A la inversa, los habitantes del *Polígono* Ramón Albó, en Barcelona, encarnaron el cambio social y material de un barrio después de una primera etapa determinada por la vivienda económica: tal como lo explica la página web de la municipalidad, el nombre original del barrio fue abandonado y se reemplazó por Can Peguera (Ayuntamiento de Barcelona).

Hoy las normas de urbanismo siguen llamando *polígonos* a las unidades operativas de planificación, pero, en todos los casos, el nombre propio del barrio aparece claramente y el término *polígono* se reserva para el lenguaje administrativo y promocional. Del mismo modo, las nuevas zonas industriales y empresariales también son denominadas *polígonos* en su fase de planificación y planeamiento, pero, durante las campañas de publicidad, se denominan *parques tecnológicos* o *industriales* (Mas Hernández 1999:218).

Elia Canosa

Véase: extrarradio (e), fraccionamiento (e), periferia (e), piso (e)

Referencias

ABEL, Dominique. *Polígono Sur* [película]. Producción de Antonio P. Pérez, José Manuel Lorenzo y Pierre Olivier Bardet, 107 min, España, 2003. • ARREGUI, María. *Saxo y rosas*. Madrid, Anaya, 1995. • AYUNTAMIENTO DE BARCELONA. *Nou Barris, Can Peguera* <http://w110.bcn.cat/portal/site/NouBarris?lang=es_ES>. • BASSOLS COMA, Martín. *Génesis y evolución del derecho urbanístico español (1812-1956)*. Madrid, Montecorvo, 1973. • BURGOS, Antonio. Rafael Gordillo, niño de riada y refugio. Sección Memoria de Andalucía. *El Mundo de Andalucía*, 29 set. 1996. <www.antonioburgos.com/antologia/retratos/rafaelgordillo.htm>. • CAPEL, Horacio. *La morfología de las ciudades*. Barcelona, Serbal, 2002. • CASTRO, Carlos María (1860). *Memoria descriptiva del anteproyecto de Ensanche de Madrid*. Edición facsímile. Madrid, Colegio de Arquitectos de Madrid, 1978. • COROMINAS AYALA, Miquel. *Cerdá geómetra*. In *Cerdá y su influjo en los ensanches de poblaciones*. Madrid, Ministerio de Fomento, 2004. • EXTREMODURO. Me estoy quitando [canción]. In *Agila*, CD, Dr. East West S.A., 1996. • *Índice progresivo de legislación: 1º de enero de 1930 a 31 de diciembre de 1969: toda la legislación vigente, con distinción de lo vigente y lo derogado*. Pampelune, Aranzadi, 1971. • MAS HERNÁNDEZ, Rafael. Periferias urbanas y nuevas formas espaciales. In DOMÍNGUEZ, Rafael. *La ciudad. Tamaño y crecimiento*. Málaga, A.G.E./Universidad de Málaga, 1999, p. 201-234. • PRO RUIZ, Juan. Los orígenes del catastro parcelario en España. In *El catastro en España. De 1906 a la época actual*. Vol. II. Madrid, Centro de Gestión Catastral y Cooperación Tributaria, 1988, p. 11-30. • REAL ACADEMIA ESPAÑOLA. *Corpus de referencia del español actual* (Crea) <www.rae.es>. • SILVA, Lorenzo. *El alquimista impaciente*. Barcelona, Destino, 2000. • SOLÀ-MORALES I RUBIÓ, Manuel. Poligons. In SOLÀ-MORALES I RUBIÓ, Manuel. *Les formes de creixement urbà*. Barcelona, Edicions UPC, 1993, p. 102-120. • TERÁN, Fernando de. *Historia del urbanismo en España III. Siglos XIX y XX*. Madrid, Cátedra, 1999. • TERÁN, Fernando de. Notas para la historia del planeamiento de Madrid. De los orígenes a la ley especial de 1946. *Ciudad y Territorio*, Madrid, vol. 2, n. 3, mar. 1976, p. 9-26. • TERÁN, Fernando de. *Planeamiento urbano en la España contemporánea (1900-1980)*. Madrid, Alianza Universidad, 1982.

ⓟ povoação (pl. povoações)

português Portugal e Brasil, substantivo feminino

Definições

povoação: *Os moradores de hu lugar, Villa, ou Cidade, ou o mesmo lugar, Villa, ou Cidade, como quando se diz, grande, ou pequena povoação* (*Bluteau 1720, 6:662).

povoação: *As pessoas que permanecem em um certo lugar, vila ou cidade/ Lugar habitado* (*Silva 1813:2).

povoação: *1. Ato ou efeito de povoar; povoamento: A povoação do lugar fez-se demoradamente: os colonos foram chegando aos poucos. 2. Os habitantes de um determinado lugar ou região: A povoação do Pantanal é predominantemente indígena. 3. Lugar povoado: A povoação, de simples vila, passara a florescente cidade"* (*Ferreira 1975).

OS DICIONÁRIOS CONTEMPORÂNEOS INDICAM TRÊS significados principais da palavra *povoação*. Ela pode designar a ação de povoar e a forma de um processo de povoamento, ela pode se referir ao conjunto de pessoas que participam desse processo, a população, e enfim – dentro de uma acepção que nos interessa mais de perto – ela pode também designar o lugar povoado, a aglomeração que resulta desta associação. Em seu primeiro sentido, ela é um equivalente de povoar ou povoamento. Pelo seu segundo sentido – que se refere aos habitantes, às pessoas do lugar – ela é um sinônimo da palavra povo e população. Por sua terceira acepção, ela pode ser equivalente a póvoa, povo ou povoado. A história da palavra *povoação* é um efeito da concorrência desses diferentes sentidos com os outros termos, que certamente apresentam muita semelhança por apresentarem a mesma raiz latina.

A palavra latina que lhes dá origem tinha um sentido exatamente oposta a sua significação atual: "*populatio, onis (populator)* 1. Destruição, devastação, depredação, pilhagem. 2. Tropas que devastam, que saqueiam. 3. Pl. butim, despojos. 4. Fig. Corrupção" (*Torrinha 1942). Assim, durante o latim clássico o termo etimológico significava: destruição ou devastação de terras e edifícios (*Cunha 1982). A inversão do sentido da palavra começa com a formação da época histórica da língua portuguesa (século 13), mesmo momento em que se constituem povoações que permitiram a expansão do território da *terra Portucalis*. Em meio ao vasto deslocamento demográfico devido a Reconquista, os territórios estavam retomados, reocupados, reorganizados e se utilizava já os termos populatura, pobladura e outras variações para designar a intenção ou o fato de povoar, com o fim de recuperar o que havia sido destruído. A língua em uso então era o galego-português, que se constituía a partir das formas latinas do Oeste da península Ibérica. É portanto sob a influência do latim popular que produz essa importante inversão semântica das palavras significando povoação. Com as transformações sociais e políticas ligadas a Reconquista a forma romana *pob(o)raçom* não designa mais somente uma ação – a instalação dos primeiros ou novos habitantes – mas também sua consequência imediata, isto é o lugar de habitado – um "reagrupamento mais ou menos disperso ou mais menos denso de habitações" (*Grande enciclopédia portuguesa e brasileira* c.1960:22). Assim, as acepções da palavra oscilavam já entre o que viria a ser os dois significados de povoação: aglomeração (povoado) e ato de povoar (povoamento). Em certa medida, o uso de palavras como *pobra* ou *poboacion*, utilizadas nos editais reais e substituindo termos como *populatura* ou *pobradura*, acompanham a reestruturação da vida nos territórios conquistados. Segundo Orlando Ribeiro (1991), certo éditos serviam para organizar o que já existia, outros reorganizar uma população dispersa, e outros ainda teriam por finalidade "povoar" os lugares ou os fundar. Mas cada uma dessas acepções implicava um processo demográfico de deslocamento de população em um país em formação, que favorecia a ocupação de terras devastadas pela guerra, mas nem sempre desertas.

Na época moderna encontramos dois significados da palavra *povoação*. Em uma carta de 1579, o cardeal Dom Henrique explicava porque a vila de Lagos, em Portugal, tinha recebido o título de cidade: seus habitantes haviam prestados serviços à Coroa e ela estava "muito acrescentada em povoação" (apud Serrão 1973:59). Em 1576, em uma memória dedicada ao mesmo cardeal, Pero Magalhães Gândavo descreve a capitania da Bahia de Todos os Santos, onde existiam "três povoações, sendo a principal a Cidade de Salvador" (Gândavo [1576] 1980:29). Nesta citação, assim como nas definições ulteriores de dicionários, nota-se que povoação era um termo genérico utilizado para designar qualquer tipo de aglomeração: aquelas que haviam se notabilizados pelo título de *vila* ou *cidade* – qualquer que seja o número de seus habitantes – por tanto indiferente aos seus variados tamanhos. Segundo o dicionário do jesuíta Raphael Bluteau, a villa é uma "povoação aberta ou cercada de muros, que não é tão grande como uma cidade, nem tão pequena como uma aldeia ou um lugar" e aldeia é uma "povoação menor que um lugar" (*Bluteau 1712-1721). No que concerne às pequenas povoações, encontramos nos dicionários antigos e atuais vários sinônimos: povo, póvoa, povoado (particípio passado do verbo povoar), aldeia, lugar, e também lugarejo e vilarejo (diminutivos de lugar e vila).

Algumas palavras portuguesas nunca foram utilizadas no Brasil – é o caso de póvoa notadamente – enquanto que outras adquiriram sentido novo quando de sua transposição para a América (Fonseca 2007). Durante a Colônia, o termo *aldeia* não era um sinônimo de *lugar*, mas designava uma categoria bem particular de habitat: as aglomerações de índios, formadas por missionários ou por autoridades laicas, estas poderiam em certos casos ser designada como *aldeamento*. Malgrado esta especificidade as aldeias brasileiras têm sido igualmente designada pela palavra genérica *povoação*. Em uma versão do dicionário de Bluteau corrigida e aumentada pelo brasileiro António de Morais Silva e publicada em 1789, se encontra a definição "portuguesa" da palavra *aldeia* – baseada no tamanho e estatuto jurídico – seguido de sua significação "brasileira": "pequena *povoação*, que tem poucos habitantes, e que não tem jurisdição própria, mas depende da *Villa* ou *Cidade* vizinha

/ No Brasil, as *Aldeas de Indios* são as povoações daqueles que foram domesticados" (*Silva 1789).

A implantação nas colônias americanas enriquece o léxico urbano português com a palavra *arraial* (pl. *arraiais*). Este termo significa de origem um acampamento militar e, no século 19, toma também a significação de quermesse, festa popular. Ela adquire no Brasil o sentido de um conjunto de habitações efêmeras e em seguida torna-se sinônimo de povoação, povoado e lugar: em uma petição de 1795, os habitantes do vale do rio Verde (Minas Gerais) solicitam à promoção de sua "povoação ou arraial da Campanha" ao nível de *villa* (apud Fonseca 2003:306). De fato, nas áreas de mineração e, sobretudo em Minas Gerais, a palavra arraial era utilizada no século 18 e 19 de modo quase sistemático para designar as povoações que não tinham o estatuto de villa, ou seja, que não tinham jurisdição própria, concelho (municipalidade).

Assim a significação do termo *povoado* apresenta algumas diferenças nas duas áreas geográficas. No Brasil, *povoação* e *povoado* designam ainda hoje os pequenos estabelecimentos, que na maior parte dos casos, não são sede de uma municipalidade. Isto faz com que seja mais corrente o uso do termo *povoado*, enquanto que *povoação* é geralmente utilizado para a história da localidade. Em Portugal, ao contrário, a palavra *povoação* designa todo conjunto de habitações – pequena aldeia ou lugar, vila, e às vezes cidade – tanto que *povoado* só pode ser empregado para aglomerações de pequeno tamanho (Azevedo 1957). De outra maneira, como atestam vários sites de internet português, *povoado* remete sobretudo às aglomerações fortificadas (povoados fortificados ou castros), ainda que sítios arqueológicos como as ruínas de Santa Luzia em Viana do Castelo – "um povoado fortificado da Idade do ferro" (Alem Mar...). Lembramos por fim que a palavra *povoação* tem um uso toponímico semelhante no Brasil (no litoral do Estado do Espírito Santo) e em Portugal (em São Miguel, Açores), onde ele tem o mesmo uso que palavra *póvoa* (Póvoa de Varzim).

Paulo Cesar Xavier Pereira
e Cláudia Damasceno Fonseca

Ver: ciudad (e), vila (p)

Referências
Alem Mar Turismo, Minho, Viana do Castelo <http://www.alemmar.pt/pt/roteiros/minho>. • AZEVEDO, Aroldo de. Embriões de cidades brasileiras. *Boletim Paulista de Geografia*, n. 25, mar. 1957, p. 39-69. • FONSECA, Cláudia Damasceno. *Des terres au villes de l'or. Pouvoirs et territoires urbains au Minas Gerais (Brésil, XVIIIe siècle)*. Paris, Publications du Centre Culturel Calouste Gulbenkian, 2003. • FONSECA, Cláudia Damasceno. Regards sur le lexique urbain au Portugal et en Amérique portugaise (XVIIIe-début du XIXe siècles). In MARIN, Brigitte (Org.). *La ville: les catégories de l'urbain*. Paris, Editions de la Maison des Sciences de l'Homme, 2007. • GÂNDAVO, Pero de Magalhães (1576). *Tratado da terra do Brasil. História da província de Santa Cruz*. Belo Horizonte/São Paulo, Itatiaia/Edusp, 1980. • RIBEIRO, Orlando. Formação de Portugal. *Curso de história da língua portuguesa. Leituras complementares*. Lisboa, Universidade Aberta, 1991, p. 271-316. • SERRÃO, Joaquim Veríssimo. A concessão do foro de cidade em Portugal dos séculos XII à XIX. *Portugaliae Historica*, vol. 1, 1973, p. 13-80.

Ⓟ praça (pl. praças)
português Portugal e Brasil, substantivo feminino

Definições
praça: *Lugar publico, plano, & espaçoso, nas Cidades, Vilas, &c. Para feiras, & jogos publicos [...] Praça onde se compra, & vende* (*Bluteau 1720, 6:665-666).

praça: *s.f. lugar público em uma cidade, e donde regularmente desembocam, e cruzam muitas ruas; lugar onde se ajuntamos negociantes, para falarem de seus negócios* (*Dicionário geral... 1819).

praça: *s.f. (do Fr.* place, *do Lat.* platea) *lugar público espaçoso, e descoberto, cingido de edifícios, para ornato das cidades, vilas: ou onde se fazem feiras, mercados, leilões* (*Silva 1844).

praça: *s.f. (do gr.* plateia, *pelo lat.* platea). *Lugar público, grande largo, geralmente rodeado de edifícios, para embelezamento de uma cidade, vila, etc., e como meio higiénico para melhor circulação do ar e plantação de árvores; rossio.§ Lugar onde se vendem frutas, hortaliças, carnes, peixes, etc.; mercado. § Circo* (*Machado 1958-1971).

praça: *s.f. (séc. 13) 1. área pública não construída, dentro de uma cidade; largo, campo 2. local aberto onde se compra e vende; mercado, feira. 3. (séc. 14) lugar fortificado; fortaleza. 4. área urbana arborizada e/ou ajardinada [...], para descanso e lazer; jardim público. 5. comunidade comercial e financeira de uma cidade"* (*Houaiss, Villar & Franco 2003).

praça: *s.f. quadra, praça, lugar plano, e espaçoso nas cidades, com casas nos quatro lados que a cercam, mas não semelhantes às nossas em que se vendem, e compram as cousas, porque em Londres só servem para ornamento da cidade* (*Vieira 1782).

place: *s.f. praça, largo. // Praça, cidade ou vila fortificada; fortaleza. [...] Com. praça, lugar onde os banqueiros e os negociantes se reúnem para tartar de negócios; o comércio geral dessa cidade* (*Azevedo 1975:1123).

EM PORTUGAL, O VOCÁBULO *PRAÇA* É UTILIZADO PELO menos desde o século 13 para designar o espaço aberto, não construído e público da cidade: "lugar público, plano e espaçoso nas Cidades" (*Bluteau

1720). Era geralmente um espaço multifuncional e, do ponto de vista da forma, irregular e de dimensões muito variáveis. O campo semântico de praça é extenso, expressão das suas origens tanto do ponto de vista funcional como da sua localização no espaço urbano: área ampla e aberta exterior junto aos muros da cidade (nestes casos, regra geral conhecida como *rossio*, *terreiro* ou *campo*), espaço aberto diante da porta principal de uma igreja (recebendo o nome de *adro*), simples alargamento da rua (*largo*), espaço regular e planificado (*praça*). Largo, praça, adro, campo, rossio, terreiro são assim os diferentes vocábulos utilizados para designar os espaços urbanos abertos e públicos nas cidades portuguesas.

Na vista panorâmica de Lisboa publicada em 1598 (Braun), podem ler-se na legenda, em latim, alguns destes vocábulos: "11.Platea amplíssima quae vulgo Rossio dicitur"; "12. Platea q vulgo pilourinho velho dicitur"; "139. Praça dos Canos". É esta diversidade que explica a afirmação, consensual, de que uma das características da morfologia urbana portuguesa reside na existência de várias praças (Ribeiro 1994:494) e na ausência de uma praça central, regular e bem definida, correspondente à *plaza mayor* espanhola (Tudela 1977:1).

As diferentes palavras são ainda hoje utilizadas para designar as diversas praças de uma cidade, sendo de realçar a "imprecisão com que os dois termos foram sendo utilizados no passado" (Faria 1997:54-55). Exprimem, regra geral, a antiguidade do local, as suas funções, a posição inicial, a evolução urbanística. Assim é por exemplo em Lisboa – terreiro do Paço/praça do Comércio, Rossio/largo do Rossio/ praça de D. Pedro IV, terreiro de Santa Bárbara/largo de Santa Bárbara – ou numa cidade média como Viseu, onde podemos encontrar no núcleo urbano central o largo do Arrabalde, o adro da Sé, o largo das Freiras, a praça Velha, o rossio, a praça da Erva; ou em Évora, o largo das Portas da Moura, a praça do Giraldo e o rossio de São Brás.

Os vários significados da palavra *praça* ajudam a perceber melhor as suas funções, bem como a sua evolução. A praça é antes de mais o lugar do mercado, do comércio: "lugar público, descoberto, espaçoso nas Vilas ou Cidades, onde se fazem feiras, mercados, leilões" (*Silva 1789). O edital do Senado de Lisboa em 13 de março de 1773, determina que os lugares das cabanas volantes fossem transferidos "para a nova praça que se acha destinada no largo da Cotovia" (apud Oliveira 1882-1919, 17:400). Esta identificação da praça com o mercado é uma das mais persistentes. E, ainda hoje, a expressão "ir à praça" significa ir ao mercado (local de venda de peixe, hortaliças e outros gêneros alimentícios). Praça também significa o *corpo de negociantes* de uma cidade – "a praça de Lisboa já faz grande comércio para o Norte" – ou o lugar onde estes se reúnem – "Como termo de comércio é sinónimo de Bolsa, ou lugar da reunião dos homens de negócio" (Borges 1839). A praça podia ser também o mercado de trabalho, o espaço onde pela manhã os homens se juntavam para serem contratados, como ainda sucedia em meados do século 20 em muitas cidades portuguesas – era a "praça de homens". Uma outra função principal da praça relaciona-se com a justiça: não só o pelourinho está tradicionalmente numa praça (praça do

Pelourinho, largo do Pelourinho), como era aí que se aplicavam os castigos públicos: uma postura municipal de 1434, proibia o ofício de regateira às mulheres solteiras, sob a pena de que "lhe dem dez açoutes na praça" (*Livro das posturas antigas* 1974:54). A praça é assim o lugar público por excelência da cidade, noção manifestada em expressões como "a história veio à praça, *id est*, todos a sabem" (*Bluteau 1720), ou "andar em praça, ser público" (Constâncio 1836), "sair à praça, aparecer em lugar público" (*Machado 1958-1971).

Registe-se, por fim, o uso militar do termo: uma *praça forte* é uma fortaleza ou lugar fortificado; *praça de armas* remete quer para cidade fortificada, quer para o terreno de exercício militar. Praça designou também um ofício, sendo ainda hoje utilizado como sinônimo de soldado sem graduação; *assentar praça* significa o ato pelo qual um soldado inicia a vida militar.

Desde a idade média que a documentação urbana refere também a existência de largos, a par de rossio, terreiro e campo. Até muito tarde, os dicionários apenas registam o vocábulo *largo* como adjetivo, na acepção de "extenso em largura", opondo-se a estreito. Largo só surge como substantivo – na acepção de "pequena praça" – na edição de 1844 do Dicionário de António de Morais *Silva. Mas muitos dicionários posteriores continuaram a ignorar este significado. José Pedro Machado (*1958-1971) especifica que, como substantivo, designa "espaço desimpedido numa povoação, mais amplo que as ruas que nele desembocam, e menor, geralmente, que uma praça". A gênese deste vocábulo está certamente ligada ao seu processo de formação, ou seja, o alargamento da rua, processo que explica a sua morfologia, irregular e de dimensões variáveis (Tudela 1977, 2). O largo dos Apóstolos, por exemplo, que aparece assim fixado em 1798, em 1748 ainda era conhecido como "o largo da Rua dos Apóstolos". Castilho (1889:196-200) sugere que terá começado por ser um adjetivo (campo largo, terreno largo, espaço largo) que se simplificou, substantivando-se, em largo.

No entanto, apesar de ignorado durante muito tempo na documentação oficial e nos dicionários, o seu uso é antigo e estava vulgarizado na linguagem comum. De fato, na primeira planta que se conhece de Lisboa, a planta topográfica de 1650, de João Nunes Tinoco, se no desenho e no título da legenda apenas se referem *praças*, a legenda inclui remissivas para oito largos. Uma leitura comparada de descrições e de plantas da cidade de Lisboa, entre os séculos 16 e 19, permite concluir que existe uma flutuação de vocabulário não só entre épocas (o que poderia ser resultado de uma evolução) como no mesmo período: o famoso Rossio de Lisboa, tanto é apenas Rossio, como largo do Rossio ou praça do Rossio (o que mostra, mais uma vez, como o adjetivo se substantivou e se tornou topônimo); o terreiro do Paço, que com a reconstrução de Lisboa após o terremoto de 1755 foi regularizado e passou a chamar-se praça do Comércio, é "conhecido vulgarmente como a Praça do Terreiro do Paço" (segundo o *Itinerário lisbonense* de [1804] 1825, e ainda na atualidade); as praças do Poço Novo e do Pelourinho aparecem também como largos.

Ou seja, como escreveu Ribeiro (1994:374) "em português praça e largo têm aproximadamente o mesmo sentido; a primeira designação aplica-se tanto a conjuntos monumentais como a lugares onde se fazem mercados ou feiras, mas a distinção não é absoluta pois também se diz correntemente largo da feira. Ao largo da igreja, situado geralmente em frente da fachada, mas às vezes na sua entrada lateral, reserva-se o nome de *adro*, mais ou menos espaçoso e ornamentado". De fato, quer na toponímia, quer nos usos da cidade, não é clara a distinção morfológica, locacional e funcional entre *praça* e *largo*, ao contrário do que sucede na linguagem urbanística de tradição erudita que tende a reservar para a praça o desenho regular, o tratamento arquitetônico dos edifícios envolventes e a intencionalidade da criação, e a considerar os largos, adros e terreiros como "espaços acidentais, vazios ou alargamentos da estrutura urbana" (Lamas 2000:102), espaços "essencialmente orgânicos", por oposição a praça como espaço programado (Faria 1997:56).

Com o sentido de praça encontram-se ainda outros vocábulos, que subsistem quer na toponímia oficial quer na linguagem comum: *rossio*, *campo* e *terreiro*.

Rossio (ou rocio, ressio), de etimologia controversa (Castilho 1889; Vasconcelos 1935; *Machado 1977), começou por ser adjetivo (terreno rossio, isto é baldio), depois substantivou passando a designar um logradouro público junto a uma povoação (século 13); acabou por se fixar com o sentido de praça, como sucede em muitas cidades (Lisboa, Viseu, Portalegre etc.) e, com a expansão da urbe, passou de lugar de feira com uma localização excêntrica na malha urbana a praça principal no interior da área urbana. Bluteau (*1720) emprega a grafia Rocio, dizendo "algumas vezes vale o mesmo que Praça, v.g. o Rocio de Lisboa". Um dicionário de Português-Inglês de inícios do século 19 explica que rossio é *"a square open place in a town, a square"* (*Vieira 1813). Pela mesma época, um dicionário Português–Francês traduzia rossio por *"grande place; grande plaine* (rocio, ressio, rosio)" (*Fonseca 1836). Evolução semelhante tiveram os *terreiros* e os *campos* – também inicialmente espaços de feira ou de pastagem situados junto às portas das cidades, do lado de fora; a maioria transformou-se em praça, como sucedeu com o terreiro do Curro em Monção, que passou a praça Deu-la-Deu no século 18, e alguns mantiveram a designação antiga (por exemplo, o terreiro do Paço e o Campo de Santa Clara, em Lisboa).

Foi só no período moderno que a praça regular e de grandes dimensões começou a ser pensada como o centro funcional, espacial e simbólico da cidade, associada às manifestações do poder régio. Mas é "lentamente que se implanta na cidade portuguesa" (Teixeira 2001:12). De fato, nas mais conhecidas descrições da cidade de Lisboa no século 16 (Damião de Góis [1554] 2000), João Brandão de Buarcos ([1552] 1990), Cristóvão Rodrigues de Oliveira ([1551] 1987) assim como no texto de Francisco de Holanda ([1571] 1984), as praças não são ainda a imagem da cidade, o símbolo do seu prestígio, grandeza e riqueza: aquilo que é destacado são os edifícios notáveis (templos, palácios), o número de portas e de ruas ou a grande rua Nova dos mercadores. A partir do século 16 iniciou-se o processo de construção de praças formalmente estruturadas ou de regularização e geometrização das existentes, sobretudo visível nos territórios ultramarinos. Na metrópole, será na época pombalina que a praça surge dotada duma função estética e de prestígio e se inscreve como elemento fundamental no interior dum plano racional: os exemplos mais marcantes são os de Lisboa, Porto, Vila Real de Santo António ou Porto Covo. É apenas num tratado de urbanismo da segunda metade do século 18 (Figueiredo Seixas 1760-1769 apud Gomes 2001:204) que as praças são associadas ao lazer, ao recreio e às práticas de sociabilidade mas sempre, note-se, com a atividade mercantil presente. Aí se afirma que as praças das povoações – que devem ser de forma quadrilátera – "são como salas da cidade, em que as pessoas podem passear, e negociar, porque em elas se fazem os mercados das coisas necessárias ao viver dos homens". Trata-se de uma nova concepção de praça, de feição erudita, que os dicionários demoram a registar, e mesmo assim ainda associada à antiga função de mercado: "praça: lugar público espaçoso e descoberto, cingido de edifícios, para ornato das cidades e vilas; ou onde se fazem feiras, mercados, leilões" (*Silva 1844).

As praças – ou os espaços que as antecederam – modificaram-se tanto do ponto de vista morfológico (regularização, novas formas) como funcional. Durante os séculos 19 e 20, a construção de recintos especiais para os mercados, as novas práticas de sociabilidade, as concepções urbanísticas e o aumento do tráfego levaram à retirada das funções originais da praça para outros locais: as atividades de lazer, de troca, religiosas, e mesmo as políticas foram remetidas para espaços fechados e especializados (Gaspar 1987:247). Muitas praças passaram a parque de estacionamento, outras foram abandonadas e serviram episodicamente de palco para atividades lúdicas e manifestações políticas. Deixaram de fazer parte, na sua maioria, da vivência cotidiana e banal dos residentes e trabalhadores da cidade. Mais recentemente, no quadro dos programas de revitalização e regeneração urbana, foram várias as praças que se tornaram praças-patrimônio, tal como os centros históricos das cidades de que fazem parte. Foram transformadas, em larga medida, em cenários de consumo estético impregnados de memórias do passado. Todavia, importa registrar que, para além ou apesar destas transformações, as praças continuam a ser vistas e pensadas como símbolo da cidade e da sociabilidade urbana. Por isso, continuam a ser usadas, quer pelas populações quer pelos diferentes poderes – embora não cotidianamente – como espaço de feira (feiras do livro, de produtos biológicos, de velharias etc.), de espetáculo (festivais, concertos) e de manifestação políticas (comícios, desfiles, paradas etc.). Porque "transportam" memórias múltiplas e porque ainda se consideram o cenário ideal para essas atividades. Mas o seu lugar enquanto espaço cotidiano de sociabilidade parece ter-se perdido. Apesar dos movimentos de valorização da memória urbana, da cidadania e de um certo "saber viver" a cidade, a cultura urbana mudou e com ela as formas e as práticas tradicionais de sociabilidade e de viver a cidade. A praça já não é mais o coração da vida econômica e social urbana, como foi no passado.

       Maria Alexandre Lousada

A PALAVRA *PRAÇA*, NA AMÉRICA PORTUGUESA, NASCEU intimamente ligada à criação de vilas e fortalezas. Ela configurou um princípio de organização espacial da vila por meio de um lugar vazio circundado por edifícios públicos: palácios de governo, matriz, câmara, casa de misericórdia etc. O colonizador desenhava e, de imediato, designava um espaço urbano num império transoceânico. Assegurar a difusão desta configuração citadina pelo litoral e interior da colônia implicava uma estratégia de conquista do território. A forma geral é a mesmo em toda parte, modificada de acordo com as necessidades locais (Reis 2000). Aí se observa também a propalada capacidade de adequação às conjunturas e senso de práxis que caracterizaram o Império português.

Entre os séculos 16 e 18, a praça, espaço público por excelência, era lugar de encenação do poder real metropolitano e a liturgia católica, ambos associados (Jancsó & Kantor 2001). A praça se comportava como um *theatrum mundi*. Muitas vezes, explodiam na praça: a revolta, o levante e o motim, organizados ou não, de diferentes atores sociais que afirmavam suas reivindicações e atacavam os administradores, as câmaras, as cadeias, os governantes (Furtado 2001). Na praça, ficavam ainda o pelourinho e o patíbulo, instrumentos da justiça, punição e do castigo exemplar.

Na América portuguesa, a praça significa também fortaleza, um espaço militarizado, responsável pela preservação e defesa do território, contra o inimigo interno e externo. Estas construções eram vetorizadas pelos tratados de arquitetura militar e pela noção de cidade ideal. As fortificações se multiplicaram, principalmente entre os séculos 17 e 18, por obra de vários engenheiros militares e por meio da difusão de sua tratadística, na qual se destacou o *Método lusitano de desenhar as fortificações das praças regulares e irregulares* de Luís Serrão Pimentel (1680). A praça-fortaleza se tornava um marco colonizador e uma maneira de colonizar. O desenho definido pelo *Método* adaptava-se à localidade, conferindo uma configuração espacial comum ao Império pautada pela repetição, semelhança e regularidade das formas. *Assentar praça* segue sendo um termo militar e pressupõe um soldado arregimentado e, em certa medida, o adversário. No Brasil, atualmente, 22 fortalezas, fortes e muros remanescentes foram classificados pelo patrimônio histórico e artístico nacional (*Projeto fortalezas multimídia*). A palavra *praça-fortaleza* pertence, agora, aos campos semânticos do patrimônio e do turismo, e designa um bem cultural como testemunha do passado e da história (*Fortalezas históricas...* 1995).

Os dicionários de língua e estudos históricos luso-brasileiros consagrados ao período colonial sublinham ter a palavra *praça* nomeado o lugar de comércio associado ao corpo de negociantes (*Silva 1813, 2; *Machado 1967-1973; Fragoso 1992; Alencastro 2000). Vários historiadores ampliaram seu significado, ao indicar as nuances das práticas mercantis, as dificuldades para estabelecê-las, os ganhos, as íntimas relações com as outras praças do Império português, sobretudo com os portos africanos. Daí, a importância conferida à inauguração da praça do Comércio – um edifício dedicado principalmente aos negócios do grosso trato (atacado) – em Salvador e no Rio de Janeiro na década de 1810, atestando o fim do estatuto colonial do Brasil.

Em outro registro, ainda de teor comercial, o termo *praça* é associado aos meios de transporte de aluguel que aguardam, na praça, seus fregueses. Diz-se: *Fulano tem carro na praça*. Neste sentido comercial, certos adágios portugueses, migraram de vez para o Brasil e seguem populares: *Mais vale um amigo na praça, que dinheiro na arca*. Nos atuais shoppings centers, a *praça de alimentação* continua a designar um lugar de comércio de comes e bebes de baixo ou médio custo. Em Portugal, todavia, o termo *fazer a praça*, de uso corrente, designa o ato de ir à feira, fazer mercado, sentido desaparecido no Brasil.

A palavra *praça* designava, nos oitocentos, também o espaço no qual se instalaram marcos, esculturas e monumentos comemorativos (Telles 1980). Apenas em 1865 com a inauguração da estátua de D. Pedro I na praça da Constituição no Rio de Janeiro nascia a prática de erigir nas praças esculturas e marcos permanentes. Primeiro, com a instalação de estátuas que remetem à memória da nação, celebram-se seus heróis e suas datas históricas. Após a proclamação da República a 15 de novembro de 1889, a nova ordem republicana renomeou, sucessivamente, as principais praças das cidades brasileiras: praça XV no Rio de Janeiro, praça da República em São Paulo, Belém, Recife e Rio de Janeiro. Esta estreita relação entre o Estado e a praça reapareceu em Brasília (Holston 1993). Com suas superquadras e grandes corredores viários, de cunho utópico, esta capital projetada, do ponto de vista urbano, não possui nenhuma praça. Apesar disso, o Estado fica sediado na praça dos Três Poderes seguindo uma estética do movimento moderno.

No dicionário de Bluteau (*1712-1721), as palavras *praça*, *campo* e *largo* não designavam a mesma coisa. Em Portugal, *campo* designava uma vasta superfície aberta, cercada ou não por um número pequeno de construções descontínuas, sem necessariamente abrigar o poder local ou real, tampouco desempenhar um papel importante na estrutura e no funcionamento da vila. Contudo, no Brasil, um antigo significado de *campo*, considerado um "lugar amplo, sem edificações dentro de cidade ou povoação" (Ferreira 1986:329) a céu aberto, foi suplantado pela palavra *praça*. Assim, o antigo campo de Santana no Rio de Janeiro se tornou a praça da República. Já os largos com ampla dimensão física, usos para treino militar, cercado de construções, foram rebatizados de praça. Nos principais dicionários recentes (**Grande enciclopedia...* c.1950; **Bueno 1963-1967; *Ferreira 1986), *largo* e *praça* aparecem como sinônimos.

No mesmo dicionário de Bluteau (**1712-1721), os termos *praça, jardim* e *parque* designavam lugares diferentes. *Parque* correspondia a uma vegetação inculta onde havia um bosque destinado à caça, enquanto *jardim* evocava a natureza ordenada pelo homem. Na virada dos séculos 19 para o 20, a palavra *praça* começa a se confundir com a palavra *jardim* e, pouco depois, os termos *jardim, parque* e *praça* são aproximados, passando a significar espaços resultantes de um processo de remodelação pautado no embelezamento, ajardinamento e saneamento. Responsável pelas reformas urbanas de Belém entre 1898 e 1911, o intendente Antônio Lemos dizia: "Cada praça é um futuro *parque*, em excelentes condições de auxiliar o saneamento urbano; mas constitui cada uma delas, desde agora, um formoso sítio de recreio e distração" (apud Segawa 1996:201). Vê-se aí o uso burguês da palavra *praça* que adentra a esfera da sociabilidade de lazer e familiar e adquire, simultaneamente e entre outras, uma conotação moderna (Caldeira 1998). A ordem discursiva da engenharia e da arquitetura do novecentos reforça o teor moderno para a *praça* e a (re) aloca no desenho e na trama urbanos. No Plano de Belo Horizonte (estabelecido por A. Reis em 1895) e nos projetos de Prestes Maia para São Paulo (Maia 1930) e de Agache para o Rio de Janeiro (Agache 1930), as novas *praças* projetadas passavam a se situar em um entroncamento das grandes vias, das avenidas e ruas, participando também do sistema viário da cidade. A praça se inscrevia, assim, em uma estratégia de grandes eixos que lhe conferiam novo sentido justificando que nelas se instalassem monumentos públicos. Em seu projeto, Agache deixou claro o que pretendia: "marcar o caráter das vias que serão criadas ou modificadas, determinar a extensão e a disposição das praças. Largos, jardins públicos, campos de jogos, parques, espaços livres" (Agache 1930). A palavra *praça* constituía então um elemento maior em um projeto especialmente atento aos parques e jardins.

Com a metropolização das grandes cidades brasileiras a partir da década de 1960, as *praças* viveram um processo de degradação, e desapareceram engolidas pela especulação imobiliária e/ou pela ampliação do sistema viário; desprezadas pelos órgãos públicos, transformaram-se muitas vezes em espaço de comércio informal ou moradia para a população "sem teto", ambos à mercê da violência. Em contraposição, observa-se, a partir da década de 1970 e cada vez mais, uma tentativa de revitalizá-las por meio do tombamento artístico e histórico e/ou sua transformação em espaço de lazer e/ou seu embelezamento e aumento da segurança a fim de torná-la um espaço de convívio ou destinado à prática de esportes diários, em geral individuais (Arantes 1993; Caldeira 1998). Recuperam-se os sentidos históricos e cívicos das praças, numa resposta à cidade funcional moderna e às dificuldades de convívio coletivo nas grandes aglomerações urbanas. Nesta direção, a praça se torna um lugar de memória, passa a ser assunto de documentários exibidos pela televisão aberta (pública), tais como os programas *Estação praça da República* e *Estação praça da Sé*, exibidos na década de 1990. Em dois outros programas de televisão, a designação *praça* é reforçada como *lugar de convivência e de conversa*. O termo, aqui, funciona menos na linguagem arquitetônica e mais na esfera da sociabilidade e da cultura de massa. O programa *A praça da alegria*, depois *A praça é nossa*, tem seu formato inalterado entre as décadas de 1960 e 2000: um "sujeito boa praça" sentado num banco da praça recebe uma sequência variada de convidados, caracteristicamente tipos urbanos. As conversas entre eles buscam causar o riso, a partir de situações ligeiras. A praça funciona como um atestado de verossimilhança para o encontro fortuito das personagens. No programa *Você decide* da década de 1990, a praça recebia as pessoas/espectadores que davam sua opinião em um programa que se desejava interativo. Nestes dois casos, a praça funciona como simulacro. Na história recente do Brasil, entre 1980-90, a mídia impressa e televisiva deu destaque para a mobilização do povo nas praças, em atos cívicos que reivindicavam a participação política e o respeito à vida democrática.

Iara Lis Schiavinatto

Ver: jardim (p), mercado (p), plaza (e), rua (p)

Referências
AGACHE, Alfred (Org.). *Cidade do Rio de Janeiro: extensão; remodelação; embellezamento*. Rio de Janeiro/Paris, Prefeitura do Distrito Federa/Foyer Brésilien, 1930. • ALENCASTRO, Luís Felipe de. *O trato dos viventes. Formação do Brasil no Atlântico Sul*. São Paulo, Companhia das Letras, 2000. • ARANTES, Otília. A ideologia do "lugar público" na arquitetura contemporânea (um roteiro). *O lugar da arquitetura depois dos modernos*. São Paulo, Studio Nobel/Edusp, 1993. • BORGES, José Ferreira. *Diccionario juridico-commercial*. Lisboa, Tip. da Sociedade Propagadora dos Conhecimentos Úteis, 1839. • BRANDÃO, João [de Buarcos] (1552). *Grandeza e abastança de Lisboa em 1552*, Lisboa. Livros Horizonte, 1990. • BRANDÃO, Pedro; CARRELO, Miguel; ÁGUAS, Sofia (Org.). *O chão da cidade. Guia de avaliação do design do espaço público*. Lisboa, Centro português de design, 2002. • BRAUN, Georg; HOGENBERG, Franz. Olissippo quae nunc Lisboa, civitas amplissimae Lusitanae, ad Tagum, totius Orientis, et multarum insularum Aphricaeque et Americae emporium nobilissimum. *Civitates orbis terrarum*. Vol. 5, n. 2, 1598. • CALDEIRA, Júnia Marques. *Praça: território de sociabilidade, uma leitura sobre o processo de restauração da Praça da Liberdade em Belo Horizonte*. Dissertação de mestrado. Campinas, IFCH Unicamp, 1998. • CASTILHO, Júlio de. *Lisboa antiga. Bairros orientais*. Vol. 6. Lisboa, 1889. • CONSTÂNCIO, Francisco Solano. *Novo diccionario critico e etymologico da lingua portugueza precedido de huma introducção grammatical....* Paris, Off. Typ. de Casimir, 1836. • FARIA, Miguel. O modelo praça/monumento central na evolução urbanística da cidade de Lisboa. Notas sobre toponímia, urbanismo e história dos monumentos públicos em Lisboa. *Lisboa Iluminista e o seu tempo*. Lisboa, UAL, 1997, p. 51-96. • *Fortalezas históricas do Brasil*. São Paulo, Rhodia, 1995. • FRAGOSO, João Luís Ribeiro. *Homens de Grossa Ventura: acumulação e hierarquia na praça mercantil do Rio de Janeiro (1790-1830)*. Rio de Janeiro, Arquivo Nacional, 1992. • FURTADO, Junia Ferreira. *Diálogos oceânicos. Minas Gerais e as novas abordagens para uma história do império ultramarino português*. Belo Horizonte/São Paulo, UFMG/Humanitas, 2001. • GASPAR, Jorge. Do pelourinho ao centro comercial. *Povos e Culturas*, n. 2, 1987, p. 243-259. • GÓIS, Damião de. *Descrição da cidade de Lisboa pelo cavaleiro português Damião de Góis...* (1554). Lisboa, Frenesi, 2000. • GOMES, Luís Miguel Martins. Geometria no traçado de praças, teoria versus prática, no tempo de Pombal. In TEIXEIRA, Manuel (Org.). *A praça na cidade portuguesa*. Lisboa, Livros Horizonte, 2001. • HOLANDA, Francisco da (1571). *Da fábrica que falece à cidade de*

Lisboa. Lisboa, Livros Horizonte, 1984. • HOLSTON, James. *A cidade modernista. Uma crítica de Brasília e sua utopia.* São Paulo, Companhia das Letras, 1993. • HOUAISS, Antônio; VILLAR, Mauro de Salles. *Dicionário Houaiss da língua portuguesa.* 18 volumes. Lisboa, Temas e Debates, 2003. • IPHAN – Instituto do Patrimônio Histórico e Artístico Nacional. Website oficial <http://www.iphan.gov.br>. • *Itinerário lisbonense ou directorio geral de todas as ruas, travessas, becos, calçadas, praças, etc. que se comprehendem no recinto da cidade de Lisboa com os seus proprios nomes, principio e termo, indicados dos lugares mais conhecidos, e geraes, para utilidade, uso, e commodidade dos estrangeiros e nacionais* (1804). Lisboa, Impr. de João Nunes Esteves, 1825. • JANCSÓ, István; KANTOR, Íris. *Festa, cultura e sociabilidade na América portuguesa.* São Paulo, Hucitec/Imprensa Oficial/Edusp, 2001. • LAMAS, José M. Ressano Garcia. *Morfologia urbana e desenho da cidade.* 2ª edição. Lisboa, F.C. Gulbenkian, 2000. • *Livro das posturas antigas.* Câmara Municipal de Lisboa, Lisboa, 1974. • LOUSADA, Maria Alexandre. Praça e sociabilidade: práticas, representações e memórias. In FARIA, Miguel Figueira de (Org.), *Praças reais: passado, presente e futuro.* Lisboa, Livros Horizonte, 2008, pp.45-56. • MAIA, Francisco Prestes. *Estudo de um plano de avenidas para a cidade de São Paulo.* São Paulo, Melhoramentos, 1930. • OLIVEIRA, Cristóvão Rodrigues de. *Lisboa em 1551. Sumário em que brevemente se contêm algumas coisas assim eclesiásticas como seculares que há na cidade de Lisboa.* Lisboa, Livros Horizonte, 1987. • OLIVEIRA, Eduardo Freire de. *Elementos para a história do município de Lisboa.* 17 volumes. Lisboa, Typographia Universal, 1882-1919. • PIMENTEL, Luís Serrão. *Método lusitano de desenhar as fortificações das praças regulares e irregulares.* Lisboa, Imprensa Régia, 1680. • *Projeto fortalezas multimídia.* Florianópolis, Universidade Federal de Santa Catarina. Disponível em: <www.fortalezasmultimidia.com.br>. • *Regulação para o estabelecimento da pequena posta, caxas, e portadores de cartas em Lisboa.* Lisboa, Off. A.R. Galhardo, 1801. • REIS, Nestor Goulart. *Imagens de vilas e cidades do Brasil colonial.* São Paulo, Edusp/Imprensa Oficial, 2000. • RIBEIRO, Orlando. Elementos estruturantes das cidades ibéricas. A cidade portuguesa e a cidade espanhola na América. In *Opúsculos geográficos.* Vol. 5. Coleção Temas Urbanos. Lisboa, Fundação Calouste Gulbenkian, 1994, p. 369-388, 491-497. • ROSSA, Walter. A cidade portuguesa. In PEREIRA, Paulo (Org.). *História da arte portuguesa.* Vol. 3. Lisboa, Círculo de Leitores, 1995. • SEGAWA, Hugo. *Ao amor do público. Jardins no Brasil.* São Paulo, Studio Nobel, 1996. • SILVA, António de Morais. *Diccionario da lingua portuguesa.* 2 volumes, 5ª edição. Lisboa, Typographia de Antônio José da Rocha, 1844. • SILVA, Vieira da. *Plantas topográficas de Lisboa.* Lisboa, CML, 1950. • TEIXEIRA, Manuel (Org.). *A praça na cidade portuguesa.*

Lisboa, Livros Horizonte, 2001. • TELLES, Augusto Carlos da Silva. *Atlas dos monumentos históricos e artísticos do Brasil*. Rio de Janeiro, MEC/Seac/Fename, 1980. • TUDELA, José. *As praças e largos de Lisboa. Esboço para uma sistematização caracterológica*. Lisboa, CML, 1977. • VASCONCELOS, Leite de. Etimologias. 1º rossio. *Revista Lusitana*, vol. 33, 1935, p. 310-313.

E pueblo (pl. pueblos)

español Filipinas, sustantivo masculino

Definiciones

pueblo: *Pueblo, nación; también se emplea para poblado o aldea* (*Oudin 1675).

pueblo: *Ciudad, burgo, poblado* (*Nuñez de Taboada 1820).

pueblo: *Población f. // Población muy pequeña. // Pueblo: el pueblo español. // Gente común. // - Pueblo bajo. // Pueblo humilde, menudo o pequeño pueblo* (*Garcia-Pelayo & Testas 1975).

pueblo: *El Lugar o Ciudad que está poblado de gente [...]. Pueblo. Se toma también por el conjunto de gentes que habitan el lugar [...] Pueblo. Se llama también la gente común y ordinaria de alguna ciudad o población, a distinción de los Nobles* (*Real Academia Española 1726-1739).

pueblo: *(del latín populus). m. Población 3ra acepción. // Población pequeña. // Conjunto de personas de un lugar, región o país. // Gente común o humilde de una población* (*Real Academia Española 1899).

pueblo: *Ciudad o villa // población de menor categoría* (*Real Academia Española 1970).

pueblo: *1 - Termino que se aplica a una población de dimensiones reducidas y de pocos habitantes; a veces implica aislamiento o emplazamiento remoto o desconectado de la vida propia de los grandes núcleos de población* (*Gran diccionario del uso... 2001).

EN LOS DICCIONARIOS BILINGÜES FRANCÉS-ESPAÑOL del siglo 20, la palabra *pueblo* figura con tres acepciones: pueblo, poblado y ciudad. Pero las definiciones que figuran en los principales diccionarios españoles desde el siglo 17 proponen muchos matices, dando prioridad al orden de las acepciones o bien a una localidad, o bien a un grupo de habitantes, y, a veces, establecen una continuidad entre dichas acepciones. Sin embargo, se hicieron varios comentarios acerca del tamaño, el aislamiento y la pobreza del *pueblo*. Un equivalente muy frecuente es *poblado*, como para poder entender las connotaciones del término. La expresión *pueblo de mala muerte* hace referencia a ello. En el diccionario de la *Real Academia Española*, la acepción *población pequeña* sólo se especifica en 1899... pero en la edición de 1970 se restablece la equivalencia con *ciudad* o *villa*, que figuraba en forma discreta en las ediciones anteriores.

A lo largo de la vida de la lengua española, la palabra *pueblo* parece entonces transmitir connotaciones ilustrativas de la relación ciudad-campo, a través, por ejemplo, de *pueblos jóvenes*, apelación que constituye algo así como un eufemismo de las *barriadas* peruanas a partir de 1968, o incluso, en las relaciones sociales y urbanas en los países andinos pobres. Pero este término marca también la relación colonial y figura en el vocabulario administrativo del Imperio español. Tomaremos el caso filipino como ejemplo ilustrativo.

En las Filipinas españolas, *pueblo* evocaba sobre todo el campo, pero en la práctica podía designar aglomeraciones bastante pobladas: "Segun el nomenclator municipal (1873), la provincia de Manila se subdivide en los pueblos siguientes: Distrito municipal: Manila, ciudad con 10.000 habitantes, Binondo con San José 42.385, Santa

Cruz con 15 barrios 14.253. *Pueblos* fuera del distrito municipal: Ermita con 8 barrios 8.232, [...] Tambobo con 25 barrios 27.339, Navotas con 9 barrios 13.152, Novaliches con 9 barrios 2434" (González Fernández 1875:93). El genérico *pueblo* se aplica en este caso a las diferentes entidades constitutivas de dicho conjunto urbano. Pero en una famosa descripción literaria del *pueblo* imaginario de San Diego, José Rizal, médico y sobre todo novelista y héroe nacional filipino, insistía mucho en el arraigo rural de este lugar arquetípico del cual reconstruye la historia y donde todo es diferente a Manila: "Casi a orillas del lago está el pueblo de San Diego, en medio de campiñas y arrozales". En esa orientación, Rizal resume luego la historia del pueblo: "la agricultura [...] se desarrolló rápidamente; afluyeron nuevos habitantes, vinieron muchos chinos, el villorrio pronto se hizo aldea y tuvo un cura indio; después la aldea se convirtió en pueblo, murió el cura y vino fray Dámaso" (Rizal [1887] 1992:121, 124). Para los filipinos del siglo 19, la llegada de los inmigrantes y de un clero regular español eran signos reveladores de un cambio de rango: las almas son lo suficientemente numerosas como para hacer de este lugar una parroquia "rentable", una pequeña o mediana ciudad.

La ambigüedad de la voz *pueblo* se debe a que, en el léxico de la ciudad de las Filipinas hispánicas, ocupaba un segmento extremadamente amplio: si a veces era una palabra de la ciudad, siempre lo era por defecto. Pero la ausencia de especificación no resultaba de la falta de inventiva de la lengua: los "filipinismos" forjados en la época colonial son numerosos. Y las analogías con la América española eran evidentes, aunque las singularidades del contexto colonial filipino acentúan ciertos rasgos.

El *pueblo* filipino, a comienzos de la colonización española, era un calco del *pueblo de indios* hispanoamericano. Esta construcción territorial respondía a dos objetivos imbricados: por un lado, agrupar las poblaciones indígenas "bajo la tutela de parroquias" para evangelizarlas mejor y, por otro lado, reutilizar las estructuras políticas prehispánicas para permitir una organización administrativa y fiscal, lo que era menos costoso para los colonizadores y menos traumático para los colonizados. El *pueblo* era, inicialmente, una unidad administrativa confiada a autóctonos. A menudo su territorio era muy amplio y, en la mayoría de los casos, estaba asociado a una parroquia. La expresión *pueblo-parroquia* se utilizaba frecuentemente. Dado que las organizaciones administrativas del municipio indígena eran perfectamente homogéneas en el archipiélago, durante todo el período colonial español, *pueblo* es en primer lugar sinónimo de municipalidad. En el siglo 19, la expresión *municipio indígena* se empleaba cada vez más en los textos administrativos, pero estos últimos no pueden considerarse fiel reflejo de los usos diarios, y las novelas o los relatos de viaje atestiguan la resistencia de *pueblo*.

Pueblo designaba también la cabecera de una municipalidad, lugar donde residían las autoridades locales. Competía entonces con otras palabras como *cabecera*, *casco* o *población*, y esta última se fue imponiendo sin lograr suprimir el uso de *pueblo*. Por supuesto, la aglomeración que estas palabras calificaban era en general la más poblada de la municipalidad, pero el empleo de uno de estos calificativos no permitía en ningún caso establecer una separación entre lo rural y lo urbano. Sólo por medio del contexto podremos saber si *pueblo* designaba el conjunto del territorio administrativo o simplemente la cabecera y si se lo empleaba con la connotación peyorativa de lo rural. Asimismo, si bien palabras como *cabecera* u, ocasionalmente, *capital* permitían distinguir el lugar de residencia del gobernador de la provincia, no lo excluían de la categoría de *pueblos*.

Los núcleos de población anexados al *pueblo* se designaban con múltiples términos (*barrio, visita, sitio, ranchería*) que correspondían a realidades espaciales muy fluctuantes. *Barrio*, por ejemplo, a veces designaba, de un modo completamente clásico, un barrio de la cabecera, pero también se lo empleaba para designar un caserío, una aldea o un poblado relativamente alejado del centro del *pueblo*. La pobreza lexical de los niveles superiores del campo semántico era en cambio sorprendente. En efecto, ninguno de los *pueblos*, cualquiera fuera su importancia, podía pretender ascender a la categoría de lo indiscutiblemente urbano, al menos en las representaciones de *villas* y de *ciudades* que respondían a un estatus jurídico y a un prestigio radicalmente diferente del de los municipios indígenas. Las *ciudades* eran gobernadas por un *ayuntamiento*, concejo municipal conformado exclusivamente por españoles (o considerados como tales) y relativamente respetado por la administración central de la colonia. Los títulos que llevaba el primer oficial del municipio reflejaban la brecha simbólica entre *ciudad* y *pueblo*: se nombraban dos intendentes a la cabeza de la municipalidad de Manila, mientras que a la primera autoridad del *pueblo* se le daba oficialmente el diminutivo despectivo de *gobernadorcillo*…

A diferencia de la América española el reducido número de población de origen europeo era una característica constante en las Filipinas coloniales (de un total de 7 millones, de 10 a 15 mil eran europeos a fines del siglo 19). Además, dichos habitantes blancos se concentraron desde el comienzo en la capital, y las *villas* y *ciudades* fundadas a fines del siglo 16 (Cebú, Vigan, Arévalo, Nueva Cáceres y Nueva Segovia) desparecieron rápidamente por falta de habitantes. A principios del siglo 17, Manila era efectivamente la única y verdadera *ciudad* de la colonia. En 1903 tenía 250 mil habitantes. Tal como lo señaló el profesor austriaco Ferdinand Blumentritt, gran conocedor del archipiélago, la separación entre la ciudad y el resto del territorio opuso así la ciudad a un conjunto de *pueblos* difíciles de diferenciar. 1º En las Filipinas, se entiende por *pueblo* un municipio gobernado exclusivamente por manileños […] en oposición a *Villa* y *Ciudad* cuya municipalidad está compuesta por habitantes blancos. […] 2º La localidad da su nombre a todo el *Pueblo*, y el lugar donde el *Gobernadorcillo* vive es el *Pueblo*, en el estricto sentido de la palabra. […] *En los pueblos* = en la llanura (por oposición a Manila) – *Vivir como en el pueblo* = campesino, maleducado, perezoso, ser indolente, descuidado en su aseo, vivir día a día – *El indio del pueblo*: 1º En la jerga de Manila, tonto, ignorante, supersticioso, simple, ingenuo, provinciano (en contraste con los indios de Manila, incrédulos, astutos y corruptos). 2° Opuesto a *Indios de rancherías*, indio civilizado, cristiano" (Blumentritt 1887:297).

El mismo esquema se reproducía a escala de la aglomeración de Manila. El término *ciudad* se reservaba para una plaza fuerte de pequeñas dimensiones destinadas a albergar a la población española. Los otros barrios, más extensos y poblados, se los calificaba de *pueblos*, pero la evidente interdependencia de los subconjuntos de la aglomeración originaba la aparición de términos más precisos y más "urbanos" como *arrabales* o *pueblos de extramuros*.

El hecho de no tomar en cuenta el tamaño o las funciones de la aglomeración en las denominaciones remitía a un discurso colonial que establecía una jerarquía teórica estricta y líneas divisorias rígidas entre las categorías socio--étnicas. Blumentritt, muy crítico en lo que respecta a la colonización española en las Filipinas, destacaba muy bien el valor simbólico de las palabras. *Pueblo* correspondía en realidad a un nivel intermedio en el andar de la civilización entre, por un lado, el hábitat disperso y a menudo nómada de salvajes insumisos y paganos y, por el otro, el modelo de la urbanidad que constituía la *ciudad* de los españoles. La categoría de *pueblos*, mezclando sin discriminar lo rural y lo urbano, los pequeños poblados y las aglomeraciones más pobladas y dinámicas bajo el único común denominador del municipio indígena, permitía entonces mantener la distancia necesaria entre dominantes y dominados.

Debido a la importancia simbólica y política del léxico, las modificaciones fueron lentas y tardías, aun cuando el fuerte crecimiento económico y demográfico del siglo 19 subrayaba las incoherencias y las imprecisiones lexicales de la jerarquía. En efecto, la *erección* de nuevas municipalidades indígenas permitía a aglomeraciones alejadas y que conocieron un fuerte desarrollo adquirir la independencia del *pueblo* de origen que, en este contexto, llevaba el nombre muy explícito de *matriz* y, por este motivo, algunos *pueblos* llegaban a contar con varios miles de habitantes sin perder su estatus jurídico y simbólico de pueblo aislado de unas cuantas decenas de habitantes. Grandes centros regionales como Iloilo, Cebú, Vigan o Laoag sólo eran, en realidad, simples conglomerados de *pueblos*, donde cualquier planificación urbana pensada a escala de la aglomeración se enfrentaba a dichas rivalidades, así como también a las raíces históricas o étnicas.

Las últimas décadas de la presencia española en las Filipinas (1870-1898) estuvieron marcadas, sin embargo, por una evolución notable de la legislación y de las prácticas. En Manila, la oposición lexical entre plaza fuerte y otros barrios se desvaneció, y *ciudad* terminó designando el conjunto de la aglomeración. La tardía reforma de noviembre de 1889 autorizó al gobierno general a constituir "verdaderos" ayuntamientos en las capitales provinciales y en las principales ciudades de la colonia. El texto beneficia a un puñado de ciudades: Albay, Batangas, Vigan, Iloilo, Cebú, Nueva Cáceres (hoy Naga) y apuntaba a satisfacer las aspiraciones políticas de una burguesía filipina ambiciosa y fuertemente "urbanizada", en todas las acepciones de la palabra. Los cargos de asesores municipales dejaron de ser exclusivos de los españoles: implícitamente, el título de *ciudad* se extendió entonces a ciudades donde sólo vivían algunos colonos. En 1898 la palabra *pueblo* conservaba todas sus ambigüedades. Pero para los norteamericanos, que ocuparon entonces las Filipinas y denunciaban los arcaísmos de la colonización española, su desconcierto no fue muy grande frente a un léxico en el que encontraban la diferencia entre *town* y *city* como también entre *town* y *township* o *county*. El pueblo fue definido como un *town* o *district*, lo que correspondía más o menos a un *township* o *county* cerca de un *town*, abarcando muchas veces un territorio amplio y muchas aldeas (Bureau of Insular Affairs 1902:XXXVI)

Xavier Huetz de Lemps

Véase: arrabal (e), ciudad (e), colonia (e), población (e), vila (p)

Referencias
ABELLA, Venancio María de. *Vade-mecum filipino o manual de conversación familiar español-tagalog. Seguido de un curioso vocabulario de modismos manileños.* Manila, Amigos del País, 1869. • BLUMENTRITT, Ferdinand. Vocabulaire de locutions et de mots particuliers à l'espagnol des Philippines. p. 233-315 [traducido al francés de un manuscrito de 1882]. *Bulletin de la Société Académique Indochinoise de France.* Paris, Société académique indochinoise, 1887, p. 233-315. • BUREAU OF INSULAR AFFAIRS. *A Pronouncing Gazetteer and Geographical Dictionary of the Philippine Islands.* Washington, Government Printing Office, 1902. • DOEPPERS, Daniel F. The Development of Philippine Cities Before 1900. *Journal of Asian Studies*, vol. XXXI, n. 4, 1972, p. 769-792. • DOEPPERS, Daniel F.; XENOS, Peter (Edit.). *Population and History. The Demographic Origins of the Modern Philippines.* Madison, University of Wisconsin-Madison, 1998. • GONZÁLEZ FERNÁNDEZ, Ramón. *Manual del viajero en Filipinas.* Manila, Santo Tomás, 1875. • HART, Donn V. *The Philippine Plaza Complex: A Focal Point in Cultural Change.* New Haven, Yale University, 1961 • HUETZ DE LEMPS, Xavier. Nommer la ville: les usages et les enjeux du toponyme "Manila" au XIXe. siècle. *Genèses*, n. 33, 1998, p. 28-48. • HUETZ DE

LEMPS, Xavier. Territorio y urbanismo en las Islas Filipinas en el entorno de 1898. *Ciudad y Territorio*, Madrid, vol. XXX, n. 116, 1998, p. 381-428. • PAN, José Felipe del; ROSA, José de la. *Diccionario de la administración, del comercio y de la vida práctica en Filipinas.* Tomo I. Manila, Manuel Pérez, 1879. • REED, Robert R. Hispanic Urbanism in the Philippines: a study of the impact of Church and State. *University of Manila Journal of East Asiatic Studies*, Manila, vol. XI, 1967, p. 1-222. • RETANA, Wenceslao E. Diccionario de filipinismos con la revisión de lo que al respecto lleva publicado la Real Academia Española. *Revue Hispanique*, New York/Paris, tome LI, 1921, p. 1-174. • RIZAL, José (1887). *Noli me tangere*. Madrid, Ediciones de Cultura Hispánica, 1992. • SÁNCHEZ GÓMEZ, Luis Ángel. Estructura de los pueblos de indios en Filipinas durante la época española. In RODAO, Florentino (Edit.). *España y el Pacífico*. Madrid, Agencia Española de Cooperación Internacional, 1990, p. 81-116.

r

🇪 rambla (pl. ramblas)
español España, sustantivo femenino

Definiciones

rambla: *Lugar hondo por donde corren las aguas de montaña, fertilizando la tierra, lugar por donde pasaron los torrentes* ("Un lieu creux où les eaux des montagnes s'écoulent, y rendent la terre fertile, lieu par où ont passé les torrents") (**Oudin 1675*).

rambla: *Lugar, terreno arenoso. // hueco, grieta de roca por donde se precipitan las aguas pluviales en época de lluvia. // paseo llano, cuidadosamente enarenado. // terreno llano y arenoso a orillas o cerca de la orilla de un río* (**Salvá 1882*).

rambla: *barranco m. (ravin) // paseo (cours), paseo m. (promenade), paseo (avenue) [...] // (Amér.) muelle m. (quai) // las Ramblas (les Rambles)* (**Garcia-Pelayo & Testas 1998*).

rambla: *Lloch destinat pera passeig dintre d'algunas ciutats* (**Aladern 1906*).

rambla: *Vía pública con un paseo central para los peatones y dos calzadas laterales para la circulación de rodados* (**Griera 1947*).

rambla: *4. f. En Cataluña y otras zonas de Levante, calle ancha y con árboles, generalmente con andén central. 5. f. Arg. y Ur. Avenida que bordea la costa de un lago, un río o el mar* (*Real Academia Española 2001).

ESTA PALABRA, DE ORIGEN CATALÁN, REGISTRADA EN el siglo 13 (*Libres de costums generals de la insigne ciutat de Tortosa* [1249] 1912), se la conoce en castellano desde principios del siglo 16 con su sentido figurado de corriente de agua o torrente, con trazado generalmente en forma perpendicular a la costa.

Pero su sentido de "paseo urbano" sólo existió un tiempo en la primera de las dos lenguas, de la cual provienen una docena de derivados y expresiones: *ramblejar* (pasear por la –), *ramblejaire* y *ramblista* (paseante de la –), o incluso *ramblia* (calzada de un solo sentido a ambos lados del terraplén central); "*Fer les coses a ramblades*" significa hacer las cosas precipitadamente, es decir, como un torrente. La palabra *rambla*, muy asociada a Barcelona, es la imagen de un torrente humano, que corre ruidoso y confusamente; es un elemento característico de la ciudad catalana en general, y de la capital regional en particular, que posee "sus" *ramblas*. La palabra también abarca matices interesantes a través del uso del plural o de su uso toponímico con mayúscula. Por último, cabe recordar que, por muy conocida que sea la riqueza cultural de este término, no deja de ser un préstamo que el castellano tomó del catalán e ingresó en los diccionarios de castellano muy tarde (*Moliner 1970). Por tanto, su uso se limita esencialmente a España, en la costa mediterránea de habla catalana (Cataluña, Países valencianos, Baleares, Murcia).

En catalán, su sentido de "vía pública" se registró probablemente a fines del siglo 13 (*Crònica de Jaume Primer* [1274] 1873), cuando Muntaner relataba que delante de las murallas de Valencia había una depresión por donde enormes carros transportaban galeras. Pero esta designación se afianzó aún más a mediados del siglo 14 cuando, en 1442-1445, las deliberaciones del Consejo de los Cien hablaban de la *rambla* como de una *estrada* donde los barceloneses hacían ejercicio (apud Coromines 1970:79). La palabra no hacía entonces uso de la mayúscula, al menos hasta mediados del siglo 15, en la que se expresaba, por ejemplo, el descontento de los habitantes cuando encontraban cerrada la puerta que daba a la *Rambla*. En aquella época, en Perpiñán, se utilizaba la palabra con el mismo sentido: la depresión cavada por las aguas torrenciales de la estación contorneaba la ciudad, poniéndola en peligro de inundación, pero al mismo tiempo constituía un pasillo de circulación. La *Rambla* se convirtió entonces en un topónimo que designaba principalmente el paseo de la Ciudad Condal, es decir, Barcelona. La incorporación de los barrios medievales de Raval en los siglos 14 y 15 incluyó el trazado de la *rambla* en el tejido urbano. Los términos *avenida* (en castellano) y *avenguda* o *avingudu* (en catalán) que designaban tanto una crecida como una avenida, poseían casi la misma riqueza semántica.

El uso genérico de *rambla* data del siglo 19. En catalán, los primeros diccionarios la registraron en 1888 (*Labernia y Estella), en 1906 (*Aladern) y en 1932 (*Fabra). En castellano, el uso del topónimo era frecuente en el siglo 19, siempre precedido de mayúscula: en plural, designaba los paseos barceloneses, mientras que en singular, se refería a uno de los cinco tramos que conforman la avenida, es decir, el conjunto. El singular: la *Rambla* prevaleció en frecuencia y en antigüedad ante el plural (Jovellanos [1808] 1967; *El Noticiero Universal* 1808). El singular acreditaba un grado de abstracción más elevado que el plural, sugiriendo el reconocimiento de una única forma urbana, allí donde el uso de la calle imponía la diversidad: *Rambla dels Estudis* para la zona donde se concentraban las escuelas, *Rambla de les Flors*, donde se encontraban los floristas, etc. A partir de la década de 1920, la administración municipal se esforzó por imponer el uso del singular en la nomenclatura, y éste ha sido oficialmente aceptado desde 1992.

También cabe señalar que, a partir de 1788, se encontraron otras *Ramblas* en Barcelona: la calle Nou de la *Rambla* (1788) y, sobre todo, la *Rambla* de Cataluña, inaugurada en 1884, la que prolongó la antigua *rambla* en la nueva ciudad a través del *ensanche* o *eixample*. Más tarde, se difundió el topónimo: *Rambla* Volart (1896), *Rambla* del Carmel (1916); *Rambla* del Prat, en Gracia (1917); *Rambla* Quintana, en Horta; la *Rambla* del Guinardo, en Sant Martí... En total, existían trece *Ramblas* en 1934, lo que indica que la palabra se convirtió en un tipo topológico y regional para designar una avenida de prestigio con un paseo central. Si bien las antiguas guías de la ciudad (1928, 1934, 1952 en Barcelona) clasificaban estas diferentes *ramblas* urbanas en la letra "R" y no en la inicial del nombre que la acompaña, las actuales guías remiten al lector a ese nombre, por ejemplo:

"*Rambla* del Carmel (véase Carmel, *rbla.*); *Rambla* de Poblenou (véase Poblenou, *rbla.*)". Del semitopónimo pasamos entonces al uso genérico. Sin embargo, la palabra con minúscula es poco frecuente: sólo se utilizó como "palabra de la ciudad" más tarde y casi siempre en plural. En catalán, la literatura registra su uso genérico a principios del siglo 20: en *Oda nueva a Barcelona* (1910), Maragall calificaba el *Paseo* del Born de *rambla dels pobres*. En castellano, la expresión *las ramblas* apareció más tarde aún con el poeta Rafael Alberti (1924), los novelistas Santiago Rusiñol (1926), Salvador González Anaya (1929) o incluso Rafael López de Haro (1930). Por último, se debe probablemente al ingeniero y urbanista Ildefonso Cerdá uno de los primeros usos genérico registrado en minúscula: "Así se llaman *callejones* o callejuelas las más estrechas, *calles* las que no lo son tanto y finalmente *bulevares*, *ramblas* a las más anchas, distinguiéndose todas ellas con el nombre de *impases* o *callejones sin salida* cuando sólo están abiertas por uno de sus extremos" (Cerdà [1859] 1991:§1195).

A fines del siglo 19, el término *rambla* se extendió por toda Cataluña para designar una avenida, fruto de la canalización o de la urbanización de terrenos ribereños a un torrente: encontramos la palabra tanto en las ciudades costeras (Blanes, Vilanova i la Geltrù) como en ciudades interiores (Terrassa, en 1878; Sarriá, en 1878). Al abandonar su entorno estrictamente barcelonés, el uso genérico prevaleció por todo el Principado: Vic en 1850, Lleida cuenta con tres *ramblas*; Tarragona, con dos; Gerona, Sabadell, Figueras. En 2000, unas veintes ciudades cuentan con *ramblas*. Hoy todas las zonas de habla catalana de España se ven implicadas (Valencia, Alicante...) en este fenómeno, no así las de habla castellana (Almería) y las Canarias. Por el contrario, este uso se impone ampliamente en América Latina: en singular, encontramos *ramblas* en Argentina, en Uruguay y en Venezuela; se trata de *muelles* o *paseos* litorales.

En un estudio lexicográfico reciente realizado por la prensa de lengua española se explica que el plural tiende a designar un arroyo (72%), a menos que se desee designar paseos laterales con una avenida ancha. La *rambla* constituye también, pues, un modelo formal, con un terraplén central y dos avenidas laterales. Por ende, el uso hace que el plural designe finalmente las dos contracalles arboladas de una avenida ancha. En contrapartida, el singular sólo designa la arteria urbana que cuenta con un paseo arbolado en el centro. En el 29% de los casos, se refiere a un paseo en particular, por ejemplo, la *Rambla* de Poble Nou, pero designa la mayoría de las veces un tipo de avenida. En 1995, el diario *La Vanguardia* hablaba de una calle que "Se urbanizará como una rambla, con zonas verdes, jardinerías y árboles" (*La Vanguardia* 1995).

La cristalización de la palabra en su uso genérico es objeto, sin embargo, de gran vacilación. En las nomenclaturas urbanas, *ramblas* pudieron convertirse en *calles* o viceversa, mientras que la frontera lingüística entre *rambla* y *paseo* resulta bastante flexible: en Barcelona, por ejemplo, al *Passeig* [*paseo* en castellano] del Triomf (1987) se lo llama popularmente *Rambla* de Poblenou. Por estos motivos, la confusión era frecuente en el siglo 19: en *Las calles de Barcelona*, por ejemplo, el poeta Víctor Balaguer indicaba en el artículo "Rambla" (se trata del topónimo) que "la Rambla es la calle-paseo que se extiende desde el pie del fuerte de Atarazanas hasta la entrada del paseo de Gracia" (Balaguer 1865).

En el siglo 19, se consolidó fuertemente la forma urbana original que constituía la *Rambla* de Barcelona. Este paseo obedeció a múltiples usos sociales: función monumental y religiosa, función comercial, función residencial para la aristocracia y luego para la burguesía industrial y comercial, y función de circulación hasta principios del siglo 20 (Michonneau 2007). La *Rambla* se impuso como espacio privilegiado y representativo de las elites y del poder. Materializó simbólicamente los valores modernos que la ciudad intentaba encarnar (primera iluminación a gas en 1844, luego eléctrica en 1887, etc.).

Si bien el urbanista Ildefonso Cerdá reconoció en el término *Rambla* un tipo de espacio público particular, la teorización sistemática de este tipo urbano intervino en la década de 1980, cuando las municipalidades democráticas promovieron la *rambla* como modelo social. Las operaciones de recalificación urbana convirtieron las ramblas en "focos de regeneración" que permitían recomponer el tejido periférico alrededor de un eje vertebrador, en lugar de alrededor de las plazas. La *rambla* se volvió entonces itinerario cívico haciendo de los paseos el corazón de la intervención en materia de espacios públicos e insistiendo en el "carácter aglutinante" de las *ramblas*: se concibe entonces la ciudad como un *collage* de barrios, una suma de colectividades contradictorias unificadas solamente por la avenida-paseo. Así, según Oriol Bohigas (1985), un arquitecto que promovió políticas de planificación de Barcelona, la *rambla* sería entonces un elemento capaz de dar sentido a la ciudad, de recomponer un tejido urbano desordenado, desestructurado, en virtud de la política urbanística de la dictadura franquista (1938-1975), que construía *polígonos* – unidades residenciales verticales – aislados en un espacio abierto, lo que suponía la discontinuidad y segregación de los espacios. Al contrario, la *rambla* es un espacio continuo caracterizado por una lógica horizontal generadora de vínculos.

En el siglo 18, se planificó el paseo de *ramblas* en Barcelona, pero sin constituir un conjunto coherente, tal como lo muestra el uso corriente del plural. En la segunda mitad del siglo 19, el término, que se aplicó a nuevas avenidas y luego en otras ciudades catalanas, tendió a convertirse en un tipo toponímico original. Más tarde, se fortaleció el reconocimiento de la palabra *rambla* como tipo urbano y, a principios del siglo 20, su uso genérico se extendió en catalán y en castellano. En el último tercio del siglo, el término se convirtió en un tipo de espacio público, rigurosamente definido y teorizado por el urbanismo. Así, *rambla* se fue separando lentamente del topónimo y adquirió su uso genérico y urbano sólo recientemente.

Stéphane Michonneau

Véase: avenida (p), calle (e), centro (e), paseo (e)

Referencias
ALBERTÍ, Rafael. *Marinero en tierra*. Madrid, Biblioteca Nueva, 1924. • BALAGUER, Víctor. *Las calles de Barcelona*. Barcelona, Salvador Manero, 1865. • BOHIGAS, Oriol. *Reconstrucció de Barcelona (Llibre a l'abast)*. Barcelona, Edición 62, 1985. • CERDÁ, Ildefonso (1859-1861). Teoría de la construcción de

las ciudades aplicada al proyecto de reforma y Ensanche de Barcelona. In CERDÁ, Ildefonso. *Cerdá y Barcelona*. Vol. 1. Barcelona/Madrid, INAP/Ayuntamientos de Barcelona y Madrid, 1991. • COROMINES, Joan. *Estudis de toponimia catalana*. 2 volúmenes. Biblioteca filológica Barcino. Barcelona, Barcino, 1970. • *Crònica de Jaume Primer* (1274). In AGUILÓ Y FUSTER, Marian. *Crónica o comentaris del gloriosissim e invictissim rey en Jacme Primer [...]*. Manuscrito de 1343, una traducción de la versión latina de 1313. Barcelona, Llibreria d'Alvar Verdaguer, 1873. • *El Noticiero Universal*. Barcelona, 2 sep. 1808. • GONZÁLEZ ANAYA, Salvador. *La oración de la tarde*. Barcelona, Juventud, 1929. • JOVELLANOS, Gaspar Melchor de (1808). *Descripción histórico-artística del castillo de Bellver*. Palma, Mallorquina de Francisco Pons, 1967. • *La Vanguardia*. Barcelona, 16 nov. 1995. • *Libres de Costums Generals de la Insigne Ciutat de Tortosa* (1249). In Foguet, Ramon, *Código de las costumbres escritas de Tortosa [...]*. Tortosa, Imp. Ripoll, 1912. • LÓPEZ DE HARO, Rafael. *Yo he sido casado*. Madrid, Estampa, 1930. • MARAGALL, Joan (1910). *Oda nueva a Barcelona*. Barcelona, Ayuntamiento de Barcelona, 1960. • MICHONNEAU, Stéphane. *Barcelone. Mémoire et identité 1830-1930*. Rennes, PU de Rennes, 2007. • RUSIÑOL, Santiago. *Els caminants de la terra. D'aquí i d'allà*. Barcelona, Impr. Ràfols, 1926.

E rancho (pl. ranchos)

español Venezuela, sustantivo masculino

Definiciones

rancho: *Vivienda, residencia, barrio donde alojarse: pequeña vivienda, cabaña de pastor* (*Oudin 1675).

rancho: *Cuartel: conjunto de soldados que comparten un dormitorio. // comida que comparten los soldados: fiambrera. // Paso libre sin obstáculos [...] // sociedad: grupo de personas que se separa del resto* (*Nuñez de Taboada 1820).

rancho: *Rancho, finca (ranch en América del Norte) // (Amér.) bohío (chaumière)* (*Garcia-Pelayo & Testas 1995).

rancho: *La junta de varias personas que en forma de rueda comen juntos. Dícese regularmente de los soldados, los cuales contribuyen cada uno con aquella porción de sueldo que se le reparte, y necesita para comer en compañía* (*Real Academia Española 1726-1739).

rancho: *del italiano* rancio, *comida de soldados [...] // Lugar fuera de poblado, donde se alojan varias familias o personas. Rancho de gitanos, de pastores. // [...] // América.* Choza o casa *humilde con techo de ramas o pajas, fuera de poblado* (*Real Academia Española 1884).

rancho: *De hecho* rancho *deriva de un verbo cast. de origen francés, [...] pero éste no es arrancharse, sino el término militar* ranchar(se), ranchear (arranchar) que tuvo y todavía tiene gran aplicación en América [...]. *El* ranchar *o* ranchear *no era propiamente capturar esclavos cimarrones, sino saquear* (*Corominas 1954).

rancho: *Nombre de la típica vivienda campesina [...]; el rancho es también la vivienda más común de los habitantes suburbanos en todos los centros poblados del país cuando no se reduce la misma a una mísera casilla de tablas y latas, [...] menos acogedora* (*Santillan 1976).

rancho, ranchería: *Así, pues, el uso primitivo de la voz se ha generalizado para designar a las viviendas clandestinas de las grandes aglomeraciones urbanas de América del Sur [...], lo que ha dado ha dado lugar a la creación de barrios populares enteros de ranchitos* (Diccionario de ciencias sociales 1976).

rancho: *3. m. Lugar fuera de poblado, donde se albergan diversas familias o personas. Rancho de gitanos, de pastores. 5. m. Choza o casa pobre con techumbre de ramas o paja, fuera de poblado, [...]. 6. And. Finca de labor de menos extensión que un cortijo y por lo común con vivienda* (*Real Academia Española 2001).

EN LA ACTUALIDAD, *RANCHO* SE EMPLEA EN LA MAyoría de los países hispanohablantes de América para designar una vivienda urbana humilde, quizás también miserable, que caracteriza casi todas las viviendas de los suburbios de villas miseria. Sin embargo, en Venezuela, este término se utiliza más comúnmente para designar una vivienda individual de un solo ambiente, para los más humildes y construida generalmente con materiales de recuperación (tablas de madera, chapa ondulada, etc.) o comprados mediante la práctica floreciente del comercio informal. Así, este término designa un tipo de vivienda, y por extensión, en plural, califica un barrio popular conformado principalmente por *ranchos*. Así como en España la *chabola* se agrupa en *barrios de chabolas*, en Venezuela la expresión *barrio de ranchos* se utiliza corrientemente, ya que el término *barrio* designa un barrio popular. Por lo tanto, *rancho* se refiere sobre todo a una casa. Encontramos este tipo de descripción sobre un barrio en el estado de Lara: "se construyen 140 *viviendas* en las *zonas* humildes como el *barrio* Libertador, el *caserío* El Toro […]. Enseñamos a la gente a hacer su *casa* y a montar microempresas para reemplazar los *ranchos* por *barrios de casas*" (El desarrollo... 1997). Como vemos, el empleo de la palabra en el registro urbano es contemporáneo y está relacionado con el importante proceso de urbanización que vivieron la mayoría de los países de América Latina en la década de 1950.

Paralelamente, la palabra *rancho* designa en la actualidad una vivienda rural, cuando antaño era su único uso. En los diccionarios de consulta de lengua española, así como también en aquellos especializados en americanismos, publicados en España o en América latina, dicho sentido figura en primer lugar, antes de la acepción urbana.

La etimología remite a la noción de círculo, de reunión de personas en pequeños grupos. La primera acepción, presente en la mayoría de las obras de consulta, es la de comida que se reduce a un solo guisado para compartir entre varias personas. Este primer sentido expresa entonces ya dos connotaciones de grupo y de provisorio. Esta definición también se utiliza en el registro marítimo para designar un espacio específico de la embarcación donde se reúne parte de la dotación, pero también el hecho de que ésta se reúne para compartir la comida a bordo. En un sentido más amplio, *hacer rancho aparte* significa literalmente *faire bande à part*. Cabe destacar que los diccionarios españoles admitieron sucesivamente dos etimologías: en el siglo 19, se decía que *rancho* provenía del adjetivo *recio*, *rance* en italiano, para designar el *rancho* (comida) de los soldados; en la actualidad, podemos decir con mayor certeza que el *ranch* norteamericano y el *rancho* español provienen del antiguo alemán *Hring*.

Por otro lado, en el siglo 16, el término *rancho* designó, en España, una vivienda rural modesta y más tarde, a partir del siglo 17, calificó una vivienda precaria provisoria en las regiones conquistadas del Nuevo Mundo. Efectivamente, los colonos utilizaban este término para designar la vivienda de los pueblos indígenas, así como también una vivienda provisoria donde se refugiaban los negros cimarrones, en la época de la esclavitud. En este contexto, el verbo *ranchear* significaba perseguir esclavos fugitivos, pero también saquear en un sentido más amplio, siendo un *rancheo* una expedición de saqueo.

A fines del siglo 19 y en la primera mitad del siglo 20, se afianzó el sentido de vivienda rural del término *rancho*. La voz norteamericana *ranch* influyó en México y en el Caribe para designar una granja especializada en la ganadería, siendo *ranchería* el término más utilizado. El cine mexicano y estadounidense transmitió especialmente este modelo del *ranch* relativamente cómodo en tierras del *Far West*. En sentido inverso, en las otras regiones de América Latina, el término *rancho* se refería a una vivienda rústica rural, por ejemplo en Argentina.

En Venezuela, muy particularmente, cuyo crecimiento urbano fue muy intenso entre los años 1950 y 1970, se adoptó rápidamente el término *rancho* para designar la vivienda urbana humilde en pleno auge, de origen campesino y cuyo material básico de construcción sigue siendo hoy en día el *bahareque* (adobe hecho con barro y paja, y una estructura de cañas de bambú). La evolución semántica hacia el vocabulario urbano estuvo estrechamente relacionada con el comienzo de la explotación petrolera en Venezuela. Los primeros *ranchos* urbanos consistían en viviendas precarias construidas rápidamente por migrantes provenientes del campo, en las inmediaciones de los campos petroleros, urbanizaciones construidas *ex nihilo* por empresas petroleras de origen norteamericano (al principio). La primera región afectada fue la zona de explotación alrededor del lago de Maracaibo al oeste, y más tarde, ya en la década de 1940, fueron los estados orientales de Anzoátegui y de Monagas. En la década de 1950, el crecimiento urbano alcanzó la ciudad capital de Caracas, lo que originó un auge de *ranchos* sin precedente, especialmente en los años 1958-1959, con el desarrollo de *ranchitos*, diminutivo utilizado con un sentido paternalista (Brisseau 1963). Sin embargo, el término *rancho* siempre conservó su origen rural, tal como lo manifiesta este interesante doble caso publicado en la prensa venezolana: "Según López, el 60% de los habitantes de Caracas vive en las denominadas construcciones informales: *ranchos*, *edificios* construidos sobre *ranchos*, y otros *inmuebles* realizados sin las garantías necesarias y sin respetar las normas antisísmicas" (Energía liberada... 1997)

Los *barrios de ranchos* siguieron creciendo sin ningún tipo de control (Baby-Collin 2000; Baby-Collin 2005), y en el marco de lógicas de autoconstrucción, con relativa intervención de los poderes públicos (Bolívar 1987; Mauco 1989). Un médico venezolano escribió de su puño y letra: "Por último, los países más pobres del Tercer Mundo, con su *cinturón de miseria*, poblados de *ranchos*, sus *pueblos* miserables, insalubres [...] serán presa de una infección casi total" (Sandner 1990:215).

Si bien para una parte de la sociedad latinoamericana la palabra *rancho* contiene aún un sentido peyorativo relacionado con las condiciones de miseria y de informalidad, este término también se incorporó al vocabulario de la ciudad al igual que *chabola*, *favela* o *slum*. Además, desde la década de 1960, los documentos de urbanismo, como en Venezuela, dan por sentado que el *rancho* es urbano... Y si es rural, hay que indicarlo: es el *rancho rural*. En cuanto al *ranchito*, se transforma en un producto comercial para turistas en forma de las cerámicas de artesanía local, representa una vivienda local y lleva grabado: *mi ranchito*.

Anne Péné-Annette y Sonia García

Véase: barriada (e), casa (e), chabola (e), favela (p), población (e)

Referencias

BABY-COLLIN, Virginie. Les villes. In *L'Amérique Latine*. Paris, SEDES/CNED, 2005. • BABY-COLLIN, Virginie. *Marginaux et citadins. Construire une urbanité métisse en Amérique Latine. Etude comparée des barrios de Caracas (Venezuela) et des villas d'El Paso de La Paz (Bolivie).* Tesis doctoral en Geografía. Toulouse, Université de Toulouse, 2000. • BOLIVAR, Teolinda. *La production du cadre bâti dans les 'barrios' de Caracas... un chantier permanent!* Thèse de 3è cycle. Paris, I.U.P./Université de Paris XII, 1987. • BRISSEAU, Janine. Les 'barrios' de Petare; faubourgs populaires d'une banlieue de Caracas. *Les Cahiers d'Outre-Mer*, Bordeaux, vol. XVI, 1963, p. 5-42. • *Diccionario de ciencias sociales*. Madrid, Instituto de Estudios Políticos, 1976. • El desarrollo es de abajo hacia arriba. *El Universal*, Caracas, 10 feb. 1997. • Energía liberada en estado Sucre equivale a varias bombas atómicas. *El Nacional*, Caracas, 11 jul. 1997. • MAUCO, Carlos. *Marginalité sociale: les agents publics et les quartiers populaires – le cas de Barcelona-Puerto la Cruz.* Thèse de Doctorat de Géographie. Lyon, Université de Lyon II, 1989. • REAL ACADEMIA ESPAÑOLA. *Corpus de referencia del español actual* (Crea) <www.rae.es>. • SANDNER, Olaf. *Sida. La pandemia del siglo.* Caracas, Monte Ávila, 1990.

Ⓟ rua (pl. ruas)

português Portugal e Brasil, substantivo feminino

rua: *O espaço, que ha entre as casas de hua Cidade, para a passagem da gente [...] pelas ruas corre a agua da chuva, que cahe dos telhados, como tambem a dos poços, & das fontes, que se derrama nas ruas. Também corre a gente as ruas, & cada hua dellas he hua corrente do povo, que vay ao seu negocio* (*Bluteau 1720, 7:390).

rua: *o espaço entre casas nas cidades, vilas, ou aldeias, por onde se anda, e se passeia. Nos jardins, espaço, entre renques de arvores, entre canteiros* (*Silva 1813).

rua: *Caminho publico entre fileiras de casas ou muros, nas cidades, vilas ou aldeias* (*Silva 1889-1891).

rua: *caminho no interior de povoação, geralmente rodeado de muros, paredes, edifícios ou renques de árvores* (*Silva, Moreno, Cardoso Junior & Machado 1949-1959).

EM PORTUGAL, A PALAVRA *RUA* SEMPRE PERTENCEU ao campo semântico do urbano. Ela foi e continua a ser a palavra mais corrente para nomear as vias de circulação entre as casas e as construções na cidade. Sentido que parece ter sido exclusivo, com poucas variações ao longo do tempo. À primeira vista, a história da palavra rua pode não ser fácil de traçar, já que parece ser uma palavra sem história. Desde muito cedo que os lexicógrafos concordaram sobre a definição do objeto rua. Para que houvesse rua, era preciso haver "casas" e "passagens", no interior de uma cidade (*Bluteau 1720). A definição pouco evoluiu a partir daí, embora o seu campo de aplicação se tenha expandido. A referência exclusiva à cidade foi abandonada a partir do início do século 19. Uma vila ou uma aldeia podiam ter, igualmente, as suas ruas. Mais tarde, os dicionários vieram a adotar genericamente o termo de *povoação*: aglomeração de qualquer tamanho, cidade, burgo ou aldeia (*Silva, Moreno, Cardoso Junior & Machado 1949-1959). Do mesmo modo, os bordos de casas associados às ruas podiam, em certos casos, ser substituídos por muros ou por simples filas de árvores (*Silva 1813). Assim, e de acordo com os dicionários de referência, o sentido de rua apenas se teria atenuado com o correr dos tempos, abrindo-se, naturalmente, a zonas pouco definidas ou de transição no território: subúrbios, aldeias, periferias das cidades etc.

A palavra *rua* apela, pois, em primeiro lugar, à ideia de circulação de pessoas, veículos ou águas residuais. Os planos ou representações cartográficos de Lisboa permitem, no entanto, distinguir uma evolução na maneira de designar as vias urbanas. Até ao século 19 eram usados principalmente três termos: *rua*, *beco* e *travessa*. O *Summario* de Rodrigues de Oliveira publicado em 1755, um dos primeiros documentos a elaborar uma lista das vias públicas em Lisboa, apenas conserva estas três categorias (Oliveira 1755). Entre o beco e a rua existe uma diferença de tamanho: o beco era mais estreito, podia não ter saída e, sobretudo, não permitia uma circulação fácil. Havia igualmente uma diferença de traçado: a rua possuía um eixo mais regular e retilíneo. A toponímia conservou, ao longo dos séculos, a marca desta característica geral das ruas. Sobre uma planta de meados do século 17 são já referidas numerosas *Ruas Direitas*: *rua Direita das Escolas Gerais*, *rua Direita do Salvador*, etc. (Tinoco 1650). Com a rua impunha-se, já então, um novo tipo de cidade com um plano melhor estruturado.

Desde a época moderna, e talvez anteriormente, embora com poucos vestígios, que a utilização das expressões *beco* e *rua* está bem diferenciada. Muito antes do terramoto de 1755, que precipitou o movimento de reorganização e de modernização do espaço urbano lisboeta, emergiram lógicas espaciais de diferenciação na denominação das vias de circulação. A antiguidade da urbanização e a topografia foram determinantes. Se nos ativermos à representação da cidade que consta da planta editada em 1650, os declives abruptos do velho bairro de Alfama eram servidos por numerosos becos (Tinoco 1650). Pelo contrário, uma zona mais plana e com traçados mais regulares, como o Bairro Alto, era então mais identificada pelas suas ruas, aliás, à época mal afamadas. Apesar disso, um outro nível de diferenciação surge entre *rua* e *travessa*. Diferença esta que foi particularmente marcada na zona da Baixa Pombalina, parte da cidade totalmente reconstruída e reorganizada após 1755. Aqui as ruas eram geralmente mais largas e melhor preparadas para a circulação e o comércio. Mas elas foram também abertas segundo uma orientação Norte/Sul, em direção ao Tejo. As *travessas* foram, pelo contrário, inicialmente construídas paralelamente ao rio, com uma orientação nascente/poente. No final da idade média podia-se distinguir, certamente de forma um pouco mais aleatória, esta mesma lógica no Bairro Alto. Esta fixação dos usos inscrevia-se, em parte, num processo de longa duração que visava uma disposição mais ordenada do espaço lisboeta. A escolha do rio como referência na organização do espaço urbano foi, efetivamente, uma constante na história da cidade. Em 1855, através de decreto do governador civil de Lisboa fixou-se definitivamente o modo de numerar as ruas da capital, onde o Tejo serviu de referência para determinar o início da contagem dos números de polícia, que vão crescendo à medida que se afastam do rio (Edital do Governo Civil 1855).

As ruas da Baixa, vias mais largas concebidas para facilitar o comércio e as atividades económicas, ilustravam uma nova maneira de conceber o objeto *rua*. No século 19, a rua era, ainda, em Portugal a via urbana por excelência que acompanhava o crescimento das cidades, nomeadamente, de Lisboa. O *Itinerário lisbonense*, anuário das ruas de Lisboa, publicado pela primeira vez em 1804, dá conta disso mesmo (*Itinerário*... 1804). Das mais de dezoito categorias de vias públicas a que este documento fazia referência, cerca de metade eram ruas. As travessas (um quinto), e os becos (15%) ficavam bem atrás (Brito 1935:178). Na periferia da cidade, na zona circunjacente, os *becos* eram mais raros mas as *ruas* eram igualmente numerosas. À exceção das praças ou largos, e pracetas, os restantes nomes de vias assinaladas no *Itinerário* designavam essencialmente objetos originais que possuíam características morfológicas bem precisas: escadinha, boqueirão (rua abrindo sobre o mar ou, no caso de Lisboa, no estuário do Tejo) calçada (rua em declive) etc. Esta tipologia de vias públicas testemunhava também a interpenetração existente entre a rede urbana e a antiga rede rural progressivamente incorporada na cidade: no início do século 19, caminhos, campos ou estradas encontravam-se já no coração da malha urbana sem, por isso, terem mudado de nome. A maior parte destas vias conservaram, aliás, o seu nome até hoje.

Ao longo do século 19 o avanço da cidade sobre os campos circundantes traduziu-se essencialmente na criação de novas ruas (*Carta topográfica...* 1856-1858). Estas ruas, ao norte da cidade, vieram enriquecer uma rede de vias de comunicação até então estruturadas em torno de algumas estradas, como foi o caso da *Estrada de Benfica*. A partir das últimas décadas do século 19, o aparecimento das avenidas não modificou substancialmente o uso e a localização das ruas em Lisboa (*Planta de Lisboa* 1891). Estes novos eixos de circulação integraram-se na sua maioria nos territórios recentemente urbanizados, cujo exemplo mais conhecido é a zona das *Avenidas Novas*, terminada em 1908 e símbolo da cidade moderna do século 20. Um dos raros exemplos de transformação de uma rua em avenida é a *avenida Vinte e Quatro de Julho* que, ainda hoje, percorre o Oeste da cidade, ao longo do Tejo. Este eixo, rasgado no final do século 19, foi, num primeiro momento, chamado *rua*. No final dos anos 1920, os primeiros planos diretores de urbanização atribuíram-lhe um papel essencial no ordenamento da zona ocidental da cidade. Ele foi, então, chamado de avenida, sem que tal modificação de estatuto tenha correspondido a uma mudança morfológica assinalável (*Planta da cidade de Lisboa* 1935).

Rua é, pois, uma designação relativamente estável que, até o século 20, não concorre com nenhuma outra para significar a via urbana típica, eixo de circulação ligado aos lugares de habitação ou de domicílio dos comércios, oficinas ou fábricas. A criação das avenidas veio alterar essa perspectiva. Ela trouxe um processo de dissociação entre as funções de circulação e de habitat. A avenida simboliza, sobretudo, a cidade moderna do século 20. Uma cidade melhor concebida, melhor adaptada à circulação – nomeadamente a circulação do automóvel – e uma cidade melhor pensada através dos planos diretores. A palavra rua mantém, no entanto, a sua supremacia quando se trata de designar, como metonímia, os habitantes de uma rua precisa, ou mais comumente, o povo das cidades ou do espaço público, por oposição ao espaço privado do domicílio. Encontramo-la associada a numerosas expressões que ultrapassam amplamente as oposições entre categorias de vias urbanas: *deitar à rua*, *pôr na rua*, ou *rua*!

Frédéric Vidal

A PALAVRA RUA FOI DEFINIDA PELO *VOCABULÁRIO português e latino* de Bluteau (*1712) como espaço, via de passagem e forma de organização urbana. Três outras palavras estão ligadas a ela morfologicamente: *ruão* (citadino), *arruar* (traçar uma rua) e *arruado* (o traçado de uma rua). Nas ruas das cidades (vilas e cidades) coloniais perfilavam o casario na direção dos pontos de interesse e de concentração realçando espigões, descendo encosta, beijando várzeas. Elas dão acesso aos largos (vastos espaços descobertos, praças), aos edifícios importantes, as feiras (feiras, mercados), as procissões e outras atividades religiosas. Os navegantes no século 16 e no início do século 17 registraram em seus mapas um conjunto de informações, dentre elas, as características das construções, o desenho das quadras e das fortificações. Os termos arruar (traçar as ruas) e apartar em ruas (dividir em ruas) designam a ação de organização das vilas e das cidades coloniais. O traçado das ruas não tinha nada de arbitrário. Assim, a busca de condições topográficas especiais vinculadas a preocupação com a defesa deram origem as *ladeiras*, espécie de rua mais ou menos íngreme (*Ferreira 1975). As cidades como Olinda, Vitória, Salvador e Ouro Preto, apresentam ainda as marcas irregulares e tortuosas de suas ruas e o sobe e desce de suas ladeiras. Muitas dessas cidades foram traçadas por engenheiros militares e tinham formas geométricas regulares. A expressão *arruar* reforça a ação organizadora, como forma de prevenir o futuro dessa cidade (*Bluteau 1712). Ainda em Bluteau, encontramos ao lado da palavra *rua*, o sujeito designado *ruão*: que quer dizer *cidadão*. Nas cidades e vilas coloniais a rua é o espaço de passagem, mas também o instrumento de organização social e ausente de conflito já que a palavra aponta também o sujeito morador, o habitante da rua considerado como cidadão. Talvez porque o sinal de perigo e desordem vinha dos inimigos e invasores além-mar.

A partir do século 19 significativas mudanças acontecem com o uso da palavra *rua*, as quais serão incorporadas nos dicionários posteriores. A rua deixa de ser o espaço ordenador e passa a representar um espaço público, atravessado de conflitos e relações sociais. A palavra *ruão* definido em Bluteau como cidadão ou habitante da cidade, recebe outros significados em Caldas Aulete (*Aulete & Valente 1881): *"homem do povo; plebeu: ruões, inquietos"*. No mesmo dicionário outros termos aparecem conferindo primeiramente os efeitos negativos do espaço da rua sobre o sujeito. Assim *rueiro*: "adj. relativo a rua, que gosta de andar na rua", *arruadeira*: "mulher que anda muito pelas ruas, meretriz"; *arruaça*: "motim de *arruadores*" (gente da rua, vagabundos). Todas essas palavras fazem da rua um espaço público sujeito a desordem. Além disso, aparecem expressões como *deitar a rua, ficar na rua, pôr na rua* (pessoa que estava presa dar-lhe a liberdade soltá-la), e a interjeição *rua!* utilizada para jogar ou expulsar alguém na rua. Estas locuções indicam o modo de relação entre os sujeitos e a cidade, a rua e a casa, a rua e o trabalho, o espaço público e o privado. Encontramos ainda na expressão *arrastar* ou *pôr alguém pelas ruas da amargura*: uma forma de designar o sofrimento e a humilhação.

Insatisfeito com essas designações da palavra *rua* fornecida pelos dicionários, o literato João do

Rio, no início do século 20, afirma que mais do que espaço de passagem e alinhamento das casas ou o espaço de intervenção técnica e política, a rua é o fator de vida das cidades. Os dicionários dizem: "rua, do latim ruga, sulco. Espaço entre as casas e as povoações por onde anda e passeia, a rua tem alma" (Rio [1908] 1951:3). Para João do Rio, em qualquer lugar do mundo seja em "Benarès, Amsterdã, Londres ou em Buenos Aires, sob os céus mais diversos, nos mais variados climas, a rua é a agasalhadora da miséria". Para este literato a rua expressa os sentimentos marcados pelos sofrimentos e as alegrias dos indivíduos "a *rua* sente nos nervos essa miséria da criação, e por isso é a mais igualitária, a mais socialista, a mais niveladora das obras humanas" (Rio [1908] 1951:4). Enquanto João do Rio ensina o leitor a arte de flanar, isto é observar, para melhor compreender a psicologia das ruas, Pereira Passos, o prefeito do Rio de Janeiro no início do século 20, embuído dos preceitos técnicos e políticos inicia uma série de reformas na cidade, substituindo as antigas ruas centrais em avenidas margeadas de imponentes edifícios comerciais, expulsando a população pobre do centro da cidade.

Nas primeiras décadas do século 20 vamos encontrar no *Dicionário* de Figueiredo (*1949) as mesmas acepções da palavra rua apresentadas por Aulete (*Aulete & Valente 1881), ou seja, espaço público, os sujeitos, os acontecimentos e as locuções verbais. Um pouco mais tarde, em Ferreira (*1975), a rua retorna novamente, como em João do Rio, aos seus habitantes: a "Rua do Carmo alvorotou-se". A expressão "a rua está ao lado do Governo" apresenta a rua como símbolo do povo ou até da própria sociedade. Por outro lado, os termos *ruão* – homem do povo, plebeu e peão –, *arruaceiro*, *arruador* e *arruaça*, designam acontecimentos e sujeitos que ameaçam a ordem social e a vida urbana. A partir dos anos 1990, nas grandes cidades brasileiras, a rua passa a servir de moradia, para uma parcela da população carente reconhecida como os *sem-teto*. Hoje os movimentos políticos liderados pelos sem-teto conferem a rua outros significados como, abrigo, repouso e ao mesmo tempo espaço de ação política.

No final do século passado, o *Dicionário da arquitetura brasileira* (Corona & Lemos 1972) e o *Novo dicionário da língua portuguesa* acentuam a dimensão urbanística da rua e definem a palavra *rua* como "via pública para circulação urbana, total ou parcialmente ladeada de casa" (*Ferreira 1975). Neste sentido, os artigos apresentados pelos urbanistas brasileiros nas primeiras décadas do século 20 reforçam a importância dos efeitos positivos da circulação na organização das cidades. Como uma metáfora orgânica aplicada à cidade, a circulação vem justificar os sistemas de hierarquização das ruas, avenidas (artérias mestras), bulevares, alamedas, praças e jardins. Uma análise para a função distributiva nas suas diferentes categorias dos locais de residências e os espaços de lazer. Em 1930, o engenheiro-arquiteto Francisco Prestes Maia propõe para a cidade de São Paulo um plano composto de ruas de tráfego que se comunicam, de ruas chamadas periféricas, ruas em forma de anéis ou ruas transversais, diagonais, comerciais ou residenciais todas com o objetivo de encurtar distâncias e favorecer a passagem e a circulação dos automóveis.

Para o urbanista paulista, as cidades modernas deviam procurar libertar-se, substituir os sistemas dos traçados concêntricos pelo sistema radial; "raios em vez de anéis e sobretudo, traçados circulares, traçados em cunha, que trazem espaços livres á população e permitem um desenvolvimento natural ás cidades" (Maia 1930:124). No *Plano de avenidas* de Prestes Maia, as ruelas ou ruas estreitas, as quelhas ou vielas e os becos representavam os espaços antigos ou sem planejamento. Da mesma forma as ladeiras, encostas abruptas, vales alagadiços passaram a ser tratados como acidentes geográficos que impediam a formação das ruas e o fluxo de veículos provocado pelo congestionamento na área central. Pontes, viadutos e elevados construídos em ferro ou concreto armado suspensos sobre os antigos córregos e rios, substituíram a paisagem ribeirinha e os referenciais naturais por vias rápidas de circulação. Mais adiante nos anos 1950, Oscar Niemeyer, Rino Levi, Lúcio Costa e Vila Nova Artigas, os representantes da arquitetura moderna brasileira, enfatizam o planejamento urbano e ainda reforçam o caráter regulador das ruas, avenidas, viadutos, pontes e elevados no conjunto dos planos destinados a atender as necessidades sociais (Bruand 1981; Artigas [1983] 1999; Segawa 1999). Nesta perspectiva, as superquadras projetadas pelo arquiteto e urbanista Lúcio Costa para Brasília inauguram através dos espaços livres deixados pela presença dos pilotis outra forma de rua: uma rua de passagem, mas também um espaço de lazer para os moradores.

Marisa Varanda Teixeira Carpintéro

Ver: avenida (p), beco (p), calçada (p), calle (e), ladeira (p), praça (p)

Referências

ARTIGAS, João Batista Vilanova (1983). *Caminhos da arquitetura*. São Paulo, Cosac Naify, 1999. • BRITO, José Joaquim Gomes de. *Ruas de Lisboa. Notas para a história das vias públicas lisbonenses*. 3 volumes. Lisboa, Livraria Sá da Costa, 1935. • BRUAND, Yves. *Arquitetura contemporânea no Brasil*. São Paulo, Perspectiva, 1981. • *Carta topográfica da cidade de Lisboa – escala 1/1000*. Lisboa, Colecção do Gabinete de Estudos Olisiponenses, 1856-1858. • CORONA, Eduardo; LEMOS, Carlos Alberto Cerqueira. *Dicionário da arquitetura brasileira*. São Paulo, Edart, 1972. • Edital do Governo Civil, 31 de dez. 1855. *Diário do Governo*, n. 4, 4 jan. 1856. • *Itinerário lisbonense ou directorio geral de todas as ruas, travessas, becos, calçadas, praças, etc. que se comprehendem no recinto da cidade de Lisboa com os seus proprios nomes, principio e termo, indicados dos lugares mais conhecidos, e geraes, para utilidade, uso, e commodidade dos estrangeiros e nacionais*. Lisboa, Impressão Régia, 1804. • MAIA, Francisco Prestes. *Estudo de um plano de avenidas para a cidade de São Paulo*. São Paulo, Melhoramentos, 1930. • OLIVEIRA, Christovam Rodrigues de. *Summario em que brevemente se contem algumas cousas affim ecclesiasticas com seculares que há na Cidade de Lisbo*. Lisboa, Officina de Miguel Rodrigues, 1755. • *Planta da cidade de Lisboa*. Lisboa, Coleção do Gabinete de Estudos Olisiponenses, 1935 • *Planta de Lisboa*. Coleção do Gabinete de Estudos Olisiponenses,1891. • RIO, João do (1908). *A alma encantadora da rua*. Rio de Janeiro, Simões, 1951. • SEGAWA, Hugo. *Arquiteturas no Brasil. 1890-1990*. São Paulo, Edusp, 1999. • TINOCO, João Nunes. *Planta da cidade de Lisboa em que se mostrão os muros de vermelho com todas as ruas e praças da cidade*, 1650.

S

🅟 sobrado (pl. sobrados)
português Brasil, substantivo e adjetivo masculino

Definições
sobrado: *subst. Pavimento assoalhado, de qualquer andar de casas* (*Sá 1794).

sobrado: *adj. do latim* superatu, *'que está por cima', s. m.; part. do verbo sobrar; que sobrou, ou que sobra; demasiado, excessivo; adj. 2: fig. rico, farto, abastado, sobrado de mérito"* (Ferreira 1997:1598). *"adj.: que sobra, demasiado, farto, excessivo* (*Fonseca 1907:1086).

sobrado: *subst. soalho; 2. andar de um edifício acima do térreo. 3. Bras. casa de dois ou mais pavimentos. 4. Bras. Ba. casa-grande* (Ferreira 1999:1598).

sobrado: *subst. assoalho, pavimento, andar* (*Fonseca 1907:1086). *s.m. pavimento ou soalho, geralmente de madeira, no interior das casas. Bras. andar de casa. Propriamente o andar com varanda saliente ou balcão* (*Lello c.1950-1960:920).

COMO UM TIPO DE *HABITAT*, MODALIDADE DO ESPAÇO construído, a palavra sobrado advém de uma substantivação da significação latina original, que denotava um excesso (*Ferreira 1986). As habitações designadas por *sobrado* indicam claramente se tratar de casas diferenciadas das demais: o sobrado possui ao menos um andar, ou seja, sobressai entre as casas térreas da cidade. A construção de sobrado representou uma verticalização do habitat o que distinguia, socialmente, seus ocupantes. Pelo número de andares, o custo de sua construção e a durabilidade dos materiais empregados, o sobrado revelava a condição superior e abastada de seus moradores.

Os sobrados, enquanto habitação de gente de posses, já existiam em Portugal e começaram a surgir no século 16 nas cidades brasileiras, como Salvador e Olinda, edificados pelos poderosos da terra. Pero de Magalhães Gandavo, autor de um dos primeiros relatos sobre o Brasil, registrou que, na cidade de Salvador, "as casas se tornavam cada vez mais custosas e de melhores edifícios [...] agora já há muitas sobradadas e de pedra e cal e forradas como as do *Reino* [de Portugal]" (Gândavo [1575-1576] 1924:92). Entretanto, mesmo que a descrição dessa casa corresponda ao que contemporaneamente se chama sobrado, a palavra utilizada para designar este tipo de habitação foi *casa sobradada*.

Possivelmente, a *Casa da Torre*, em Salvador, na Bahia, construída por Garcia d'Ávila que chegara ao Brasil em 1549 com o primeiro governador, Tomé de Sousa, foi um dos primeiros e mais imponentes sobrados erguidos no Brasil. Teodoro Sampaio, ao descrever a cidade de Salvador do século 16, cita documento da época (Relação de Francisco Martins Coutinho de 1536), para assinalar a existência de uma torre já neste primeiro sobrado (Sampaio 1949:139). O aspecto majestoso dessa construção e mesmo os requintes de bom gosto da capela que completava o conjunto arquitetônico foram referidos pelo padre Fernão Cardim, cerca de 1584 no seu *Tratado da terra e da gente do Brasil*: "a capela a mais formosa que há no Brasil, feita toda de estuque e tim-tim de obra maravilhosa em molduras, laçarias e cornijas, é de abóbada sextavada com três portas, e tem-na muito bem provida de ornamentos" (Cardim [1625] 1939:276). Designa, entretanto, a habitação por *sobrado*. Comentava ainda Cardim que seu proprietário era na Bahia "o segundo em riquezas" (Cardim [1625] 1939:275). Entretanto, ao referir-se à moradia dos padres em Ilhéus, dizia Cardim: "Os nossos tem aqui casa, aonde residem de ordinário seis; tem quatro cubículos de sobrado bem acomodados, igreja e oficinas" (Cardim [1625] 1939:262).

No século 17, por ocasião da dominação holandesa no Nordeste do Brasil (1630-1654), as imagens deixadas de Recife e Olinda pelos pintores Frans Post e Maurício de Nassau nos mostram a existência de sobrados, tanto nas ruínas de Olinda, arrasada, quanto na florescente Recife. Há confirmação deles em documento escrito em holandês, entre 1635 e 1654, e que em uma tradução portuguesa de 1940 menciona casas de "dois sobrados muito apertados" (*Inventário...* apud Mello 2001:81). O adensamento urbano no Recife nessa época é confirmado pelo holandês Gaspar Barléu no século 17 que evoca: "o desenvolvimento de Recife, que se cobriu de edifícios tão apinhados e numerosos que são elevadíssimos os seus preços e estreitíssimos os espaços vagos" (Barléu [1647] 1974:129). Barléu, naturalmente, não utiliza o termo *sobrado*, palavra portuguesa, e a referência feita no documento do *Inventário* deve-se a uma tradução para o português do século 20.

Assemelham-se as descrições deixadas por ocasião da invasão francesa do Rio de Janeiro, no século 17, capitaneada por Duguay-Trouin: o bretão Guillaume François Parscau (apud França 2000:128) anota que "as ruas são todas retas e as casas, que contam com dois andares, às vezes três, são de pedras rebocadas e, na sua maioria, cobertas com telhas", já Chancel de Lagrange menciona que "a maioria das casas é ornada com balcões e construída em estilo moderno, com três ou quatro andares" (apud França 2000:143).

São muitas as imagens de sobrados e as descrições de casas condizentes com esta designação, a mostrar a sua disseminação pelo Brasil, desde os primeiros tempos da colonização até o século 19. O emprego da palavra continua, todavia, a ser raro, mesmo para os registros feitos na língua portuguesa, e mostra a pouca difusão da palavra. No final do período colonial, século 18, Vilhena escrevia a respeito da cidade de Salvador: "não só de terreno são aqueles habitantes econômicos como o são tão bem de ar; porque, não satisfeitos de armar casas engaioladas de quatro a cinco andares, sobre paredes" (Vilhena [1802] 1922:91-92).

Ao passar por Porto Alegre no início do século 19, o viajante francês Auguste de Saint-Hilaire anotou que na principal rua da cidade, a Rua da Praia, grande parte das casas possuíam "um andar além do térreo, e algumas tem mesmo dois" (Saint-Hillaire [1821-1822] 1974:41). Já a tradução para o português da obra de Saint-Hilaire retoma uma expressão deste idioma para referir-se às casas de mais de um andar: "no resto da cidade, não se contam mais de seis ou oito casas assobradadas" (Saint-Hilaire [1821-1822] 1974:64). Nesse início do século 19, as imagens de Jean-Baptiste Debret ou de Maurice Rugendas para o Rio de Janeiro mostram alguns sobrados existentes na cidade (Debret 1989:pranchas 55-56; Rugendas [1835] 1998). Tal como Saint-Hilaire, o francês Debret menciona somente casas térreas e casas com mais um andar, sem identificá-las pela palavra portuguesa sobrados.

No decorrer do século 19, começam a surgir referências ao uso da palavra, sobretudo na literatura e nas crônicas de memória. Em *Memórias de um sargento de milícias*, o autor Manuel Antônio de Almeida refere sobre um dos personagens do romance: "Morava ele em uma das ruas mais estreitas da cidade, em um sobrado" (Almeida s.d.:62). No Sul do Brasil, o cronista e memorialista Antônio Álvares Coruja escrevia na década de 80 do século 19, evocando os sobrados da cidade no início do mesmo século: "um grande sobrado com frente ao norte à meia quadra entre a Praça do Palácio e a Travessa do Poço e Por trás mais ou menos da Igreja das Dores havia um pequeno sobrado em que morava Pedro de Sousa Lobo (Pedro Mandinga) tendo ao lado um grande sobrado em que morava seu futuro genro Israel Soares de Paiva" (Coruja [1886-90] 1983:100-101). Em 1890, no romance *O cortiço*, Aluísio de Azevedo mencionou a existência do sobrado no contexto urbano do Rio de Janeiro: "Justamente por esta ocasião vendeu-se também um sobrado que ficava à direita da venda" (Azevedo [1890] 1991:25).

Em 1936, ao descrever o Rio de Janeiro à época dos vice-reis, Luiz Edmundo refere-se à construção típica da cidade como sendo uma casa baixa, tosca, mal edificada e com um andar em cima (Edmundo 1936:47). Em sua seguinte obra, de 1939, referindo-

-se ao Rio de Janeiro durante a estadia da Corte portuguesa no Brasil, o autor confirma a presença de casas de um só pavimento, algumas com dois, raras de três ou quatro. Se a descrição permite entender que se tratam de sobrados, a palavra não é usada (Edmundo 1940:763).

Parece que a consolidação do uso da palavra *sobrado* se deva à publicação, em 1936, do livro *Sobrados e mucambos,* no qual Gilberto Freyre propunha um histórico das origens desse tipo de habitação. Sob um viés sociológico de interpretação, Freyre apresenta o sobrado como um edifício urbano representativo do momento da passagem do patriarcalismo rural para o mundo burguês e urbano: "A casa, o tipo de habitação, sabe-se que é uma das influências sociais que atuam mais poderosamente sobre o homem" ([1936] 1961:152). Ainda que esse tipo de casa existisse desde o início da colonização, seria na virada do século 18 para o 19 que se destacaria como habitação urbana característica das elites brasileiras de modo a preservar o ethos, os valores e o status das elites. Ao ver de Freyre, o sobrado seria um elo de continuidade com a casa-grande rural dos senhores de escravos.

A nobreza da casa citadina, antes senhorial que burguesa, se revelaria, em princípio, pelos materiais empregados em sua construção, que atestavam os recursos financeiros de seus moradores: o sobrado é construído em pedra e adobe com revestimento de cal, paredes grossas, telhado de quatro águas, vigas de madeira de lei, grades de ferro no portão, no balcão ou varanda. Distinguia-se também pela elevação que lhe dava a imponência de uma residência senhorial. Freyre destaca as diferenças regionais: "Em Salvador, no

Rio de Janeiro, na capital de São Paulo, em Ouro Preto, os sobrados parecem ter variado entre um e dois andares, alguns indo a três, no Rio de Janeiro; raros a quatro ou cinco, na Bahia; no Recife é que chegaram a cinco e até seis" (Freyre [1936] 1961, 1:188). Considerou ainda a dominação holandesa como pioneira da vivência urbana no Brasil: "Mas foi sem dúvida no Recife que se antecipou, entre nós, por um conjunto de circunstâncias já sugeridas, o tipo de edifício mais caracteristicamente urbano. Sobrados patriarcais de três, quatro e, na primeira metade do século 19, até cinco ou seis andares" (Freyre [1936] 1961, 1:193).

Nos sobrados mais altos, as diferentes peças se escalonavam de acordo com os andares: no térreo o armazém e a senzala, seguidos, no andar de cima pelo escritório, nos pisos subsequentes a sala de visitas, os quartos de dormir, a sala de jantar, para acabar na cozinha, situada no último andar, coroado ainda por um mirante, de onde se via a cidade e o mar, no caso dos centros urbanos do litoral. Por último, o sobrado destacava-se pelos sinais de luxo e requinte, pela qualidade dos materiais e por elementos de decoração condizentes com o gosto da época: telhas, azulejos portugueses, paredes internas pintadas com paisagens de passarinhos e flores, as externas em cores vivas, como o vermelho sangue-de-boi, vidraças rendilhadas e coloridas, grades torneadas, colunas nas portas, vasos de granito nos muros, leões, cachorros ou dragões de pedra na entrada, dentro de certa estética do poder.

Entretanto, segundo Freyre a altura, o uso de certos materiais de má qualidade empregados nas construções resultou em falta de ar e de luz ou na umidade das habitações. "O que é certo é ter sofrido grande parte da população urbana dos maus efeitos de tanta casa construída ao sabor dos interesses da economia privada; material, o pior possível; tijolo, mal fabricado; argamassa de areia de água salgada, cal contendo matérias deliquecentes, em maior ou menor quantidade" (Freyre [1936] 1961, 1:210). Freyre destacou a insalubridade – a superlotação e o pouco conforto – dos sobrados já na época do Recife holandês do século 17. Ao longo dos séculos 18 e 19, tal processo se intensificou com o crescimento das cidades, com a construção de sobrados escuros, com quartos abafados, alguns deles, internos, sem janelas, porque destinados a abrigar e a proteger as moças da família. Tais prédios foram alvo das preocupações sanitárias urbanas do final do século 19, sobretudo naqueles sobrados degradados e sublocados, que haviam sido abandonados pelos seus antigos moradores.

A expansão das cidades, a valorização do solo urbano, a especulação imobiliária e a requalificação, positiva e negativa, dos bairros levaram os primitivos habitantes dos sobrados a se mudarem para outras regiões da cidade. Os antigos sobrados, muito desgastados materialmente, tornaram-se habitações coletivas populares: sublocados, suas peças passaram a ser ocupadas pelas populações de baixa renda, dando origem a cortiços. Freyre afirma que "Sobrados velhos, outrora fidalgos, degradaram-se em cortiços" (Freyre [1936] 1961, 1:182). Intensificada a escala de degradação, o sobrado-cortiço transforma-se muitas vezes em sobrado-bordel, identificado como um mau lugar da cidade, abrigando pessoas de mau viver. A literatura registra este momento em que se dá a desigual apropriação do espaço urbano, onde as habitações populares coletivas ainda vizinhas com as de um padrão mais elevado, geram o desconforto pela proximidade indesejada. Em *O cortiço* ([1890] 1991), Aluísio de Azevedo, coloca lado a lado, na cidade do Rio de Janeiro das últimas décadas do século 19, um sobrado e um cortiço em desagradável proximidade.

Gilberto Freyre considerou os sobrados como um traço da identidade nacional, a atestar a presença da herança lusitana no país, e defendeu junto ao Serviço do Patrimônio Histórico e Artístico Nacional – Sphan (criado em 1937) esta modalidade de habitação doméstica como um elemento de "unitarismo ou unanimismo da mesma paisagem social urbana brasileira" (Freyre 1946:10). Por esta razão, postulou a sua condição de bem patrimonial a ser preservado no quadro da política do Sphan. Com esse objetivo, escreveu artigos para a Revista do Sphan, nos quais mostra as similitudes das construções do Norte ao Sul do Brasil, apesar das peculiaridades locais. Freyre propunha incluir este tipo de habitação doméstica urbana no rol dos bens a serem inventariados como Patrimônio Histórico do Brasil, por constituir expressão arquitetônica detentora de alto valor simbólico para a nacionalidade.

O vocábulo *sobrado* ainda hoje é utilizado, de forma corrente no Brasil para indicar um habitat citadino de mais de um andar.

Sandra Jatahy Pesavento

Ver: casa (e), casa (p), mocambo (p)

Referências
ALMEIDA, Manuel Antonio de. *Memórias de um sargento de milícias*. São Paulo, Melhoramentos, s.d. • AZEVEDO, Aluísio de (1890). *O cortiço*. Porto Alegre, Movimento, 1991. •

BARLÉU, Gaspar (1647). *História dos feitos recentemente praticados durante os oito anos no Brasil*. Belo Horizonte/São Paulo, Itatiaia/Edusp, 1974. • CARDIM, Fernão (1625). *Tratados da terra e gente do Brasil*. São Paulo, Companhia Editora Nacional, 1939 [escrito entre 1583-1590] • CARDIM, Fernão. *Informação da missão do padre Christovão Gouvêa às partes do Brasil ano de 83*, 1583 • CORUJA, Antônio Álvares Pereira (1886-90). *Antigualhas. Reminiscências de Porto Alegre*. Porto Porto Alegre, Erus, 1983. • DEBRET, Jean-Baptiste (1834-1839). *Viagem pitoresca e histórica ao Brasil. 1816-1831*. 3 volumes. Belo Horizonte/São Paulo, Itatiaia/Edusp, 1989 [aquarelas não reproduzidas na 1ª edição de Firmin Didot, de 1834-1939]. • EDMUNDO, Luiz. *A corte de D. João no Rio de Janeiro*. 3 volumes. Rio de Janeiro, Imprensa Nacional, 1940. • EDMUNDO, Luiz. *O Rio de Janeiro no tempo dos vice-reis*. 2 volumes. Rio de Janeiro, J.R. Oliveira, 1936. • FRANÇA, Jean Marcel Carvalho de. *Outras visões do Rio de Janeiro colonial. Antologia de textos. 1582-1808*. Rio de Janeiro, José Olympio, 2000. • FREYRE, Gilberto, Casas de residência no Brasil. *Revista do Patrimônio Histórico e Artístico Nacional*, n. 7, Rio de Janeiro, 1943. • FREYRE, Gilberto. *Sobrados e Mucambos* (1936). T. 1. 3ª edição. Rio de Janeiro, José Olímpio, 1961. • FREYRE, Gilberto. Sugestões para o estudo da arte brasileira em relação com a de Portugal e a das colônias. *Revista do Patrimônio Histórico e Artístico Nacional*, n. 1, Rio de Janeiro, 1937. • FREYRE, Gilberto. Sugestões para o estudo histórico social do sobrado no Rio Grande do Sul. *Província de São Pedro*, n. 7, Porto Alegre, Globo, 1946. • GÂNDAVO, Pero de Magalhães (1575-1576). *Tratado da terra do Brasil. História da província de Santa Cruz*. Rio de Janeiro, Annuário do Brasil, 1924. • *Inventário das armas e petrechos que os hollandeses deixaram em Pernambuco e dos prédios edificados ou restaurados até 1654*. Recife, 1940 [tradução para o português de manuscritos de 1635-1654 reunidos sob o título *Dagelijkse Notulen*]. • MELLO, José Antônio Gonsalves de. *Tempo dos flamengos*. Rio de Janeiro, Topbooks, 2001. • RUGENDAS, Johann Moritz (1835). *Viagem pitoresca através do Brasil*. 4ª edição. Belo Horizonte, Itatiaia, 1998. • SAINT-HILAIRE, Auguste de (1821-1822). *Viagem ao Rio Grande do Sul*. Belo Horizonte/São Paulo, Itatiaia/Edusp, 1974. • SAMPAIO, Teodoro. *História da fundação da cidade de Salvador*. Salvador, Tip. Beneditina, 1949. • VILHENA, Luís dos Santos. *Notícias soteropolitanas e brasílicas* (1802). Salvador, Imprensa Oficial do Estado, 1922.

❺ solar (pl. solares)

español España y Cuba, sustantivo masculino

Definiciones

solar: *Fondo de una casa antigua de la que descienden personas nobles [...] Solar de casa: terreno de la casa, fondo o plano de ésta para edificar* (*Oudin 1675).

solar: *Suelo, emplazamiento, terreno, espacio ocupado por una edificación o incluso sobre la que la misma se erigió. Casa solar, parte de una herencia que por derecho correspondía al hijo mayor. Casa antigua de la que proviene una familia noble* (*Fernandez Cuesta 1885).

solar: *Terreno inutilizado. Terreno para la construcción (terrain à bâtir). Casa solar. Casa, linaje* (*Garcia-Pelayo & Testas 1987).

solar: *El suelo de la casa antigua de donde descienden hombres nobles [...] suelo donde se edifica casa"* (*Covarrubias 1611).

solar: *sustantivo masculino. El sitio donde se edifica la casa o ha estado edificado* (Diccionario de voces españolas geográficas c.1800).

solar: *Suelo donde se edifica la casa o habitación [...]. Casa antigua de que procede una familia noble* (*Zerolo, Toro y Gómez & Isaza 1886).

solar: *(De suelo) adj. Voir casa solar [...] 2. m. Casa, descendencia, linaje noble // 3. V. Hidalgo de solar conocido. 4. Porción de terreno donde se ha edificado o que se destina a edificar en él // Suelo de la era // 6. Cuba casa de vecindad* (*Real Academia Española 1992).

solar: *Edificio en que viven diferentes familias en habitaciones paradas, pero con cuarto de baño y patio comunes [Cuba: Casa de vecindad, ciudadela, cuartería]"* (*Haensch & Werner 2000).

LA PALABRA *SOLAR* TIENE EN ESPAÑA DOS ACEPCIONES principales que remiten a *suelo*, palabra de la cual también derivó. La acepción que se utiliza más corrientemente hoy es la de terreno edificado o destinado a serlo (Morales y Marín 1987). *Suelo* se reserva entonces para el medio urbano dándole otro nombre a los terrenos agrícolas. La otra acepción, mucho más antigua, ya que surgió en el siglo 13, incluye una connotación patrimonial y de linaje en relación con el adjetivo *solariego*. Se la utilizó más o menos frecuentemente según el período y, a veces, condujo a la acepción de *solar* como hotel particular, vivienda noble o gran casa en la ciudad. Después de haber definido con más precisión sus dos acepciones, el análisis siguiente busca poner de manifiesto la variabilidad de los usos según los momentos históricos.

La acepción más antigua de *solar* es linaje: "El Solar de Tejada es la más antigua casa noble de España y, cronológicamente, una de las primeras de la vieja Europa" (Hernández Lázaro 1976). Sin embargo, la referencia al patrimonio era muy fuerte, por ejemplo, siempre referido a esta familia: "el domicilio del solar radica en el edificio de su propiedad sito en el núcleo territorial de sus dominios" (Hernández Lázaro 1976). *Solar*, aquí sinónimo de ciertas acepciones de *tierra*, empezó definiendo esta propiedad física y, de allí en más, el lugar de origen de las familias nobles, el *manoir* como lo traducen en francés los diccionarios bilingües (*Fernandez Cuesta 1885; *Garcia-Pelayo & Testas 1987). También encontramos muy a menudo *casa solar* o *casa solariega* como denominación de este tipo de edificación, ya que la palabra *casa* cuenta también con la misma polisemia (de habitación y linaje). Consistía en la parte principal del patrimonio de un linaje, la que había permitido la adquisición y la transmisión del título nobiliario, y estos términos eran sinónimos de *palacio*, *torre* o *casa torre*. Por ejemplo, "Noble casa solar, de caballeros hijosdalgo, que radica desde tiempo inmemorial en la villa de Alzaga, partido judicial de Tolosa, situada frente a la villa de Isasondo. Esta casa quedó totalmente destruida por un incendio" (Delaunet Esnaola 1949). Lógicamente, estas viviendas eran sobre todos rurales.

Estas nociones de linaje y de propiedad se mantuvieron sólidas hasta el siglo 18. Más tarde, el número y el tipo de acepciones variaron en función del régimen político de turno. Los derechos del *solar* de Tejada, por ejemplo, fueron confirmados por todos los soberanos españoles desde el siglo 19 hasta Alfonso XIII en 1903. Franco, siempre preocupado por reunir a su alrededor fuerzas que apoyaran su régimen, también lo hizo en 1957. Sin embargo, en el siglo 20, estos derechos honoríficos no eran más que simbólicos y se resumían, por ejemplo, al uso del blasón.

La aparición de la segunda acepción de *solar* se remonta al siglo 18 (Morales y Marín 1987), pero su empleo se consolidó no antes de mediados del siglo 19. En efecto, hasta ese momento, la organización de la propiedad inmobiliaria se encontraba paralizada, dominada por el clérigo, por la Corona, por las municipalidades y por una élite muy reducida a través de mayorazgos. El parque inmobiliario sufre entonces pocas modificaciones, ya que los propietarios contaban con medios insuficientes para gestionar y renovar un patrimonio, en la mayoría de los casos, muy importante. El cambio tuvo lugar en la década de 1830. En estos años se vivieron sucesivamente la abolición del mayorazgo y la implementación de las desamortizaciones (venta de los bienes de manos muertas) por el gobierno de Mendizábal. Se fortaleció en la década de 1840 gracias a la nueva intervención de los poderes públicos en materia de planificación urbana, apoyada e impulsada por una nueva legislación. La Revolución liberal provocó así profundas mutaciones urbanas en España y la palabra *solar* adquirió entonces su sentido contemporáneo.

El conjunto de estos factores contribuyó a dinamizar el mercado inmobiliario. Las ventas se incrementaron y la especulación creció. Las perforaciones y planificaciones urbanas liberaron espacios para nuevas edificaciones (Lavastre 2000; Lavastre 2007). Una de las consecuencias inmediatas, fortalecida también por un aumento de la población urbana, fue la intensificación de la renovación de los edificios. La consolidación de la nueva acepción de *solar* expresa también el control del derecho de construir en las ciudades y en sus alrededores: el *solar* era un terreno edificable, y por tal motivo se convirtió en un nuevo objeto jurídico. La creación del *Registro de la Propiedad* (inventario catastral) en 1862, que reemplazó las antiguas *Contadurías de Hipotecas*, garantizó su estatus. La legislación local empezó también a reglamentar el uso del suelo. Las ordenanzas municipales decidían, por ejemplo, sobre qué terrenos podía edificarse. En 1883, las ordenanzas de Valladolid, inspiradas en gran medida de Barcelona, indicaban en el artículo 18 que "todo *solar*, considerado como tal y sobre el que no se edificará inmediatamente, deberá cercarse". Estas mismas ordenanzas definían con mayor claridad el *solar* edificable como un terreno cuya superficie no debía ser inferior a cien metros cuadrados, y cuya forma debía permitir una distribución interior conforme a las reglas de higiene (*Ordenanzas*... 1883). Se diferenciaba así de la *parcela* definida en ese momento, o bien como demasiado pequeña para edificar sobre ella, o bien como unidad inmobiliaria cualquiera, con o sin edificación. Pero también se diferenciaba del *sitio*, palabra también muy polisémica ("el lugar o parte de terreno que ocupa cualquier cuerpo y le corresponde" (*Real Academia Española 1822), de la *finca* o simplemente del *terreno*, todavía muy utilizado en la actualidad pero menos preciso. Asimismo, las instituciones públicas también producen *solares* al aprobar planes de *ensanche* en las ciudades, en el siglo 19, o más tarde en el siglo 20 con los planes de urbanización.

Independientemente de su régimen jurídico, *solar* designa hoy un terreno baldío en la ciudad, un "vacío" provisoriamente liberado o considerado como tal. Si bien puede designar la parcela en la que se encuentra una edificación urbana, se utiliza particularmente en los barrios destinados a urbanizar y a edificar. *Solar* también significa lote, terreno en el que se encuentra una casa *unifamiliar*, un *chalé*; cuando se trata de una copropiedad, pierde un poco su significado.

Dos factores históricos influenciaron en el uso de cada una de las acepciones de la palabra *solar*: el tipo de régimen y la evolución del estatus de la propiedad. Esto se ve claramente en la época contemporánea, durante la cual los dos significados conviven. En las fases de reacción, durante una parte del reinado de Fernando VII (1813-1834) y la dictadura franquista (1939-1975), cuando las referencias a la grandeza española de antaño apuntaban a consolidar el régimen, la noción de linaje adquiere gran fortaleza. Frente a esto, la acepción urbana parece mucho más neutra. Pero su importancia creció con el tiempo a partir de la liberalización y del establecimiento del régimen contemporáneo de la propiedad que aumentaban las mutaciones urbanas. La palabra *solar* tomó entonces su lugar en el vocabulario urbano.

Philippe Lavastre

EN CUBA, LA PALABRA SOLAR CONOCIÓ UNA EVOLUción particular: la antigua casa colonial del siglo 18 de La Habana o de Matanzas se transformó en un tipo de vivienda miserable, emblemática de los tugurios urbanos. Los *solares*, que contaban con un *patio* central, se alquilaron por ambientes y se planificaron en forma desordenada, sobre todo tras la partida de los españoles en 1898; allí se apiñaban los más pobres, dando a luz a un nuevo tipo de vivienda urbana. El *solar* sería el equivalente de la *vecindad* mexicana y del *conventillo* argentino, pero también del *mesón* salvadoreño o del *cortiço* carioca o paulista.

El diccionario de la Real Academia Española registró la acepción cubana como sinónimo de *casa de vecindad*, término que se conoció en España sólo en *1989. Pero esta acepción de *solar* se emplea anteriormente en la literatura cubana, por ejemplo, en las novelas de Guillermo Cabrera Infante. A través de sus recuerdos (*La Habana para un infante difunto*), relata la instalación de su familia en 1941 en La Habana en un *solar* que sorprendía por "la arquitectura de colmena depravada que tenía el edificio, aquel a cuya formidable entrada había un anuncio arriba que decía: 'Se Alquilan Habitaciones – Algunas con Días Gratis'". Gracias a este descubrimiento, el narrador, joven provinciano, entró en la adolescencia. Como escritor – apoyó el movimiento revolucionario cubano antes de exilarse en 1965 – a menudo evocó el descubrimiento del *solar* como una verdadera experiencia iniciática: esa "palabra que oí ahí por primera vez [...]; la ciudad hablaba otra lengua, la pobreza tenía otro lenguaje y bien podía haber entrado a otro país" (Cabrera Infante [1986] 1993:10). Le dio como equivalentes *cuartería* y *falansterio* (Cabrera Infante [1986] 1993:117), aunque resulte, si se recurre a otras fuentes, que la *cuartería*, también cubana, fue construida para cumplir la función de alojamiento pobre. En cuanto a *falansterio*, éste remite al modelo fourierista socialista. La palabra *solar* en sí misma encarna una decadencia, y *solariego*, sinónimo de "aristocrático", ahora significa "la forma extrema de lo vulgar, escandaloso y bajo [...]. Gloria era solariega. No sólo insultaba a su padre, insultaba también a los vecinos de al lado" (Cabrera Infante [1986] 1993:49). El *solar* es también el lugar de la promiscuidad y de cierta vida colectiva, en la que los corredores y el *patio* central donde estaban instalados los sanitarios comunes juegan un papel importante. En La Habana, y el término se extendió extensamente a la vivienda urbana antigua en proceso de empobrecimiento, acompañó también al régimen castrista que organizó sistemas de viviendas comunitarias en esos edificios.

El *solar* gozó de cierta importancia cultural, ya que antes de convertir en tugurios estas grandes casas urbanas, se lo consideró, a fines del siglo 18, como un crisol de la rumba en Matanzas, según dicen. Se cree que, en estas casas privativas, los esclavos negros, escapando del control colonial, pudieron elaborar una cultura musical y bailable mestiza, vinculada con sus orígenes africanos. Los especialistas consideran que la rama más antigua y urbana de esta corriente musical, el yambú, le debe mucho a este "origen en los barrios humildes de las ciudades, y es una rumba de casa, cuartería o *solar*" (Martínez Rodríguez 1977). Esta historia es entonces paralela a la del empobrecimiento de los *solares* en los siglos 19 y 20: el *solar* revela raíces populares antiguas de la cultura cubana. En la actualidad, numerosos fragmentos de rumba llevan como título el término *solar*, y algunos *solares* albergan, en los barrios antiguos, instituciones culturales, centros de música y de danza.

Laurent Coudroy de Lille

Véase: casa (e), sobrado (p)

Referencias
CABRERA INFANTE, Guillermo (1986). *La Habana para un infante difunto*. Barcelona, Plaza y Janés, 1993. • DELAUNET ESNAOLA, Amadeo. *Historia genealógica de la casa solar de Rezola, 1480-1948*. San Sebastián, Nueva Editorial, 1949. • *Diccionario de voces españolas geográficas*. Publicado en España sin editor declarado, c. 1800. • HERNÁNDEZ LÁZARO, José Fermín. *Tejada, solar y linaje y su vinculación en la historia de España*. Logroño, Eguren, 1976. • LAVASTRE, Philippe. Maniobras y construcción. Las licencias de obras: Valladolid 1880-1895. In *Actas del tercer congreso nacional de Historia de la construcción*. Sevilla, 26 a 28 de octubre de 2000. Vol. 2. Madrid, Instituto Juan de Herrera, 2000, p. 577-584. • LAVASTRE, Philippe. *Valladolid et ses élites. Les illusions d'une capitale régionale (1840-1900)*. Bibliothèque de la Casa de Velázquez n. 37. Madrid, Casa de Velázquez, 2007. • MARTÍNEZ RODRÍGUEZ, Raúl. La rumba en la provincia de Matanzas. In *Boletín de Música*. La Habana, n. 65, Casa de

las Américas, 1977. • MORALES Y MARÍN, José Luis. *Historia de la arquitectura española*. Vol. 6: *Diccionario de la arquitectura española*. Zaragoza, Exclusivas de Ediciones, 1987. • *Ordenanzas municipales de Valladolid*, Valladolid, 1883. • REAL ACADEMIA ESPAÑOLA. *Corpus de referencia del español actual* (Crea) <www.rae.es>. • REAL ACADEMIA ESPAÑOLA. *Corpus diacrónico del español* (Corde) <www.rae.es>.

E suburbio (pl. suburbios)

español España y Argentina, sustantivo masculino

Definiciones

suburbano: *adj. De la periferia, habitante del cordón que rodea una ciudad; afueras; conurbano* (*Salvá 1882).

suburbio: *Periferia, barriada, arrabal* (*Larousse general diccionario... 1999).

suburbano: *adj. Habitante de los alrededores o de las barriadas aledañas; vecino; tren de corta distancia"* (*Larousse general diccionario... 1999)

suburbio: *arrabal o aldea cercano a la ciudad o en su jurisdicción. Del latín* suburbio. *Poco usado* (*Real Academia Española 1739).

suburbio: *arrabal o aldea cercano a la ciudad o bajo su jurisdicción.* Suburbium (*Real Academia Española 1843).

suburbano: *adj. Se usa para designar el área o zona próxima a la ciudad. Utilizado a veces como sustantivo. Poco usual* (*Real Academia Española 1739).

suburbio: *(del latín* suburbium*), m. Barrio o arrabal cercano a la ciudad o dependiente de su jurisdicción.*

suburbano: *(del latín* suburbium*), adj. Se dice de un edificio, terreno o zona cercana a la ciudad. Úsase también como (u.t.c.) sustantivo: perteneciente o relativo a un suburbio. V. ferrocarril suburbano* (*Real Academia Española 1992).

DESDE SU PRIMERA EDICIÓN (*1739), EL DICCIOnario de la Real Academia Española definió como *suburbio* a las zonas o localidades cercanas a la ciudad y esta definición ha evolucionado poco. Sin embargo, este término, así como el adjetivo derivado, *suburbano*, se vienen mencionando desde hace tres siglos como poco utilizados. *Suburbio* también se emplea como sinónimo de *barrio* y, sobre todo, de *arrabal*.

Suburbio sorprende por su resistencia. Si bien *arrabal* ha desaparecido progresivamente de la definición durante el siglo 20 y parece haber caído completamente en el olvido, los vocablos *suburbio* y *suburbano* aparentemente tuvieron, a lo largo de su historia, pequeñas evoluciones semánticas que los mantuvieron vivos. A partir de 1843, por ejemplo, se agrega una acepción, *suburbano*, que utilizada como sustantivo puede significar "habitante del *suburbio*" (*Real Academia Española 1843). Posteriormente, aparece en el vocabulario de los técnicos, como el ingeniero y planificador de Barcelona (1859), Ildefonso Cerdá, que procuró hacer de *suburbio* un verdadero concepto de análisis urbano: "antes de penetrar en el núcleo de cualquier gran ciudad, a mayor o menor distancia de su centro, siempre se elevan grupos más o menos importantes de construcciones que se denominan *arrabales*, *afueras*, o eso que nosotros llamamos *suburbios*" (Cerdá 1867:231). Un capítulo importante de su tratado titulado *De los suburbios* insiste en la omnipresencia de estos barrios que, sin embargo, a menudo son considerados como apéndices o irregularidades del espacio urbanizado. A partir de allí, Cerdá estudia las potencialidades de las ciudades hispanoamericanas, en las que una expansión urbana sin coto no encuentra obstáculos como las murallas de las ciudades europeas.

Antes de analizar la génesis y la tipología de los *suburbios* (industriales, administrativos, vinculados a la expansión urbana), el autor destaca la elección de este término, que adopta sin duda en razón de su vínculo etimológico con *urbe*. Esta selección también pone de relieve las potencialidades que *suburbio* todavía tenía en la segunda mitad del siglo 19 con respecto a *arrabal*.

En Hispanoamérica, del norte de México al sur de Chile, y desde la época colonial hasta nuestros días, el *suburbio* aparece como una especie de laboratorio, de lugar de experimentación de los trazados urbanos y de las tipologías arquitectónicas, en el que se intentaron distintas formas de hábitat con la intención de ofrecer una alternativa a la ciudad central y consolidada, productora de desórdenes (Hardoy & Satterthwaite 1987). Espacios con manifestaciones culturales propias, estas franjas urbanas son presentadas y representadas en la literatura. Además de *suburbio*, otras voces fueron empleadas para nombrar a estas nuevas realidades urbanas. Por ello, entre fines del siglo 19 y principios del siglo 20, los vocablos *orilla*, *orillero* aparecen en Cuba, Costa Rica, Venezuela, Uruguay y Argentina para definir las características particulares de la cultura suburbana (Ramos 1993).

También en Buenos Aires, el *suburbio* ha sido visto como un área problemática (Caride *Visiones de suburbio* 1999). Desde la primera mitad del siglo 19 se pueden encontrar en la literatura referencias en las que aparece como un paisaje aparte. Desde *Facundo* (1845), de Domingo Faustino Sarmiento, hasta *El matadero* (1871), de Esteban Echeverría, la noción de *suburbio* comporta una connotación negativa: se lo asocia al retraso, a la barbarie. En Echeverría representa incluso un peligroso avance del desierto y su incultura, hasta las mismas puertas de la ciudad civilizada.

A fines del siglo 19, con el crecimiento de la periferia provocado por el desarrollo de los ferrocarriles, el higienismo dudaba. Por un lado, el *suburbio* era visto como un entorno sano, por su capacidad de detener la propagación de las epidemias y por una imagen asociada a la buena salud de la gente de campo (Rawson 1876). Por otro lado, representaba la exacerbación de las patologías urbanas (Wilde 1878). Esta ambivalencia persistió durante todo el siglo 20 (Paiva 1996).

Desde la misma perspectiva de Wilde, la literatura de principios de la década de 1920 describía a los *suburbios* de Buenos Aires bajo sus aspectos más sórdidos y siniestros. Un clásico ejemplo es la *Historia de Arrabal*, de Manuel Gálvez. La trama se desarrolla en la periferia sur de la ciudad y aporta descripciones precisas del paisaje urbano: "las calles no estaban pavimentadas, el suelo estaba ennegrecido por la humedad constante de la tierra. Cuevas inmundas donde parecía imposible que pudieran habitar seres humanos" (Gálvez [1922] 1993). En esta novela, el *suburbio* remite siempre a la "barbarie" descripta por Sarmiento y Echeverría. El escritor Jorge Luis Borges contribuyó a esclarecer la utilización de *suburbio* en el lenguaje hablado. En *Evaristo Carriego* (1930), un ensayo sobre otro poeta argentino, propuso hacer la siguiente distinción: "Carriego, que en 1908 publicó *El alma del suburbio*, dejó en 1912 […] los elementos de *La canción del barrio*. Este segundo título es más restrictivo pero más exacto que el primero […] *suburbio* es una denominación temerosa, el gesto de confusión de un hombre que teme perder su último tren. Nadie dijo jamás 'yo vivo en tal *suburbio*', todos hablan de *barrio*" (Borges [1930] 1969:70-71).

Pese a las definiciones aportadas por los diccionarios, las palabras *barrio* y *suburbio* no son consideradas sinónimas. Encontramos esta distinción entre otras dos fuentes contemporáneas: la literatura popular y el vocabulario de los técnicos del urbanismo.

En la cultura del tango, el conjunto más coherente en el campo de la literatura popular, los términos *barrio* y *arrabal*, que remiten a lugares íntimos asociados a la nostalgia de un pasado que se diluye ante los asaltos de la modernidad, estaban presentes en las letras y los títulos de tango, por lo menos desde principios del siglo 20. Esta idea fuerte y persistente se encuentra en títulos como "Don Juan, el taita del barrio", de Carlos Gardel y Alfredo Le Pera (1934), o en la letra de "El cantor de Buenos Aires", de Ricardo Podestá (1900), "Barrio reo", de Alfredo Navarrine y Roberto Fugazot (1927), "Arrabal amargo", de Enrique Cadícamo y Juan Carlos Cobián (1940): "soy este cantor de *arrabal*, jilguero criollo" o también en "S*ur*", de Homero Manzi y Anibal Troilo (1948): "pena por el *barrio* que ha cambiado" (apud Romano 1998).

Los profesionales y técnicos del urbanismo usaban denominaciones diferentes. En el caso de Buenos Aires, poco a poco fue apareciendo en estos ámbitos la convergencia en torno a una idea: los *suburbios* debían gozar de la contribución de las políticas públicas tanto como la ciudad-centro (Caride *La idea de conurbano bonaerense* 1999). En efecto, la integración de los vecindarios extra-

-urbanos se ha considerado consecuencia natural de las reformas elaboradas por el paisajista Jean-Claude Nicolas Forestier en 1925, en el *Proyecto orgánico para la urbanización del municipio* (Comisión de Estética Edilicia... 1925). Durante dicho debate sobre la extensión urbana, se agregó al sustantivo *barrio* el adjetivo *suburbano* para denominar las localidades alejadas del centro pero, no obstante, incluidas dentro de los límites administrativos de Buenos Aires.

En la década de 1930, los planificadores reconocieron la existencia de una nueva ciudad, donde se integraban los municipios periféricos en una continuidad espacial. En su lenguaje, *suburbio* se volvió, entonces, el vocablo más corriente para designar la periferia de una ciudad. El problema de la regulación de la periferia urbana fue presentado como un elemento esencial de la buena fundamentación de todo plan urbanístico, aun si los *suburbios* seguían siendo vistos como males inevitables y no eran verdaderamente considerados parte del conjunto urbano. Uno de estos urbanistas, Carlos Della Paolera, calificó a los *suburbios* de Buenos Aires como "formaciones parasitarias de la metrópolis" (apud Della Paolera 1977). Karl Brunner, que diseñó el plan de Santiago de Chile en 1934, describió la periferia de dicha ciudad como un amontonamiento de "barracas, carrocerías de autos, tablas podridas y viejos bidones" (Brunner 1932).

Entre los comienzos de la década de 1940 y el fin de la década de 1960, el paisaje y la forma del suburbio latinoamericano tuvieron un cambio radical, luego de la llegada a los grandes centros urbanos de enormes oleadas de población que abandonaban su lugar de origen – ejemplos de esta verdadera explosión demográfica son Lima, São Paulo, Buenos Aires y Caracas. Entre los denominadores comunes a estas ciudades se pueden mencionar la precarización creciente de las condiciones de vida, la falta de servicios y de infraestructura, y una marcada oposición entre los nuevos *suburbios* y los *suburbios* residenciales "tradicionales". Reflejando la incapacidad de brindar una solución al problema, el *Diccionario de urbanismo* de principios de la década de 1960 consideraba al *suburbio* un "desarrollo patológico de la ciudad, provocado y posibilitado por la llegada de un servicio (ferrocarril, ruta, electricidad, etc.) o, a veces, simplemente porque el terreno estaba baldío y el precio no era elevado. Los *suburbios* se extienden como manchas de aceite y carecen de estructura. Su baja densidad constituye un obstáculo para proveerles los servicios públicos básicos indispensables" (*Petroni & Kratz de Kenigsberg 1962). La idea de un suburbio "parasitario" o "estéril" se mantuvo, mediante metáforas negativas, en el discurso de los urbanistas sobre la ciudad hasta mediados de la década de 1980.

Durante esos años, con la crisis de planificación global de la ciudad, nuevas modalidades de suburbanización acompañaron los cambios sociales. Diferentes factores, como la inseguridad en la ciudad tradicional, la expansión de las posibilidades de especulación inmobiliaria o la búsqueda de una vida más sana "en contacto con la naturaleza" favorecieron un cambio en el modo de hábitat de las clases acomodadas. *Barrios cerrados, countries* o *chacras de campo* son los nombres dados a estas nuevas formas suburbanas, conjuntos residenciales cerrados que, en algunos casos, constituyen verdaderos enclaves y modifican el paisaje físico y social de comunas enteras. En muchas otras ocasiones, cohabitan, nuevamente, con situaciones de extrema pobreza donde predominan las construcciones precarias y la falta de servicios de infraestructura.

El uso del vocablo muestra siempre una tensión entre la imagen positiva, una especie de conservación de los valores de la tradición y del bienestar, de los suburbios felices que se agrupan en diferentes puntos de las *áreas verdes* residenciales y de los *barrios cerrados*, y la connotación negativa, un lugar retrógrado, refractario a las ventajas del progreso en las *villas miseria* y las zonas socialmente difíciles. Un siglo y medio más tarde, el término *suburbio* mantiene las ambivalencias enunciadas por Sarmiento y destaca, en una coyuntura nueva, la permanencia de dichas contradicciones.

Horacio Caride

Véase: arrabal (e), barriada (e), barrio (e), extrarradio (e), fraccionamiento (e), periferia (e), subúrbio (p)

Referencias
BORGES, Jorge Luis. *Evaristo Carriego. Biografía*. Buenos Aires, Manuel Gleizer, 1930. • BRUNNER, Karl. *Santiago de Chile. Su estado actual y futura formación*, Imprenta La Tradición, Santiago, 1932. • CARIDE, Horacio. *La idea de conurbano bonaerense, 1925-1947*. Colección Investigación, Documento de trabajo n. 14. San Miguel, Instituto del Conurbano/Universidad Nacional de General Sarmiento, 1999. • CARIDE, Horacio. *Visiones de suburbio. Utopía y realidad de los alrededores de Buenos Aires en el siglo XIX y principios del siglo XX*. Colección Investigación, Documento de trabajo n. 13. San Miguel, Instituto del Conurbano/Universidad Nacional de General Sarmiento, 1999. • CERDÁ, Ildefonso. *Teoría general de la urbanización y apli-*

cación de sus principios y doctrinas a la reforma y Ensanche de Barcelona. Madrid, Imprenta Española, 1867. • COMISIÓN DE ESTÉTICA EDILICIA DE LA INTENDENCIA MUNICIPAL DE BUENOS AIRES. *Proyecto orgánico para la urbanización del municipio. El plano regulador y de reforma de la Capital Federal*. Buenos Aires, Talleres Peuser, 1925. • CORBUSIER, Le; KURCHAN, Juan; HARDOY, Jorge Ferrari. Plan Director para Buenos Aires. Extracto traducido al español de *L'Architecture d'Aujourd'hui*. Buenos Aires, 1947. • DELLA PAOLERA, Carlos María. *Buenos Aires y sus problemas urbanos*. Introducción y selección a cargo de Patricio Randle. Buenos Aires, Oikos, 1977. • *Diccionario de autoridades*. Madrid, Imprenta de Francisco del Hierro/Real Academia Española, 1726-1739.• ECHEVERRÍA, Esteban. *El matadero*. Revista del Río de la Plata, vol. I, Buenos Aires, Imprenta y Librería de Mayo, 1871. • GÁLVEZ, Manuel (1922). *Historia de Arrabal*. Buenos Aires, Centro Editor de América Latina, 1993. • HARDOY, Jorge Enrique; SATTERTHWAITE, David. *La ciudad legal y la ciudad ilegal*. Buenos Aires, Grupo Editor Latinoamericano, 1987. • MACCHI, Luis. *Diccionario de la lengua latina. Latino-español; español-latino*. Rosario, Apis, 1941. • NOVICK, Alicia; CARIDE, Horacio. La construction de la banlieu à Buenos Aires. In RIVIÈRE D'ARC, Hélène (Dir.). *Nommer les nouveaux territoires urbains*. Paris, Unesco/Éditions de la Maison des Sciences de l'Homme, 2001. • PAIVA, Verónica. *El higienismo: del espacio público al espacio privado. Buenos Aires, 1850-1890*. Programa Internacional sobre el campo urbano y las condiciones históricas de emergencia de las competencias urbanísticas. Documento de trabajo n. 2. Córdoba, Seminario Internacional Vaquerías, 1996. • RAMOS, Jorge. *Revisión del suburbio. Medio Ambiente y Urbanización*, Buenos Aires, n. 42, Instituto Internacional de Medio Ambiente y Desarrollo/IIED-América Latina, mar. 1993. • RAWSON, Guillermo. *Conferencias sobre higiene pública*. Paris, Donnamette & Hattu, 1876. • ROMANO, Eduardo. *Las letras del tango. Antología Cronológica 1900-1980*. Rosario, Editorial Fundación Ross, 1998. • SARMIENTO, Domingo Faustino. *Facundo: civilización y barbarie*. Santiago de Chile, Imprenta del Progreso, 1845 (publicado en Chile, país donde Sarmiento se encontraba exiliado, en el diario *El Progreso*, en la sección de folletines desde el 2 de mayo hasta el 5 de junio de 1845 en veinticinco entregas. Un mes después fue publicado como libro con dos capítulos finales adicionales). • WILDE, Eduardo. *Curso de higiene pública*. Buenos Aires, Casavalle, 1878.

ⓟ subúrbio (pl. subúrbios)

português Brasil, substantivo masculino

Definições

suburbano: *He tomado do Latim* Suburbanus, a, um, *que val o mesmo que cousa dos arrabaldes, ou vezinha à Cidade. (O sitio he no Suburbano de Coimbra, nas ribeyras do Mondego. Mon. Lusit. Tom.6. 260.col.I.)* (*Bluteau 1720, 7:769).

suburbio: *He tomado do Latim* Suburbium, ii. Neut, Cic. *Vid.* Arrabalde. *(Em todas as Igrejas desta Cidade, e seus Suburbios. Gazeta de Lisboa 13 de Outubro de 1720, pag. 300.)* (*Bluteau 1721 Supplemento Pt.2 10:231).

subúrbio: *Os arrabaldes de alguma Cidade (Gazeta de Lisboa de 1720 'nos suburbios de Roma')* (*Silva 1813, 2).

subúrbio: *(lat. suburbium, sub pref. e urbs cidade.) Arrabalde, vizinhanças habitadas de cidade* (*Lacerda & Lacerda 1858-1859:329).

subúrbio: *Arrabalde, cercania, proximidade de qualquer vila, cidade ou povoação. É mais utilizado no plural. Fig. Proximidades* (*Machado 1981).

subúrbio: *1 Conjunto de habitações, de instalações comerciais, de fábricas [...] que rodeiam uma grande cidade de que geralmente dependem. 2 Proximidade de um lugar = arrabaldes, arredores. 3 Proximidade de algo* (*Casteleiro 2001).

JÁ RAPHAEL BLUTEAU NO SEU DICIONÁRIO (*1720, 7) indica a obra *Monarquia lusitana* de Bernardo de Brito, editada em Alcobaça em 1597, como atestação da palavra *suburbano*: o local identificado como suburbano são as margens do Mondego em Coimbra. A Biblioteca Nacional de Lisboa conserva, por sua vez, uma publicação com data de 1690, cujo autor é José Ferreyra e que se intitula *O bispado do Porto*, que compreenderia a cidade do Porto e seus subúrbios. Adjectivo e substantivo eram pois utilizados desde o século 17 mas Bluteau associava-os também à palavra arrabalde, termo de origem árabe significando bairro que, pegado à cidade, está fora dos muros. Existe uma descrição dos arrabaldes de Lisboa publicada em 1626, mas a palavra era seguramente usada desde a idade média. Lisboa teria três arrabaldes quando foi conquistada pelos cristãos (Castilho [1916] 1935, 1:114, 115, 136). Quanto a subúrbio, palavra diretamente originária do latim e sinônimo de cercanias ou vizinhança, era então, no século 17, provavelmente, uma palavra de uso erudito.

A palavra é encontrada nos decretos pombalinos referentes às medidas a serem tomadas após o terremoto de 5 de novembro de 1755. O rei ordena que os aluguéis e aforamentos de casas, terrenos e lojas não se possam fazer por preços mais elevados do que anteriormente, medida que inclui a cidade de Lisboa e "os seus subúrbios". Proibia também as "edificações indiscretas" em lugares distantes do recinto da cidade "que sendo já disforme na sua extensão, se não deve permitir que se dilate com incômodo grave de comunicação, que antes se deve facilitar entre os seus habitantes". Os limites da execução do decreto são cuidadosamente descritos, situando-se dentro do antigo termo da cidade de Lisboa. Em decreto de 27 de janeiro de 1757, sobre insegurança e punição de "roubos e homicídios" a definição do subúrbio é assimilada a um aro de uma légua em torno da cidade. Os muros da cidade estando em ruínas após o terremoto, a palavra *subúrbio* embora continuasse de uso erudito e assimilada à noção de arredores, vizinhança, *arrabalde* passava a ser apliquada a uma área bem maior que seus antigos arrabaldes. Em 1808 um panfleto anti-francês anônimo usava a palavra arrabalde para definir o espaço de circulação imediata dos rumores (*Ecos Altifortes*...1808). Em 1820 os habitantes do Campo Grande, numa petição dirigida às Cortes, consideravam que o baldio da freguesia, em vias de se tornar num passeio público arborizado pela intervenção do intendente das Obras Públicas do Reino, pertenceria aos povos daquele subúrbio de Lisboa (apud Pinheiro 1992:123-125).

No século 19, utilizava-se a palavra *subúrbio* sobretudo em referência à zonas de lazer. Se nos concentrarmos na cidade de Lisboa, *O novíssimo guia do viajante em Lisboa*, de 1863, fazia referência a subúrbios aprazíveis a se visitar, quer se trate de lugares que pertenciam ao termo de Lisboa antes das reformas de 1830, que reorganizaram o antigo regime administrativo, como Belém, Benfica, Campo Grande, Carnide, ou municípios que sempre foram independentes como Sintra, Mafra ou Almada. Em revanche, *O itinerário para distribuição das correspondências em Lisboa e subúrbios*, datado de 1884, adotava limites mais estreitos, próximos da definição pombalina. Aliás, os limites legais da cidade de Lisboa foram alargados em 1885, incluindo então um conjunto de lugares que não se encontravam em aglomeração contínua com a cidade. Havia hesitação quanto à palavra a se utilizar para designar as partes distantes ou rurais do município. Dois autores, Ramalho Ortigão e Monteiro Ramalho, descreveram na sua crítica artística do Salão de 1886 o mesmo quadro de Silva Porto, intitulado *O retorno do mercado*. O quadro mostra um grupo de camponeses com um burro seguindo por um caminho rural. Um dos autores usa a palavra subúrbio e o outro a palavra arrabalde (Ortigão 1947:274; Ramalho 1897:197).

Após a implementação do plano de expansão das avenidas novas de Lisboa, em preparação desde o final do século 19 e definitivamente aprovado em 1904, o processo de suburbanização da cidade se amplia, deixando, para além da sua área de aplicação, livre espaço aos especuladores privados e aos loteamentos clandestinos. Os subúrbios aprazíveis, bem servidos pelos transportes, se desenvolvem à oeste da cidade, com os comboios e com o elétrico. Na margem esquerda do Tejo, desde os anos 1890, os barcos a vapor permitiram uma urbanização rápida e nos anos 20, o crescimento anárquico dos pátios operários foram objeto de crítica social e urbanística. No Porto, o crescimento das ilhas operárias nas freguesias periféricas, ou fora das suas portas foi também alvo de críticas. Aqui a aceleração do crescimento dos subúrbios era também visível desde as primeiras décadas do século 20.

No entanto as críticas sobre esta nova realidade, que estimulavam estudos sobre os habitantes da periferia e sobre as possibilidades de desconcentração urbana pela criação dos novos bairros periféricos, não influenciaram imediatamente no significado da palavra *subúrbio* nem causaram um aumento da sua utilização. A palavra continuaria a ser utilizada para descrever arredores atraentes ao visitante pelos seus edifícios antigos, suas feiras ou suas festas. Uma ilustração pode ser encontrada no livro de Gabriel Pereira, *Pelos subúrbios e vizinhanças de Lisboa* (1910), em que um novo roteiro dos locais agradáveis era feito. A palavra *arrabalde* não havia desaparecido e os dois termos coexistiam, embora sendo pouco utilizados. De modo geral, falava-se sobretudo de arredores e para designar mais especificamente as novas zonas urbanizadas, aplicavam-se as expressõe bairros operários ou bairros dormitórios. Hoje a palavra *arrabalde* não desapareceu mas está confinada a obras de pendor memorialista (Antunes 1997).

O planeamento urbano do período do Estado Novo, 1933-1974, pretendeu impedir o crescimento de subúrbios ligados a transportes pendulares, pelo menos na margem Sul do Tejo. As teorias da cidade-jardim imperaram e procurou-se a desconcentração através da adaptação dos subúrbios a cidades autônomas. Os subúrbios das periferias urbanas eram descritos nesses anos como "bairros dormitórios monstruosos" (Atas da Câmara Corporativa 1958:277, 327) e a própria palavra dormitório era utilizada pela imprensa para exprimir a carga negativa associada aos novos subúrbios.

O fato de não existir ensino em Ciências Sociais nas universidades portuguesas até os anos 70 contribuiu para uma ausência de reflexão e consequente inovação do léxico neste domínio. Os geógrafos foram o primeiro grupo de investigadores a abordar o tema tratados em termos de transportes pendulares e de loteamentos clandestinos. As inundações que atingiram mortiferamente a periferia de Lisboa em 1967 conduziram a uma consciência da amplitude do crescimento dos subúrbios não planejados que deu uma nova vitalidade ao termo desde 1970 (Corte Real 1973). No Centro de Estudos Geográficos da Universidade de Lisboa foram feitos estudos sobre o crescimento suburbano (Fonseca 1976), tema que Teresa Barata Salgueiro no livro *A cidade em Portugal* (1992) abordou falando de áreas suburbanas, de processo de suburbanização e de subúrbios. Os sociólogos que abordaram o tema em finais dos anos 1970, como Vítor Matias Ferreira utilizaram de preferência os conceitos de metrópole (1983) e de periferia (1997).

Dadas estas hesitações no uso da palavra subúrbio, tanto no léxico corrente como no erudito, não é de se espantar que o dicionário da Academia de Lisboa seja o primeiro, em 2001, a registrar o sentido moderno desse termo.

Magda Pinheiro

EMBORA OS DICIONÁRIOS EM LÍNGUA PORTUGUESA já registrassem desde o século 19 o uso da palavra subúrbio para designar genericamente os arredores das cidades o termo levaria, no Brasil, tempo para se impor na linguagem corrente.

As primeiras referências à palavra subúrbio em textos de circulação mais ampla em língua portuguesa notam-se por volta das primeiras décadas do século 18. Com a escrita ainda latina – *suburbium* – a palavra já figura, em 1712, no *Vocabulário portuguez e latino* como sinônimo de "arrabalde" ou "arrebalde", termo utilizado para designar a área ocupada pela "gente multiplicada que não cabe na Cidade e faz sua habitação fora dela". No *Vocabulário* todas as abonações relativas à *suburbium* e às "coisas do arrabalde", *suburbanus*, ainda se referiam a textos de autores latinos como Cícero ou Horácio (*Bluteau 1712). Entretanto, na década seguinte, a palavra não só já seria usada para se referir às cercanias da Lisboa contemporânea, como, em 1728, definitivamente aportuguesada, ela passa a ser um novo vócabulo do vernáculo, sendo objeto de um verbete autônomo no *Supplemento ao vocabulario portuguez e latino*, acima citado (*Bluteau 1728).

Um século mais tarde, a palavra nos dicionários já possuia um uso muito mais genérico, podendo ser empregada para designar os arredores de qualquer cidade (*Silva 1813). Mas na linguagem corrente *subúrbio* ainda não impunha seu uso nem em Portugal, nem no Brasil. Documentos do Senado da Câmara do Rio de Janeiro continuavam a designar os arredores da cidade pelo antigo termo genérico *arrabalde* em finais do século 18, expressão que continuaria em uso durante todo o século 19 e ainda nas primeiras décadas do século 20 (Descripção... 1796; Nunes 1799:136-137; Brito [1896] 1996; Oelsner 1921).

À despeito desta aparente continuidade a palavra subúrbio começaria a circular no discurso urbano no Brasil pelo menos desde a primeira metade do século 19, para se tornar de uso bastante generalizado já nas primeiras décadas do século 20. Tiveram impacto nas práticas discursivas e na difusão do termo tanto rupturas advindas no campo político-administrativo quanto de movimentos culturais mais difusos, introduzidos no próprio processo de urbanização, principalmente, do Rio de Janeiro e de outras antigas cidades brasileiras.

Com a proclamação da Independência em 1822, as diferenças de linguagem entre portugueses e brasileiros só iriam se acentuar. Por um lado, a burocracia cortesã, que edita leis de reforma, discute obras públicas, elabora novos códigos de postura ou fixa os limites da cidade muda de perfil e é substituída por um corpo administrativo muito mais "nativista" em seu linguajar. Por outro, a organização jurídica e administrativa do Brasil, agora como um novo Império, iria estimular junto a este novo corpo de funcionários e políticos a criação de um vocabulário urbano que visava se distinguir tanto da estrutura colonial quanto da própria fala monárquica.

Enfim, a difusão do vocábulo *subúrbio* ocorre também à medida em que uma lógica de observação urbana busca engedrar novas palavras, mais abstratas, para designar fenômenos comuns e originais do próprio processo de urbanização. No Recife, subúrbio é citado desde 1819 em um relatório administrativo do governador Luís do Rego (Rego 1819 apud Lira 1999) sobre a situação das estradas nos arredores da cidade. No Rio, C.A. Lebsché imprime em 1835, um "Prospectus e horto suburbii de Mata Cavallos in aqueductum Sebastianopolis". Mas é na década de 1840 que a palavra começa a ter maior circulação em português do Brasil figurando no título do *Mapa da cidade de São Paulo e seus subúrbios...* (Bresser [c.1840] 1954) e no *Plano que compreende a planta da Corte do Rio de Janeiro e seus subúrbios...* (Manso 1840).

Se subúrbio entra em competição com termos de uso tradicional e consolidado, como arrabalde, ele também busca se impor frente a novas expressões que também fazem referência às cercanias da cidade ou às novas áreas que são integradas ao tecido urbano. Dentre estas expressões nota-se no Rio de Janeiro e em São Paulo o uso de fórmulas pouco precisas do ponto de vista descritivo, como circunvizinhanças (Rohan 1843); de palavras-compostas e inapropriadas para o caso brasileiro como o termo extra-muros (Cândido 1851; Telles 1875) quando se considera que as cidades nunca tiveram muralhas, ou, enfim, o uso de topônimos como Cidade Nova (Rohan 1843).

Todas estas expressões momentaneamente tentam nomear o crescimento urbano acentuado a partir de 1840, particularmente, na Capital e em algumas cidades-porto, como Salvador e Recife, ou ligadas ao ciclo cafeeiro, como Santos, Campinas, Jundiaí e São Paulo. No Rio de Janeiro, por exemplo, os limites da cidade para fins de tributação da décima urbana fixados com a chegada da Corte, em 1808, seriam sucessivamente ampliados em um ritmo até então desconhecido, em 1831, 1838 e 1858 (Pinto 1862). Ora, essa fronteira móvel contribui para dificultar a adoção de uma palavra que possa designar genericamente e de modo estável o que é a cidade e o que lhe escapa.

Entre 1840 e 1880, as ocorrências de subúrbio tornam-se mais frequentes. Na cartografia ela se generaliza na reedição das plantas do Rio de Janeiro de José Maria Manso (1850) e nas de Garriga (c.1875), Alexander Speltz (1877) e E. de Maschek (1885 e 1890). Jules Martin ainda hesita nomeando as duas plantas da cidade de São Paulo que publica, respectivamente, "Nova planta da cidade de São Paulo e subúrbios" (1881) e "Planta da capital do Estado de São Paulo e seus arrabaldes" ([1890] 1954).

A palavra subúrbio não figurava nos Códigos de Posturas e nem nos decretos do período Imperial e tampouco era empregada na linguagem corrente, mesmo após 1899 com a proclamação da

República (Jannuzzi 1909; Brito 1896). Entretanto, um contemporâneo escrevendo sobre a questão dos limites da cidade esclarecia: "na linguagem popular, só é designada como cidade a parte onde há maior commercio e estão as repartições públicas [...] tudo o mais consideramos suburbios" (Pinto 1862). Por outro lado, um jornal carioca de 1886 já se referia a habitantes dos "subúrbios e arrabaldes" mostrando a diferença semântica entre estas duas palavras por volta dessa época (Filindal 1886). Em todo caso, os dicionários, mesmo fazendo atualizações em ritmo cada vez mais acelerado, não conseguiam controlar a diversidade de expressões que circulavam nos grandes centros urbanos do Brasil do século 19 para designar a expansão destas novas áreas integradas às antigas cidades.

Em todo caso, os espaços que a palavra subúrbio vai conquistando na linguagem citadina devem-se à presença de novos atores sociais na cena urbana, inclusive os quadros técnicos e profissionais estrangeiros. A implantação de novos serviços de transportes sobre trilhos – as ferrovias e os *tramways* – por exemplo, exigia um mapeamento claro das áreas a serem servidas pelas concessões e para fins de tarifação. Este foi também um dos setores da atividade técnica e econômica no qual se evidenciou a presença de mão de obra e capitais estrangeiros. Pode-se inferir que estes empresários e engenheiros, ao lado de grupos brasileiros mais cosmopolitas como os ligados ao Club de Engenharia, foram mais suscetíveis em adotar a palavra *subúrbio* por razões etimológicas ou de sonoridade quando pensamos em *faubourgs* ou *suburbs*, por exemplo, expressões presentes também em inúmeros relatos de viagem ao Brasil de franceses e ingleses.

É nos interstícios, particularmente, do binômio transportes e urbanização que *subúrbio* começa, assim, a ser regularmente empregado para designar localidades situadas nas zonas de expansão urbana, servidas pelas linhas férreas que foram sendo implantadas na segunda metade do século em diferentes cidades. De certo modo, estava demarcada assim o perímetro de uma zona "suburbana" ferroviária que a multiplicação das linhas de *tramways*, particularmente com a introdução de serviços regulares de fornecimento de energia elétrica, nada mais faria que contribuir para fixar.

Com a entrada em operação das companhias The Rio de Janeiro Tramway, Light and Power (entre 1899-1908) e The São Paulo Tramway, Light and Power (entre 1903-1908), e de seus concorrentes o grupo Guinle e Cia, mais tarde Cia Brasileira de Energia Elétrica, a demarcação administrativa de um perímetro central, urbano e suburbano, torna-se uma necessidade para fixar as áreas a serem servidas pelos novos serviços urbanos de transporte, iluminação e telefonia, alimentados pela energia elétrica. Em contraste com as plantas de início do século, São Paulo já exibia com clareza, por exemplo, apenas dez anos mais tarde, estes perímetros demarcados (Cococi & Costa 1913).

Em 1937, com a eletrificação das primeiras linhas de trens de subúrbio da E. F. Central do Brasil, pelo próprio linguajar cotidiano da população que utiliza este meio de transporte, o uso da palavra se consolida no Rio de Janeiro. Por *subúrbio* passa-se a entender não apenas as localidades que cresceram ao longo das estações ferroviárias – os subúrbios ferroviários, propriamente ditos – com suas vilas operárias e suas indústrias mas também qualquer outra área da cidade que recebe serviços públicos e tecnologias arcaicas, ou definitivamente não os recebe. E assim a palavra passa a ser associada primeiramente ao habitat de camadas médias e, depois, do proletariado industrial.

Quando, na década de 1930, os últimos lampeões à gaz e os últimos *tramways* puxados a burro desapareceriam da paisagem de alguns bairros de cidades como o Rio de Janeiro, a palavra *subúrbio* não significava mais apenas um perímetro pouco urbanizado em relação à área central e urbana. Ela já não é só um conceito geográfico ou administrativo. Como *favela,* ela é, sobretudo, uma categoria hierárquica de divisão social do espaço urbano no processo de metropolização.

Na capital do país e em São Paulo, mas também em todas as grandes cidades brasileiras, observa-se a consolidação do uso de topônimos formando nomes compostos – Subúrbio de Marechal Hermes, Vila Valqueire, Favela da Providência, Vila Girão – para designar tanto as novas áreas urbanas que haviam nascido e continuavam nascendo da febre dos loteamentos ou das ocupações ilegais de terrenos. Esta tendência a focar as singularidades em detrimentos de aspectos mais genéricos, como a expansão propriamente dita das cidades, pode ser que se deva às características da própria forma de urbanização das cidades brasileiras, que nunca tendo sido muradas, não se fixaram tanto nas fronteiras físicas da cidade, muito embora as fronteiras sociais tenham sido extremamente marcadas.

No que diz respeito à *subúrbio*, torna-se uma expressão imprecisa, usada, sobretudo, quando se quer nomear bairros esquecidos nos mapas e que em sua maioria passam também a ser esquecidos pelas políticas públicas. Também usada para designar os lugares onde se observa um modo de vida que gravita em torno das vilas operárias e pequenas residências térreas com "gladíolos no portão" (Guinga & Blanc 1996) ou para designar a paisagem de exclusão da maioria das áreas periféricas de cidades servidas pelas ferrovias.

É com estes seus novos sentidos que a população operária desembarcada dos "trens-de-subúrbio" na Estação Leopoldina no Rio de Janeiro é, dramática e genericamente, retratada nas crônicas: "sem sonhos", "sem higiene", "sem encanto" – "todos os males os honram com sua presença de males" (Magalhães 1939:252-253). Mas é também com os subúrbios – pacatos e teimosos, das moças prendadas e que fazem bordados, do chá com torradas e das cadeiras de palhinha, das ruas barrentas tão simples e humildes – que sonha Luís Peixoto em seu "Sonho suburbano" ([c.1930] 1965). Em suma, é também percorrendo estas "ruas iguais, igualmente longas" com sua "casas medíocres" e suas "avenidas com duas fileiras de casinhas claras no meio do mato" que carregam o cheiro noturno das folhas verdes molhadas, que Ribeiro Souto se extasia e celebra o aroma dos arrabaldes silenciosos quando dormem e os segredos de certas coisas que descem, nos subúrbio ao luar (cf. Couto 1924; Couto [1939] 1960).

Entre 1940-1950 o subúrbio passa a ser pontualmente objeto de atenção do poder público (Cruz 1942) e do mundo acadêmico (Azevedo 1945) para lentamente tanto a palavra quanto as paisagens sociais que ela engloba caírem de certo modo no esquecimento.

Na verdade bairros como Almeida Brandão, Itacaranha, Praia Grande, Periperi, Coutos e Paripe nas cercanias de Salvador e numerosas pequenas localidades em torno das estações ferroviárias nos arredores de Recife, Fortaleza, Natal, João Pessoa, continuariam a ser chamadas de subúrbios até hoje. Mas é no Rio de Janeiro que a palavra é atualmente mais utilizada no país, sempre para designar paisagens sociais e nunca um perímetro em relação ao centro da cidade. Assim, depois de ter seu uso consolidado, circunscrito ao linguajar de pouquíssimas cidades brasileiras entre 1900-1950, o vocábulo amplia sua circulação no Brasil contemporâneo.

Na última década, romances – como o livro intitulado *Subúrbio* (Bonassi 1994) –, canções e CDs – "Luas de subúrbio" de Guinga e Aldir Blanc (1996) –, ou a ação de grupos de clara afirmação socio-cultural – como o grupo musical Faces do Subúrbio (1997) ou os Carecas do Subúrbio – passaram a contribuir para generalizar novamente o emprego da palavra e a questionar os sentidos positivos mas sobretudo negativos que lhe foram historicamente associados. Neste novo momento pode-se dizer que a palavra já não designa apenas uma geografia física ou social, como até os anos 1940-50. Ela ganhou um sentido cultural quase metafórico e passou a ser utilizada para evocar a "universalidade da pobreza industrializada sob o império do kitsch" e "o universo *pop* no sentido popular e industrial [...] que tanto podem ser detectados na Índia, no Paquistão ou na periferia de São Paulo" (Lisbela e o prisioneiro mostra... 2002). Nada de se estranhar assim que devolvida à palavra uma polisemia complexa o Nordeste do Brasil venha ser, como no filme *Lisbela e o prisioneiro* (Arraes 2003) a própria imagem do "subúrbio do mundo".

Margareth da Silva Pereira

Ver: arrabal (e), bairro (p), centro (e), centro (p), periferia (e)

Referências

ANTUNES, Eugénio do Espírito Santo. *Ameixoeira, um núcleo histórico*. Lisboa, Edição do Autor, 1997. • ARRAES, Guel [direção]. *Lisbela e o prisioneiro* [filme], Globo Filmes, Natasha Filmes, Fox Film do Brasil, Estúdios Mega, João Paulo Diniz [produtores], 2003. • Atas da Câmara Corporativa, 25 set. 1958. Lisboa, Câmara Corporativa. • AZEVEDO, Aroldo de. *Subúrbios orientais de São Paulo*. Tese de concurso à cadeira de Geografia do Brasil. São Paulo, FFLCH USP, 1945. • BONASSI, Fernando. *Subúrbio*. São Paulo, Scritta, 1994. • BRESSER, Carlos Abraão (c. 1840). Mapa da cidade de São Paulo e seus subúrbios feita por Ordem do Ex. Sr. Presidente Marechal de Campo Manoel Fonseca Lima e Silva. In *São Paulo antigo. Plantas da cidade*. São Paulo, Comissão do IV Centenário da cidade de São Paulo, 1954. • BRITO, Francisco Saturnino Rodrigues de. *Projeto de um novo arrabalde*. Rio de Janeiro, 1896. • CÂNDIDO, Francisco de Paula. Exposição da junta de hygiene pública, sobre o estado sanitário da capital do Império e meios de conseguir o seu melhoramento. Rio de Janeiro, 1851. • CASTILHO, Júlio (1916). *Lisboa antiga. Bairros orientais*. 2ª edição, 13 vol. Lisboa, CML, 1935. • COCOCI, Alexandre Mariano; COSTA, Luiz Frutuoso. *Planta geral da cidade de São Paulo*. Rio de Janeiro, Cia. Lith. Hartmann-Reichenbach, 1913. • CORTE REAL, Álvaro Saraiva. *Fetais, Pontinha, Sto Antônio de Cavaleiros, três tipos de subúrbio*. Tese de licensiatura. Lisboa, Faculdade de Letras, Universidade de Lisboa, 1973. • COUTO, Ribeiro (1939). Valsa sobre temas do subúrbio carioca. *Poesias reunidas*. Rio de Janeiro, José Olympio, 1960. • COUTO, Ribeiro. O cheiro dos arrabaldes adormecidos. *A cidade do vício e da graça*. Rio de Janeiro, B. Costallat e Miccólis, 1924. • CRUZ, Henrique Dias da. *Os subúrbios cariocas no regime do Estado Novo*. Rio, Departamento de Imprensa e Propaganda, 1942. • *Decreto de sua Magestade para que se não possam alterar os alugueres*, Lisboa, 1755. BNL, SC 1193//58A • *Decreto de sua Magestade para que se punam os roubos e homicídios*, 1757, BNL, SC1193//58 A • *Descripção e plano do arrabalde da cidade do Rio de Janeiro, que fica entre a estrada de Mata Cavallos e a Rua Nova do Conde da Cunha...* Rio de Janeiro, 7 mar. 1796, Biblioteca Nacional, Seção de Manuscritos, vol. 104, n. 1215 –7, 3, 4. • *Ecos altiforres de patriótico entusiasmo e arrebatamento, espalhados desde a longitude do Cais do Sodré até aos arrabaldes de Lisboa*. Lisboa, Oficina de João Rodrigues Neves, 1808. • FERREIRA, Vítor Matias. *Cidade de Lisboa. De capital do Império a centro da metrópole.* Lisboa, Publicações Dom Quixote, 1983. • FERREIRA, Vítor Matias. *Lisboa. A metrópole e o rio.* Lisboa, Bizâncio, 1997. • FERREYRA, José. *O bispado do Porto se compreende na cidade do Porto e seus subúrbios.* Diocése do Porto, 1690 (BNL R 2230//3). • FILINDAL [pseudônimo de Francisco Filinto de Almeida]. *A Semana* Jornal Literário, 1886. • FONSECA, Lucinda. *O crescimento suburbano de Lisboa e Porto.* Lisboa, JNICT, 1976. • GARRIGA, José Fausto; RODRIGUES, Caetano Augusto. *Planta da cidade do Rio de Janeiro e subúrbios.* Rio de Janeiro, Lithographia do Imperial Instituto Artístico, c.1875. • GUINGA; BLANC, Aldir. Luas de subúrbio. In Pinheiro, Leila. *Catavento e girassol* [disco], EMI [gravadora], 1996. • *Itinerário para distribuição das correspondências em Lisboa e subúrbios.* Lisboa, Imprensa Nacional, 1884. • JANNUZZI, Antônio. *Pelo Povo. Monographia sobre as Casas Operárias.* Rio de Janeiro, A. Januzzi e Filhos, 1909. • LEBSCHÉ, C.A. *Prospectus e horto suburbii de Mata Cavallos in aqueductum Sebastianopolis.* Biblioteca Nacional, Secão de Iconografia. Rio de Janeiro, 1835. • LIRA, José Tavares Correia de. Freguesias morais e geometria do espaço urbano. Porto Alegre, I Seminário Latino-Americano As Palavras da Cidade, 1999. • Lisbela e o prisioneiro mostra o Nordeste como subúrbio do mundo. *Estadão*, São Paulo, 1 dez. 2002 <http://cultura.estadao.com.br/noticias/cinema,lisbela-e-o-prisioneiro-mostra-o-nordeste-como-suburbio-do-mundo,20021201p1904>. • MAGALHÃES, Adelino (1939). *Sebastianópolis.* Coleção biblioteca carioca. Rio de Janeiro, Prefeitura Municipal do Rio de Janeiro, 1994, p. 252-253. • MANSO, José Maria. *Plano da planta da cidade e subúrbios do Rio de Janeiro.* Paris, Imp. Lemercier, 1850. • MANSO, José Maria. *Plano que compreende a planta da Corte do Rio de Janeiro e seus subúrbios e mais a cidade de Praia Grande e a do povo de São Lourenço.* Rio de Janeiro, BN, 1840. • MARTIN, Jules (1890). Planta da capital do Estado de São Paulo e seus arrabaldes. In *São Paulo Antigo. Plantas da cidade.* São Paulo, Comissão do IV Centenário da cidade de São Paulo, 1954. • MARTIN, Jules. *Nova planta da cidade de São Paulo e subúrbios.* São Paulo, Jules Martin, 1881 [Rio de Janeiro, BN, Arc. 13.13.3]. • MASCHEK, E. de. *Planta da cidade do Rio de Janeiro e de uma parte de seus subúrbios.* Rio de Janeiro, Laemmert & Cia, 1885. • MASCHEK, E. de. *Planta da cidade do Rio de Janeiro e subúrbios.* Rio de Janeiro, Laemmert & Cia, c.1890. • *Novíssimo guia do viajante em Lisboa, obra indispensável aos que desejam conhecer esta notável cidade e seus subúrbios.* Lisboa, Sociedade Typográphica Franco-Portuguesa, 1863. • NUNES, Duarte (1799). *Almanaque da cidade do Rio de Janeiro.* Rio de

Janeiro, Biblioteca Nacional, Seção de Manuscritos, vol. 102, n. 1210 – I, II, I, 27. • OELSNER, A.C. Terrenos – seu melhoramento para as habitações. *Boletim de Engenharia*, vol. 4, n. 13, 1921, p. 24-26. • ORTIGÃO, Ramalho. *Arte portuguesa*. 2 volumes. Lisboa, Clássica Editora, 1947. • PEIXOTO, Luís (1930). Sonho suburbano. In BANDEIRA, Manuel; ANDRADE, Carlos Drummond de. *Rio de Janeiro em prosa e verso*. Rio de Janeiro, Livraria José Oplympio, 1965. • PEREIRA, Gabriel. *Pelos subúrbios e vizinhanças de Lisboa*. Lisboa, A.M. Texeira, 1910. • PINHEIRO, Magda. *Os portugueses e as finanças no dealbar do liberalismo*. Lisboa, João Sá da Costa, 1992. • PINTO, Manuel Paulo Vieira (1862). Carta a Alexandre José de Melo Moraes fornecendo dados referentes aos limites da cidade do Rio de Janeiro. Rio de Janeiro, Biblioteca Nacional, Seção de Manuscritos, vol. 106, II, 34, 30, 42. • RAMALHO, Monteiro. *Folhas de arte*. Lisboa, M. Gomes, 1897. • ROHAN, Henrique de Beaurepaire. *Relatório do estado das obras municipais apresentado à Ilma. Câmara Municipal*. Rio de Janeiro, Typ. do Diário, 1843. • SALGUEIRO, Teresa Barata. *A cidade em Portugal*. Porto, Afrontamento, 1992. • SPELTZ, Alexander. *Nova planta indicadora da cidade do Rio de Janeiro e subúrbios*. Rio de Janeiro, Eduardo e Henrique Laemmert, 1877. • TELLES, João Carlos da Silva. *Repertório das leis promulgadas pela Assembleia Legislativa Provincial de São Paulo desde 1835 até 1875*. São Paulo, Typ. do Correio Paulistano, 1875.

u

🇪 urbanización (pl. urbanizaciones)
español España, sustantivo femenino

Definiciones

urbanización: *Civilización* (civilisation). *Urbanismo: planificación urbana y embellecimiento de una ciudad* (*Reyes 1941).

urbanización: *Acción de urbanizar una ciudad* (*Martínez Amador 1960).

urbanización: *Educación [...] Planificación, urbanificación – Obras de urbanización de una ciudad // Conjunto m. urbano, loteo. // Fenómeno demográfico* (*Garcia-Pelayo & Testas 1998).

La palabra urbanización no está en ningún diccionario, y sin embargo nosotros nos vemos en la necesidad de usarla para expresar una idea nueva a la cual no encontramos otra palabra que mejor se adapte. Reducir un terreno a las condiciones de ciudad, urbs, es decir, convertir en ciudad lo que no lo era, no puede expresarse de otro modo que con el verbo urbanizar, que [...] significa hacer urbano, es decir propio de la ciudad lo que no lo era. [...] Así decimos, por lo mismo, que la tendencia de la época es urbanizar la campiña, la administración debe proceder a rurizar las ciudades (Cerdá [1861] 1991: 95).

urbanización: *Acción y efecto de urbanizar* (*Real Academia Española 1899).

urbanización: *Acción y efecto de urbanizar // 2. Terreno delimitado artificialmente para establecer en él un núcleo residencial urbanizado* (*Real Academia Española 1984).

urbanización: *Acción y efecto de urbanizar // 2. Terreno delimitado artificialmente para establecer en él un núcleo residencial urbanizado". // Este mismo terreno una vez edificado* (*Real Academia Española 1989).

URBANIZACIÓN ES UNA PALABRA NUEVA EN ESPAÑOL, cuya aparición constituye un episodio muy conocido de la historia de las ideas en materia de urbanismo. En efecto, el ingeniero Ildefonso Cerdá la inventó e incluso dedicó a su definición un tratado fundador en 1867, titulado *Teoría general de la urbanización*: "De suerte que cabe decir sin violencia alguna, que con la abertura del surco *urbanizaban* el recinto y todo cuanto en él se contuviese; es decir que con la abertura de este surco, era una verdadera *urbanización*; esto es, el acto de convertir en *urbs* un campo abierto o libre" (Cerdá 1867:30). Por lo tanto, este pionero del urbanismo contemporáneo, célebre por haber concebido el gran plan de ampliación de Barcelona en 1859, creó este neologismo, cuya primera mención figura, en realidad, en otra de sus obras, *Teoría de la viabilidad urbana*, escrita en 1861 pero publicada recién en 1990, que versa no sobre la ampliación de la capital catalana sino sobre la reforma de Madrid (Cerdá [1861] 1990). En la primera obra importante que Cerdá escribió en 1859 sobre Barcelona, aún no figura esta nueva palabra, pero se conforma con mencionar la *construcción* de la ciudad (Cerdá [1859] 1990).

El término *urbanización* constituye, pues, un caso interesante y muy típico de neologismo técnico. Sin embargo, no está la dimensión que retiene aquí nuestra atención, e insistiremos especialmente, en cambio, en las modalidades de su incorporación a la lengua corriente del siglo 20. Esta historia revela la manera en que pueden operarse los cambios de registro en el léxico de la ciudad.

Los últimos diccionarios distinguen varias acepciones, gradualmente ubicadas entre una "acción" de transformación urbana y su "efecto". *Urbanización* designa un proceso o sus consecuencias – cuyo equivalente en francés sería *lotissement*. Si, en 1861, Cerdá apuntaba, mediante el neologismo, a reunir en una misma palabra-concepto diferentes dimensiones, nosotros proponemos reconstruir la historia de la palabra en función de sus acepciones reconocidas posteriormente.

En un principio, *urbanización* designaba, según Cerdá, un conjunto de procedimientos y de métodos, incluso también una doctrina, un arte o una ciencia: en el siglo 20, cerca de 1925, se substituyó este término por el de *urbanismo*, seguramente una trascripción del francés *urbanisme*. Éste apareció en dicha lengua hacia 1910 (García-Bellido 1999:119-120; García-Bellido 2000). Si bien no se justifica aquí aventurarnos en el debate respecto de su paternidad (¿hubo una importación francesa anterior? *Urbanisme* derivaría, en este caso, de *urbanización* unos años antes, siendo un posible vector, por ejemplo, el arquitecto urbanista francés Léon Jaussely, quien se estableció en Barcelona en

1903), cabe señalar que las ideas de Cerdá fueron objeto de un cierto olvido en España a principios del siglo 20. Su recuerdo queda limitado a algunos funcionarios e ingenieros civiles, como Pablo de Alzola, quien planificó el Ensanche de Bilbao y más tarde fue intendente de dicha ciudad, o incluso Arturo Soria, teórico y desarrollador de la *Ciudad Lineal* de Madrid. En sus escritos, *urbanización* comparte esta primera dimensión definida por Cerdá (Coudroy de Lille 2000).

La segunda acepción del término gozó de una mayor proyección en el tiempo. Para Cerdá, la *urbanización* es, efectivamente, un "hecho de civilización", una tendencia económica y social. En sus obras, Cerdá reconstruye la historia y las modalidades de este término en el tiempo. Además, colocaba sin problemas el verbo *urbanizar* en la misma serie que *civilizar, moralizar, regularizar, realizar, legalizar* (Cerdá [1859-1861] 1991:95), lista a la que agregó, en la esfera de la doctrina, *colonizar* y *rurizar*. No resulta difícil identificar esta acepción a través de los usos del siglo 20: los geógrafos y los estadistas estudiaron el proceso de *urbanización*, y es éste generalmente el sentido que se le da a *urbanisation* en francés y a *urbanization* en inglés: podemos estudiar, al mismo tiempo, la progresión y el estado de *urbanización* en todo el mundo. Un *tipo* de *urbanización* es una tasa de urbanización… y también estuvo la crítica marxista, presentada por los trabajos de sociología urbana de los años 1970, como *Imperialismo y urbanización en América latina* (Castells 1973). Sin embargo, se trata de usos relativamente eruditos.

La tercera dimensión desarrollada por Cerdá constituye probablemente el verdadero antecedente de los usos en los que nos interesaría insistir: el resultado del proceso puede ser un barrio o un nuevo loteo… que denominaremos entonces *urbanización*. Esta evolución fue progresiva y podemos presentar sus etapas principales.

A fines del siglo 19, el término se aplicaba a proyectos de *ensanche*, también llamados, según ciertos documentos, proyectos de *urbanización*. La iniciativa de estas planificaciones podía venir de los mismos propietarios que, cuando se encontraban frente a la lentitud o a las exigencias de los procedimientos, evocaban el proyecto de *urbanización*. De este modo, probablemente, podían eludir las reglamentaciones pero al mismo tiempo recurrir al vocabulario de la administración pública. Poco a poco, el término se aplicó a ciertos perímetros y barrios nuevos, aunque la mutación semántica clara y nítida debió esperar todavía medio siglo más. De esta manera, el término escapó del todo a su inventor…

En los años 1960, la palabra *urbanización* terminó designando, de forma muy banal, un tipo de barrio. Algunos usos marcan bien esta evolución, como por ejemplo aquellos que encontramos bajo la pluma del arquitecto e historiador madrileño Fernando Chueca Goitia: "En lo que se refiere a los ensanches y a las *urbanisations* residenciales, también se consiguieron, sobre todo antes de que empezara la gran especulación, éxitos notables" (Chueca Goitia 1968:185). Esta observación se aplica a un suburbio de Madrid donde el banquero Salamanca, por el año 1860, había invertido en el lanzamiento de un nuevo barrio, pero se formuló en 1968, cuando se desarrollaban los primeros conjuntos de casas individuales alrededor de la capital en la última época del régimen franquista. Dichas acepciones no se originaron en relectura alguna de Cerdá: se trató más bien de una activación de las potencialidades semánticas de un término que, desde hacía un siglo, permanecía en campos relativamente técnicos. Sin embargo, aquellos que no eran especialistas podían identificarlo sin problema. El nuevo uso del plural representa un hito y deberíamos sin duda consultar a los promotores, e investigar en la publicidad inmobiliaria y en la administración pública para indagar más al respecto. En ciertos casos, se refiere a conjuntos colectivos, como la *urbanización* Nueva Colombia en Madrid, en 1966 (Rodríguez Chumillas 2001). Pero a partir de la década de 1960, el incremento en el nivel de vida de las clases medias y altas, sumado a un cambio en cuanto a las aspiraciones residenciales fomentaron el desarrollo de la casa individual, hasta ahora limitada a zonas rurales o a algunos barrios excepcionales denominados *colonia* o *ciudad-jardín*, y ligados a una iniciativa cooperativa o social. A diferencia de estos términos, *urbanización* no disfraza su urbanidad y, en un país de cultura mediterránea, es muy probable que ésta sea la razón de su éxito…

La mayoría de las grandes ciudades españolas vivieron el desarrollo de *urbanizaciones*, a veces de considerable magnitud, entre 1970 y 2000: en Madrid, podemos nombrar La Moraleja, El Pinar de Chamartín, Parqueluz o Valderribas. La toponimia, dado que estos barrios tienen nombre y límites precisos, evoca la vegetación y el lugar. En general, se trata de casas individuales entre las que serpentean varias calles. El perímetro se encuentra generalmente cerrado, elemento que diferencia este tipo de barrio de las *colonias*, muy numerosas en Madrid, pero a menudo más pequeñas: para los geógrafos, las *urbanizaciones cerradas* constituyen el equivalente de las *gated communities* norteamericanas. El desarrollo continuo de la casa individual condujo a la aparición de nuevas generaciones de *urbanizaciones*: Rivas Vaciamadrid, en el suburbio sudeste de la capital, incluye un amplio sector llamado *Urbanizaciones*. Resulta particularmente interesante que, en los años 1970, en las guías de calles de Madrid de editorial Almax, *colonia* constituía una categoría genérica que abarcaba los *Barrios, barriadas, colonias, conjuntos residenciales, parques, poblados, urbanizaciones y unidades vecinales de absorción* (*Madrid ciudad* c.1980), mientras que en las guías de la década del 2000, *urbanización* es el término que ocupa ese lugar (*Madrid y extrarradio* 2003). Si las *urbanizaciones* eran *colonias* en la década del 1970, hoy en día ¡las *colonias* se transformaron en *urbanizaciones*!

En las regiones litorales turísticas (Costa Blanca, Andalucía) y en las ciudades medianas, el término también estaba de moda: *urbanización* Ricomar, en Tarragona; Mirasierra, en Segovia; La Zambomba, en Cáceres… Son barrios de casas individuales, aunque en las Canarias existen varias *urbanizaciones* industriales, y el barrio AZCA de Madrid, un conjunto de edificios de oficinas, se denominaba *urbanización* de vez en cuando. Pero los *conjuntos residenciales*, conjuntos inmobiliarios colectivos, se promocionan a menudo en la actualidad como urbanizaciones… Por tal motivo, el término ha sido objeto, en cierta medida, de una democión.

El auge de este término está relacionado con emprendimientos de *urbanizadores* privados, y los barrios en cuestión se encuentran apartados de la densa aglomeración. Esto explica tanto la falta de equipamiento y las dificultades que debían enfrentar los primeros habitantes para viajar al centro de la ciudad, como la constitución de verdaderas urbanizaciones ilegales o clandestinasEn una de las urbanizaciones de Móstoles, suburbio obrero de Madrid, los habitantes se quejaban en los años 1970 de la lentitud para terminar su barrio: "Aparte de que, como exponen los vecinos, una urbanización debe estar urbanizada y no puede servir de excusa el que parte de los compradores, por los motivos que sean, no ocupen los chalés en un momento dado" (*El País* 1977). A principios de la década de 1980, la demolición, por razones jurídicas o ambientales, de algunas de esas urbanizaciones estuvo en las primeras planas de los diarios cotidianos.

Por último, la *urbanización* constituye todo un entorno, al igual que el *suburb* norteamericano o el *lotissement* francés. La novela del navarro Miguel Sánchez Ostiz, *Un infierno en el jardín*, la describe en estos términos: "La fiesta tuvo lugar en una urbanización de chaletitos adosados y semiadosados, con fama de exclusivísima, adonde había ido a parar gente que pintaba mucho en Umbría: los asesores de moda, bancarios y cajarios, profesionales liberales [...]. La urbanización también la había promovido Ferminito Zolina, en aquella faceta tan suya de visionario [...] Las urbanizaciones era igual a otras urbanizaciones, sólo que en forma de estrella, de manera que las casas estaban vueltas sobre sí mismas en un espantoso patio de vecindad que al arquitecto, que había hecho su carrera alborotando en nombre de la justicia social y la revolución del proletariado, los patios de vecindad de las barriadas obreras, le habían parecido el colmo de la vida humana" (Sánchez Ostiz 1995:95-96). A través de esta descripción, se entiende que en la *urbanización*, lo ideal de la casa propia y de la casa individual con jardín se opone a la presencia de un modelo uniforme y de promiscuidad. El deseo de distinción fracasa rápidamente. En adelante, lo más exclusivo es vivir en un *parque* o en un *parque residencial*. El retorno de la denominación *ciudad-jardín*, o simplemente *jardín*, muestra cuan importante es el marketing en la difusión de dichos vocablos.

Javier García-Bellido
y Laurent Coudroy de Lille

Véase: chalet (e), colonia (e), ensanche (e), fraccionamiento (e), loteamento (p), periferia (e), urbe (e)

Referencias

CASTELLS, Manuel; et al. *Imperialismo y urbanización en América Latina*. Barcelona, Gustavo Gili, 1973. • CERDÁ, Ildefonso (1859-1861). Teoría de la construcción de las ciudades aplicada al proyecto de reforma y Ensanche de Barcelona. In CERDÁ, Ildefonso. *Cerdá y Barcelona*. Vol. 1. Barcelona/Madrid, INAP/Ayuntamientos de Barcelona y Madrid, 1991. • CERDÁ, Ildefonso (1859-1861). Teoría de la viabilidad urbana y reforma de la de Madrid. Estudios hechos por el Ingeniero D. Ildefonso Cerdá, autorizado al efecto por Real Orden de 16 de Febrero de 1860. In CERDÁ, Ildefonso. *Cerdá y Barcelona*. Vol. 1. Barcelona/Madrid, INAP/Ayuntamientos de Barcelona y Madrid, 1991. • CERDÁ, Ildefonso. *Teoría general de la urbanización y aplicación de sus principios y doctrinas a la reforma y Ensanche de Barcelona*. 2 volúmenes. Madrid, Imprenta Española, 1867. • CHUECA GOITIA, Fernando. *Breve historia del urbanismo*. Madrid, Alianza, 1968. • COUDROY DE

LILLE, Laurent. Ildefonso Cerdá. Naissance et reconnaissance d'un urbaniste. *Histoire urbaine*, n. 1, 2000, p. 169-185. • GARCÍA-BELLIDO, Javier. Evolución de los conceptos, teorías y neologismos cerdianos en torno a la urbanización. *Ciudad y Territorio,* Madrid, vol. 31, 1999, p. 145-187 [número especial "Cerdá y su influjo en los ensanches de poblaciones"]. • GARCÍA-BELLIDO, Javier. Ildefonso Cerdá y el nacimiento de la urbanística: la primera propuesta disciplinar de su estructura profunda. *Scripta Nova. Revista Electrónica de Geografía y Ciencias Sociales*, Barcelona, vol. 4, n. 61, 1 abr. 2000 <www.ub.es/geocrit/sn-61.htm>. • *Madrid ciudad, plano guía callejero*. Madrid, Almax, c.1980. • *Madrid y extrarradio. Plano de Madrid y poblaciones*. Almax, Madrid, 2003. • *El País*, Madrid, 11 sep. 1977. • RODRÍGUEZ CHUMILLAS, Isabel. Vivienda y promoción inmobiliaria en Madrid. *Espai/temps*, Lleida, n. 43, 2001. • SÁNCHEZ OSTIZ, Miguel. *Un infierno en el jardín*. Barcelona, Anagrama, 1995.

Ⓔ urbe (pl. urbes)

español España y América Latina (en general),
sustantivo femenino

Definiciones

urbe: *Ciudad. Metrópoli* (*Reyes 1941).

urbe: *Ciudad, especialmente muy poblada* (*Martínez Amador 1960).

urbe: *Ciudad, ciudad importante* (*Garcia-Pelayo & Testas 1998).

urbe: *Del Latín Urbs, urbis. Ciudad, especialmente la muy populosa* (*Real Academia Española 1925).

urbe: Ciudad, especialmente la muy populosa. En Madrid no hay motivo para tener que resignarse con que nos crezca la urbe por todos los lados como un globo que se hincha (*Seco, Andrés & Ramos 1999).

urbe: *Sinónimo de ciudad, si bien en ciertos contextos se utiliza con matiz cuantitativo de núcleos muy poblados. La palabra urbe también posee un sentido culto. No obstante ciudad y urbe se refieren sustancialmente a lo mismo aunque poseen un origen distinto [...] La urbe por excelencia era Roma* (*Grupo Aduar 2000:366).

DESDE SU APARICIÓN EN EL DICCIONARIO DE LA Academia en 1925, la definición de *urbe* se ha mantenido invariable (García-Bellido 1999:119).

El aspecto más original de la historia de esta palabra reside en las condiciones de su aparición y en los comentarios que se hicieron al respecto. El ingeniero Ildefonso Cerdá la forjó deseoso de adaptar el vocabulario español a las realidades de la ciudad contemporánea: "Por lo que hace a la palabra urbe, que uso también con frecuencia, diré que su adopción ha sido efecto de la necesidad, porque nuestro idioma no me suministraba uno a propósito para mi intento. Para expresar en él un grupo de edificaciones, tenemos las palabras *ciudad*, *villa*, *pueblo*, *lugar*, *aldea*, *feligresía*, *caserío*, *alquería*, *quinta;* pero toda esa serie de nombres están destinados a significar las diversas jerarquías que se forman entre los grupos de casas según su número, magnitud y extensión, y antiguamente denotaban también la diversidad de fueros" (Cerdá 1867:30). Dejando para más adelante el análisis del término *población* debido a su ambigüedad, Cerdá forja así uno de los mayores conceptos de su obra, objeto de numerosísimos comentarios. "Las urbes, se ven ahora precisadas a servir a otra civilización, cuya divisa es el movimiento" (Cerdá 1867:324) o incluso "la urbe, cualquiera que sea su importancia, considerada como un apéndice o agregado de la gran vialidad universal, no es en rigor más que una especie de estación o parador más o menos extenso y limitado, más o menos complexo, más o menos importante y digno" (Cerdá 1867:337).

Sea cual sea la importancia de este acto neológico para los estudios urbanos, el término no logró incorporarse de inmediato en la lengua corriente. Para poder ingresar en el diccionario académico, seguramente tuvo que ser antes legalizada, al igual que *urbanización*, *urbanizador* y *urbanizar* con las que forma un sistema (*Real Academia Española 1925): en 1924, los textos que definían el Estatuto municipal español mencionaron la "posibilidad de prohibición de que las redes o líneas tranviarias penetren en el interior de las *urbes*" (*Estatuto municipal* 1924:art. 69). *Ciudad* es el término genérico, que prevalece en este texto como en otros, asociado a ciertos valores históricos. En el siguiente texto administrativo, *urbe* compite, sin lugar a dudas, con *metrópoli*: "En los proyectos de extensión deberán fijarse los usos y servicios que se estimen más adecuados para las diferentes zonas que integren el plan, y la forma de establecer un perfecto enlace entre los nuevos núcleos urbanos y la metrópoli" (*Estatuto municipal* 1924:art. 8).

Por ende, es muy significativo que, en las primeras definiciones provistas, se insista en el carácter moderno y muy poblado de las *urbes*: es indispensable comprender dicha característica a la luz de una especificación importante de la que fue objeto la primera definición técnica de Cerdá. En 1911, el escritor de Extremadura, Felipe Trigo, describió Paris de la siguiente manera: "No podrás imaginar nada más grandiosamente bello que esta enorme urbe, capital del mundo y como del alma de la civilización, cruzada de aeroplanos por los aires, de lindas naves de transporte por el río, de un verdadero tumulto de coches y de autos y tranvías por el suelo" (Trigo [1911] 1991:140). Los usos literarios de este término en el siglo 20 muestran cierta grandilocuencia. En 1905, el novelista y parlamentario valenciano, Vicente Blasco Ibáñez, describía así los suburbios de Madrid: "Maltrana pensó en los traperos de Tetuán [...], en los ladrilleros sin trabajo que tenía delante, en todos los infelices que la orgullosa urbe expelía de su seno y acampaban en sus puertas" (Blasco Ibáñez [1905] 1958:1514-1515).

Así como para *suburbio*, la referencia que remite a menudo a la etimología latina y al origen romano de la palabra contribuyen al énfasis: la palabra *urbe* recuerda a los contemporáneos preocupados y fascinados por el fuerte crecimiento del siglo 20 que la gran ciudad es una realidad eterna; así, se impone la analogía con ciertos usos formales de *cité* en francés. En las palabras de un médico que asistió a una exposición dedicada a los mejoramientos sociales y urbanos en Barcelona en 1914: "Como suplemento de las procedentes demandas, todos los buenos ciudadanos deberíamos convertirnos con verdadero interés, en enfermeros de la urbe, denunciando a las autoridades competentes todas las infracciones que se cometan en detrimento de la higiene" (Puig Galcerán 1914). Algunos novelistas, en este caso un colombiano, señalan el carácter pedante y un poco cientificista de un término indefectiblemente asociado a clichés y a epítetos convencionales: "[los escritores pomposos] sin necesidad llaman a la ciudad la 'urbe', latinismo tan innecesario como los de Juan de Mena" (Suárez 1941:211-212). De Mena era un poeta del siglo 15 que contribuyó a la elaboración de la lengua castellana culta y, hasta podría decirse, preciosa. La referencia evidente a *urbs* constituye la razón principal – y en mayor medida que la del ingeniero Cerdá – del uso de este término en el siglo 20.

En América latina, el término compartió los mismos usos que en España, por ejemplo por parte de un intelectual ecuatoriano: "Pasas el puente. El camino abraza la colina. El camino es en tentáculo de urbe [...] Es el dedo de la ciudad que se ajusta la cintura" (Descalzi 1931:§1). La *urbe* es por momentos Buenos Aires, Lima, Bogotá, Caracas o México, pero también una capital vista por un provinciano, o cualquier ciudad vista por un campesino. La palabra introduce una variación lexical con respecto a la hegemonía un tanto superficial y convencional de *ciudad*. De este modo, la encontramos en descripciones realizadas por las ciencias sociales, como la recopilación de artículos del sociólogo español de influencia en América, Mario Gaviria: *campo, urbe y espacio de ocio* (1971).

Urbe es una palabra poco utilizada, pero muy conocida por sus connotaciones y por la alternativa lexical poco "preferida" que constituye al término *ciudad*… En la actualidad, la prensa la utiliza a menudo en los textos que tratan de la ciudad contemporánea, por lo general para insistir sobre el fuerte crecimiento urbano, la renovación de espacios y estilos de vida, los "problemas" de las grandes ciudades, el carácter vertiginoso y superlativo de la urbanización contemporánea: *urbes, macrociudades* o *megaciudades* del planeta. Un diario de gran tirada comunica una iniciativa de la administración pública de crear un organismo para "vigilar la política de las grandes *urbes*" (*La Razón* 2001). Otro identifica las primeras *urbes* en los Estados Unidos: "El Urban Land Institute fue fundado en 1936 cuando muchas grandes *urbes* norteamericanas sufrieron una expansión desmesurada e incontrolable" (*ABC Inmobiliario* 2001).

Las páginas publicitarias de la prensa inmobiliaria reflejan los usos comerciales que podemos hacer de algunos términos visiblemente rebuscados: "Un nuevo estilo de vida le espera en el Mirador del Norte de Madrid, prolongación de Arturo Soria: toda una ciudad verde dentro de la gran urbe" (*El País Propiedades* 2001:52). En este caso, *urbe* funciona precisamente como contrapunto de *ciudad*. Podemos observar cómo el carácter repulsivo de la primera palabra permite a la segunda encontrar cierto número de cualidades de intimidad y de medioambiente.

Laurent Coudroy de Lille
y Marta Lora Tamayo

Véase: capital (e), capital (p), ciudad (e), población (e)

Referencias
ABC Inmobiliario, Madrid, 26 oct. 2001. • BLASCO IBAÑEZ, Vicente (1905). La Horda. In BLASCO IBAÑEZ, Vicente. *Obras completas*. Vol. 1. Madrid, Aguilar, 1958 • CERDÁ, Ildefonso. *Teoría general de la urbanización y aplicación de sus principios y doctrinas a la reforma y Ensanche de Barcelona*. 2 volúmenes. Madrid, Imprenta Española, 1867. • DESCALZI, Cesar Ricardo. Entonces tú serás hombre. *Lampadario, mensuario de arte y literatura*, Quito, feb. 1931. • *El País Propiedades*, Madrid, 26 oct. 2001. • *Estatuto municipal – reglamento de obras, servicios y bienes municipales que desarrolla*. Colecciones legislativas. Madrid, Imprenta Nacional, 1924. • GARCÍA-BELLIDO, Javier. Evolución de los conceptos, teorías y neolo-

gismos cerdianos en torno a la urbanización. *Ciudad y Territorio*, Madrid, vol. 31, 1999, p. 145-187 [número especial "Cerdá y su influjo en los ensanches de poblaciones"]. • GAVIRIA, Mario. *Campo, urbe y espacio del ocio*. Madrid, Siglo Veintiuno de España, 1971. • *La Razón*, Buenos Aires, 15 oct. 2001 [edición nacional]. • PUIG GALCERÁN, Martín. Una exposición importante. *El Viajero*, Madrid, 16 nov. 1914. • SUÁREZ, Marco Fidel. *Sueños de Luciano Pulgar*. Bogotá, Librería Voluntad, 1941. • TRIGO, Felipe (1911). *Jarrapellejos*. Madrid, Espasa Calpe, 1991.

V

❸ vecindad (pl. vecindades)
español México, sustantivo femenino

Definiciones

vecindad: *Vecindad; cercanía* (*Oudin 1675*).

vecindad: *Vecindad, cercanía. // vecindad, relaciones, relaciones entre los vecinos* (*Salvá 1882*).

vecindad: *Vecindad; vive en la vecindad. // población, habitantes m. pl. (de un barrio), vecinos m. pl. (de una casa) // semejanza // casa de vecindad* (*Garcia-Pelayo & Testas 1998*).

vecindad: *s.f. El conjunto, ù número de vecinos de un Pueblo, ò barrio. Es del Latino Vicinitas. SOLIS. Hist. de Nuev. Esp. lib. 5 cap. 15. Distaba de allí poco mas de media legua la Ciudad de Tacuba, émula de Tezcuco en la grandeza, y en la vecindád [...]. Vecindad significa tambien la razon de vecino en un Pueblo, por la habitación, ù domicilio en el tiempo determinado por la ley [...]. Vecindad significa asimismo cercanía, ò proximidad de una cosa à otra. Dicese especialmente de las casas, ò quartos de habitación* (*Real Academia Española 1739:428*).

vecindad: *Calidad de vecino // Conjunto de las personas que viven en los distintos cuartos de una misma* *casa o en varias inmediatas las unas de las otras* (*Real Academia Española 1899).

casa de vecindad: *La que contiene muchos cuartos reducidos, por lo común con acceso a patios y corredores en que viven distintas familias poco acomodadas* (*Diccionario enciclopédico de la lengua castellana 1955).

vecindad: *El patio de vecindad español se hizo vecindad a secas en Méjico y se quedó en patio en Veracruz. Patio. En Veracruz, principalmente en el Puerto, vecindad o casa de vecindad: conjunto de viviendas o casas de alquiler, con servicios comunes, y entre éstos, la entrada y un patio interior* (*Corominas 1978).

vecindad: *Conjunto de viviendas populares con patio común que suele ser una antigua casa adaptada a tal efecto* (*Gran diccionario de la lengua española 1996).

VECINDAD, TAL COMO SE UTILIZA EN EL ESPAÑOL actual, designa a la vez la proximidad espacial y el conjunto de vecinos que habitan dicho espacio. Pero también designa la población legalmente domiciliada en una localidad, los habitantes. Estos matices humanos y territoriales explican la larga lista de acepciones que daba el primer diccionario académico (*Real Academia Española 1739, 6) sin realmente distinguirlas. Hace mucho tiempo, los *vecinos* eran indistintamente los habitantes de un lugar, o mejor dicho los miembros de una comunidad de población y los vecinos. En las definiciones de la *casa de vecindad* de los diccionarios de España, se insiste en la agrupación de numerosas viviendas pequeñas (o de simples piezas) dentro de un edificio, en la pobreza de sus ocupantes, en la concentración de dichas viviendas a lo largo de un corredor común o alrededor de un patio con una puerta que cierra la *vecindad* hacia la calle. Los habitantes tienen así relaciones de vecindad, incluso, de promiscuidad. Si bien la realidad descripta de este modo se identifica muy bien en Francia con la palabra *courée* y en el cono sur de América, con *conventillo*, el término acortado de *vecindad* (y ya no de *casa de vecindad*) es indiscutiblemente mexicano y empleado particularmente en la ciudad de México. En general, podríamos dedicarle comentarios importantes a este grupo lexical en español y a los matices que aporta a una ciudadanía local, hecha de derechos y de deberes, pero nos limitaremos aquí a analizar la *vecindad* mexicana, a la vez resultado y síntesis de toda una evolución, a partir del *patio* o de la *casa de vecindad*.

El escritor naturalista, periodista y político Federico Gamboa incluyó una descripción en *Suprema Ley*, uno de sus grandes libros: "Era hijo adúltero de un artesano borracho [...] creció en una casa de vecindad de los arrabales y no aprendió a leer; en cambio, desde muy chico supo cuanta picardía moral, material, pensada o hablada flota en los bajos fondos de las grandes sociedades. Su madre no le hacía mucho caso, dejabalo crecer a su antojo, llenarse de barro y suciedades [...] que componían el jardín exterior de la vivienda" (Gamboa [1896] 1965:279). Una muy estrecha relación entre interior y exterior caracterizaba este tipo de vivienda, que surgió en México en forma correlativa al nacimiento de las *colonias* a fines del siglo 19. Las clases acomodadas abandonaban el antiguo casco, antaño la parte "noble" de la ciudad, y los edificios deshabitados servían tanto de depósitos (ya que la función comercial del centro se afianzaba con el alza de los negocios de una ciudad en crecimiento), como de viviendas pobres al subdividirse y alquilarse como viviendas de un o dos ambientes. Se crearon entonces nuevas edificaciones sobre el mismo modelo y para el mismo público humilde, al compás del crecimiento de la demanda en el corazón mismo del viejo centro o en su periferia, a merced de las disponibilidades inmobiliarias.

A principios del siglo 20, el modelo estaba bien constituido y ya no era necesario mencionar *casa de…* para especificar que se trataba de un conjunto habitacional. Mariano Azuela, escritor de la revolución mexicana de 1910 y de la línea realista de Gamboa, evocaba a un habitante de la *vecindad* en los siguientes términos: "Otro de los miembros de la banda [...], escrofuloso, degenerado, de fama deplorable, que sin la protección del Tejón sería algo así como una pila de agua bendita, no en la vecindad, sino en el barrio entero" (Azuela [1932] 1991:163). Este tipo de alojamiento se perpetuó en la medida en que los precios de los alquileres se congelaron en México y, más tarde, se depreciaron, sobre todo a partir de la inflación de la década de 1940. Los propietarios dejaron de mejorar o de mantener las viviendas y los inquilinos sufrían incomodidades cada vez mayores a cambio de un alquiler muy bajo. A menudo, trataban de sacar provecho de su situación subalquilando a mejor precio la totalidad o una parte de su vivienda. La ciudad de México alojaba en forma permanente parte de sus habitantes pobres en *vecindad* en el corazón de la ciudad o cerca de las actividades que originaban perjuicios, como el mercado mayorista de alimentos (la Merced) o los talleres cercanos a la estación de tren (Tlatelolco). La única que escapaba a esta situación era la parte céntrica que se transformaba en zona de tiendas, servicios y oficinas de alto nivel, en el eje de los nuevos y bellos barrios.

El mantenimiento sostenible de las *vecindades* en el corazón de México se explicaba por la importancia de los viejos barrios, poco codiciados para nuevas actividades. Debido también a la partida precoz de las clases adineradas, y por último, gracias a la fuerza organizada en corporaciones en esta capital política, los estratos sociales pobres se vieron beneficiados con los alquileres congelados. Las *vecindades* terminaron en los antiguos núcleos urbanos, ellos también deteriorados, incorporados poco a poco en el tejido de la zona urbanizada de la capital (Tacuba, Atzcapotzalco). En las provincias, uno también encontraba la *vecindad* en la zona céntrica de las ciudades, en proporción a la importancia del tejido urbano antiguo (Puebla y Veracruz) y de menor manera en zonas donde la partida de las clases adineradas fue tardía (Guadalajara), y en zonas cuyo casco antiguo era pequeño y el crecimiento urbano muy fuerte (Monterrey). En efecto, la otra solución para alojar a la gente humilde, de creciente popularidad a partir de la década de 1960, fue la *colonia* periférica, llamada *proletaria* o *irregular*. En una de las novelas de la saga que el periodista y novelista Arturo Azuela dedicó al barrio popular de Santa María de Ribera, el autor evocó un itinerario residencial típico: "ayer mismo Aliba insistía en que por fin iba a realizar su sueño dorado [...] que le habían ofrecido un jugoso contrato y su padrastro estaba feliz por esa maravillosa oportunidad ya que muy pronto dejarían la vecindad para vivir en la colonia Vértiz-Navarte" (Azuela 1983:284).

En la mayoría de los casos, la *vecindad* agrupa las viviendas alrededor de un *patio*, estructura tradicional reutilizada, en el que se encuentra instalado el lavadero comunitario. A menudo, cerca de la puerta que da a la calle, en el paso de todos, se encuentra el altar dedicado a la Virgen de Guadalupe. Las viviendas de un ambiente o dos incluyen una pequeña cocina. El *cuarto redondo* consta a menudo de un *tapanco* donde se duerme, sobre todo cuando la vecindad ocupa una casa antigua de calidad. El amontonamiento en una vivienda estrecha es acompañado, especialmente en los años 1940-1960, de un elevado porcentaje de hombres y de un gran número de nuevos inmigrantes que se dirigen a la ciudad: la incomodidad y la promiscuidad se ven compensados por el reducido costo de la vivienda, y la proximidad de los servicios y de las fuentes de empleo.

La supervivencia de las *vecindades*, a pesar de la vetustez, la incomodidad y la superpoblación, se debió hasta la década de 1970 a un mejor acceso al agua, a la electricidad, a los comercios, servicios, iglesias y cines que las *colonias proletarias* periféricas no ofrecían. Más recientemente, sobre todo, para los comerciantes o artesanos informales, la posibilidad de disponer de depósitos o de talleres contiguos a la vivienda motivaba la permanencia en el lugar: tras el terremoto de 1985 en México, habitantes de *vecindades* derrumbadas obtuvieron, gracias a sus asociaciones apoyadas por diversas ONG, realojarse en el mismo lugar, en edificaciones que reconstituían el *patio* común e incluían depósitos, pero más modernas y más amplias.

En la literatura urbanística, el tema de las *colonias* pobres periféricas se estudió con más profundidad que el de la *vecindad*, ya que ésta es también una forma urbana y residencial cuya relativa importancia disminuyó en gran medida, incluso porque muchas de ellas se destruyeron durante la modernización de barrios céntricos. En los años 1940-1960, época en la que no se realizaban muchos estudios de urbanismo en México, el interés por las *vecindades* provino de los historiadores de arte, deseosos de preservar monumentos reducidos a *vecindades* y sobrepoblados, o bien de antropólogos, como Enrique Valencia (1965) u Oscar Lewis. Este último presentó tres casos de familias humildes urbanas que vivían en *vecindades* (1959), y más tarde se convirtió en un famoso escritor gracias al libro *The Children of Sánchez* (1961), en el que ponía en escena los modos de vida de una *vecindad*. La traducción de este libro en español por parte de la editorial pública Fondo de Cultura Económica (1964) se convirtió en un escándalo para la clase política mexicana, que fue denunciado por la Sociedad Mexicana de Geografía y de Estadística: la pobreza era una huella del pasado en el campo o una situación de menor importancia en la periferia urbana, pero en el corazón de la capital, atentaba contra el honor de la nación.

Claude Bataillon

Véase: bairro (p), barrio (e), casa (e)

Referencias

AZUELA, Arturo. *La casa de las mil vírgenes*, México, Argos Vergara, 1983. • AZUELA, Mariano (1932). *Los de Abajo. La luciérnaga y otros textos*. Caracas, Biblioteca Ayacucho, 1991. • GAMBOA, Federico (1896). *Suprema Ley*. México, Francisco Monterde, 1965. • LEWIS, Oscar. *Five Families: mexican case studies in the culture of poverty*. New York, Basic Books, 1959. • LEWIS, Oscar. *Los hijos de Sánchez: autobiografía de una familia mexicana*. México, Fondo de Cultura Económica, 1964. • LEWIS, Oscar. *The Children of Sánchez: Autobiography of a mexican family*. New York, Random House, 1961. • REAL ACADEMIA ESPAÑOLA. *Corpus diacrónico del español* (Corde) <www.rae.es>. • VALENCIA, Enrique.

La Merced, estudio ecológico y social de una zona de la Ciudad de México. Serie Investigaciones n. 11. México, Instituto Nacional de Antropología e Historia, 1965.

Ⓟ vila (ant. villa) (pl. vilas)
português Portugal e Brasil, substantivo feminino

Definições

villa: *povoação aberta, ou cercada, que nem chega a Cidade, nem he tão pequena como Aldea. Tem Juiz, & Senado da Camera, & seu pelourinho. Nisso se differença de Julgado, que o não tem* (*Bluteau 1721, 8:489).

vila: *Villa, s.f. Número de casas campestres, &c.* (*Sá 1794)

vila: *Villa, s.f. bourg, petite ville. Maison de campagne. (p. us.) Moça da –, villageoise, paysanne* (*Roquette 1921).

vila: *o mesmo que bairro* (*Silva, Moreno, Cardoso Junior & Machado 1949-1959).

vila: *vila1. 1. Povoação de categoria superior à de aldeia ou arraial e inferior à de cidade. 2. Os habitantes da vila (1). 3. Conjunto de pequenas habitações independentes, em geral idênticas, e dispostas de modo que formem rua ou praça interior, por via de regra sem caráter de logradouro público; avenida 4. Bras. Qualquer conjunto de casas que tenha características análogas às da vila (3). vila2. (it. villa). 1. Casa ou habitação nas cercanias das cidades italianas. 2. Casa de habitação, em geral com um certo requinte, cercada de jardim. 3. p. ext. Vila (2) de recreio, na cidade ou em seus arredores* (*Ferreira 1986).

vila: *Vila. Da mesma forma que cidade, trata-se de um título oficial, mas este é atribuído geralmente a aglomerações de menor importância. Tem a mesma origem medieval, e o mesmo aspecto puramente honorífico e inalienável; como cidade, o termo vila é mantido pela força do código administrativo em vigor. No que diz respeito ao critério contemporâneo de atribuição, ele é ainda mais vago e impreciso que no caso de cidade, e por conseguinte observa-*

-se a mesma heterogeneidade na categoria, que reúne, grosso modo, desde grandes organismos peri-urbanos até povoados semi-rurais cujo dinamismo tanto pode ser real, como uma mera reminiscência de um passado longínquo. Traduzir este termo por ville *ou mesmo por* bourg *poderia assim se revelar totalmente inadequado (Guichard 1992).*

NO VERBETE VILLA DO *VOCABULARIO PORTUGUEZ E latino* de Bluteau (*1721, 8), lê-se: "numas escrituras de Portugal feitas em Latim a palavra *Villa* não significa a povoação, que chamamos villa, mas segundo o significado Latino significa *Quinta*, ou cousa semelhante". Tal definição evoca uma transformação semântica que teve lugar durante a Reconquista do território português pelos reis católicos (séculos 11-13): foi neste período que a palavra *villa* se afastou do seu sentido original – uma fazenda, uma "quinta" ou uma reunião de habitações no interior de uma propriedade rural. No que se refere à última acepção, o termo passaria a ser substituído por *aldeia* ou *aldea*, palavra herdada do árabe.

O dicionário de Viterbo (*[1798] 1994) indica o novo significado que se atribuía ao termo *villa* em finais do século 12: "Desde o tempo d'El Rey D. Affonso III se começou a chamar villa um lugar grande ou cabeça de concelho, na qual se decidiam as causas na primeira instancia e hoje é o que em Portugal dizemos Villa". Com efeito, no século 13, as palavras *villa* e *cidade* designavam as cabeças de *concelhos* – mais tarde chamados *municípios* –, que eram circunscrições dotadas de autonomia judiciária de primeira instância e administradas por uma câmara de homens-bons. Os concelhos constituíam as unidades de base da organização politico-territorial portuguesa, que foi estabelecida a fim de favorecer o repovoamento das terras do reino e de estabilizar suas fronteiras (Coelho & Magalhães 1986; Andrade 2001). Desta maneira, os termos *villa* e *cidade* adquiriram uma forte conotação política, designando as povoações que exerciam seu poder sobre um território circundante.

Como o título de *villa* foi concedido à maioria das sedes de *concelhos*, estas duas palavras tornaram-se praticamente intercambiáveis: em documentos do antigo regime português, encontram-se diversas localidades referidas por "Villa" ou "Concelho de...". De fato, criar um novo *concelho* era o mesmo que *erigir em villa* um *lugar* ou uma *aldeia*. Ao se conferir o título de *villa* a uma povoação, esta era emancipada, desmembrada do *concelho* ao qual pertencia, e passava a ter o direito de possuir sua própria câmara e de exercer sua jurisdição num território determinado – ou seja, a povoação se tornava cabeça de um novo *concelho*. Além disso, no mundo português, algumas *villas* exerciam também a função prestigiosa de sede de comarca (circunscrição judiciária), e de local de residência do ouvidor: estas eram as *villas cabeças de comarca*.

No entanto, em Portugal continental existiam casos em que esta correspondência entre *villa* e *concelho* não se verificava. Por um lado, o título de *villa* podia ser concedido a povoações que não eram *cabeças de concelhos*, e que por vezes situavam-se em terras senhoriais (*coutos* e *honras*); por outro lado, diversos topônimos compostos com a palavra *villa* designavam localidades que nunca tinham recebido tal título (Azevedo 1918-1919). Lembremos, por fim, que nos concelhos rurais mais modestos (cujo território coincidia frequentemente com os limites da freguesia), a sede podia permanecer como uma *aldeia* ou *lugar* (Monteiro 1996:36).

No ultramar não existia a mesma variedade de situações. Durante o antigo regime, as povoações da América portuguesa estavam classificadas en função da existência ou da ausência da autonomia judiciária e administrativa: no primeiro caso, eram *villas* ou *cidades*; no segundo, eram *lugares* ou *arraiais* – já que a palavra aldeia adquiriu na colônia uma conotação étnica particular, ou seja, de um agrupamento de índios. Deste modo, todos os concelhos da América portuguesa tinham por sede uma *villa*, ou, mais excepcionalmente, uma *cidade* – categoria situada no topo da hierarquia das designações urbanas (Fonseca 2003).

O estatuto jurídico e a função administrativa permaneceram durante muito tempo como critérios preponderantes para a classificação das localidades portuguesas. O artigo de Bluteau (*1721, 8) demonstra que, ao contrário do que ocorria com a palavra francesa *ville* no mesmo período (Lepetit 1979), a presença de muralhas não bastava para definir uma *villa*. Esta é uma "povoação aberta, ou cercada, que nem chega a Cidade, nem he tão pequena como Aldea. Tem Juiz, & Senado da Camera, & seu pelourinho" (*Bluteau 1721, 8:489).

Em alguns dicionários dos séculos 18 e 19, a definição das designações urbanas baseia-se em comparações: assim, a *villa* é uma povoação de menor "graduação" ou de uma "categoria" inferior à de cidade, e superior à de aldeia (*Silva 1789; *Aulete & Valente 1881, 2). No século 18, a questão do tamanho das povoações começava a adquirir importância: segundo Bluteau, a villa "nem chega a Cidade, nem he tão pequena como Aldea" (*Bluteau 1721, 8). Algumas definições mostram, por outro lado, que *villa* podia designar localidades que eram, na realidade, muito pouco urbanas: "villa, Numero de casas de gente do campo" (*Fonseca 1771); "Moça, ou pessoa da villa, i. e., pouco polida e urbana" (*Silva 1789); "cabeça de *concelho* ou *município* rural (*Aulete & Valente 1881, 2).

No início do século 19, outros eruditos observavam, de fato, que os títulos das povoções portuguesas não refletiam forçosamente seu "grau de urbanidade", nem sua importância demográfica e econômica. Segundo um geógrafo francês que se interessou pela topografia e pelas divisões do Reino, a villa "tem geralmente uma população menor que a cidade, embora existam várias que possuem um número mais considerável de habitantes, como Setúbal, Santarém, Guimarães etc." (Balbi 1822, 2:163-166). Foi sem dúvida por isso que o autor se mostrou hesitante ao escolher a palavra francesa que melhor corresponderia à villa: *ville* ou *grand bourg*? Deve-se lembrar, entretanto, que as localidades citadas por Balbi faziam parte de uma categoria particular, as chamadas *villas notáveis*. Este título também era atribuído por decisão régia, e foi condedido a um número bastante reduzido de povoações em Portugal continental, levando-se em conta principalmente o número e a "qualidade" dos seus habitantes (Hespanha 1994).

Na mesma época, outro francês comparava os léxicos português e francês e os confrontava à realidade dos objetos urbanos da região Centro-Sul do Brasil. Em seu relato, o viajante Auguste de Saint-Hilaire criticou a falta de coerência das autoridades, que podiam atribuir o título de *villa* a "uma reunião miserável de 22 casas" na província de São Paulo, ao mesmo tempo que recusavam este privilégio a determinados *villages* e *bourgades* (arraiais) de Minas Gerais que eram populosos e dinâmicos do ponto de vista comercial (Saint-Hilaire 1830, 2:408-409).

No decorrer do século 19, algumas destas disparidades foram corrigidas por reformas administrativas realizadas em Portugal, e também no Brasil. Nestes dois territórios, a atribuição dos títulos de *villa* e *cidade* – e portanto da autonomia municipal – passou a depender essencialmente do desenvolvimento demográfico e econômico das povoações (Azevedo 1915-1916).

Nota-se, porém, que as tendências gerais das duas reformas foram opostas. Em Portugal, o número de *concelhos* foi reduzido de maneira drástica, pois a maioria deles era pouco desenvolvida e não tinha recursos suficientes para arcar com as despesas municipais (Oliveira 1996). No Brasil, pelo contrário, cresceu consideravelmente o número de *municípios* (termo que substituiu pouco a pouco *concelho*) e, por conseguinte, também registrou-se um grande aumento do número de *villas* e de *cidades*. Em 1828, a única – e importante – diferença entre os dois títulos era o número de vereadores de que se compunham as câmaras municipais: as das *cidades* tinham nove membros, enquanto que as das *villas* reuniam apenas sete (*Regimento das câmaras municipais…* [1828] 1844).

Até então, a evolução semântica da palavra *villa* tinha seguido trajetórias paralelas no Velho e no Novo Mundo: foi nas primeiras décadas do século 20 que elas começaram a divergir. No Brasil, uma lei de 1938 determinava que todas as sedes de municípios ascenderiam à categoria de *cidade*, e que o termo *villa* passaria designar oficialmente as sedes dos *distritos* (subdivisões do *município*). Segundo tal legislação, "o districto se designará pelo nome da respectiva sede, a qual, enquanto não for erigida em cidade, terá a categoria de villa" – ou seja, a povoação-sede seria chamada de *villa* enquanto o *distrito* não fosse emancipado para se transformar em um município autônomo (*Decreto-lei n.311...* 1938). No entanto, a palavra *villa* seria cada vez menos utilizada fora dos textos oficiais e técnicos; deve-se notar, a propósito, que esta acepção administrativa não figura em vários dicionários recentes.

De fato, em várias regiões brasileiras, a palavra *vila* (a reforma ortográfica de 1943 tirou-lhe um "l"), enquanto termo classificatório, praticamente desapareceu da linguagem coloquial – a não ser na forma de diminutivos como *vilarejo* e *vilório* (ou *vilória*), que ainda servem para designar (por vezes de forma pejorativa) localidades de tamanho ainda mais reduzido do que aquelas a que chamamos *cidades do interior*, ou simplesmente *cidadezinhas* (sinônimos das palavras *povoado* e *povoação*). Em Portugal, pelo contrário, os significados da palavra *vila* não se alteraram: o termo continua a ser utilizado para designar uma "povoação sede de um concelho que não é cidade" (**Grande enciclopédia portuguesa e brasileira* c.1950, 35:337), ou um "aglomerado populacional de importância inferior à da cidade e superior à da aldeia" (*Casteleiro 2001).

Nas últimas décadas do século 19, o termo *vila* adquiriu outras conotações. Por um lado, numa acepção que não pertence exclusivamente ao mundo lusófono, o termo recuperou um sentido próximo ao significado latino original, passando a designar não exatamente uma "casa rural", mas uma habitação burguesa, situada "na cidade ou em seus arredores", e construída "em geral com um certo requinte, cercada de jardim" (*Ferreira 1986). No Brasil, foi no final do século que surgiram estas residências amplas e elegantes, às vezes chamadas de "palacetes". Em geral projetadas por construtores italianos, elas exibiam na fachada a inscrição "Villa", frequentemente seguida do nome da esposa do proprietário. No Rio e em São Paulo, este uso observou-se a partir dos anos 1870; em cidades como Belo Horizonte, ele prolongou-se pelo menos até os anos 1930.

Por outro lado, a palavra *vila* assumiu um significado semelhante ao do termo *bairro*. No Brasil, já na década de 1870, diversos loteamentos burgueses criados na periferia do Rio de Janeiro e de São Paulo receberam o nome de "villa" (Villa Isabel, Villa Buarque) – ao mesmo tempo em que se passava a chamar de *villa* às belas casas com terrenos ajardinados. Mas, a partir da década de 1890, o termo foi adotado pelos construtores de loteamentos populares – ao mesmo tempo em que, seguindo os princípios higienistas, eram erguidas as primeiras *villas operárias*, que se compunham de pequenos grupos de casinhas idênticas. Desta maneira, a palavra *villa* começou a ser associada às habitações populares das cidades brasileiras (Pereira 2002:271-275), tendência que se acentuou com o tempo. Com efeito, a partir dos anos 1970, muitos *conjuntos habitacionais* criados pelos poderes públicos receberam um topônimo composto com a palavra "vila".

Em Portugal, ao que tudo indica, o termo também podia designar um tipo de habitação popular no início do século 20. Em 1916, um membro da Academia das Ciências de Lisboa notava que "o que nós chamamos páteo em Lisboa e ilha no

Porto e mais modernamente vila" (Azevedo 1915-1916:932), podia ser traduzido pela palavra francesa *cité*, a qual designava, segundo a definição do dicionário de Bachelet, citada pelo autor, "uma reunião de casas que compartilham passagens e pátios, além de terem o mesmo porteiro ou zelador, e de apresentarem uma numeração específica" (Azevedo 1915-1916). De fato, os *pátios* e *ilhas* eram grupos de pequenas casas de aluguel dispostas em torno de um pequeno pátio ou de uma ruela privativa, que comunicava com as vias públicas. Mas, ao contrário das *villas* populares brasileiras que eram então criadas, na Lisboa do início do século 20 estes alojamentos eram em geral muito antigos (alguns datavam dos séculos 16-18) e insalubres.

Nos anos 1930, o uso do termo *villa* para designar estas habitações pobres e malsãs foi considerado como "abusivo" pelo etnólogo português Leite de Vasconcelos, que constatava que os moradores continuavam a chamá-las de *pátios*. Segundo ele, o uso da designação *villa* resultava da "fafarronice" dos proprietários, já que "*vila*, no uso actual, de origem italiana, que se quis aqui adoptar, tem o sentido de casa avulsa, independente, e cercada de quintalório ou jardim" (Vasconcelos 1936, 2:320-326). Percebe-se que o autor conhecia a acepção "burguesa" da palavra *villa*, mas ignorava que ela também podia ser utilizada para se referir a habitações populares – embora vários conjuntos de casas desta categoria estivessem então sendo erguidos no país, especialmente em Lisboa, no bairro da Graça. De fato, o uso da palavra *villa* no sentido de "vila operária" não era ainda corrente em Portugal, pois os novos conjuntos, construídos segundo os principios higienistas, eram ali designados pela expressão *bairro social*.

Hoje em dia, a palavra *vila* é utilizada em algumas cidades do Brasil para designar um outro tipo de habitação urbana precária, e frequentemente insalubre: a *favela*. Em Belo Horizonte, a Vila Aparecida e a Vila Fátima surgiram durante as primeiras décadas do século 20, nas encostas ainda cobertas de mata da Serra do Curral (Guimarães & Reis 1999). No princípio, tratava-se de simples barracos, acessíveis por estradas de terra. É difícil determinar com certeza se a adoção da palavra *vila* remete para a ideia de um bairro popular, ou se devemos associá-la à imagem dos "vilarejos" de onde vieram os primeiros habitantes – lembre-se que, nos anos 1940 e 1950, a palavra *vila* era ainda corrente para designar as povoações brasileiras que tinham um caráter mais rural que urbano. Um inventário estabelecido no final dos anos 1990 pela prefeitura municipal de Belo Horizonte, e intitulado "Relações de Vilas/Favelas…" (URBEL 1999 apud Ramos & Venâncio 2002), mostra que *vila* tournou-se de fato um sinônimo de *favela*. Assim, a maioria dos topônimos que contêm o termo designam "vilas/favelas" (Vila Joana D'Arc, Vila Formosa, Vilinha Independência), enquanto que apenas um *conjunto habitacional* foi batizado com um nome similar (a Villarégia).

Portanto, na maior parte das grandes cidades brasileiras, o termo parece estar hoje fortemente associado ao habitat precário e "espontâneo" das favelas e, em menor medida, aos conjuntos habitacionais construídos nos anos 1960-1980 pelo poder público para abrigar as populações mais pobres – que são, aliás, muitas vezes constituídas de ex-favelados. Por esta razão, na lista mencionada acima, a palavra *vila* está totalmente ausente dos nomes – oficiais ou populares – dados aos empreendimentos mais recentes, os quais foram considerados como "verdadeiros" bairros pelo órgão municipal.

Cláudia Damasceno Fonseca

Ver: avenida (p), bairro (p), beco (p), casa (p), ciudad (e), conjunto (p), cortiço (p), favela (p), jardim (p), loteamento (p), pátio (p), povoação (p), villa (e)

Referências
ANDRADE, Amélia Aguiar. *A construção medieval do território*. Lisboa. Livros Horizonte, 2001. • AZEVEDO, Pedro de. As cartas de criação de cidades concedidas a povoações portuguesas. *Boletim da Segunda Classe, Academia das Sciencias de Lisboa*, vol. 10, 1915-1916, p. 930-971. • AZEVEDO, Pedro de. Cartas de vila, de mudança de nome e do título de notável das povoações da Estremadura. *Boletim da Segunda Classe, Academia das Sciencias de Lisboa*, vol. 13, 1918-1919, p. 1067-1150. • BALBI, Adrien. *Essai statistique sur le royaume de Portugal et d'Algarve, comparé aux autres états de l'Europe*. T. 2. Paris, Rey et Gravier, 1822. • COELHO, Maria Helena; MAGALHÃES, Joaquim Romero. *O poder concelhio. Das origens às cortes constituintes*. Coimbra, CEFA, 1986. • FONSECA, Cláudia Damasceno. *Des terres au villes de l'or. Pouvoirs et territoires urbains au Minas Gerais (Brésil, XVIIIe siècle)*. Paris, Publications du Centre Culturel Calouste Gulbenkian, 2003. • *Decreto-lei n. 311 de 2 de março de 1938*. Brasília, Subsecretaria de Informações do Senado Federal <http://legis.senado.gov.br/legislacao/ListaPublicacoes.action?id=32235>. • GUICHARD, François. *Porto, la ville dans sa région. Contribution à l'étude de l'organisation de l'espace dans le Portugal du Nord*. Paris, Fondation Calouste Gulbenkian, 1992. • GUIMARÃES, Paula; REIS, Taís Wohlmuth. *Caracterização do aglomerado da serra*. Belo Horizonte, Departamento de Comunicação Social FAFICH UFMG, 1999 [relatório de pesquisa, como parte do programa "Imagens do Brasil. Modos de ver, modos de conviver"]. • HESPANHA, Antônio Manuel. *As vésperas do Leviathan. Instituições e poder político. Portugal séc. XVII*. Coimbra, Almedina, 1994. • LEPETIT, Bernard. L'évolution de la notion de ville d'après les tableaux et descriptions géographiques de la France (1650-1850). *Urbi*, n. 2, p. XCIX-CVII, 1979. • MONTEIRO, Nuno Gonçalo. A sociedade local e seus protagonistas. In OLIVEIRA, César (Org.). *História dos municí-*

pios e do poder local. Lisboa, Círculo de Leitores, 1996, p. 29-77. •
OLIVEIRA, César (Org.). *História dos municípios e do poder local.*
Lisboa, Círculo de Leitores, 1996. • PEREIRA, Margareth da
Silva. Le temps des mots. Le lexique de la ségrégation à São Paulo
dans les discours de ses réformateurs (1890-1930). In TOPALOV,
Christian (Org.). *Les divisions de la ville.* Paris, Éditions Unesco/
Editions de la Maison des Sciences de l'Homme, 2002, p. 255-
290. • *Regimento das câmaras municipais do Império do Brasil, lei
do 1º de outubro de 1828, aumentada com todas as leis [...].* Rio de
Janeiro, Eduardo e Henrique Laemmert, 1844. • SAINT-HILAIRE,
Auguste de. *Voyages dans l'intérieur du Brésil.* Première partie.
Voyage dans les provinces de Rio de Janeiro et Minas Gerais. 2
volumes. Paris, Grimbert et Dorez Librairies, 1830. • URBEL.
Relação de vilas/favelas, conjuntos habitacionais populares e aglomerados do município de Belo Horizonte. Belo Horizonte, 1999 [datilografado]. • RAMOS, Jânia Martins; VENÂNCIO, Renato Pinto.
Topônimos mineiros. Uma fonte para a história social da língua
portuguesa. in DUARTE, Maria Eugênia Lamoglia; CALLOU,
Dinah (Org.). *Para a história do português brasileiro.* Vol. 4. Rio de
Janeiro, Editora UFRJ, 2002, p. 113-123. • VASCONCELOS, José
Leite de. *Etnografia portuguesa. Tentame de sistematização.* Volume
2. Lisboa, Imprensa Nacional, 1936.

E villa (pl. villas)

español España y Argentina, sustantivo femenino

Definiciones

villa: *f. En su significacion rigurosa, es la Quinta, ò Casa de campo, donde se suele tener la labranza; pero en este sentido no tiene uso, y es voz puramente Latina, que significa lo mismo. [...] Se llama oy la poblacion, que tiene algunos privilegios, con que se distingue de la Aldea, como vecindad, y jurisdiccion separada de la Ciudad. Lat. Oppidum. [...] Se toma tambien por el cuerpo de los Regidores, y Justicias, que le gobiernan. Lat.* Concilim oppidarum *(*Real Academia Española 1739:487).*

villa: *(del latín villa) casa de recreo situada aisladamente en el campo (*Real Academia Española 1899).*

villa de emergencia: *Barrio de viviendas precarias. Obs.: Eufemismo villa miseria. [...] // Barrio de viviendas precarias [E.: chabolas] (*Haensch & Werner 1993).*

EN EL PRIMER DICCIONARIO DE LENGUA CASTEllana, *villa* reconoce dos acepciones. Se define como establecimiento rural donde se desarrollan actividades agrarias – ya arcaica en el español del siglo 13 –; y como núcleo urbano en referencia a su dimensión política – población y autoridades. Estas definiciones estuvieron vinculadas, pues, según varios autores, en las *villas* – entendidas como unidades productivas de la antigua Roma – se podrían identificar los orígenes de los núcleos urbanos europeos así como de las palabras que los designan – como *villa* y *ville* en francés (Barcia 1902; *Corominas & Pascual 1983).

Con respecto a los alcances de *villa* en tanto unidad productiva rural, es difícil precisar si en su origen el término latino designaba el terreno, el conjunto de la propiedad o los edificios que la componían tales como la residencia del propietario (*villa urbana*), de los campesinos (*villa rustica*), o los depósitos (*villa fructuaria*) (Ackerman 1990). No obstante, la secuencia de diccionarios muestra que la clave residió en sus características de establecimiento autónomo de donde pasó a ser desde 1889 "casa de recreo situada aisladamente en el campo" (*Real Academia Española 1992). Con respecto a *villa* como recinto urbano, si bien fue sinónimo de *cibdat*, en castellano designa una población de menor importancia (*Corominas & Pascual 1983) como se manifiesta en el contexto de las Leyes de Indias de 1573, normativas del Imperio español para la organización del continente americano, donde se estableció una jerarquía creciente entre "ciudad", *villa* y "lugar", según los territorios que controlaban y la jerarquía de sus autoridades políticas y administrativas.

A fines del siglo 19, ese doble alcance de la palabra *villa* – que geográficamente remite a las "cabeceras de partido" (Latzina 1889:674-675) y a las casas arboladas del campo o suburbio – se suma una tercera acepción – próxima a barrio – que se imprime en las toponimias de los nuevos sectores urbanizados de la periferia (Sarmiento 1867). Aunque no está claro cómo se operó el desplazamiento del término, seguramente los nuevos loteos fueron visualizados como pequeños pueblos alejados del centro. Este registro fue también utilizado en otros países latinoamericanos, como Chile y en Brasil, donde coexiste con *vila opéraria* y con *vila-jardim*.

En Buenos Aires, las villas fueron utilizadas como sinónimo de barrio en el Censo de 1887 y en los inicios del siglo, Jules Huret, caracterizó en su ensayo el proceso que les dio origen: "Le terrain vendu aux enchères, acheté par des ouvriers qui le paieront mensuellement, sera couvert avant six mois de maisons en construction. Ainsi se formèrent depuis quinze ans la plupart de quartiers de Buenos Aires, les villas Malcom, Villa Santa Rita [...] Dans ces quartiers eloignés, les rues, très larges, sont peu animés. On y peut encore rencontrer les laitiers à béret basques qui trainent leus vaches" (Huret 1913:53). Dos décadas después esos sectores eran observados críticamente por el periodismo: "Vaya por *villa* Ortúzar, por *Villa* del Parque (todo barrial y nada de parque), por *Villa* Luro [...] Calles y calles sin adoquinar [...]. La municipalidad o el gobierno o el diablo se olvidaron que en esas calles viven cristianos" (Arlt 1933:125).

Por extensión, en 1931 *villa desocupación* fue la designación recibida por las casillas cercanas a Puerto Nuevo habitadas por obreros portuarios despedidos en el contexto de la crisis de los años 1930 (Valle 1966). Y sobre esa base, fue acuñada la expresión *villa miseria*, que refiere a los conjuntos de viviendas de materiales perecederos, sin equipamientos ni regularidad, ubicados sobre terrenos baldíos urbanos, ocupados ilegalmente por los migrantes internos que se instalaron masivamente en la ciudad desde mediados del siglo 20. La denominación popular fue consagrada por la literatura, en particular por *Villa Miseria también es América* (Verbitsky 1957) y el poema "Villa Amargura", donde se describe su paisaje: "Villas, villas miseria, increíbles y oscuras, donde sopló el olvido sobre la última lámpara, Villa Jardín, Villa Cartón, Villa Basura // barrios de un Buenos Aires, ignorado en la guía para el turismo; barrios sin árboles, de ahumados horizontes, sin ayer, sin ventana // Atroces ciudades sucias y derramadas, de viviendas como hongos; latones, bolsas y zanjas hundidas por las lluvias, mordidas por los vientos" (González Tuñón 1957:53).

Durante las primeras décadas del siglo, en la dinámica de formación de los sectores periféricos de Buenos Aires – común a la expansión de otras ciudades latinoamericanas – la municipalidad organizó paulatinamente los loteos especulativos y las construcciones individuales, mediante la provisión con infraestructuras y servicios que transforman esas *villas* en barrios consolidados. La intervención estatal perdió peso en el escenario histórico de la segunda posguerra en tanto las *villas miserias* – ocupación espontánea de nuevos pobladores que la pensaron como situación transitoria – evolucionó en residencia permanente y por lo tanto en objeto de proyectos públicos y estudios académicos centrados en temas habitacionales urbanos. Este término aparece en las propuestas oficiales, como el "Plan de erradicación de villas miseria de la Comisión Nacional de la Vivienda" (1956) y el "Plan piloto para la erradicación de villas de emergencia" (1966), donde la acepción popular *villa miseria* fue sustituida por el eufemismo *villa de emergencia*. En el "Plan de erradicación de las viviendas de emergencia de la capital y Gran Buenos Aires" (PEVE 1968) se sustituye el término de *villa* por *vivienda*, aunque las diferentes denominaciones coexisten en los sucesivos planes habitacionales. En el contexto del gobierno militar, entre 1976 y 1983, las *villas* fueron caracterizadas desde su dimensión de ilegalidad y de peligro ambiental y social, que justificaron violentos procesos de erradicación cuyo objetivo era liberar valiosas tierras mediante el desplazamiento de los grupos de menores ingresos hacia localizaciones extraurbanas. "Congelamiento", "desaliento", "erradicación" y "adaptación" a Núcleos Habitacionales Transitorios (NHT) – que nunca se llegaron a materializar – fueron las etapas propuestas, que se restringieron a una acción policial y represiva (Bellardi & de Paula 1986). Más recientemente, al igual que los programas *favela barrio* en Brasil, las operaciones se presentan en términos de "urbanización de *villas*" o "transformación de *villas* en barrio", fundamentados por el discurso planificador que intenta sustentarse en objetivos de integración social y respeto por la diversidad (*Plan urbano ambiental* 2000).

Las *villas miseria* fueron caracterizadas desde distintas perspectivas de análisis. Hacia los años 1960 fueron interpretadas como una "respuesta al acelerado proceso de industrialización que provocó las migraciones internas" (*Petroni & Kratz de Kenigsberg 1962) en tanto expresión de las diferencias sociales y culturales del proceso de urbanización en Latinoamérica (Verbistky 1957). A fines de la década de los años 1970, fue uno de los fenómenos que permitió construir la oposición entre "ciudad legal" y "ciudad ilegal" desde su caracterización como "enclave urbano de la pobreza [...] particularidades de un conjunto de individuos y familias que participan de una común precariedad de la vivienda, una común ausencia de equipamiento colectivo, una común ilegitimidad en el uso del suelo encerrado en límites geográficos fácilmente perceptibles, detrás de los cuales se alzan viviendas habitables, servicios colectivos, la ley protegiendo el derecho de los propietarios" (Ziccardi 1977). También fueron examinadas como el corolario de la ausencia de políticas habitacionales del Estado "forma de vivienda urbana que ya nace deteriorada y se desarrolló como una de las alternativas de albergue de los sectores de bajos recursos" (Yujnosky 1983) y como respuesta popular frente a una legislación social de la tierra deficiente (Clichesky 1990). Las *villas miseria*, en tanto "hábitat degradado", se plantean además como una de las dimensiones de análisis en el contexto de los diagnósticos ambientales y como espacio de constitución de identidades colectivas: "Dar respuesta a las necesidades crecientes de mejoramiento de su calidad de vida fue sin duda el eje a partir del cual fueron estructurándose las distintas formas organizativas de la población villera" (Belardi & de Paula 1986). Esa población remite a un nuevo actor social: el *villero*.

Históricamente, el término *villano* remitía al habitante de una *villa*, "distinto del noble y del hidalgo" y es caracterizado hasta la fecha al hombre "rústico y descortés" (*inurbanus*) "ruin, indigno u indecoroso" (**Diccionario de autoridades* 1737;

Real Academia 1992). En forma simétrica, *villero* se inscribe dentro de los léxicos de la segregación como "de mal condición social, pobre, indigente, mal educado, grosero" (Conde 1998) asumido por los habitantes de la *villa miseria* como un estigma: "cuando decía adonde vivía, cuando iba a la escuela, yo no decía *villa*, decía barrio", "yo no podía decir en la escuela que vivía en la *villa*", "si yo mostraba el documento y tenía la dirección de *villa* no me daban trabajo" (El barrio INTA 1999). En sentido contrapuesto, *lo villero* fue recuperado y ponderando desde su valor de reivindicación social: "Federación de villas y barrios de emergencia" de 1958, "Frente villero de liberación" de 1972, "Movimiento villero peronista" de1973 o como campo de aplicación de la doctrina social católica en organizaciones católicas, como el "equipo pastoral de villas" y los "curas villeros" cuya caracterización efectúo Jorge Vernazza (1989).

Acompañado por otros sustantivos, en el lenguaje coloquial argentino designa también usos localizados: *villa Freud*, denominación del sector de Buenos Aires donde se localizan los consultorios de psicoanalistas, *villa cariño* como "lugar poco transitado y oscuro, donde suelen acudir las parejas" (*Haensch & Werner 1993). Sin embargo, en Argentina *villa* y *villero* tienen un alcance genérico que define al hábitat precario e irregular y a sus habitantes, aunque en el resto de América Latina persistan sus acepciones iniciales asociadas con residencias suburbanas o rurales y con ciudades de escala intermedia. En tanto fenómeno latinoamericano, la *villa miseria* recibió nombres diferentes en cada uno de los países: en Brasil: "favela"; en Chile: "callampa"; en Guatemala: "barraca", "campamento" o "champa"; en Perú: "barriada", "erradicada" y "ciudad nueva"; en Colombia: "rancherío"; en España: "chabola"; en Venezuela: "rancho"; en Haití: "courts" y en Méjico: "jacal" o "pueblos jóvenes" (Rojo 1975; Kratz de Kenigsberg 1962). En Uruguay, "cantegrill" es una denominación irónica que retoma el nombre de los barrios residenciales de las clases altas inspirados en una novela homónima de los años 1920.

Alicia Novick

Véase: chalet (e), ciudad (e), barrio (e), población (e), pueblo, vila (p)

Referencias
ACKERMAN, James S. *La Villa, forma e ideología de las casas de campo*. Madrid, Akal, 1990. • ARLT, Roberto. *Aguafuertes porteñas*. Buenos Aires, Losada, 1933. • BARCIA, Roque. *Diccionario general etimológico de la lengua española*. Barcelona, Seix-editor, 1902. • BELLARDI, Marta; DE PAULA, Aldo. *Villas Miseria: origen, erradicación y respuestas populares*. Buenos Aires. Centro Editor de América Latina, 1986. • *Censo Municipal de Buenos Aires de 1887*. Buenos Aires. Compañía Sud-Americana de Billetes de Banco, 1889, p. 325. • CHOAY, Françoise. Ville. In MERLIN, Pierre; CHOAY, Françoise. *Dictionnaire l'urbanisme et de l'aménagement*. Paris, PUF, 1988, p. 704-705. • CLICHESKY, Nora. *Construcción y administración de la ciudad latinoamericana*. Buenos Aires, GEL, 1990 • CONDE, Oscar. *Diccionario etimológico del lunfardo*. Buenos Aires, Libros Perfil, 1998. • El barrio INTA, Villa 19. *Cronista Mayor de Buenos Aires*, Buenos Aires, n. 9, Instituto Histórico de la Ciudad de Buenos Aires, 1999, p. 10-16. • GONZÁLEZ TUÑÓN, Raúl. Villa Amargura. *A la sombra de los barrios amados*. Buenos Aires, Losada, 1957. • HURET, Jules. *En Argentine. De la Plata a la Cordillère des Andes*. Paris, Eugène Fasquelle, 1913. • LATZINA, Francisco. *Diccionario Geográfico Argentino*. Buenos Aires, Ramón Espasa, 1889. • MACCHI, Luis. *Diccionario de la lengua latina. Latino-español; español-latino*. Rosario, Apis, 1941. • Nivel de Miseria. *Clarín*. Buenos Aires, 31 ene. 1962, p. 16-17. • Ordenanzas del descubrimiento, nueva población y pacificación de las Indias dadas por Felipe II (1573). In ALTAMIRA, Rafael. *Ensayo sobre Felipe, hombre de estado*. Ciudad de México, Jus,

1950: p. 213 y ss. • PEREIRA, Margareth da Silva. *Vilas et jardins prisonniers: le léxique de la ségregation à Sào Paulo dans le discours des ingènieurs-architectes, urbanistes et rèformateurs (1890-1930)*. Séminaire international Les Mots de la Ville. Paris déc. 1997. • *Plan urbano ambiental. Modelo territorial y políticas generales de actuación*. Buenos Aires. GCBA-SPU-COPUA, 2000. • REAL ACADEMIA ESPAÑOLA. *Corpus de referencia del español actual* (Crea) <www.rae.es>. • REAL ACADEMIA ESPAÑOLA. *Corpus diacrónico del español* (Corde) <www.rae.es>. • ROJO, Alejandro. *Las Villas de Emergencia*. Buenos Aires, Alero, 1975. • SARMIENTO, Domingo F. Arquitectura doméstica. *Discursos populares*. Buenos Aires, Kraft, 1887. • VALLE, Enrique Ricardo. *Lunfardología*. Buenos Aires, Feeland, 1966. • VERBISTKY, Bernardo. *Villa Miseria también es América*. Buenos Aires, Kraft, 1957. • VERNAZZA, Jorge. *Para comprender una vida con los pobres: los curas villeros*. Rafael Calzada, Guadalupe, 1989. • VIGNOLO, Gabriel. Villa 31 de Retiro. In VIGNOLO, Gabriel. *Retiro, testigo de la diversidad*. Buenos Aires, Instituto Histórico de la Ciudad de Buenos Aires, 1998, p. 92-96. • YUJNOSKY, Oscar. Del conventillo a la villa Miseria. In ROMERO, José Luis; ROMERO, Luis Alberto (Dir.). *Buenos Aires, historia de cuatro siglos*. Buenos Aires, Abril, 1983. • ZICCARDI, Alicia. *Políticas de vivienda y movimientos urbanos. El caso de Buenos Aires (1963-1973)*. Documento de Trabajo. Buenos Aires, CEUR-ITDT, 1977.

dicionários de línguas e enciclopédias gerais
PORTUGUÊS

ALMEIDA, Francisco de. *Novo dicionario universal portuguez*. 2 volumes. Lisboa, Tavares Cardoso & Irmão, 1891.
AULETE, Francisco Júlio Caldas; VALENTE, Antônio Lopes dos Santos. *Diccionario contemporaneo da lingua portugueza: feito sob um plano inteiramente novo*. 2 volumes, 1ª edição. Lisboa, Imprensa Nacional/Parceria Antonio Maria Pereira Livraria Editora, 1881.
AULETE, Francisco Júlio Caldas. *Dicionário contemporâneo da língua portuguesa*. 3ª edição atualizada, 2 volumes. Lisboa, Parceria Antonio M. Pereira, 1948-1952.
AULETE, Francisco Júlio Caldas. *Dicionário contemporâneo da língua portuguesa*. 5 volumes, 5ª edição. Rio de Janeiro, Delta, 1964.
AULETE, Francisco Júlio Caldas. *Dicionário contemporâneo da língua portuguesa*. 5 volumes, 6ª edição. Rio de Janeiro, Delta, 1974.
AZEVEDO, Domingos de. *Grande dicionário de português-francês*. 4ª edição. Lisboa, Bertrand, 1953.
AZEVEDO, Domingos de. *Grande dicionário de português-francês*. 5ª edição. Lisboa, Bertrand, 1975.
AZEVEDO, Domingos de. *Grande dicionário de francês-português*. 8ª edição. Lisboa, Bertrand, 1984.
BLUTEAU, Raphael. *Vocabulário portuguez e latino, aulico, anatómico, cómico, critico, chimico, dogmático, dialetico, & autorizado com exemplos dos melhores escriptores portugueses e latinos; e offerecido a el rey D. João V*. 8 volumes. Coimbra, Collegio das Artes da Companhia de Jesus [vol. 1-4, 1712-1713]; Lisboa, Officina de Pascoal da Sylva [vol. 5-8, 1716-1721], 1712-1721.
BLUTEAU, Raphael. *Supplemento ao Vocabulario portuguez, e latino [...]*. 2 volumes. Lisboa, Officina de Joseph Antonio da Sylva [vol. 9, 1727]; Patriarcal Officina da Musica [vol. 10, 1728], 1727-1728.
BORBA, Francisco da Silva. *Dicionário de usos do português do Brasil*. São Paulo, Ática, 2002.

BUENO, Francisco da Silveira. *Grande dicionário etimológico--prosódico da língua portuguesa: vocábulos, expressões da língua geral e científica, sinônimos, contribuição do tupi-guarani*. 8 volumes. São Paulo, Saraiva, 1963-1967.

CANNECATTIM, [Frei] Bernardo Maria de. *Diccionario de lingua bunda ou angolense explicada na portugueza, e latina*. Lisboa, Impressão Regia, 1804.

CARVALHO, Olívio da Costa. *Dicionário de português-francês*. Porto, Porto Editora, 1997.

CASTELEIRO, Malaca. *Dicionário da lingua portuguesa contemporanea*. 2 volumes. Lisboa, Academia das Ciências de Lisboa/Verbo, 2001.

COELHO, Francisco Adolpho. *Manual etymologico da lingua portugueza: contendo a siginificação e prosódica*. Lisboa, P. Plantier, c.1930.CONSTANCIO, Francisco Solano. *Novo Diccionario critico e etymologico da lingua portugueza precedido de huma introducção grammatical [...]*. Paris, Off. Typ. de Casimir, 1836.

COSTA, Francisco Augusto Pereira da (1937). *Vocabulário pernambucano*. 2ª edição. Recife, Governo do Estado de Pernambuco, 1976.

CUNHA, Antonio Geraldo da. *Dicionário etimológico nova fronteira da língua portuguesa*. Rio de Janeiro, Nova Fronteira, 1982.

Diccionario da lingoa portugueza. Volume 1 [A]. Lisboa, Academia Real das Sciencias de Lisboa, 1793.

Diccionario geral da língua portugueza de algibeira por tres literatos nacionaes. Contem mais de vinte mil termos novos [...]. 2 volumes. Lisboa, Imprensa Régia, 1818-1819.

Diccionario novo portuguez e francez com os termos latinos. s.l., s.n., c.1764.

Dicionário enciclopédico brasileiro ilustrado. Rio de Janeiro/Porto Alegre/São Paulo, Livraria do Globo, 1943.

Dicionários acadêmicos. Francês-português e português-francês. Porto, Porto Editora, 1973.

DU CANGE, Charles Du Fresne (1678). *Glossarium mediae et infimae latinitatis*. 10 volumes. Paris, Librairie des Sciences et des Arts, 1937-1938.

FERREIRA, Aurélio Buarque de Holanda. *Novo dicionário da língua portuguesa*. Rio de Janeiro, Nova Fronteira, 1975.

FERREIRA, Aurélio Buarque de Holanda, Novo dicionário da língua portuguesa. 2ª edição. Rio de Janeiro, Nova Fronteira, 1986.

FERREIRA, Aurelio Buarque de Holanda. *Dicionário Aurélio básico da língua portuguesa*. Rio de Janeiro, Nova Fronteira, 1999.

FERREIRA, Aurélio Buarque de Holanda. *Novo dicionário Aurélio Século XXI: o dicionário da língua portuguesa*. 3ª edição revista e ampliada. Rio de Janeiro, Nova Fronteira, 1999.

FIGUEIREDO, Cândido de. *Novo diccionario da lingua portuguesa*. 2 volumes. Lisboa, Tavares Cardoso & Irmãos, 1899.
FIGUEIREDO, Cândido de. *Dicionário da língua portuguesa*. 2 volumes. Lisboa, Bertrand, 1949.
FIGUEIREDO, Cândido de. *Dicionário da língua portuguesa*. 2 volumes, 15ª edição. Lisboa, Bertrand, 1982.
FONSECA, José da. *Diccionario portuguez-francez e francez-portuguez*. 2 volumes. Paris/Lisboa, Belin-Leprieur et Morizot Libraires/Silva Livreiro, 1853.
FONSECA, José da. *Novo diccionario francez-portuguez [...]*. Paris, J.P. Aillaud, 1836.
FONSECA, José da. *Novo diccionario francez-portuguez [...]*. Paris/Lisboa, J.P. Aillaud/Guillard, 1887.
FONSECA, Pedro José da. *Diccionario portuguez e latino [...]*. Lisboa, Regia Officina Typografica, 1771.
FONSECA, Simões da. *Diccionario encyclopedico da lingua portugueza*. 6ª edição. Rio de Janeiro, Paris, H. Garnier Livreiro Editor, 1907.
FREIRE, Laudelino. *Grande e novissimo dicionario da lingua portuguesa*. Colaboração técnica do professor J. L. de Campos. 5 volumes. Rio de Janeiro, Livraria José Olympio, 1939-1944.
FREUND, Guill. *Grand dictionnaire de la langue latine, sur un nouveau plan*. 3 volumes. Paris, Firmin Didot frères, fils et cie, 1862-1866.
Grande enciclopédia portuguesa e brasileira. 40 volumes. Lisboa/Rio de Janeiro, Editorial Enciclopédia, c.1950.
Grande enciclopédia portuguesa e brasileira. 56 volumes. Lisboa/Rio de Janeiro, Editorial Enciclopédia, c.1960.
Grande enciclopédia portuguesa e brasileira. 10 volumes. Lisboa/Rio de Janeiro, Editorial Enciclopédia, c.1980.
GUÉRIOS, Rosário Farani Mansur. *Dicionário de etimologias da língua portuguesa*. São Paulo, Nacional, 1979.
HOUAISS, Antônio; VILLAR, Mauro de Salles; FRANCO Francisco Manoel de Mello. *Dicionário Houaiss da língua portuguesa*. Edição eletrônica. Rio de Janeiro, Objetiva, 2001.
HOUAISS, Antônio; VILLAR, Mauro de Salles; FRANCO Francisco Manoel de Mello. *Dicionário Houaiss da língua portuguesa*. 3 volumes. Lisboa, Temas e Debates. 2003.
HOUAISS, Antônio. *Pequeno dicionário enciclopédico Koogan Larousse*. Rio de Janeiro, Larousse do Brasil, 1979.
LACERDA, [Don] José Maria d'Almeida; LACERDA, Araújo Corrêa de. *Diccionario da língua portugueza de Eduardo de Faria: quarta edição para uso dos portuguezes e brasileiros, resumida, correcta e augmentada, com grande numero de termos antigos e modernos*. 2 volumes. Lisboa, Escriptorio de Francisco A. da Silva, 1858-1859.
LAROUSSE CULTURAL. *Brasil A/Z – Enciclopédia alfabética em um único volume*. São Paulo, Universo, 1988.

LELLO Universal: dicionário enciclopédico luso-brasileiro em 4 volumes. 4 volumes. Porto, Lello & Irmão, c.1950-1960.
LELLO Universal. 2 volumes. Porto, Lello & Irmão, 1973.
LIMA, Hildebrando de. *Pequeno dicionario brasileiro da lingua portuguesa*. 8ª edição. Rio de Janeiro, Editora Civilização Brasileira, 1949.
LIMA, Hildebrando de. *Pequeno dicionário brasileiro da língua portuguesa*. 2ª edição. Rio de Janeiro, Civilização Brasileira, 1939.
MACHADO, José Pedro. *Dicionário etimológico da lingua portuguesa, com a mais antiga documentação escrita e conhecida de muitos dos vocábulos estudados*. Lisboa, Confluência, 1954.
MACHADO, José Pedro. *Dicionário etimológico da lingua portuguesa, com a mais antiga documentação escrita e conhecida de muitos dos vocábulos estudados*. 2 volumes, 1ª edição. Lisboa, Confluência, 1956-1959.
MACHADO, José Pedro. *Dicionário da língua portuguesa*. 7 volumes. Lisboa, Sociedade da Língua Portuguesa, 1958-1971.
MACHADO, José Pedro. *Dicionário etimológico da língua portuguesa, com a mais antiga documentação escrita e conhecida de muitos dos vocábulos estudados*. 3 volumes, 2ª edição. Lisboa, Confluência/Livros Horizonte, 1967-1973.
MACHADO, José Pedro. *Dicionário etimológico da língua portuguesa, com a mais antiga documentação escrita e conhecida de muitos dos vocábulos estudados*. 5 volumes, 3ª edição. Lisboa, Livros Horizonte, 1977.
MACHADO, José Pedro, *Grande Dicionário da Língua Portuguesa*. 13 volumes. Lisboa, Amigos do Livro, 1981.
MACHADO, José Pedro. *Grande Dicionário da Língua Portuguesa*. 6 volumes. Lisboa, Alfa, 1991.
MENDES, Fernando. *Diccionario da lingua portugueza (prosodico e ortographico)*. 2 volumes. Lisboa, João Romano Torres, 1904-1905.
MICHAELIS, Carolina. *Novo dicionário português-inglês*. 37ª edição. São Paulo, Melhoramentos, 1985.
MICHAELIS, H. *Novo Michaelis, dicionário ilustrado português-inglês e inglês-português*. 4 volumes. São Paulo, Melhoramentos, 1968.
NASCENTES, Antenor. *Dicionário etimológico da língua portuguesa*. Rio de Janeiro, Livrarias Acadêmica/São José/Francisco Alves/Livros de Portugal, 1955.
OLIVEIRA, Manuel Alves de; OLIVEIRA, Leonel Moreira de. *Lexicoteca. Moderna enciclopédia universal*. 20 volumes. Lisboa, Círculo de Leitores, 1984.
PINTO, Luiz Maria da Silva. *Diccionario da lingua brasileira*. Ouro Preto, Typographia de Silva, 1832.
RODRIGUES, Francisco de Assis. *Diccionario technico e historico de pintura, esculptura, architectura e gravura*. Lisboa, Imprensa Nacional, 1875.

RONAI, Paulo. *Dicionário francês-português, português-francês*. Rio de Janeiro, Nova Fronteira, 1989.

ROQUETE, José Ignácio; FONSECA, José da. *Diccionario da lingua portugueza e diccionario de synonymos seguido do diccionario poetico e de epithetos*. 2 volumes. Paris/Lisboa, J.P. Aillaud/Guillard, 1869-1871.

ROQUETTE, José Ignácio. *Nouveau dictionnaire portugais-français composé sur les plus récents et les meilleurs dictionnaires des deux langues [...]*. Paris/Lisboa, Aillaud Alves & Ca.; Rio de Janeiro/São Paulo/Belo Horizonte, Francisco Alves & Ca, 1921.

ROUSE, Jean; CARDOSO, Ersílio. *Francês-português coligido do grande dicionário de Domingos de Azevedo*, Paris/Lisboa, Garnier Frères/Livraria Bertrand, c.1960.

SÁ, Joaquim José da Costa e *Diccionario portuguez-francez-e-latino, novamente compilado [...]*. Lisboa, Officina de Simão Thaddeo Ferreira, 1794.

SCARTEZZINI, César; PESTANA, Maria José Marcondes. *Dicionário francês-português e português-francês*. São Paulo, Hemus, 1985.

SILVA, António de Morais. *Diccionario da lingua portugueza composto pelo padre D. Rafael Bluteau, reformado e accrescentado por Antonio de Moraes Silva*. Lisboa, Officina de Simão Thaddeo Ferreira, 1789.

SILVA, António de Morais. *Dicionário da língua portuguesa recopilado dos vocabularios impressos até agora e nesta segunda edição novamente emendado e muito accrescentado*. 2 volumes. Lisboa, Typographia Lacerdina, 1813.

SILVA, António de Morais; VELHO, Theotonio José de Oliveira. *Diccionario da lingua portuguesa*. 2 volumes, 4ª edição. Lisboa, Impressão Regia, 1831.

SILVA, António de Morais. *Diccionario da lingua portuguesa*. 2 volumes, 5ª edição. Lisboa, Typographia de Antônio José da Rocha, 1844.

SILVA, António de Morais. *Diccionario da lingua portuguesa*. 2 volumes, 6ª edição. Lisboa, Typographia de Antônio José da Rocha, 1858.

SILVA, António de Morais. *Diccionario da lingua portugueza*. 2 volumes, 8ª edição revista e ampliada. Lisboa, Empreza Litteraria Fluminense de AA da Silva Lobo, 1889-1891.

SILVA, António de Morais. *Diccionario da lingua portugueza*. 2 volumes, 9ª edição revista e ampliada. Lisboa, Empreza Litteraria Fluminense de AA da Silva Lobo, s.d.

SILVA, António de Morais; MORENO, Augusto; CARDOSO JUNIOR, Francisco José; MACHADO, José Pedro. *Grande dicionário da língua portuguesa*, 12 volumes, 10ª edição. Lisboa, Confluência, 1949-1959.

SOARES, António Joaquim de Macedo; SOARES, Julião Rangel de Macedo (1889). *Dicionário brasileiro da língua portuguesa: elucidário etimológico crítico das palavras e frases que originárias do Brasil, ou aqui populares, se não encontram nos dicionários da língua portuguesa, [...] ou neles vêm com forma ou significação diferente: 1875-1888*. 2 volumes. Rio de Janeiro, MECULT/INL, 1954-1955.

TORRINHA, Francisco. *Diccionario latino-portugues*. 2ª edição. Porto, Porto Editora, 1942.

VALDEZ, João Fernandes. *Novo diccionario portuguez-francez e francez-portuguez*. 6ª edição. Rio de Janeiro/Paris, H. Garnier Livreiro-Editor, c.1900.

VICTORIA, Luís Augusto Pereira, *Dicionário da origem e da vida das palavras; apêndice com citações históricas*. 3ª edição. Rio de Janeiro, Científica, 1963.

VIEIRA, Antonio [Anthony Vieyra Transtagano]. *A dictionary of the Portuguese and English languages, in two parts; Portuguese and English, and English and Portuguese* by Anthony Vieyra, Transtagano. New ed. carefully corr., greatly enlar., and very considerably improved by J.P. Aillaud. Londres, F. Wingrave, 1813.

VIEIRA, Domingos. *Grande diccionario portuguez ou thesouro da lingua portuguesa*. 5 volumes. Porto, Editores Ernesto Chardron e Bartholomeu H. de Moraes, 1871-1874.

VITERBO, [Frei] Joaquim de Santa Rosa de (1798). *Elucidário das palavras, termos e frases que em Portugal antigamente se usaram e que hoje regularmente se ignoram*. Edição crítica por Mário Fiúza. Porto/Lisboa, Livraria Civilização, 1984.

VITERBO, [Frei] Joaquim de Santa Rosa. *Elucidario das palavras, termos e frases que em Portugal antigamente se usaram e hoje regularmente se ignoram*. 2 volumes. Lisboa, Officina de Simão Thaddeo Ferreira, 1798-1799.

diccionarios de idiomas y enciclopedias generales

ALADERN, Joseph. *Diccionari popular de la llengua catalana*. Barcelona, Francisco Baxarias, 1906.

ALONSO, Martín. *Diccionario del español moderno*. Madrid, Aguilar, 1960.

BIBLIOROM LAROUSSE. *Dictionnaire compact français- -espagnol/espagnol-français*. CDRom. Microsoft Corporation et Liris Interactive, 1996.

CÁSARES, Julio (Dir.). *Diccionario ideológico de la lengua española*. Madrid, Gustavo Gili, 1959.

Collins diccionario español-inglés / english-spanish. Glasgow/ Barcelona, Grijalbo/Harper Collins, 1992.

CORMON, Francisco. *Nuevo diccionario de las lenguas española, francesa y latina*. Anvers, Hermanos de Tournes, 1769.

CORMON, Jacques Louis Barthelemi. *Dictionnaire portatif et de prononciation espagnol-français et français-espagnol à l'usage des deux nations*. Vol. 1, 2ª edición. Lyon, B. Comon et Blanc, 1803.

COROMINAS, Joan; PASCUAL José Antonio. *Diccionario crítico etimológico castellano e hispánico*. 6 volúmenes. Madrid, Gredos, 1980-1991.

COROMINAS, Joan. *Breve diccionario etimológico de la lengua castellana*, Madrid, Gredos, 1983.

COROMINAS, Joan. *Diccionario crítico etimológico de la lengua castellana*. Berne, Francke, 1954.

COVARRUBIAS OROZCO, Sebastián. *Tesoro de la lengua castellana o española*. Madrid, Luis Sánchez, Impresor del Rey, 1611.

Diccionario de autoridades. Nombre oficial: *Diccionario de la lengua castellana* […]. 6 volúmenes. Madrid, Imprenta de Francisco del Hierro/Real Academia Española, 1726-1739; edición 1770: Madrid, Joaquín Ibarra/Real Academia Española, 1 volumen, letras A y B sólo [ediciones facsímile: Madrid, Gredos, 1963, 1984 y 1990].

Diccionario de la lengua española. Madrid, Espasa Calpe, 1919.

Diccionario enciclopédico Espasa. Madrid, Espasa Calpe, 1912.

Diccionario enciclopédico ilustrado de la lengua española. Barcelona, Ramón Sopena, 1955.

Diccionario enciclopédico UTEHA. Ciudad de México, Unión Tipográfica Editorial Hispano Americana, 1953.

Diccionario enciclopédico. Madrid, Espasa, 1912.
Diccionario general de la lengua española. Prólogo de Menéndez Pidal. Barcelona, Vox, 2000.
Diccionario Marín de la lengua española. Barcelona, Marín, 1982.
Diccionario práctico de la lengua española. Barcelona, Grijalbo, 1988.
El pequeño Larousse 2003. Edición totalmente renovada y puesta al día. Ciudad de México, Larousse, 2003.
Enciclopedia de México. México, Cía. Editora de Enciclopedias de México-Secretaría de Educación Pública, 1987.
Enciclopedia del idioma español. Madrid, Aguilar, 1947.
Enciclopedia del idioma. Madrid, Espasa Calpe, 1958.
Enciclopedia ilustrada Seguí. Diccionario universal. 12 volúmenes. Barcelona, Fot-Tip. Lit. del Album Salón, 1900.
Enciclopedia universal ilustrada europeo-americana. 72 volúmenes. Barcelona, José Espasa e Hijos Editores, 1908-1911 (Vol. 1-12); Barcelona, Hijos de J. Espasa, 1912-1925 (Vol. 13-50); Madrid, Espasa Calpe, 1926-1930 (Vol. 51-72).
FABRA, Pompeu. *Diccionari general de la llengua catalana*. Barcelona, Edhasa, 1932.
FERNANDEZ CUESTA, Nemesio. *Dictionnaire des langues espagnole et française comparées*, Barcelona, Montaner & Simón, 1885.
FERNÁNDEZ DE LARA, Luís. *Diccionario del español usual en México*. México, El Colegio de México/Centro de Estudios Lingüísticos y Literarios, 1996.
GARCIA-PELAYO, Ramón; TESTAS, Jean. *Dictionnaire moderne français-espagnol*. Paris, Larousse, 1975.
GARCIA-PELAYO, Ramón; TESTAS, Jean. *Grand dictionnaire español francés-français espagnol*. Paris, Larousse, 1998.
GARCIA-PELAYO, Ramón; TESTAS, Jean. *Larousse français espagnol-español francés*. Paris, Larousse, 1987.
GARCIA-PELAYO, Ramón; TESTAS, Jean. *Larousse français espagnol-español francés*. Paris, Larousse, 1995.
GARCÍA, Roque. *Primer diccionario general etimológico de la lengua española*. Barcelona, I SEIX editor, 1875.
GARZÓN, Tobías. *Diccionario argentino*. Barcelona, Imprenta Elzeviriana de Borrás y Mestres, 1910.
GILDO, Domingo. *Dictionnaire espagnol-français et français-espagnol*. 2 volúmenes, 4ª edición corregido. Paris, Librairie de Rosa et Bouret, 1860.
GOBELLO, José. *Diccionario lunfardo y de otros términos antiguos y modernos usuales en Buenos Aires*. Buenos Aires, A. Peña Lillo, 1975.
Gran diccionario de la lengua española. Barcelona, Larousse-Planeta, 1996.
Gran diccionario del uso del español actual. Madrid, SGEL, 2001.
Gran enciclopèdia catalana. Barcelona, Enciclopedia Catalana, 1978.

GRIERA, Antoni. *Tresor de la llengua, de les tradicions i de la cultura popular de Catalunya*. 14 volúmenes. Barcelona, Fidel Rodriguez, 1947.

GRUPO ADUAR. *Diccionario de geografía urbana, urbanismo y ordenación del territorio*. Barcelona, Ariel, 2000.

HAENSCH, Günther; WERNER, Reinhold. *Diccionario del español de Cuba-Español de Cuba-Español de España*. Madrid, Gredos, 2000.

HAENSCH, Günther; WERNER, Reinhold. *Nuevo diccionario de americanismos*. Santafé de Bogotá, Instituto Caro y Cuervo, 1993.

LABERNIA Y ESTELLA, Pere. *Diccionari de la llengua catalana*. Barcelona, Espasa y Companyià, 1888.

Larousse general diccionario español-francés/francés-español. Barcelona, Larousse Bordas, 1999.

Larousse moderno français-espagnol/español-francés. Paris/Barcelona, Larousse, 1989.

MADOZ, Pascual. *Diccionario geográfico-estadístico-histórico de España y sus posesiones de ultramar*. 16 volúmenes. Madrid, P. Madoz y L. Sagasti, 1845-1850.

MARTÍNEZ AMADOR, Emilio. *Dictionnaire espagnol français*. Barcelona, Ramón Sopena, 1960.

MOLINER, María. *Diccionario de uso del español*. 2 volúmenes. Madrid, Gredos, 1966, 1970, 1990, 2000 y 2007.

MORRIS, William (ed.). *American Heritage Dictionary of the English Language*. Boston, Houghton Mifflin, 1980.

NEBRIJA, Antonio de. *Vocabulario de romance en latín*. Sevilla, Juan Varela de Salamanca, 1516.

NUÑEZ DE TABOADA, Manuel. *Diccionario francés-español y español-francés*. 2 volúmenes, 6ª edición. Paris, A. Bobée et Hingray, 1820.

OUDIN, César (1607). *Tesoro de las dos lenguas española y francesa*. Paris, Marc Orry, 1675.

PALENCIA, Alonso de (1490). *Universal vocabulario en latín y en romance*. Edición facsímile do original de Sevilla. Madrid, Comisión Permanente de la Asociación de Academias de la Lengua Española, 1967.

PETRONI, Carlos; KRATZ DE KENIGSBERG, Rosa. *Diccionario de urbanismo*. Buenos Aires, Cesarini, 1962.

REAL ACADEMIA ESPAÑOLA. *Corpus de referencia del español actual* (Crea) <www.rae.es>.

REAL ACADEMIA ESPAÑOLA. *Corpus diacrónico del español* (Corde) <www.rae.es>.

REAL ACADEMIA ESPAÑOLA. *Diccionario de la lengua española* [...]. 1726-1992 [consulta de las ediciones del 1 al 21: http://buscon.rae.es/ntlle/SrvltGUIMenuNtlle?cmd=Lema&sec=1.1.0.0.0].

REAL ACADEMIA ESPAÑOLA. *Diccionario de la lengua castellana* [...]. Tomo 2 (C). Madrid, Imprenta de Francisco del Hierro, 1729.

REAL ACADEMIA ESPAÑOLA. *Diccionario de la lengua castellana [...]*. Tomo 6 (S/T/V/X/Y/Z). Madrid, Herederos de Francisco del Hierro, 1739.

REAL ACADEMIA ESPAÑOLA. *Diccionario de la lengua castellana [...]*. 1 volumen (A-Z). Madrid, Joachín Ibarra, 1780.

REAL ACADEMIA ESPAÑOLA. *Diccionario de la lengua castellana*. 2 volúmenes (A-F), 3ª edición. Madrid, D. Joaquín Ibarra/Impresora de la Cámara de S.M. y de la Real Academia, 1783-1791.

REAL ACADEMIA ESPAÑOLA. *Diccionario de la lengua castellana*. 4ª edición. Madrid, Viuda de Ibarra, 1803.

REAL ACADEMIA ESPAÑOLA. *Diccionario de la lengua castellana*. 6ª edición. Madrid, Imprenta Nacional, 1822.

REAL ACADEMIA ESPAÑOLA. *Diccionario de la lengua castellana*. 7ª edición. Madrid, Imprenta Real, 1832.

REAL ACADEMIA ESPAÑOLA. *Diccionario de la lengua castellana*. 8ª edición. Madrid, Imprenta nacional, 1837.

REAL ACADEMIA ESPAÑOLA. *Diccionario de la lengua castellana*. 9ª edición. Madrid, Imprenta de D. Francisco María Fernández, 1843.

REAL ACADEMIA ESPAÑOLA. *Diccionario de la lengua castellana*. 11ª edición. Madrid, Imprenta de Don Manuel Rivadeneyra, 1869.

REAL ACADEMIA ESPAÑOLA. *Diccionario de la lengua castellana*. 12ª edición. Madrid, Imprenta de Don Gregorio Hernando, 1884.

REAL ACADEMIA ESPAÑOLA. *Diccionario de la lengua castellana*. 13ª edición. Madrid, Imprenta de los señores Hernando y Compañía, 1899.

REAL ACADEMIA ESPAÑOLA. *Diccionario de la lengua castellana*. 14ª edición. Madrid, Imprenta de los sucesores de Hernando, 1914.

REAL ACADEMIA ESPAÑOLA. *Diccionario de la lengua española*. 15ª edición. Madrid, Calpe, 1925.

REAL ACADEMIA ESPAÑOLA. *Diccionario de la lengua española*. 16ª edición. Madrid, Espasa Calpe, 1939.

REAL ACADEMIA ESPAÑOLA. *Diccionario de la lengua española*. 17ª edición. Madrid, Espasa Calpe, 1947.

REAL ACADEMIA ESPAÑOLA. *Diccionario de la lengua española*. 18ª edición. Madrid, Espasa Calpe, 1956.

REAL ACADEMIA ESPAÑOLA. *Diccionario de la lengua española*. 19ª edición. Madrid, Espasa Calpe, 1970.

REAL ACADEMIA ESPAÑOLA. *Diccionario de la lengua española*. 2 tomos, 20ª edición. Madrid, Espasa Calpe, 1984.

REAL ACADEMIA ESPAÑOLA. *Diccionario de la lengua española*. 21ª edición. Madrid, Espasa Calpe, 1992.

REAL ACADEMIA ESPAÑOLA. *Diccionario de la lengua española*. 22ª edición. Madrid, Espasa Calpe, 2001 <http://buscon.rae.es/draeI>.

REAL ACADEMIA ESPAÑOLA. *Diccionario manual e ilustrado de la lengua española*. Madrid, Espasa Calpe, 1927.
REAL ACADEMIA ESPAÑOLA. *Diccionario manual e ilustrado de la lengua española*. 3ª edición. Madrid, Espasa Calpe, 1983-1985.
REAL ACADEMIA ESPAÑOLA. *Diccionario manual e ilustrado de la lengua española*. 4ª edición. Madrid, Espasa Calpe, 1989.
REAL ACADEMIA ESPAÑOLA. *Diccionario usual*, 1925 <www.rae.es>.
REYES, Rafael. *Dictionnaire espagnol français*. 13ª edición. Madrid, 1941.
SALVÁ, Vicente. *Nuevo diccionario de la lengua castellana*. Paris, Vicente Salvá, 1882.
SANTAMARÍA, Francisco. *Diccionario de mejicanismos*. Ciudad de México, Porrúa, 1959.
SANTAMARÍA, Francisco. *Diccionario general de americanismos*. Ciudad de México, Pedro Robredo, 1942.
SANTILLAN, Diego Abad. *Diccionario de argentinismos de ayer y hoy*. Buenos Aires, Tea, 1976.
SECO, Manuel; ANDRÉS, Olimpia; RAMOS, Gabino. *Diccionario del español actual*. Madrid, Aguilar, 1999.
SIMPSON, John A.; WINTER Edmund S.C. *Oxford English Dictionary*. 10 volúmenes, 2ª edición. Oxford, Clarendon Press, 1989.
TERREROS Y PANDO, Esteban de. *Diccionario castellano con las voces de ciencias y artes y sus correspondientes en las tres lenguas francesa, latina e italiana*. 4 volúmenes. Madrid, Viuda de Ibarra e hijos, 1786-1793 [edición facsímile: 1987, Madrid, Arco-Libros].
Vocabulario popular hispanoamericano. Madrid, Gredos, 1934.
ZEROLO, Elías; TORO Y GÓMEZ, Miguel de; ISAZA, Emiliano. *Diccionario de la lengua castellana*. Paris, Garnier Hermanos, 1886.
ZEROLO, Elías. *Diccionario enciclopédico de la lengua castellana*. Paris, Garnier Hermanos, 1895.

índice de palavras / índice de palabras
PORTUGUÊS/ESPAÑOL

apartamento (p)	61	ciudad (e)	228
arrabal (e)	69	colonia (e)	248
avenida (p)	77	condominio (e)	253
bairro (p)	85	condomínio (p)	260
barriada (e)	100	conjunto (p)	266
barrio (e)	109	conventillo (e)	272
beco (p)	125	cortiço (p)	281
calçada (p)	131	country/	
calle (e)	139	country club (e)	289
capital (e)	146	cuadra (e)	296
capital (p)	155	ensanche (e)	305
casa (e)	163	extrarradio (e)	316
casa (p)	174	favela (p)	327
casco (e)	185	fraccionamiento (e)	339
centro (e)	193	freguesia (p)	345
centro (p)	202	invasão (p)	353
chabola (e)	212	jardim (p)	359
chalet (e)	219	ladeira (p)	373

loteamento (p)	378	povoação (p)	528
mall (e)	391	praça (p)	533
mercado (e)	396	pueblo (e)	551
mercado (p)	404	rambla (e)	561
metrópole (p)	412	rancho (e)	569
mocambo/		rua (p)	575
mucambo (p)	426	sobrado (p)	587
município (p)	435	solar (e)	597
parque (e)	451	suburbio (e)	605
paseo (e)	459	subúrbio (p)	614
pátio (p)	469	urbanización (e)	631
periferia (e)	480	urbe (e)	640
piso (e)	488	vecindad (e)	647
plaza (e)	498	vila (p)	654
población (e)	509	villa (e)	665
polígono (e)	519		

índice de autores
PORTUGUÊS/ESPAÑOL

ARÉCHIGA CÓRDOBA, Ernesto (historia urbana y historia de la salud – Universidad Autónoma de la Ciudad de México)   689
  barrio (e México), ciudad (e México)
BATAILLON, Claude (geografía – CNRS)
  vecindad (e)
BRANDIS, Dolores (geografía – Universidad Complutense, Departamento de Geografía Humana, Madrid)
  casco (e), paseo (e)
BRESCIANI, Stella (história política e história urbana – Universidade Estadual de Campinas, Centro Interdisciplinar de Estudos da Cidade, Campinas)
  casa (p Brasil)
CÁCERES, Gonzalo (historia urbana – Pontificia Universidad Católica de Chile, Instituto de Estudios Urbanos y Territoriales, Santiago)
  mall (e)
CAMPOS NETO, Candido Malta (história do urbanismo – Universidade Presbiteriana Mackenzie, Faculdade de Arquitetura e Urbanismo, São Paulo)
  centro (p Brasil)
CAMPOS, Diego (sociología visual y estudios urbanos – University of London, Goldsmiths College, Centre for Urban and Community Research, Londres)
  mall (e)
CANOSA, Elia (geografía – Universidad Autónoma de Madrid, Departamento de Geografía)
  barrio (e España), polígono (e)
CARIDE, Horacio (historia urbana – Universidad de Buenos Aires, Facultad de Arquitectura, Diseño y Urbanismo, Buenos Aires)
  chalet (e Argentina), suburbio (e)
CARPINTÉRO, Marisa Varanda Teixeira (história urbana – Universidade Estadual de Campinas, Centro Interdisciplinar de Estudos da Cidade, Campinas)
  rua (p Brasil)

COLLADO, Federico (arquitectura y urbanismo – Universidad de Buenos Aires, Facultad de Arquitectura, Diseño y Urbanismo, Centro de Investigación en Hábitat y Municipio, Buenos Aires)
 country (e)

CORDEIRO, Graça Índias (antropologia urbana – Instituto Superior de Ciências do Trabalho e da Empresa, Instituto Universitário de Lisboa)
 pátio (p Portugal)

CORREIA, Telma de Barros (história da arquitetura e do urbanismo – Universidade de São Paulo, Instituto de Arquitetura e Urbanismo, São Carlos)
 conjunto (p Brasil)

COUDROY DE LILLE, Laurent (geografía – Université de Paris 12-Val-de-Marne, Institut d'Urbanisme de Paris
 arrabal (e España), barriada (e España), barrio (e España), chalet (e España), ciudad (e España), ensanche (e), piso (e), población (e), solar (e), urbanización (e), urbe (e)

D'OTTAVIANO, Maria Camila L. (urbanismo e história das cidades – Observatório das Metrópoles, São Paulo – Universidade São Francisco, Itatiba)
 calçada (p Brasil/Portugal)

FAVELUKES, Graciela (historia urbana y territorial – Universidad de Buenos Aires, Instituto de Arte Americano – Consejo Nacional de Investigaciones Cientificas y Tecnicas)
 plaza (e España/Argentina)

FERNANDES, Ana (arquitetura e urbanismo – Universidade Federal da Bahia, Faculdade de Arquitetura, Salvador)
 capital (p Brasil)

FONSECA, Cláudia Damasceno (história – Université Paris 3-Sorbonne Nouvelle, Centre de Recherches et de Documentation sur l'Amérique Latine, Paris)
 povoação (p Brasil/Portugal), vila (p Brasil/Portugal)

FUENTE, María Jesús (historia – Universidad Carlos III de Madrid)
 calle (e), capital (e), mercado (e)

GARCÍA-BELLIDO, Javier (†) (arquitectura y urbanismo)
 urbanización (e)

GARCIA, Sonia (literatura y estudios hispanoamericanos – Universidad Simon Bolivar, Caracas)
 rancho (e)

GUNN, Philip (†) (história do urbanismo)
 metrópole (p Brasil)

HUETZ DE LEMPS, Xavier (historia – Université Nice Sophia Antipolis)
 pueblo (e)

LAVASTRE, Philippe (historia contemporánea – CNRS, Laboratoire Temps, Espaces, Langages, Europe Méridionale – Méditerranée, Aix-en-Provence)
  solar (e España)
LEME, Maria Cristina da Silva (urbanismo e história – Universidade de São Paulo, Faculdade de Arquitetura e Urbanismo, São Paulo)
  avenida (p Brasil)
LIRA, José Tavares Correia de (história – Universidade de São Paulo, Faculdade de Arquitetura e Urbanismo, São Paulo)
  bairro (p Brasil), loteamento (p Brasil), mocambo (p Brasil)
LOPES, Myriam Bahia (história da cidade e ciência da informação – Universidade Federal de Minas Gerais, Escola de Arquitetura, Belo Horizonte)
  ladeira (p Brasil)
LÓPEZ MORENO, Eduardo (estudios urbanos – Universidad de Guadalajara, Estudios Metropolitanos, Guadalajara)
  arrabal (e Argentina/México/República Dominicana), cuadra (e)
LORA TAMAYO, Marta (derecho administrativo – Universidad Nacional de Educación a Distancia, Madrid)
  chalet (e España), urbe (e)
LOUSADA, Maria Alexandre (geografia histórica urbana – Universidade de Lisboa, Centro de Estudos Geográficos)
  praça (p Portugal)
MARTINS, Valter (história – Universidade Estadual do Centro Oeste, Irati)
  mercado (p Brasil)
MAS HERNÁNDEZ, Rafael (†) (geografía)
  ciudad (e España), parque (e)
MICHONNEAU, Stéphane (historia contemporánea – Casa de Velázquez, Madrid)
  rambla (e)
MONNET, Jérôme (geografía y urbanismo – Institut Français d'Urbanisme, Marne-la-Vallée)
  centro (e)
NOVICK, Alicia (historia urbana – Universidad de Buenos Aires, Facultad de Arquitectura, Diseño y Urbanismo, Buenos Aires)
  ciudad (e Argentina), plaza (e Argentina/México), villa (e Argentina)
PAIVA, Verónica (sociología urbana – Universidad de Buenos Aires, Facultad de Arquitectura, Diseño y Urbanismo, Buenos Aires)
  country (e)
PECHMAN, Robert Moses (cultura urbana – Universidade Federal do Rio de Janeiro, Instituto de Pesquisa e Planejamento Urbano e Regional, Rio de Janeiro)
  apartamento (p Brasil), condomínio (p Brasil)

PÉNÉ-ANNETTE, Anne (geografia – CNRS e Université Paris 3, Centre de Recherche et de Documentation sur l'Amérique Latine, Paris – Institut des Hautes Études de l'Amérique Latine – Université de Versailles Saint Quentin-en-Yvelines)
rancho (e)

PEREIRA, Margareth da Silva (história urbana e história da arquitetura e do urbanismo – Universidade Federal do Rio de Janeiro, Programa de Pós-graduação em Urbanismo, Rio de Janeiro)
jardim (p Brasil), município (p Brasil), subúrbio (p Brasil)

PEREIRA, Paulo Cesar Xavier (arquitetura, urbanismo e sociologia – Universidade de São Paulo, Faculdade de Arquitetura e Urbanismo, São Paulo)
povoação (p Brasil/Portugal)

PESAVENTO, Sandra Jatahy (†) (história urbana)
beco (p Brasil), cortiço (p Brasil), sobrado (p Brasil)

PINHEIRO, Magda (história – Instituto Universitário de Lisboa, Centro de Estudos de História Contemporânea Portuguesa, Lisboa)
metrópole (p Portugal), município (p Portugal), subúrbio (p Portugal)

RÁBAGO ANAYA, Jesús (arquitectura y urbanismo – Universidad de Guadalajara, Centro Universitario de Arte, Arquitectura y Diseño, Guadalajara)
condominio (e)

RAMÓN JOFFRÉ, Gabriel (historia urbana y etnoarqueología – British Museum, Londres – Instituto Riva-Agüero, Lima)
barriada (e Perú)

RAMOS, Jorge (historia de la ciudad y arquitectura – Universidad de Buenos Aires, Facultad de Arquitectura, Diseño y Urbanismo, Buenos Aires)
conventillo (e)

RIVIÈRE D'ARC, Hélène (geografía – CNRS, Centre de Recherche et Documentation sur l'Amérique Latine, Paris)
colonia (e México), fraccionamiento (e), invasão (p Brasil)

RODRÍGUEZ CHUMILLAS, Isabel (geografía, historia urbana y paisaje – Universidad Autónoma de Madrid, Departamento de Geografía)
chabola (e)

SABUGO, Mario (historia urbana – Universidad de Buenos Aires, Facultad de Arquitectura, Diseño y Urbanismo, Buenos Aires)
barrio (e Argentina)

SALCEDO, Rodrigo (estudios urbanos – Pontificia Universidad Católica de Chile, Instituto de Estudios Urbanos y Territoriales, Santiago)
mall (e)

SAMPAIO, Maria Ruth Amaral de (ciências sociais – Universidade de São Paulo, Faculdade de Arquitetura e Urbanismo, São Paulo)
loteamento (p Brasil)

SCHIAVINATTO, Iara Lis (história da cultura visual e da cultura política – Universidade Estadual de Campinas, Departamento de Multimeios, Mídia e Comunicação, Campinas)
  praça (p Brasil)
VALLADARES, Licia (sociologia – CNRS, Université des Sciences et Technologies de Lille, Centre Lillois d'Études et de Recherches Sociologiques et Économiques, Lille)
  favela (p Brasil)
VIDAL, Frédéric (história urbana – Instituto Superior de Ciências do Trabalho e da Empresa, Centro em Rede de Investigação em Antropologia, Lisboa)
  bairro (p Portugal), calçada (p Brasil/Portugal), freguesia (p Portugal), rua (p Portugal)
VORMS, Charlotte (historia y estudios urbanos – Institut d'Urbanisme de Paris, Laboratoire des Organisations Urbaines: Espace, Sociétés, Temporalités, Paris)
  casa (e), extrarradio (e)
ZAMORANO VILLARREAL, Claudia C. (ciencias sociales y estudios urbanos – Centro de Investigaciones y Estudios Superiores en Antropología Social, Tlalpan)
  periferia (e México)

Coleção RG Bolso

01. Abilio Guerra (Org.). *Textos fundamentais sobre história da arquitetura moderna brasileira. Parte 1.* Textos de Carlos Alberto Ferreira Martins, Carlos Eduardo Dias Comas, Lauro Cavalcanti, Luis Espallargas Gimenez, Margareth da Silva Pereira, Renato Anelli, Ruth Verde Zein, Silvana Barbosa Rubino e Sophia S. Telles.

02. Abilio Guerra (org.). *Textos fundamentais sobre história da arquitetura moderna brasileira. Parte 2.* Textos de Abilio Guerra, Carlos Alberto Ferreira Martins, Carlos Eduardo Dias Comas, Claudia Shmidt, Edson Mahfuz, Fernando Aliata, Hugo Segawa, Jorge Czajkowski, Jorge Francisco Liernur, Margareth da Silva Pereira, Maria Beatriz de Camargo Aranha, Nabil Bonduki, Olívia Oliveira, Otília Beatriz Fiori Arantes, Paul Meurs e Renato Anelli.

03. Abilio Guerra. *O primitivismo em Mário de Andrade, Oswald de Andrade e Raul Bopp. Origem e conformação no universo intelectual brasileiro.*

04. François Ascher. *Os novos princípios do urbanismo.*

05. Eduardo Subirats. *A existência sitiada.*

06. Angelo Bucci. *São Paulo, razões de arquitetura. Da dissolução dos edifícios e de como atravessar paredes.*

07. Denise Antonucci, Angélica Benatti Alvim, Silvana Zioni e Volia Costa Kato. *UN-Habitat: das declarações aos compromissos.*

08. Josep Maria Montaner. *Arquitetura e crítica na América Latina.*

09. Christian Topalov, Stella Bresciani, Laurent Coudroy de Lille e Hélène Rivière d'Arc (Org.). *A aventura das palavras da cidade, através dos tempos, das línguas e das sociedades.*

Este livro foi composto em Fairfield LT Std e Whitney HTF.
Impresso em papel Offset 75g.